顧頡剛全集

顧頡剛古史論文集

卷　一

中　華　書　局

圖書在版編目(CIP)數據

顧頡剛古史論文集/顧頡剛著. —北京:中華書局,2011.1
(2023.12 重印)
（顧頡剛全集）
ISBN 978-7-101-07471-0

Ⅰ.顧…　Ⅱ.顧…　Ⅲ.史評-中國-古代-文集
Ⅳ.K220.7-53

中國版本圖書館 CIP 數據核字(2010)第 121636 號

書　　　名　顧頡剛古史論文集(全十三冊)
著　　　者　顧頡剛
叢　書　名　顧頡剛全集
責任編輯　凌金蘭　歐陽紅　張榮國
　　　　　　柳　憲　趙　伏　俞國林
責任印製　管　斌
出版發行　中華書局
　　　　　　(北京市豐臺區太平橋西里 38 號　100073)
　　　　　　http://www.zhbc.com.cn
　　　　　　E-mail:zhbc@zhbc.com.cn
印　　　刷　河北新華第一印刷有限責任公司
版　　　次　2011 年 1 月第 1 版
　　　　　　2023 年 12 月第 6 次印刷
規　　　格　開本/920×1250 毫米　1/32
　　　　　　印張 239　插頁 54　字數 6000 千字
印　　　數　3801-4100 冊
國際書號　ISBN 978-7-101-07471-0
定　　　價　2080.00 元

1954 年

顧頡剛自儆聯，容庚篆書

1924 年 9 月與北京大學國學季刊編委會同人合影
左起：徐炳昶、沈兼士、馬衡、胡適、顧頡剛、朱希祖、陳垣

1928 年 12 月與廣州中山大學考古學會同人合影

左起：容肇祖、黃仲琴、沈鵬飛、商承祚、顧頡剛、余永梁、□□□

1931 年 3 月與燕京大學歷史學會合影
前排左一：李鏡池；左二：徐文珊；左三：李延增；右二：
費賓閨臣；右一：韓叔信；二排右一：貝盧思；右二：洪業；
右三：陳懋恒；三排左一：馮家昇；左二：齊思和；左三：
張立志；右一：趙豐田；後排左一：翁獨健；左二：葉國慶；
左三：李瑞德；左四：顧頡剛；左五：劉朝陽

1937 年 3 月于禹貢學會辦公室

1937 年 3 月與禹貢學會同人合影

前排左起：□□□、張子玉、吳志順、張維華、馮家昇、
顧頡剛、陳增敏、史念海、趙貞信；後排左起：□□□、
欒植新、馮世五、童書業、韓儒林、李秀潔、顧廷龍

1947 年 1 月于南京火車站送別董作賓

左起：□□□、郭寶鈞、董作賓、顧頡剛、勞榦、高去尋、芮逸夫

1955 年 6 月 5 日送于省吾赴長春任教時合影
前排左起：金毓黻、唐復年、于省吾、顧頡剛；後排左起：
唐蘭、陳夢家

1956 年 9 月與童書業夫婦于青島

1964 年 5 月于北京大學

1966 年初于北京香山公园

1973年與標點二十四史、清史稿同人合影
前排左起：何英芳、陰法魯、唐長孺、白壽彝、丁樹奇、
顧頡剛、蕭海、翁獨健、陳述、楊伯峻；後排左起：張忱石、
陳仲安、崔文印、姚景安、孫毓棠、王鍾翰、周振甫、張政烺、
王毓銓、啓功、趙守儼、鄧經元、魏連科、吳樹平

1975 年 10 月與劉起釪于乾麵胡同寓所合影

盤庚上篇今譯（上）

盤庚上篇很難譯。其不可以新譯之故，不闓

注的話深，而在其意義的含糊。□含糊的地

方就是□等一類。其文云：

盤庚遷于殷，民不適有居，率籲衆慼，

出矢之，曰，可我王來，既爰宅于茲，

重我民，無盡劉。不能胥匡以生，卜稽

曰其如台。先王有服，恪謹天命。茲猶不

盤庚今譯，1925 年

两年前我在努力週报附刊的读书杂志里发表辩论古史的文字时，横排社同人就嘱我编辑成书，由社中出版。我当时答应了，但老没有动手。所以然之故只因里面有一篇主要的辩论文字还没有做完，不就得到一个结束，我搁起把它做完了，偬付印。可是我的生活实在太忙了，要想定心做一篇长文字越不易找到时间，这是使我永远恨着

古史辨第一册自序，1926 年

一、我们歪使得怪书成为聖人擘书的东西呢？還是把它看成了古代的歷史的好？如其把歪使它成为聖人擘的东西，我们应当怎樣辦？以书歪使它成为古代的歷史，我们又应当怎樣辦？

二、我们应该如何帮付倘书呢？是注目于它的好壞呢，還是注目于它的真伪？如果注目于它的好壞？還是什麼？如果注目于它的真伪，我们研究它的方法应该怎樣？

三、我们既知道偏古文书书的伪，還值得去研究它嗎？如说值得，那为伪的是什麼道理？

厦門大學經學專書研究試題，1927 年

馬鄭王及偽孔注舉例

堯典

顧剛案，自東漢末至魏晉，說尚書者以四家為最著：曰馬融尚書傳，曰鄭玄尚書注，曰王肅尚書注，曰偽孔安國尚書傳。此四家者，惟偽孔傳為唐人所薈萃所本，至今猶存完帙，餘則亡

中山大學尚書學參考材料，1928 年

中國上古史研究講義目錄

（課第一學期所講）

（頁數）

一　詩經（周周的祖先）…………………………一

二　又（為）…………………………二

三　論語…………………………三

　　　　以上為儒家所記載（前的）

四　孟子…………………………五

五　堯典…………………………八

六　荀子…………………………一三

燕京大學中國上古史研究講義，1930年

崑崙傳說 和羌戎文化

一、引言

要寫一部中國民族史是不容易的。中國的民族由許多種族混合而成，這是無疑的事，可是這許多原始的種族當初生长在什么地，如何創造他们的文化，如何与遠近諸種族聯繫而建立一個大民族，歷史書上空白太多，或者除了一個族名之外其他全是空白。我们對着這些空白，真的只有歎氣，恨古人不該不愛惜史料，讓它太多地漸減。但歎氣是無用的，我们該得努力尋覓。尋覓的方法有兩種：一是用考古學的方法引到地底下去找，一是用歷

崑崙傳說與羌戎文化，1950 年

整理史記計畫　　　　硏移剛起

一、史記西文及裴駰集解，司馬貞索隱、張守
節正義，加以校勘及標點，書名為「史記三
家注」。

二、求善本：前清殿印本未精，其有批識，依日本古寫
本、宗蜀大字本、明南北監本及清武英殿本
等加以勘正。善補用蜀大字本校，並載用日本瀧川
，日本瀧川氏引古寫本校，並載用日本瀧州本左
那史記。

三、清代學者，戴震史記考証及方苞等
諸家校刊史記，並引集諸史記考証等。

會注考証所引古寫本校。

四、正文每松句為起訖，不分注文繁雜。凡正
文有注解句，把注文到解，加在每頁的左側
，標明訖目字。

五、錢大斯廿二史考異，梁玉繩史記志疑等
書，對注燭句為起訖之上，本書論讀善善。

深文把彼誤的字用（）表出，正字能寫下，
注文中的衍文用〔〕表出。

深文破知其為錯誤的，即逕行改正，聲不另政。

正的即解釋。讀字用（ ）表出。

六、書其術引據，另有人名、地名、此名，書為三類
注中所據地名，兇通諸句是者地，司為另另

整理史記計畫，1954 年 10 月 5 日

得太速。迎东辽上，周王全更不够抵抗你越来，诸侯就解体，

而北方的狄族、南方的蛮族又急剧地内侵，许多周王所封的侯国被摧枯拉朽似地被吞噬，如果当时诸夏的集团没有一个领袖出来把这几个诸侯联结成一个统一战线，

眼看中原就会为异族所谬谪。倘使的诸言文化也不能延长那时的国际。

齐桓公适着看自己的一个好基业，君尊王、壤夷的目标，族召诸侯同心协力，拥护周王，抵抗狄人放是他闹割了一个新局面，

形势、毅然地提出了尊王、壤夷的目标，

由霸主代周王执行统驭诸侯的大政。——霸即是伯也的

昊写，伯者长也，即是诸侯的领袖。

標點史記凡例（稿本）

甲　史記本文

一　兩種擋本

1. 史記擋本，始於宋朝中葉，陳文虎佳本，他們的標本……南宋朝後期有一個善本。但他們的時代，古本多……解放以後，古本書……藏……

原本的也有照片了少看見，而……

在前力者的字業，他們看見的……到金陵書局，就是……

集中北京圖書館，就揮金陵本，他捐金陵本……

以我们这个时代有了全面按動的條件。我們……在……史記……史記的文字……

標證一書，可以……與其同，……其五冸；这書完成，史記的文字……都陳兒……

問题多，錢外相省……解決。現在这一……是我们標点的責任……

標點史記凡例，1958 年 8 月 7—12 日

禹定的貢物的制度

在洪水汜濫的時候，禹分別土地，隔著山坡，砍著樹木，隨著山的形勢，析木通道，從各處的高山和大川規定了九州的疆域。

王都所在是三面環著黃河的地方，叫作冀州。那裏的治水工程，在黃河方面，從壺口山向下頭，就順著梁山和岐山，在汾水方面，太原，延續修治到，推進，

辰列太岳（霍山）的南面。

推列地西，田望橫流入河的漳水。三州的土壤是白色的

禹貢今譯（之一），1959 年

禹雨規定的賦稅和貢物的制度

在洪水泛濫的時候，禹分別土地，隨了山嶺的形勢，斫木通道，維各處的高山和大川劃定了九州的疆域。那裏的王都府在是三面環着黃河的地方，叫作冀州。那裏的治水工程，在黃河方面，從壺口山開頭，接着治理梁山和岐山；在汾水方面，太原建設修治之後，進展到太岳的南面。那沁水包裹的燥地已經成功了，北西推到橫流入黃河的漳水地區。這州的土壤是白色的柔土。那裏的人民所納的賦稅大部分是第一等，也有第二等的。那裏的田地定為第五等。恆水和衛水都已循了原來的水道。大陸澤旁邊的

禹貢今譯（之二），1959年

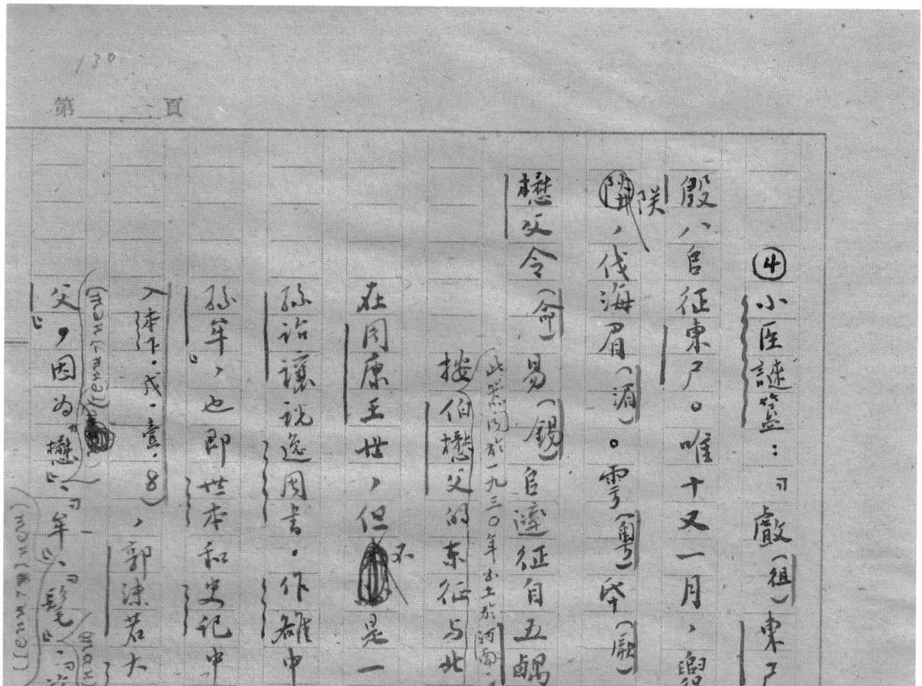

④小臣謎簋：「厥（祖）東尸（夷）大反，白（伯）懋父㠯（以）

殷八自征東尸。唯十又一月，遣（遣）自㲺自述（術）……東

陕，伐海眉（湄）。雪（越）㦱㠯（翌）㠯（翼）復歸，才（在）牧自，白（伯）

懋父令（命）易（錫）自達征自五齵貝。……」

此器出於一九三〇年出土於河南浚縣，正是衛地。

按伯懋父的東征與北征和召康公的東征鼎同

在同原王世，但不是一回事。

孫詒讓說逸周書，作雒中的「甲旅父」即左傳中的「王

孫牟」，也即世本和史記中的「康伯髦」（邶鄘衛考，圖錄

孫詒讓說大東說也即是本器的白懋

父，因為懋與髦（máo）旄（máo）旒（liú）的同組，中�字之訛。

郭沫若大東說也即是本器的白懋

〔陸化・戈・壹・8〕，年〔nián，rǐ〕

大誥譯證（之一），1960年代

大誥譯證（之二），1960 年代

今文傳自伏生，古文出于孔壁。

大誥譯證序，1964 年

顧 頡 剛 全 集

出 版 説 明

顧頡剛先生(1893—1980)，名誦坤，字銘堅，號頡剛，江蘇蘇州人。中國現代著名的歷史學家、歷史地理學家、民俗學家。顧先生早年收集民間歌謠，從事民俗學研究；1920 年北京大學文科中國哲學門畢業，始考辨古史傳說。1926 年出版古史辨第一册。1927 年創辦民俗學會，編輯民俗學會叢書，次年出版民俗周刊。1934 年創辦禹貢半月刊，後成立禹貢學會。抗戰期間創辦中國邊疆學會，出版邊疆周刊。並先後主編或參與編輯歌謠周刊、北京大學研究所國學門周刊、廈門大學國學研究院周刊、中山大學語言歷史學研究所周刊、燕京學報、責善半月刊、齊大國學季刊、文史雜誌等學術期刊。曾任廈門、中山、燕京、北京、雲南、齊魯、中央、復旦、蘭州等大學教授，中央研究院院士，中山大學語言歷史研究所主任、北平研究院史學研究會主任、齊魯大學國學研究所主任、通俗讀物編刊社社長、中國史地圖表編纂社社長、大中國圖書局總經理等職。1954 年始，任中國科學院歷史研究所研究員。先後主持資治通鑑和"二十四史"及清史稿的點校工作。

顧先生在學生時代，即發願獻身學術事業，此後終其一生，孜孜以求。1923 年 2 月，顧先生與錢玄同先生討論古史時提出"層累地造成的中國古史"觀，在學術界引起革命性震蕩。隨着古史辨的陸續出版，引起了當時學術界對古代史料真偽的考辨，形成了"古史辨派"，爲中國的史學研究開闢了新領域，促成中國史學步入新時代。圍繞着疑古學説、圍繞着"古史辨派"、圍繞着對中國古史的研究與探索，學術界産生了激烈的爭論，成爲二十世紀中國學術史上一個重要的問題和現象。

民俗學研究，是顧先生學術研究的另一大貢獻。顧先生倡導"要打破以聖賢爲中心的歷史，建設全民衆的歷史"，並以孟姜女故事來論證古史的演變，以考察東嶽廟諸神及妙峰山香會來探討古代神道與社祀，以歌謠來論證詩經是古代詩歌總集，拓展了民俗學研究的領域，奠定了中國民俗學研究的基礎。

歷史地理與邊疆地理的研究，更是顧先生的重要貢獻。顧先生由尚書的研究，進入對古代地理沿革史的討論；隨着民族危機的加深，轉而側重邊疆地理與民族演進史的探索；爲我國當代的歷史地理研究，打下了堅實基礎，並培養了一批專業人才。抗戰期間，又轉入西北、西南，實地調查，考究典籍，以所見所聞之邊疆風尚證中原古史，破舊立新，爲古史研究開闢新途徑。

顧先生治學一生，筆耕不輟，著述豐贍，發明猶多。將其一生著述進行全面整理，完整呈現，已成爲學術界的迫切需求。

早在 1944 年，顧先生即意識到編輯文集的必要性。這一年，顧先生在重慶應史學書局之邀，著手編輯顧頡剛文集；後因史學書局創辦人病逝而未果，編輯工作也暫時停頓。抗戰勝利後，顧先生復員還鄉，生活稍稍穩定，又繼續文集編輯之事。至 1946 年年底，完成二百二十多萬字，並希望在六十歲時，能够"出一全集，保存一生心血"。1947 年，顧先生應文通書局之約，擬定編輯文集之五年計劃，包括古史與經學、歌謠與民俗、史學與遊記、邊疆與民族、政治與教育、通信與自傳等，這是顧先生心中一份全面而理想的方案，可惜當時時局艱困，難以實現。

1955 年，顧先生應上海人民出版社之約，整理浪口村隨筆。後得于鶴年等人相助，於 1961 年 2 月編定史林雜識初編。後因出版社分工調整，書稿轉至中華書局，於 1964 年出版。自 1959 年始，顧先生應中國科學院與中華書局之邀，整理尚書。1961 年 8 月，中華書局金燦然、蕭項平向顧先生建議，除出版其尚書今譯和史林雜識外，更應將其一生著述編爲文集，由中華書局出版。考慮到顧先生體弱多病，中華書局經四年努力，特調劉起釪來京協助工作。後因"文革"爆發，文集編輯又告不果。

1978 年 9 月，中國社會科學院請顧先生作工作規劃，其中就有"修訂已發表的論文和未發表的文稿，編成分類文集"的規劃。後中華書局又重申前議，顧先生即請助手王煦華擬編古史論文集目録；並於 1980 年 5、6 月間，親自編定古史論文集第一册。

1980 年 12 月 25 日，顧先生逝世。之後，在中國社會科學院歷史研究所的支持下，王煦華與顧潮、顧洪三人負責顧先生遺著的收集整理工作。經過多年翻覽爬梳，鈔録校訂，至 2005 年基本完成顧頡剛全集的整理工作，計分八集，五十九卷，六十二册。兹列其總目、内容提要於下：

顧頡剛古史論文集　十二卷，十三册

　　古史論文集是顧頡剛全集最爲核心的内容。其中卷一至卷四爲“層累地造成的中國古史”觀的論述和對於古史傳説及夏、商、周至春秋史實的考辨；卷五、卷六爲古代民族和疆域的探索；卷七至卷十一爲古書真僞、内容和著作時代的考訂，其中卷十(上、下)所收的尚書大誥譯證，是顧先生晚年最爲重要的著作；卷十二收入現代初中教科書本國史、國史講話、當代中國史學、中國史學入門四部專書。

顧頡剛民俗論文集　二卷，二册

　　顧先生受五四新文化運動對大衆文化積極態度的影響，把民間的歌謡、戲劇、故事、風俗、宗教和傳統的經學、史學置於同等的地位上做研究的題材。此部分除收入吳歌甲集、孟姜女故事研究集、妙峰山三部專書外，還包括有關歌謡、風俗、民間文藝等的序跋與論述、探討等。

顧頡剛讀書筆記　十六卷，附篇目分類索引，十七册

　　顧先生治學，勤於作讀書筆記，從 1914 年起至 1980 年逝世，從未間斷。六十餘年積累了近二百册筆記，約

六百萬字。這些筆記是顧先生著述的重要組成部分，内容涵蓋中國古代文化的政治、社會、經濟、宗教、思想各個層面。此次收入全集，在臺北聯經出版事業公司1990 年版的基礎之上，又增加了兩卷：卷十五，顧先生早年北京大學求學時代的筆記；卷十六，浪口村隨筆、史林雜識初編及筆記拾遺。

寶樹園文存　　六卷，六册

顧先生一生所寫文章，除收入古史論文集、民俗論文集以外者，均收入該部分。寶樹園原係顧氏先祖所建花園，先生蘇州故居即建於此園舊址，故以名集。其中不免"瑣屑之言"，甚至包括一些啟事、廣告、合同等。依照分類編年的原則，文存分爲"學術編"、"教育編"、"邊疆與民族編"、"文化編"、"政治及其他編"五編。

顧頡剛書信集　　五卷，五册

顧先生交往遍天下，一生留下大量書信，此次所收約一千八百通。其中一部分是原信（包括家書七百餘通），另一部分是録副本，還有一些是底稿及爲數不多的發表於報刊者。這些書信所反映的不僅是顧先生個人的歷史，也是當時學術界、文化界衆多學者的歷史，更是當時社會、時代的真實反映。

顧頡剛日記　　十一卷，附人名索引，十二册

顧先生日記始於 1913 年 10 月，自 1921 年起至 1980 年 12 月 17 日（去世前八天），基本不間斷。日記不僅是

顧先生"生命史中最寶貴之材料"，更是近現代學術史、社會史的重要組成部分。

清代著述考　五卷，五册

此書是顧先生早年爲研究清代學術而作，對清代五百多位學者的著述、版本等作了輯録，並附相關的序跋及考證。其中一小部分曾經整理，陸續發表在國立中山大學圖書館周刊上。此次收入全集，將清代著述考原稿全部影印，另將排印的部分附於原稿之末。

顧頡剛文庫古籍書目　二卷，二册

文庫古籍書目著録中國社會科學院顧頡剛文庫内約六千部線裝書，著録方式按經、史、子、集四部，外加叢書、新學，共分六大類。並將書中各家題跋彙爲"題記編"。末附著者、書名、題記批校者四角號碼索引。

顧頡剛全集自 2005 年陸續交稿，中華書局即成立編輯組，展開工作。期間，得到了袁行霈、陳祖武、王學典諸先生的支持與關注；又有常玉芝、辛德勇、劉俐娜、陳泳超、劉宗迪、施愛東、張廷銀、張越等先生義務爲全集進行校對工作，不辭勞苦，謹致謝忱。

顧先生後三十年的學術生涯，與中華書局可謂休戚與共；今天我們出版顧頡剛全集，實現了顧先生"我一生寫作，應悉交中華書局"的遺願。

顧先生一生著述宏富，除收入該全集者外，仍有不少遺漏，尚需進一步搜集，俟條件成熟，續出全集補編。由於全集卷帙浩繁，内容廣泛，行文各異，格式複雜，且寫作時間前後跨度逾七十年，所以整理方式不求統一，具體的整理原則請參看每集卷首前言。書中錯誤在所難免，敬請讀者批評指正。

中華書局編輯部

2010 年 10 月

卷一目録

前言 ……………………………………………………………… 王煦華 1

古史辨第一册自序 ………………………………………………… 1

古史辨第二册自序 ………………………………………… 91

古史辨第三册自序 ………………………………………… 97

古史辨第四册序 ………………………………………… 106

古史辨第五册自序 ………………………………………… 127

古史辨第七册序 ………………………………………… 145

我是怎樣編寫古史辨的？ ………………………………… 149

致王伯祥：自述整理中國歷史意見書 ………………………… 175

致錢玄同：論堯舜伯夷書 ………………………………… 178

與錢玄同先生論古史書 …………………………………… 180

　　附啓 ………………………………………………… 186

　　附　錢玄同：答顧頡剛先生書 ………………………… 187

答劉胡兩先生書 …………………………………………… 200

　　附　劉掞藜：讀顧頡剛君“與錢玄同先生論古史書”

　　　　　的疑問 ………………………………………… 204

　　　　胡堇人：讀顧頡剛先生論古史書以後 ………………… 214

討論古史答劉胡二先生 …………………………………… 217

　一　禹是否有天神性？ ………………………………… 217

　二　禹與夏有沒有關係？ ………………………………… 225

　三　禹的來源在何處？ …………………………………………… 228

　四　堯舜禹的關係是如何來的？ ………………………………… 236

　五　后稷的實在怎樣？ …………………………………………… 242

　六　文王是紂臣嗎？ ……………………………………………… 249

　附　劉掞藜：討論古史再質顧先生 …………………………… 257

故事三則 ………………………………………………………………… 288

我的研究古史的計畫 …………………………………………………… 291

古史雜論·小叙 ………………………………………………………… 297

紂惡七十事的發生次第 ………………………………………………… 298

宋王偃的紹述先德 ……………………………………………………… 307

答李玄伯先生 …………………………………………………………… 311

　附　李玄伯：古史問題的唯一解決方法 ……………………… 315

答柳翼謀先生 …………………………………………………………… 318

　附　柳翼謀：論以説文證史必先知説文之誼例 …………… 325

（王國維）古史新證第一、二章附跋 ………………………………… 331

讀李崔二先生文書後 …………………………………………………… 332

　附　李子祥：游稷山感后稷教稼之功德記事 ……………… 335

　　　崔盈科：姜嫄之傳説和事略及其墓地的假定 ………… 337

虞初小説回目考釋 ……………………………………………………… 343

禪讓傳説起於墨家考 …………………………………………………… 423

　一　緒言 ………………………………………………………… 423

　二　古代的世官制度 …………………………………………… 425

　三　春秋時的明賢主義 ………………………………………… 434

　四　孔子的政治主張及其背景 ………………………………… 437

　五　墨子的尚賢尚同説與堯舜禪讓故事 ……………………… 439

　六　墨家内部的禪讓制 ………………………………………… 442

　七　禹受命説及舜禹禪讓故事的發生 ………………………… 444

　八　論語堯曰章辨僞 …………………………………………… 449

九　禪讓説能在古代社會裏實現嗎？ …………… 454

一〇　戰國時禪讓説的實行 ……………………… 460

一一　戰國儒家所受墨家尚賢主義的影響 ……… 462

一二　孟荀二子對於禪讓説的態度 ……………… 470

一三　道家對於禪讓説的反應 …………………… 476

一四　法家對於禪讓説的反應 …………………… 483

一五　禪讓説的最後兩次寫定 …………………… 487

一六　結論 ………………………………………… 492

鯀禹的傳説——夏史考第四章 …………………… 499

一　鯀、禹的天神性傳説 ………………………… 501

二　禹的神職 ……………………………………… 509

三　鯀、禹治水傳説的本相與其演變 …………… 516

四　鯀、禹的來源在何處 ………………………… 530

五　鯀、禹與堯、舜的關係是如何來的 ………… 538

夏史三論——夏史考第五、六、七章 …………… 553

第五章　啟和五觀與三康 ………………………… 556

第六章　羿的故事 ………………………………… 577

第七章　少康中興辨 ……………………………… 589

（楊寬）中國上古史導論第十篇説夏附函按 …… 612

息壤考 ……………………………………………… 613

“聖”、“賢”觀念和字義的演變 ………………… 626

“夏”和“中國”——祖國古代的稱號 ………… 643

前　言

　　顧頡剛先生，一八九三年出生于蘇州的一個書香世家。孩提時，他的祖父就教他識字。五歲，開始讀四書、五經。六七歲時，自己就能閱讀唱本小說和簡明古書。祖父帶他出去時，就隨處給他講故事，使他自幼對歷史就感到深厚的興味，並得到初步的認識，知道凡是眼前所見的東西，不是古代早已盡有，也不是到了現在剛有，而是慢慢地積累起來的。童年的這些歷史認識，是他後來創立的“層累地造成的中國古史”觀的萌芽。

　　顧先生的疑古思想是繼承鄭樵、姚際恒和崔述的傳統的。他在我是怎樣編寫古史辨的？中説：

　　　　崔東壁的書啟發我“傳、記”不可信，姚際恒的書則啟發我不但“傳、記”不可信，連“經”也不可盡信。鄭樵的書啟發我做學問要融會貫通，並引起我對詩經的懷疑。所以我的膽子越來越大了，敢于打倒“經”和“傳、記”中的一切偶像。

他的治學方法和對今、古文的看法則來自胡適和錢玄同。他説胡適給他以研究歷史的方法，使他對古史有特殊的瞭解，知道“不但要去辨偽，要去研究偽史的背景，而且要去尋出它的漸漸演變的綫索，就從演變的綫索上去研究”（古史辨第一册自序）。錢玄同則使他“辨清了今、古文家的真面目”（秦漢的方士與儒生序）。所以他説：

我的古史辨的指導思想，從遠的來說就是起源于鄭、姚、崔三人的思想，從近的來說則是受了胡適、錢玄同二人的啟發和幫助。（我是怎樣編寫古史辨的？）

這就是顧頡剛先生的主要學術淵源，但他也受到王國維用實物材料研究古史所取得的成就的深刻影響。羅振玉和王國維的著述，開闊了他的眼界。他認爲出土古物所透露的古代文化的真相，可以用來建設真古史；而它正好又反映出書籍中所寫的古史是幻相，所以又可用來作爲破壞僞古史的工具。

但是把顧先生引上考辨僞古史道路的卻是康有爲，一九一四年，他讀了康有爲的新學僞經考、孔子改制考，對孔子改制考中所説的“上古史事茫昧無稽”，深受影響，引起他對於古書上的古史不信任的觀念，就有志於推翻僞古史。這年三月，他寫的古今僞書考跋，是他最早寫的辨僞文字。到冬天，他開始寫讀書筆記，以記録蒐集到的材料和對古史的見解。他又細讀了夏曾佑的中學歷史教科書，對書中總稱三皇、五帝的時代爲“傳疑時代”，直到周武王滅殷，才稱爲“化成時期”，很爲贊賞，以爲處處以科學眼光觀察，發明精義，讀而忘倦。一九一七年，胡適在北京大學講“中國哲學史”，丟開唐、虞、夏、商，徑從周宣王以後講起，胡適這樣的截斷，顧先生非常佩服他的魄力，更堅定了他的上古史靠不住的觀念。

顧頡剛先生之所以敢于在五四運動以後，“離經叛道，非聖無法”地懷疑古書上關於古史的記載，是因爲他得到了社會學、考古學和歷史進化論的知識，知道社會進化有一定的階段，而戰國、秦、漢以來的古書中所講的古史卻和這些科學知識格格不入。由于他深信這些科學知識是真理，所以敢于冒天下的大不韙向二千餘年來的傳統觀念挑戰，敢于用考證的方式來推翻經書上的僞古史。當他的與錢玄同先生論古史書揭露了我國先秦至兩漢的古書上有關古史記載的神話傳説的真面目，剥去了"經書"的神聖外衣，從根本推翻了二千多年來人們崇信的偶像，就轟動了國内外學術界，引起了各方面人士的注目，在社會上産生了廣泛的影響。因此顧先生的疑古辨僞，不僅具有創造性的重大學術價值，而且具有反封建的重大社會意義。

顧頡剛先生對古史研究的貢獻，主要是揭示出戰國、秦、漢以來的古書，特別是"經書"上所載的古史，大多是出於神話傳説的演變，是由不同時代的神話傳説一層一層積累起來造成的，從而把充塞在古史中許多虚妄的僞史料清除出去，爲科學地研究我國的古代史掃清了道路。下面就從四個方面來説明顧先生在考辨古史上的貢獻。

一　創立"層累地造成的中國古史"觀

創立"層累地造成的中國古史"觀，是顧頡剛先生研究古史的重要貢獻。這個古史觀的産生，他在答柳翼謀先生一文中説：

> 我對於古史最早的懷疑，是由堯典中的古史事實與詩經中的古史觀念相衝突而來。在這個衝突中，中樞的人物是禹，所以使我對於禹在傳説中的地位特別注意。從此旁及他種傳説，以及西周、東周、戰國、秦、漢各時代人的歷史觀念，不期然而然在我的意想中理出了一個古史成立的系統。

一九二二年，顧頡剛先生在起草最早的上古傳説一文時，把詩、書和論語三部書中的古史觀念作比較，發現禹的傳説是西周時就有的，堯、舜的傳説是到春秋末年才産生的，這個古帝的傳説越是後起，越是排在前面。等到有了伏羲、神農之後，堯、舜、禹又是晚輩了。于是他就立了一個假設：

> 古史是層累地造成的，發生的次序和排列的系統恰是一個反背。（古史辨第一册自序）

這個假設的意思是説：戰國、秦、漢以來的古書中所講的古史系統，是由先後的不同時代的神話傳説一層一層積累起來造成的，不同的古帝神話傳説發生時代的先後次序和古書中所講的古史系統排列的先後恰恰相反。次年，他在與錢玄同先生論古史書的前記中又作了進一步的闡發。他説這有三個意思：

> 第一，可以説明"時代愈後，傳説的古史期愈長"。如周代人心目中最古的人是禹，到孔子時有堯、舜，到戰國時有黄帝、神農，到秦有三皇，到漢以後有盤古等。
> 第二，可以説明"時代愈後，傳説中的中心人物愈放愈大"。如舜，在孔子時只是一個"無爲而治"的聖君，到堯典就成了一個孝子的模範了。
> 第三，我們在這上面，即不能知道某一件事的真確的狀況，但可以知道某一件事在傳説中的最早的狀況。我們即不能知道東周時的東周史，也至少能知道戰國時的東周史；我們即不能知道夏、商時的夏、商史，也至少能知道東周時的夏、商史。

胡適以爲"這三層意思都是治古史的重要工具"，並説明用這個觀念來考辨古史傳説，其方法可以總括成下列的方式：

> (1)把每一件史事的種種傳説，依先後出現的次序排列

起來。

　　（2）研究這件史事在每一個時代有什麼樣子的傳説。

　　（3）研究這件史事的漸漸演進：由簡單變爲複雜，由陋野變爲雅馴，由地方的（局部的）變爲全國的，由神變爲人，由神話變爲史事，由寓言變爲事實。

　　（4）遇可能時，解釋每一次演變的原因。（古史討論的讀後感）

　　爲了從雜亂的古史中分出信史與非信史，顧頡剛先生在答劉胡兩先生一文中又提出要打破四項非信史的基本觀念：

　　（1）打破民族出于一統的觀念；

　　（2）打破地域向來一統的觀念；

　　（3）打破古史人化的觀念；

　　（4）打破古史爲黄金世界的觀念。

　　以上就是"層累地造成的中國古史"觀的大致内容。這個觀念導源于崔述的"其世愈後則其傳聞愈繁"（補上古考信録卷上），"世益晚則其采擇益雜"（考信録提要上）之説。但崔述只是看到了這些表面現象，沒有去深究，而且由于時代的局限，也不可能透過現象去深究它内在的規律性東西。因此他只能停留在感性認識而不能上升爲理性認識。過了一百多年，顧頡剛先生承擔了這一歷史使命，創立"層累地造成的中國古史"觀，揭開了"其世愈後則其傳聞愈繁"的内在秘密。因此它既是中西文化結合後長出來的碩果，又是我國歷代考辨古史由感性認識上升到理性認識的規律性總結。它的出世是我國辨僞史上的一個重大突破性的發展，標誌着我國的疑古辨僞之學進入了一個新的時代。

　　顧頡剛先生自"層累地造成的中國古史"觀發表以後，即從事於古史傳説的各種具體問題的考辨，後來就再也没有回過頭來對這一史觀作深入的系統的闡述，因此其内容的表述還有不够完善之處。但任何東西，不可能一開始就十全十美的，因此其疏略之處，正是需要後來的考辨古史的學者繼續充實、發展和提高的。

二　探索古史傳説的演變

顧頡剛先生在與錢玄同先生論古史書中扼要地論述了古史傳説中的三皇、五帝的由來，他説：自西周以至春秋初年，那時人對於古代原没有悠久的推測，詩、書裏的"帝"都是上帝。商族認爲禹爲下凡的天神，周族認爲禹是最古的人王。古史傳説中的帝王，東周的初年只有禹，是從詩經上可以推知的；東周末年更有堯、舜，是從論語上可以看到的。論語中二次連稱堯、舜，一次連稱舜、禹，可見當時確以爲堯、舜在禹之前。于是禹之前有更古的堯、舜。從戰國到西漢，僞史充分地創造，在堯、舜之前更加上了多少古皇帝。自從秦靈公于吴陽作上時，祭黄帝，經過了方士的鼓吹，于是黄帝立在堯、舜之前了。自從許行一輩人抬出了神農，于是神農又立在黄帝之前了。自從易繫辭抬出了庖犧氏，于是庖犧氏又立在神農之前了。自從李斯一輩人説"有天皇、地皇，有泰皇，泰皇最貴"，于是天皇、地皇、泰皇，更立在庖犧氏之前了。自從漢代交通了苗族，把苗族的始祖傳了過來，于是盤古成了開天闢地的人，更在天皇之前了。時代越後，知道的古史越前，文籍越無徵，知道的古史越多。揭示了歷來公認的三皇、五帝古史系統是由神話傳説層累地造成的。

一九二九年，他在燕京大學教中國上古史時，編著了中國上古史研究講義，把詩經、論語、孟子、堯典、荀子、國語、左

傳、楚辭、山海經、吕氏春秋、莊子、淮南子、漢書藝文志、五
帝德、帝繫、世本、春秋繁露、史記、易傳、世經、月令、讖
緯、白虎通德論、風俗通義、孔子家語五帝篇和潛夫論等書中所
載的古史傳説，分爲"儒家以前的記載"、"漢以前的儒家記載"、
"戰國、秦、漢間的非儒家的記載"、"西漢時的儒家記載"、"劉
歆的歷史系統"、"讖緯的歷史系統"、"世經、讖緯以後各以己意
整理出來的歷史系統"等七個大類，從它們發生時代的先後尋出
它們承前啟後的痕跡，又從它們的發生時代的背景求出它們異軍
突起的原因，並觀察它們起過什麼樣的變動，以推翻它們的史實
地位而恢復它們的傳説地位。以後他又把講義擴充，寫成五德終
始説下的政治和歷史和三皇考兩篇論文，詳盡地論述了戰國、
秦、漢間三皇、五帝演化的歷史。又用通俗的體裁寫成秦漢的方
士與儒生一書，深入淺出地説明了歷來公認的三皇、五帝的古史
系統的由來，文字生動活潑，引人入勝，成爲學術界公認的一本
論述漢代學術與政治關係的名著。

　　他還對古史傳説中的一些具體問題作了深入的考辨，提出新
的看法。在禪讓説起於墨家考中，提出儒家所盛傳的禪讓故事，
是由墨家流入儒家的。他説："禪讓説裏的舜、禹都是從庶人出
身的，這件故事若果真是儒家所造，在儒家的親親貴貴兩個主義
之下，哪裏會有庶人出身的天子？這是不待辨而自明的。""禪讓
説是直接從尚賢主義裏產生出來的；倘若沒有墨家的尚賢思想，
就決不會有禪讓的傳説。"因此，"禪讓説是墨家爲了宣傳他們的
主張而造出來的"。但"墨家只提出了堯、舜的禪讓，舜、禹禪讓
的故事乃是後人加添上去的"。

　　關於舜的故事，顧先生説是我國古代最大的一件故事，牽涉
到大量的古書、古蹟、古制，使得人頭暈眼花，不易一一查明，
他就借着清末宋育仁的虞初小説的回目，寫成虞初小説回目考釋
一文，找出它所依據的資料，並加上解釋和評判，揭示了舜的許

多事跡都是由神話、故事摻入歷史的。

　　禹的來源，顧先生原先據說文中的“禹”字的解釋，假設爲是九鼎上鑄的一種動物，後來由于知道說文的“解釋並不足以代表古義，也便將這個假設丟掉了”（答柳翼謀先生）。不過他晚年仍堅持禹爲動物之説。一九五四年他寫的一條高山族之蛇圖騰（法華讀書記第二十一册）筆記中説：

　　　自平伯紅樓夢研究受批判，時有人詆禹爲一條蟲之説。案予謂禹爲蟲，原本説文；“蟲”爲動物總名，非軟體動物之專名也。近在中央民族學院見臺灣高山族之器物，其族以蛇爲圖騰，其器物亦多蛇形之刻鏤，或延體於筒，或伸頸於壺，或蟠於人像之兩肩。以此可以推想禹爲夏族之圖騰，其器物刻鏤亦必若此。夏器固尚未發現，然觀殷、周銅器，所有盤螭、盤虺紋者，疑即禹圖騰之遺留也。
　　　潘光旦君語予，曾在唐詩中見有“䝤”字，即狒狒，則禹爲動物固無疑。

　　顧先生在討論古史答劉胡二先生書中假定禹是南方民族神話中的人物，一九三七年寫九州之戎與戎禹一文時放棄了這一假定。他從九州、四嶽的原在西方而提出禹的傳説産生於西方戎族。禹原爲戎的宗神，隨着九州、四嶽的擴大演化爲全土共戴的神禹，更演化爲三代之首君。接着他又與童書業合寫鯀禹的傳説，解剖鯀、禹傳説的來源與其演變。在詩、書中，禹的地位是獨立的，事蹟是神化的；禹是禹，夏是夏，兩者間毫無交涉。一直到戰國以後的文籍裏，禹才是夏代第一君主。在山海經和天問等記載原始神話的書裏，已把鯀、禹説成父子，鯀與夏發生關係也始於國語和左傳。自從鯀、禹與夏代發生了關係，夏代史的首頁方才寫成。關於鯀、禹治水，以前相傳都以爲鯀用埋的方法以致失敗，禹改用疏的方法得到了成功。其實這個傳説，起初都説鯀、禹治水用的都是同一的"堙"、"填"的方法。鯀的失敗，是由於"不待帝命"，而不是"堙洪水"。到了戰國以後才出現鯀防洪水而失敗，禹疏洪水而成功的説法。所以會這樣改變，是由於戰國時出現了防洪築堤和疏水灌溉兩種辦法，築堤害多而利少，疏水有利而無弊，由此防洪水的故事便漸歸了上帝所殛的鯀，而疏洪水的故事就歸了上帝所興的禹。晚年，他又寫了息壤考，對于鯀、禹以息壤治洪水的先期神話，作了新的考辨，並對鯀、禹治水故事的演變作了進一步的論述。

　　與童書業合作的夏史三論，是論述啟和三康（太康、仲康、少康）的故事的演變的。三康的傳説從啟分化而出，少康中興的故事是東漢人造出來的。因此這種傳説不能是古代的史實。聯帶又叙述五觀和羿、澆等故事的演變，指出五觀的傳説與扈、觀有關；羿的傳説在先秦、西漢時非常紛歧，到西漢中葉以後才漸漸統一；澆的傳説與象的傳説有關。

　　對商代的紂王，他寫了一篇紂惡七十事的發生次第，説明紂的罪惡也是層累地加上去的，在尚書（除偽古文尚書）中，紂只是一個糊塗人：他貪酒、不用貴戚舊臣、登用小人、聽信婦言、信有命在天、不留心祭祀。他的七十條罪惡是從東周到西漢陸續增加上去的。因此，從這裏可以知道古代的史實完全無異於現代的傳説。接着他又寫了一篇宋王偃的紹述先德，以宋王偃的"身死國亡，爲天下大僇，後世言惡則必稽焉"的同樣例子，再一次説明古代史實很多出於傳説，不能輕信。

　　顧頡剛先生破壞不可信的偽古史，並不是否定古代史，而是還偽古史的神話傳説的真面目，所以抗戰時，他在雲南大學講授中國上古史時，就把偽古史還原爲神話傳説，從"中國一般古人想像中的天和神"及"商、周間的神權政治"講起。可是他在雲大講上古史只有一年，用通俗體裁所編的講義也没有編完，到"楚莊王的霸業"就中輟了。他把僞古史還原爲神話傳説的真面目的目的，是爲了建設真古史，在這方面他雖没有作出重大的科學研究，但在中國古代史述略這篇通俗文章中，扼要地論述了傳説的古史和科學的古史的關係，並在茫昧的夏王國和商王國的成長和發展兩節中把傳説的古史和科學的古史結合起來叙述，體現了他研究古史的心願。

三　探索古代的民族和地域

顧頡剛先生在與錢玄同先生論古史書中指出：自西周以至春秋初年，没有許多民族公認的始祖，那時人只是把本族形成時的人作爲始祖。在答劉胡兩先生書中又説：商出於玄鳥，周出於姜嫄，任、宿、須句出於太皞，郯出於少皞，陳出於顓頊，六、蓼出於皋陶，楚、夔出於祝融，他們原是各有各的始祖。

在戰國秦漢間人的造僞與辨僞中，又列舉華夏族以外的各部落説：當春秋時，居今河北省南部的有白狄，居今山西省南部的有赤狄。以戎爲名的，陝西有犬戎、驪戎、大戎，河北有山戎，湖北有盧戎，河南有陸渾之戎及楊拒、泉皋、伊雒之戎。以夷爲名的，山東有萊夷，江蘇與安徽間有淮夷。姓嬴的有江、黄、徐諸國。姓偃的有六、蓼、桐、英氏及舒蓼、舒庸、舒鳩諸國。不詳其姓的又有州來、鍾離、鍾吾諸國。更往南行，又有群蠻和百濮。這些部落各有其歷史的文化，也無公認的共同始祖。

春秋以後，越滅了吴，統一了東南；楚東向滅越，又南越洞庭，西越巫山，統一了淮水和長江流域。秦滅義渠和蜀，統一了西北和西南。齊向海上開拓，燕向東北開拓，趙向北部開拓，又統一了許多異族。韓、魏位居腹地，融化了中原諸戎、狄。經過了二百多年的大國攻滅小國，把無數種族併到一起，爲了使它們能融合起來，就用了同種的話來打破各方面的種族觀念。本來楚的祖是祝融，到這時改爲帝高陽（後人説他就是顓頊）了。本來秦是玄鳥隕卵，女修吞而生子，到這時也是顓頊的苗裔了。趙祖非子，非子也是女修之後，秦和趙就同祖了。本來越是純粹南方部族，和諸夏没有絲毫關係的，到這時也是禹的子孫了。本來匈奴在極北，越在極南，無論如何聯不起來，到這時都成了夏禹的後裔了，禹是被稱顓頊之孫的，那麼越和匈奴也就同祖了顓頊了。田齊自稱舜後，而舜是顓頊的六世孫，他們也就與秦、趙、楚、越、匈奴爲一個系統下的分支了。商、周是兩個很不同的種族，到這時商祖契，周祖后稷，都是帝嚳的兒子，變成親兄弟，連帝堯也是他們的兄弟。而顓頊和帝嚳，又是黄帝的孫子和曾孫。這樣就出現了唐、虞、夏、商、周同出於黄帝的説法。

晚年，他在周公東征考證中對帝繫的祖先同源説出現的時代作了考證。他説：帝繫的前半篇把歷代帝王的系統從黄帝直貫到周的先世，後半篇則從"顓頊娶于滕隍氏"起轉到了陸終氏，以至楚熊渠封子三人爲王，和鄭語説的"惟荆實有昭德，若周衰，其必興矣"，正是一鼻孔出氣。這就表明寫作這篇文字是爲楚取得中原統治張目的。因此，它的出現當在楚能問鼎中原的時期。戰國中期，在秦還没有稱王之際，楚威王滅越，統一了南方中國，有力量統一中國，所以作家們紛紛爲它裝點，把黄帝、顓頊等大神堆到楚祖吴回、陸終的頂上，使楚的一系和唐、虞、夏、商、周同條共貫，以取得統治中原的法統，因而就把無數族類的祖先鎔化成爲一個整體，這就是帝繫的祖先同出一源説出現的歷史背景。此文還對古代東方的殷族、東夷、祝融、鳥夷各族在周代的興亡分合作了詳細的考證。

抗日戰爭時期，顧先生在四川成都時，整理古蜀國傳説，寫了古代巴蜀與中原的關係及其批判，認爲：古代蜀國和中原没有關係，這塊土地上的文化在古代是獨立發展的，直到春秋、戰國間才同秦國有交涉。古代巴、蜀史事的記載可信的實在太少，真有傳說背景的，如青陽降居江水，顓頊生於若水，禹生於石紐，實亦無幾，起源也甚遲。真的歷史事實，只有鹽叢等爲蜀王，巴與楚有國際關係兩點。甲骨文裏的蜀，在商王畿內。逸周書裏的蜀，大約和甲骨文的蜀是同一塊地方。春秋經裏的蜀，在今山東泰安縣附近。這三個蜀全在東方，和四川的蜀國無涉。牧誓的蜀，固然和蜀國有關，但依然是漢水流域的蜀人而不是岷江流域的蜀人。梁州固然指的是四川大部，陝西、湖北的一部，但這是秦滅巴、蜀前後所作的，不足以説明在這個時期以前四川和中原發生過怎樣的關係。

　　1950年，顧先生寫了崑崙傳説和羌戎文化一篇十五萬字的長文，探索我國的西部民族——羌、戎的歷史。説明羌、戎至少已有三、四千年的歷史，和中原發生關係極早，自甲骨文到詩、書全都有記載。所謂華夏之族不少由羌、戎分出，不過其中進握中原政權的已自居爲華夏，而停留在原來地方的則仍稱羌、戎而已。中國正統文化，實在都從羌、戎區域裏發源的，及至傳進了中原然後大大地擴展的。崑崙是他們的宗教中心，這些宗教的儀式傳進了中原，於是有"封禪"的大典禮，這些宗教的故事傳進了中原，於是有整整齊齊的一大套中國古史。中國古史人物是由神話人物轉變而來，而這些神話人物則由羌、戎的宗教故事而來。因此，羌、戎的宗教轉變成了中國的古史。

　　顧頡剛先生認爲秦、漢以前的中國只是没有統一的許多小國。他在答劉胡兩先生書中指出："中國的統一始於秦，中國人民的希望統一始於戰國；若戰國以前則有種族觀念，並無一統觀念。""我們對於古史，應當以各時代的地域爲地域，不能以戰國的七國和秦的四十郡算做古代早就定局的地域。"關於三代的疆域，他在古史地域中的擴張一文中説：夏代的歷史，就書本上的材料看來，那時的國都有説陽城的，又有説帝丘的，晉陽的，安邑的，反正離不了現在河南省的北部和山西省的南部，帶着一點兒河北省的南端。因此，史記吳起列傳裏説：“夏桀之居，左河、濟，右太華，伊闕在其南，羊腸在其北。”這個疆域不過佔有了黃河下游一段地方。他們的敵國和“與國”，如窮、寒、鬲、仍、斟灌、斟尋等等都在山東省，可知那時與夏朝交通的只有濟水流域爲繁密。商滅夏而佔有中原，比較夏代的疆域惟有東北方是添出來的。周入主中原之後，疆域又寬廣了些。左傳昭九年，記周景王的話道：“我自夏以后稷、魏、駘、芮、岐、畢，吾西土也。及武王克商，蒲姑、商、奄，吾東土也。巴、濮、楚、鄧，吾南土也。肅慎、燕、亳，吾北土也。”這裏所説的東土是夏、商時的中原，北土是商增於夏的境域，西土是周的老家，惟有南土是新闢的。然而巴、濮、楚、鄧，周亦不能有，只表示其聲威所及而已。實際上，周的南境不過到申、呂、許，今河南省南部。

到了戰國，各强國竭力“辟土地，充府庫”，中原小國及蠻夷之地盡爲吞併。他在戰國秦漢間人的造僞與辨僞中説：春秋以後，越滅吳，統一了東南。楚東向滅越，又南越洞庭，西越巫山，統一了淮水和長江流域。秦滅義渠和蜀，統一了西北和西南。齊向海邊開拓，燕向東北開拓，趙向北部開拓，又統一了許多異族的地域。韓、魏融化了中原諸戎狄。這樣地工作了二百餘年，於是春秋時的許多小國家和小部族全不見了，到秦始皇二十六年，完成了統一的大業。可是這時講到五帝的國土，還不過是“方千里”，而始皇的疆域則是“自上古以來未嘗有”的。所以禹貢的九州，堯典的四罪，史記的黃帝四至乃是戰國時七國的疆域，而堯典的羲、和四宅以交阯入版圖更是秦、漢的疆域。

對九州與五嶽的由來，他在州與嶽的演變中説：西周時尚没有九州的觀念，更不必説殷和夏。自西周之末到春秋時，在今河南省的西部和陝西省的東南部，有個姜姓民族的居住地，喚做九州。大約在春秋中葉，把這小區域的九州放大爲禹跡的九州，奄蓋當時的天下，但沒有確定這個州名及其疆界。到戰國時，因吞併的結果，小國之數日減，僅存幾個強國（如秦、楚）或古國（如周、衛）約略與九州相當，遂使九州之説益臻具體化，而有禹貢等分州之書出現。這些州名，有的直取國名（如徐），有的取於國的異名（如荊），有的取於國的同音字（如揚、幽），有的取於國的都邑（如雍、冀、營），有的取於水名（如兖），有取於五行的方位（如青）。後來又因地域的擴張和九州名目的不一致，放大爲十二州。但創立這一説的人沒有把十二州的個別之名寫下來，徒勞經學家的猜測。

至于嶽，他以爲最先有姜戎的先祖“四嶽”，而後有堯典的大官“四岳”及天子巡狩的“四岳”。有禹貢的不指名的“九山”，而後有有始覽的指名的“九山”，而後有職方的分州的“九山鎮”。有“四嶽”和“九山鎮”兩個觀念相配，加之以五行的思想，於是有“四嶽”的放大和“九山鎮”的縮小，而發生了“五嶽”的制度。這制度創於武帝而成於宣帝，所以周官大宗伯所謂“以血祭祭社稷五祀五嶽”等話，都不足信。

他在兩漢州制考中又指出：九州本是戰國人的理想制度，漢武帝時，南北東西都新闢了很廣的疆土，就採用了這個理想的制度來區劃天下，把王畿之外分作十三部，其中依禹貢和職方的舊有州名立了十一部；尚有極南極北的兩部，因古書中無可依據，就給以特別的名號。王莽以“十三”不是一個成數，州名又不整齊，改立了十二州。光武中興，採用王莽的制度而略加修改，又把王畿放了進去，亦爲十三州。這等三翻四覆的變花樣，以致一篇漢書地理志裏，忽而西漢制，忽而東漢制，使後世的學者看了莫名其妙。

一九三七年，他在九州之戎與戎禹一文中，對左傳昭四年司馬侯所説的“四嶽、三塗、陽城、大室、荊山、中南，九州之險也”作了進一步的考證，認爲原先的九州區域“蓋始自今陝西之極西部，或今甘肅之東南部，北由隴山（四嶽），南抵秦嶺（中南）；及逾潼關，則北暨崤函（荆山），南及熊耳之東（三塗），以迄於今河南中部之嵩山（陽城、大室），包有渭、雒、伊、汝諸水之流域”。在這個問題上他得出的結論是：“由戎居之九州，演化爲天下之代稱之九州，更演化而爲堯之十二州。由戎之先人所居之四嶽，演化而爲平分四方之四嶽，更演化而爲漢武帝之五嶽。”他晚年在四嶽與五嶽一文中又指出四嶽和五嶽是兩個不同性質的問題，四嶽者，姜姓之族之原居地，及齊人、戎人東遷而徙其名於中原；是爲兩周時事，爲民族史及地理上之問題。五嶽者，大一統後因嶽之名而擴充之，且平均分配之，視爲帝王巡狩所至之地；是爲漢武、宣時事，爲政治史及宗教史上之問題。

我國何時設立郡縣？一般人認爲是秦始皇平定六國後懲封建之弊而創立的；也有的人依據山海經、淮南子、堯典等書本材料推得很早，説郡縣制在唐、虞時就已有了。顧頡剛先生在春秋時代的縣中認爲我們既不能信遲至秦始皇説，也不能信早至唐、虞、夏、商説，只有盡我們的本分，從真實的記載裏重尋郡縣制的演進史。他説：春秋時晋向北發展，楚向南發展，齊向東發展，秦向西發展。他們吞滅弱小，開疆拓土，國境過大，就隨了環境的需要而創立了縣這新制度。吳國崛起東南，也模仿了。縣是他們本國以外土地的區畫，也是原有的鄉鄙制的擴大；由於是舊制的擴大，所以有些地方也和舊制相牽混，而縣和鄉鄙可以同義。又縣制之外，在春秋初期，秦國並有郡制；至少到了春秋後期，晋、吳也都有了郡了。

四　考訂古書的著作時代

考訂古書著作的時代，對於研究古史傳說的演變過程是極其重要的基礎工作，"層累地造成的中國古史"觀，就是靠初步確定了一些古書著作時代，並以之和書上所説的古史時代進行比較而發現的。那時顧頡剛先生排了兩個表：一個是看書上説的什麽時代就放在什麽時代，例如置三五歷年記、春秋命歷序於太古，置堯典、舜典、皋陶謨於唐、虞，置逸周書、穆天子傳於西周。一個是看它們作於什麽時代就放在什麽時代，例如置虞夏書於東周，置易傳、竹書紀年、胠篋篇於戰國、秦、漢間，置命歷序、五帝德於漢，置帝王世紀、僞古文尚書於晋，置路史、三墳於南宋。把這兩個表比較起來看，就會發現作得越後，越是排在前面。可見弄清楚古書著作時代是考辨古史傳說的前提條件。爲此，顧頡剛先生對古書著作時代，作了大量的考訂，下面就略述他論及的各種古書著作時代。

周易經傳的著作時代，顧先生在周易卦爻辭中的故事一文中認爲：周易的中心是卦辭和爻辭，即是易經。考出卦、爻辭中引用的故事的時代，即可估計出它的著作時代。他對以下五件故事：（1）王亥喪牛羊於有易，（2）高宗伐鬼方，（3）帝乙歸妹，（4）箕子明夷，（5）康侯用錫馬蕃庶，考出其時代二屬於商，三屬於商末周初。而卦、爻辭中又沒有儒家道統的故事，如堯、舜禪讓、聖道的湯、武革命、封禪和觀象制器，所以它的著作時代可以約略地推定在西周初葉。著作人無考，當出於那時掌卜筮的官（即巽爻辭所謂"用史巫紛若"的史巫）。著作地點當在西周的都邑中。而易傳（彖傳、象傳、繫辭傳、文言傳、説卦傳、序卦傳、

雜卦傳的總名），則沒有卦、爻辭中的五件故事，而有四件儒家
道統的故事，所以易傳的著作時代，至早不得過戰國，遲則在西
漢中葉。後來他又作了論易繫辭傳中觀象制器的故事，説明這一
故事出於漢人京房一派的僞託。

　　尚書的著作時代問題，他在給胡適的論今文尚書著作時代書
中把今文尚書二十八篇分成三組：第一組，盤庚、大誥、康誥、
酒誥、梓材、召誥、洛誥、多士、多方、吕刑、文侯之命、費誓
和秦誓十三篇，在思想上、文字上都可信爲真。第二組，甘誓、
湯誓、高宗肜日、西伯戡黎、微子、牧誓、洪範、金縢、無逸、
君奭、立政和顧命十二篇，有的文體平順，不似古文，有的人治
觀念很重，不似那時的思想。這或者是後世的僞作，或者是史官
的追記，或者是真古文經過翻譯，均説不定。不過決是東周間的
作品。第三組，堯典、皋陶謨和禹貢三篇，決是戰國、秦、漢間
的作品。後來他又寫了堯典著作時代考，從制度、地理、文辭、
學風各方面論證今本堯典始創於戰國而重作於漢人，而史記以前
不引今本堯典，可證它出於武帝中年以後。在禹貢評注中，他又
考定禹貢是公元前三世紀的作品，較秦始皇統一的時代約早六十
年，作者是西北人。在逸周書世俘篇校注寫定與評論中，又從用
語、曆法、制度、史實上考證世俘篇實作於殷、周之際。

　　關於詩經，他認爲是一部入樂詩的總集，是西周至東周的作
品。他在讀詩隨筆中説，詩經的輯集必在孔子後。論語輯集已在
孔子後多時，而所引詩與今本詩經尚不同，可見今本詩經的輯集
必更在論語之後。孟子引詩與今本無異同，則詩經輯集必在孟子
以前。可以假定這書是戰國中期的出品。

　　在詩經在春秋戰國間的地位一文的引言中，他對左傳、國
語、儀禮、論語和禮記的著作時代作了一個概括的論述，他説：

　　　　左傳和國語固是記載春秋時事最詳細的，但做書人的態

度既不忠實，並且他確是生在戰國時的，這部書又經過了漢儒的幾番竄亂，可靠的程度也是很低。儀禮是記載周代禮節最詳細的，但禮節這等的繁縟，物品這等的奢華，決不是"先進野人"之風，恐是春秋末年或戰國初期的作品。論語是記載孔子的言行最詳細的，但説及曾子的死，至少出於孔子的再傳弟子所記，也是戰國初期的出品。禮記更後了，大部分是西漢人所作，這是可以把漢人的記載證明的。

他在討論古史答劉胡二先生中又説："依我考定，左傳是紀元前三百年間所著，約當赧王初元。墨子書決是'墨分爲三'之後所作。"而論語中的堯曰章，他在禪讓傳説起於墨家考中以爲"這章文字，早則出於戰國之末，遲則當在秦、漢之交"。

周禮的著作時代，他在周公制禮的傳説和周官一書的出現中説："周官和管子的文辭雖有參差，而其中心思想則同是組織人民，充實府庫，以求達到統一寰宇的目的，由此可以猜測它出於齊國以及別國的法家，跟周公和儒家根本不發生關係。它上面可以聯繫到齊宣王立稷下之學、燕昭王爲郭隗築黃金臺、秦孝公尊顯商鞅等等戰國時代的史事，下面則可以聯繫到王莽的託古改制，因爲這書不成於一人，也不作於一時，所以其中的制度常有牴牾和不可信的成分。""這原是一部戰國時的法家著作，在散亡之餘，爲漢代的儒家所獲得，加以補苴增損，勉強湊足了五官；然而由於儒、法兩家思想的不同，竟成了一個'四不像'的動物標本，這就是我寫這篇文字的結論。"

至於公羊和穀梁，他在秦漢方士與儒生一書中説："所謂春秋公羊傳一名和春秋穀梁傳一書實在都很後起。……戰國諸子以及漢人所引的春秋常是公羊傳裏的文字，可見這本傳出來很早。在公羊傳中，引了許多春秋先師之説，……也曾兩度引及公羊子，可見公羊子只是春秋的先師之一，並不是這部傳的作者。不知何年始稱它爲公羊傳。有了公羊傳這個名稱，於是聯帶有所謂穀梁傳。……這是當時學春秋的人看見別經分家而春秋不分，因此想自立門户，把原來的春秋傳改稱爲公羊傳，……別樹一幟，影射了公羊而爲穀梁傳。……只要看穀梁傳中極多災異之説，其立博士在宣帝之末（甘露三年，公元前五一年），就可知道它必是西漢中葉以後的作品。”

　　老子的成書年代，顧先生在給錢玄同的論詩經經歷及老子與道家書中以爲“當如梁任公先生説，是戰國末年的書”。後來在從吕氏春秋推測老子之成書年代一文中改變了看法，以爲在漢初。他説：“吕氏春秋中，老子的意義幾乎備具，然絶不統屬於老聃；至淮南子中，則老聃的獨尊地位已確立，老子的成書時代必在此二書之間。考吕書作於秦始皇八年（西元前二三九），見序意篇。淮南書作於何年雖不可詳，但據漢書諸侯王表，他立於文帝十六年（前一六四），死於武帝元狩元年（前一二二），必在此四十二年之中。由此可以推測，老子一書的編成是西元前三世紀下半葉之事，其發展則在西元前二世紀。”

　　莊子這部書，顧先生在回答錢玄同論莊子真僞書中説：“莊子是戰國、秦、漢間‘論道之人’所作的單篇文字總集。”後來在中國上古史研究講義中又説：“古時的一篇就是現在的一種書，所以莊子實在是一部‘道家叢書’，……莊子各篇的著作時代，從戰國中期起，到西漢末年止，約經過了三百四十年。”

　　山海經的著作時代，顧先生在給何定生的論山海經書中説：“山海經一書，從所記之故事及地名上看，可信爲戰國時書。固然有漢以後地名，但也許是漢以後人加進去的。理由是漢人定事物的原則於五行上，無論什麼事情總要用五行之來分配解釋，而山海經則絶少此種氣味。……所以不能前於戰國之故，因戰國時所盛稱的幾個古人——如黄帝、炎帝、顓頊、祝融、共工、驩兜、娥皇等，——山海經裏都有了。但也許山經比海經早，海經比大荒經早，而山經則作在戰國前。這有待於詳細研究，現在不能斷定。"

　　顧頡剛先生在崑崙傳說和羌戎文化中又論述了穆天子傳的著作時代。他以爲穆天子傳的著作背景即是趙武靈王的西北略地，史記趙世家所説的霍山天使送給襄子的一封天書中所提到的"河宗"這一地名，除了史記和穆天子傳，它處從未見過，是最可注意的一點。它當作於戰國初趙武靈王末年。

　　顧頡剛先生考訂的古書著作時代，當然不能都視爲定論，而且在他自己的一生中也在不斷的修訂，但他都提出了有價值的見解，使存在的問題朝着解決的方向邁進了一大步。

五　尾言

　　一九六一年，金燦然和蕭項平同志就向顧頡剛先生建議，把他一生所寫的文章，編成文集，由中華書局出版，後因故未果。一九八〇年，中華書局又重申前議，顧先生非常高興，即囑我着手擬定目録，分類編輯，由他親自審定。不幸顧先生即在這年十二月二十五日逝世，沒有能親見其成。現在編定的這部古史論文集，仍按照他生前審定的目録，分類編排，僅在個別地方作了一些調整；原計劃出六册，後來又增加了一些遺漏的文章，字數超出了估計，乃改爲八册。這八册的順序是按照顧頡剛先生研究古史四個方面的主要貢獻來編排的：第一册爲有關創立"層累地造成的中國古史"觀的論述；第二、三、四册爲古史傳說及夏、商、周至春秋的史實考辨；第五、六册爲古代民族和疆域的探索；第七、八册爲古書的真僞、内容和著作時代的考訂。

　　顧頡剛先生離開我們已經七年了，這項工作由於我抓得不緊和其他事務的牽扯，拖了好幾年。在中國社會科學院歷史研究所和中華書局的大力支持下，現在總算得以編成陸續出版，使我能盡了顧先生生前把他一生的積稿交給我整理出版的一部分責任，不辜負他對我的期望而告慰顧先生於地下。

王煦華

一九八七年九月一日

　　前些年，出於種種原因，古史論文集未能全部出版。現藉編輯顧先生全集之機，將該集內容由八册調整爲全十二卷十三册：卷一至卷四爲“層累地造成的中國古史”觀的論述以及古史傳說的探討與夏、商、周至春秋史實的考辨；卷五、卷六爲古代民族和疆域的探索；卷七至卷十一爲古書的真僞、內容和著作時代的考訂；卷十二爲幾部史學專書。

王煦華

二〇〇六年四月

古史辨第一册自序[*]

　　兩年前，我在努力週報附刊的讀書雜志裏發表辨論古史的文字時，樸社同人就囑我編輯成書，由社中出版。我當時答應了，但老沒有動手。所以然之故，只因裏面有一篇主要的辨論文字沒有做完，不能得到一個結束；我總想把它做完了纔付印。可是我的生活實在太忙了，要想定心研究幾個較大的題目，做成一篇篇幅較長的文字，絶不易找到時間，這是使我永遠悵恨着的。

　　去年夏間，上海某書肆中把我們辨論古史的文字編成了古史討論集出版了。社中同人都來埋怨我，説："爲什麼你要一再遷延，以致給別人家搶了去。"我對於這事，當然對社中抱歉，並且看上海印本錯字很多，印刷很粗劣，也不爽快，就答應道："我立刻編印就是了！"哪知一經着手編纂，材料又苦于太多了，只得分册出版。現在第一册業已印刷就緒，我很快樂，我幾年來的工作得到一度的整理了。

　　這第一册分做三編。上編是在讀書雜志中作辨論以前與適之、玄同兩先生往返討論的信札，是全没有發表過的。這些信札只就手頭保存的寫録，當然遺失的還有許多。在這一編裏，可以知道雜志中文字的由來和我對于懷疑古史一件事所以有明瞭的意識的緣故。中編所録全是在讀書雜志中發表的。其中許多問題雖都没有討論出結果來，但是我們將來繼續研究的骨幹卻已在這幾

---

　　* 原載古史辨第一册，樸社，1926 年 6 月。

篇文字中建立起來了。下編除首二編外全是讀書雜志停刊以後的通信及論文，有一部分是沒有發表過的。在這一編裏，可以見出我現在對于研究古史所走的路途的趨向。

第二册的稿子約略輯成，也分作三編。上編是討論古代史實及傳說的。中編是說明經書真相及批評注解得失的。下編是辨僞者的傳記和評論。這些文字都是數年來在各種刊物上零碎發表的，其中待討論修正的地方很多。只要第一册出版後有銷場，社中同人容許我繼續出版，我就可寫定付印。

以後我的環境如果不至迫逼我廢學，我的胸中所積蓄而且渴望解決的問題正多，自當陸續研究，作文發表，第三册以下也儘有出版的希望。但不知道我的爲生活而奮鬥的能力能打出一個境界，完成這個志願與否。

現在輯成的兩册，範圍並不限于古史。所以仍用古史署名之故，只因我的研究的目的總在古史一方面，一切的研究都是要歸結于古史的。（例如辨論詩經與歌謠的文字雖與古史無直接關係，但此文既爲辨明詩經之性質，而詩經中有古史材料，詩經的考定即可輔助古史的考定，故仍收入。）沒有枝葉固然可以把本幹看得清楚，但有了枝葉也更可以把本幹的地位襯托出來，所以我不想把枝葉删芟了。

這幾年中，常有人問我："你們討論古史的結果怎樣？"我屢次老實答道："現在沒有結果。因爲這是一個大問題；它的事實在二三千年以前，又經了二三千年來的亂說和僞造，哪裏是一次的辨論所能弄清楚的！我們現在的討論只是一個研究的開頭呢，說不定我們一生的討論也只是一個研究的開頭咧！"

也有人對我說："你爲什麼不把幾年來的討論的文字重做一番系統的整理，作成一篇齊整的論文呢？"這話固然是好意，但我決不敢答應。我現在在研究上所走的路途的短，成績的少，是大家看得見的，實在沒有把這種一目可盡的東西再做一番系統的整理的必要。況且我所提出的論題全沒有討論出結果來，也無從加以斷定。我並不是沒有把我的研究構成一個系統的野心；如果我的境遇真能允許我作繼續不斷的研究，我到老年時一定要把自己的創見和考定的他人之説建立一個清楚的系統。但現在還談不到此，還只能見到一點寫一點，做零碎的發表和溷雜的編集。

我非常地感謝適之、玄同兩先生，他們給我各方面的啟發和鼓勵，使我敢于把違背舊説的種種意見發表出來，引起許多同志的討論。這個討論無論如何沒有結果，總算已向學術界提了出來，成爲學術界上的共同的問題了。我又非常地感謝劉楚賢（掞藜）、胡堇人、柳翼謀（詒徵）諸先生，他們肯盡情地駁詰我，逼得我愈進愈深，不停歇于浮淺的想像之下就算是滿足了。我永遠要求得到的幸運，就是常有人出來把我痛駁，使得我無論哪個小地方都會親自走到，使得我常感到自己的學力不足而勉力尋求知識。我在生活上雖是祈禱着安定，但在學問上則深知道這是沒有止境的，如果得到了止境即是自己的墮落，所以願意終身在徬徨覓路之中，不希望有一天高興地呼喊道：“真理已給我找到了，從此沒有事了！”

我自在讀書雜志中發表了推翻相傳的古史系統的文字之後，一時獎譽我的人稱我“燭照千載之前，發前人之所未發”；反對我的人便罵我“想入非非，任情臆造”；對我懷疑的人也就笑我抨擊古人只不過爲的趨時成名。也有愛我的前輩肫摯地勸告道：“你是一個很謹厚的人，何苦跟隨了胡適之、錢玄同們，做這種不值得做的事情！”我聽了這種種的議論，禁不住在腹中暗好笑。我自己知道，我是一個平常的人，決不會比二千年來的人特別聰明，把他們看不清楚的疑竇由我一起看出。我也知道，我是一個很膽小的人，苟非確有所見，也決不敢猖狂地冒了大不韙，自己提出一種主張來疑經蔑古。至于成名之心，我固然不能説沒有，但總可以説是很淡薄的，我也決不願無故凌辱古聖先賢來造成自己的名譽。適之、玄同兩先生固是我最企服的師，但我正因爲没有崇拜偶像的成見，所以能真實地企服他們；若把他們當作偶像一般而去崇拜，跟了他們的腳步而作應聲蟲，那麽，我用了同樣的方式去讀古書時，我也是古人的奴隸了，我還哪裏能做推翻古代偶像的事業呢。老實説，我所以有這種主張之故，原是由于我的時勢，我的個性，我的境遇的湊合而來。我的大膽的破壞，在報紙上的發表固然是近數年的事，但伏流是與生命俱來的，想像與假設的構造是一點一滴地積起來的。我若能把這個問題研究得好，也只算得没有辜負了我的個性和環境，没有什麽了不得。若是弄得不好，不消説得是我的罪戾，或是社會給與我的損害了。因爲我對于自己的地位有了這種的瞭解，所以我對于自己的見解（給一般人詫爲新奇的）常以爲是極平常的，勢所必然的，我只順着自然的引導，自己無力于其間，譽我和毁我的話都是廢話而已。但譽我與毁我的人，我也不嫌怪，因爲他們只見到我的主張的斷面，而不能深知道我的個性和環境，也是當然如此。

我讀別人做的書籍時，最喜歡看他們帶有傳記性的序跋，因爲看了可以瞭解這一部書和這一種主張的由來，從此可以判定它們在歷史上占有的地位。現在我自己有了主張了，有了出版的書籍了，我當然也願意這樣做，好使讀者瞭解我，不致驚詫我的主張的斷面。

因爲這樣，所以現在就借了這一册的自序，約略做成一部分的自傳。我很慚愧，我的學問還没有成熟，就貿貿然來做這種自傳性的序文，實在免不了狂妄之罪。但社會上已經等不到我的學問的成熟而逼迫我發表學術上的主張了，已經等不到我的主張的討論出結果來而逼迫我出書了，我爲求得讀者對于我的出版物的瞭解，還顧忌着什麽呢。

　　我是一八九三年生的。當我出生的時候，我的家中已經久不聽見小孩子的聲息了，我是我的祖父母的長孫，受到他們極濃摯的慈愛。我家是一個很老的讀書人家，他們酷望我從讀書上求上進。在提抱中的我，我的祖父就教令識字。聽説我坐在“連枱交椅”（未能步行的小孩所坐）裏已經識得許多字了，老媽子抱上街去，我儘指着招牌認字，店舖中人詫異道：“這怕是前世帶來的字吧！”因爲如此，所以我瞭解書義甚早，六七歲時已能讀些唱本小説和簡明的古書。但也因爲如此，弄得我游戲的事情太少，手足很不靈敏，言語非常鈍拙，一切的技能我都不會。這種的狀態，從前固然可以加上“弱不好弄”的美名，但在現在看來，只是遏抑性靈，逼作畸形的發展而已。

　　在這種沉悶和呆滯的空氣之中，有一件事足以打破這寂寥而直到近數年來纔從回憶中認識的，就是民間的故事傳説的接近。我的本生祖父和嗣祖母都是極能講故事的：祖父所講大都屬於滑稽一方面，如“諸福寶（蘇州的徐文長）”之類；祖母所講則大都屬於神話一方面，如“老虎外婆”之類。除了我的祖父母之外，我家的幾個老僕和老女僕也都擅長這種講話，我坐在門檻上聽他們講“山海經”的趣味，到現在還是一種很可眷戀的溫煦。我雖因言語的鈍拙，從未複述過，到後來幾乎完全忘記了，但那種風趣卻永遠保存着，有人提起時總覺得是很親切的。祖父帶我上街，或和我掃墓，看見了一塊匾額，一個牌樓，一座橋梁，必把它的歷史講給我聽，回家後再按着看見的次序寫成一個單子。因此，我的意識中發生了歷史的意味，我得到了最低的歷史的認識：知道凡是眼前所見的東西都是慢慢兒地積起來的，不是在古代已盡有，也不是到了現在剛有。這是使我畢生受用的。

　　當我讀論語的時候，孟子已買在旁邊，我隨手翻看。我在論語中雖已知道了許多古人的名字，但這是很零碎的，不容易連接。自從看了孟子，便從他叙述道統的説話中分出了他們的先後。我初得到這一個歷史的系統，高興極了，很想替它做一個清楚的叙述。以前曾在祖父的講話中，知道有盤古氏拿了斧頭開天闢地的故事，有老嫗和犬生出人類的故事；到這時就把這些故事和書本上的堯、舜、禹的記載聯串了起來了。我記得那時先着一家起了幾個早晨，在朝暾初照的窗下寫成一篇古史，起自開闢，訖于滕文公篇的"孔子没，子夏、子張、子游以有若似聖人，欲以所事孔子事之；彊曾子，曾子不可"的一段事。孟子叙述道統到孔子爲止，我作歷史也到孔子没後爲止，這是很分明的承受了孟子的歷史觀了。這篇古史約有五頁，那時還没有練習過小楷，襯了紅格紙寫得蠅頭般的細字，寫好了放在母親的鏡匣裏。從我所讀的書和母親的病狀推來，那時我是七歲（依舊法算應是八歲）。可惜後來母親死了，這篇東西就失去了。

就是這一年的冬天，我讀完了孟子。我的父親命我讀左傳，取其文理在五經中最易解，要我先打好了根柢然後再讀深的。我讀着非常感興趣，髣髴已置身于春秋時的社會中了。從此魯隱公和鄭莊公一班人的影子長在我的腦海裏活躍。但我的祖父不以爲然，他説："經書是要從難的讀起的；詩經和禮記中生字最多，若不把這兩部書先讀，將來大了就要記不清了。"所以在一九〇一年的春天，命我改從一位老先生讀詩經。左傳只讀了一册，就擱下了。

我讀國風時，雖是減少了歷史的趣味，但句子的輕妙，態度的温柔，這種美感也深深地打入了心坎。後來讀到小雅時，堆砌和嚴重的字句多了，文學的情感減少了，便很有些兒怕唸。讀到大雅和頌時，句子更難唸了，意義愈不能懂得了。我想不出我爲什麼要讀它，讀書的興味實在一點也没有了。這位老先生對付學生本來已很嚴厲，因爲我的祖父是他的朋友，所以對我尤爲嚴厲。我越怕讀，他越要逼着我讀。我唸不出時，他把戒尺在桌上亂碰；背不出時，戒尺便在我的頭上亂打。在這種的威嚇和迫擊之下，長使我戰慄恐怖，結果竟把我逼成了口吃，害得我的一生永不能在言語中自由發表思想。我耐不住了，大着膽子向先生請求道："我讀左傳時很能明白書義，讓我改讀了左傳罷！"先生聽了，鼻子裏嗤的一聲，做出很傲慢的臉子回答我道："小孩子哪裏懂得左傳！"好容易把一部詩經捱完，總算他們順了我的請求，沒讀禮記而接讀左傳。這位老先生要試一試我以前類于誇口的請求，令我講解華督殺孔父的一段。我一句句地講了。他很詫異，對我的祖父説道："這個小孩子記性雖不好，悟性卻好。"我雖承蒙他獎讚，但已做了他的教育法的犧牲了！

　　我的生性是非常桀驁不馴的。雖是受了很嚴厲的家庭教育和私塾教育的壓抑，把我的外貌變得十分柔和卑下，但終不能摧折我的内心的分毫。所以我的行事專喜自作主張，不聽人家的指揮。翻出幼時所讀的四書，經文和注文上就有許多批抹。例如告子上篇天爵章末有"終亦必亡而已矣"句，仁之勝不仁章末又有"亦終必亡而已矣"句，我便剔去了中間欲貴章首的"〇"號，批道："不應有〇，下文有'亦終必亡而已矣'之語，可見兩段相連。"又如離婁下篇逢蒙學射章"孟子曰：'是亦羿有罪焉'，公明儀曰：'宜若無罪焉'"，我疑心"羿"與"宜"因同音而致誤，就批道："宜，當作羿。"這一類的批抹，在現在看來確是極度的武斷，但我幼年讀書就不肯盲從前人之説，也覺得是不該妄自菲薄的。

　　約在十一歲時，我初讀綱鑑易知録，對於歷史的系統更能明白認識。那時，我便自立義法，加上許多圈點和批評。我最厭惡綱目的地方，就是它的勢利。例如張良和荊軻一樣的謀刺秦始皇，也一樣的沒有成功，但張良書爲"韓人張良"，荊軻便書爲"盗"。推它的原因，只因荊軻的主人燕太子丹是斬首的，而張良的主人劉邦乃是做成皇帝的。我對於這種不公平的記載非常痛恨，要用我自己的意見把它改了。可惜我讀的一部易知録是石印小字本，上邊寫不多字，只得寫上小紙，夾在書裏。前年理書時檢得一紙條，是那時的筆蹟，寫道：

> 書“秋，秦王稷薨，太子柱立”。至明年冬，又書“秦王
> 薨，子楚立”。下目書曰：“孝文王即位，三日而薨。”夫秋立
> 而至明冬薨，亦十七八月矣，何目書“三日而薨”耶？此其史
> 官之訛也。

現在知道，這個批評錯了，因爲孝文王的即位在他的除喪之後，
和上一年秋的“立”是不衝突的。只是我敢於寫出疑問，也算值得
紀念。

兒時的佚事，現在還記得幾樁。有一次，我看見一個飯碗，
上面畫着許多小孩，有的放紙鳶，有的舞龍燈，有的點爆竹，題
爲“百子圖”。我知道文王是有一百個兒子的，以爲這一幅圖一定
是畫的文王的家庭了，就想把文王的兒子考上一考。可是很失
望，從習見的書中只得到武王、周公、管叔、蔡叔、康叔數人；
左傳上較多些，但也只有“文昭”十六國。我在那時很奇怪：爲什
麼這樣一個大名人的兒子竟如此的難考？後來知道文王百子之説
是從詩經的“太姒嗣徽音，則百斯男”來的，而“百斯男”的話正與
“千秋萬歲”、“千倉萬箱”相類，只是一種諛頌之詞，並非實事；
心始釋然。

又有一次，不知在什麼地方見到孔子有師七人的話，替他一
考居然如數得到。但現在想得起的只有老聃、師襄、萇弘、郯
子、項橐五人，尚有二人反而查不出了。又因謚法的解釋不同，
想做一種謚法考，把左傳上的謚法鈔集起來，比較看着。結果，
使我知道“靈、幽、厲”諸謚未必是惡謚，孟子所説“孝子順孫百
世不能改”的話並不十分可靠。有一回偶然在漢書上看到漢高祖
爲赤帝子，斬白帝子，心想赤帝、白帝不是和黃帝一樣的嗎，爲
什麼黃帝爲人而赤帝、白帝爲神？又在某書上看見三皇、五帝的

名號和易知録上所載的不一致，考查之後，始知三皇、五帝的次序原來有好幾種不同的説法。那時見到的書甚少，這種考據之業現在竟想不起是怎樣地做成的。

我們顧家是吳中的著姓，自漢以下的世系大都可以稽考。但我們一支的家譜只始於明代成化中，又標上維亭的地名。我的十一世伯祖大來公（其蘊）序道：

> 人各有所自，必自其所自而後即安。苟忽其所自而妄萌一焜燿之思，指前之一二顯人曰：“吾所自者某某也”，則世之人亦因其所自而自之矣。然反之心究有所不安。以己之不安而知祖先之必不安，且念子孫之亦未必安也，何可以焜燿之思累先後之不安乎！……此尼備從姪（嗣曾）之近譜所以不宗鹿城（崑山）而宗維亭也。維亭距鹿城不數十里，有農家者流繁衍於上二十一都之鄉，地名顧港，此吾支之所自。鄉之先達已蒙稱述，信爲文康公（顧鼎臣）之支矣。而尼備以宗其所疑不若宗其所信，宗其所信而苟有一毫之可疑無庸宗也，所以寧維亭而不敢曰鹿城，重原本也。

這種信信疑疑的態度，在現在看來固是非常正當，但幼年的我哪裏能懂得呢。我只覺得他們的胸襟太窄隘了：我們和崑山一支既經是一族，爲什麼定要分成兩族？偶然見到一部別宗的譜牒，以西漢封顧余侯的定爲始祖；又列一世系表，起於禹、啓、少康，中經無餘、勾踐，訖於東海王搖和他的兒子顧余侯期視，約有三十餘代（這個表不知道從哪裏鈔來的，現在遍查各種古書竟查不到）。我快樂極了，心想我家的譜牒可以自禹訖身寫成一個清楚整齊的系統來了！又想禹不是祖黃帝的嗎，黃帝又不是少典氏之子嗎，那麼，豈不是又可以推算自己是少典氏的幾百幾十世孫了！我真高興，對着我的同學誇口道：“我要刻三方圖章，一是

'勾踐後人'，一是'大禹子孫'，一是'少典雲礽'。"這位同學也贊
嘆道："你家真是一個古遠的世家！"於是我援筆在譜上批道：

> 甚哉譜必以大宗言也！不以之言，則昧於得姓傳遞之跡
> 而徒見十數世而已。吾族之譜始自允齋公，遂謂允齋公爲始
> 祖。夫公非始得顧姓者，而曰始祖，亦太隘矣！

一個人的思想真是會得變遷的：想不到從前喜歡誇大的我現在竟
變得這般嚴謹，要把甘心認爲祖先的禹回復到他的神話中的地
位，要把尼備公創立家譜的法子來重修國史了！

　　在私塾中最可紀念的，是有兩年没有正式的教師。起先，我
的父親在城北姚家教館，我隨着讀書。去了不久，我父考取了京
師大學堂，到北京去，館事請人代着。可是代館的總不得長久，
代者又請代，前後换了七八人，有幾個月簡直連接着没有先生。
只因姚家待我很厚，他們的小主人和我的交情也很摯，所以我家
並不逼我换學塾。這兩年中，爲了功課的鬆，由得我要怎樣做就
怎樣做。我要讀書，便自己到書舖裏選着買；買了來，便自己選
着讀。我看了報紙，便自己發揮議論。有什麽地方開會，我便前
去聽講。要游戲，要胡鬧，要閒談遣日，當然也隨我的便。這兩
年中的進境真像飛一般的快，我過去的三十年中吸收智識從没有
這樣順利的：我看無論哪種書都可以懂得一點了，天地之大我也
識得一個約略了。這時候，正是國内革新運動勃發的時候，要開
學校，要放足，要造鐵路，要抵制美國華工禁約，要請求政府公
佈憲法開國會，梁任公先生的言論披靡了一世。我受了這個潮流
的湧盪，也是自己感到救國的責任，常常忼慨激昂地議論時事。
中國魂中的呵旁觀者文和中國之武士道的長序一類文字是我的最
愛好的讀物，和學塾中的屈原卜居、李華弔古戰場文、胡銓請斬

王倫秦檜封事等篇讀得同樣的淋漓痛快。在這種熱情的包裹之中，只覺得殺身救人是志士的唯一的目的，爲政濟世是學者的唯一的責任。塾師出了經義史論的題目，我往往借此發揮時論，受他們的申斥；但做時務策論時，他們便不由得不來賞讚我了。

一九○六年，地方上開辦第一班高等小學，考題是徵兵論，我竟考取了第一。我剛進去時，真是踏到了一個新世界。我在私塾中雖是一個新人物，自己已看了些科學方面的教科書，但沒有實物的參證，所謂科學也正與經義策論相同。到了新式學校中，固然設備還是貧乏得很，總算有了些儀器和標本了，能做些實驗和採集的工夫了。我在學校裏最喜歡做的事情是“修學旅行”，因爲史地教員對於經過的名勝和古蹟有詳細的説明，理科教員又能伴我們採集動植物作標本；回來之後，國文教員要我們作游記，圖畫教員要我們作記憶畫：使我感到這種趣味的活動，各科材料的聯絡，我所受的教育的親切。但除了這一件事之外，我的桀驁不馴的本性又忍不住要發展了，我漸漸地對於教員不信任了。我覺得這些教員對於所教的功課並没有心得，他們只會隨順了教科書的字句而敷衍。教科書的字句我既已看得懂，又何勞他們費力解釋！況且教科書上錯誤的地方，他們也不能加以修正。例如地理教科書中説教主出於半島，舉孔、佛、耶爲證，理由是半島的海岸線長，吸收文明容易；地理教員也順着説。我聽得時就很疑惑，以爲道教的張道陵就很明白不是從半島上起來的，孔、佛、耶的出在半島不過是偶然的巧合。海岸線的吸收文明應當在海上交通便利之後，在古時則未必便可增進新知（至少在中國是這般）。即如孔子時，江、淮、河、濟的交通勝於海洋，江、淮、河、濟的吸收文明也應當過於海洋；孔子所以能够特出，或者就靠在河、濟的交通上，和半島及海岸線有何關係。但地理教員就咬定了這句話，大張其半島出教主論了。這種的教員滿眼皆是，他們都只會食人家的唾餘，毫没有自己的真知灼見，都只想編輯了一種講義作終身的衣食，毫不希望研究的進展，使得我一想到時就很鄙薄。

在小學時曾經生了兩個月的病，病中以石印本二十二子和漢魏叢書自遣，使我對於古書得到一個浮淺的印象。又在報紙上見到國粹學報的目録，裏面有許多新奇可喜的文題；要去買時可惜蘇州的書肆裏没有。直到進了中學堂，始託人到上海去買了一個全分。翻讀之下，頗驚駭劉申叔、章太炎諸先生的博洽；但是他們的專門色彩太濃重了，有許多地方是看不懂的。在這個報裏，除了種族革命的意義以外，它給與我一個清楚的提示，就是：過去的中國學問界裏是有這許多紛歧的派別的。

十六歲那一年，我在中學二年級，我的祖父對我説："五經是總該讀全的。你因進了新法學堂，只讀得詩經、左傳和半部禮記。我現在自己來教你罷。"於是我每晚從學校裏歸來，便向祖父受課。他先教我尚書，再教我周易。周易我不感到什麽趣味。尚書的文句雖古奥，但我已經有了理解力，能毅勉强讀懂，對於春秋以前的社會狀況得到了一點粗疏的認識，非常高興。祖父教我時，是今古文一起讀的。我本不知道今古文是怎樣一個重大的訟案，也就隨着讀。後來感到古文很平順，它的文字自成一派，不免引起了些微的懷疑。偶然翻覽先正事略，從閻若璩的傳狀裏知道他已把古文尚書辨得很明白，是魏、晉間人偽造的。一時就想讀他所作的尚書古文疏證，但覓不到。爲安慰自己的渴望計，即從各家書説中輯出駁辨偽古文的議論若干條，尋繹他們的説法。哪知一經尋繹之後，不但魏、晉間的古文成問題，就是漢代的古文也成了問題了。那年上海開江蘇學校成績展覽會，我和許多同學前往參觀，就獨到國學保存會的藏書樓上看了兩種書：一是龔自珍的泰誓答問，一是胡秉虔的尚書叙録。

我既約略知道了這一些問題，我的勇往的興致又要逼迫我佚出前人的論辨之外了。我感到今文尚書中堯典、皋陶謨諸篇的平易的程度並不比僞古文差了多少，我又感到漢人尚書注的不通，都想由我辨去。十七歲時，江蘇存古學堂招生，我知道裏面很有幾位博學的教員，也報名應考。出的題目是堯典上的，現在已記不起了，只記得我的文字中把鄭玄的注痛駁了一回。發榜不取；領落卷出來，籤條上面批着"斥鄭説，謬"四個大字。我得到了這回教訓，方始知道學術上的權威是惹不得的。

要是我能彀從此繼續用功，到現在也許可以做成一個專門的經學家了。但我的祖父逝世之後，經學方面既少了一個誘導的人，文學方面的吸引力又很大，我不自覺的對於經書漸漸地疏遠了下去。

我的祖父一生歡喜金石和小學，終日的工作只是鈎模古銘，椎拓古器，或替人家書寫篆隸的屏聯。我父和我叔則喜治文學和史學。所以我幼時看見的書籍，接近的作品，都是多方面的，使我在學問上也有多方面的認識。可是我對於語言文字之學是不近情的，我的祖父的工作雖給我瞧見了許多，總没有引起我的模倣的熱忱。我自己最感興味的是文學，其次是經學（直到後來纔知道我所愛好的經學也即是史學），我購買書籍就向那兩方面進行。買書這一件事，在我十一二歲時已成了習慣，但那時只買新書；自從進了中學，交到了幾個愛收舊書的朋友，就把這個興致轉向舊書方面去了。每天一下課，立刻向書肆裏跑。這時的蘇州還保留着一個文化中心的殘狀，觀前街一帶新舊書肆約有二十餘家，舊書的價錢很便宜。我雖是一個學生，只能向祖母和父親乞得幾個錢，但也有力量常日和他們往來。我去了，不是翻看他們架上的書，便是向掌櫃們討教版本的知識。所見的書籍既多，自然引誘我去研究目録學。四庫總目、彙刻書目、書目答問一類書那時都翻得熟極了。到現在，雖已荒廢了十餘年，但隨便拿起一册書來，何時何地刻的還可以估得一個約略。

我對於學問上的野心的收不住，自幼就是這般。十二歲時曾作一册自述，題爲恨不能：第一篇是"恨不能戰死沙場，馬革裹屍"，第二篇是"恨不能游盡天下名山大川"，其三便是"恨不能讀盡天下圖書"。到這時，天天游逛書肆，就恨不能把什麽學問都裝進了我的肚子。我的癡心妄想，以爲要盡通各種學問，只須把各種書籍都買了來，放在架上，隨心翻覽，久而久之自然會得明白通曉。我的父親戒我買書不必像買菜一般的求益，我的祖母笑我買書好像瞎貓拖死鷄一般的不揀擇，但我的心中堅强的執拗，總以爲寧可不精，不可不博。只爲翻書太多了，所以各種書很少從第一字看到末一字的。這樣的讀書，爲老輩所最忌，他們以爲這是短壽促命的徵象。我也很想改過來，但是求實效的意志終抵抗不過欣賞的趣味。我曾對友人説："我是讀不好書的了！拿到一部書想讀下去時，不由得不牽引到第二部上去，以至於第三部，第四部。讀第二第三部書時，又要牽引到別的書上去了。試想這第一部書怎樣可以讀得完？"這種情形，在當時確是很惆悵的，但在現在看來也可以説由此得到了一點益處。因爲這是讀書時尋題目，從題目上更去尋材料，而不是讀死書。不過那時既只隨着欣賞的趣味而活動，並沒有研究的自覺心，就是見到了可以研究的題目，也沒有實作研究的忍耐心，所以不曾留下什麽成績。

　　中學校時代，實在是我的情感最放縱的時代，書籍的嗜好在我的生活中雖佔着很重要的一部分，但並不能制伏我的他方面的生活。我愛好山水，愛好文學，愛好政治活動。

　　游覽的嗜好似乎在我很幼的時候已經發端，記得那時看掃墓是一件趣味最豐富的樂事。我家的墳墓不在一處，有的地方要三天纔來回，我坐在船裏，只覺得望見的東西都新鮮得可愛。有時候走近一座山，要拉了老媽子一同上去，哪知山基還遠着，久久走不到，船已將開了。自從進了中學，旅行的地方遠了一點，有時出府境，有時出省境，我高興極了，無論到什麽地方總要盡了我的腳力走。別人厭倦思歸了，我還是精神奮發，痛罵他們阻住了我的興致。每星期日，幾乎必約了同學到郊外遠足去，蘇州城外的山徑都給我們踏遍了。我在那時，愛好自然，爲自然的美所吸引的一種情趣，在現在的回憶中更覺得可以珍重。

葉聖陶先生（紹鈞）是我的老朋友，從私塾到小學和中學都是同學。他是一個富於文藝天才的人，詩詞篆刻無一不能；沒有一件藝術用過苦功，但沒有一種作品不饒於天趣。我在中學裏頗受到他的同化，想致力於文學，請他教我作詩填詞。我們的同志三四人又立了一個詩社，推他做盟主。我起先做不好，只以爲自己的工夫淺。後來永遠不得進步，無論我的情感像火一般的旺烈，像浪一般的激湧，但是表現出來的作品終是軟弱無力的。有時也偶然得到幾句佳句，但要全篇的力量足以相副就很困難。有許多形式，我已學像了，但自省到底沒有“煙士披里純”——文藝品的魂靈。懷了創作的迷夢約有十年，經過了多少次的失敗，方始認識了自己的才性，恍然知道我的思想是很質直的，描寫力是極薄弱的，輕蒨美妙的篇章和嶔奇豪壯的作品本來都沒有我的分兒，從此不再妄想“吃天鵝肉”了。

我在中學校時，正是立憲請願未得清廷允可，國民思想漸漸傾向到革命的時候，使得我也成了這個傾向下的群衆的一個。看着徐錫麟、熊成基、溫生才等人的慷慨犧牲生命，真覺得可歌可泣。辛亥革命後，意氣更高張，以爲天下無難事，最美善的境界只要有人去提倡就立刻會得實現。種族的革命算得了什麼！要達到無政府、無家庭、無金錢的境界時方纔盡了我們革命的任務呢。因爲我醉心於這種最高的理想，所以那時有人發起社會黨，我就加入了。在這一年半之中，我是一個最熱心的黨員，往往爲了辦理公務，到深夜不眠。很有許多親戚長者勸我，說：“這班人都是流氓，你何苦與他們爲伍呢！這不是你的事呵！”這種勢利的見解我是早已不承認了，我正以爲流氓和紳士不過是惡制度之下分出來的兩種階級，我正嫌惡紳士們做種種革新運動的阻礙，要把這個階級剗除了纔快意。但入黨多時之後，我瞧着一班同黨漸漸的不像樣了。他們沒有主義，開會演説時固然悲壯得很，但會散之後就把這些熱情丟入無何有之鄉了。他們説的話，永遠是幾句照例話，誰也不想把口頭的主義作事實的研究。他們閒空時，只會圍聚了長桌子坐着談天，講笑話，對於事業的進行毫沒有計畫。再不然，便是賭錢、喝酒、逛窰子。我是一個極熱烈的人，同時也是一個極不懂世事的人，對於他們屢屢有所規誡，有所希望，但是他們幾乎沒有一個能承受的。我對於事業雖有極澈底的目標，但我自己知道我的學識是很淺薄的，遠夠不上把主義發揮；然而在同黨中間，他們已經把我看作博學的文豪，凡有發表的文字都要拉我動筆了。在這到處不如意的境界之中，使我得到了一個極清楚的覺悟，知道這班人是只能給人家用作嘍囉小卒的，要他們抱着主義當生命般看待，計畫了事業的步驟而進行是不可能的。我先前真把他們看得太高了！我自己知道，我既不願做別人的嘍囉小卒，也不會用了別人做我的嘍囉小卒，那麼我永在黨中混日子也沒有什麼益處，所以我就脱黨了。可喜這一年半中亂擲的光陰，竟換得了對於人世和自己才性的認識。從此以後，我再不敢輕易加入哪個黨會。這並不是我對於政治和社會的改造的希望歇絕了，我知道這種改造的職責是應當由政治家、教育家和社會運動家去擔負的，我是一個沒有這方面的發動的才力的人。我沒有這方面的才力也不覺得有什麼可恥，因爲我本有我自己能做的工作，一個人原不必件件事情都會幹的。

在熱心黨會的時候，早把書籍的嗜好拋棄了。這時又把黨會拋棄之後，精神上不免感到空虛。民國二年，我考進了北京大學的豫科。我在南方，常聽得北京戲劇的美妙，酷好文藝的聖陶又常向我稱道戲劇的功用。我們偶然湊得了幾天旅費，到上海去看了幾次戲，回來後便要作上幾個月的咬嚼。這時我竟有這般福分，得居戲劇淵海的北京，如何忍得住不大看而特看。於是我變成了一個"戲迷"了！別人看戲必有所主，我固然也有幾個極愛看的伶人，但戒不掉的好博的毛病，無論哪一種腔調，哪一個班子，都要去聽上幾次。全北京的伶人大約都給我見到了。每天上課，到第二堂退堂時，知道東安門外廣告版上各戲園的戲報已經貼出，便在休息的十分鐘內從譯學館（豫科所在）跑去一瞧，選定了下午應看的戲。學校中的功課下午本來較少，就是有課我也不去請假。在這戲迷的生活中二年有餘，我個人的荒唐和學校課業的成績的惡劣自不消說；萬想不到我竟會在這荒唐的生活中得到一注學問上的收穫（這注收穫直到了近數年方因辨論古史而明白承受）。上面說的，我曾在祖父母和婢僕的口中飽聽故事，但這原是十歲以前的事情。十歲以後，我讀書多了，對於這種傳說便看作悠謬無稽之談，和它斷絕了關係。我雖曾恨過紳士，但自己的沾染紳士氣確是不能抵賴的事實。我鄙薄說書場的卑俗，不屑去。我鄙薄小說書的淫俚，不屑讀。在十五歲的時候，有一種賽會，喚作現聖會，從鄉間出發到省城，這會要二十年一舉，非常的繁華，蘇州人傾城出觀，學校中也無形的停了課，但我以為這是無聊的迷信，不屑隨着同學們去湊熱鬧。到人家賀喜，席間有妓女侍坐唱曲，我又厭惡她們聲調的淫蕩，唱到我一桌時，往往把她謝去。從現在回想從前，真覺得那時的面目太板方了，板方得沒有人的氣味了。因為如此，我對於社會的情形隔膜得很；就是故事方面，也只記得書本上的典故而忘卻了民間流行的傳說。自從到了北京，成了戲迷，於是只得抑住了讀書人的高傲去和民眾思想接近，戲劇中的許多基本故事也須隨時留意了。但一經留意之後，自然地生出許多問題來。現在隨便舉出數條於下（久不看戲，所記恐有錯誤，請讀者指正）：

(1)薛仁貴和薛平貴的姓名和事蹟都極相像。仁貴見於史；平貴不見，而其遇合更為奇詭，直從叫化子做到皇帝。

可見平貴的故事是從仁貴的故事中分化出來的，因爲仁貴的故事還不淋漓盡致，所以造出一個平貴來，替他彌補了。

（2）戲劇的本事取於小説，但很有許多是和小説不相應的。例如黃鶴樓是"三國"戲，但不見於三國演義；打漁殺家是"水滸"戲（蕭恩即是阮小五），但不見於水滸傳；盜魂鈴是"西游"戲，但不見於西游記。可見戲劇除小説之外必另有取材的地方，或者戲劇與小説同是直接取材於民間的傳説而各不相謀。

（3）宇宙瘋又名一口劍，什麼緣故，大家不知道。有人説，趙高的女兒裝瘋時説要上天，要入地，宇宙即天地之謂。但戲中凡是遇到裝瘋時總要説這兩句，未必此戲獨據了此句命題。後來看見梆子班中演的全本，方知戲名應是宇宙鋒，宇宙鋒就是一口劍的名字。戲中情節，是趙高之女嫁與酈洪之子；酈洪嫉惡如讎，不爲趙高所容；趙高就與李斯同謀害他，派刺客到酈家盜取了他們世傳的寶劍，投入秦皇宮中；酈家既破，趙高之女遂大歸（尚有下半本，未見）。這齣戲不知道根據的是什麼小説，也許並沒有小説。皮黃班中不演全本，只截取了裝瘋的一段，於是戲名的解釋就變成了猜謎了。

（4）小上墳中的劉禄敬夫婦在劇本裏原是很貞潔的，情節亦與雪杯圓相同，應當由老生與青衣串演。不知何故，改用小丑與花旦演了，作盡了淫蕩的態度，但唱的依舊是貞潔的字句。唱的字句給演的態度遮掩了，聽客對于戲中人的觀念也就變成了小丑與花旦的調情了。

（5）草橋關與上天台同是姚剛擊死國丈的事，又同是皮黃班中的戲。但草橋關是光武命斬姚期父子，馬武聞信，强迫光武赦免的；上天台是姚期請罪時，光武自動的赦免，並沒有馬武救援之事。

　　（6）楊家將小說中只有八妹，並無八郎。但戲劇中的雁門關則係八郎之事，八郎亦是遼國駙馬，尚二公主。其他表述楊門功績的戲詞也都以"四、八郎"並稱。看來八郎是從四郎分化的。

　　（7）轅門斬子一劇，在皮黃班中，一掛斬殺劍，佘太君即出帳；一斬馬蹄，八賢王亦即出帳。在梆子班中，則掛劍後佘太君跪在帳前，六郎出而陪禮；及將斬馬蹄，八賢王與之爭辨，六郎獻印求免官，始無精打彩而去。在這種地方，可見編戲者看描寫人物的個性比保存故事的原狀爲重要。因爲各就想像中描寫，所以各班的戲本不必一律。

　　（8）司馬懿在逍遙津中是老生，因爲他的一方面的人，曹操是淨，華歆是小丑；且他在三人中比較是好人。但到了空城計中，與老生諸葛亮對陣時，他便是淨了。曹操在別的戲中都是淨，但在謀刺董卓的獻劍中卻是生。可見戲中人的面目不但表示其個性，亦且表示其地位。

這種事情，簡單說來，只是"亂"和"妄"。在我的中學校時代，一定不屑齒及，不願一顧的。但在這時正是心愛着戲劇，不忍把它拒絕，翻要替它深思。深思的結果，忽然認識了故事的格局，知道故事是會得變遷的，從史書到小說已不知改動了多少（例如諸葛亮不斬馬謖而小說中有揮淚斬謖的事，楊繼業絕食而死而小說中有撞死李陵碑的事），從小說到戲劇又不知改動了多少，甲種戲與乙種戲同樣寫一件故事也不知道有多少點的不同。一件故事的本來面目如何，或者當時有沒有這件事實，我們已不能知道了；我們只能知道在後人想像中的這件故事是如此的紛歧的。推原編戲的人所以要把古人的事實遷就于他們的想像的緣故，只因作者要求情感上的滿足，使得這件故事可以和自己的情感所豫期的步驟和結果相符合。作者的豫期，常常在始則欲其危險，至終則欲其美滿；所以實在的事情雖並沒有這樣的危險，而終使人有

"不如意事什八九"的感歎，但這件事成爲故事的時候就會從無可挽回的危險中得到天外飛來的幸運了。危險和幸運是由得人想像的，所以故事的節目會得各各不同。這是一椿；其餘無意的訛變，形式的限制，點綴的過分，來歷的異統，都是可以詳細研究的。我看了兩年多的戲，惟一的成績便是認識了這些故事的性質和格局，知道雖是無稽之談，原也有它的無稽的法則。當時很想搜集材料，做一部戲劇本事録，把各齣戲的根據加以考證，並評隲其異同之點；可惜没有成書。這不得不希望于將來了。

在北京大學的同學中，毛子水先生（準）是我最敬愛的。他是一個嚴正的學者，處處依了秩序而讀書；又服膺太炎先生的學説，受了他的指導而讀書。我每次到他齋舍裏去，他的書桌上總只放着一種書，這一種書或是毛詩和儀禮的注疏，或是數學和物理的課本。我是向來只知道翻書的，桌子上什麽書都亂放。"汗漫掇拾，茫無所歸"，這八個字是我的最確當的評語。那時看見了這種嚴正的態度，心中不住地説着慚愧。我很想學他；適在讀莊子，就用紅圈的戳子打着斷句，想勉力把這部書圈完。可是我再不能按着篇次讀下，高興圈那一篇或那一頁時便圈到那篇那頁。經過了多少天的努力，總算把莊子的白文圈完了。這是我做有始有終的工作的第一次，實在是子水在無形中給我的恩惠。白文圈完之後，又想把郭象注和陸德明音義繼續點讀。但這個工作太繁重了，僅僅點得逍遥游的半篇已經不勝任了。

民國二年的冬天，太炎先生在化石橋共和黨本部開國學會講學，子水邀我同往報名聽講。我領受了他的好意，與他同冒了雪夜的寒風而去。講學次序，星期一至三講文科的小學，星期四講文科的文學，星期五講史科，星期六講玄科。我從蒙學到大學，一向是把教師瞧不上眼的，所以上了一二百個教師的課，總没有一個能彀完全攝住我的心神。到這時聽了太炎先生的演講，覺得他的話既是淵博，又有系統，又有宗旨和批評，我從來没有碰見過這樣的教師，我佩服極了。子水對我説："他這種話只是給初學的人説的，是最淺近的一個門徑呢"，這便使我更醉心了。我自願實心實意地做他的學徒，從他的言論中認識學問的偉大。

那時袁世凱存心做皇帝，很獎勵復古思想，孔教的聲勢浩大得很。有一夜，我們到會時看見壁上粘着一張通告，上面寫道：

余主講國學會，踵門來學之士亦云不少。本會本以開通智識，昌大國性爲宗，與宗教絶對不能相混。其已入孔教會而復願入本會者，須先脱離孔教會，庶免薰蕕雜糅之病。章炳麟白。

我初見這個通告，一時摸不着頭路，心想太炎先生既講國學，孔教原是國學中的一部分，他爲什麽竟要這樣的深惡痛絶？停了一刻，他演講了：先説宗教和學問的地位的衝突，又説現在提倡孔教的人是别有用心的；又舉了王闓運、廖平、康有爲等今文家所發的種種怪誕不經之説，他們如何解"耶穌"爲父親復生，如何解"墨者鉅子"即十字架，如何解"君子之道斯爲美"爲俄羅斯一變至美利堅；他們的思想如何起原于董仲舒，如何想通經致用，又如何妄造了孔子的奇蹟，硬捧他做教主。我聽了這些話真氣極了，想不到今文家竟是這類的妄人！我以前在書本裏雖已曉得經學上有今古文之爭，但總以爲這是過去的事情，哪裏知道這個問題依然活躍于當世的學術界上！我真不明白，爲什麽到了現在科學昌明的時代，還有這一班無聊的今文家敢出來興妖作怪？古文家主張六經皆史，把孔子當作哲學家和史學家看待，我深信這是極合理的。我願意隨從太炎先生之風，用了看史書的眼光去認識六經，用了看哲人和學者的眼光去認識孔子。

很不幸的，國學會開講還没有滿一個月，太炎先生就給袁政府逮捕下獄。我失掉了這一個良師，自然十分痛惜；但從此以後，我在學問上已經認清了幾條大路，知道我要走哪一條路時是應當怎樣走去了。我以前對於讀書固極愛好，但這種興味只是被動的，我只懂得陶醉在裏邊，想不到書籍裏的東西可以由我的意志驅遣着，把我的意志做它們的主宰。現在忽然有了這樣一個覺悟，知道只要我認清了路頭，自有我自己的建設，書籍是可備參考而不必作準繩的，我頓覺得舊時陶醉的東西都變成了我的腕下的材料。於是我有了煩惱了：對於這許多材料如何去處置呢？處置之後作什麼用呢？處置這些材料的大目的是什麼呢？這些問題時時盲目地侵襲我的心，我一時作不出解答來，很感着煩悶。不知是哪一天，這些模糊的觀念忽然變成了幾個清楚的題目："(1)何者爲學？(2)何以當有學？(3)何以有今日之學？(4)今日之學當如何？"我有了這四個問題，每在暇閒中加以思索，並且搜輯他人的答案而施以批評：大約民國三年至六年，這四載中的閒工夫都耗費在這上面了。當我初下"學"的界說的時候，以爲它是指導人生的。"學了沒有用，那麼費了氣力去學爲的是什麼！"普通人都這樣想，我也這樣想。但經過了長期的考慮，始感到學的範圍原比人生的範圍大得多，如果我們要求真知，我們便不能不離開了人生的約束而前進。所以在應用上雖是該作有用與無用的區別，但在學問上則只當問真不真，不當問用不用。學問固然可以應用，但應用只是學問的自然的結果，而不是着手做學問時的目的。從此以後，我敢於大膽作無用的研究，不爲一班人的勢利觀念所籠罩了。這一個覺悟，真是我的生命中最可紀念的；我將來如能在學問上有所建樹，這一個覺悟決是成功的根源。追尋最有力的啟發，就在太炎先生攻擊今文家的"通經致用"上。

我當時願意在經學上做一個古文家，只因聽了太炎先生的話，以爲古文家是合理的，今文家則全是些妄人。但我改不掉的博覽的習性總想尋找今文家的著述，看它如何壞法。果然，新學僞經考買到了。翻覽一過，知道它的論辨的基礎完全建立於歷史的證據上，要是古文的來歷確有可疑之點，那麼，康長素先生把這些疑點列舉出來也是應有之事。因此，使我對於今文家平心了不少。後來又從不忍雜誌上讀到孔子改制考，第一篇論上古事茫昧無稽，説孔子時夏、殷的文獻已苦於不足，何況三皇、五帝的史事，此説即極愜心饜理。下面彙集諸子託古改制的事實，很清楚地把戰國時的學風叙述出來，更是一部絶好的學術史。雖則他所説的孔子作六經的話我永不能信服，但六經中參雜了許多儒家的託古改制的思想是不容否認的。我對於長素先生這般的鋭敏的觀察力，不禁表示十分的敬意。我始知道古文家的詆毁今文家大都不過爲了黨見，這種事情原是經師做的而不是學者做的。我覺得在我沒有能力去判斷他們的是非之前，最好對於任何一方面也不要幫助。於是我把今古文的問題暫時擱起了。

又過了數年，我對於太炎先生的愛敬之心更低落了。他薄致用而重求是，這個主義我始終信守，但他自己卻不勝正統觀念的壓迫而屢屢動搖了這個基本信念。他在經學上，是一個純粹的古文家，所以有許多在現在已經站不住的漢代古文家之説，也還要替他們彌縫。他在歷史上，寧可相信世本的居篇、作篇，卻鄙薄彝器錢物諸譜爲瑣屑短書；更一筆抹摋殷墟甲骨文字，説全是劉鶚假造的。他説漢、唐的衣服車駕的制度都無可考了，不知道這些東西在圖畫與明器中還保存得不少。在文學上，他雖是標明"修辭立誠"，但一定要把魏、晉文作爲文體的正宗。在小學上，他雖是看言語重於文字，但聲音卻要把唐韻爲主。在這許多地方，都可證明他的信古之情比較求是的信念强烈得多，所以他看家派重於真理，看書本重於實物。他只是一個從經師改裝的學者！

我的幼年，最沒有恒心。十餘歲時即想記日記，但每次寫不到五六天就丟了。筆記亦然，總沒有一冊筆記簿是寫完的。自從看戲成了癖好，作論劇記，居然有始有終地寫了好幾冊。後來讀書方面的興致漸漸超過了看戲的興致了，又在論劇記外立讀書記。讀書記的第一冊上有這樣一段小叙：

> 余讀書最惡附會；更惡胸無所見，作吠聲之犬。而古今書籍犯此非鮮，每怫然有所非議。苟自見於同輩，或將誚我爲狂。……吾今有宏願在：他日讀書通博，必舉一切附會影響之談悉揭破之，使無遁形，庶幾爲學術之豸。……

這是民國三年的下半年。這一年的國文教師是馬幼漁先生（裕藻），文字學教師是沈兼士先生，他們都是太炎先生的弟子，使我在聽了太炎先生的演講之後更得到一回切實的指導。因此，我自己規定了八種書，依了次序，按日圈點誦讀。這一年，是我有生以來正式用功的第一年。可是做得太勇了，常常弄到上午二時就寢，以至不易入眠，豫伏了後來失眠症的根基。我的讀書總歡喜把自己的主張批抹在書上，雖是極佩服的人像太炎先生，也禁不住我的抨擊。（別人讀國故論衡時，每以爲文學總略是最好的一篇，我卻以爲其中除了“經、傳、論、業”一段考證以外幾乎完全是廢話，既不能自堅其説，即攻擊別人的地方也反覆自陷。例如蕭統文選本爲自成一家之選文，不必要求完備，其序中亦只説選文體例，不是立文學界説，而太炎先生斥其不以文筆區分而登無韻之文，又説他遺落漢、晉樂府爲失韻文之本。曾國藩的經史百家雜鈔要完備各方面的體制了，他從經史中尋出各類篇章的根源，可謂得文之本矣，但又斥他“經典成文布在方策，不虞潰散，鈔將何爲！”）這等讀書時的感想，逢到書端上寫不下，便寫入筆記簿裏。寫的時候也只大膽順着意見，不管這意見是怎樣的淺薄。到現在翻開看時，不由得不一陣陣地流汗，因爲裏邊幾乎滿幅是空話，有些竟是荒謬話；又很多是攻擊他人的話，全没有自己學問上的建設。但一册一册地翻下去時，空虚的漸漸變成質實了，散亂的也漸漸理出系統來了，又漸漸傾向到專門的建設的方面了，這便使我把慚愧之情輕減了多少。因此使我知道，學問是必須一天一天地實做的，空虚和荒謬乃是避免不了的一個階級；惟其肯在空虚和荒謬之後作繼續不斷的努力，方有充實的希望。又使我知道，我現在所承認爲滿意的，只要我肯努力下去，過了十年再看也還是一樣的羞慚流汗。所以我對於我的筆記簿，始終看作千金的敝帚。

　　以前我弄目録學時，很不滿意前人目録書的分類，例如四庫全書總目爲要整齊書籍的量，把篇帙無多的墨家和縱横家一起併入了雜家。我的意思，很想先分時代，再分部類，因爲書籍的部類是依着各時代的風尚走的。換句話説，我就是想用了學術史的分類來定書籍的分類。大概的分法，是周、秦爲一時代，兩漢爲一時代，六朝又爲一時代……；再從周、秦的時代中分爲經（如詩、書）、傳（如易傳）、記（如禮記）、緯（如乾鑿度）、別經（如儀禮）、別傳（如子夏易傳）、別記（如孔子家語）、別緯（如乾坤鑿度）等。又分別白文於注釋之外，使得白文與注釋可以各從其時，不相牽累，例如詩經就可不必因爲有了毛傳而稱爲毛詩。這些見解固然到現在已經遷變了許多（各時代的中心雖各有顯著的差異，至于各時代的兩端乃是互相銜接的，必不能劃分清楚），但中國的學問是向來只有一尊觀念而没有分科觀念的，用歷史上的趨勢來分似乎比較定了一種劃一的門類而使古今觀點不同的書籍悉受同一的軌範的可以好一點。

　　民國四年，我病了，休學回家。用時代分目録的計畫到這時很想把它實現，就先從材料最豐富的清代做起。書目答問的國朝著述諸家姓名略是一個很好的底子，又補加了若干家，依學術的派別分作者，在作者的名下列著述，按著述的版本見存佚，並集録作者的自序及他人的批評，名爲清代著述考（即本册上編第一篇中所説的清籍考）。弄了幾個月，粗粗地成了二十册。同時在著述考外列表五種：（1）年表，（2）師友表，（3）籍望表，（4）出處表，（5）著述分類表，用來説明清代學者的自然環境和社會環境；但編成的只有籍望表一種。從這種種的輯録裏，使我對於清代的學術得有深入的領會。我愛好他們的治學方法的精密，愛好他們的搜尋證據的勤苦，愛好他們的實事求是而不想致用的精神。以前我曾經聽得幾個今文家的説話，以爲清代的經學是"支離、瑣屑、餖飣"的，是"束髮就傅，皓首難窮"的，到這時明白知道，學問必須在繁亂中求得的簡單纔是真實的綱領；若没有許多繁亂的材料作基本，所定的簡單的綱領便終是靠不住的東西。今文家要從簡單中尋見學問的真相，徒然成其淺陋而已。

　　那幾年中讀書，很感受没有學術史的痛苦，因此在我的野心中又發了一個弘願：要編纂國學志，把著述考列爲志的一種。當時定的計畫，國學志共分七種：（1）仿太平御覽例，分類鈔録材料，爲學覽；（2）仿經世文編例，分類鈔録成篇的文字，爲學術文鈔；（3）仿宋元學案例，編録學者傳狀，節鈔其主要的著述，爲學人傳；（4）仿經義考例，詳列書籍的作者、存佚、序跋、評論，爲著述考；（5）仿群書治要例，將各書中關於學術的話按書鈔出，爲群書學録；（6）仿北溪字義例，將學術名詞詳釋其原義及變遷之義，爲學術名詞解詁；（7）集合各史的紀傳、年表，以及各種學者年譜，爲學術年表。這個計畫，在現在看來，依舊是很該有的工作，但已知道這是學術團體中的工作，應當有許多人分工做的，不是我一個人可以擔當的責任了。可是那時意氣高張，哪裏有這等耐性去等待不知何年的他人去做：既已見到，便即動手。學覽的長編，每天立一題目，釘成一册，有得即鈔。學術文鈔也雇人鈔寫了百餘篇。著述考則清代方面較有成稿，目録書目和僞書疑書目也集得了許多材料。其餘諸種，至今還没有着手。

那時的筆記中寫有幾段學覽的序意，鈔録於此，以見我當日治學的態度：

此書擬名學覽。凡名覽者，如吕覽、皇覽、御覽，皆彙集衆言以爲一書，非自成者也。其義則在博學明辨，故不以家派限。章先生曰：“史之於美惡，若鏡之照形，不因美而顯，因惡而隱。”吾輯此書，比於學術之史，故是非兼收，爭論並列。老子曰：“善人者不善人之師；不善人者善人之資。”故有害求是，正可爲求是之資，況是與非有難以遽斷者乎！古來諸學，大都崇經而黜子，崇儒學而黜八家，以至今古文有爭，漢、宋學有爭，此亦一是非，彼亦一是非。欲爲調人，終于朋黨。蓋不明統系而爭，則爭之者無有底，解之者無可藉。使其明之，則經者古史耳，儒者九流之一家耳，今古文者立學官異耳，漢、宋學者立觀點異耳，各有其心思，各有其面目，不必己學而外無他學也，不必尊則如天帝而黜則如罪囚也。韓愈之原道，蘇軾之荀卿論，一人倡之，千萬人和之，雖絶無根據，反若極有力之學説，不可磨滅之鐵案。聖哲復生，亦不敢昌言駁斥。蓋事理之害，莫甚於習非勝是矣。章先生曰：“古之學者觀世文質而已矣；今之學者必有規榘繩墨，模形惟肖，審諦如帝，用彌天地而不求是則絶之。”予謂雖絶之於心，必存之於書；絶之爲是非也，存之爲所以是非也。故雖韓、蘇之謬説，亦在寫録。

有友人過我，見案頭文廟典禮之書，叱嗟曰：“烏用此！是與人生無關係者，而前代學者斤斤然奉之以爲大寶，不可解甚也！”予謂不然。前代學者之誤在執舊説爲演繹之資，以新爲不可知，以舊爲不可易，稱述聖賢而徒得其影響，依附前人而不能有所抉擇，所以起人厭惡。苟其不有主奴之見，

長立於第三者之地位，則雖在矢溺，亦資妙觀；況典禮之制
爲宗法所存，可考見社會心象者乎！予前稱爲學，始觀終
化；觀者，任物自形而我知之，爲内籀之法；化者，我有所
主而以擇物，爲外籀之法。本此以治學，雖委巷小説極鄙濫
者亦不能絶去之矣。

舊時士夫之學，動稱經史詞章。此其所謂統系乃經籍之
統系，非科學之統系也。惟其不明於科學之統系，故鄙視比
較會合之事，以爲淺人之見，各守其家學之壁壘而不肯察事
物之會通。夫學術者與天下共之，不可以一國一家自私。凡
以國與家標識其學者，止可謂之學史，不可謂之學。執學史
而以爲學，則其心志囚拘於古書，古書不變，學亦不進矣。
爲家學者未嘗不曰家學所以求一貫，爲學而不一貫是滋其紛
亂也。然一貫者當於事實求之，不當於一家之言求之。今以
家學相高，有化而無觀，徒令後生擇學莫知所從，以爲師之
所言即理之所在，至於寧違理而不敢背師。是故，學術之不
明，經籍之不理，皆家學爲之也。今既有科學之成法矣，則
此後之學術應直接取材於事物，豈猶有家學爲之障乎！敢告
爲家學者，學所以辨於然否也，既知其非理而仍堅守其家
説，則狂妄之流耳；若家説爲當理，則雖捨其家派而仍必爲
不可奪之公言，又何必自縛而不肯觀其通也。

是書之輯，意在止無謂之爭，捨主奴之見，屏家學之
習，使前人之所謂學皆成爲學史，自今以後不復以學史之問
題爲及身之問題，而一歸於科學。此則余之志也。

這幾段文字的意思，我至今還覺得大體不錯。因爲我有了這一種
見解，所以我常常自以爲我的觀物是很平恕的。

我在那時，雖是要做這種大而無當的整理國學的工作，但我

的中心思想卻不在此，我只想研究哲學。我所以有這種要求，發端乃在辛亥革命。那時的社會變動得太劇烈了，使我摸不着一個人生的頭路。革命的潮流既退，又長日處於袁世凱的暴虐和遺老們的復古的空氣之中，數年前蘊積的快感和熱望到此只賸了悲哀的回憶，我的精神時時刺促不寧，得不到安慰，只想在哲學中求解決。但我是一個熱烈的人，不會向消極方面走而至於信佛求寂滅的，我總想以心理學和社會學爲基礎而解決人生問題。加以年歲漸長，見事稍多，感到世界上事物的繁雜離奇，酷想明瞭它們的關係，得到一個簡單的綱領，把所見的東西理出一個頭緒來：這只有研究哲學是可以辦到的。因此，我進大學本科時就選定了哲學系。

　　我的野心真太高了，要整理國學就想用我一個人的力量去整理清楚，要認識宇宙和人生就想憑了一時的勇氣去尋得最高的原理。現在想來，我真成了"誇大狂"了！但在那時何曾有這種覺悟，只覺得我必須把宇宙和人生一起弄明白，把前人未解決的問題由我的手中一起解決，方纔可以解除我的饞渴。我挾了吞吐河、嶽的豪氣而向前奔馳，血管也幾乎迸裂了。曾於筆記中記道："明知夸父道渴而死，然猶有一杖鄧林之力，非蜩蟟鷽鳩所知已。"又云："學海雖無涯，苟大其體如龍伯，亦一釣貫六鰲耳。"這樣鹵莽地奔馳了許久，我認識了宇宙的神秘了，知道最高的原理原是藏在上帝的櫃子裏，永不會公佈給人類瞧的。人之所以爲人，本只要發展他的內心的情感，理智不過是要求達到情感的需求時的一種幫助，並沒有獨立的地位。不幸人類沒有求知的力量而有求知的欲望，要勉強做不能做的事情，於是離了情感而言理智。但是這僅是一種妄想而已，僅是聊以自慰而已，實際上何曾真能探得宇宙的神祕。用盡了人類的理智，固然足以知道許多事物的真相，可是知道的只有很淺近的一點，決不是全宇宙。神學家和哲學家傲然對科學家說："你們的眼光是囿於象內的，哪能及得到我們‘與造物者游’的洞見理極呢！"話雖說得痛快，但試問他們的識解是從什麽地方來的？不是全由於他們的幻想嗎？幻想的與造物者游，還不及科學家的憑了實證，以窮年累月之力知道些懷戳的真事物。所以我們不做學問則已，如其要做學問，便應當從最小的地方做起。研究的工作髣髴是堆土阜，要高度愈加增先要使得底層的容積愈擴大。固然堆得無論怎樣高總不會有捫星摘斗的一天，但是我們要天天去加高一點卻是做得到的。想到這裏，我的野心又平息了許多。我知道最高的原理是不必白費氣力去探求的了，只有一粒一粒地播種，一簣一簣地畚土，把自己看作一個農夫或土工而勤慎將事，纔是我的本分的事業。

我有了這一個覺悟，知道過去的哲學的基礎是建設於玄想上的，其中雖有許多精美的言論，但實際上只是解頤之語而已，終不成以此爲論定。科學的哲學，現在正在發端，也無從豫測它的結果。我們要有真實的哲學，只有先從科學做起，大家擇取了一小部分的學問而努力；等到各科平均發展之後，自然會有人出來從事於會通的工作而建設新的哲學的。所以我們在現在時候，再不當宣傳玄想的哲學，以致阻礙了純正科學的發展。

那時大學中宋代理學的空氣極重。我對於它向來不感興味，這時略略得了一些心理、倫理的常識之後再去看它，更覺得觸處都是誤謬。例如他們既說性善情惡，又說性未發情已發，那麽，照着他們的話講，善只在未發，等到發出來時就成了惡了，天下哪裏有見諸行事的善呢！又如他們既說喜怒哀樂之情要在已發後求其中，但是又說動而未形曰幾，幾是適善適惡的分點，已形則有善惡，有善惡就有過不及，不是中，那麽，照着他們的話講，所謂中者又只能在未發中去求了，天下又哪裏有得其中的喜怒哀樂之情呢！稱他們的心，求至於聖人的一境，必有性而無情，有未發而無已發，養其幾而不見其形。如此，非不作一事，如白雲觀橋洞中趺坐的老道士，未見其可。但若竟如槁木死灰，他們便又可以用了"虛冥流入仙釋"的話相詆了。他們要把必不可能之事歸之於聖人，見得聖人的可望而不可即；更用迷離惝怳的字句來搖亂學者的眼光，使得他們捉摸不着可走的道路，只以爲高妙的境界必不是庸愚之質所可企及：這真是騙人的伎倆了！我對於這種昏亂的思想，可以不神祕而竟神祕的滑頭話，因課業的必修而憎恨到了極點，一心想打破它。

即在這個時候，蔡子民先生任了北京大學校長，努力破除學校中的陳腐空氣。陳獨秀先生辦的新青年雜誌以思想革命爲宗旨，也漸漸地得到國民的注意。又有黄遠庸先生在東方雜誌上發表國人之公毒一文，指斥中國思想界、學術界的病根非常痛切。我的一向隱藏着的傲慢的見解屢屢得到了不期而遇的同調，使我膽壯了不少。以前我雖敢作批評，但不勝傳統思想的壓迫，心想前人的話或者沒有我所見的簡單，或者我的觀察也確有誤謬。即如以前考存古學堂時，給試官批了"斥鄭説，謬"四字，我雖在讀書時依舊只見到鄭玄的謬處，但總想以清代學者治學的精密，而對於他還是如此恭敬，或者他自有可以佩服之點，不過這一點尚不曾給我發見罷了。到這時，大家提倡思想革新，我始有打破舊思想的明瞭的意識，知道清代學者正因束縛於信古尊聞的舊思想之下，所以他們的學問雖比鄭玄好了千百倍，但終究不敢打破他的偶像，以致爲他的偶像所牽絆而妨礙了自己的求真的工作。於是我更敢作大膽的批評了。

哲學系中講中國哲學史一課的，第一年是陳伯弢先生（漢章）。他是一個極博洽的學者，供給我們無數材料，使得我們的眼光日益開拓，知道研究一種學問應該參考的書是多至不可計的。他從伏羲講起；講了一年，只到得商朝的"洪範"。我雖是早受了孔子改制考的暗示，知道這些材料大都是靠不住的，但到底愛敬他的淵博，不忍有所非議。第二年，改請胡適之先生來教。"他是一個美國新回來的留學生，如何能到北京大學裏來講中國的東西?"許多同學都這樣懷疑，我也未能免俗。他來了，他不管以前的課業，重編講義，闢頭一章是"中國哲學結胎的時代"，用詩經作時代的説明，丟開唐、虞、夏、商，徑從周宣王以後講起。這一改把我們一班人充滿着三皇、五帝的腦筋驟然作一個重大的打擊，駭得一堂中舌撟而不能下。許多同學都不以爲然；只因班中没有激烈分子，還没有鬧風潮。我聽了幾堂，聽出一個道理來了，對同學説："他雖没有伯弢先生讀書多，但在裁斷上是足以自立的。"那時傅孟真先生(斯年)正和我同住在一間屋内，他是最敢放言高論的，從他的言論中常常增加我批評的勇氣，我對他説："胡先生講得的確不差，他有眼光，有膽量，有斷制，確是一個有能力的歷史家。他的議論處處合於我的理性，都是我想説而不知道怎樣説纔好的。你雖不是哲學系，何妨去聽一聽呢?"他去旁聽了，也是滿意。從此以後，我們對於適之先生非常信服；我的上古史靠不住的觀念在讀了改制考之後又經過這樣地一温。但如何可以推翻靠不住的上古史，這個問題在當時絶對没有想到。

很不幸的，就是這一年(民國六年)，先妻吴夫人得了肺病；我的心緒不好，也成了極度的神經衰弱，徹夜不眠。明年，我休學回家；不久她就死了。以前我對於學問何等的猛進，但到了這時候，既困於疾病，復傷於悲哀，讀書和尋思的工作一時完全停止，坐候着一天一天的晝夜的推移，就是不願意頹廢也只得頹廢了。恰巧那時北京大學中搜集歌謡，由劉半農先生(復)主持其事，每天在北大日刊上發表一二首。日刊天天寄來，我看着很感受趣味，心想這種東西是我幼時很多聽得的，但哪裏想得到可以形諸筆墨呢。因想，我現在既不能讀書，何妨弄弄這些玩意兒，聊以遣日。想得高興，就從家中的小孩的口中搜集起，漸漸推到別人。很奇怪的，搜集的結果使我知道歌謡和小説戲劇中的故事一樣，會得隨時隨地變化。同是一首歌，兩個人唱着便有不同。就是一個人唱的歌，也許有把一首分成大同小異的兩首的。有的歌因爲形式的改變以至連意義也隨着改變了。試舉一例：

（一）

忽然想起皺眉頭，自歎青春枉少年。

"想前世拆散雙飛鳥，斷頭香點在佛門前。

今世夫妻成何比，細絲白髮垂綿綿。

怨爹娘得了花銀子；可恨大娘兇似虎。

日間弗有真心話；夜間寂寞到五更天。

推開紗窗只看得淒涼月；撥轉頭來只看得一盞孤燈陪我眠。

今日大娘到了娘家去，結髮偷情此刻間。"

急忙移步進房門，只見老相公蓋了紅綾被，花花被褥香微微。

還叫三聲"老相公！你心中記着奴情意？"

抬起頭來點三點，"吾終記着你情意"。

拔金釵，掠鬢邊，三寸弓鞋脫牀邊。

"吾是紫藤花盤纏你枯樹上；秋海棠斜插在你老人頭。

花開花落年年有；陳老之人嘸不吾再少年！"

（二）

佳人姐妮鎖眉尖，自歎青春枉少年。

"想起前生修不得，斷頭香點在佛門前，

故此姻緣來作配，派奴奴正身作偏配。

上不怨天來下不怨地，只怨爹娘貪了錢。

可恨大娘多利害，不許冤家一刻見。

□□□□□□□，夢裏偷情此刻間。"

抬轉身，到牀檐：只聽丈夫昏昏能，背脊呼呼向裏眠。

三寸金蓮登拉踏板上顫。

抬轉身，到窗前：手托香腮眼看天。

抬頭只見清涼月；夜來只怕靜房間。

好比那木犀花種在冷坑邊，好比那紫藤花盤纏在枯樹中；

獅子拋球無着落，□□□□□□。

這二首都是小老婆怨命的歌，都是從一個地方採集來的；又都以皺眉起，而自歎青春，而推想前生，而埋怨爹娘，而咒詛大娘，而伺得偷情的機會，末尾也都以紫藤花盤纏枯樹作比喻：可見是從一首歌詞分化的。但中間主要的一段便不同了：上首是老相公承受了她的情意而她登牀；下首是丈夫酣睡未醒而她孤身獨立，看月自悲。究竟這首歌的原詞是得戀呢，還是失戀呢，我們哪裏能知道。我們只能從許多類似的字句裏知道這兩歌是一歌的分化，我們只能從兩歌的不同境界裏知道這是分化的改變意義。

我爲要搜集歌謠，並明瞭它的意義，自然地把範圍擴張得很大：方言、諺語、謎語、唱本、風俗、宗教各種材料都着手搜集起來。我對於民衆的東西，除了戲劇之外，向來沒有注意過，總以爲是極簡單的；到了這時，竟愈弄愈覺得裏面有複雜的情狀，非經過長期的研究不易知道得清楚了。這種的搜集和研究，差不多全是開創的事業，無論哪條路都是新路，使我在寂寞獨征之中更激起拓地萬里的雄心。

那數年中，適之先生發表的論文很多，在這些論文中他時常給我以研究歷史的方法，我都能深摯地瞭解而承受；並使我發生一種自覺心，知道最合我的性情的學問乃是史學。九年秋間，亞東圖書館新式標點本水滸出版，上面有適之先生的長序，我真想不到一部小說中的著作和版本的問題會得這樣的複雜，它所本的故事的來歷和演變又有這許多的層次的。若不經他的考證，這件故事的變遷狀況只在若有若無之間，我們便將因它的模糊而猜想其簡單，哪能知道得如此清楚。自從有了這個暗示，我更回想起以前做戲迷時所受的教訓，覺得用了這樣的方法可以討究的故事真不知道有多少。例如"蝴蝶夢"，它的來歷是莊子上的"莊子妻死，鼓盆而歌"；這原是他的曠達，何以後來竟變成了莊子詐死，化了楚王孫去引誘他的妻子的心，以至田氏演出劈棺的惡劇來呢？又如"桑園會"，列女傳上原說秋胡久宦初歸，路上不認識他的妻，獻金求合，其妻羞其行，投水而死，何以到了戲劇中就變成了秋胡明知採桑婦是自己的妻，卻有意要試她的心而加以調戲，後來他屈膝求恕，她就一笑而團圓呢？這些故事的轉變，都有它的層次，絕不是一朝一夕之故。若能像適之先生考水滸故事一般，把這些層次尋究了出來，更加以有條不紊的貫穿，看它們是怎樣地變化的，豈不是一件最有趣味的工作。同時又想起本年春間適之先生在建設上發表的辨論井田的文字，方法正和水滸的考證一樣，可見研究古史也儘可以應用研究故事的方法。因此，又使我想起以前看戲時所受的教訓。薛平貴的歷盡了窮困和陷害的艱難，從乞丐而將官，而外國駙馬，以至做到皇帝，不是和舜的歷盡了頑父嚚母傲弟的艱難，從匹夫而登庸，而尚帝女，以至受了禪讓而做皇帝一樣嗎？匡人圍孔子，子路奮戟將與戰，孔子止之曰："歌！予和汝"，子路彈琴而歌，孔子和之；曲三終，匡人解甲而罷：這不是諸葛亮"空城計"的先型嗎？這些事情，我們用了史實的眼光去看，實是無一處不謬；但若用了故事的眼光看時，便無一處不合了。又如戲中人的好壞是最容易知道的，因為只要看他們的臉子和鼻子就行；然實際上要把自己的親戚朋友分出好壞來便極困難，因為一個人決不會全好或全壞；只有從古書中分別好人壞人卻和看戲一樣的容易，因為它是處處從好壞上着眼描寫的。它把世界上的人物統分成幾種格式，因此只看見人的格式而看不見人的個性。它雖沒有開生淨丑的臉相，但自有生淨丑的類別。戲園中楹聯上寫的"堯、舜生，湯、武淨，五霸、七雄丑末耳"，確是得到了古人言談中的方式。我們只要用了角色的眼光去看古史中的人物，便可以明白堯、舜們和桀、紂們所以成了兩極端的品性，做出兩極端的行爲的緣故，也就可以領略他們所受的頌譽和詆毁的積累的層次。只因我觸了這一個機，所以驟然得到一種新的眼光，對於古史有了特殊的瞭解。但是那時正在畢業之後，初到母校圖書館服務，很想整理書目，對於此事只是一個空浮的想像而已。

　　就在這時候，適之先生以積勞得病，病中翻覽舊籍，屢次寫信給我，討論書中的問題。十一月中，他來信詢問姚際恒的著述。姚際恒這人，我在十年前讀古今偽書考時就知道，那時並因他辨孝經爲偽書說得極痛快而立了一册讀孝經日鈔，去搜尋它的偽證。後來草清代著述考時，找不到他的傳狀，他的著述除了一册很簡單的偽書考之外也見不到別的，所以不曾列入。這時適之先生詢問及他，我就在圖書館中翻檢了幾部書，前後寫了兩封回信。他看了很高興，囑我標點偽書考。這一來是順從我的興趣，二來也是知道我的生計不寬裕，希望我標點書籍出版，得到一點酬報。偽書疑書目本是我已經着手的工作，這件事我當然願意。標點的事是很容易的，薄薄的一本書費了一二天工夫已可完工。但我覺得這樣做去未免太草率了，總該替它加上注解纔是。這書篇帙既少，加上注解也算不得困難，大約有了二十天工夫也可蕆事了。不料一經着手，便發生了許多問題，有的是查不到，有的雖是查到了，然而根上還有根，不容易追出一個究竟來。到了這時候，一本薄極的書就牽引到無數書上，不但我自己的書不夠用，連北京大學圖書館的書也不夠用了，我就天天上京師圖書館去。做了一二個月，注解依然沒有做成，但古今來造偽和辨偽的

人物事蹟倒弄得很清楚了，知道在現代以前，學術界上已經斷斷
續續地起了多少次攻擊僞書的運動，只因從前人的信古的觀念太
强，不是置之不理，便是用了强力去壓服它，因此若無其事而
已。現在我們既知道辨僞的必要，正可接收了他們的遺產，就他
們的腳步所終止的地方再走下去。因爲這樣，我便想把前人的辨
僞的成績算一個總賬。我不願意單單注釋僞書考了，我發起編輯
辨僞叢刊。

　　從僞書引渡到僞史，原很順利。有許多僞史是用僞書作基礎
的，如帝王世紀、通鑑外紀、路史、繹史所錄；有許多僞書是用
僞史作基礎的，如僞古文尚書、古三墳書、今本竹書紀年等。中
國的歷史，普通都知道有五千年（依了緯書所説已有二百二十七
萬六千年了），但把僞史和依據了僞書而成立的僞史除去，實在
只有二千餘年，只算得打了一個“對折”！想到這裏，不由得不激
起了我的推翻僞史的壯志。起先僅想推翻僞書中的僞史，到這時
連真書中的僞史也要推翻了。自從讀了孔子改制考的第一篇之
後，經過了五六年的醖釀，到這時始有推翻古史的明瞭的意識和
清楚的計畫。計畫如何？是分了三項事情着手做去。第一，要一
件一件地去考僞史中的事實是從哪裏起來的，又是怎樣地變遷
的。第二，要一件一件地去考僞史中的事實，這人怎樣説，那人
又怎樣説，把他們的話條列出來，比較看着，同審官司一樣，使
得他們的謊話無可逃遁。第三，造僞的人雖彼此説得不同，但終
有他們共同遵守的方式，正如戲中的故事雖各各不同，但戲的規
律卻是一致的，我們也可以尋出他們的造僞的義例來。我爲要做
這三項工作，所以立了三册筆記簿，標題僞史源、僞史對鞫、僞
史例，總題爲僞史考，下手搜集材料。

　　我的推翻古史的動機固是受了孔子改制考的明白指出上古茫
昧無稽的啟發，到這時而更傾心于長素先生的卓識，但我對於今
文家的態度總不能佩服。我覺得他們拿辨僞做手段，把改制做目

的，是爲運用政策而非研究學問。他們的政策，是：第一步先推翻了上古，然後第二步說孔子託古作六經以改制，更進而爲第三步把自己的改制引援孔子爲先例。因爲他們的目的只在運用政策作自己的方便，所以雖是極鄙陋的讖緯也要假借了做自己的武器而不能丟去。因爲他們把政策與學問混而爲一，所以在學問上也就肯輕易地屈抑自己的理性於怪妄之說的下面。例如夏穗卿先生（曾佑）在中國歷史教科書的正文中說："孔子母徵在，游于大澤之陂，夢黑帝使請己，己往，夢交，語曰：'汝乳必於空桑之中'；覺則若感，生丘於空桑之中，故曰玄聖。"注中說明道："案此文學者毋以爲怪，因古人謂受天命之神聖人必爲上帝之所生，孔子雖不有天下，然實受天命，比于文王，故亦以王者之瑞歸之；雖其事之信否不煩言而喻，然古義實如此，改之則六經之說不可通矣；凡解經者必兼緯，非緯則無以明經，此漢學所以勝于宋學也。"他明知道"其事之信否不煩言而喻"，但爲要順從漢人之說解釋六經，便不得不依了緯書中的怪誕之說，這真是自欺欺人了！這班自欺欺人的人，說來也可憐。他們並不是不要明白古代的事實，只爲漢學是如此說的，所以寧取其不信者。他們並不是沒有常識，只爲漢學是如此說的，所以雖是應怪而終於不敢怪。究竟漢學爲什麼有這樣大的權力，可以改變古代的事實而屈抑今人的理性？這個答案當然沒有第二句話：是爲有了幾個沒出息的人甘心屈抑了自己的理性而做漢人的奴隸，更想從做奴隸中得到些利益的緣故。我們慚愧沒有這種受欺的度量，但我們也很欣快沒有這種奴隸的根性；我們正有我們自己的工作在，我們的手段與目的是一致的！

那時我排列過幾個表。一個是依了從前人的方法編排史目，看書上說的什麼時代就放在什麼時代，例如置三五歷年記、春秋命歷序于太古，置堯典、舜典、皋陶謨于唐、虞，置逸周書、穆天子傳于西周。一個是依了我們現在的眼光編排史目，看它們在什麼時代起來的就放在什麼時代，例如置虞、夏書于東周，置易傳、竹書紀年、胠篋篇于戰國、秦、漢間，置命歷序、五帝德于漢，置帝王世紀、僞古文尚書于晉，置路史、三墳于南宋。這兩個表實在是平平無奇，但比較看時，便立刻顯出衝突的劇烈和漸次增高的可驚了。這使我明白，以前人看古史是平面的，無論在哪個時候發生的故事，他們總一例的看待，所以會得愈積愈多；現在我們看古史是垂線的，起初一條線，後來分成幾條，更後又分成若干條，高低錯落，累累如貫珠垂旒，只要細心看去就分得出清楚的層次。因爲我見到了這一層，所以我對於古史的來源有了較清楚的認識。

那時又起了一個問題：上古史既茫昧無徵，這些相傳的四千或五千的年數是從什麼地方出來的呢？光復時，不是大街小巷中都張貼着"黃帝紀元四千六百零九年"的告示嗎，這個歷歷可數的年歲是依據的什麼書？我很想考出它的來歷，可惜這方面的工作至今沒有做完，不能把結果發表。就鈔出來的看，例如夏代的年數，最長的是路史，凡四百九十年；最短的是今本竹書紀年，只有三百六十五年多（內有未詳的數年）；最普通的是古今紀要，爲四百三十九年。其餘四百七十一年、四百四十一年、四百三十二年的都有。各個編纂古史的人的閉着眼睛的杜造，到此完全證實。

崔述的東壁遺書整理古代史實，刊落百家謬妄，這是我以前讀先正事略時知道的，但這部書卻沒有見過。十年一月中，適之先生買到了，送給我看。我讀了大痛快。尤其使我驚詫的，是他在提要中引的"打碎沙鍋紋到底"一句諺語。"你又要'打碎烏盆問到底'了！"這是我的祖母常常用來禁止我發言的一句話；想不到這種"過細而問多"的毛病，我竟與崔先生同樣地犯着。我弄了幾時辨僞的工作，很有許多是自以爲創獲的，但他的書裏已經辨證得明明白白了，我真想不到有這樣一部規模弘大而議論精銳的辨僞的大著作已先我而存在！我高興極了，立志把它標點印行。可是我們對於崔述，見了他的偉大，同時也見到他的缺陷。他信仰經書和孔、孟的氣味都嫌太重，糅雜了許多先入爲主的成見。這也難怪他，他生長在理學的家庭裏，他的著書的目的在于驅除妨礙聖道的東西，辨僞也只是他的手段。但我們現在要比他進一步，推翻他的目的，作徹底的整理，是不很難的；所難的只在許多制度名物及細碎的事蹟的研究上。在這上面，他已經給與我們許多精詳的考證了，我們對於他應該是怎樣地感謝呢！

即在十年初春，我的祖母驟然病了偏中，飲食扶掖一切需人。我是她的最愛的孫兒，使我不忍遠離，但北京的學問環境也使我割捨不得；這一年中南北道途往返了六七回，每回都攜帶了許多書，生活不安定極了。但除了繼續點讀辨僞的書籍之外，也做了兩件專門的工作：其一，是討論紅樓夢的本子問題和搜集曹雪芹的家庭事實；其二，是輯錄詩辨妄連帶研究詩經和鄭樵的事實。紅樓夢問題是適之先生引起的。十年三月中，北京國立學校爲了索薪罷課，他即在此時草成紅樓夢考證，我最先得讀。紅樓夢這部書雖是近代的作品，只因讀者不明悉曹家的事實，兼以書中描寫得太侈麗了，常有過分的揣測，髣髴這書真是敘述帝王家的祕聞似的。但也因各説各的，考索出來的本事終至互相牴牾。適之先生第一個從曹家的事實上斷定這書是作者的自述，使人把祕奇的觀念變成了平凡；又從版本上考定這書是未完之作而經後人補綴的，使人把向來看作一貫的東西忽地打成了兩橛。我讀完之後，又深切地領受研究歷史的方法。他感到搜集的史實的不足，囑我補充一點。那時正在無期的罷課之中，我便天天上京師圖書館，從各種志書及清初人詩文集裏尋覓曹家的故實。果然，從我的設計之下檢得了許多材料。把這許多材料聯貫起來，曹家的情形更清楚了。我的同學俞平伯先生正在京間着，他也感染了這個風氣，精心研讀紅樓夢。我歸家後，他們不斷的來信討論，我也相與應和，或者彼此駁辨。這件事弄了半年多，成就了適之先生的紅樓夢考證改定稿和平伯的紅樓夢辨。我從他們和我往來的信札裏，深感到研究學問的樂趣。我從曹家的故實和紅樓夢的本子裏，又深感到史實與傳說的變遷情狀的複雜。詩辨妄本是豫備放在辨僞叢刊裏的，最早從周孚非詩辨妄裏見到他所引的碎語，就驚訝鄭樵立論的勇敢；後來又從圖書集成內搜到一卷。但兩種書中的話衝突的很多，集成中的幾篇有許多議論竟成了"詩護妄"，使我很疑惑。後來纔知道集成中標爲詩辨妄的原即六經奧論裏的詩經一部分，奧論這書就是靠不住的。再用各書中記述的鄭樵事實與宋史鄭樵傳合看，宋史中的話便幾乎沒有一句可信。這種向不會發生問題的事情，經過一番審查之後，竟隨處發生了問題（紅樓夢的本子和隨園詩話所記曹雪芹事也是如此），這不得不使我駭詫了。想我幼年時，看着書中的話，雖也常常引起懷疑，但總以爲這是經過前代學者論定的，當不致有大錯；常說考證之業到清儒而極，他們已經考證清楚了，我們正可坐享其成，從此前進探求事理之極則，不必再走他們的老路了。後來懷疑了古書古史，也只以爲惟有古書古史是充滿着靠不住的成分的。哪知這年做了幾個小題目的研究，竟發見近代的史籍，近人的傳記也莫不是和古書古史一樣的糊塗；再看清代人的考證時，纔知道他們只是做了一個考證的開頭！從此以後，我對於無論哪種高文典冊，一例地看它們的基礎建築在沙灘上，裏面的漏洞和朽柱不知道有多少，只要我們何時去研究它就可以在何時發生問題，把它攻倒。學海無涯，到這時更望洋興歎了！

　　因爲輯集詩辨妄，所以翻讀宋以後人的經解很多，對於漢儒的壞處也見到了不少。接着又點讀漢儒的詩說和詩經的本文。到了這個時候再讀漢儒的詩說，自然觸處感到他們的誤謬，我更敢作大膽的批抹了。到了這個時候再讀詩經的本文，我也敢用了數年來在歌謠中得到的見解作比較的研究了。我真大膽，我要把漢學和宋學一起推翻，赤裸裸地看出它的真相來。這半年中所得的新見解甚多，今試舉分化的兩例，作爲上面徵引的小老婆怨命之歌的印證。邶風中的谷風，是向來說爲"夫婦失道"的；小雅中的谷風，是向來說爲"朋友道絶"的。其實，這兩首在起興上都是說"習習谷風"，在寫情上都是說在窮苦的時候如何相依（小雅"將恐將懼，惟予與女"，邶風"昔育恐育鞠，及爾顛覆"），安樂的時候如何見棄（小雅"將安將樂，女轉棄予"，邶風"既生既育，比予于毒"），末了又都以人我的命運終于類同作慨歎的自慰（小雅"無草不死，無木不萎"，邶風"我躬不閲，遑恤我後"），遣詞命意十分相同，當亦由于一首的分化。邶風的谷風既爲棄婦之詞，小雅的一篇就不會寫的是朋友（小雅詩中有"寘予于懷"之語，更不是朋友的行徑）。至於所以一在邶風，一在小雅之故，乃是由於聲調的不同而分列，正如玉堂春的歌曲，京腔中既有，秦腔中也有，大鼓書中也有。詩經既是集合各種樂調的歌詞而成，它有這種現象絶不足奇。又如小雅的白駒和周頌的有客，都是說客人騎了一匹白馬來（小雅"皎皎白駒，食我場苗"，周頌"有客有客，亦白其馬"），主人替他繫上，留他住下（小雅"縶之維之，以永今朝；所謂伊人，於焉逍遥"，周頌"有客宿宿，有客信信，言授之縶，以縶其馬"），他不肯住，逃走了（小雅"勉爾遁思"，"毋金玉爾音而有遐心"，周頌"薄言追之"），主人去追他，喚他道："您回來，我們有給您的好處呢！"（小雅"皎皎白駒，賁然來思；爾公爾侯，逸豫無期"，周頌"薄言追之，左右綏之；既有淫威，降福孔夷"。）這明明都是留客的詩，或是宴客而表示好意的詩。小雅說"爾公爾侯"，周頌說"既有淫威"，當是周天子款待諸侯的詩。此等詩或是由于一首的分化，或是由于習用留客的照例話，都未可知。其所以一在小雅，一在周頌，亦因聲調不同之故。但說詩的人總給詩篇的地位縛死了：他們認定小雅的後半部爲刺詩，所以説白駒是刺宣王的不能用賢；他們認定周頌爲宗廟中所用的詩，而宗廟中的客人只有勝國的諸侯，所以説有客是微子來見祖廟。這真是閉着眼睛的胡説！但這些東西若沒有歌謠和樂曲作比較時，便很不易看出它們的實際來，很容易給善作曲解的儒者瞞過了。

玄同先生，我雖在新青年上久讀他的文字，又同處在一校，可是没有認識；自與適之先生計畫辦僞叢刊之後，始因他的表示贊同而相見面。在九年冬間，我初作辦僞工作的時候，原是專注目于僞史和僞書上；玄同先生卻屢屢説起經書的本身和注解中有許多應辨的地方，使我感到經部方面也有可以擴充的境界。但我雖讀過幾部經書，也略略知道些經學的歷史，並且痛恨經師的曲解已歷多年，只因從來没有把經書專心研究過一種，所以對于他所説的話終有些隔膜。到這時，在詩經上用力了半年多，灼然知道從前人所作的經解真是昏亂割裂到了萬分，在現在時候決不能再讓這班經學上的偶像佔據着地位和威權，因此，我立志要澄清謬妄的經説。數年來，對于詩經的注解方面作了幾篇批評，對于詩經的真相方面也提出了幾個原則。現在都編集在本書第二册裏。

我本來專在母校圖書館任編目之職；十年春間，校中設立研究所國學門，幼漁、兼士二先生招我兼任助教；秋間又兼任大學豫科國文講師。在學問興趣極濃厚的時候，我怎能再爲他人分去時間。勉强上了幾堂，改了幾本卷子，頭便像刀劈一樣的痛。我耐不住了，只得辭職。惟有研究所卻是很有興味的：四壁排滿了書架，看書比圖書館還要方便些；校中舊存的古物和新集的歌謠也都彙集到一處來了。我這也弄弄，那也翻翻，不覺夜色已深，在黑暗的巨廈中往往扶牆摸壁而出。人家説我辦公認真，哪知我只是爲了自己！在這翻弄之中，最得到益處的是羅叔蘊先生（振玉）和王靜安先生（國維）的著述。叔蘊先生在日本編印的圖譜，

靜安先生在廣倉學宭發表的篇章，爲了價錢的昂貴，傳布的寡
少，我都没有見過。到這時，研究所中備齊了他們的著述的全
分，我始見到商代的甲骨文字和他們的考釋，我始見到這二十年
中新發見的北邙明器、敦煌佚籍、新疆木簡的圖像，我始知道他
們對於古史已在實物上作過種種的研究。我的眼界從此又得一
廣，更明白自己知識的淺陋。我知道要建設真實的古史，只有從
實物上着手的一條路是大路，我的現在的研究僅僅在破壞僞古史
的系統上面致力罷了。我很願意向這一方面做些工作，使得破壞
之後得有新建設，同時也可以用了建設的材料做破壞的工具。我
讀了他們的書，固然不滿意於他們的不能大膽辨僞，以致真史中
雜有僞史（例如靜安先生殷周制度論據了帝繫姓的話而説"堯、舜
之禪天下以舜、禹之功，然舜、禹皆顓頊後，本可以有天下；
湯、武之代夏、商固以其功與德，然湯、武皆帝嚳後，亦本可以
有天下"，全本于秦、漢間的僞史），但我原諒他們比我長了二三
十年，受這一點傳統學説的包圍是不應苛責的；至于他們的求真
的精神，客觀的態度，豐富的材料，博洽的論辨，這是以前的史
學家所夢想不到的，他們正爲我們開出一條研究的大路，我們只
應對他們表示尊敬和感謝。只恨我的學問的根柢打得太差了，考
古學的素養也太缺乏了，我怎能把他們的研究的結果都親切地承
受了呢！從此以後，我的心頭永遠頓着一筆債，覺得在考古學方
面必須好好讀幾部書。但境遇的困阨，使得我只有摩挲了這些圖
籍而惆悵而已！

　　我的祖母的病態漸漸地沉重，我再不能留在北京了，便於十
一年春間乞假歸家，作久居之計。生計方面，由適之先生的介
紹，爲商務印書館編纂中學本國史教科書，預支些酬金。我的根
性是不能爲他人做事的，所以就是編纂教科書也要使得它成爲一
家著述。我想了許多法子，要把這部教科書做成一部活的歷史，

使得讀書的人確能認識全部歷史的整個的活動，得到真實的歷史觀念和研究興味。上古史方面怎樣辦呢？三皇、五帝的系統，當然是推翻的了。考古學上的中國上古史，現在剛纔動頭，遠不能得到一個簡單的結論。思索了好久，以爲只有把詩、書和論語中的上古史傳説整理出來，草成一篇最早的上古史的傳説爲宜。我便把這三部書中的古史觀念比較看着，忽然發見了一個大疑竇，——堯、舜、禹的地位的問題！堯典和皋陶謨我是向來不信的，但我總以爲是春秋時的東西；哪知和論語中的古史觀念一比較之下，竟覺得還在論語之後。我就將這三部書中説到禹的語句鈔録出來，尋繹古代對於禹的觀念，知道可以分作四層：最早的是商頌長發的“禹敷下土方，……帝立子生商”，把他看作一個開天闢地的神；其次是魯頌閟宫的“后稷……奄有下土，纘禹之緒”，把他看作一個最早的人王；其次是論語上的“禹、稷躬稼”和“禹……盡力乎溝洫”，把他看作一個耕稼的人王；最後乃爲堯典的“禹拜稽首，讓于稷、契”，把後生的人和纘緒的人都改成了他的同寅。堯、舜的事蹟也是照了這個次序：詩經和尚書（除首數篇）中全没有説到堯、舜，似乎不曾知道有他們似的；論語中有他們了，但還没有清楚的事實；到堯典中，他們的德行政事纔燦然大備了。因爲得到了這一個指示，所以在我的意想中覺得禹是西周時就有的，堯、舜是到春秋末年纔起來的。越是起得後，越是排在前面。等到有了伏羲、神農之後，堯、舜又成了晚輩，更不必説禹了。我就建立了一個假設：古史是層累地造成的，發生的次序和排列的系統恰是一個反背。

我立了這個假設而尚未作文的時候，我的祖母去世了。心中既極悲痛，辦理喪事又甚煩忙，逼發了失眠的舊病，把半年的光陰白白地丢掉。編輯教科書的限期已迫，成稿卻没有多少，不得已去函辭職。承館中史地部主任朱經農先生的盛情，邀我到館任職，許由同事人幫助編纂。年底到滬後，和舊友王伯祥先生（鍾

麒)同居；他也是喜歡歷史的，談論間常常説到古史，頗有商榷
之樂。館課每日六小時，在滬雜務亦少，又獲得些餘閒，我便温
了幾遍尚書，把裏面關於古史的話摘出比較，由此知道西周人的
古史觀念實在只是神道觀念，這種神道觀念和後出的堯典等篇的
人治觀念是迥不相同的。又知道那時所説的"帝"都指上帝，吕刑
中的"皇帝"即是"上帝"的互文；堯典等篇以"帝"爲活人的階位之
稱，是一個最顯明的漏洞。又如"苗"，尚書中説到他們的共有七
處，可以分作三個時期。第一個時期是吕刑，它説蚩尤作亂之
後，這個壞品性傳染給平民，弄得苗民成了殘忍的民族，動不動
就要殺人；被殺的人到上帝前控告，上帝哀憐他們的寃枉，就降
下他的威靈，把苗民絶滅了。在這一時期之中，苗的結果是何等
的不幸。第二時期是堯典的"竄三苗于三危"和"分北三苗"，皋陶
謨的"何遷乎有苗"和"苗頑弗即工"，禹貢的"三危既宅，三苗丕
叙"，説舜時三苗頑强不服，舜把他們搬到三危，分開住着，他
們也就很安定了。在這時期中，他們雖失掉了居住的自由，還無
妨于生活，這個刑罰就輕鬆得多。第三時期是僞古文的大禹謨，
説有苗昏迷不恭，以致民怨天怒，舜令禹往征，打了一個月還不
服；益勸禹修德感之，禹聽了他就班師回去；舜于是大布德教，
兩階上舞着干羽；過了七十天，有苗就自來降服了。在這個時期
中，舜和苗兩方面都是極美滿的，沒有一些兒火辣氣了。這種變
遷，很可以看出古人的政治觀念：在做吕刑的時候，他們決想不
到有這樣精微的德化，在做大禹謨的時候，他們也忘卻了那個威
靈顯赫的上帝了。這種政治觀念的變遷，就是政治現象從神權移
到人治的進步。拿了這個變遷的例來看古史的結構的層次，便可
以得到一個親切的理解。我們何以感到一班聖君賢相竟會好到這
般地步？只爲現在承認的古史，在它凝結的時候恰是德化觀念最
有力的當兒。我們若把這凝結的一層打破時，下面的樣子就決不
是如此的了。

　　十二年二月中，玄同先生給我一封長信，論經部的辨偽。我和他已經一年不相通問了，忽然接讀這一封痛快淋漓的長信，很使我精神上得着一種興奮。我就抽出一個星期日的整天工夫，寫了一通覆書，除講詩經的工作之外，又把一年來所積的古史見解寫出了一個大概。想不到這一個概要就成了後來種種討論的骨幹！四月中，適之先生到上海來，他編輯的讀書雜志需要稿件，囑我趕作一文。我想我答玄同先生的信已經寄了兩個月，還沒有得到回音，不知道他對於我的意見究竟作何批評，很想借此逼上一逼，就把討論古史的一段文字鈔出寄去。這文在雜志第九期中發表之後，果然第十期上就有他的很長的回答：他贊同我的對於古史的意見，更把六經的真相和孔子與六經的關係說了許多從來未有的實話。

　　十二年春夏間是我的身體最壞的時候。因爲我久居北方，受不住上海的潮溼的空氣，生了一身溼瘡，痛癢交作，膿血沾濡。兼以服務的地方即在工廠裏面，鄰近也都是工廠，這充滿着煙煤的空氣使得我精神疲倦，食量減少，又患咳嗽，幾乎成了肺病。假使我沒有學問上的安慰，我真要頹廢了。於是我請了長假，回家養了四個多月的病。在這四個多月之中，我對於我的生活真是見情到了萬分。庭中的綠草，園中的小樹，花壇上的雜花，都成了有情的伴侶。妻女們的相親相依，使我觸處感到家庭的溫存的樂趣。向來厭惡爲閉塞的蘇州，這時也變作了清靜安逸的福地了。我在家讀書，輕易不出門；別人知道我有病，也不來勉強我做什麼事。我安閒地讀了好些書，寫了好些筆記。本來我對於學問雖是深嗜篤好，但因所好太多，看書太紛亂，精神容易旁逸斜出，所以筆記上什麼東西都有得記錄。到了這時候，我的筆記幾乎成了“古史清一色”了。這個問題，自從與玄同先生信中把數年來的龐雜的見解彙聚了一下，成了一個系統，我就再從這個系統上生出若干題目，依了這些題目着手搜集材料。向時所要求而未得實現的"由博返約"、"執簡御繁"的境界到這時竟實現了，有了一種新的眼光再去看書時就滿目是新材料了：我真是想不盡的喜樂，把身上的疾苦一起丟向九霄雲外去了！

自從讀書雜志上發表了我和玄同先生兩篇文字之後，劉楚賢、胡堇人二先生就來書痛駁。我很高興地收受；我覺得這是給與我修正自己思想和增進自己學問的一個好機會，只當作好意的商榷而不當以盛氣相勝的。因爲在家養病，所以容我徐徐草答。可惜文字未完，四個月的生計負擔已壓迫我回復館職了，一篇答覆的長文只作成了一半。

我是一個生性倔強的人，只能做自己願意做的事情而不能聽從任何人的指揮的。商務印書館中固然待我並不苛刻，但我總覺得一天的主要的時間爲館務犧牲掉了未免可惜。我不是教育家，便不應編教科書；館中未嘗許我作專門的研究，又如何教我作無本的著述：精神上既有這般苦痛，所以在這年的冬間又辭了出來，回復北京大學研究所的職務。在研究所中，雖是還不能讓我稱心適意地把所有的時間給我自己支配，但比較了他種職務，我可以自己支配的時間實在是多一點了。過去的二年裏頭，我的惟一的大工作是標點東壁遺書。因爲它牽涉的古書太多，古書的解詁有許多地方是極難捉摸的，所以費去了我的很多的時間。

我自民國六年先妻得疾，中經先妻的喪，自身的續娶，祖母的病，祖母的殁，自身的職業的變更，居住地的遷移，到十三年接眷到京，這七年中的生活完全脫去了軌道：精神的安定既不可求，影響到身體上就起了種種病症。他種病症雖痛苦，尚是一時的，只有失眠症無法治愈，深夜的煎熬竟成了家常便飯！因此面目尫瘠，二十餘歲時見者即疑爲四十歲人。我一意的奮鬬，一意的忍耐，到這時剛纔勉強回復到軌道上。我所以一定要到北京的緣故，只因北京的學問空氣較爲濃厚，舊書和古物薈萃於此，要研究中國歷史上的問題這確是最適宜的居住地；並且各方面的專家惟有在北京還能找到，要質疑請益也是方便。我自己有書二萬冊，以前分散在京、蘇兩處；後來到了上海，又分做三處。無論住什麼地方，爲了一個問題要去參考時，往往是覓一個空。自己有書而不能用，這是何等的煩悶！加以數年中每上行程，書籍總佔了行李的大部分，不知道整理了多少次，費去了多少精神，花去了多少運費。這把我磨折得苦極了！自從十二年冬間到京，下了決心，一起搬走。又以寓舍未定，遷移了幾回；每搬動一回便作上十數天的整理，弄得口苦舌乾，筋骨疼痛。我真勞倦了，急要得到一個安心立命的境界，從事于按日程功的專門的工作。妻女既北來，寓中事有人主持，不再紛心雜務，精神上亦得有安慰，這兩年中，失眠漸漸地成爲例外，夜中也稍稍可以工作了。只是熟人日衆，人事日繁，大家以爲我是能做些文章的，紛紛以作文見囑。固然有許多是隨我自己選擇題目的，儘不妨把胸中積着的問題借來作些研究，但現燒熱賣的東西終究掙不得較高的價值，而且此去彼來，勒迫限期，連很小的問題也不能從容預備，更哪裏説得到大問題的討論。因爲這樣，所以前年養病時遺下的半篇文債至今還沒有動手清償。這種牽掣的生活，我想到時就怨恨。

　　二年以來，我對於古史研究的進行可以分了三方面作叙述。

　　其一，是考古學方面。十二年秋間，我到北京來，地質調查所的陳列室已經開放；我進去參觀，始見石器時代的遺物，使我知道古代的玉器和銅器原是由石器時代的東西演化而成的：圭和璋就是石刀的變相，璧和瑗就是石環的變相，銅鼎和銅鬲也就是陶鼎和陶鬲的變相。那時河南仰韶村新石器時代的遺物發見不久，燦然陳列，更使我對於周代以前的中國文化作了許多冥想。

　　就在這年八月，河南新鄭縣發見大批古物，江蘇教育廳委託我和陳萬里先生前往調查。我們在開封見到出土古物的全分。器物的豐富，雕鏤的精工，使我看了十分驚詫，心想掘到一個古墓就有這許多，若能再發見若干，從器物的銘文裏漏出古代的事蹟，從器物的圖畫裏漏出古人的想像，在古史的研究上真不知道可以獲得多少的裨益。我們又順道游洛陽，到魏故城（通稱金墉城）中，隨便用腳踢着，就可以拾得古代的瓦當。心想自周代建了東都以後，累代宅京于此，如果能作大規模的發掘，當可分出清楚的層次，發見整批的古物。去年，萬里游敦煌歸來，説起陝西、甘肅一帶有許多整個埋在地下的古城，正待我們去發掘，使我更爲神往。

近數年來，國立學校經費愈窘；研究所中考古學會在十分困難裏勉强進行，時有創獲，孟津出土的車飾數百種尤爲鉅觀。我雖没有餘力加入研究，但嚮往之情是極熱烈的，倘使在五六年前見了，我一定要沈溺在裏邊了。現在既深感研究學問的困難，又甚悲人生壽命的短促，知道自己在研究古史上原有專門的一小部分工作——辨僞史——可做，不該把範圍屢屢放寬，以致一無所成。至于許多實物，自當有人作全力的研究，我只希望從他們的研究的結果裏得到些常識而已。在研究古代實物的人，我也希望他們肯涉獵到辨僞方面。例如章演群先生（鴻釗）所著的石雅，不愧爲近年的一部大著作，但裏邊對于僞書僞史不加别擇，實是一個大缺點。他據了拾遺記的“神農采峻鍰之銅以爲器”，史記的“黄帝採首山銅鑄鼎”，説中國在神農、黄帝時已入銅器時代；又據了禹貢的“厥貢璆鐵銀鏤”，山海經的“禹曰，出鐵之山三千六百九十”，説三代之初已知用鐵。這種見解，很能妨礙真確的史實的領受。若能知道神農、黄帝不過是想像中的人物，禹貢和山海經都是戰國時的著作，那麼，在實證上就可以剔出許多僞妄的證據，不使它迷亂了真確的史實的地位了。

其二，是辨證僞古史方面。這二年中，除了承受崔述的辨證以外，這方面的工作做得很少。就發表的説，曾經考了商王紂和宋王偃的故事，略見積毀之下的惡人模樣和詆毀惡人的方式；又用了白話翻譯了幾篇尚書，使人把商、周間的聖君賢相的真面目瞧一下，知道後世儒者想像中的古聖賢原不是那一回事。没有發表的，就筆記上歸併起來，有以下許多題目：

春秋、戰國時的神祇和宗教活動（如郊祀、祈望、封禪等）。

古代的智識階級（如巫、史、士大夫）的實況。

秦、漢以後的智識階級的古史（承認的古代傳説）和非智識階級的古史（民間自由發展的傳説）。

春秋、戰國間的人才（如聖賢、游俠、説客、儒生等）和因了這班人才而生出來的古史。

春秋、戰國、秦、漢間的中心問題（如王霸、帝王、五行、德化等）和因了這種中心問題而生出來的古史。

春秋、戰國、秦、漢間的制度（如尊號、官名、正朔、服色、宗法、階級等）和因了這種制度而生出來的古史。

春秋時各民族的祖先的傳説和戰國以後歸併爲一系的記載。

春秋、戰國、秦、漢人想像中的太古（如開闢、洪水及各種神話）。

戰國、秦、漢時開拓的疆土和想像的地域（如崑崙、弱水及山海經所記）。

戰國、秦、漢人造僞的供狀。

漢代人爲了“整齊故事”而造出的古史。

春秋、戰國時的書籍（著作、典藏、傳布、格式等）。

漢初的經書和經師。

尚書各篇的著作時代和著作背景。

孔子何以成爲聖人和何以不成爲神人。

古史中人物的張揚的等次。

古史與故事的比較。

以上許多題目，有的是已經聚集了許多材料，有的還不過剛立起幾條假設。如果讓我從容地做去，想來平均每個題目經過半年的研究總可以得到一些結果。我對於這項研究有一個清楚的自覺，就是：我們要辨明偽古史必須先認識真古史。我的目的既在辨論東周、秦、漢間發生的偽史，所以對于東周、秦、漢間的時勢、思想、制度、史蹟等等急要研究出一個真相來。前年作的研究古史的計畫要在這六年中細讀左傳、史記、兩漢書等，就爲了這個原因。但是很可悲的，荏苒兩載，左傳還沒有好好地點讀過一頁，雖則爲了作文的參考每星期總要翻上幾回。這種不切實的讀書，我一想着便心痛！我很知道，以前開首發表主張的時候儘不妨大刀闊斧，作粗疏的裁斷；但一層一層地逼進去時，便不得不作細針密縷的工作，寫一個字也應該想幾遍了。爲我自己的學問計，爲對於學問界作真實的供獻計，最好暫時只讀書，不作文；等到將來讀出了結果之後，再"水到渠成"般寫出來。但這個境界哪裏許我踏到呢，社會上正要把我使用得筋疲力盡咧！

前年作的計畫，大致的意思，是一方面增進常識，一方面從事研究。在研究上，要先弄明白了古代的史實，然後再考各種書籍的時代和地域，考明之後便在裏面抽出那時那地的傳説中的古史，加以系統的整理；更研究了考古學去審定實物，研究了民俗學去認識傳説中的古史的意義。這確是一條最切實的道路，必須把這條道路按部就班地走完了之後，始可把我的研究古史的責任脱卸。但我一來感於境遇的不如意，覺得以有涯之生長日飄蕩於牽掣的生活中，希望作嚴守秩序的研究終是做不到的事情，二來又是感於學問領域的廣漠和個人力量的渺小，知道要由我一個人把一種學問作全部的整理是無望的，所以不由得不把當時的野心一步一步地收縮了下來。去年春間答李玄伯先生時，説自己願意擔任的工作有兩項：一是用故事的眼光解釋古史的構成的原因，二是把古今的神話與傳説作爲系統的叙述。這自然是在研究所中多接近民俗學方面的材料之故，但我收縮範圍的苦心亦已可見。在以上所列的題目中，如神祇、神話、巫史、宗教活動，非智識階級的古史，故事與古史的比較等題，都是進行這方面的研究的。所苦的，研究學問不能孤立，如果得不到研究他種學問的人的幫助，自己着手的一部分必然研究不好。在現在這般的民窮兵亂的國家之中，許多有希望的人都逼向淺薄浮囂中討生活，研究學問的事又如何提倡得起來。我雖在這困苦的境界中竭盡掙扎之力，也不過發出數聲孤寂的呻吟，留幾滴眼淚在昏黄大漠中而已！所以我即使把研究的範圍損之又損，損到只研究一個問題，也怕未必能達到我的願望。何況我的心中原有無數問題，總想把一種學問研究得好好的，那麽，恐怕我的一生只有在憤悱悵惘之中度盡了！

這二年中，繼續搜得的材料頗發見我前半文中的譌誤，但也頗增加我前半文中的證據。試舉禹爲社神的一例。我前因尚書吕刑説禹“主名山川”，疑禹是穆王時的山川之神。又因小雅甫田與大雅雲漢皆言祀社，大、小雅爲宣王前後時詩，疑社祀是西周後期起來的。魯語説“后土能平九土，故祀以爲社”，禹績正與之同，疑禹是社神。綜合以上三説，下一假設云：“西周中期，禹爲山川之神；後來有了社祭，又爲社神。”這句話在去年發見了錯誤了。召誥云：

> 越翼日乙卯，周公朝至于洛，則達觀于新邑營。越三日丁巳，用牲于郊，牛二。越翼日戊午，乃社于新邑，牛一，羊一，豕一。

如果我不能發見召誥在時代上的疑竇，則社祀起於西周後期之説當然由我自己推翻。至禹爲社神之説，當時因古書中常以“禹、稷"連稱，疑與"社、稷"的連稱有關係；又周語把共工氏放在伯禹的上面，和魯語把烈山氏放在周棄的上面正同，那麼魯語説后土是共工氏之子，后土當即是禹。劉楚賢先生看了，斥爲"少見多怪而臆測的牽強附會"。但近來收得的幾條新證據則頗足以助成我的主張：

今世之祭井、竈、門、户、箕、帚、臼、杵者，非以其神爲能饗之也，恃賴其德煩苦之無已也。是以時見其德，所以不忘其功也。……故炎帝於火而死爲竈，禹勞天下而死爲社，后稷作稼穡而死爲稷，羿除天下之害而死爲宗布。此鬼神之所以立（淮南子氾論訓）。

自禹興而修社祀，后稷稼穡故有稷祠，郊社所從來尚矣（史記封禪書）。

聖漢興，禮儀稍定，已有官社，未立官稷；遂於官社後立官稷。以夏禹配食官社；后稷配食官稷（漢書郊祀志引王莽奏文）。

漢初，除秦社稷，立漢社稷。其後又立官社，配以夏禹（三輔黃圖卷五）。

上面所舉，前二條明白説禹爲社，後二條又説禹配食官社，可見漢代人確以禹爲社神。讀者不要以爲這些話全是後起之説，須知越是配享越見得是先前的正祀。左傳上不説嗎：

共工氏有子曰勾龍，爲后土；……后土爲社。……周棄……爲稷（昭二十九年）。

可是到了後來就不然了：

　　後魏天興二年，置太社、太稷；……勾龍配社，周棄配稷（通典卷四十五）。

　　仲春仲秋上戊，祀太社、太稷，配以后土勾龍氏、后稷氏，以祈報（大清會典卷五十三）。

太社、太稷姓甚名誰，没有人能回答；但以前正任社稷的勾龍和周棄卻退而爲配享了，這是很顯著的。所以如此之故，只因舊説舊祀到没有權威的時候自然大家忘懷了，一個新朝起來，就隨順了民衆的新偶像而建立國家的新祀典；可是舊説舊祀在書本上還瞧得見，於是只得屈抑已倒的偶像作爲配享。這種"新鬼大而故鬼小"的現象，實亦適用古史系統的成例，是積薪般層累起來的。禹既在漢配社，當然是漢以前的正社神（説不定即是勾龍）。惟其他是社神，所以土地所在就是他的權力所在：南山梁山是他所甸，豐水是他所注，洪水是他所湮，宋國人説下土是他所敷，秦國人説宅居所在是他的蹟，魯國人説后稷奄有下土是纘他的緒，齊國人説成湯咸有九州是處在他的堵，王朝人説方行天下至於海表都是陟他的跡。

　　劉先生在文中説："縱或祀禹爲社，亦是後人尊功報德之舉，加之之名，豈爲神職？"近日馮芝生先生（友蘭）在大人物之分析一文中也説："大人物到了最大的時候，一般人把許多與他本無直接關係的事也歸附於他，於是此大人物即成一個神秘，成爲一串事物的象徵。如大禹之於治水，釋迦之於佛教等皆是。有人疑釋迦之果否有其人；顧頡剛先生疑大禹之果否有其人。我以爲此等人誠已變爲一串事物的象徵，但未可因此即謂其人之不存在。近來中山亦漸成中國革命之象徵，但中山之人之存在固吾人之所知也"（現代評論三卷六十七期）。類於這樣的批評，我聽見得很多，大致都以爲禹的歷史上的地位不當因其神化而便推翻。我覺得他們對於我的態度頗有誤解，現在趁此簡略地一辨。禹之是否實有

其人，我們已無從知道。就現存的最早的材料看，禹確是一個富
於神性的人物，他的故事也因各地的崇奉而傳佈得很遠。至於我
們現在所以知道他是一個歷史上的人物，乃是由於他的神話性的
故事經過了一番歷史的安排以後的種種記載而來。我們只要把
詩、書和彝器銘辭的話放在一邊，把戰國諸子和史書的話放在另
一邊，比較看着，自可明白這些歷史性質的故事乃是後起的。所
以我説禹由神變人，是順着傳説的次序説的；劉、馮諸先生説禹
由人變神，乃是先承認了後起的傳説而更把它解釋以前的傳説
的。再有一層，在實際上無論禹是人是神，但在那時人的心目中
則他確是一個神性的人物。例如現在民間大都祀關帝和竈神，我
們固然知道竈神是純粹的神，關帝是由人變神的，但在這一班奉
祀的人的心目中原沒有這個分別。他們只覺得神是全知全能而又
具有人格的，（玉皇也姓着張呢！）神如要下凡做人也隨着他的意
念。因爲神人不分，所以神人可以互變。我們知道，關羽、華
陀、包拯、張三丰、卜將軍是由人變神的。我們又知道，文昌本
是北斗旁的星，但到後來變成了晉將蜀人張惡子了；湘君、湘夫
人本是湘水的神，但後來也變成了堯的二女了。可見從神變人和
從人變神是同樣的通行，我們不能取了人的一方面就丟了神的一
方面，我們只能就當時人的心目中的觀念斷説他的地位而已。禹
儘可以是一個歷史上的人物，但從春秋上溯到西周，就所見的材
料而論，他確是一個神性的人物。更古的材料，我們大家見不
到，如何可以斷説他的究竟。至於春秋以下的材料，我早已説
過，他確是人了。

　　這數年中，又有人批評我，説我所做的文字不過像從前人的
翻案文章一樣，翻來覆去總是這幾句書。這個責備自然是該有
的：我的學力既不充足，發表的文字也不曾把見到的理由完全寫
出，而且沒有得到實物上的幫助，要拿出證據確只有書上的幾
句。但我所以敢於這樣做，自有我的堅定的立足點——在客觀上

真實認識的古史，——並不是僅僅要做翻案文章，這是我敢作誠信的自白的。我的惟一的宗旨，是要依據了各時代的時勢來解釋各時代的傳說中的古史。上邊寫的題目，如疆域、信仰、學派、人才、時代的中心問題……等，都是解決那時候的古史觀念的最好的工具。舉一個例罷。譬如伯夷，他的人究竟如何，是否孤竹君的兒子，我們已無從知道。但我們知道春秋時人是歡喜講修養的，人格的陶冶以君子爲標的，所以論語中講到他，便説不念舊惡，不肯降志辱身。我們又知道戰國時的君相是專講養士的，士人都是汲汲皇皇地尋求主人而爲之用，所以孟子上説他聽得文王有了勢力，就興起道："盍歸乎來，吾聞西伯善養老者！"我們又知道，自秦皇一統之後，君臣之義無所逃于天地之間，忠君的觀念大盛，所以史記上也就説他叩馬諫武王，義不食周粟，餓死於首陽山了。漢以後，向來流動的故事因書籍的普及而凝固了，他的人格縫沒有因時勢的遷流而改變。（上面舉的尚書上的苗，也是這樣的一例。）所以我們對於那時的古史應當和現在的故事同等看待，因爲這些東西都是在口耳之間流傳的。我們在這上，不但可以理出那時人的古史觀念，並且可以用了那時人的古史觀念去看出它的背景——那時的社會制度和思想潮流。這樣的研究有兩種用處，一是推翻僞史，二是幫助明瞭真史。至於我在上面所説的僞史源、僞史例、僞史對鞫三種書如果都能著成，大家自會明白認識我的主張，不致笑爲翻案文章了。

　　總之，我在辨證僞古史上，有很清楚的自覺心，有極堅強的自信力，我的眼底有許多可走的道路，我的心中常懸着許多待解的問題；我深信這一方面如能容我發展，我自能饜人之心而不但勝人之口。至於現在這一點已發表的東西，本來不算什麼。畫家作畫，自有見不得人的"粉本"。"良工不示人以朴"，也是一句可以玩味的古話。我現在在學力未充足時發表這種新創的主張，有許多錯誤淺薄的地方乃是當然的，只要讀者用了粉本的眼光看而不用名畫的眼光看，用了朴的眼光看而不用精品的眼光看，就可以看出這本書的實際。至於將來能否使它成爲名畫和精品，這是全賴於我自己的努力和社會上給與我的幫助，現在是不能豫斷的。

　　其三，是民俗學方面。以前我愛聽戲，又曾搜集過歌謠，又曾從戲劇和歌謠中得到研究古史的方法，這都已在上面説過了。但我原來單想用了民俗學的材料去印證古史，並不希望即向這一方面着手研究。事有出於意料之外的，十年冬間，我輯集鄭樵的詩説，在通志樂略中讀到他論琴操的一段話：

　　　　琴操所言者何嘗有是事！琴之始也，有聲無辭，但善音之人欲寫其幽懷隱思而無所憑依，故取古之人悲憂不遇之事而以命操：或有其人而無其事，或有其事而非其人，或得古人之影響從而滋蔓之。君子之所取者但取其聲而已。……又如稗官之流，其理只在脣舌間，而其事亦有記載。虞舜之父，杞梁之妻，於經傳所言者不過數十言耳，彼則演成萬千言。……

杞梁之妻即孟姜女，孟姜女有送寒衣和哭長城的故事，這是我一向聽得的，但没有想到從經傳的數十言中會得演成了稗官的萬千言。我讀了這一段，使我對於她的故事起了一回注意。過了一年多，點讀姚際恒的詩經通論，在鄭風有女同車篇下見到他的一段注釋：

　　　　序……謂"孟姜"爲文姜。文姜淫亂殺夫，幾亡魯國，何以贊其"德音不忘"乎！……詩人之辭有相同者，如采唐曰"美孟姜矣"，豈亦文姜乎！是必當時齊國有長女美而賢，故詩人多以"孟姜"稱之耳。

這幾句話又給與我一個暗示，就在簡端批道："今又有哭長城之孟姜"。經了這一回的提醒，使我知道在未有杞梁之妻的故事時，孟姜一名早已成爲美女的通名了。我驚訝其歷年的久遠，引動了蒐輯這件故事的好奇心。事情真奇怪，我一動了這個念頭，許多材料便歷落地奔赴到我的眼前來。我把這些材料略略整理，很自然地排出了一個變遷的線索。十三年冬間，研究所中歌謠研究會出版的歌謠週刊要出歌謠和故事的研究文字的專號，囑我撰文，我就選定了孟姜女故事的轉變一題；費了三天工夫，寫成一萬二千字，一期的週刊撐滿了，但故事還只叙述到南宋的初葉。我正因事務的忙冗未得續做下去時，許多同志投寄來的唱本、寶卷、小説、傳説、戲劇、歌謠、詩文……已接疊而至，使我目迷耳亂，感到世界的大，就是一件故事也不是我一個人的力量所能窮其涯際的，於是我把作成一篇完整文字的勇氣打消了。我願意先把一個一個的小問題作上研究，等到這許多小問題都研究完了時再整理出一篇大論文來。（以下本將二年來搜集到的孟姜女故事分時分地開一篇總賬，爲研究古史方法舉一旁證的例，但材料太多了，竭力節縮，終有三萬餘言。文成，自己覺得彷彿犯了腹蠱之疾，把前後文隔斷了；只因費了兩星期的工夫所整理，不忍删芟。後來陳通伯先生（源）看了，力勸我删去，我聽了他的勸告，便把這一部分獨立爲一文。）

研究孟姜女故事的結果，使我親切知道一件故事雖是微小，但一樣地隨順了文化中心而遷流，承受了各地的時勢和風俗而改變，憑藉了民衆的情感和想像而發展。又使我親切知道，它變成的各種不同的面目，有的是單純地隨着説者的意念的，有的是隨着説者的解釋故事節目的要求的。更就這件故事的意義上看去，又使我明瞭它的背景和替它立出主張的各種社會。

上面一段話，沒有舉出證據，説得太空洞了。現在我試把這件故事比儗傳説中的古史。江、浙人説孟姜女生在葫蘆、冬瓜或南瓜中，這不像伊尹的生於空桑中嗎？廣西唱本說范杞郎是火德星轉世，死後復歸仙班，這不像傳說的"乘東維騎箕尾而比於列星"嗎？廈門唱本說孟姜女升天後把秦始皇罵得兩腳浮浮，落在東海裏做春牛，這不像"堯殛鯀於羽山，其神化爲黃熊以入於羽淵，實爲夏郊"嗎？廈門唱本說范杞郎死後化爲鳳凰，這也不像女娃溺死而化爲精衛（帝女雀）嗎？廣西唱本說孟姜女尋夫經過餓虎、毒蛇、雨雪諸村，這也不像山海經上有食人的窫窳的少咸之山，有擾人的朕湖的崿嶺之山，冬夏有雪的申首之山嗎？（用楚辭中的招魂和大招看更像。）讀者不要疑惑我專就神話方面說，以爲古史中原沒有神話的意味，神話乃是小說不經之言；須知現在沒有神話意味的古史卻是從神話的古史中篩濾出來的。我們試退讓一百步，把流行於民衆間的孟姜女故事的唱本小說等拋開，只就士人的著述中看這件故事的情狀：

　　杞梁之妻……就其夫之尸於城下而哭之。內誠感人，道路過者莫不爲之隕涕。十日而城爲之崩（漢劉向列女傳）。

　　良已死，并築城中。仲姿既知，悲咽而往，向城號哭，其城當面一時崩倒。死人白骨交橫，莫知孰是。仲姿乃刺指血以滴白骨，云："若是杞良骨者，血可流入！"……果至良骸，血徑流入（唐人琱玉集引同賢記）。

　　姜女……歸三日而范郎赴長城之役；其後齎寒衣至城所，尋問范郎，已埋版築中矣。女乃遶城哭，城隅爲隳。隳所，范郎見像；女即其處求骸，……遂負之歸。……夫長白其事，主將命追之。女至宜君山同官界所，登山，渴甚，痛哭，地湧甘泉；今其地名曰哭泉。時女倦甚，不能奔，而追將及，忽山峰轉移，若無徑然；追者乃返（明馬理姜女詩序）。

以上數則，神話的意味何等豐富。但試看清劉開的廣列女傳：

> 杞植之妻孟姜。植婚三日，即被調至長城；久役而死。
> 姜往哭之，城爲之崩。遂負骨歸葬而死。

這不但把民間的種種有趣味的傳説删去了，就是劉向、馬理一班
士大夫承認的一小部分神話性的故事也删去了，賸下來的只有一
個無關痛癢的輪廓，除了“崩城”——這件故事的中心——之外確
是毫没有神話的意味了。更進一步，就是崩城的神話也何嘗不可
作爲非神話的解釋，有如王充所云“或時城適自崩，杞梁妻適哭
下”（論衡感虚篇）呢。所以若把廣列女傳叙述的看作孟姜的真事
實，把唱本、小説、戲本……中所説的看作怪誕不經之談，固然
是去僞存真的一團好意，但在實際上卻本末倒置了。我們若能瞭
解這一個意思，就可歷歷看出傳説中的古史的真相，而不至再爲
學者們編定的古史所迷誤。

我很想俟孟姜女故事考明之後，再着手考舜的故事。這一件
故事是戰國時的最大的故事（戰國以前以禹的故事爲最大，可惜
材料太少，無從詳考），許多古史上的故事都以它爲中心而聯結
起來了。後世儒者把其中的神話部分删去，把人事部分保存，就
成了極盛的唐、虞之治。這件故事又是古代最有趣味的故事。宋
芸子先生（育仁）在虞初小説序例上説：

> 帝舜之賢，則行爲大孝，德爲聖人；帝舜之才，則自耕
> 稼陶漁，所在成都成邑。其初遭遇之阨，則不得於親，至於
> 捐階掩井；其後遭遇之隆，則先得于君，至于登庸在位。妃
> 匹之愛，則二妃皆帝女；風雲之會，則五臣皆聖賢。成治水
> 之大功；狩蒼梧而仙去。實古今中外環球五洲空前絶後所絶
> 無僅有，説部家所窮思極想而萬難虚構者，乃於帝之實事

得之!

他雖不知道帝舜的故事所以能成爲"古今中外環球五洲空前絕後所絕無僅有"的故事原由于"說部家所窮思極想"的"虛構",但他對於它發生驚怖之情確是不錯。這件故事如果能研究明白,一方面必可對於故事的性質更得許多瞭解,一方面也可以對於僞古史作一個大體的整理。本書第二册中的虞初小說回目考釋一篇,就是想把它作一回鳥瞰的。

民俗學方面,除了故事以外,這兩年中着手的工作又有三事:神道、社會和歌謠。我在研究古史的計畫中,把民俗學的研究放在最後,希望先辨明了外表,然後再去探求内部的意義。現在我的環境是適於研究民俗學的,我只得先從此入手了。

研究神道的興趣,是給東嶽廟引起的。我游了蘇州和北京兩處的東嶽廟,見到許多不同的神名,知道各地方的神道雖同屬於道教之下,但並沒有統一。從這種不統一的神道上,可以窺見各地方的民衆的信仰。更看道教裏受進的佛教的影響,以至佛教自身所受的影響,也可以明白宗教的激盪的勢力。例如東嶽,本來是齊國的上帝(漢書郊祀志云:"八神,或云太公以來作之齊。"又云:"天主祀天齊"),只因齊國的文化發達,聲望甚高,沒有被別國的上帝壓倒;漢以後,他的勢力依舊存在,掌管生殺之權。自佛教侵入,它自有一個東嶽——閻羅王。因爲中國人並不抵抗佛教,所以東嶽大帝與閻羅王可以並存,死人受着二重的管束。寖假而道教的東嶽廟中也雕塑十殿閻羅,把他們壓做了嶽帝的屬吏。但閻羅王也不是印度所固有,乃是受的埃及的影響。閻羅王大約即是尼羅河(Nile)之神烏悉立斯(Osiris)。看"閻羅"與"尼羅"的聲音相合,甚爲可信。埃及人承認一個人死了之後,須受尼羅河神的裁判,隨着生前行事的善惡判定賞罰,壞人就罰變爲畜類,愈壞的便變得愈低下,等到罰盡之後再變做人。這些原則到了中國閻羅王法典玉歷鈔傳裏還没有變。我們如果能搜集許多材料作研究，一定可以得着許多想不到的創見。（一部道藏，用實用的眼光看固然十之八九都是荒謬話，但若拿它作研究時，便是一個無盡的寶藏；我們如果要知道我們民族的信仰與思想，這種書比了儒學正統的十三經重要得多。）

我對於這方面研究的步驟，擬先從楚辭、國語（包左傳）、山海經、漢書郊祀志等書入手，認識道教未起時的各地的神道。更把佛教的神和道教的神作比較，將受了佛教影響而成立的道教的神道認識了。再把各地的神道互相比較，認識在不統一的道教之下的各種地方性的神道。這種事情，不説出時似乎没有問題，但一加思考之後它們變遷的情形便很顯著。例如碧霞元君爲北方的女神，她的勢力由于泰山的分化；天妃爲南方的女神，她的勢力由於海神的結合：這是含有地方性的。道教中本來只應崇奉玉帝（即詩、書中的上帝）爲最高無上的主宰，但因佛教中有三世佛，所以又摹儗了它而建立三清天尊，他們的地位與玉帝不相上下：這是承受佛教的影響的。古代的神有生有死，有嗜欲，有攻伐（看山海經等書可知），和希臘的神話差不多。那時的女神幾乎全爲愛情顛倒，所以楚辭九歌對於湘夫人等所致之辭多是相思惆悵之言，高唐、神女兩賦又説巫山神女薦枕席，洛神賦寫宓妃又極綢繆繾綣之致。固然這些都是文人的託言，但至少在當時民衆的意想之中是許得如此的。（試問現在誰會對於碧霞元君作薦枕之想？）自從佛教流入，看神道成了超絶的人格，一切的嗜欲都染不到，生死更説不上，愛情變成了猥褻，於是女神和男神就同具了嚴正的性格，風流艷冶之事全付與狐精花怪們了（看聊齋志異等書可知）。這是道教未成立時的神道和後世的神道的不同的樣子。我深信這一方面的研究如可有些結果，必能使古史的考證得到許多的便利。只是這一方面研究必須親到各地搜集材料，不能單靠書籍：像我這樣的拮据，調查考察的事業又從何説起？二年來，我到過的廟宇只有東嶽廟、白雲觀、財神廟、碧霞元君廟等處。

社會的研究，是論禹爲社神引起的。社會（祀社神之集會）的舊儀，現在差不多已經停止；但實際上，鄉村祭神的結會，迎神送祟的賽會，朝頂進香的香會，都是社會的變相。我見到了這一層，所以很想領略現在的社會的風味，希望在裏邊得到一些古代的社祀的暗示。北京城西北八十里的妙峰山是一個北方的有名的香主，每年陰曆四月初一至十五爲進香之期。去年會期中，我就和研究所風俗調查會同人前往調查了三天，對於香會的情形知道了一個大概。他們都是就一種職業或一處居住的地方聯絡結會，除了祀神之外更布施一切用具食物，如茶、鹽、麵、粥、饅頭、路燈、拜墊、撣帚、茶瓢、膏藥等；或盡了自己的技能去娛樂神靈，幫助香客，如五虎棍、自行車、杠子、秧歌、音樂、舞獅、戲劇、修路、補碗、縫綻等。到了那裏，一切有人招呼，髣髴進了另一個世界，崎嶇的山嶺便化成了理想的樂國了。這些香會的經費，在鄉下的是按畝抽捐，同皇糧一般的繳納；在城裏的是就本業捐輸，或向人募化。這些會名，我只就刊有會啟（進香時的招貼）的鈔，已鈔到了九十餘個，其餘沒有會啟的恐還不止四五百呢。他們的香會的組織是極有秩序的：先設立了會所，議定了會規，排好了守晚、起程、上山、朝頂、迴香的日期，又分配了引善、催糧、請駕、錢糧、司庫、哨子、車把、厨房、茶房等都管，所以人數雖多而不致棼亂。進香的人誠心極了，有的是一步一拜的，有的是提着臂爐的，聽説還有跳澗的（他們以爲只要誠心便可由神靈護送回家，成其心願，其實只有活活地跌死）。到了這種地方，迷眼的是香煙，震耳的是鼓樂，身受的是款待，只覺得神秘、壯健、親善的可愛，卻忘記了他們所崇奉的乃是一種淺薄的宗教。這使我對於春秋時的“祈望”，戰國後的“封禪”得到一種瞭解。我很願意把各地方的社會的儀式和目的弄明白了，把春秋以來的社祀的歷史也弄清楚了，使得二者可以銜接起來。

社是土地之神。從天子到庶民立有各等的社。但看春秋、戰國間人的稱述，社神的權力甚大；大水、大旱不用説，日食亦用牲於社，決獄和處罰亦在社，祈求年穀和年壽也都在社，軍旅中又有軍社，似乎社是宗廟以外的一個總廟。後來總務與土地分開了：總務方面有道觀和佛寺，它們也可以做祈雨、祈年的法事；土地方面有社壇、城隍廟和土地堂。社壇所祭没有指實的神人。城隍神有省、府、縣之别，有指實姓名的，也有不指實的。土地神或一村落一個，或一城市多少個，指實與否也與城隍神同。這些神人就很可以研究一下。例如我在清代是江蘇省蘇州府元和縣人，江蘇省城隍和蘇州府城隍我都不知道是誰，聽説是三年一任，由龍虎山天師府札委的。元和縣城隍我知道是張老爺，不知其名，聽説是永遠不換的；看他的封號是"敕封顯應王北極驅邪司"，又號"武安君"。我家在蘇州的東城，依道士所定的地名喚作道義鄉；這一鄉的土地是任大明王，説是梁朝的任昉，也是永遠不換的。任昉既非蘇州人，又未做過蘇州的官（他做過義興太守，義興即今江蘇宜興），不知道爲什麽會得做蘇州東城的土地神。蘇州城中約有三十餘個土地神，道士們也記不清楚，因爲東城的道士觀只做東城的生意，西城的又專做西城，並無完全知道的必要。據我所知，尚有鳳凰鄉的春申君、大雲鄉的安齊王、永定鄉的茅亭司等。這些神是如何成立的，是否由於天師的委派，還是由於民衆的擁戴，實在很有研究的價值。倘使由於天師的委派，這不過是道士們的弄鬼，只要尋到了他們的簿册便可完事。若出于民衆們的擁戴，那麽，這裏邊自有複雜的因緣，不是可以急遽瞭解的了。依我的推想，似乎後説合理，因爲聽説山東、湖北等省的土地神統統是韓愈，與江蘇的辦法不同，如果由天師委派，這制度料想不致如此參差。或者江蘇的文化發達，民衆要求奉祀的神複雜了，所以一城中就有許多名人做土地神。我很願意把城隍神和土地神的人物歷史弄明白，上接春秋以來有功而祀的人物，並看出民衆的信仰的旨趣。

歌謠方面，因歌謠週刊的撰稿的要求，研究詩經的比較的需要，以及搜集孟姜女故事的聯帶關係，曾發表了多少篇文字。七八年前筆受的蘇州歌謠，也先寫定了一百首，加上了注釋，編成吳歌甲集一種。只因校中經費支絀，至今尚未出版。我很感謝玄同先生和魏建功先生，他們爲了這一本歌謠集，用精密的方法整理出蘇州方音的聲韻的部類，在方音的研究上開了一個新紀元。

老實説，我對於歌謠的本身並没有多大的興趣，我的研究歌謠是有所爲而爲的：我想借此窺見民歌和兒歌的真相，知道歷史上所謂童謠的性質究竟是怎樣的，詩經上所載的詩篇是否有一部分確爲民間流行的徒歌。關于下一問題，我已于論詩經所録全爲樂歌一文中作一個約略的解答，就歌詞的複沓，方面的鋪張，樂曲的採集，民歌的保存上説明詩經所録悉爲樂曲；又從典禮所用與非典禮所用的歌曲上證明程大昌和顧炎武依據了儀禮所載的樂章而定諸國詩爲徒歌的謬誤。關于上一問題，我們可以知道歷史上所謂應驗的童謠一半是有意的造作，一半是無意的誤會。所謂有意的造作，如宋明帝疑忌王景文和張永，自造謠言道：“一士不可親，弓長射殺人。”(宋書王景文傳)唐董昌稱帝越州時，山陰老人獻謠道：“欲識聖人姓，千里草青青；欲知天子名，日從日上生。”(新唐書董昌傳)從這種種僞造的童謠上可以反映出許多不曾破露的號稱應驗的童謠。左傳所記，如“丙之晨，龍尾伏辰，均服振振，取虢之旂；鶉之賁賁，天策焞焞，火中成軍，虢公其奔”等童謠，無論史官所記不可靠，就使所記確有其事，這童謠的來歷也還可疑。所謂無意的誤會，如王莽末天水童謠云：“出吳門，望緹群，見一寋人，言欲上天；令天可上，地上安得民！”(續漢書五行志)吳天紀中童謠云：“阿童復阿童，銜刀游渡江；不畏岸上獸，但畏水中龍。”(晉書五行志)晉太寧初童謠云：“惻惻力力，放馬山側；大馬死，小馬餓；高山崩，石自破。”(晉書五行志)這些歌詞都是很單純的民歌或是無意義的兒歌。但給深信童謠爲有關休咎的人聽得了，便解釋"蹇人"是隗囂，"欲上天"是欲爲天子；"大馬小馬"是司馬氏，"高山"是蘇峻，"石"是蘇碩，蘇峻逼成帝，死後其弟碩被殺；甚至因王濬小字阿童，晉武帝特加爲龍驤將軍，以符"水中龍"的讖語。這都是庸人的自欺。若要附會，哪裏不可附會；正如求籤測字，無論何人得到一籤或一字，詳籤測字的人總可以從他的身份遭際上解釋得相像。我很想就用了這個方法，將現在流行的兒歌和民歌解釋各時各種的不同的事實，打破這種歷史上的迷信。

因爲我在歌謠方面發表的文字較多，所以知道我研究歌謠的人也最多，常有人稱我爲歌謠專家。這種不期之譽我很不願承受。我的搜集歌謠的動機是由于養病的消遣，其後作了些研究是爲了讀詩經的比較；至於我搜集蘇州歌謠而編刊出來，乃是正要供給歌謠專家以研究的材料，並不是公佈我的研究歌謠的結果。數年以來，北京大學的歌謠研究會收到了各地的歌謠、諺語、謎語等二萬餘首，真是一個民衆文藝的寶庫；可是我諸事亂忙，也沒有翻覽過多少。我自己知道，我的研究文學的興味遠不及我的研究歷史的興味來得濃厚；我也不能在文學上有所主張，使得歌謠在文學的領土裏佔得它應有的地位：我只想把歌謠作我的歷史的研究的輔助。這個態度，希望大家能彀瞭解，不要敦促我做非分的工作。

我這幾年中的工作範圍和將來的進行計畫，大致如此。

從以上所寫的看來，我的時勢、個性、境遇，都可以得到一個結論了。

先從時勢説。清代的學風和以前各時代不同的地方，就是：以前必要把學問歸結於政治的應用。而清代學者則敢于脱離應用的束縛；以前總好規定崇奉的一尊，而清代學者爲要回復古代的各種家派，無意中把一尊的束縛也解除了。清末的古文家依然照了舊日的途徑而進行；今文家便因時勢的激盪而獨標新義，提出了孔子託古改制的問題做自己的託古改制的護符。這兩派衝突時，各各盡力揭破對方的弱點，使得觀戰的人消歇了信從家派的迷夢。同時，西洋的科學傳了進來，中國學者受到它的影響，對於治學的方法有了根本的覺悟，要把中國古今的學術整理清楚，認識它們的歷史的價值。整理國故的呼聲倡始於太炎先生，而上軌道的進行則發軔于適之先生的具體的計畫。我生當其頃，親炙他們的言論，又從學校的科學教育中略略認識科學的面目，又因性喜博覽而對於古今學術有些知曉，所以能殼自覺地承受。古史古書之偽，自唐以後書籍流通，學者聞見廣博，早已致疑；如唐之劉知幾、柳宗元，宋之司馬光、歐陽修、鄭樵、朱熹、葉適，明之宋濂、梅鷟、胡應麟，清之顧炎武、胡渭、毛奇齡、姚際恒、閻若璩、萬斯大、萬斯同、袁枚、崔述等人都是。不過那些時代的學術社會處於積威的迷信之下，不能容受懷疑的批評，以致許多精心的創見不甚能提起社會的注意，就是注意了也只有反射着厭惡之情。到了現在，理性不受宗教的約束，批評之風大盛，昔時信守的藩籬都很不費力地撤除了，許多學問思想上的偶像都不攻而自倒了。加以古物出土愈多，時常透露一點古代文化的真相，反映出書籍中所寫的幻相，更使人對於古書增高不信任的意念。長素先生受了西洋歷史家考定的上古史的影響，知道中國古史的不可信，就揭出了戰國諸子和新代經師的作偽的原因，使人讀了不但不信任古史，而且要看出偽史的背景，就從偽史上去研究，實在比較以前的辨偽者深進了一層。適之先生帶了西洋的史學方法回來，把傳說中的古代制度和小說中的故事舉了幾個演變的例，使人讀了不但要去辨偽，要去研究偽史的背景，而且要去尋出它的漸漸演變的線索，就從演變的線索上去研究，這比了長素先生的方法又深進了一層了。我生當其頃，歷歷受到這三層教訓，加上無意中得到的故事的暗示，再來看古史時便觸處見出它的經歷的痕跡。我固然說不上有什麼學問，但我敢說我有了新方法了。在這新方法支配之下的材料，陡然呈露了一種新樣子，使得我又欣快，又驚詫，終至放大了膽子而叫喊出來，成就了兩年前的古史討論。這個討論何嘗是我的力量呢，原是在現在的時勢中所應有的產物！

再從個性上看。我是一個桀驁不馴的人，不肯隨便聽信他人的話，受他人的管束。我又是一個歷史興味極濃重的人，歡喜把一件事情考證得明明白白，看出它的來踪和去跡。我又是一個好奇心極發達的人，會得隨處生出了問題而要求解答，在不曾得到解答的時候只覺得胸中煩悶的不可耐。因爲有了這幾項基本的性質，所以我敢於懷疑古書古史而把它作深入的研究，敢於推倒數千年的偶像而不稍吝惜，敢於在向來不發生問題的地方發生出問題而不喪氣於他人的攻擊。倘使我早生了若干年，處於不許批評又沒有研究方法的學術社會中，或者竟要成了一個公認的妄人，如以前人對於劉知幾、鄭樵們的看法。但現在是不必過慮的了！

更從境遇上看。要是我不生在科舉未廢的時候，我的幼年就不會讀經書。要是我的祖父不給我隨處講故事，也許我的歷史興味不會這樣的深厚。要是我不進新式學校，我也未必會承受這一點淺近的科學觀念。要是我在幼年沒有書籍的嗜好，蘇州又沒有許多書舖供我閒游，我也不會對於古今的學術知道一點大概，儲藏着許多考證的材料。要是我到北京後不看兩年戲，我也不會對於民間的傳說得到一個大體的領略。要是我不愛好文學哲學和政治運動，在這種方面碰到多少次的失敗，我也不會認識自己的才性，把我的精力集中於考證的學問上。要是不遇見子水和太炎先生，我就是好學，也不會發生自覺的治學的意志。要是不遇見孟真和適之先生，不逢到新青年的思想革命的鼓吹，我的胸中積着的許多打破傳統學説的見解也不敢大膽宣佈。要是北京大學中不徵集歌謠，我也不會因寫録歌謠而聯帶得到許多的風俗材料而加以注意。要是我没有親見太炎先生對於今文家的痛恨，激動我尋求今文學著述的好奇心，我也不會搜讀孔子改制考，引起我對於古史的不信任的觀念。要是我不親從適之先生受學，瞭解他的研究的方法，我也不會認識自己最近情的學問乃是史學。要是適之、玄同兩先生不提起我的編集辨僞材料的興趣，獎勵我的大膽的假設，我對於研究古史的進行也不會這般的快速。要是我發表了第一篇文字之後没有劉楚賢先生等把我痛駁，我也不會定了周密的計畫而豫備作畢生的研究。要是我不到北京大學研究所國學門服務，没有歌謠週刊等刊物替我作徵求的機關，我要接近民衆的材料也不會這樣的容易。總括一句，若是我不到北京大學來，或是孑民先生等不爲學術界開風氣，我的腦髓中雖已播下了辨論古史的種子，但這册書是决不會有的。

　　我能承受我的時勢，我敢隨順我的個性，我肯不錯過我的境遇：由這三者的湊合，所以我會得建立這一種主張。

　　我自己知道，我是一個初進學問界的人。初進學問界的人固然免不了淺陋，但也自有他的驕傲。第一，他能在别人不注意的地方注意，在别人不審量的地方審量。好像一個旅行的人，剛到一處地方，滿目是新境界，就容易隨處激起興味，生出問題來。至於那地的土著，他們對於一切的東西都接觸慣了，彷彿見聞所及盡是天造地設的一般，什麽也引不起他的思索力了。第二，他敢於用直覺作判斷而不受傳統學説的命令。他因爲對於所見的東西感到興味，所以要隨處討一個了斷；不像學術湛深的人，他知道了種種難處，不敢爲了立一異議，害得自己成了衆矢之的。初生之犢爲什麽不畏虎？正因它初生，還没有養成畏虎的觀念之故。這固然是不量力，但這一點童稚的勇氣終究是可愛的。我真快樂：我成了一個旅行的人，一頭初生之犢，有我的新鮮的見解和天真的膽量。我希望自己時時磨鍊，使得這一點銳猛的精神可以永久保留下去。如果將來我有了豐富的學問之後，還有許多新問題在我的胸中鼓盪，還有獨立的勇氣做我的判斷力的後盾，那麼我纔是一個真有成功的人了！

我的心目中沒有一個偶像，由得我用了活潑的理性作公平的裁斷，這是使我極高興的。我固然有許多佩服的人，但我所以佩服他們，原為他們有許多長處，我的理性指導我去效法；並不是願把我的靈魂送給他們，隨他們去擺佈。對今人如此，對古人亦然。惟其沒有偶像，所以也不會用了勢利的眼光去看不佔勢力的人物。我在學問上不肯加入任何一家派，不肯用了習慣上的毀譽去壓抑許多説良心話的分子，就是為此。固然有人説，一個人的思想總是偏的，不偏于甲派便偏于乙派，但我覺得要保持客觀的態度，用平等的眼光去觀察種種不同的派別，也不是不可能的事。即使不能完全不偏，總可以勉力使它少偏一點。也有人説，為學不能不投入家派，正如不能不施用假設，有了假設纔有入手的路，所以家派是終該選定的，儘不妨俟將來深入之後而棄去。這種話在以前是可以説的，因為那時各種學問都不發達，學問的基礎既不建築於事實上，研究學問又苦於沒有好方法，除了投入家派之外得不到一點引路的微光，為尋求一個下手處計，也有選擇家派的需要。例如你要非薄詩毛氏學，便當從齊、魯、韓三家或其中的一家研鑽下去；等到自己的學問足以自樹了，再脱離家派而獨立。但到了現在，學問潮流已經很明白地詔示我們，應該跳出這個圈子了。我們自有古文字學、古文法學、古器物學、古歷史學等等直接去整理詩經，毛傳固要不得，就是三家詩也是毛傳的“一丘之貉”，又何嘗要得！至於我們為要瞭解各家派在歷史上的地位，不免要對於家派有所尋繹，但這是研究，不是服從。我很怕別人看了我表章鄭樵、崔述諸人的文字，就説我做了他們的信徒而來反對毛公、鄭玄，所以現在在此附帶聲明一句：我對於鄭樵、崔述諸人決無私愛；倘若他們的荒謬有類於毛公、鄭玄，我的攻擊他們也要和對於毛公、鄭玄一樣。希望讀者諸君看了我的文字也作這等的批判，千萬不要說"承你考辨得很精細，我有所遵循了"這一類話！

　　老子説"自知者明"，希臘的哲學家多勸人知道自己：在這一方面，我"當仁不讓"，自認爲無愧的。我既不把別人看作神秘，也同樣的不把自己看作神祕。我知道我是一個有二重人格的人：在一切世務上，只顯得我的平庸、疲乏、急躁、慌張、優柔寡斷，可以説是完全無用的；但到了研究學問的時候，我的人格便非常強固，有興趣，有宗旨，有鑒別力，有自信力，有鎮定力，有虛心和忍耐：所以我爲發展我的特長計，願意把我的全生命傾注於學問生活之內，不再旁及他種事務。我知道固有的是非之心的可貴，所以不受習慣的束縛，不怕社會的威嚇，只憑了搜集到的證據而説話。我知道自己的憑藉，故不願没卻他人的功績；也知道自己的缺點，故不願徇着一時的意氣。我知道學問是一點一滴地積起來的，一步不走便一步不到，決没有頓悟的奇蹟，所以肯用我的全力在細磨的功夫上，毫不存徼倖取巧之心。我知道學問是只應問然否而不應問善惡的，所以我要竭力破除功利的成見，用平等的眼光去觀察一切的好東西和壞東西。我知道我所發表的主張大部分是没有證實的臆測，所以只要以後發見的證據足以變更我的臆測時，我便肯把先前的主張加以修改或推翻，決不勉強迴護。因爲我有了以上種種的自覺，所以我以爲我現在固然學力淺薄，不足以解決多少問題，但我的研究的方法和態度是不錯的，我的假設雖大膽而絶不是輕舉妄動，只要能從此深入，自可馴致於解決之途。

　　説了上面一段話，或者讀者諸君要疑我是一個傲睨萬狀的人，自滿到極度的。其實我的心中只壓着沉重的痛苦和悲哀。我的個性固然適於研究學問，我的環境固然已經指給我一個研究的新方向，但個性和環境原只是學問的憑藉而不即是學問的實質。譬如造屋，個性是基礎，環境是梁柱，實質是磚石。雖則有了基礎和梁柱可說具備了屋子的規模，但尤要緊的是砌成牆壁的磚石。倘使四壁洞然，這空架子要它幹麼，翻不如穴居巢處的可以得到簡陋的實用了！我對於實質的要求渴熱已極，可是數年以來只有得到失望。每一回失望之後，心中便留着刀刺一般的痛苦；日子愈久創傷也愈深。我自己知道，我沒有辜負我的個性，只是我的環境太不幫助我了。它只替我開了一個頭，給了我一點鮮味，從此便任我流浪了，飢餓了！

　　我的學問生活，近年和以前不同的地方，是：以前常有把範圍放得極大的要求，現在則畢意把它收縮，希望集中我的全副精神到幾個問題上面去。但痛苦即由這方面起來了！其一，許多學問沒有平均發展時，一種學問也要因爲得不到幫助而不能研究好。在現今這般民不聊生的<u>中國</u>，誰能安心從事研究；就是能安心研究也苦於研究的設備的不完全，終於廢然而返。我就是萬分的努力，想在一種學問上創造出一個基礎來，但可以由他種學問幫助的地方也須仍歸自己動手。正如到蠻荒墾殖的人，他的"篳路藍縷以啟山林"的勞力不必說，就是通常的農人可以隨便使用的一切東西他也都得不到。要喝水只得自己掘井；要穿衣只得自己織布；要睡覺只得自己蓋屋。比了住在都市中的人，要什麼有什麼的，固然差得天高地遠，就是比了掘井蓋屋的土木匠，織布製衣的織工縫工，他們因機械的進步而能得到各種便利的，也是可望而不可即。所以我的研究，我自己料到是要事倍功半的。我只得廢棄可以不必廢棄的時間到他種研究上，這也做一點，那也做一點，終至造成一個又亂又淺的局面，遠難和理想中的期望相符合。其二，從前人對於學問，眼光太短，道路太窄，只以爲信守高文典册便是惟一的學問方法。現在知道學問的基礎是要建築於事實上的了，治學的方法是不要信守而要研究的了，驟然把眼光放開，只覺得新材料的繁多亂目，向來不成爲問題的一時都起了問題了。好像久囚於高牆狹弄中的犯人，到處撞頭碰鼻，心境本是很靜謐的，忽然一旦牆垣倒塌，枷鎖也解除，站起一望，只見萬户千門的游覽不盡，奇花異獸的賞玩無窮，翻要不知道自己的生活該怎樣辦纔好，新境界的喜悦與手足無措的煩悶一時俱來到了。我是一個極富於好奇心的人，一方面固是要振作意志，勉力把範圍縮小，作深入的研究，一方面又禁不住新材料的眩惑，總想去瞧它一瞧。等到一瞧之後，問題就來了；正在試作這個問題的研究時，別種問題又接二連三的引起來了。不去瞧則實爲難熬，一去瞧又苦無辦法。這真是使我最感痛苦的一件事。要是研究學問的人多了，我感得到的問題別人也感得到，大家分工去做，我的本分以外的問題就可由他人去解決，我只要把他人研究的結果用來安慰我自己的好奇心就夠了。但在現在這樣的生活之下，又哪裏可以盼望這種境界的實現呢！

　　上條所述的不能分工治學的煩悶，原是現在中國許多有志學問的人所公同受到的。至於在生活上，我所受的痛苦也特多，約略可作下列的叙述。

　　我生平最可悲的事情是時間的浪費和社會上對於我的不瞭解的責望。但這應加上一個説明：我隨順了自己的興味而費去的時間並不在浪費之内，因爲這是多少得到益處的。例如買書、看戲、聽鼓詞等等嗜好，當時固然完全爲的是欣賞，但到了現在，在研究上都受用了。就是賭博、喝酒、逛窰子、坐茶館等等，我也都犯過，但這只使我知道大家認爲嗜好的不過是這麽一回事，使我知道這些事情是不足以激起我的興味的，從此再不會受它們的引誘，時間的破費也不是徒然。一個人自幼年到成長原只在徬徨覓路之中：走的路通，就可以永遠走下去；走的路不通，也可以不再費力去走。惟其當時肯耗廢覓路的功夫，纔能在日後得到

該走的大道。所以只要自己有興味去嘗試，總與自己有益。我在
這些事上耗廢的時間，是決不怨的。只有十餘年來在新式學校中
過的上課生涯，使得我一想着就要叫屈。學校教員的智識大都是
不確實的，他們自己對於學問也沒有什麼樂趣，使我看着他們十
分的不信任，幾乎沒有在課業中得到什麼。中小學時代，我尚未
發生愛惜時間的觀念，隨班上課，只是坐待鐘點的完畢。在這熬
耐鐘點的時候，逢着放任的教員我就看課外的書，逢着嚴厲的教
員我就端坐冥想，上天下地般瞎想。這樣的生活過了多少年，造
成了我的神經衰弱的病症，除了極專心讀書作文之外，隨時隨地
會得生出許多雜念，精神上永遠沒有安靜。進了大學之後，因爲
愛好學問，不由得不愛惜時間。但是教員仍不容我，我恨極了！
看我民國初年的筆記，滿幅是這等的牢騷話。我以爲我們所以要
有學問，原要順遂自己的情性，審察外界的事物；現在所學的只
有一些模糊影響之談，內既非情，外亦非物，爲的只是教員的薪
金和學生的文憑，大家假借利用，捱延過多少歲月。他們各有所
爲而捱延，卻害苦了真正願意自己尋求學問的我，把我最主要的
光陰在無聊的課堂上消磨掉了！固然我也在學校教育中得到些粗
疏的科學觀念，但要得到這一點粗疏的觀念只消自己看幾本科學
書，做上幾次實驗也就夠了。何必化去十餘年的大功夫呢！他們
在那裏殺青年真可恨，青年們甘心給他們殺也可鄙！

　　自從出了學生界，免去了無聊的上課，我總以爲可以由我自
己支配時間了，哪知道又不然。現在中國的做事的人不知道爲什
麼會得這樣少，在社會上跳動的老是這幾個人；這幾個人似乎是
萬能的，樣樣事情都須他們經手。我因爲屢屢受了他人的邀約而
發表些文字，姓名爲世所知，所以一般人也以爲我是有意活動
的；結合什麼團體，每承招致。我嘗把和我發生關係的團體（不
管是實際的或名義的）寫出一看，竟有了二十餘個；分起類來，
有歷史、古物、文學、圖書館、教育、哲學、政治、社會、商

業、編輯十種。這真使我驚駭極了！我一個人如何有這麽多的技能，又如何有這麽强的精力！在社會上活動固然有出鋒頭的樂趣，但我哪裏愛出這種的鋒頭呢。要是我永久這樣的做下去，我的將來的能力至多不過像現在一樣罷了，我的一生也就完了！再想我在社會上是到處退避的，尚有這許多牽掣，那麽，這些自告奮勇的人，他們名下的團體又要有多少？社會上多的是團體，有了團體的名目再從事於分頭拉人。無論拉進的人必不能實心實意地做，就是願意做切實的工作的也要不勝別方面的拉攏，做了一點就停止了。這樣做去，是永久活動而永久得不到結果的。

　　我感到生命的迫促，人智的短淺，自己在學問上已竭力節縮慾望，更何能爲他人奪去時間，所以要極力擺脱這種漩渦，開會常不到，會費常不繳，祈求別人的見捨。可是時代的襲擊到底避免不盡，我的肩膀上永遠担負着許多不情願的工作。我只得取一點巧，凡是和我有關的事情總使它和自己願意研究的學問發生些聯絡：例如文學方面的要求，我就借此作些民衆藝術的文字應付過去；政治方面的要求，我又作了些歷史的文字應付了。這樣幹去，頗有些成效。這二年中，我所以和民俗學特別接近，發表的東西也最多之故，正因我把它與研究所的職務發生關係。研究所中有風俗調查會和歌謠研究會，我便借此自隱了。這當然是很不該的，但我深知道研究與事務的不相容，終不願爲了生計的壓迫而把自己的願望隨人犧牲。只是這樣做去，雖不致完全埋没了自己，而所做的工作總是“雞零狗碎”的，得到的成績決不是我的意想中的成功。我心中有許多範圍較廣的問題，要研究出一個結果來，須放下幾個月或幾年的整功夫的，它們老在我的胸膈間亂撞，彷彿發出一種呼聲道：“你把我們悶閉了好久了，爲什麽還不放我們出來呢？”我真是難過極了。所以我常對人説，“你們可憐了我吧！你們再不要教我做事情吧！我就是没有一絲一毫的職務，我自己的事情已經是忙不過來的了！”

　　我記得幼時常見人圈點一部書（如史記、漢書、文選等），圈完了一遍之後買一部新的再圈下去。我很瞧不起這班人的迂拘和遲緩，以爲讀書只要翻翻就是了，照這樣的讀法，一生能殼讀得幾部。那時我的胸中既没有宗旨，也没有問題，所以看書雖多，時間依然是寬裕的；因時間的寬裕而把學問看得更輕易。現在有了宗旨，許多問題都引起來了，無論看哪種薄薄的書，只覺得裏面有許多是可供舊有問題的研究材料的，有許多是可以發生新問題的。因爲都是有用的材料，都不忍棄去，鈔出既没有空閒，不鈔出又似乎負上了一筆債，所以我到現在，真不敢隨便翻動哪一本書，除了我要把它自首至尾讀一遍的。我始迴憶先輩的讀書方法，很想揀出幾部必須精熟的基本書籍，一字一字地讀去，細細咀嚼，消化成自己的血肉。可恨現在的時勢只許人發議論而不許人讀書，所謂讀書也只是浮光掠影地翻覽，像我幼年的行徑一般，我懷了正式讀書的願望久久無法使它實現。豈但是讀書呢！我的袖珍筆記册積了一抽屜了，裏面有許多是見聞所及的鈔撮，有許多是偶然會悟的見解，很有謄入紅格本筆記簿的價值。但是鉛筆的影子已經漸漸地澌滅了，急寫的字體也有許多認不清了，卻還没有動手鈔寫。我真悲傷，難道我的過去的努力竟不由得我留下一些殘影來嗎？

　　這幾年，社會上知道我有志研究歷史的很多，對於這方面的期求也特別重，許多人屬望我編成一部中國通史。我雖没有研究普通史的志願，只因没有普通史，無論什麼歷史問題的研究都不易得到一種憑藉，爲自己研究的便利計，也願意從我的手中整理出一個大概來。我的心中一向有一個歷史問題，渴想借此得一解決，即把這個問題作爲編纂通史的骨幹。這個問題是：中國民族是否確爲衰老，抑尚在少壯？這是很難解決的。中國民族的衰老，似乎早已成爲公認的事實。戰國時，我國的文化固然爲了許多民族的新結合而非常壯健，但到了漢以後便因君主的專制和儒教的壟斷，把它弄得死氣沈沈了。國民的身體大都是很柔弱的；智識的淺陋，感情的淡薄，志氣的卑怯，那一處不足以證明民族的衰老。假使沒有五胡、契丹、女真、蒙古的侵入，使得漢族人得到一點新血液，恐怕漢族也不能苟延到今日了。現在世界各強國劇烈地壓迫我們，他們的文化比我們高，他們再不會像以前的鄰族一般給我們同化；經濟侵略又日益加甚，逼得我們人民的生計困苦到了極端，又因他們的經濟侵略誘起我們許多無謂的內爭，人民死於鋒鏑之下的不計其數：眼看一二百年之中我們便將因窮困和殘殺而滅種了！在這一方面着眼，我們民族真是衰老已甚，滅亡之期迫在目前，我們只有悲觀，只有坐而待亡。但若換了一種樂觀的眼光看去，原還有許多生路可尋。滿、蒙、回、藏諸族現在還在度漁獵畜牧的生活，可以看作上古時代的人民。就是號稱文明最早的漢族所居的十八省中，苗、猺、獞、僰等未開化的種族依然很多，明、清兩代"改土歸流"至今未盡。這許多的種族還說不到壯盛，更哪裏說得上衰老。就是漢族，它的文化雖是衰老，但託了專制時代"禮不下庶人"的福，教育沒有普及，這衰老的文化並沒有和民衆發生多大的關係。所以我們若單就漢族中的智識階級看，他們的思想與生活確免不了衰老的批評，但合了全中國的民族而觀，還只可說幼稚。現在國勢如此貧弱，實在僅是病的狀態而不是老的狀態。只要教育家的手腕高超，正可利用了病的狀態來喚起國民的健康的要求。生計固然困苦，但未經開發的富源正多，要增加生產，享用數千年來遺棄的地利，並不是件難事。內爭固然繼續不已，但或反足以激動人民參預政治的自覺心，使得他們因切身的利害而起作內部的團結。（例如四川的民團因軍閥的殘暴而發生，現已力足抵制軍閥。河南、山東的紅槍會也是由於自衛的要求而起，可惜智識太低，以至流於義和團一類的行徑，這是須教育家補救的。）體質固然衰弱，但教育方法和生育觀念的改變也足以漸漸造成強壯的青年，或者過了幾

代之後可以一改舊觀。因此，在這一方面着眼，只要各民族能彀
得到相當的教育，能彀發生自覺的努力，中國的前途終究是有望
的。這真是關係我們的生死存亡的一個最重大的歷史問題。這個
問題究竟如何，非費多年的功夫去研究決不能清楚知道。我生丁
離亂之際，感觸所及，自然和他人一樣地有志救國；但是我既没
有政治的興趣，又没有社會活動的才能，我不能和他人合作，我
很想就用了這個問題的研究做我的惟一的救國事業，盡我國民一
分子的責任。我在研究別種問題時，都不願與實用發生關係；惟
有這一個問題，卻希望供給政治家、教育家、社會改造家的參
考，而獲得一點效果。至於研究的方法，我很想先就史書，府縣
志和家譜中尋取記載的材料，再作各地的旅行，搜集風俗民情的
實際的材料。可是我的生活如不能使我作安定的研究，這個計畫
是無從進行的；社會上固然期望我，但空空地期望而不給我以實
現的境遇，也是望不出結果來的。（前年承沈尹默先生的好意，
囑爲孔德學校編纂歷史講義，我即想向着這一方面走去；只因諸
務忙冗，到今没有編了多少，很使我悵恨不安。）

　　我的第二種痛苦是常識的不充足和方法的不熟練。我幼年在
翻書中過日子，以爲書多自然學富，心中很自滿。二十歲後讀章
學誠的文史通義，在横通篇中見到以下一節議論：

　　　　老賈善於販書，舊家富於藏書，好事勇於刻書，皆博雅
　　名流所與把臂入林者也。……然其人不過琴工碑匠，藝術之
　　得接於文雅者耳；所接名流既多，習聞清言名論，而胸無智
　　珠，則道聽塗説，根底之淺陋亦不難窺。周學士長發以此輩
　　人謂之“横通”，其言奇而確也。……學者陋於見聞，接横通
　　之議論，已如疾雷之破山，遂使魚目混珠，清濁無別，而其
　　人亦囂然自命，不知其通之出於横也！……

讀了這一段，自想我的學問正是橫通之流，不覺得汗流浹背。從此想好好地讀書，但我這時只把目録平議一類書算作我的學問的標的。過了幾年，又使我羞愧了。民國五年的筆記中有一則道：

　　自章實齋以來，學者好言校讎，以爲爲學始於目録，故家派流變，區以別矣。然目録者，爲學之途徑，非其嚮往之地也。今得其途徑而止，遂謂綱目條最之事足以盡學，而忘其原本，此則猶誦食譜而廢庖廚矣。太炎先生與人書云："往見鄉先生譚仲修，有子已冠，未通文義，遽以文史、校讎二種教之。其後抵掌説莊子天下篇，劉歆諸子略；然不知其義云何。"按，此即任目録而廢學之弊也。予初誦實齋通義，即奮力求目録書；得其一勺，以爲知味。自受業於伯弢先生，頗願爲根本之學，以執簡御繁，不因陋就簡。乃校課逼迫，不得專攻；所可致力，仍繼前軌。思之輒汗顔不止。

到這時，我纔真想讀原本書而不再滿足於目録平議所載的綱要了。但我的心中還没有生出問題，以爲整理國故只要專讀故書好了，若與世界學問打通研究，恐有"古今中外派"的附會的危險。直到近數年，胸中有了無數問題，並且有了研究問題的工作，方始知道學問是没有界限的，實物和書籍，新學和故書，外國著作和中國撰述，在研究上是不能不打通的。無論研究的問題怎樣微細，總須到渾茫的學海裏去撈摸，而不是浮沈於斷港絶潢之中所可窮其究竟。於是我需要的基本的知識和應用的方法乃大感不足！

我自小學到大學，爲了對於教員的不信任，大都没有用過功。猶記在中學時初學幾何，我不懂得它的用處，問同學，問教員，都説不出一個所以然來。我以爲這不過是算學上的一套把戲而已，並没有實際的需要，就不去注意。到了現在，除了書首的幾條定義還有些影子之外，其餘完全模糊了。他種科學也都這樣，翻開來時有些面善，要去應用時便覺得隔膜。我很想得到二三年工夫，把以前所受的課業統統溫理一遍，因爲這些都是不可減少的常識，要在現在時代研究學問是不應不熟習的。外國文我雖讀過四種，只因都不曾出力去讀，也沒有一種讀好。近數年來，我用了極度的勉力，從沒有空閒中硬抽出些時間來自修，結果卻總是"一曝十寒"，沒有多大的效驗。我也想得到二三年工夫，把它讀好兩種。所以我惟一的想望，便是如何可以獲得五六年的閒暇，讓我打好一個學問的根底，然後再作研究，再在文壇上説話。我相信社會上如要用我，也是讓我在現在時候多讀書比較多做書爲更有益。如果我能彀打好了這個根底，我的研究和主張纔可達到學問界的水平線上，我的學問纔可成爲有本的源泉。像現在這樣，固然也可以發表些研究的成績，但這是唐花篸中烘開來的花，提早的開放只換得頃刻的萎謝罷了。

　　我雖有這樣的渴望，可是我很明白，這僅僅是我的"單相思"，社會上是不能容許我的。他們只有勒逼我出貨，並不希望我進貨。更質直地説，他們並不是有愛於我，乃是有利於我。他們覺得我到了大學畢業，已經教養得很足夠了，可以供他們的驅使了。一頭騾子，到它成長的時候，就可由蓄養它的主人把它駕到大車上，拖煤、拖米、拖磚石，不管有多少重量，只是死命地堆積上去。堆積得太多到拖不動了，也惟有儘力鞭扑；至於它的毛盡見皮，皮開見血，這是使用它的人不瞧見的。直到用盡了它的氣力而倒斃時，纔算完了它的任務。啊！現在的我真成了一頭拖大車的騾子了嗎？就是不要説得這樣的慘酷，只説社會上推重我，切望我做出些成績來，也好有一比。好比我要從西比利亞鐵道到歐洲去，在海參崴起程時，長途萬里，滿懷的高興，只覺得層云積雪的壯觀，巴黎、倫敦的繁華，都將直奔我的眼底來了。車到赤塔，忽然有許多人蜂擁上車，亂嚷亂挽道："你的目的地已達到了，請下車罷!"我正要分辨我的行程發軔不久時，已經七手八腳地拖我下去了。我向他們陳述旅行的目的和打斷興趣的煩悶，大家笑道："你已經出了國了，路走得很遠了，很勞頓了，還是將就些罷!"在這時，試問我的心要悲苦到怎樣?

年來稱我爲"學者"的很多。我對於這個稱謂決不辭讓，因爲它可以用來稱有學的人，也可以用來稱初學的人：初學是我的現在，有學是我的希望中的將來，他們用了這個名詞來稱我，確是我的知己(縱然在現今看學者與名流、政客等字樣同爲含有貶意的時候)。但他們稱贊我的學問已經成就，這便使我起了芒刺在背的不安，身被文繡而牽入太廟的轂觫。我知道，若把我與漢代經師相較，我的學問確已比了他們高出了若干倍。可是小學的及格不即是大學的及格，我們正要把一時代的人物還給一時代，猶之應把某等學校的學生還給某等學校，不該攤平了看。漢代的劉向、鄭玄一流人，現在看來固甚淺陋，而在當時的極淺陋的學術社會中確可以算做成就了。至於在二十世紀的學問界上，則自有二十世紀的成就的水平線，決不是像我這樣的人所能濫竽充數。惟其我要努力達到水平線上，所以我希望打好我的智識的根底而從事於正式的研究。若在現在時候即説我已經成就，固然是一番奬勵的好意，但阻止我的發展，其結果將與使用我拖大車的相同，所以這個好意我是不願領受的。

我常説我們要用科學方法去整理國故，人家也就稱許我用了科學方法而整理國故。倘使問我科學方法究竟怎樣，恐怕我所實知的遠不及我所標榜的。我屢次問自己："你所得到的科學方法到底有多少條基本信條?"靜中温尋舊事，就現出二十年來所積下的幾個不可磨滅的印象。十二三歲時，我曾買了幾部動物、植物的表解，覺得它們分別種類的清楚，舉出特徵和形象的細密，都是很可愛的。進了小學，讀博物理化混合編纂的理科教科書，轉嫌它的凌亂。時有友人肄業中學，在他那邊見到中學的鑛物學講義，分別鑛物的硬度十分明白，我雖想不出硬度的數目字是如何算出來的，但頗愛它排列材料的齊整，就借來鈔錄了。進了中學，在化學堂上，知道要辨別一種東西的原質，須用他種原質去試驗它的反應，然後從各種不同的反應上去判定它。後來進了大學，讀名學教科書，知道惟有用歸納的方法可以增進新知；又知道科學的基礎完全建設於假設上，只要從假設去尋求證據，更從證據去修改假設，日益演進，自可日益近真。後來聽了適之先生的課，知道研究歷史的方法在於尋求一件事情的前後左右的關係，不把它看作突然出現的。老實説，我的腦筋中印象最深的科學方法不過如此而已。我先把世界上的事物看成許多散亂的材料，再用了這些零碎的科學方法實施于各種散亂的材料上，就喜歡分析、分類、比較、試驗，尋求因果，更敢於作歸納，立假設，搜集證成假設的證據而發表新主張。如果傲慢地説，這些新主張也可以算得受過科學的洗禮了。但是我常常自己疑惑：科學方法是這般簡單的嗎？只消有幾個零碎的印象就不妨到處應用的嗎？在這種種疑問之下，我總沒有作肯定的回答的自信力。因此，我很想得到些閒暇，把現代科學家所用的方法，弘綱細則，根本地審量一下，更將這審量的結果把自己的思想和作品加以嚴格的批判，使得我真能用了科學方法去作研究而不僅僅是標榜一句空話。

我在幼時，讀了孔、孟書和新民叢報一類文字，很期望自己作一個政治家；後來又因興趣的擴張和變遷而想治文學和哲學。哪裏知道到了近數年，會得發見我的性情竟與科學最近！我最是自己奇怪的，是我的愛好真理的熱心和對於工作的不厭不倦的興味。中國的學問雖説積了二三千年沒有斷，可是棼亂萬狀，要得到確實的認識非常困難。我今日從事研究整理，好似到了造紙廠中做揀理破布敗紙的工作，又多，又臭，又髒，又亂，又因揀理的傢伙不完備，到處勞着一雙手。但是我決不厭惡，也決不灰心，我只照準了我的理想的計畫而進行。所吃虧的，只是自己的技能不充足，才力受限制，常感到眼高手低的痛苦。如果我的技術能彀修習得好，使得它可以和我的才力相應合，我自信我的成就是決不會淺薄的。

我的第三件痛苦是生計的艱窘。我沒有金錢的癖好，薪金的數目本來不放在我的心上。我到北京來任事，也明知在欠薪局面之下，生計是不安的；只爲要滿足我的學問的嗜好，所以寧可投入淡泊的生活。但近年以來，中央政府的財政已陷絕境，政費屢屢數月不發，就是發出也是"一成二、二成三"這般敷衍，連淡泊的生活也維持不下了。以前學生時代，我向祖母和父親乞得些錢鈔，常常到書肆裏翻弄；哪知道現在自己有了職業，反而失去了這個福分。在研究上，有許多應備的參考書，但沒有法子可以得到。例如二十四史，是研究歷史的人何等切要的工具，以前我不能買全部，尚可搜羅些零種，現在連零種也不許問津了。有許多急需的書，熬到不可熬時，也只有託人去買，因爲免得見了他種可愛的書而不能買時，害苦了我的心。有許多地方，在研究上是應該去的，但也沒有旅行的能力。不必說遼遠的長安、敦煌、于闐諸處，就是我研究孟姜女故事，山海關和徐水縣兩處都是近畿的這件故事的中心，並且是京奉、京漢兩線經過的，大約有了四五十元也儘夠作調查費了，可憐想了一年半，還只是一個空想！

爲了生計的不安定，要什麼沒有什麼，一方面又受家人的譴謫，逼得極好學的我也不能安心治學。有時到了十分困苦之境，不免想作了文稿出賣，因爲我年來得了些虛名，稿子確也賣得出去，在這一方面未始不可救一點急。但一動筆時，又使我懊喪了：我覺得學問原是我的嗜好，我應當尊重它，不該把它壓做了我的生計的奴僕，以至有不忠實的傾向而生內疚。然而學問的忠實談何容易，哪能限定了一天寫幾千字，把生計靠在上面。與其對於學問負疚，還不如熬着困苦：這是我的意志的最後的決定。

所以我雖困窮到了極端，賣稿的事情卻始終沒有做過幾回。賣稿且如此，要我去講敷衍應酬，鑽營職務，當然益發沒有這種的興會了。來日大難，或者要"索我于枯魚之肆"吧？

我記得我的幼年，因頑強而爲長者所斥責，他們常説："你現在的脾氣這等不好，將來大了，看你如何可以吃人家的飯！"到二十歲左右時，我初見到社會上種種阢陧不安的現象，初知道個人的適存於社會的艱難，又讀了些老、莊的書，知道天真與人事的不相容，就很肯屈抑自己，對人裝像一個鄉愿。向來説我固執的親族長者一時也稱譽道："顧剛很隨俗了！"哪知道現在又抑不住我的本性了，只覺得必須從我的才性上建設的事業纔是我的真實的事業，我只應當受自己的支配於事業的工作上，若遷就了別人就是自己的墮落。無論怎樣受生計的逼迫，只是不能溶解我的堅硬的癖性。看來我的長者斥責我的話是要應驗的了！

我的第四件痛苦是生活的枯燥。我在社會裏面，自己知道是一個很枯燥的人，既不能和人敷衍，也不能和人爭鬥。又感到人事的複雜，自己知識的渺小，覺得對於任何事件都不配作批評，因此我處處不敢發表自己的主張。要我呼斥一個僕人，和強迫我信從一個古人一樣的困難。到了交際場中，又因與日常的生活不同，感到四圍空氣的緊張，自己既局促若轅下之駒，又怕他人因了我的局促而有殺風景之感。看着許多人在我的面前活動，只覺得他們的漂亮、伶俐、劈脱、強健、豪爽的可羨，更感到自己的乾枯、寂寞、沈鬱、拘謹的可厭，像一枚爛柿子的可厭。我自己知道，我的處世的才能是愈弄愈薄弱了。這種在舊教育之下和長日的書房生活之中壓迫而成的習慣，恐怕已是改不掉的；並且這種習慣和我的學問事業不生關係，也沒有立志痛改的必要。我所悲感的，是我的内心生活也漸漸地有乾涸的傾向了。

許多人看了我的外表，以爲我是一個沒有嗜慾的人，每每戲以"道學家"相呼。但我自己認識自己，我是一個多慾的人，而且是一個敢於縱慾的人。我對於自然之美和人爲之美没有一種不愛好，我的工作跟着我的興味走，我的興味又跟着我所受的美感走。我所以特别愛好學問，只因學問中有真實的美感，可以生出我的豐富的興味之故。反過來説，我的不信任教師和古代的偶像，也就因爲他們的本身不能給我以美感，從真理的愛好上不覺地激發了我的攻擊的勇氣。但一株樹木的榮茂，須有蔓延廣遠的根荄。以前我對於山水、書畫、文辭、音樂、戲劇、屋宇的裝飾等等的嗜好，就是許多條根荄，滋養着我的學問生活的本幹的。我對於民俗的理解力固然甚淺，但在向來没有人理會之中能觳闢出這一條新路，實在就是無意中培養出來的一點成績。我説這句話，並不是説凡是我所欣賞的都要在裏邊得到實效，我很知道挾了受用的心思而作的欣賞決不能成爲真的欣賞。我的意思，不過要借此説明不求實效的結果自能醖釀出一些成績來，這些成績便不是在實效的目標之下所能得到的而已。所以我們若要有偉大精美的創造，必須任着作者隨了自己的嗜慾和興會而發展，愈不求實效愈可得着料想不到的實效。

　　但是我很可憐，從前的嗜慾現在一件一件地衰落了。去年一年中，我没有到過一個新地方；音樂場和戲園子總共不過去了四五次，又是受着友人的邀約的。家裏挂的書畫，以前一星期總要換一次，現在挂了兩年還没有更動，成了照例文章，把欣賞美術的意味完全失去了。從前喜歡隨便翻書，每于無意中得到會心之樂，近來不是爲了研究的參考竟不觸手了。要説好，也是好，因爲我的精力集中到學問上，在學問上又集中到那幾科，以至那幾個問題。但我敢説嗜好的衰落決不是我的幸福。再用樹來比喻。我們要使得一株樹木增高，自然削去旁逸斜出的枝條是惟一的辦法；但稍加芟削則可，若統統斬去，把它削成了電桿一般細長的東西，無論在事實上不會生存，就使生存了也是何等可怕的一件東西呵！我自己知道，我並不是一個没有情趣的人，我年紀雖過了三十，但還保存得青年的豪興，向日徘徊留戀的美感也沒有喪失分毫。只是事情忙了，胸中的問題既驅迫我走遙遠的程途，社會上又把許多負擔壓積到我的肩上。以前沒有目的的人生忽地指出目的來了，以前優游自得的身子又猛被社會拉去做苦工了，愈走愈難，愈擔愈重，我除了我的職務之外再不能分出餘力到我所愛好的東西上去了。于是我的生趣日趨於枯燥遂成爲不可避免的事實！

我現在忙得真苦！我也知道，我的事務的種類並不比別人多，只是做成一件事情要求愜心的不容易。別人半天可以做完的事情，我往往遷延到五六天。要草寫一篇文字，總得作多少日子的醞釀。朋友們探望的不答，來信的不覆，以至過了一年半載而作覆，成了很平常的事。我的大女兒住在校裏，屢屢寫信歸來，說："請爹爹給我一封信罷！"我雖是心中很不忍，但到底沒有依她的請求。二女兒寫好一張字帖，要我加上幾圈，我連忙搖手道："送給你的母親去罷！"我的忙甚至使我對於子女的疼愛之心也丟了，這真太可憐了！記得以前與友人下五子棋，十局中輸了九局。他道："我看準了你的短處了！你不肯下一個閒空的棋子，所以常常走入死路，不能作靈活的運用。"我自想我的現在的生活頗有些像我的下棋了，因爲一些時間不肯輕易讓它空過，過於務實，以至生活的趣味盡失。文化原是在閒暇中養成的，像我這種迫不及待的生活，只配作一個機械性的工匠，如何可以在學林藝海之中嘯吟容與，認識宇宙的偉大呢。精神方面既因此而受損害，使得我的思想漸窒實，眼光漸鈍短，身體方面也是同樣的傷壞。我現在除了讀書作文頗能鎮定之外，無論做什麼事情，髣髴背後有人追趕着，越做越要快，以至心跳心悸。照這樣下去，或者草書可以不用練習而自然名家，長途競走也可以考上第一。假使我能榖準了鐘點做事，此心原可安定得多；無如別人沒有定時做事的觀念，遂害得我不能畫出做事的定時。我正在從事工作時，忽然人事來了，別人看得時間是很輕的，他們把我的時間隨便浪費了。我只要一起了愛惜光陰之念，立刻心宕。回到工作時，就刺促不寧了。因爲這樣，所以幾乎沒有一天的日子不短，沒有一天的工作不欠，沒有一天的心情不悲傷。但這有什麼法子可以得到別人的原諒呢？沒有法子，只得把應該游息的時間也改隸到工作之下。從此以後，我就終年沒有空閒了。有時在室内蹐伏了數天，走到街上，只覺得太陽亮得耀眼，空氣的清新彷彿到了山頂。這類境界，在做專門研究的時候固然是逃不了的，但永久處於這種生活之下終不是個辦法。我很想得到一種秩序的生活，一天總是工作幾小時，游息幾小時，不多也不少，像小孩子的食物一樣的調勻，使得我可以作順適的成長。但在現在的社會之下，這個希望能超過了空想嗎！

以上幾種痛苦，時時侵襲我的心，掣住我的肘，我真是十分的怨望。我要忠實於自己的生命，則爲社會所不容；若要改作委蛇的生存，又爲内心所不許：這真是無可奈何的了！我自己覺得，我有這一點粗略的科學觀念，有這一點堅定的志願和不畏難的勇氣，我的眼下有許多新問題，我的胸中沒有一個偶像，在現在輕忽學問的中國社會上，我已是一個很難得的人，我所負的責任是很重的。社會上固然給我以種種的挫折，但是我竟不能用了我的熱情打出一個學問的地位來嗎！我將用盡我的力量於掙扎奮鬥之中，爲後來人開出一條大道！就是用盡了我的力量而到底打不出一條小徑，也要終其身於呼號之中，希望激起後來人的同情而有奮鬥的繼續者！

我的作文本來就有“下筆不能自休”的毛病，近數年尤甚。我讀別人做的文字雖也覺得含蓄的有味，但自己作文總須説盡了纔痛快。這篇序文的起草，適在北方軍事緊張之際，北京長日處於恐怖的空氣之中：上午看飛機投彈，晚上則飽聽礮聲。我的寓所在北海與景山之間，高聳的峰和塔平時頗喜其風景的秀美，到這時竟成了飛機投彈的目標。當彈丸落到北海的時候，池中碧水激涌得像白塔一般的高，我家的窗櫺也像地震一般的振動了。每天飛機來到時，大家只覺得死神在自己的頭上盤旋不去。家人驚恐之餘，連水缸蓋和門户的開闔的聲浪也變成了彈聲礮聲的幻覺。等到礮聲停止之後，市上更加寂靜了，普通舖户都是"清理賬目"，飯店酒館又是"修理爐灶"，闊氣一點的舖子則是"鐵門有電"，比了陰曆元旦的歇業還要整齊。北京大學的薪金，這兩個多月之中只領到一個月的一成五厘，而且不知道再領幾成時要在哪一月了。友朋相見，大家只有皺眉嗟歎，或者竟要淚隨聲下。在這又危險又困窮的境界裏，和我有關係的活動一時都停止了；就是印刷所中，也因交通阻絕，紙張缺乏，不來向我催稿子。我樂得其所，終日埋頭在書房裏，一天一天的從容不迫地做下去，心中想到什麼就寫什麼，實足寫了兩個月，成了這篇長文，——我有生以來的最長最暢的文。胸中鬱勃之氣借此一吐，很使我高興。我妻在旁邊笑道："你這篇文字不成爲序文了！一篇古史辨的序，如何海闊天空，説得這樣的遠?"但我的意思，原要借了這篇序文説明我的研究古史的方法和我所以有這種主張的原因，一件事實是不會孤立的，要明瞭各方面的關係不得不牽涉到無數事實上去；至於體裁上像不像序，這是不成問題的，因爲我原不想作文學的文章。（其實就是文學的文章，也何嘗不可隨了作者的意念而改變體裁。）

這册書於去年九月中付印。本來在一二個月內可以出版，只爲臨時增加了些篇幅，延至本年二月中方將本文印完。又因等待這篇序文，再延了兩個月，假使沒有樸社同人的寬容，是決不會聽我如此紆徐的。我敬對於社中同人致謝！

末了，我再向讀者諸君嘮叨幾句話。第一，這書的性質是討論的而不是論定的，裏面儘多錯誤的議論（例如古今僞書考跋中説清代無疑儀禮者，又如與玄同先生信中譏今文家，謂依了章學誠易教的話，孔子若制禮便爲僭竊王章）。現在爲保存討論的真相計，不加改正。希望出版之後，大家切切實實地給以批判，不要輕易見信。第二，古史的研究現在剛纔開頭，要得到一個總結論不知在何年。我個人的工作，不過在辨證僞古史方面有些主張，並不是把古史作全盤的整理，更不是已把古史討論出結果來。希望大家對於我，能愨知道我的學問的實際，不要作過度的責望。第三，我這本書和這篇序文中提出了多少待解決的問題。像我這般事忙學淺的人，不知道什麼時候纔可把這些問題得到一個約略的解決，説不定到我的生命終止時還有許多現在提出的問題不曾着手。讀者諸君中如有和我表同情，感到這些問題確有研究的價值的，請便自己動手做去。總結一句話，我不願意在一種學問主張草創的時候收得許多盲從的信徒，我只願意因了這書的出版而得到許多忠實於自己的思想，敢用自力去進展的諍友。

　　　　　　十五年一月十二日始草，四月二十日草畢。

古史辨第二册自序[*]

古史辨第一册出版了足四年了。在這四年中，朋友們看見我，常常問道"第二册出版了嗎？"我只是慚恨，無以回答。實在近數年來，我的生活太忙亂了。四年以前的生活，我已嫌它不適宜於研究學問；哪知近數年來的生活更不適宜於研究學問。自從民國十五年的秋天，受了衣食的逼迫，浮海到廈門（不到一年，又被學校的風潮驅到了廣州），從此終日爲教書忙，爲辦公忙，爲開會及交際等事忙，于是我的生命史開了新紀錄了，向來平庸不過的生活中也居然激起波浪來了，擁戴的有人了，攻擊的也有人了；結果逼得我成了對付別人的人而喪失了自己。我常想：照這樣子流轉下去，我至多只有做成一個教育行政家（給人罵起來就是所謂學閥），這是我能做的嗎？這是我心願的嗎？唉，我十幾年來所爲排萬難以求的是什麽，我能爲衣食的不生問題就忘記了那個目的嗎？年紀一天比一天大，心情一天比一天亂，學問一天比一天退步，這怎麽辦？難道我就這樣地完了嗎？想到這裏，真是痛苦極了；回憶數年前在生計壓迫之下還有空閒讀書的生活，只覺其可歆羨了。於是我立定主意，逃出了南方。逃出來一年之後，這古史辨第二册就出版了，朋友們再問我時我就可以回答了。這真該謝天謝地的呵！

這一册的内容，四年前早擬定了，曾在第一册的後面附了一

---

[*] 原載古史辨第二册，樸社，1930 年 9 月。

個目錄：上編是古史問題，中編是經學問題，下編是前代辨僞者的傳記。後來在廈門在廣州又編過幾次，因爲搜集的材料多了，一册容不下，決定分爲兩册，所以這一册的內容和豫告的有些不同：上編仍爲古史問題，中編則改爲孔子和儒家問題，下編又改爲關於讀書雜志中古史論文和古史辨第一册的批評。

　　因爲前幾年的生活太忙亂了，所以不能有新的作品給大家看。這一册所搜集的，我的還是幾篇老文章，別人作的則有很新的，可以彌補我久不繼續努力的缺憾。本册下編，全是別人對於我的批評，在這些矛盾的論調中，讀者大可看出這個時代的人們對于古史的觀念有怎樣的不同，我們將來工作的進行應當揀取什麼方法。這是很好的思想史的材料，又是很好的史學方法論的材料。許多指正我的地方，我銘感地領受。其有不能同意而不按篇答覆者，一因沒有時間，二因有許多已不成問題了，三因我現在的生活較爲安定，如果能讓我在這種生活中過上幾年，我必可有進一步的事實作爲解釋，正不必在這沒有成績的現在作斷斷之辨。（我現在自信已捉得了僞古史的中心，只要有時間給我作研究工夫，我的身體又支持得下，將來發表的論文多着呢。）這些批評的文字，只就我所看見的或我的朋友們寄給我的收録進去，其他失載的想來還很多，只得待以後續補了。（有幾篇是和別種書一起批評的，現在不加刪削，因爲借此可以看出近年來史學界的風氣。）

　　自從本書第一册出版之後，不能説沒有影響，但不瞭解我的態度的人依然很多。現在趁這作序的機會，略略答述如下。

　　最使我惆悵的，是有許多人只記得我的"禹爲動物，出于九鼎"的話，稱贊我的就用這句話來稱贊我，譏笑我的也就用這句話來譏笑我：似乎我辨論古史只提出了這一個問題，而這個問題是已經給我這樣地解決了的。其實，這個假設，我早已自己放棄。就使不放棄，也是我的辨論的枝葉而不是本幹；這一説的成立與否和我的辨論的本幹是没有什麽大關係的。這是對我最淺的認識。其他較爲深刻的，有下列四項：

第一，説我没有結論。我以爲一種學問的完成，有待于長期的研究，决不能輕易便捷像民意測驗及學生的考試答案一樣。如果我隨便舉出幾句話作爲我的結論，那麽，我就是僞史的造作家了，我如何可以辨别别人所作的僞呢！我要求結論之心，或者比了説這句話的人還要熱切，但我不敢自己欺騙自己，更不敢欺騙别人。責備我的人們，請息了這個想念罷！我是不能滿足你們的要求了！這不是我的不爭氣，使得你們的要求不能滿足，實在這個時代還不容我滿足你們的要求呵！千萬個小問題的解決，足以促進幾個中問題的解決；千萬個中問題的解決，足以促進幾個大問題的解決。只要我們努力從事于小問題的研究而得其結論，則將來不怕没有一個總結論出來。可是在我們這幾十年的壽命裹是一定看不見的了！

第二，説我没有系統。他們的理由和上條一樣，我的答覆也和上條一樣。系統的完成不是一朝一夕的事，哪裹可以像木架般一搭就搭起來的。不過，有一個你們願意聽的消息報告給你們知道。數年前，我專作小問題的研究，原没有組織系統的亟望。這幾年不同了，因爲在學校裹教授上古史，逼得我不能不在短時期内建設一個假定的古史系統。現在我很想在古史辨之外更作兩部書，一是古史材料集，一是古史考。材料集是把所有的材料搜集攏來，分類分時編輯，見出各類和各時代中包孕的問題；古史考則提出若干較大的問題，作爲系統的研究。這是足以使得古史的材料及辨論都系統化的；不過這兩部書的完工很不容易，恐怕要遷延到我的垂老之年吧！至於古史辨，本是輯録近人著作，用意在於使大家知道現在的古史學界中提出的問題是些什麽，討論的情形是怎樣，以及他們走到的境界有多麽遠而已，正不須使它有系統。

第三，説我只有破壞，沒有建設。我以爲學術界中應當分工，和機械工業有相同的需要。古史的破壞和建設，事情何等多，哪裏可由我一手包辦。就是這破壞一方面，可做的工作也太多了，竭盡了我個人的力量做上一世，也怕未必做得完，我專做這一方面也儘够忙了。而且中國的考古學已經有了深長的歷史，近年從事此項工作的人着實不少，豐富的出土器物又足以鼓起學者們向建設的路上走的勇氣，我不參加這個工作決不會使這個工作有所損失。至於辨僞方面，還沒有許多人參加，頭腦陳腐的人又正在施展他們的壓力（請恕我暫不將事實陳述），如果我不以此自任，則兩千數百年來造作的僞史將永遠阻礙了建設的成就。所以即使就時代需要上着想，我也不得不專向這方面做去。

第四，説書本上的材料不足爲研究古史之用。書本上的材料誠然不足建設真實的古史，但僞古史的發展十之八九在已有了書本之後。用了書本上的話來考定堯、舜、禹的實有其人與否固然感覺材料的不够用，但若要考明堯、舜、禹的故事在戰國、秦、漢間的發展的情狀，書本上的材料還算得直接的材料，惟一的材料呢。我們先把書籍上的材料考明，徐待考古學上的發見，這不是應當有的事情嗎？再有一個理由：有許多古史是考古學上無法證明的，例如三皇、五帝，我敢豫言到將來考古學十分發達的時候也尋不出這種人的痕跡來。大家既無法在考古學上得到承認的根據，也無法在考古學上得到否認的根據，那麼，希望在考古學上證明古史的人將怎麼辦呢？難道可以永遠“存而不論”嗎？但是在書本上，我們若加意一考，則其來踪去跡甚爲明白，固不煩考古學的反證而已足推翻了。

以上四項，都是對於我的“求全之毀”。還有一項，是“不虞之譽”。我出了一册古史辨，在這學術饑荒的中國，一般人看我已經是一個成功的學問家了，於是稱我爲歷史專家，説到歷史似乎全部的歷史我都知道的，說到上古史似乎全部的上古史我都知道的。唉，這豈不是我想望中的最大成就，不過想望只是想望，哪裏能够如願呢！學問的範圍太大了，一個人就是從幼到壯永在學問上作順遂的進展，然而到了老邁亦無法完全領略，因爲我們人類的生命太短促了，有涯之生是逐不了無涯之知的。何況我對于古史只有十年的功力，對於這方面的知識的淺薄是當然的事呢！我決不是三頭六臂的神人，也決不是"造逢巡酒、開頃刻花"的術士。我只是一個平常人，只能按部就班地走，只能在汪洋大海中挹得一勺水呵！所以這種不虞之譽，實在還是求全之毀的變相。這種非分的頌揚，實在即是慘酷的裁制。

我現在誠摯地自白：我不是一個歷史的全能者，因爲我管不了這許多歷史上的問題；我也不是一個上古史專家，因爲真實的上古史自有別人擔任。我的理想中的成就，只是作成一個戰國、秦、漢史家；但我所自任的也不是普通的戰國、秦、漢史，乃是戰國、秦、漢的思想史和學術史，要在這一時期的人們的思想和學術中尋出他們的上古史觀念及其所造作的歷史來。我希望真能作成一個"中古期的上古史説"的專門家，破壞假的上古史，建設真的中古史。所以，我的研究的範圍大略如下：

　　(1)戰國、秦、漢人的思想及這些思想的前因後果；
　　(2)戰國、秦、漢間的制度及這些制度的前因後果；
　　(3)戰國、秦、漢間的古史和故事的變遷；
　　(4)戰國以前的書籍的真面目的推測；
　　(5)戰國、秦、漢間出來的書及古書在那時的本子；
　　(6)戰國、秦、漢人講古籍講錯了的地方及在此錯解之下所造成的史事。

我承認我的工作是清代學者把今古文問題討論了百餘年後所應有的工作，就是説，我們現在的工作應比清代的今文家更進一步。從前葉德輝(他是一個東漢訓詁學的信徒)很痛心地説：

有漢學之攘宋，必有西漢之攘東漢。吾恐異日必更有以戰國諸子之學攘西漢者矣！（與戴宣翹校官書，翼教叢編卷七）

想不到他的話竟實現在我的身上了！我真想拿了戰國之學來打破西漢之學，還拿了戰國以前的材料來打破戰國之學：攻進這最後兩道防線，完成清代學者所未完之工。這可以説是想從聖道王功的空氣中奪出真正的古文籍，也可説是想用了文籍考訂學的工具衝進聖道王功的秘密窟裏去。

其次，在古文籍中不少民族的信仰，民衆的生活，但是一向爲聖道王功所包蒙了，大家看不見。我又很想回復這些材料的本來面目，剝去它們的喬裝。

所以我的工作，在消極方面説，是希望替考古學家做掃除的工作，使得他們的新系統不致受舊系統的糾纏；在積極方面説，是希望替文籍考訂學家恢復許多舊產業，替民俗學家闢出許多新園地。

這是我的大願，但這個大願能達到與否我不敢説，我只敢説我將向此目的而永遠致力。謝謝許多人：你們不要對於這個未成功者作成功的稱譽，替他欺世盜名，害得他實受欺世盜名的罪戾；你們也不要對於這個未成功者作成功的攻擊，把全國家之力所不能成事者而責備於他一人之身，把二千數百年來所層纍地構成且有堅固的基礎者而責望他在短時期内完成破壞的工作，逼得他無以自免於罪戾。你們如果同情他的工作，應自己起來，從工作中證明他的是；你們如果反對他的工作，亦應自己起來，從工作中證明他的不是。只要大家肯這樣，古史問題的解決自然一天比一天接近，他也不致因包辦而失敗了！

十九，八，十，于燕京大學。

古史辨第三册自序[*]

這第三册古史辨分爲上下兩編：上編是討論周易的，下編是討論詩三百篇的；多數是這十年來的作品，可以見出近年的人們對於這二書的態度。其編纂的次序，以性質屬於破壞的居前，屬於建設的居後。於易則破壞其伏羲、神農的聖經的地位而建設其卜筮的地位；於詩則破壞其文、武、周公的聖經的地位而建設其樂歌的地位。但此處説建設，請讀者莫誤會爲我們自己的創造。易本來是卜筮，詩本來是樂歌，我們不過爲它們洗刷出原來的面目而已；所以這裏所云建設的意義只是"恢復"，而所謂破壞也只等於掃除塵障。此等見解都是發端於宋代的，在朱熹的文集和語録裏常有這類的話。我們用了現代的智識引而伸之，就覺得新意義是很多的了。

我們知道：我們的功力不但遠遜於清代學者，亦且遠遜於宋代學者。不過我們所處的時代太好，它給予我們以自由批評的勇氣，許我們比宋代學者作進一步的探索，——解除了道統的束縛；也許我們比清代學者作進一步的探索，——解除了學派的束縛。它又給予我們許多嶄新的材料，使我們不僅看到書本，還有很多書本以外的東西，可以作種種比較的研究，可以開出想不到的新天地。我們不敢辜負這時代，所以起來提出這些問題，激勵將來的工作。

---

* 原載古史辨第三册，樸社，1931 年 11 月。

　　這一冊書的根本意義，是打破漢人的經說。故於易則辨明易十翼的不合於易上下經；於詩則辨明齊、魯、韓、毛、鄭諸家詩說及詩序的不合於三百篇。它們解釋的錯誤和把自己主張渲染到不相關的經書上，許多許多是證據明確，無可作辨護的。我們的打破它們，只是我們的服從真理，並不是標新立異。

　　倘有人視經書爲神聖，因視漢人的解釋爲同等的神聖，加我們以"狎侮聖言"的罪名，則我們將說：神聖的東西是"真金不怕火"的，如果漢人的解釋確是神聖，則我們這些非傳統的言論固嫌激烈，但終無傷於日月之明。如其不然，則即使我們不做這番工作，而時代是不饒人的，它們在這個時代裏依然維持不了這一個神聖的虛架子。經久的歲月足以證明真實的是非，請你們等着瞧罷！

　　可是，我們在這些工作裏證明了一件事，就是：我們要打破舊說甚易而要建立新的解釋則大難。這因爲該破壞的有堅強的錯誤的證據存在，而該建設的則一個小問題往往牽涉到無數大問題上，在古文字學、古文法學、宗教學、社會學、民俗學⋯⋯没有甚發達的今日，竟不能作得好。例如邶風靜女篇是多麼簡單的一篇詩，可是摧毁毛、鄭之說絲毫不費力，也不發生異議，而要建立現代的解釋時，則"荑"呵，"彤管"呵，"愛"呵，觸處是問題，七八個人討論了五六年方得有近真的結論。照這樣看起來，討論一篇問題複雜的文字要費多少時候呢？要把一部書整個討論停當又要費多少時候呢？這幾部經書已經這樣够困難，盡了我們幾個人的一生精力未必能有十分之一的整理，何況經書以外，古史的天地還大得很，我們是決不能作"及身成功"的夢了！

　　近來有些人主張不破壞而建設。話自然好聽，但可惜只是一種空想。我們真不知道，倘使不破壞易十翼，如何可把易經從伏羲們的手裏取出來而還之於周代？倘使不破壞漢人的詩說，又如何脫去詩序、詩譜等的枷鎖而還之於各詩人？如不還之於周代及各詩人，則易與詩的新建設又如何建設得起來？所以，這只是一句好聽的話而已，決不能適用於實際的工作。

許多人看書，爲的是獲得智識，所以常喜在短時間內即見結論。但古史辨中提出的問題多數是沒有結論的，這很足以致人煩悶。我希望大家知道古史辨只是一部材料書，是蒐集一時代的人們的見解的，它不是一部著作。譬如貨物，它只是裝箱的原料而不是工廠裏的製造品。所以如此之故，我實在想改變學術界的不動思想和"暖暖姝姝於一先生之説"的舊習慣，另造成一個討論學術的風氣，造成學者們的容受商榷的度量，更造成學者們的自己感到煩悶而要求解決的慾望。我希望大家都能用了他自己的智慧對於一切問題發表意見，同時又真能接受他人的切磋。一個人的議論就使武斷，只要有人肯出來矯正，便可令他發生自覺的評判，不致誤人。就使提出問題的人不武斷而反對他的人武斷，這也不妨，因爲它正可因人們的駁詰而愈顯其不可動搖的理由。所以人們見解的衝突與凌亂，讀者心理的徬徨無所適從，都不是壞事，必須如此纔可逼得許多人用了自己的理智作審擇的功夫而定出一個真是非來。

數年前，曾有人笑説古史辨雜集各人信札發表，其性質等於昭代名人尺牘。但我以爲這個編纂法自有用處，凡是一件事情可以發生疑寶的地方，這人會想到，別人也會想到；不過想到的程度或深或淺，或求解答或不求解答。若單把論文給人看，固然能給人一個答案，但讀者們對於這個答案的印象決不能很深。換言之，即不能印合讀者們在無意之間自起的懷疑，因爲他們的注意力不深，沒有求這答案的需要，不能恰好承受這個答案。現在我們把討論的函件發表，固然是一堆材料，但我們的疑寶即是大家公有的疑寶，我們漸漸引出的答案即是大家由注意力之漸深而要求得到的答案。這樣纔可使我們提出的問題成爲世間公有的問題，付諸學者共同的解決。從前人有兩句詩："鴛鴦繡出憑君看，不把金針度與人。"我們正要反其道而行之，先把金針度與人，爲的是希望別人繡出更美的鴛鴦。試看閻若璩的尚書古文疏證，每篇正文之後有附録若干條，録其自己的札記及和他人的討論，有時自行駁詰而不割棄以前的議論。固然是零碎和支蔓，被人譏爲著書體例不謹嚴；但若没有此附録，這正文是多麽枯燥呵？現在他把這些結論的來源發表出來，我們正可就此尋出其論證的階段而批評之，他的幾十年研究的苦心就不致埋没，我們繼續加功也易爲力了。所以我們現在處於這研究古史的過程中，正應借着古史辨的不謹嚴的體例來提出問題，討論問題，搜集材料，醖釀爲有條有理的古史考，使得將來真有一部像樣的著作。

　　這一册裏，十分之九都是討論易和詩的本身問題的，關於古史的極少。也許有人看了要説："這分明是'古書辨'了，哪裏可以叫做'古史辨'？"如果有此質問，我將答説：古書是古史材料的一部分，必須把古書的本身問題弄明白，始可把這一部分的材料供古史的採用而無謬誤；所以這是研究古史的初步工作。我敢重言以申明之：這是研究古史的初步工作！譬如周易和三百篇，大家都知道它們是古書，以前也曾把這裏面所載的材料充分收入古史。但因它們的自身問題不曾弄明白，所以易十翼和易經會得看成同樣的意義，繫辭傳中的庖犧氏畫卦，黄帝作衣裳、舟楫等故事遂成爲典型的古史；而三百篇的真相也糾纏于漢人的詩説，遂使商頌成了商代人的作品，有"平王之孫"的二南也成了周初人的作品，爲商代和周初添上了一筆僞史。我們現在要把這些材料加以分析，看哪些是先出的，哪些是後出的；春秋以上有多少，戰國以下有多少。再看春秋以上的材料，在戰國時是怎樣講，在秦、漢時是怎樣講，在漢以後又是怎樣講；而這些材料的真實意義究竟是怎樣，以前人的解釋對的若干，錯的若干。這些工作做完的時候，古史材料在書籍裏的已經整理完工了。那時的史學家就可根據了這些結論，再加上考古學上的許多發見，寫出一部正確的中國上古史了。

所以我編這一册書，目的不在直接整理古史。凡是分析這二經中材料的先後的，或是討論這二經的真實意義的，全部收入。希望秦、漢以前的幾部書都能經過這樣的討論，使古書問題的解決得以促進古史問題的解決。

十餘年前，初喊出"整理國故"的口號時，好像這是一件不難的工作，不幹則已，一幹則就可以幹了的。我在此種空氣之下，踴躍用命，也想一口氣把中國古史弄個明白，便開始從幾部古書裏直接證明堯、舜、禹等的真相。現在看來，真是太幼稚，太汗漫了！近年每逢別人詢問"你的研究古史的工作怎樣了"時，我即答説："我不敢普泛的研究古史了，我只敢用我的全力到幾部古書上。"實在，這並非膽怯；如果不自認定了一個小範圍去做深入的工作，便沒有前進的可能了！我自信，這一種覺悟是有益的。

我敢正告青年們：這若干部古書本是一種專門學問而不是常識，不是現代的人們所必有的智識；如果你們毫不顧問，也沒有大關係。但是你們如果對於它發生了研究的興趣，要向這方面得到些智識時，則一定要幹苦工，要肯犧牲很多的時間去獲得那很少的智識。以前的人，束髮受經，有信仰而無思考，所以儒家統一了兩千年的教育，連這幾部經書也沒有研究好；豈但沒有研究好，且爲它增加了許多葛藤，使它益發渾亂。現在我們第一次開墾這個園地，當然要費很大的力氣爲後來人作方便。我們處於今日，只有做苦工的義務而沒有喫現成飯的權利。

數年來不滿意於我的工作的人很多，看他們的意見大都以爲我所用的材料不是古史的材料，所用的方法不是研究古史的方法。我以爲這未免是一種誤解。就表面看，我誠然是專研究古書，誠然是只打倒僞史而不建設真史。但是，我豈不知古書之外的古史的種類正多着，範圍正大着；又豈不知建設真史的事比打倒僞史爲重要。我何嘗不想研究人類學、社會學、唯物史觀等等，走在建設的路上。可是學問之大像一個海，個人之小像一粒粟，我雖具有"長鯨吸百川"的野心，究竟我是一個人，我的壽命未必有異於常人，我決不能把這一科學問内的事項一手包辦。我不但自己只能束身在一個小範圍裏做深入的工作，而且希望許多人也都束身在一個小範圍裏做深入的工作。有了許多的專門研究，再有幾個人出來承受其結論而會通之，自然可以補偏救弊，把後來的人引上一條大道。荀子解蔽篇云："垂作弓，浮游作矢，而羿精于射。奚仲作車，乘杜作乘馬，而造父精于御。"只要我們各個人能把根柢打好，把工具製好，將來精于射御的人就自然會起來了。要是癡想"一步跨上天"，把許多的需要責望到幾個人的身上，要他們在一個短時期内得到大成就，那麼只有逼得他們作八股文章：大家會説那一套，但大家對於那一套都不能有真實的瞭解。試問到了這步田地，還有什麼益處？那不是自欺欺人嗎？總之，處於現在時代，研究學問除了分工之外再没有別的辦法：分工的職業是無貴賤之別的，超人的奢望是不可能的。

　　至於我所研究的材料，説它不是古史的全部材料固可，説它不完全爲真材料亦可，説它不是古史的材料則不可。爲什麼？因爲這些明明是古代流傳下來的，足以表現古代的史事、制度、風俗和思想。如周易，是西周的著作，詩三百篇，是西周至東周的著作，你能不承認嗎？既承認了，何以不能算是古史材料呢？從前人講古史，只取經書而不取遺物，就是遺物明明可以補史而亦不睬，因爲經裏有聖人之道而遺物裏没有。這個態度當然不對，不能復存在於今日。但現在人若陽違而陰襲之，講古史時惟取遺物而不取經書，説是因爲遺物是直接史料而經書不是，這個態度也何嘗爲今日所宜有的呢。學術界的專制，現在是該打破的了。我們研究史學的人，應當看一切東西都成史料，不管它是直接的或間接的；只要間接的經過精密的審查，舍僞而存真，何嘗不與直接的同其價值。況且既有間接的史料存在，而我們懶於收拾，擱置不談，無法把它使用，也何嘗是史學界的光榮。現在經書中既存有許多待解決的問題，我們正不該錯過此好時光而不工作呵！

於是有人說："古書中的真材料，我們自然應當取出應用；至於僞材料，既已知道它僞了，又何必枉費氣力去研究！"這個見解也是錯的。許多僞材料，置之於所僞的時代固不合，但置之於僞作的時代則仍是絕好的史料：我們得了這些史料，便可瞭解那個時代的思想和學術。例如易傳，放在孔子時代自然錯誤，我們自然稱它爲僞材料；但放在漢初就可以見出那時人對於周易的見解及其對于古史的觀念了。又如詩三百篇，齊、魯、韓、毛四家把它講得完全失去了原樣：本是民間的抒情詩成了這篇美后妃，那篇刺某王，甚至城隅幽會的淫詩也說成了女史彤管的大法，在詩經的本身上當然毫無價值；可是我們要知道三百篇成爲經典時被一般經師穿上了哪樣的服裝，他們爲什麼要把那些不合適的服裝給它穿上，那麼，四家詩的胡說便是極好的漢代倫理史料和學術史料，保存之不暇，如何可以丟棄呢。荒謬如讖緯，我們只要善於使用，正是最寶貴的漢代宗教史料。逞口而談古事如諸子，我們只要善於使用，正是最寶貴的戰國社會史料和思想史料。不讀讖緯，對於史書上記載的高帝斬白帝子，哀帝再受命，及光武帝以赤伏符受命等事的"天人相與"的背景是決不能明白的。不讀諸子，則對於舜自耕稼陶漁而爲天子，傳說舉於版築之間的傳說，以及高帝以一布衣五載而成帝業的事實的社會組織的變遷的背景也是不會看清楚的。所以僞史的出現，即是真史的反映。我們破壞它，並不是要把它銷燬，只是把它的時代移後，使它脫離了所託的時代而與出現的時代相應而已。實在，這與其說是破壞，不如稱爲"移置"的適宜。一般人以爲僞的材料便可不要，這未免缺乏了歷史的觀念。

一種學問的研究方法必不能以一端限，但一個人的研究方法則儘不妨以一端限，爲的是在分工的學術界中自有他人用了別種研究方法以補充之。我深知我所用的方法（歷史演進的方法）必不足以解決全部的古史問題；但我亦深信我所用的方法自有其適當的領域，可以解決一部分的古史問題，這一部分的問題是不能用他種方法來解決的。

基于上述諸種理由，所以我有幾句話誠懇地祈求於人們之前：第一，從此捨棄正統和偏統等陳腐的傳統思想，不必以正統望人，也不必以偏統責人；大家既生在現時代，既在現時代研究學問，則必須承認“分工”是必要的，應當各尋各的路，不要群趨一個問題而以自己所見爲天經地義，必使天下“道一風同”。第二，我們又要知道所謂學者本是做“苦工”的人而不是享受的人，只要有問題發生處便是學者工作的區域；這種工作雖可自由取捨，但不應用功利的眼光去定問題的取捨，更不應因其困難複雜而貪懶不幹。第三，我們一方面要急進，一方面又要緩進；急進的是問題的提出，緩進的是問題的解決：在我們的學力上，在時代的限制上，如不容我們得到充分的證據作明確的斷案時，我們只該存疑以待他日的論定。凡是一件有價值的工作必須由於長期的努力，一個人的生命不過數十寒暑，固然可以有偉大的創獲，但必不能有全部的成功，所以我們只能把自己看作一個階段，在這個階段中必須比前人進一步，也容許後一世的人更比自己進一步。能彀這樣，學術界纔可有繼續前進的希望，而我們這輩人也不致做後來人的絆腳石了。

我們雖只討論古書和古史，但這個態度如果像浪花般漸漸地擴大出去，可以影響於他種學術上，更影響於一般社會上，大家不想速成，不想不勞而獲，不想一個人包攬精力不能顧注的地盤，而惟終身孜孜於幾件工作，切實地負責，真實地有成就，那麼，這個可憐的<u>中國</u>，雖日在狂風怒濤的打擊之中，自然漸漸地顯現光明而有獲救的希望了！倘使有這一天，那真是我們的莫大之幸，也是國家的無疆之休！

二十，十一，一。

古史辨第四册序 *

　　宇之廣，宙之久，材料是找不盡的，問題是提不完的。何況一種學問已有了兩千餘年的積聚，現在剛把傳統的態度徹底改變，開手作全盤的清理之時，其困難煩亂之狀豈是想像得出的。我編印了三册古史辨，每每有人問我："古史辨出齊了嗎?"我只得笑應之曰："這書没有出齊的日子，希望到我死後還有人繼續編下去呢。"因想起三年前在廣東時，有一位青年選修了我的課，耐不住了，焦躁地喊道："我對於古史愈疑愈多，更碰更繁，越深入越不見底了! 我看你找了無數材料，引了無數證據，預料定有斷然的結論在後頭，但末了仍是黑漆一團。如何你十年前的懷疑，到此刻仍未確定呢? 我等待不及了!"他説的話是真心話，定然代表一部分人對我的感想。我慚愧我没有法子使他們滿意，因爲我的工作本來不是一服急效的藥劑，供應不了他們的需要。

　　秦、漢間的方士常説海上三神山可望而不可即。我們對於古史，正有同樣的感覺。在許多條件没有比較完備的時候，要找得一個系統也是可望而不可即的。條件是什麽? 許多現存材料，應當依着現在的歷史觀念和分類法去整理一過，此其一。許多缺着的材料，要考古學家多多發見，由他們的手裏給與我們去補綴，此其二。以前學者提出的問題，哪些是已解決的，哪些是待解決的，哪些是不能解決的，應當審查一下，結一清賬，此其三。現

　　* 原載古史辨第四册，樸社，1933 年 3 月。

在應當提出的新問題是什麽，這些新問題應當怎樣去謀解決，應當計畫一下，此其四。這舊材料和舊問題的整理已經够許多人的忙了，何況加以新材料和新問題的出現，更哪裏是少數人的力量所能包辦的！至少的限度，必須對于舊的有了過半數的認識，對于新的有了大體的預測，纔可勉强搭起一座架子來，稱之爲假設的系統。這件事，現在能做嗎？數年以來，一般人不耐沒有系統，但也不耐費了大功夫去搜集材料和推敲問題，於是只在傳統的文獻裏兜圈子，真的不足，把僞的續，只要給渺茫的古人穿上了一身自己想像中的衣服，就自以爲找到新系統了。唉，除了自欺欺人之外，世界上還哪裏有這樣容易的事情！我儘可以給他們同情心，因爲“慰情聊勝於無”是人類的通性。但我的治學的責任心不許我這樣幹：它只願我一塊磚一塊瓦地造起屋子來，不願海市蜃樓在彈指之頃立現，也在彈指之頃消失。如果青年們因此而唾罵我爲落伍者，那也只得聽之。

可是系統和結論，我雖不急急地尋求，究竟它們也常在我的心底盤旋，醞釀了好幾年了。今就作這序文的方便，略述所醞釀的如下：

我的研究古史的經歷甚簡單。幼年讀過幾部經書；那時適值思想解放的運動，使得我感到經書中有不少可疑的地方。其後又值整理國故的運動，使得我感到這方面儘有工作可做。因爲年輕喜事，所以一部分的材料尚未整理完工，而議論已先發表。遭逢時會，我所發表的議論想不到竟激起了很多人的注意，盜取了超過實際的稱譽。在友朋的督促之下，編印了古史辨第一册。我向來對於學問的嗜好是很廣漠的，到這時，社會迫着我專向古史方面走去；我呢，因爲已出了書，自己應當負起這個責任來，所以也把它看作我的畢生工作的對象。

自從發表了幾篇古史論文之後，人家以爲我是專研古史的，就有幾個大學邀我去任"中國上古史"的課；我惟有遜謝。這不是客氣，只因擔任學校的功課必須具有系統的知識，而我僅作了些零碎的研究：自問圖樣未打，模型未製，就造起渠渠的夏屋來，豈不危險。若説不妨遵用從前人的系統，那是違背了我的素志，更屬不可。可是受着生計的驅策，使我不得不向大學裏去討生活。民國十六年的秋天，我到廣州中山大學。到的時候已開課了，功課表上已排了我的"中國上古史"了，而且學生的選課也選定了。這一急真把我急得非同小可：這事怎麼辦呢？没有辦法，只得不編講義而專印材料，把許多零碎文字鈔集一編，約略組成一個系統。那時所印的材料分作五種：

甲種——上古史的舊系統（以史記秦以前的本紀世家爲代表）。

乙種——甲種的比較材料（一，史記本紀世家所根據的材料；二，其他真實的古史材料。現在看來，這兩類不應合在一起）。

丙種——（一）虛僞的古史材料；（二）古代的神話傳説與宗教活動的記載。

丁種——古史材料的評論。

戊種——豫備建立上古史的新系統的研究文字。

那時搜集到的材料約有兩百萬言，在一個學校裏的功課裏已不能算少，但自問把這些材料系統化的能力還差得遠；而且範圍太大，一個人也不能同時注意到許多方面。因此，我覺得有分類編輯古史材料集的需要。但這是一個學術團體的事，或是一個人的長期工作，決不是教書辦事終日亂忙的我所能擔負的。

爲了北平的環境適宜於研究，所以十八年就回到這舊游之地來，進了燕京大學。來的時候，"中國上古史研究"的課目也早公佈了。幸而我有了兩年來的預備，不致像那時般發慌。但年前編的是些零碎材料，没有貫穿的，現在則不該如此了。計畫的結果，擬就舊稿改爲較有系統的叙述，凡分三編：

　　甲編——舊系統的古史。

　　乙編——新舊史料的評論。

　　丙編——新系統的古史。

可是不幸得很，編了一年，甲編尚未編完，更説不到乙、丙兩編。所以然者何？只因舊系統方面，我想編四個考：（一）辨古代帝王的系統及年歷、事蹟，稱之爲帝繫考。（二）辨三代的文物制度的由來與其異同，稱之爲王制考。（三）辨帝王的心傳及聖賢的學派，稱之爲道統考。（四）辨經書的構成及經學的演變，稱之爲經學考。這四種，我深信爲舊系統下的僞史的中心；倘能作好，我們所要破壞的僞史已再不能支持其壽命。我很想作成之後合爲古史考，與載零碎文字的古史辨相輔而行。可是一件事情，計畫容易，實做甚難。帝繫、道統兩考比較還簡單；而王制和經學的内涵則複雜萬狀，非隱居十載簡直無從下手。因此，在燕大所編的上古史講義，只成了帝繫考的一部分；五德終始説下的政治和歷史（清華學報六卷一期）即是這一部分中的一部分。此後爲了預備作王制考，改開了尚書研究一課，一篇篇地教讀，借它作中心而去吸收别方面的材料。工作的情況，誠有如某君所云："愈疑愈多，更碰更繁，越深入越不見底。"不過，我不像他那樣急性，決不以"黑漆一團"而灰心。我總希望以長時間的努力，得到一部分的"斷然的結論"，來告無罪於讀者。

　　這一個計畫，蓄在我的心頭已三年多了。我自信這是力之所及，只要肯忍耐便有成就之望的。所以没有發表之故，只因怕惹起了急性的讀者們的盼望和責備。現在強鄰逞暴，國土日蹙，我們正如釜中之魚，生死懸於人手，不知更能讀幾天書，再得研究幾個題目。就算苟全了性命，也不知道時勢逼着我跑到什麽地方，熱情逼着我改變了什麽職業。如果不幸而被犧牲了，那在民族與國家的大損失中也算不了一回事。但中國不亡，將來這方面的研究是一定有本國的同志起而繼續之的，我很願他參考我的計畫。所以現在略略寫出我對於這四種的意見：

我們的古史裏藏着許多偶像，而帝繫所代表的是種族的偶像。所謂華夏民族究竟從哪裏來，它和許多鄰境的小民族有無統屬的關係，此問題須待人類學家與考古學家的努力，非現有的材料所可討論。但我們從古書裏看，在周代時原是各個民族各有其始祖，而與他族不相統屬。如詩經中記載商人的祖先是"天命玄鳥"降下來的，周人的祖先是姜嫄"履帝武"而得來的，都以爲自己的民族出於上帝。這固然不可信，但當時商、周兩族自己不以爲同出於一系，則是一個極清楚的事實。左傳上説："任、宿、須句、顓臾，風姓也，實司太皞與有濟之祀"，則太皞與有濟是任、宿諸國的祖先。又説："陳，顓頊之族也"，則顓頊是陳國的祖先。至於奉祀的神，各民族亦各有其特殊的。如左傳上説鯀爲夏郊。又如史記封禪書上説秦靈公於吳陽作上時，祭黃帝；作下時，祭炎帝。這原是各説各的，不是一條綫上的人物。到了戰國時，許多小國併合的結果，成了幾個極大的國；後來秦始皇又成了統一的事業。但各民族間的種族觀念是向來極深的，只有黃河下流的民族喚作華夏，其餘的都喚作蠻夷。疆域的統一雖可使用武力，而消弭民族間的惡感，使其能安居於一國之中，則武力便無所施其技。於是有幾個聰明人起來，把祖先和神靈的"橫的系統"改成了"縱的系統"，把甲國的祖算作了乙國的祖的父親，又把丙國的神算作了甲國的祖的父親。他們起來喊道："咱們都是黃帝的子孫，分散得遠了，所以情誼疏了，風俗也不同了。如今又合爲一國，咱們應當化除畛域的成見！"這是謊話，卻很可以匡濟時艱，使各民族間發生了同氣連枝的信仰。本來楚國人的鴃舌之音，中原人是不屑聽的，到這時知道楚國是帝高陽的後人，而帝高陽是黃帝的孫兒了。本來越國人的文身雕題，中原人是不屑看的，到這時知道越國是禹的後人，而禹是黃帝的玄孫了。（國語中記史伯之言，越本芈姓；但到這時，也只得隨了禹而改爲姒姓了。）最顯著的當時所謂華夏民族是商和周，而周祖后稷是帝嚳元妃之子，商祖契是帝嚳次妃之子，帝嚳則是黃帝的曾孫，可見華夏的商、周和蠻夷的楚、越本屬一家。借了這種帝王系統的謊話來收拾人心，號召統一，確是一種極有力的政治作用。但這種說法傳到了後世，便成了歷史上不易消釋的"三皇五帝"的癥痕，永遠做真史實的障礙。（如有人說：中國人求團結還來不及，怎可使其分散。照你所說，漢族本非一家，豈不是又成了分離之兆。我將答說：這不須過慮。不但楚、越、商、周已混合得分不開，即五胡、遼、金諸族也無法在漢族裏分析出去了。要使中國人民團結，還是舉出過去的同化事實，積極移民邊陲，鼓勵其雜居與合作。至於歷史上的真相，我們研究學問的，在現在科學昌明之世，決不該再替古人圓謊了。）除了種族的混合之外，陰陽五行的信仰也是構成帝繫說的一個重大原因。

王制爲政治的偶像亦始創於戰國而大行於漢。古代對於先朝文獻本不注意保存，執政者又因其不便於自己的行事，加以毀壞。所以孔子欲觀夏、殷之禮，而杞、宋已不足徵；北宮錡問周室班爵祿事，而孟子曰："其詳不可得聞也，諸侯惡其害己也而皆去其籍。"但戰國的諸子同抱救世之心，對於時王之制常思斟酌損益；而儒家好言禮，所改造的制度尤多。又慮其說之創而不見信，則託爲古代所已有。淮南子修務訓所謂"世俗之人多尊古而賤今，故爲道者必託之於神農、黃帝而後能入說。亂世闇主高遠其所從來，因而貴之。爲學者蔽於論而尊其所聞，相與危坐而稱之，正領而誦之"，直是說盡了這班造僞和信僞的人的心理。所以三年之喪廁之於堯典，五等之爵著之於春秋，而人遂無有疑者。同時出了一個鄒衍。他杜撰五德終始說，以爲"五德轉移，治各有宜"，政治制度應由五德而排成五種。他們說，黃帝爲土德，夏爲木德，商爲金德，周爲火德，秦爲水德，漢又爲土德：

這各代的制度遂各不相同，惟漢與黃帝以同德而相同。稍後又出
了一種三統説，截取了五德説的五分之三而亦循環之，於是政治
制度又分爲三種。他們説，夏是黑統，商是白統，周是赤統，繼
周者(春秋與漢)又爲黑統。有了這樣的編排，而古代制度不必到
古國去尋，也不必向古籍裏找，只須畫一五德三統的表格，便自
會循次地出現。例如禮記檀弓中説："夏后氏尚黑，大事斂用昏，
戎事乘驪(黑馬)，牲用玄。殷人尚白，大事斂用日中，戎事乘翰
(白馬)，牲用白。周人尚赤，大事斂用日出，戎事乘騵(赤馬)，
牲用騂。"懂得了三統説的方式，就知道這一個禮制單是這樣地推
出來的。如月令十二紀，則是五德説支配下的禮制。其中所謂五
時、五方、五帝、五神、五祀、五蟲、五畜、五數、五音、五
色、五味、五臭、……莫不是從五行上推出來的。人事哪能這樣
整齊，又哪能這樣單調！董仲舒所作的三代改制質文篇，寫的推
求的方式尤爲明顯。照他所説，自神農至春秋十代的禮制俱可一
目了然；不但如此，推上推下可至無窮，真是"雖百世可知也"！
照他所説，古代帝王儘不必有遺文留與後人，只要把他們的代次
傳了下來，即可顯示其一切。以我們今日的理智，來看他們的古
史，不禁咋舌。但是都假了嗎？那也不然，他們總有一些兒的依
傍。如上所舉，周人尚赤，牲用騂，乃由洛誥"文王騂牛一，武
王騂牛一"及論語"犁牛之子騂且角，雖欲勿用，山川其舍諸"來。
是則檀弓所言，別的均假，惟此不假。推想其他單子，亦當如
此。即如明堂，月令中説得轟轟烈烈的當然是假，後儒把許多不
相干的什麼文祖、太廟、衢室、總街……都説成明堂也當然是附
會，但孟子裏的齊宣王欲毀明堂一事則不假。究竟三禮中有多少
是真的，多少是假的，這是一件極難斷定的事情。這種的分析，
將來必須有人費了大功夫去做。其術，應當從甲骨文中歸納出真
商禮，從金文、詩、書、春秋、左傳、國語中歸納出真周禮，史
記、漢書中歸納出漢禮，而更以之與儒家及諸子所傳的禮書禮説

相比較，庶幾可得有比較近真的結論。

　　道統是倫理的偶像。有了道統説，使得最有名的古人都成了一個模型裏製出來的人物；而且成爲一個集團，彼此有互相維護的局勢。他們以爲"天不變，道亦不變"，凡是聖人都得到這不變之道的全體。聖與聖之間，或直接傳授，或久絶之餘，以天宣聰明而紹其傳。最早的道統説，似乎是論語的末篇："堯曰：'咨爾舜，天之曆數在爾躬！允執其中！四海困窮！天禄永終！'舜亦以命禹。"見得堯傳舜，舜傳禹，聖聖傳心，都在"執中"一言。下面記湯告天之詞，記武王大賚之事，見得湯與武王雖不能親接堯、舜、禹，而心事則同，足以繼其道統。但論語末數篇本有問題，此所謂"天之曆數"頗有五德轉移的意味，"允執其中"亦是儒家中庸之義，疑出後儒羼入，非論語本有。推測原始，當在孟子盡心篇的末章説，堯、舜後五百餘歲，湯聞而知之；湯後五百餘歲，文王聞而知之；文王後五百餘歲，孔子聞而知之：見得孔子的道即是堯、舜的道，相去千五百餘年没有變過。孔子以後，他以爲没有聞道的了，所以以一歎結之。然孟子常説"私淑諸人"，"乃所願則學孔子"，可見他是聞孔子之道的，也就是直接堯、舜之傳的。他説這番話，不過爲自己佔地位。後人讀到這一章，輒不自期地發生思古之幽情，有志遠紹聖緒。如司馬遷説："自周公卒，五百歲而有孔子；孔子卒後，至於今五百歲，有能紹明世，正易傳，繼春秋，本詩、書、禮、樂之際：意在斯乎！意在斯乎！小子何敢讓焉！"（史記自序）這就可見孟子的話發生了有力的影響。其後揚雄、王通、韓愈等各欲負荷這道統，不幸没有得到世人的公認。到宋代理學興起，要想把自己一派直接孟子，以徒黨鼓吹之盛，竟得成功，而濂、洛、關、閩諸家就成了儒教的正統，至今一個個牌位配享在孔廟。這個統自堯、舜至禹、湯，至文、武、周公，至孔、孟，又至周、程們，把古代與近代緊緊聯起。究竟堯、舜的道是什麼？翻開經書和子書，面目各各不同，教我們如何去確定它？再説，孔、孟之道是相同嗎？何以孔子稱美管、晏而孟子羞道之；何以孔子崇霸業而孟子崇王道？即此可見孔、孟之間相去雖僅百餘年，而社會背景已絶異，其道已不能不變，何況隔了數千百年的。至於宋之周、程們，其道何嘗得之於孔、孟。周敦頤的學問受於陳搏，他是一個華山道士。太極圖是他們的哲學基礎，而這圖乃是從仙人魏伯陽的參同契裏脱化出來的。所以要是尋理學的前緒，這條線也不能挂在孔、孟的腳下。他們又從僞大禹謨中取出"人心惟危，道心惟微；惟精惟一，允執厥中"十六字算做堯、舜以來聖人相傳的心法；但這是從荀子所引的道經加上堯曰雜湊起來的，道經是道家的東西，依然不是堯、舜之言，儒家之語。至於堯、舜以前，他們又要推上去，於是取材於易繫辭傳的觀象制器之章，而加上伏羲、神農、黃帝。只是這章文字非用互體説和卦變説不能解釋，而這兩種學説乃西漢的易家所創造，不是真的古代記載。道統説的材料如此的一無可取，然而道統説的影響竟使後人感到古聖賢有一貫的思想，永遠不變的學説，密密地維護，高高地鎮壓，既不許疑，亦不敢疑，成爲各種革新的阻礙：這真是始作俑的孟子所想不到的成功。

　　經學是學術的偶像。本來古代的智識爲貴族所獨佔，智識分子只是貴族的寄生者。貴族有樂官，他們收聚了許多樂歌，所以有詩經。貴族有史官，他們紀載了許多事件，所以有尚書和春秋。貴族有卜官，他們管着許多卜筮的繇辭，所以有周易。貴族有禮官，他們保存許多禮節單，所以有儀禮。實在説來，幾部真的經書都是國君及卿大夫士們的日常應用的東西，意義簡單，有何神秘。詩、書、禮、樂，是各國都有的。易和春秋，是魯國特有的。（左傳上記韓宣子聘魯，見易象與魯春秋，曰："周禮盡在魯矣。"這句話大概可信。孟子上説："晉之乘，楚之檮杌，魯之春秋，一也：其事則齊桓、晉文，其文則史。"可見同樣的記載春秋時代的史書，在晉的叫做乘，在楚的叫做檮杌，在魯的叫做春秋。）孔子生在魯國，收了許多弟子，把魯國所有的書籍當作教科書，這原是平常的事。他死了之後，弟子們造成一個極大的學派，很佔勢力，就把魯國的書加以潤飾（如儀禮的喪服，春秋的名號和褒貶諸端），算作本學派的經典，這也是平常的事。戰國時，平民取得了政治上的地位，都要吸收智識，而當時實無多書可讀，只有讀儒家的經。孔子之所以特別偉大，六經之所以有廣遠的流傳，其原因恐即在此。到了漢代，孔子定爲一尊，大家替他裝點，於是更添出了許多微言大義。他們把不完全的經算是孔子所刪，把完全的算做孔子所作。於是經書遂與孔子發生了不可分解的關係，幾乎每一個字裏都透進了他的深意。這還不管，尊孔之極，把經師們所作的筆記雜說也算做經，把儒家的學說也算做經，把新出現的僞書也算做經，而有"十三經"的組織。十三經，何嘗連貫得起，只是從西周之初至西漢之末一千一百年中慢慢地疊起來的。（若加僞古文尚書則經歷一千三百餘年。）一般人不知道，以爲十三經便是孔子，也便是道德，只要提倡讀經，國民的道德就會提高，這真是白日做夢。講起一班西漢的經師會占卦，會求雨，開口是禎祥，閉口是災異，結果造成了許多讖緯，把平凡的人物都講成了不平凡的妖怪。東漢的經師講訓詁，當然好得多，可是穿鑿附會的功夫也到了絕頂。例如鄭玄，他是一個極博的學者，卻有一個毛病，最喜歡把不一致的材料講成一致。這類的事極多，試舉其一。禮記王制說"公侯田方百里，伯七十里，子男五十里"，是一種封國說。周官職方氏則謂公方五百里，侯方四百里，伯方三百里，子方二百里，男方百里，又是一種封國說。這兩種說廣狹懸殊（前說的公國只一萬方里，後說的便有二十五萬方里），決合不在一起。但他想，周官出於周公已無疑，王制雖未標明時代，既在禮記中則亦必出周人，於是爲調和之說曰："周武王初定天下，……猶因殷之地（指王制），以九州之界尚狹也。周公攝政致太平，斥大九州之界（指周官），制禮成武王之意。"（王制注）照他所説，是武王時的疆域計廣九百萬方里（王制："四海之内九州，州方千里"），而周公時的疆域則廣一萬萬方里（職方氏，王畿方千里，外九服各方五百里）。何以周公時的國土會大於武王時十一倍餘？要是作史的人照他所説的寫在書上，豈不成了周初歷史的一件奇蹟。然而學者相傳："寧道周、孔誤，諱言服、鄭非。"鄭玄在經學上的權威直維持到清末。所以經學裏面不知道包含了多少違背人性和事實的説話，只是大家不敢去疑它。既不能把它推翻，而爲了叙述歷史的需要去使用它時又只能從這裏面去抽取材料，這幾何而不上他們的當。所以爲要瞭解經書的真相和經師的功罪，使古史不絓絆於經學，我們就不得不起來作嚴正的批評，推倒這個偶像。

　　這四種偶像都建立在不自然的一元論上。本來語言風俗不同，祖先氏姓有別的民族，歸于黃帝的一元論。本來隨時改易的禮制，歸于五德或三統的一元論。本來救世蔽，應世變的紛紛之説，歸于堯、舜傳心的一元論。本來性質思想不一致的典籍，歸于孔子編撰的一元論。這四種一元論又歸于一，就是拿道統説來統一一切，使古代的帝王莫不傳此道統，古代的禮制莫非古帝王的道的表現，而孔子的經更是這個道的記載。有了這樣堅實的一元論，於是我們的歷史一切被其攪亂，我們的思想一切受其統治。無論哪個有本領的人，總被這一朵黑雲遮住了頭頂，想不出有什麼方法可以逃出這個自古相傳的道。你若打破它的一點，就牽及於全體，而衛道的大反動也就跟着起來。既打不破，惟有順從了它。古代不必説；就是革命潮流高漲的今日，試看所謂革命的中心人物還想上紹堯、舜、孔子的道統而建立其哲學基礎，就知道這勢力是怎樣的頑強呢。然而，我們的民族所以墮在沈沈的暮氣之中，喪失了創造力和自信力，不能反應刺戟，抵抗强權，我敢説，這種思想的毒害是其重要的原因之一。大家以爲蓄大德，成大功的是聖人，而自己感到渺小，以爲不足以預於此，就甘心把能力暴棄了。大家以爲黃金時代在古人之世，就覺得前途是没有什麼大希望的了。下半世的太衰頹，正由於上半世的太繁盛。要是這繁盛是真的，其消極還值得，無奈只是些想像呵！所以我們無論爲求真的學術計，或爲求生存的民族計，既已發見了這些主題，就當拆去其僞造的體系和裝點的形態而回復其多元的真面目，使人曉然於古代真相不過如此，民族的光榮不在過去而在將來。我們要使古人只成爲古人而不成爲現代的領導者；要使古史只成爲古史而不成爲現代的倫理教條；要使古書只成爲古書而不成爲現代的煌煌法典。這固是一個大破壞，但非有此破壞，我們的民族不能得到一條生路。我們的破壞，並不是一種殘酷的行爲，只是使它們各各回復其歷史上的地位：真的商、周回復其商、周的地位，假的唐、虞、夏、商、周回復其先秦或漢、魏的地位。總之，送他們到博物院去。至於古人的道德、學術、制度可保存於今日的，當然應該依了現代的需要而保存之，或加以斟酌損益，這正如博物院中的東西未嘗不可供給現代人的使用。但這是另一事，應由另一批人去幹；我們的工作只是博物院中的分類陳列的工作而已。

我自己的工作雖偏于破壞僞史方面，但我知道古史範圍之大，决不能以我所治的賅括全部，我必當和他人分工合作。數年以來，我常想把古史辨的編輯公開，由各方面的專家輯録天文、曆法、地理、民族、社會史、考古學……諸論文爲專集。就是破壞僞史方面，也不是我一個人的力量所能完成；逐部的經書和子書，都得有人專治並注意到歷來的討論。能彀這樣，我便可不做"古史辨"的中心人物，而只做"古史辨"的分工中的一員。我的能力之小，正無礙於學問的領域之大。能彀這樣，古史的研究自然日趨于系統化，人們的責望也自然會得對於古史學界而發，不對於某一個人而發。一般人如能有此分工合作的正確的學問觀念，學者們始可安心地從事其專門的工作而得到其應有的收穫，不給非分的責望所壓死，也不至發生"惟我獨尊"的驕心了。

羅雨亭先生（根澤）是努力研究諸子學的一人。他著有管子探源、孟子評傳諸書，對于墨子、老子、莊子、荀子、戰國策、尹文子、鄧析子、燕丹子、慎子、孔叢子、新書、新語、新序、說苑等書又都有考證。去年一月，他把編輯的諸子叢考給我看：起自唐代，訖于今日，凡辨論諸子書的年代和真偽的文字都蒐羅於一集，計二百餘篇。把異時異地的考辨，甚至站在兩極端的主張都放在一起，讀者們比較之下，當然容易獲得客觀的真實，於以解決舊問題，發生新問題。我見了，觸動了我的宿願，就請求他編列爲古史辨的第四冊。承他的厚意，給我以如願的答覆。惟篇幅太多，非一冊所可容納；於是先把清以上的文字刪掉，繼把名家和陰陽家等問題留下。然而僅僅這儒、墨、道、法四家，十餘年來討論的文字已着實可觀。這些文字散在各處，大家乍爾一想，似乎没有多少，問題也没有幾個。現在集合了起來，馬上見得近年的文籍考訂學是怎樣的進步了。這可欣幸的進步，其由來有二：第一，學問上的束縛解除了，大家可以作自由的批判，精神既活潑，成績自豐富。第二，文籍考訂學的方法，大家已得到了；方法既差不多趨於一致，而觀點頗有不同，因此易起辨論。"知出於爭"，愈辨論則其真相亦遂愈明白。雖是有許多問題不能遽得結論，但在這條長途上，只要征人們肯告奮勇，不開倒車，必然可以達到目的地。所不幸者，時勢的紛擾、生計的壓迫，使人不能不分心，有的竟至退了下來。如果我們的祖國在受盡磨難之後，一旦得到了新生命，這種研究一定比現在更興盛，因爲這一重久閉的門已經打開了，可工作的題目早放在人們的眼前了，許多發展的條件是具備了。

中國的古籍，經和子佔兩大部分。普泛的說來，經是官書，子是一家之言。或者説，經是政治史的材料，子是思想史的材料。但這幾句話，在戰國以前説則可，在漢以下説則必不可。經書本不限于儒家所誦習，但現在傳下來的經書確已經過了戰國和漢的儒家的修改了；倘使不把他們所增加的删去，又不把他們所删去的尋出一個大概，我們便不能逕視爲官書和古代的政治史料，我們只能認爲儒家的經典。因此，經竟變成了子的附庸；如不明白諸子的背景及其成就，即無以明白儒家的地位，也就不能化驗這幾部經書的成分，測量這幾部經書的全體。因此，研究中國的古學和古籍，不得不從諸子入手，俾在諸子方面得到了真確的觀念之後再去治經。子書地位的重要，於此可見。

　　不幸自漢武帝尊儒學而黜百家之後，子的地位驟形低落。儒家的幾部子書，升做經了。賸下來的，以儒者的蔑視和功令的棄置，便没有人去讀；偶有去讀的也不過爲了文章的欣賞。子書的若存若亡，凡歷二千年。猶幸重要的幾種尚未失傳。到了清代，因爲研究經學須賴他種古籍作輔佐，而子書爲其大宗，故有畢沅、謝墉、孫星衍、盧文弨等的校刻，嚴可均、汪繼培、馬國翰等的輯録，汪中、王念孫、俞樾、孫詒讓等的研究，而沈霾已久的東西復顯現其光輝。到清末，康有爲作孔子改制考，以爲周末諸子並起創教，託古改制，爭教互攻。孔子亦諸子之一，創儒教，作六經，託之於堯、舜、文王。以其託古而非真古，故弟子時人常據舊制相問難。他的話，現在由我們看來，也不能完全同意。因爲儒教的創造，六經的編集，託古的盛行，都是孔子以後的事。孔子當年對於自己的工作並没有很大的計劃，只是隨着弟子們的性格指導以人生的任務。又六經中的思想制度，錯雜而不單鈍，必不能定爲一時一人所作。但儒教發源于孔子，六經中的堯、舜、文王有若干出於儒教所贋託，這是無疑的。明白了這一點，則周末諸子並起創教，託古改制，儒家的宗旨與諸家異，儒家的方式與諸家同；康氏所發見的事實確已捉得了子學和經學的中心。只因他的見解是超時代的，故孔子改制考出版之後，發生不出什麼影響。我自己，雖在不忍雜志裏見到改制考的目録，惟以没見全文（未登完），也不甚注意。

　　自從劉歆在七略中規定了諸子有九家，每家都出於一個官守，學者信爲真事，頻加援引。鄭樵的校讐略，章學誠的校讐通義，尤爲宣傳的中堅。諸子既是同出王官，原在一個系統之下，如何會得互相攻擊？儒、墨固常見於戰國書中，何以其他的家派之名竟無所見，而始見於漢代，甚至到了七略纔露臉？這些問題，不知從前人爲什麼提不出來。民國六年四月，適之先生在國外作了一篇諸子不出於王官論。就是這年的秋天，他到北京大學授課，在課堂上亦曾提起此文；但送去印了，我們都未得見。延至年底，太平洋雜誌把它登出，有幾位同學相約到圖書館鈔寫，我始得一讀。我那幾年中頗喜治子，但別人和自己的解説總覺得有些不對，雖則説不出所以然來。自讀此篇，髣髴把我的頭腦洗刷了一下，使我認到了一條光明之路。從此我不信有九流，更不信九流之出于王官，而承認諸子的興起各有其背景，其立説在各求其所需要。諸子的先天的關聯既失了存在，後天的攻擊又出於其立場的不同，以前所不得消釋的糾纏和牴牾都消釋了。再與孔子改制考合讀，整部的諸子的歷史似乎已被我鳥瞰過了。可是這種不自然的關係，家派方面雖已解除，而個人方面尚有存在，例如道家的老子爲儒家的孔子之師的故事，到民國十一年的春天，梁任公先生發表其老子書作於戰國之末的意見，始把我的頭腦又洗了一下。凡古人所噴着的厚霧，所建着的障壁，得此兩回提示，覺得漸有肅清的可能了。這真是學術史上應當紀念的大事！現在羅先生把這兩篇文字放在本册兩編的開頭，使我回憶前事，生出無限的歡喜。我敢説，一個人發見的真理是大家可以承認的，一個人感受的影響也是大家直接間接，有意無意間所受到的；本册中容納的四十餘萬言的討論恐怕大部分都是從這兩篇引起。如果没有這兩篇，時代的颶風固然也終於吹散這堆浮雲，但總要慢一些了，民國二十一年的羅先生是編不出這一册的。等到這一册書出來之後，研究諸子學的風氣又推進一層了，將來他再編第二、第三册諸子叢考時，當然討論得更深密了。子書方面，既無西周文字，不如經書的考訂之勞，又不曾經過經學家的穿鑿附會，不必多費删芟葛藤的功夫，其得到結論必較經學爲速。羅先生研究諸子早定有詳細的計畫，我敢鼓舞贊歎以豫祝他的將來的成功！

有一點意思，我和羅先生略有出入。"考年代與辨真僞不同：辨真僞，追求僞蹟，擯斥不使厠于學術界，義主破壞；考年代，稽考作書時期，以還學術史上之時代價值，義主建設"（古史辨第四册六一六頁），這個意見，他屢屢提起。由我看來，這二事實没有嚴密的界限。所謂考年代，也就是辨去其僞託之時代而置之於其真時代中。考年代是目的，辨真僞是手段。所以我們的辨僞，决不是秦始皇的焚書。不過一般人確實常有焚書的誤認，所以常聽得人説："顧頡剛們説這部書僞，那部書僞；照這説法，不知再有什麼書可讀！"這真是太不瞭解我們的旨趣，不得不辨一下。我們闢周官僞，只是闢去周官與周公的關係，要使後人不再沿傳統之説而云周公作周官。至於這部書的價值，我們終究承認的。要是戰國時人作的，它是戰國政治思想史的材料。若是西漢時人作的，它便是西漢政治思想史的材料。又如我們闢左傳僞，也只要闢去左傳與孔子的關係，使後人不再説"左丘明與孔子俱乘傳如周，觀百二十國寶書"，以及"孔子作春秋，丘明爲之傳"等話。至於它的歷史價值，文學價值，我們何嘗不承認。堪笑一般人以爲我們用了劉逢禄、康有爲的話而辨左傳，就稱我們爲今文學家。不知我們對於春秋時的歷史，信左傳的程度乃遠過於信公羊傳。我們所擯斥的，不過"君子曰"及許多勉强塗附上去的釋經之語，媚劉氏之語，證世經之語而已。而且所謂擯斥云者，只擯斥之於原本的左傳（國語），並不擯斥之於改本的左傳（西漢末以來的流傳本）。這原是以漢還漢，以周還周的辦法，有何不可。我們所以有破壞，正因求建設。破壞與建設，只是一事的兩面，不是根本的歧異。

　　況且辨僞這件事，原不是我們幾個人忽發奇想想出來的，也不是我們的態度激烈，有意打倒前人而鼓吹起來的。當"文、武之道未墜"的春秋之世，子貢已説"紂之不善不如是之甚也"。口邊常提"詩云"、"書曰"的孟子，也曾説"盡信書則不如無書"。凡是理智發達的人，決不會對於任何事物作無條件的信仰。班固著漢書藝文志，根據的是劉向、歆父子的七略，其所錄書名之下輒注云"依託"，"非古語"，"近世增加"。有的更直揭其作時與作者，如神農二十篇，不但不信爲神農之書，且注云："六國時諸子疾時怠於農業，道耕農事，託之神農。"又如黃帝泰素，不但不信爲黃帝之書，且注云："六國時韓諸公子所作。"以漢人歷史觀念的薄弱，劉歆又蒙有造僞書的絕大嫌疑，而其所作序錄尚如此，可見是非之公自有不容泯滅者在。到東漢，有王充的"疾虛妄"的論衡，打破了無數不合理性的傳説，其藝增、儒增等篇對于經書和子書舉發了不少的疑點。到唐，有劉知幾的史通，對于古代的史料與史法作不容情的批判。他不信古代記載爲完全的真實；他還説破學術界所以不敢疑古的心理，是"拘於禮法，限於師訓，雖口不能言而心知其不可者蓋亦多矣"！（疑古）這句話真痛快，真確切。學術界的所以平靜，並不是古無可疑，也不是智不能疑，而只是受了禮法和師訓的束縛，失去了言論的自由。換句話説，學者們對于古事，但有腹誹而已，哪敢説在嘴上，寫在紙上。這正如專制的家庭，尊長對于卑幼凌虐萬狀，卑幼只有將痛苦咽在肚裏，面子上依然是叩頭服從。家庭如此，當然非健全的家庭。學術界如此，也當然非健全的學術界。

唐代以上，因爲書卷都由鈔寫，一個人不能得到很多的書，不易做比較考訂的工作，所以辨僞的事只限于幾個特出的人。自從有了刻版，書價低廉，學者能見的書驟然增加了許多，而辨僞遂成爲一時普遍的風氣。我們翻開宋代人的文集和筆記，幾乎可疑的古書已全被檢舉。例如古史辨第三册裏，我懷疑易傳中的觀象制器的故事，似乎在今日猶爲新奇之説，但葉適的習學記言裏已早説道："十三卦亦近世學者所標指，而其説尤爲不通。包犧氏始爲罔罟，神農氏始爲耒耜、交易，黃帝、堯、舜始爲衣裳，其後乃有舟楫、馬牛、臼杵、弧矢、宮室、棟宇。甚矣其不考於易也！易十三卦義詳矣，乃無毫釐形似之相近者。"（卷四）又如孝經，是一部含有濃厚的宗教性的經典，誰敢疑它，卻不道在道統中佔有重要地位的朱熹反一再説它除了開頭一段之外不是聖人之言，其文遠不如論語中説孝的親切有味；而且剿襲左傳，文勢反不通貫（見孝經刊誤及語類）。古文尚書中，聖帝和賢臣所説的話何等光明正大，勤政愛民，真是最好的道德教條；但自吳棫發難，朱熹繼之，疑者接踵，直到閻若璩而判決爲僞造，這個案子再也翻不過來。他們何嘗是輕蔑古代，侮聖人之言，只爲用了求真理的態度來治學問，不得不如此。

現存的古書莫非漢人所編定，現存的古事莫不經漢人的排比，而漢代是一個"通經致用"的時代，爲謀他們應用的方便，常常不惜犧牲古書古事來遷就他們自己，所以漢學是攪亂史蹟的大本營。同時，漢代是迷信陰陽五行學説的時代，什麼事都要受這學説的分配，所以不少的古代史蹟已被迫領受了這個洗禮。其後隋代禁讖諱，宋代作新注，漢學早已銷沈。不料清代學者信而好古，他們在"漢人近古，其説必有所據"的前提之下工作，於是漢學復興而疑古之風爲之減殺，宋人精神幾於斷絕。可是，他們除了漢人之説不敢獻疑之外，對於魏、晉之説畢竟也做了許多有力量的辨僞工作。例如古文尚書孔傳、孔子家語、孔叢子等書，都因代鄭玄反王肅的緣故而明白宣佈其僞造的證據。其後今文家起，對於古文家的幾部經傳，書序、毛詩、周官、左傳等，又肆抨擊。史書方面，考訂謬誤的極多，廣雅書局已集爲叢書；其中梁玉繩的史記志疑，直把漢武帝以前的史蹟作一總清理，其氣魄尤爲偉大。可見辨僞之事既已開了頭，便遏束不來。好像長江、大河挾了百川東流，勢極洶湧，不到大海是不能停止的。

我們今日的工作，正是疏導它的下流，使之歸於海，完成昔人未完的工作。這個工作是遲早必做的，而我們在這思想解放的潮流中讀古書，更是義不容辭的時代使命。可憐一般人沒有溯源尋流，不知道這是一件必然的事，竟看我們是“異軍蒼頭特起”！又或看見我們表章鄭樵、姚際恒、崔述、康有爲們，而這一般人有些短處和漏洞落在人手，即以爲是辨僞工作本身的危險。又或因我們提倡辨僞已有十餘年了，看得厭了，便以爲不必再走這老路。這都把事情看得太簡單了！我們爲他們悲傷，不如爲中國的學術界悲傷。中國的學術界做深徹的工作的太少了，大家只見當前的時髦貨色，而這些貨色是過數年必須換一次的，大家看慣了，以爲我們研究古史，提倡辨僞，亦是時髦的一種，有改換的必要。不知道我們的工作有源有委，既不隨便而來，也不隨便而去。別人的短處，我們可以修改。旁觀者的厭倦，並不會影響到我們而亦厭倦。謝謝批評的人們：願你們在瞭解我們的態度和我們的工作的由來之後再發言罷！

又近年唯物史觀風靡一世，就有許多人痛詆我們不站在這個立場上作研究爲不當。他人我不知，我自己決不反對唯物史觀。我感覺到研究古史年代、人物事蹟、書籍真僞，需用於唯物史觀的甚少，無寧説這種種正是唯物史觀者所亟待於校勘和考證學者的借助之爲宜；至於研究古代思想及制度時，則我們不該不取唯物史觀爲其基本觀念。唯物史觀不是“味之素”，不必在任何菜內都滲入些。在分工的原則之下，許多學問各有其領域，亦各當以其所得相輔助，不必"東風壓倒西風"纔算快意。況且我們現在考辨古書，爲什麼成績能比宋人好，只因清代三百年的學者已把古書整理得很清楚了，我們要用好版本，有；要用好注釋，也有；要尋零碎的考證文字，也多得很。清代的學者辛辛苦苦，積聚了許多材料，聽我們用。我們取精用弘，費了很少的功夫即可得到很大的效力。然而清代學者大都是信古的，他們哪裏想得到傳到現在，會給我們取作疑古之用！所以然者，他們自居於"下學"，把這根柢打好了，我們就可跳一級而得其"上達"了。他們的校勘訓詁是第一級，我們的分析考證是第二級。等到我們把古書和古史的真僞弄清楚，這一層的根柢又打好了，將來從事唯物史觀的人要搜取材料時就更方便了，不會得錯用了。是則我們的"下學"適以利唯物史觀者的"上達"；我們雖不談史觀，何嘗阻礙了他們的進行，我們正爲他們準備着初步工作的堅實基礎呢！若説我們的工作做得太慢，得到結論不知在何年，他們等不及了，可是不幸得很，任何學問都是性急不來的。我們考辨古書，須借助於語言學家、考古學家之處不知有多少；而語言學家等又各有須待借助的他種學問，不能在我們一發問之後即致一個滿意的回答。我們若因他們的不能回答或回答而不能使我們滿意之故，就喊出打倒他們的口號，不與他們合作，那麼無非得到同歸於盡的結果，有什麼益處？所以，須待借助於我們的還請鎮靜地等待下去罷！如果等待不及，請你們自己起來幹罷！如果幹得不耐煩，也希望不要因材料的缺乏和填表格的需要，便把戰國、秦、漢間人用了他們的方式製造出來的上古史使用於真的上古：因爲將來一定可以證明，這種工夫是白費的！

　　正經的話説得太多了，板着面孔沒有趣，我們還是同唱一首陝西的歌謠，大家樂一樂罷：

姐姐縫衣縫窟窿，

哥哥看書看不通；

兩人急的滿石碰，

幾乎成了瘋先生。

"不要急來不要慌！

慢慢看來慢慢縫，

就是功到自然成。

哪有一掀挖成井；

哪有一筆畫成龍！"

　　　　　　見二一年十二月十九日大公報小公園

　　　　　　　　二十二，二，十二。

古史辨第五册自序[*]

現在距離編輯古史辨第一册的時候，差不多已十年了。時間真過得快！但是性急的人們已嫌其慢，曾有人責問我道："你研究古史爲什麼到今還尋不出一個結論來呢？我們真是等不及了！"這是實在的，十年的數目，在個人的生命史上已是一個長時期了，一個人能活幾個十年呢？能工作幾個十年呢？可是，話又説回來，學問原不是某一個人的專責，也不是某一時代的特有任務，乃是一種含有永久性的分工合作的共同事業，除了同時代人的同聲相應之外，前輩老死，後輩還該接上。一個人的智力才力固然是有限的，但像接力賽跑一樣地前進，則智力才力便成了無限的。在這樣的工作狀態中，十年算得了什麼，還不是一瞬眼嗎！

我的編輯古史辨的動機，並不是想把它當做自己的著作，乃是要它做成中華民國學術史上的一部分的"史料彙編"；要使人讀了這部彙編，可以有幾個清楚的問題梗在心頭。問題自我發，固然編輯起來湊手一點；即不自我發，只要和古史有關係而已經討論了些時候，我也樂於搜集。書，由我編固可，即不由我編亦可。上次出的第四册，就是羅雨亭先生（根澤）編的。他本來編的是諸子叢考，我看他的體例和古史辨絕相類，就請他加入。出版之後，許多人覺得詫怪，説：古史辨爲什麼不由顧頡剛編了？我

---

* 原載古史辨第五册，樸社，1935 年 1 月。

覺得這種態度未免胸懷不廣：學問非財產，何必私有呢！古史的園地寬得很，應當做的工作多得很，竭顧頡剛一人之力也不過耕得百畝，何必把那些不耕之地也佔攔了！現在這第五册，上編討論的是漢代今古文學的本子問題，下編討論的是漢代今古文學的學理問題中的一個（也許是今古文學的中心問題）——陰陽五行問題。在這兩編中，我自己雖有些文字編入，但問題則不是我提出來的。今古文的本子問題，清代學者已討論了好久，但到民國，除了崔觶甫先生（適）在北京大學大家不甚了了的課堂上揚些垂盡的火燄之外，差不多已經絕響了。至於近來熱烈的討論，則由於錢玄同先生和錢賓四先生（穆）的倡導。陰陽五行問題是梁任公先生提出，而劉子植先生（節）繼承的。我和這些師友們常在一塊，當然要受些他們的影響。我久覺得這些問題是研究漢人的古史説時的先決問題，所以就把這十餘年來的討論文字集成這一册，好讓同志們細細地咀嚼，再求深入，去獲得一個結論。當去年編纂時，似乎分量不算太多，但現在印成一看，這册書已厚得利害。即此可知中國的學術界，近年來實在不能説没有進步；只恨遭逢的時代太壞，内憂外患交相煎迫，無法安心工作，所以僅得如此，否則成績一定超過現在十倍。倘如天之福，挨過了這樣重重的危難，還不至於亡國滅種，願將來生在昇平世界裏的人們用了憐憫的眼光來看我們這種宛轉于生死不得的環境中勉強做成的工作罷！

　　這册書出來時，一定有人討厭它，説："他們又在鬧今古文問題了，真頭痛！"他們以爲今古文問題是一種門户之見，是主觀的爭霸而不是客觀的研究。所以一提到這個問題，這人不是站在今文家的立場上來同古文家爲難，就是站在古文家的立場上想來壓倒今文家。他們永是這樣想：不做今古文家就没有討論今古文問題的需要。這是有證據的：幾年來我們發表了些不信任古文家的議論時，人家就替我們加上了"新今文家"的頭銜了。我覺得，而且我敢決然地說：抱這種態度的是只會因襲傳統的見解而不肯自動天君的人，或是但會耳食而不能用目視的人，現在我們應該起來打破他們的成見。無論如何，今古文問題總是一件懸案，懸案是必須解決的。這個問題所以鬧了好久而不得解決，固然有一部分是因從前參加討論的人以爲家派門户應當存在，他們感到離開了家派就沒法解經，所以自己只得偏袒一方面做立足點，而另一部分則因這問題麻煩，恐怕把是非落到自己頭上，相率袖起手來，髣髴沒有這件官司似的，以致只有讓家派色彩濃重的人去幹。現在我們所處的時代和他們截然不同了：我們已不把經書當作萬世的常道；我們解起經來已知道用考古學和社會學上的材料作比較；我們已無須依靠舊日的家派作讀書治學的指導。家派既已範圍不住我們，那麼今文古文的門户之見和我們再有什麼關係！我們所以在現在提出今古文問題，原不是要把這些已枯的骸骨敷上血肉，使它重新活躍在今日的社會，只因它是一件不能不決的懸案，如果不決則古代政治史、曆法史、思想史、學術史、文字史全不能做好，所以要做這種基礎的工作而已。古人的主觀爭霸，何害于我們的客觀研究！我們的推倒古文家，並不是要幫今文家佔上風，我們一樣要用這種方法來收拾今文家。至於這件懸案的不能馬上解決，那是自然的，天下哪有這樣輕而易舉的事！一部晉代的僞古文尚書，它的來歷既極不光明，它的材料又全有出處可尋，它的文章更是做得千篇一律，分該一出來就打倒，然而它畢竟延了一千五六百年的壽命。懷疑它的，從宋朝發難，到清朝完工，也經過了七百多年。做一件實實在在的工作，未有不艱難的。漢僞古文比了晉僞古文，作者既複雜，時期又加久，方面又加多，然而比較的材料反減少（晉僞古文出在古籍已凝固的時代，任何古籍都可拿來作比較；而漢僞古文則是出在古籍未凝固的時代，作者所用的材料有許多已看不見，有許多古籍的本身已受它的竄亂，須一條條地剔出，而剔出時又舉不出積極的證據來），其工作的艱難何啻十倍。就使工作的人增多，用的方法也好，可以縮短年限，也決不是一百年以內可望完工的。到那時，不但我們不在世，連我們的下一輩也不在世了。大家怕聽這種話嗎？倘使怕的，你們應當退下來，讓我們好好去做這種不求近功的工作，你們不必站在旁邊説冷話。倘使不怕，那麽，北山愚公説的"子子孫孫，無窮匱也，而山不加增，何苦而不平"，你們應當用這種的精神幹去，讓後世的人來稱頌你們的功績！

　　本來，漢代的經學無所謂今古文。"古文"這個名詞，是西漢末的劉歆提出來的。"今文"這個名詞，是古文經師給舊時立於學官的經書、經説和經師加上去的，因爲古文家自樹一幟，與舊有的爲敵，逼得他們不能不合成一派，於是真有了今文家，這個名詞的出現大約已在東漢了。（史記儒林傳有"安國以今文讀之"一語，係普汎的述説，不是家派的專名。）拿宗教來比方：中國古代本有許多零碎的民間信仰，想不到有聯合的一回事。自從佛教傳進，它是有組織的，收得許多信徒，給原有的民間信仰以嚴重的威脅，於是這些零碎的東西也團結於一個組織之下，名之曰道教。佛教彷彿古文，道教彷彿今文。實際今文在先，然因其組織在後，故其得名亦在後。距今四十九年（光緒十二年），廖季平先生作了一册今古學考，把今學和古學的界限分得清清楚楚，又説古學爲孔子壯年之説，今學爲孔子晚年之説，在先秦已有此二派：因爲他的話好像公平，所以這書風行一時。其實全不是這麽一回事。（過了九年，廖先生又做了一種古學考，主張"今學傳于游、夏，古學張於劉歆；今學傳于周、秦，古學立於東漢：非秦、漢以來已兩派兼行"，這是很對的，但因這書流傳不廣，大家不知道。）現在把我的觀察説一個大概。

　　漢朝初年的君臣本來不曾想到表章經學，高祖罵儒，絳、灌無文，一切因襲秦制，一件事情没有有勢力者的提倡就會衰頹了下來；加以楚、漢之間的大亂，民不聊生，享有安定的讀書生活的能有幾人：所以漢初六十年間真可稱爲"經籍道息"。史記説：
"孝文帝時，天下無治尚書者。"（鼂錯傳）這是實在的情形。待到
天下承平已久，人民有了錢想尋求些知識，國家有了錢想創立些
制度，然而那時除掉儒家保守的幾部古先聖王的經典之外是沒有
什麼可以依據的，於是訪經師，立博士，孔子的經書就與漢朝的
政治發生了不可分離的關係。爲了要求完備，所以免不了雜湊。
固然有幾個老師宿儒，像申公、伏生之流，但既由國家提倡，群
衆一窩蜂擁上去，當然發生了供不應求的現象。因此，西漢的經
師雖是二三等角色也能特立一個學派：他們沒有一定的宗旨，沒
有系統的學説，解經的話就隨時變、隨人變。我們只要看韓詩外
傳的著作方法，王式對昌邑王的教授方法，便可知道他們是發議
論和講故事的成分多，推求經義和解釋經字的成分很少，因爲他
們原是要"通經致用"而不是要"通經識古"的。又看孟喜得了候陰
陽災變書，便詐言"師田生且死時，枕喜膝，獨傳喜"；趙賓持論
巧慧，説是從孟喜得來的，孟喜也承認了，及至賓死，沒有人能
講通他的話，孟喜又否認了：可知那時人所要求的是新奇可喜，
因爲惟有樹新説纔能開新派，開新派纔有立于學官的希冀，所以
就用了立異的手段來搶地盤。（榖梁之於公羊，就是如此。）又看
申公本但教詩，但有了那位學榖梁春秋的瑕丘江公以後，他就變
成教詩與春秋了；韓生亦但教詩，但有了那位通易的他的後人涿
郡韓生以後，他就變成易學勝於詩學，著了易傳藏於家了：這可
以知道那時人爲了裝點自己的身份，會行使影戤老牌子的詐術
的。漢書儒林傳贊説得好："自武帝立五經博士，開弟子員，設
科射策，勸以官禄，訖於元始，百有餘年，傳業者寖盛，支葉蕃
滋，一經説至百餘萬言，大師衆至千餘人，蓋禄利之路然也。"上
層階級"勸以官禄"，下層階級就儘向這"禄利之路"跑，所以"支
葉蕃滋"就是由"一生吃着不盡"的誘引上來的。他們只想自出心
裁，激起社會國家的注意，然後可以開出新科目；他們哪裏想到

要在同一的目標之下設立共同遵守的科條，用齊一的步驟來解經呢！

　　西漢學者讀書是最少的，他們只消用三年的工夫通一經就可入仕途，若通兩經以上便算淵博了。在這種風氣之下，當然造就不了大學問家。到成帝時，文化日高，儒者秉政，於是求遺書於天下，命劉向等做校讎批判的工作；後來又命劉歆續作。劉歆家學的根柢既好，加以天資的聰穎，又得到這樣一個博覽的環境，一定可使學術界放大光明。但不幸他生在那時，他不能客觀的表章遺文，使後人見古書的真相；而只有主觀的改造舊籍，使它適應於目前的時勢。這依然爲"通經致用"這個觀念所誤。話雖如此說，然而我們也須知道，那時如不影戲牌子，塗上致用的色彩，恐怕根本就沒有表章遺文的可能。任你喊破了喉嚨，人家誰來回頭睬你？現在發見了殷虛甲骨、新鄭銅器，所以鬨動全世界的視聽者，正因今人的歷史觀念突過前人的緣故。若在那時，單說"古東西，好材料"是沒有用的，一定要拍上一個偶像纔能收號召的力量。例如殷虛甲骨不要說時代待考，須要說是這是武丁舉了傅說之後，祭祀上帝祖宗，傅說親手刻上去的；新鄭銅器，不要說是從無名氏的墓裏挖出，你不妨說這是子產死了之後，家人把他日用的東西拿來殉葬的：那就有了經典上的大價值了。但既經拍上了偶像，必得做幾件假古董竄亂在內，把所託的人的姓名寫上，行事記上，纔可算作證據：因此又要僞造文件。劉歆當時在秘閣讀書，見到了左丘明的國語，覺得它記載春秋時事十分豐富，大可作爲春秋經的輔佐；又見許多零篇碎簡的逸書和逸禮，覺得其中有許多珍貴的材料，也可作爲書經和禮經的補遺：他希望把這些東西公開，教學官子弟都得讀到，實在是他的好意。如果他的動機確是如此，我們真該佩服得五體投地。不幸他處在這個時代，不託古竟做不成事。他只得說：左丘明做的是春秋傳，他是孔子同時人，而且是同志，寫的最得聖人之意；逸書和逸禮

是魯共王在孔子壁中發得的，也是孔子的原定經書。用孔子的大
帽子來維持這三部書，自然有了立於學官的必要理由。然而當時
的博士們不願意他的勢力衝進了他們的藩籬，起來反對他，說：
尚書二十九篇是已經完全的，用不着拿不相干的東西來補缺；左
氏本來不是傳春秋的，也無須請他來解經。因此，在哀帝之世，
這補經增傳的運動竟未成功。到平帝時，王莽柄政，他和劉歆是
老朋友，纔讓他達到了這目的。因爲劉歆所表章的經傳都是用古
文寫的，所以他開創的一個學派叫做古文學派。

　　劉歆爭立幾種古文經傳，我們承認他是一番好意（雖則也許
爲的爭地盤），但他的僞竄是一件確然的事實。固然以前攻擊他
造僞的是今文家，但既經是事實，那麼就使非今文家也該得承
認。我說這話，或者還有人懷疑，我只得引些書來證明。漢書劉
歆傳說："及歆校秘書，見古文春秋左氏傳，大好之。……歆治
左氏，引傳文以解經，轉相發明，由是章句義理備焉。……歆以
爲左丘明好惡與聖人同，親見夫子，……"僅此數語可見：（一）
這部書是劉歆從秘書裏提出表章的，（二）把左氏傳來解釋春秋經
是他所開創的，左氏傳的章句義理是由他定的，（三）左丘明與孔
子的關係是他"以爲"出來的。崔鞸甫先生說："傳自解經，何待
歆引？歆引以解，則非傳文"，這是没法答辨的質問。至於說魯
共王從孔壁裏挖出來的逸書、逸禮，我們可以用康長素先生的方
法，拿史記、漢書的兩篇共王傳來比較：

　　　史記（卷五十九）五宗世家
　　魯共王餘，以孝景前二年用皇子爲淮陽王。二年，吳、
楚反，破後，以孝景前三年徙爲魯王。好治宮室、苑囿、狗
馬。季年好音，不喜辭辨。爲人吃。二十六年卒。
　　　漢書（卷五十三）景十三王傳
　　魯恭王餘，以孝景前二年立爲淮陽王。吳、楚反，破

後，以孝景前三年徙王魯。好治宮室、苑囿、狗馬。季年好音，不喜辭。爲人口吃難言。二十八年薨。……

　　恭王初好治宮室，壞孔子舊宅，以廣其宮，聞鐘磬琴瑟之聲，遂不敢復壞。於其壁中得古文經傳。

這真奇怪：爲什麼漢書全鈔史記，卻多了"壞孔子舊宅，於壁中得古文經傳"的一事呢？固然也可以説：司馬遷没有採訪周備，他脱漏了，所以班固替他補上。然而孔壁裏出來的東西，劉歆説是"逸禮有三十九，書十六篇，天漢之後，孔安國獻之"，牽到了孔安國身上，史記就有材料了。史記儒林傳云："孔氏有古文尚書，而安國以今文讀之，因以起其家，逸書得十餘篇。"可見司馬遷是知道這件事情的，但這古文尚書只是孔氏的家傳而不是共王所發得；也没有什麼古文逸禮，否則司馬遷爲什麼但説"至秦焚書，書散亡益多，於今獨有士禮，高堂生能言之"呢？即此可見劉歆之言，是把共王的好治宮室和孔氏的家傳古文尚書拉湊在一起，而成就了這一件新的故事。

　　劉歆所建立的還有一部毛詩，一部周官。漢書藝文志用的是劉歆七略的材料，志裏説："毛公之學，自謂子夏所傳，而河間獻王好之，未得立"，又説："武帝時，河間獻王好儒，與毛生等共采周官及諸子言樂事者以作樂記"，見得這兩部書都是經過河間獻王提倡的。不但此也，漢書儒林傳還説："賈誼……爲左氏傳訓故，授趙人貫公，爲河間獻王博士"，見得左氏傳是已由河間獻王立過博士的（這不知是否根據劉歆的材料）。我們現在再用康先生的辦法，把史、漢的兩篇河間獻王傳文提出一校：

　　史記五宗世家
　　河間獻王德，以孝景前二年用皇子爲河間王。好儒學，被服造次必於儒者：山東諸儒多從之游。二十六年卒。

漢書景十三王傳

河間獻王德，以孝景前二年立，修學好古，實事求是。從民得善書，必爲好寫與之，留其真，加金帛賜以招之。由是四方道術之人，不遠千里。或有先祖舊書，多奉以奏獻王者，故得書多與漢朝等。……獻王所得書，皆古文先秦舊書，周官、尚書、禮、禮記、孟子、老子之屬，皆經傳説記，七十子之徒所論。其學舉六藝，立毛氏詩、左氏春秋博士，修禮樂。被服儒術，造次必於儒者；山東諸儒多從而游。武帝時，獻王來朝，獻雅樂，對三雍宮，及詔策所問三十餘事：其對推道術而言，得事之中，文約指明。立二十六年薨。

這一比較，顯見得漢書增加的更多了。司馬遷是一個“考信於六藝”的人，他作史記原是想繼續春秋的，他的書裏用的左丘明的記載這等多，爲什麽獻王立左氏春秋博士這一件事他又不知道呢？他的自序裏説“爲太史令，紬史記石室金匱之書”，又説“百年之間，天下遺文古事靡不畢集太史公”，他對于文獻既這般注意，智識又這麽多，爲什麽獻王“得書多與漢朝等”這一件重要事情他卻一些也不提起呢？這又分明是影射了獻王的“好儒學，被服造次必於儒者”而造出來的了。

劉歆既經造了假古董來開新文化，爲要使得它流行，便不得不插入些時代的需要，作鼓動有勢力者護法的方術。於是王莽要作“攝皇帝”，左傳中就有“隱公元年春，王周正月，不書即位，攝也”之文。王莽要作“假皇帝”，逸書嘉禾篇中就有“假王莅政，勤和天下”的話。王莽要以土德舜後接受火德堯後的禪讓，左傳中也就有“其處者爲劉氏”，“昔匄之祖自虞以上爲陶唐氏”，“有陶唐氏既衰，其後有劉累”，“金天氏有裔子曰昧”諸條。王莽要自居正統，就會創作世經以別正閏。王莽要制作禮樂，就會“發得周禮以明因監”。王莽要什麼，劉歆有什麼。所以王莽未作皇帝以前，劉歆作的是“羲和，治明堂辟雍，典儒林史卜之官”，及做了皇帝以後，劉歆作的是“國師”，他總是包辦了文化事業。

古文經傳既爲劉歆所建立，要是沒有幫他的人，他的勢力也不會廣大的，因爲這種新出的東西誰懂得呢！所以平帝元始四年，在起造明堂、辟雍、靈臺的時候，就“爲學者築舍萬區；益博士員，經各五人；徵天下通一藝，教授十一人以上，及有逸禮、古書、毛詩、周官、爾雅、天文、圖讖、鍾律、月令、兵法、史篇文字，通知其意者皆詣公車，網羅天下異能之士；至者前後千數，皆令記説廷中，將令正乖謬，壹異説云”（王莽傳上），這樣的文化統制政策是多麼的可怕！劉歆一個人，憑你本領大，也大不了多少。但有了這幾千個（“千數”當是以千爲數，否則當云千數百人）趨炎附勢之徒，替各種古文經傳及劉歆學説大吹大擂，“古文學派”立刻成立了。當時他們怎樣在未央宮廷中“正乖謬，壹異説”，可惜材料無存。但看許慎説文序中説“亡新居攝，使大司空甄豐等校文書之部，自以爲應制作，頗改定古文；時有六書，一曰古文，孔子壁中書也，……”就可知道古文已在文字界中取得了第一流的地位，而且是頗經改定的。推之其他經籍，亦當以新出來的爲第一流無疑。

其後王莽的政權雖倒墜，但劉歆的學術卻沒有跟着他失敗。我們只要看漢書十志，就可知道他在學術界的建樹是怎樣地根深柢固。律曆志説：“元始中，王莽秉政，……徵求天下通知鍾律者百餘人，使羲和劉歆等典領條奏，言之最詳；故刪其僞辭，取正義，著于篇：一曰備數，二曰和聲，三曰審度，四曰嘉量，五曰權衡。”這是劉歆在律、度、量、衡方面的工作。律曆志又説：“至孝成世，劉向總六曆，列是非，作五紀論；向子歆究其微眇，作三統曆及譜，以説春秋，推法密要，故述焉。”這是劉歆在曆法方面的工作。禮樂志説：“王莽爲宰衡，欲燿衆庶，遂興辟雍。”

我們在劉歆傳中知道他是主治明堂辟雍的，這是他在禮樂方面的工作。食貨志云：“莽……每有所興造，必欲依古，得經文，國師公劉歆言‘周有泉府之官，收不讐，與欲得，……’莽乃下詔曰：‘夫周禮有賒貸，樂語（鄧展曰：“樂語，樂元語，河間獻王所傳”）有五均，……’遂于長安及五都立五均官。”這是他在食貨方面的工作。郊祀志説：“元始五年，大司馬王莽奏言：‘……臣謹與……劉歆……等議，皆曰……復長安南北郊如故。’莽又頗改其祭禮曰：‘周官天地之祀，樂有別有合，……’”又説：“莽又奏言：‘……日、月、雷、風、山、澤，易卦六子之尊氣，所謂六宗也，……今或未特祀，或無兆居，謹與……羲和歆等……議：……分群神以類相從爲五部，兆天地之別神：中央（黃）帝，黃靈后土時，及日廟、北辰、北斗、填星、中宿、中宮，于長安之未地兆；東方帝太昊，青靈句芒時，及雷公、風伯廟、歲星、東宿、東宮，于東郊兆；南方炎帝，赤靈祝融時，及熒惑星、南宿、南宮，于南郊兆；西方帝少皞，白靈蓐收時，及太白星、西宿、西宮，于西郊兆；北方帝顓頊，黑靈玄冥時，及月廟、雨師廟、辰星、北宿、北宮，于北郊兆。’奏可，於是長安旁諸廟兆甚盛矣。”這是他在祭祀方面的工作。郊祀志又説：“劉向父子以爲帝出于震，故包羲氏始受木德，其後以母傳子，終而復始，自神農、黃帝下歷唐、虞、三代而漢得火焉。”這是他在帝王系統方面的工作。五行志説：“景、武之世，董仲舒治公羊春秋，始推陰陽爲儒者宗；宣、元之後，劉向治穀梁春秋，數其禍福，傅以洪範，與仲舒錯；至向子歆治左氏傳，其春秋意已乖矣，言五行傳又頗不同：是以擥仲舒，別向、歆……舉十二世以傅春秋，著于篇。”又説：“孝武時夏侯始昌……善推五行傳，……其傳與劉向同，惟劉歆傳獨異。”這是他在災異説方面的工作。藝文志説：“成帝時……使謁者陳農求遺書於天下，詔光禄大夫劉向校經傳諸子詩賦，……每一書已，向輒條其篇目，撮其指意，録而奏之；會向卒，哀帝復使向子……歆卒父前業，歆於是總群書而奏其七略，故有輯略，有六藝略，有諸子略，有詩賦略，有兵書略，有術數略，有方技略：今刪其要，以備篇籍。"這是他在整理文籍方面的工作。無論典章制度、學術思想，他幾乎沒有不參加的。班固雖有時也不以他爲然，但叙述事蹟仍不得不採用他的書。他真像如來佛了罷，爲什麽孫行者總跳不出他的掌心？他這個人的學問事業，方面之廣，見解之鋭，作事之勇，哪一件不够人佩服？我們絶不像從前人一樣，因爲他幫了王莽篡位就把他看作亂臣賊子；我們誠心稱他一聲"學術界的大偉人"！章太炎先生曾説孔子以後的最大人物是劉歆（訄書），這句話真不錯。但他的學問的卓越是一件事，他所表章的書的真僞則是又一件事，我們不能因爲佩服了他就原恕了他！

　　當哀帝時，劉歆要把四種古文經傳立學，博士們反對，他寫給他們一封信，説："魯恭王壞孔子宅，……而得古文於壞壁之中，逸禮有三十九，書十六篇，天漢之後，孔安國獻之，遭巫蠱倉卒之難，未及施行；及春秋左氏，……皆古文舊書，……藏於秘府，伏而未發。"這些話雖很有疑問，但足見這種書都是秘府裏的東西，外邊看見的人是很少的，當然沒有什麽師承。他又説："孝成皇帝閔學殘文缺，稍離其真，乃陳發秘藏，校理舊文，得此三事，以考學官所傳，經或脱簡，傳或間編；傳問民間，則有魯國柏公、趙國貫公、膠東庸生之遺學與此同。"這是説秘府裏藏的古文經，其一部分有與今文經同的，足以糾正今文經的傳訛，到民間去問，則有柏公等三位傳下的本子與古文經相合：他們三位並不是傳古文之學，只是傳得"不脱簡"和"不間編"的本子而已。因爲本來沒有傳古文之學的，只有極少數人覺得古文經傳好，所以他説哀帝是要"輔弱扶微"，博士們是"絶滅微學"。這是一件極清楚的事實。但到後來，不知劉歆自己反悔呢，還是他招來的幾千人要替古文之學撐場面呢，古文經傳的授受就有了深長的歷史。我們看史記儒林列傳記五經師承，除"商瞿受易孔子"以外，其餘都是從漢代説起，這一班儒者還是司馬遷所及見的。裏邊講起的古文，只有尚書一種，然而他説"孔安國以今文讀之，因其起其家"，則古文也寫成今文了。到了漢書儒林傳，就添上一大批的師承系統。最顯著的是左氏傳：張蒼、賈誼、張敞一班名人無不修左傳了，賈誼且有關于左傳的著作了，河間獻王且立過博士了，從賈誼到劉歆、王莽的傳經系統是歷歷可數了。倘使真的這樣，劉歆在當時何以竟説出"藏於秘府，伏而未發"及"陳發秘藏，校理舊文，得此三事，……傳問民間"的話，反把自己的師承隱没了？其他家派的增益（毛詩，申公春秋，韓氏易），事實的加添（申公與劉交父子同師，申公弟子由百餘人變爲千餘人，轅固生作詩傳，商瞿至田何的六世師承的姓氏，田何授易與周王孫、丁寬、服生、江公與董仲舒論春秋，以及韓生、伏生、庸生的名諱）也很多。我們固然不敢説班固父子作漢書時所得的材料必不能多過史記，但因有了這班善于作僞的古文家在内，就決不可完全信託。最可笑的，費氏易是與古文經同的（見藝文志），而傳費氏易的王璜即是傳古文尚書的人；古文尚書是由都尉朝傳給庸生，庸生傳給胡常的，而胡常又傳左氏；胡常傳給徐敖，而敖又傳了毛詩：天下事何其巧，古文經與通古文的人老是湊在一塊兒？讀到下文，"徐敖……授王璜、塗惲，……王莽時諸學皆立，劉歆爲國師，璜、惲等皆貴顯"，原來這班通古文經的即是劉歆手下的人，怪不得他們自己會儘往上推了。在漢書之後，古文家的師承系統還繼續演進，所以經典釋文叙録中會在毛公之上更推出一個大毛公，而大毛公是子夏的四傳弟子（一説是六傳弟子），那麼古文詩就直接孔子了。左傳呢，更是齊齊整整，從左丘明到王莽是十九傳，而劉歆是十七傳的弟子；古代的名人，如曾申、吳起、鐸椒、虞卿、荀況，都成了傳左氏學的先師了。這些個聲勢赫奕的家派，何以自謙曰"弱"曰"微"？劉歆既經有了正式的傳授，爲什麼要在秘府發得，纔爭立於學官呢？這真是不必猜的謎了！（關于此點，已于本篇末附了一個史漢儒林傳及釋文叙錄傳經系統異同表①，請讀者自去比較。）

　　讀者看到此地，不免要問：劉歆一手掩不盡天下目，他既經幫了王莽竊國，當他們的敵人光武帝復國之後，怎不明揭其竄亂學術之罪，把他的遺文僞籍一舉而肅清了呢？爲什麼古文學在東漢反而很發達呢？這個問是應當的，但須知道東漢的國本就建設在劉歆的學術上，即使對他深惡痛絶，但爲了安定國家的基礎起見，也動他不得。王莽與劉歆排列帝王的五德系統，不知費了多少心血，纔算勉强放伏貼了。經他們的宣傳，居然也使民衆確認漢爲火德，新爲土德，知道火德已盡，該由土德起來。恰好哀帝時有“漢家再受命”的傳説，就給光武所利用，他向民間宣傳，説漢固是火德，但氣運還未盡，該得由我來再受命。他的受命之符叫做赤伏符，上面寫的上帝的話是“劉秀發兵捕不道，四夷雲集龍鬬野，四七之際火爲主”。所以他即了帝位，就“正火德，色尚赤”（均見後漢書光武帝紀）。當時兵馬倥偬，只求喚起人民的信仰，就這樣定了。劉歆所立的幾種古文經傳，中興後當然罷廢。但到了太平之世，理智較强的人不免要懷疑，説：漢爲火德的證據在哪裏呢？可靠不可靠呢？圖讖由於假造太顯明了，證據總要出在經書裏纔好。於是劉歆弟子賈徽的兒子賈逵，他就趁這機會對章帝説：“五經家皆無以證圖讖明劉氏爲堯後者，而左氏獨有明文：五經家皆言顓頊代黃帝而堯不得爲火德，左氏以爲少昊代黃帝，即圖讖所謂帝宣也。如令堯不得爲火，則漢不得爲赤：其所發明，補益實多。”（後漢書卷三十六本傳）這簡直對于東漢皇帝作大聲的恫嚇，説：“漢的國運只有左傳裏可以證明，如果你不提倡左傳，則堯不得爲火德，漢自然亦不得爲火德，國本就動搖

①　該表見卷二。——編者

了!"章帝被逼無法，只得令賈逵自選了公羊春秋的高才生二十人，把左傳教他們。不但這樣，古文尚書和毛詩也選了高才生學習，並給這班弟子做官。利用了帝王的權力來作推行學説的護符，當然是最有效的，所以使得當時的學者欣欣羡慕。范曄在賈逵傳的論裏説："鄭（鄭興，也是左傳和三統曆的專家）、賈之學行乎數百年中，遂爲諸儒宗，……賈逵能附會文致，最差貴顯：世主以此論學，悲矣哉!"其實范曄何必悲傷！東漢的國本既建築于王莽時的僞史上，王莽時的僞史又伏匿在古文學的經典裏，古文學的風行是前定的事了，沒有賈逵難道別人就想不出這種把戲來嗎！

　　古文學的推行，説易也真易，説難也真難。易的是劉歆和賈逵靠着帝王的力量，一説就成功。難的是把他們的學説融化在民衆的腦髓裏，性急不來。這消息，在賈逵所説"五經家皆言顓頊代黃帝而堯不得爲火德，左氏以爲少昊代黃帝，即圖讖所謂帝宣"一語中可以看出。本來五德終始的系統裏是沒有少昊其人的，自從王莽、劉歆爲要建設新的國本，重排這個系統，沒有法子排好，只得把少昊請了進去，在左傳中插入了僞史，於是漢火新土始得確定。可是一班士大夫們不讀左傳，他們找不到少昊代黃帝的證據，於是依然把顓頊接黃帝，而堯的火德就沒着落了。一班民衆，他們也不讀左傳，一樣地不知道少昊代黃帝，但他們作圖讖，需要排五德的系統，一排起來則黃帝和顓頊之間空着一代，於是杜造一個帝宣，插了進去，算彌縫了。賈逵生在這時，他一口咬定左傳不錯，只得説士大夫所説是脱漏，而民衆們的帝宣就是左傳的少昊。可是賈逵雖然得勢，而要全國人信仰這個改造過的歷史，還是困難。約莫過了五十年，張衡又條上司馬遷、班固所敍與典籍不合者十餘事，其一事云："帝系：'黃帝産青陽昌意'，周書曰：'乃命少皥行清'，清即青陽也，今宜實定之。"（後漢書卷五十九本傳，章懷注引衡集）可見少昊即青陽這件事經劉歆學派宣傳了一百餘年，依然沒有得到普遍的承認，累得張衡替他發急，要用了國家之力來"實定"他！到底這位新產生的古帝到什麼時代纔實定了呢？這不能不歸功於晉僞古文。僞孔安國的尚書序上說："伏羲、神農、黃帝之書，謂之三墳，言大道也；少昊、顓頊、高辛、唐、虞之書，謂之五典，言常道也。"後人少小讀尚書，一開頭就讀得這兩句，有了先入之見，少昊始佔得穩固的地位（左傳中的少昊隱曲得很，只能去尋，不能一望而知，故須賴僞孔序的播揚），任何歷史中都記上了。因此，我敢說，倘使光武帝不以赤伏符受命，則劉歆古文學與少昊古帝王的運命就將隨着王莽的政權崩潰而煙消火滅。弄假成真的例多得很，這就是一個。

古文學既賴鄭興、賈逵們的力量，在東漢佔了優勢，他們爲要同歷史較久的今文家對立，就建設自己的學說系統。同時，今文家爲要防禦古文家的攻擊，也只得撇開從前門戶的成見，相互團結起來。用現在的話來說，西漢今文家只有派而沒有黨，東漢則因受了古文家的黨的襲擊，這些小組織就合組爲一黨了。因爲兩黨對峙，所以各有各的家法，排了齊整的陣容在疆場上相見。許慎生在兩黨爭論劇烈之際，搜集其題目與學說，作成五經異義一書，列舉而批評之。這真是東漢今古文學史上的最重要的材料。可惜原書失傳，現在只能在輯本裏看見一些鱗爪。今摘出其較爲重要的如下：

(1)九族——今文禮戴、尚書歐陽說：九族乃異姓有屬者，父族四，母族三，妻族二。

古文尚書說：自高祖至玄孫，凡九族，皆同姓。

(2)婚嫁——今文大戴說：男三十，女二十，有婚娶，合爲五十，自天子達於庶人，一也。

古文左氏說：國君十五而生子，禮也；二十而嫁，三十而娶，庶人禮也。

（3）世及制——今文公羊、穀梁説：卿大夫世及則權併一姓，
　　　　　　　　妨塞賢路，故春秋譏周尹氏、齊崔氏也。

　　　　　　古文左氏説：卿大夫得世禄，不得世位。父
　　　　　　　　爲大夫，死，子得食其故采；而有賢才，
　　　　　　　　復得升入父位。

（4）封國——今文公羊説：殷三千諸侯，周千八百諸侯。

　　　　　　古文左氏説：禹會諸侯於塗山，執玉帛者萬國：
　　　　　　　　唐、虞地萬里，容百里地萬國。

（5）朝聘——今文公羊説：諸侯比年一小聘，三年一大聘，
　　　　　　　　五年一朝天子。

　　　　　　古文左氏説：十二年之間，八聘，四朝，再會，
　　　　　　　　一盟。

（6）三公——今文尚書夏侯、歐陽説：天子三公，一曰司徒，
　　　　　　　　二曰司馬，三曰司空。

　　　　　　古文周禮説：天子立三公，曰太師、太傅、太
　　　　　　　　保；又立三少以爲之副，曰少師、少傅、少
　　　　　　　　保，是爲三孤。至司徒，司馬等官，乃六卿
　　　　　　　　之屬耳。

（7）尺度——今文韓詩説：八尺爲板，五板爲堵，五堵爲雉。

　　　　　　古文周禮説：雉高一丈，長三丈。

（8）田賦——今文公羊説：十一而税。

　　　　　　古文周禮説：國中園廛之賦，二十而税一：近
　　　　　　　　郊十而税一；遠郊二十而税三。

（9）服役——今文禮戴氏王制説：五十不從力政，六十不與
　　　　　　　　服戎。又今文易孟氏、詩韓氏説：年二十行
　　　　　　　　役，三十受兵，六十還兵。

　　　　　　古文周禮説：國中自七尺以及六十，野自六尺
　　　　　　　　以及六十有五，皆征之。

（10）死社稷——今文公羊説：國滅君死，正也，無去國之義。

　　　　　古文左氏説：昔太王去豳，狄人攻之，乃踰

　　　　　梁山，邑於岐山，故知有去國之義也。

（11）復讐——今文公羊説：復百世之讐。

　　　　　古文周禮説：復讐之義，不過五世。

即此可見這兩黨都有充實的内容和明確的主張。他們講的都是三代的典章制度，然而任何事項都不同。我們講到三代的歷史時，看它好呢，不看它好呢？要我們作無條件的採取罷，這未免太無別擇力。要作無條件的擯斥罷，又嫌太鹵莽。所以我們研究古史，實不得不以漢代的今古文問題作爲先決問題；先打破了這一重關，然後再往上去打戰國和春秋的關。

　　我們對于今古文問題的惟一辦法，是細心分析這些材料，再儘量拿别種材料做比較研究。第一步工作，是探求這問題的來源及其演變。爲要達到這一個任務，所以我編成本册上編。第二步工作，是解剖其内容，知道其構成層次和是非曲直。爲要達到這一個任務，所以我編成本册下編，借陰陽五行問題來舉一個例。這二十三篇長短不等的文字，固然還不够解決什麽問題，但總可以給學術界一種新的提示。只要我們這一册比新學僞經考和史記探源逼進一層，就可以無愧於時代的使命。至於將來可以做的工作實在多得很，希望我們一班人都能繼續奮鬥下去；更禱祝國家民族的運命轉危爲安，容我們作這方面的發展！

　　　　　　　　　　　　　　二十三年十二月三十一日。

古史辨第七册序 [*]

我萬想不到，在這空前的戰事時期，這一册古史辨竟以童丕繩先生（書業）奮鬥的力量，在上海出版。丕繩有意編這一册，是四年前的事情，當時粗擬了一個目錄，曾和我商量過，無何事變突起，同人倉皇奔散。丕繩在鋒鏑之中挾稿而出，經過無數的困難，幾以身殉，方纔達到上海。像這樣的兵荒馬亂，人們的方寸盡亂，那有心思做學問的工作。而丕繩竟在如此艱苦的環境下編印出八十萬言的一部大書，這真不能不佩服他的"守死善道"的精神！

這一册是專選十餘年來關於古史人物的傳説的論文的，自三皇五帝以至禹、啟、少康，以至羿、益、鯀、朱、稷、契、伯夷。近年的研究成績都收集在這裏，使人讀了可以認識這一班人物的由來和其演變，使得人們看了知道他們在神話中不見其必假，在人事中不見其必真，把一向人們對於上古史的智識來一個總改變。固然我們所考的未必一定對，但從現在稀少的材料中理出一個頭緒來，實在都是不得不有的猜測。我們先作了許多的猜測，讓後來人憑着這一點的根基，加以補充，作最後的論定，這是最切實的工作。

我曾在古史辨第三册自序中說："我深知我所用的方法（歷史

_* 1940 年 2 月 2 日作，未畢。原載書品 2004 年第 6 輯；又載古史辨第七册首，海南出版社，2005 年 5 月。

演進的方法）必不足以解決全部的古史問題，但我也深信我所用的方法自有其適當的領域，可以解決一部分的古史問題，這一部分的問題是不能用他種方法來解決的。"現在這第七册出版，這類的論文合編在一起，大家看了可以想想，研究傳説的演進是不是只能用這一種方法？

固然，要建設真古史必須藉重田野考古工作的發現。但這工作的結果只能建設史前的歷史系統，如在實物上找出古代社會的文化建設和古代社會的生産工具，因以考見史前的政治、宗教、經濟各方面的情形；卻不能建設有史時期的古史傳説的系統。爲什麽？因爲有史時期的材料，存的就是現在這幾部經書和子書，佚的就是幾部經子和漢書藝文志裏記載的許多名目。存的因輾轉鈔寫的錯訛，和有作用的改篡，需待考訂是正的極多，佚的是終於找不見了，至多只能就古書所引用的輯出幾條罷了。這一方面的材料只有這一點，考古工作也許能夠加些，但不能希望得太大。例如晉太康中汲冢中發現的竹書紀年，是魏襄王時的一部編年通史，傳到那時只有六百年光景，竹簡還不曾腐爛，所以可以在傳統的古史之外添上一大筆古史材料。但竹簡究竟容易腐爛，如果這幾車竹書到現在還埋没在汲冢裏，恐怕即經考古家發掘出來也是化成灰了。在高原上的遺址裏固然還能發掘出竹木簡，例如斯坦因在和闐，西北科學考察團在居延所得，但都是漢、晉時的公私文書，與古史無干。銅器上的銘文固然可作古史的旁證，但這種東西偏於歌功頌德，像現在銀盾、壽聯等禮物一樣，認識古代文化固爲有用，而用來研究傳説不過得到稀少的幫助。甲骨文的發見固然是商代史的一個大寶藏，但也因那邊是商代數百年帝王之都，僅有這一點，别地方就不能作此希冀了。因爲這樣，所以我們要建設起古史傳説的系統，經子乃佔極大部分的材料。能有新材料可用，我們固然表示極度的歡迎，就是没有新材料可用，我們也並不感覺觖望，因爲我們自有其研究的領域，在這領域中自有其工作的方法在。

在第一、二册古史辨中，只憑我一個人亂闖，到現在居然有許多人同我一塊兒工作了，集團工作的結果，居然把古史傳說理出一個系統，像這本書所載的了。這就〔是〕二十年來學術界的進步，可是一般貴耳賤目的人，還在罵"顧頡剛説禹爲蟲"，"古史辨太過火了"，我願意他們肯耐心把這本書翻一下，千萬不要使疑古的人不盲目而反對疑古的人反盲目了。

爲了交通的困難，這本書的樣本我自己不能看見。憑了丕繩寄來的目録，隨便説幾句話。扣槃捫燭，大可慚愧。記去年六月中，夢裏得一律詩，醒後但記二句，其詞云："竄流萬死終靡悔，寥廓長天此一哀"，正是表現我寫此序的心理，就借此作序文的結束。

在中國最艱難的日子，我們一班人，一切生活都脱了軌道，心中有問題不得研究，眼中有材料不得整理，工作都停止了。賴有丕繩、寬正一班好學之士，這樣的孳孳矻矻，表現出中國的新機，祝頌未來的中國安和康泰，使得學人都有安定的工作，日進千里，補償這些年來的損失。

開明書店王伯祥先生等助成此書的出版，並致極大的感意。

常常有人問我，"古史辨要出到幾册才完?"我答道："古史辨是出不完的，只要中國古史方面有問題在討論，就有續出古史辨的可能。古史辨不是一人的書，也不是一世的書，而是一種問題的討論的記録。你們把這一種書看作不定期的雜誌罷!"可是到了這次抗戰軍興，三年來如沸如湯，我自己也以爲只得停止了。萬想不到楊寬正先生(寬)的上古史研究導論系統地將古代重要人物的來源一一説明。

上編爲古史通論，中編爲三皇五帝之系統，下編爲唐、虞、夏之傳説。

劉歆的問題，待將來再與楊先生討論罷。

　　我很希望這各個問題，將來能古今雅俗打通了做，如我的孟姜女考和三皇考一樣，但此事甚不易，一則現行〔在〕流行民間之材料要費極大功夫不易搜集，而有研究民間事物興趣的人亦尚不多。但將來必應如是做。——如禹之傳說在民間雖成過去，而龍王傳說即接着起來。穆王故事仍延續發展。善射之羿雖不談，而張仙、二郎故事又起來了。三皇考依道書而延續考下〔去〕，可示一榜樣，但尚未作得好。

我是怎樣編寫古史辨的？*

　　我從小就喜歡亂翻書。我的祖父研究説文和金石，室中放着許多古文字學書。我的父親爲了應書院的月試，多作詩和律賦，室內多文學書。我的叔父喜歡治近代史，架上有東華録和皇朝掌故叢編等。我在私塾上學時，每天放學回來，就偷偷地看他們的書，因此漸漸地受到了各方面的啟發。然而每一門類的知識都是無窮的，我又漸漸地感到了這些書不能滿足我的知識欲，有時就自己出去買書。買書的錢從哪兒來的呢？這就靠大人給的"壓歲錢"、"拜年錢"，或參加別人的婚禮時，長我一兩輩的新郎和新娘所給我的"見面錢"。我把這點錢積攢起來，經常到書鋪子裏面去走走，見到了喜歡的而又爲我的經濟力所能及的各種書籍就買了回來。到十二歲，祖父每月給我三百個小錢（合三十個銅元）的"點心錢"（蘇州風俗，一天除三頓飯在家裏吃以外，下午還許可到點心店去吃一頓點心），我收了這錢，並不去吃點心，而是存積起來。有了這筆錢，我就常到蘇州城中心的"玄妙觀"的市場上去看書。當時蘇州的大書店集中在護龍街，但那些書鋪裏的書價值昂貴，我不敢去，爲的是看到了可愛的書而力不能買是心中非常難過的事情。至於玄妙觀的小型書鋪和書攤上出賣的書大都是

*　1979 年 3 月—1980 年 9 月作，由王煦華協助整理。原載中國哲學第二、六輯，1980、1981 年；後作了一些修改，又載古史辨第一冊，上海古籍出版社，1982 年。

上海的書店裏的滯銷書，價錢十分便宜，往往衹一兩個銅元就買得到一本，所以我可以儘量地挑選，不管是哪方面的，衹要我有力量買的都買下來。由於經常看書，逐漸地對書目發生了興趣，爲的是看了書目就可以知道哪一方面有我所需要的書了。

當時上海最大的書店商務印書館每月出版一本圖書目録，我是每期必看的；報紙上刊登的各家書店出版的新書目録，我不但要仔細看，還把它剪了下來（那時的剪報現在家中還保存着一部分）。不但看當時出版的圖書目録，還常看以前木刻的書目，其中有三部書是作爲我經常的參考資料：第一部是四庫提要，這是乾隆時四庫館臣輯修的，他們對每部書都作了一篇仔細的内容介紹和評論，足爲我讀書時的指導。第二部是彙刻書目，即叢書目録（把一類書或多種書彙編在一起），有家刻本，亦有坊刻本，使我懂得要看哪一部有價值的書時，該到哪一部叢書中去找。第三部是張之洞（實際上是繆荃孫）編的書目答問，這裏面把一切常用的和有價值的書都羅列了，而且説明了某一部古書以哪一個版本爲最好。這些書雖不能一一買來，也不能一一找到，但由於我經常地翻閲這些書目，也就學會了需要什麽書時就到那兒去找。當時蘇州城裏還没有一個圖書館，我所以知道這許多書，就是從這三部書目中看到的。有時我從蘇州到上海去，那裏國粹學報館中設立了一個小型圖書館，我就不放過了。

上北京大學以後，一九一五年一月和我同住在“東齋”的一個同學吳奎霄突然地得了“黑死病”死去，我一連幾天忙着給他借錢買棺辦喪事。由於那年冬天特别冷，冷得使一些體弱的值夜警察們凍死在木制的龕子裏，我再加上心中的悲痛和着急，所以犯了傷寒病五候（一候是七天）。在北京治病以後，回蘇州休養，哪曉得到了蘇州又病了兩候，這一次可重了，竟在床上躺了幾個月，幾乎死去。因爲我不能回京復學，於是就在家中自修。第二年春天，我根據書目答問末尾的“國朝著述諸家姓名略”，編成一部清代著述考，又列了一個學術傳衍表和一個學者籍貫表，考證每個著作者寫了些什麼書，每種書有哪些版本；不但考證書名，記着存佚，還要考證這些著作者的老師、朋友等等，看他們討論些什麼問題，結成了什麼學派。這樣花了半年功夫，寫成了二十册，把清代學者的學問方向及其作出的貢獻大致摸了一個底，看清楚了近三百年來學術思想的演變。到一九一六年暑假後開學，就沒有時間繼續工作下去。這是一個大工程，原不是一個初學的人所能作得好的。可惜的是這幾十年來總找不到像我這樣對書籍感到極大興趣的"同行"，把這稿編輯完成。但我相信在後一代人中總會有這樣的"同行"來完成這一艱巨的工作。

　　當我在北大"中國哲學系"裏上二年級時，我恰和傅斯年同住在"西齋"的一間宿舍裏，彼此高談闊論，大有"塤箎相應"的樂趣。那時又值蔡元培校長請陳獨秀任"文科學長"（等於現在各大學的"文學院院長"），又把在新青年上主張用白話作文的胡適從美國請回來，開"中國哲學史"和"西洋哲學史"兩門功課。"西洋哲學史"，他無須預備，因爲早有西洋哲學家編成的書可作他講課的藍本。獨有"中國哲學史"一課，兩千多年來祇堆積了一大批資料，還連貫不起一個系統來。他又年輕，那時才二十七歲，許多同學都瞧不起他。我瞧他略去了從遠古到夏、商的可疑而又不勝其煩的一段，祇從詩經裏取材，稱西周後期爲"詩人時代"，有截斷衆流的魄力，就對傅斯年說了。傅斯年本是"中國文學系"的學生，黃侃教授的高足，而黃侃則是北大裏有力的守舊派，一向爲了新青年派提倡白話文而引起他的痛罵的，料想不到我竟把傅斯年引進了胡適的路子上去，後來竟辦起新潮來，成爲新青年的得力助手。至於中國文學系的一班老同學，如薛祥綏、張煊、羅常培等則辦起國故來，提倡"保存國粹"，並推劉師培作社長，堅決地和新潮唱對台戲。哪知道到了一九一九年，五四運動起來，國故派竟不打而自倒了。

　　到了一九二〇年夏，我畢業北大後，代理校長蔣夢麟聘我任本校助教，擔任圖書館編目工作。胡適爲了作文的方便，常給我通信，要我替他搜集資料；他所作的文稿也先送給我看，要我作些補充。我的清代著述考稿本，長期放在他那裏，供他參考。他看了很欣賞，曾對我説："這三百年來的學術研究的中心思想被你抓到了。"我雖也很高興有了這個同調，可是他並没有供給我一點幫助我完成這部書的條件，使得這一部可以供應中國近代學術研究者查考的工具書早日問世。

　　到那年十一月，他寫給我一信，問我：你的清代著述考裏爲什麼没有姚際恒？又説姚際恒能作九經通論，是一個很大膽的人，是應當表彰的，我當時就把我所知道的關於姚氏的事情統統告給了他。

　　對於姚際恒這個人，我本已十分注意，因爲他的學術思想離開傳統的觀念太遠，敢於大膽批判前人，不但敢批判宋代的學術權威朱熹，而且還敢批判漢代的學術權威鄭玄，不但敢疑"傳、注"，而且敢於疑"經"，所以他在清代學者保守的濃厚空氣裏總落在最倒霉的地位。他的著作雖認認真真地寫了出來，人們卻不敢接受，他的家族也就不敢刻出，隨後便散失了。

　　我爲什麼特別注意起姚際恒這個人呢？這還得從我少年時代説起。在我十四歲考進地方上剛開辦的高等小學時，因爲蘇州春雨天天下，腳上生了凍瘡，穿的膠皮鞋進了水，瘡發得重了，在床上直躺了兩個月才復學。當這一段時間裏，在卧床上翻看了王謨編刻的一部漢魏叢書，我很高興，自以爲我已把漢、魏、六朝時代的書都看到了，對那一時期的政治和學術情況都瞭解了。後來我在無意中看到了一部姚際恒著的古今僞書考，他竟判定了這些書差不多十有八九就是假的，這就在我的腦筋裏起了一回大震蕩，才明白自己原來讀的其實並不都出於漢、魏、六朝時期人的手筆，其中有不少乃是宋、明時人的贋作。就這樣，使我開始對

姚際恒這個人注意起來。但是結果發現他的著作祇有古今僞書考
寥寥數十頁，不能滿足我的要求。這書分量很少，就在一九一四
年的寒假中，從我的中學老師孫伯南先生那裏借了出來，手鈔了
一部。

在我的鈔寫中，發見了他有易傳通論六卷、古文尚書通論十
卷、周禮通論十卷，這些書都找不到了。到一九二〇年，我畢業
北大後，在母校圖書館工作，才在乾隆浙江通志裏找到了他的九
經通論的總目。這部志書裏的"經籍門"是杭世駿手編的，他距離
姚氏將近百年，這部著而未刻的大書還存在。杭氏寫道：

> 九經通論一百七十卷，仁和姚際恒（立方）撰：存真類一
> 百三十五卷，別僞類二十八卷。（按：兩數相差七卷，不知
> 它的究竟。）

這才是姚際恒著書的全貌，他從九經裏分析爲"別僞"和"存真"兩
大類，而在古今僞書考裏提起的易傳（即十翼）、古文尚書（即清
代學者從閻若璩到丁晏論定的僞古文尚書），以及周禮全部都在
他的"別僞類"中一一判定爲"僞書"了。這是多麼偉大而勇敢的一
部著作呀！然而姚家不敢刻，四庫不願收，使他一世的苦心孤詣
都湮没在汪洋大海了，這是多麼地受着嚴重的壓迫呀！假如按一
卷一萬字計算的話，就得有一百七十多萬字，但這樣一部大書竟
失掉了！我就到處尋找，結果，祇在北大教授吳虞家中借到了其
中的詩經通論，這是不知道怎樣漏下來的，這是列在"存真類"
的，但毛、鄭、朱的舊說都被他掃蕩了。這是我初次見到的一
部，我就標點付印了。後來聽錢玄同講，姚氏的禮記通論輯在杭
世駿的續禮記集說中，有四十萬字，我就請人鈔了。隔了十多
年，在當時的藏書家、輔仁大學教授倫明家裏又發現他的春秋通
論底本五册，但已殘缺了，我也把它借來鈔了。一九三五年，我

在杭州，到一個姓崔的家裏，他是一個大藏書家，有五樓五底共十間屋子的書。我上樓參觀，發現了姚際恒的儀禮通論，是講論儀禮的，我就借來請人鈔了。過了一年，這春秋和儀禮的兩部鈔本都被北大教授馬裕藻借去。我由於編刊了“通俗讀物”宣傳抗日，久被日本軍人所注目，“七七事變”後，不得不倉皇出走，未能索回。等到勝利後回到北京，馬先生已去世，我找到了他的家屬，才知道他的藏書已都交給北大圖書館了。二十多年來，我委託該館館長和館員幫助查找，可是總没有如願。那崔家的舊藏的書又被日本軍人在占領杭州時拿走了，那部唯一寫定本儀禮通論祇得將來到日本去尋找了。

到現在爲止，我發現的就祇有這四部——詩經通論、儀禮通論、禮記通論、春秋通論。其餘的五部恐怕連殘本也没有了。

杭世駿是清朝雍正、乾隆時期的學者。他敢講話，主張泯除滿、漢的成見，所以乾隆帝把他趕出北京，後來又被這位皇帝逼死，具見龔自珍全集中杭大宗逸事狀。他被專制皇帝逼得走投無路，祇得跑到廣東去作書院山長糊口，後來回到杭州收買破銅爛鐵爲生，可見他具有正直不撓的思想和氣節，因此他懂得賞識這部富有真知灼見的九經通論，靠着他的力量才得保全了這部書名和卷數，以及其中的禮記通論一種。

約莫在我十二三歲時，我在家中找出了一部殘缺的李元度所著的國朝先正事略，其中殘缺的是“名臣”，完全的是“儒林、文苑”，這正好投合我的胃口，就放在卧室裏，得暇即翻覽。其中有崔東壁先生事略一篇，説他著有補上古考信録、唐虞考信録、夏考信録、商考信録、豐鎬考信録、洙泗考信録，把西周以前的歷史和孔子個人的歷史，作出了細密的考辨，於是大量的傳、記中許多失真的記載給他一掃而空了。這豈不是一件大快事！但是這部偉大的著作，直到我大學畢業時還没有看見，因爲它的流行量太小了。

關於經和傳、記該有分別，這是我少年時讀龔自珍的六經正名一文時就知道的。當時一般人説到"經學"都指着十三經，龔氏獨謂不然。他説："孔子之未生，天下有六經久矣，……不可以臆增益。"那麼，"六"數爲什麼會增加到了"十三"呢？這無非是漢代以後的學者根據當時的需要踵事增華，於是以"傳"爲經，以"記"爲經，並以"注"爲經了。他們表面上是爲了豐富經學的需要，實際上是適應時代的要求，大量把不相干的和違背原意的逐步地穿插進去。到了清代中葉，經學極盛的時代，自然窮則思變，想分析它的性質與時代了。不過龔氏是個文人，他雖想"寫定六經"，究竟有此志願而没有怎麼多的時間去研究，不像崔述這樣，皓首窮經，用一生的精力寫成一部有系統的著作。所以用劉知幾的話説，龔氏是有"識"與"才"，而崔氏則有"識"與"學"。

説到崔述（東壁）的生平，卻和姚際恒的境遇大不相同了。姚際恒著有好古堂書畫記，説明他生於豪富之家，故能搜集這樣多的書畫；他原籍是安徽新安縣，又説明他的上輩是爲了經營商業而住到杭州。姚際恒生在這樣的家庭裏，又值清初大興文字之獄，説不定他還懷着民族主義思想，所以不肯出來應試求官，終身在學術界裏專心工作，成就一部偉大的九經通論，清掃兩千多年來的大塵霧。崔述則是生於窮讀書人家，他的父親又是一位理學先生，雖是考中了舉人，做了兩任福建省的知縣，其餘時間都以教學爲主。當他參加會試時，認識了一位雲南舉人陳履和，他倆談論學問，陳氏對他大大欽服，當下拜他爲師。陳履和的父親也是一個知縣，當陳履和隨任在江西時，就刻出了東壁先生書鈔四種。直到崔述死時，他師徒倆不曾再見過面。崔述死後第二年，陳履和親到彰德，領取了他的全部遺稿，此後就以刻出崔東壁先生遺書作爲他的主要的責任，他在山西太谷和浙江東陽的知縣任内，儘量刻書，直到快要刻完的時候，他就力竭而死了，身後還有虧空，上級地方官哀憐他，許把書版抵補虧空，家屬才得還鄉。可惜的是，崔述的兩種重要的遺稿，大怪談和讀經餘論竟毀於陳家的火災。

　　陳履和在宦游中詳讀崔述的自傳性的記録，作了一篇東壁先生行述。後來李元度就把這篇行述鈔在他所編的事略裏。要是没有陳履和一生勤勤懇懇地忠於表彰他的老師的著作，崔氏雖研究了一世的古代史，也不會發生這樣大的影響的。然而後來第一個接受他的學術思想的卻不是中國人，而是作支那通史的日本史學家那珂通世，在他的國内斷句重印了。

　　司馬遷作史記，曾在伯夷列傳開頭説：夫學者載籍極博，猶考信於六藝。詩、書雖缺，然虞、夏之文可知也。這"考而後信"的態度，的確是我們研究史料學的主要任務。可是司馬遷雖提出了這個口號，卻没有在實際的寫作中貫徹到底。我們翻開史記來，仍然遺留了不少的古代的神話和傳説，而和歷史的真實不符。在這些地方，梁玉繩的史記志疑已經揭發了好多。崔述和梁玉繩雖生於同時，可是那時交通不便，各不相知，也就各不相謀。崔氏採用了司馬遷的"考信於六藝"的口號，他祇信從了經書裏的記載，而駁斥了諸子百家裏的傳説和神話。當"五四"運動之後，人們對於一切舊事物都持了懷疑態度，要求批判接受，我和胡適、錢玄同等經常討論如何審理古史和古書中的真偽問題，那時我們就靠了書店主人的幫助，找到了這部崔東壁遺書。後來我同幾位燕京大學的同事在圖書館裏找到了崔述的知非集，又組織了一個旅行團到大名去採訪，看到了他墓碑上的記載，又借鈔崔述的夫人成靜蘭的二餘集，崔述的筆記苂田賸筆，想不到廣平縣楊家又把崔邁（崔述弟）的遺著四種寄來，因此關於崔述方面的研究工作情況和他們的家庭情況就瞭解了許多。

　　從姚際恒牽引到崔東壁，我們懷疑古史和古書中的問題又多起來了。在崔氏信經而重新審查了傳、記裏的資料的基礎上，我們進一步連經書本身也要走着姚際恒的路子，去分析它的可信程度。這就是古史辨的產生過程。

　　再説一個導引我走上懷疑古史的人——宋代的鄭樵。我於一
九一三年進了北京大學。當時學校裏有幾個很有學問的老師，在
他們的指導下，我開始走向專門研究工作。當時我讀了幾部書：
文學批評有劉勰的文心雕龍，史學批評有劉知幾的史通，文史混
合批評有章學誠（實齋）的文史通義。我連讀了這三部書之後，覺
得對於文學、史學都該走批評的路子，於是我要多找批評性的
書，結果找到了鄭樵的通志。他在書中一切都記載，從天文到生
物都放在一部歷史書裏，叙述的史實從史記、漢書一直到唐、五
代。這部書不僅涉及的範圍非常廣闊，而且很有批判精神，所以
在過去的封建社會裏一直給人們斥罵，祇有章學誠替他辯護。章
氏認爲著書有兩種方向：一種是鈔集資料而加以編排的，這種書
也有用處，但是不能啟發人們的思想。能啟發思想的書一定是要
有獨創性的見解的，而鄭樵就是有獨創性的一個，所以他説通志
這部書好，好過了馬端臨的文獻通考。因爲馬氏書祇會“編輯”，
沒有“創見”。我很相信章氏的説法。當時我和同房間的傅斯年談
到通志時，傅斯年依傳統之見，説這部書太不精密，與我的意見
相左；但是在要求有批判性這一點上，他也同意，不過他總以爲
這樣範圍廣大的書，決不是一個人的能力所能做到的。我説祇要
能够集合了許多方面的人力和知力，就可以做得好了，因爲一個
人的能力雖小，集體的力量總是很大的，所以鄭樵的不足就因爲
他一個人所發的願太大了，他的魄力是該肯定的。這樣，當我從
北大畢業後，我首先研究的就是鄭樵。

　　鄭樵是北宋末年和南宋初年間的人，他在中國學術史上是一
個很特殊的人物，所以從他的當世直到清朝中葉，六百多年來，
他一直挨罵，一直背着惡名。自從章學誠出來，辨明著述與纂輯
不是同等的事業，又做了申鄭、答客問諸篇，把他的真學問、真
力量暢盡地表彰了，於是他的地位方才漸漸地有些提高。鄭樵是

福建省莆田縣人，他父親本是北宋太學的學生。他十六歲上，父親死了，從此謝絕了人事，不去幹科舉的生活，又到夾漈山中造了草堂住下，過着極清苦的讀書生活。他一生富於科學的精神，除了博覽群書之外，還十分重視實際的考察。他最恨的是"空言箸書"，他爲了研究天文，就熟讀步天歌，在黑夜裏朗誦一句即注目一星；爲了考古就到四方去游歷；爲了做動、植物之學，就"與田夫野老往來，與夜鶴曉猿雜處"。他覺得各科的學問是必須"會通"的，他打破了各家各派不能相通的疆界，綜合他一生的學問編出了一部通志來。在他四十多歲時上書給南宋皇帝，希望國家能給他人手和筆札，幫助他完成著作。皇帝答應了，派人到他家裏去鈔寫，於是他編出了通志二百卷，在歷史紀傳方面，是他從多種史書中剪輯改編的，從史記直到五代史的史事放進了一部書中，把本來互不相通的十七部史書打通了。此外通志中還有略二十種，是他自己的研究心得，從聲音、文字、天文、制度、書籍、校讎，一直到鳥獸、草木都有他自己研究的特識。這書流行後，讀者們都覺得他的略好，因爲有他自己的思想和實踐，而歷代史的綜合祇是鈔鈔舊史書而已。對於這種看法，我也没有細細地加以研究，但我的同學王伯祥在開明書店做"二十五史勘印會"的主任時，曾把十七史同通志比較過。他說鄭樵確實有許多處是經他的手動筆改寫的，並不是一味鈔書。不過王伯祥祇是這樣講了，没有細細地舉出許多例子來，寫成一部著作。將來如果有人專門研究鄭樵，應該拿了十七史來對勘一下，說明鄭樵對於史學的研究實績。

　　鄭樵對前人的著述都不太滿意，他做過一部詩辨妄，對於齊、魯、韓、毛、鄭五家解釋詩經的說法都有批評。然而這部書已和姚際恒受到同一的遭遇，失掉了。我從許多别人的書裏把它輯出來看，覺得他的說法很對，他膽子大，敢於批評前人，和清朝人的全盤接受前人的做法不同。他說：詩、書可信，然而不必字字可信。在通志序中還説：司馬遷的史記做得好，班固的漢書做得不好。司馬遷像一條"龍"，班固衹像一頭"猪"。鄭樵啟發了我對詩經的懷疑，我一方面研究鄭樵的思想，一方面研究詩經，我要離開了齊、魯、韓、毛、鄭五家的傳統説法自己來找尋詩的真正意義。我的開始的研究文章鄭樵傳和鄭樵著述考在北京大學出版的國學季刊第一、二期上發表了。在研究詩經方面，從前人説原本有三千篇，給孔子删成三百篇。可是從歐陽修的詩本義以來就懷疑這説，認爲孔子没有删詩的事情。詩經是當時音樂團體配合着各種樂器來唱的"樂歌"，絶不是空口唱的"徒歌"。空口唱的"徒歌"可以多到無數，但倘若没有給樂工收集起來，就早已失掉；而"樂歌"有了歌譜和文字，就被樂工們保存下來了，所以我們應該從樂工們的工作狀況來推想詩經的真相。

這個研究工作我做了五六年，寫了一篇詩經在春秋戰國間的地位。又寫了一篇論詩三百篇全爲樂歌；還收集蘇州歌謡三百多首，寫定吳歌甲集一百首，在北京大學歌謡週刊上發表。

我的學術工作，開始就是從鄭樵和姚、崔兩人來的。崔東壁的書啟發我"傳、記"不可信，姚際恒的書則啟發我不但"傳、記"不可信，連"經"也不可盡信。鄭樵的書啟發我做學問要融會貫通，並引起我對詩經的懷疑。所以我的膽子越來越大了，敢於打倒"經"和"傳、記"中的一切偶像。我的古史辨的指導思想，從遠的來説就是起源於鄭、姚、崔三人的思想，從近的來説則是受了胡適、錢玄同二人的啟發和幫助。

錢玄同在日本學習時曾是章太炎的學生。章太炎也是一個敢於批評古人和古書的人，但膽量卻不如鄭、姚、崔三大家。章是經古文學家，談到古史問題時，總想回護古文家的説法。錢玄同回國後，又接受了崔適（懷瑾）的思想，崔適是一個經今文學家，恰恰和章太炎的説法對立。漢朝的今、古文是兩大類的學術思想，今文家中還各立學派，這些經學思想的分裂一直沿續到近代，這是我少年時代爲之困惑而百思不解的。從歷史上看，今文家先起，古文家後起。然而古文家經過一番修補，並不是真正的古文，乃是漢、魏、六朝時人用了他們自己的思想改造過來的。今文家則是從孔子的思想慢慢地演變而來，後來又與方士相結合，滿腦子是陰陽五行的相生相克的想法。所以這兩大派是各有其優點和缺點的。錢玄同一身受了章太炎和崔適兩人的相反的思想的影響，於今、古文家都不滿意，他常對我説這兩派對於整理古籍不實事求是，都犯了從主觀成見出發的錯誤。

到了一九二九年，我從廣州中山大學脱離出來，那時胡適是上海中國公學的校長，我去看他，他對我説：“現在我的思想變了，我不疑古了，要信古了！”我聽了這話，出了一身冷汗，想不出他的思想爲什麼會突然改變的原因。後來他回到北大，作了一篇説儒，説孔子所以成爲聖人，是由於五百年前商人亡國時有一個“聖人”出來拯救他們的民族，好像希伯來（猶太）的“彌賽亞”降生救世的“懸記”，後來就引起了耶穌領導的基督教大運動。這就是他爲了“信古”而造出來的一篇大謊話，正和漢代方士化了的儒生一樣。宜乎這篇文章一出來，便受到了郭沫若的痛駁（文見青銅時代），逼得他不敢回答。

至於錢玄同，他態度沒有變，那時卻對我講了一個笑話。他説：在蒲留仙做的聊齋志異裏有一個桑生，獨居郊外讀書，忽然有一夜來了一個奔女，自稱名蓮香，他歡迎她，就同居了；但她要隔了幾天才來一次。有一夜，忽然來了另一個奔女，自稱姓李，他也接受了；她夜夜來，不久桑生就病倒了。蓮香來時看到他的病情，就明白這是受了女鬼的糾纏所致，囑咐他不要親近她。等李女來時，他把蓮香的話告訴她，李女説：“我原是愛你的，不會存心來害你。那先前來的蓮香，她才是狐狸精呢。”桑生聽了李女的話，仍同她交好，可是他的病情越來越惡化了。有一次蓮香來時，李女在室，不及躲避，蓮香數落她説：“我固然是狐，你卻真是鬼。我隔數天才來一次，原是爲了使桑生恢復健康。你天天來纏他，卻真的要把他害死了。"桑生躺在床上，聽得這話，方才真正明白：蓮香是狐化的，李女是鬼化的。錢玄同講了這個故事，就對我説："我們對於今古文問題，也當作如是觀。今文家好像蓮香，古文家好像李女，我們千萬不要上她們的當!"在這段話的啟發下，我就寫出了五德終始説下的政治和歷史一個長篇論文，又寫出了秦漢的方士與儒生這個通俗小册子。

　　一九二〇年，我二十八歲，暑假時在北大哲學系畢業，被許留校，派到圖書館任編目員。半年以後，即一九二一年一月，北大開辦研究所，共分四門，國學門是其一。當時沈兼士是這一門的主任，他和馬裕藻先生一起邀我入所任助教，並兼任國學季刊的編輯。這是一個比較有錢的機關，可以解決我的經濟問題。從那時起，我就得到了專門研究的便利了。北京大學的圖書館裏和研究所裏的圖書本來豐富，我儘量地看書，在半年的翻弄中，我自覺學問很有進步。從中得益最多的是羅振玉和王國維的著述，他們的求真的精神，客觀的態度，豐富的材料，博洽的論辯，使我的眼界從此又開闊了許多，知道要建設真實的古史，祇有從實物上着手，才是一條大路，我所從事的研究僅在破壞僞古史系統方面用力罷了。我很想向這一方面做些工作，使得破壞之後能夠有新的建設，同時也可以利用這些材料做破壞僞史的工具。

　　在當代的學者中，我最敬佩的是王國維先生。在一九二三年三月六日的日記中，我寫道：

　　　　夢王靜安先生與我相好甚，携手而行，……談及我祖母臨終時情形，不禁大哭而醒。嗚呼，祖母邈矣，去年此日固猶在也，我如何自致力於學問，使王靜安先生果能與我携手耶！

一年以後，在一九二四年三月三十一日的日記中，我又有這樣一段記載：

予近年之夢，以祖母死及與靜安先生游爲最多。祖母死爲我生平最悲痛的事情，靜安先生則爲我學問上最佩服之人。今夜又夢與他同座吃飯，因識於此。

看這二段文字，可知我那時真正引爲學術上的導師的是王國維，而不是胡適。所以當他一九二七年六月二日自沈於頤和園昆明池中死了之後，我在悼王靜安先生一文中就説：

我對於他雖向少來往，但是戀慕之情十年來如一日。三年前，曾給他一信，大意是説："頡剛現在困於人事，未得專心向學；待將來事務較簡，學業稍進，便當追隨杖履，爲始終受學之一人。"

數十年來，大家都祇知道我和胡適的來往甚密，受胡適的影響很大，而不知我内心對王國維的欽敬和治學上所受的影響尤爲深刻。可見，任何事情都不可能祇看表面現象的。當然，我對他也有不滿意的地方，就是他不能大膽辨偽，以致真史中雜有偽史。例如他的殷周制度論，根據了帝繫姓（此書已亡，但史記各本紀及大戴禮記還保存着）的話而説："堯、舜之禪天下以舜、禹之功，然舜、禹皆顓頊後，本可以有天下，湯、武之代夏、商固以其功與德，然湯、武皆帝嚳後，亦本可以有天下。"這是全本於秦、漢間的偽史，説明當時各國的"王"都自託於古代的"帝"的血統，自以爲有兼併天下的資格。他受傳統學説的包圍而不能突破豈不顯明？但我心儀於王國維，總以爲他是最博而又最富於創造性的。我的成績不能及他，這是時代動盪所構成，而不是我的能力和所運用的方法不能達到或超過他的水平。這個尺度我是了然於心中的，我想後代的人亦必能了然於心中吧。

一九二四年，直軍馮玉祥倒戈回京，打倒直系領袖賄選總統曹錕，接受直隸紳士李石曾的建議，於十一月五日下令，限清室宣統帝溥儀立刻出宮，除去帝號，所遺留下來的物件，組成"清室善後委員會"，擔負清理保存的職責。沈兼士邀我參加此會工作，分路分宮做清點和貼封條等事。那時共分五個組進行，我和馬叔平（衡）等同在一個組裏。查封工作結束後，他們推我執筆作了一個總報告。

王國維原來忠於清室，爲羅振玉所薦，到宮内以"南書房行走"的名義教溥儀讀中國古書。溥儀出宮，這個差使當然消滅；同時，他又早辭去了北大研究所導師的職務，兩隻飯碗都砸破，生計當然無法維持。我一聽得這個消息，便於這年十二月初寫信給胡適，請他去見清華大學校長曹某，延聘王國維到國學研究院任教。胡適跟這校長都是留美學生，王國維又有實在本領，當然一說便成。在幾年裏他寫出幾部民族史、疆域史等著作，又造就了像徐中舒、吳其昌、余永梁等一批學術水平很高的專家來。

一九二二年夏天，我在祖母死後，暫時向北大請假，由於胡適的介紹，進上海商務印書館當編輯員，編輯新學制初級中學國語教科書和本國史教科書兩種，由葉聖陶、王伯祥兩位幫助我工作。上海熟人不多，星期天上午總是空閑的，我就利用這一段時間做古史和古籍的研究，把研究的結果寫給志同道合的朋友們共同討論，其中最主要的一位就是錢玄同，他是一個心直口快的人，有話決不留在口頭，非説得暢盡不止。不過他有一個毛病，就是白天上課之外，專門尋朋友談天，晚上回到宿舍時便專看友人的信札和新出版的書報，直看到黎明才就枕，可是那時已接近上課時間了。因此，他看了書報想做些批評，總不得暇閑；朋友們去的信札，往往一擱半年，或竟不復。我在北京時，他也算我的一個座上客，給我很多的啟發；我到上海後就失卻了這個聯絡了。

一九二二年，我寫了幾封信給他，總是杳無回音，但隔了一年，於一九二三年二月，他突然地來了一封長信，不但回答了我所提出的問題，而且也告訴我他所新得到的材料。我不禁大大地喜歡接受，就用了一個星期日整整一天的工夫寫了一封答書，把半年來胸中積蓄的問題及其假設的解答盡情地向他説了。回信呢？等候了兩個月，依然落了一個空。

那時，胡適爲了割痔瘡，住到上海治療，他在北京辦了兩種報紙——一、努力，是他發表政論見解的，一星期出一張；二、讀書雜志，是他發表學術性論文的，一個月出一張，附在努力裏發行。自從他到了上海，他的政論文字，自有高一涵、張慰慈一班好談政治的朋友可以託寫；他的學術性論文卻無人接替。他在上海見了我，就説：“我的這項任務就交託給你吧。”我當時年剛三十，精力充足，就大膽答應了下來。心想，錢先生那裏接到我的信好久了，還沒有得着他的復信，我就借了這個機會催他一催，豈不很好！於是就把我給他的信割去了上半篇講詩經的，留着下半篇論古史的，在讀書雜志第九期上登出來了。

哪裏想到，這半封題爲與錢玄同先生論古史書的信一發表，竟成了轟炸中國古史的一個原子彈。連我自己也想不到竟收着了這樣巨大的戰果，各方面讀些古書的人都受到了這個問題的刺激。因爲在中國人的頭腦裏向來受着“自從盤古開天地，三皇、五帝到於今”的定型的教育，忽然聽到沒有盤古，也没有三皇、五帝，於是大家不禁譁然起來。多數人駡我，少數人贊成我。許多人照着傳統的想法，説我着了魔，竟敢把一座聖廟一下子一拳打成一堆泥！於是南京大學的劉掞藜就依據了經典常識來反駁，説得有理有據的。我再給駁回，筆墨官司足足打了半年。我由於有三年的準備，也敢與擋架。直到第二年我辭去商務印書館職務，回到北京大學，重理國學研究所的舊業，才暫行停戰。這些討論文章，有一個久居上海的曹聚仁，把它們編了一本古史討論集出版了。

　　我一面編輯中學用本國史教科書，一面又在讀書雜志上大力發揮推翻古史中神話傳説的文章，兩者不相衝突嗎？唉，這個衝突是不可避免的！這個問題，我當時曾向編輯部裏史地部主任朱經農談過。他説："現在的政府大概還管不到這些事罷，你衹要寫得隱晦些就是了。"我依他的話，不提"盤古"，對"三皇、五帝"衹略叙其事，加上"所謂"二字，表示並不真實。這樣做法，是商務印書館裏所出的教科書中早已有過的，當二十世紀初年，商務印書館曾請夏曾佑編一部中學歷史教科書，他編了三册，到唐末就擱筆了。這第一册裏有用基督教聖經和保羅文洪水傳説和大禹治水作比較的文字，總稱三皇、五帝的時代爲"傳疑時代"，直到周武王滅殷，才稱爲"化成時代"，表示其已進入文明世界了。拿我所編的來比他，我並不比他寫得激烈。可是時代不同了，他的時代正是各個帝國主義的國家要瓜分中國的時候，誰來管這古代歷史的有無問題。我的時代則正是南北紛爭，人民正在渴望統一的時期，國民黨北伐號稱成功，建都南京，各省設參議會，也要擺出一些"民主"的架勢。那時山東參議員王鴻一（名朝俊，曾任山東教育廳長，一九三〇年去世）就提出專案，彈劾此書，説它"非聖無法"，要加以查禁。後來梁漱溟來信告訴我，這個提案是北大同學陳亞三執筆的。戴季陶就利用這個提案做文章，説"中國所以能團結爲一體，全由於人民共信自己爲出於一個祖先；如今説没有三皇、五帝，就是把全國人民團結爲一體的要求解散了，這還了得！"又説："民族問題是一個大問題，學者們隨意討論是許可的，至於書店出版教科書，大量發行，那就是犯罪，應該嚴辦。"話説得這樣激烈，傳到上海，商務印書館的幾個當事人大爲發急，由總經理張元濟趕到南京，與"黨國元老"吳稚暉商量解決辦法。當時國務會議所提處罰條件甚爲嚴酷，説："這部教科書前後共印了一百六十萬部，該罰商務一百六十萬元。"商務出不起這筆罰款，請吳稚暉出來説情，免去了罰款，衹是禁止發行，了結此案。這是我爲討論古史在商務印書館所闖出的禍，也是"中華民國"的一件文字獄！

一九四一年，陳立夫曾和我開一個"玩笑"。這件事關聯史學，常有人提起，所以我就在這裏記述一下。在與錢玄同先生論古史書中，我曾引説文的"禹，蟲也，從厹，象形"及"厹，獸足蹂地也"，疑禹本是古代神話裏的動物。這本是圖騰社會裏常有的事情，不足爲奇。陳立夫屢次在演講裏説："顧頡剛説，大禹王是一條蟲呢"，博得聽衆的一笑。這是意見不同，也無所謂。到一九四一年，我在成都，有一天教育部政務次長顧毓琇來訪，閒談間，除了叙叙同鄉、同族的關係外，又提出了禹的生日可考不可考？我説："禹是神話中的人物，有無其人尚不能定，何從考出他的生日來。不過在川西羌人住居的松、理、茂、懋、汶一帶地方，他們習慣以六月六日爲禹的生日的，祭祀禱賽很熱鬧，這是見於那些地方志的。"他提出了這個問題後就走了，我也想不出他的用意。過了些時日，看見國民黨政府定於六月六日舉行工程師節的新聞，到了那天，報紙上出有特刊，上面載着陳立夫的一篇演説，説："大禹治水是我國工程史上的第一件大事，現在禹的生日已由顧頡剛先生考出來了，是六月六日，所以我們就定這一天爲'工程師節'。"我才明白，原來顧毓琇前些時到我家來問就是爲的這件事。禹以六月六日生，這本是一個羌人的傳説，吳越春秋裏就有，蘇東坡的詩裏也有，羌人區域的地方志記載更多，何勞我來考證。嗣後，中央大學教授繆鳳林就寫文章罵我爲"首鼠兩端"，既否認禹是一個人，又定他的生日，太不照顧前後了。因此，陳立夫在他的文章中把我抬出來，是故意在愚弄我，借此來敗壞我研究古史的聲譽。

如今回過頭來，再講古史辨的如何出世，就不能不提到樸社。在上海的時候，我同沈雁冰、胡愈之、周予同、葉聖陶、王伯祥、鄭振鐸、俞平伯等人晚上常常在鄭振鐸主辦的"文學研究會"所租的一所房子裏開會或閑談，算作一個俱樂部。自從我加入之後，也討論些古史和民歌問題。有一次由鄭振鐸發言，説我們替商務印書館編教科書和各種刊物，出一本書，他們可以賺幾十萬，我們替資本家賺錢太多了，還不如自己辦一個書社的好。大家聽了他的話，都説很好，於是辦了"樸社"。社名是周予同提出的，他畢業於北京高等師範（後改"北京師範大學"），聽了錢玄同的課，相信清朝的"樸學"，所以定了這個社名。大家推我做總幹事，每人每月交十元錢，十個人共一百元，由我把它存入銀行生息。這樣積了二年。二年後，"齊盧之戰"發生，兩方兵開到閘北打仗，那邊就是商務印書館編輯所、圖書館、印刷所以及職工們聚居的地方。同人們要逃避這個大災難，不得不把家搬入租界。搬家需要錢，他們無奈，就把這筆存款取出來分掉了，其時我和俞平伯已經回到北京，就把我們倆人應得的本和利寄來。我那時雖在欠薪困境之下，還想把這個社開辦起來，因和俞平伯商量，我們還是照原來的辦法繼續下去的好。於是我們聯絡了北大同學吳維清、范文瀾、馮友蘭、潘家洵等十個人，仍然每月照樣存錢。這樣積了一年，我們覺得可以開一個小書店了。就在北京大學二院對門租了三間鋪房，開了"景山書社"，準備出書。大家説我和別人討論古史的文章可以出一本"古史討論集"，於是古史辨諸册就陸續問世了。

古史辨第一册，是我與胡適、錢玄同、劉掞藜等討論古史的函件和文章，以"禹"爲討論的中心問題，兼及歷代的辨僞運動。在這一册中，許多問題的論證，現在看來是不够堅强的，但主要的見解我還是堅持下去。我寫了一篇六萬字（原有十萬字，發表時去掉了"孟姜女"的一部分）的自序，説明了我研究古史的方法和我所以有這些見解的原因。這篇序實足寫了兩個月，是我一生中寫得最長最暢的文章之一。海闊天空地把我心中要説的話都説出了。寫完之後，使我自覺很痛快。不久張作霖入關，他是鎮壓新文化運動的鐵桿子，把北大的校長先撤掉，換了一個劉哲，我們這些或多或少參加新文化運動的人都跑散了。幸虧我有兩位姓蔣的中學同學在陸軍部，由他們負責出版了古史辨第一册。想不到這一册銷路好極了，一年裏竟重印了三版。這樣樸社（也即是景山書社）的經濟基礎就打好了。於是他們催我編第二册。可是，那時我已離開了北京，無從動手。

我在廈門、廣州呆了三年，回到北京之後，才着手編了古史辨第二册。這一册是繼承第一册的研究的。上編討論古史問題，中編討論孔子和儒家的問題，下編是人們關於“第一册”的評論。其中我寫的一篇秦漢統一的由來和戰國人對於世界的想像認爲三代的國境祇在黄河流域，周是氐羌族中的一種，現在已無可疑的了。其他的論斷則還根據薄弱。劉復的帝與天和魏建功的讀帝與天，認爲帝的原義爲上帝，這個説法是開啟古史神話傳説的一把鑰匙。這一本編得不好，因爲没有一個中心問題展開論爭，而是這邊説説，那邊説説，内容就顯得分散而平淡，彷彿是一個雜貨鋪，不能吸引讀者了，銷路也就差得多了。

當時因爲北大欠薪太多，生活太苦，我回北京後，就去了美國教會辦的燕京大學。燕大的待遇很優，每月給我二百四十元工資，房子、電燈、電話等等都不要錢，生活很好，我於是可以每日埋頭寫作，不進城了，每天可以寫三千字左右，一年總計寫了七十多萬字，這樣北大有的人説我“賣身投靠”，賣給燕京了。因爲精力集中，所以第三册編得較好，有一貫的精神。這一册是專門研究易經和詩經的。其中心思想是破壞周易的伏羲、神農的聖經地位，而恢復它原來的卜筮書的面貌；破壞詩經的文、武、周公的聖經地位，恢復它原來的樂歌面貌。有人因此説“古史辨”變成"古書辨"了，是一種怯退的表示。我認爲這種説法是不對的。古書是古史的史料，研究史料就是建築研究歷史的基礎。由"古史辨"變爲"古書辨"，不僅不是怯退的表示，恰恰相反，正是研究向深入發展的表現。這一册出版時，正好碰上"九·一八"事變發生了，國難當頭，大家顧不上讀書了，所以銷路雖然還好，卻比第一册差多了。不過各個圖書館都買。因爲第一册給一個叫恒慕義(Arthur William Hummel 1884—1975)的外國學者介紹了，外國人知道這部書，所以國外的銷路卻很好。

在這一册中，有一篇我一九三〇年十月寫的論易繫辭傳中觀象制器的故事，是批判周易繫辭傳裏的"觀象制器"之説的。這種説法以爲古代各種工具的創造都是聖人們看了六十四卦的卦象而做出來的。有如渙卦上巽下坎，巽爲木，坎爲水，聖人看了這卦中木在水上，就造出船來了。我認爲這種唯心論的説法太不對了。船當然是因爲木頭入水不沉而想出來的，和渙卦有什麼關係？這種思想和漢朝京房一派很相同，説不定就是他們搞出來的玩意兒。這篇文章在燕大月刊上發表後，我收到了錢玄同和胡適的來信，兩個人的態度完全不一樣，錢玄同認爲"精確不刊"，胡適則反對，説觀象制器是易學裏的重要學説，不該推翻。前面説過，他從一九二九年起就不疑古了，這就是一個很好的具體例證，也是我和他在學術史上發生分歧的開始。

一九三一年"九·一八"事變以後，我爲了反抗日本帝國主義的侵略，編刊通俗讀物，宣傳抗日的主張，喚起全民族奮起抗日；胡適卻以爲"民衆"是惹不得的，放了火是收不住的，勸我不要引火燒身。他的這種無視國家民族生死存亡的麻木不仁的態度，引起我極大的反感。看法不同，思想感情也就不像以前那樣融洽了。

第四册是由羅根澤編的。他是北京師範大學的教授，夙好研究先秦諸子，想做我的同路人，就仿照我的方式，編了許多討論諸子的文章。一九三二年一月，他把編輯的諸子叢考給我看，凡辯論諸子書的年代和真偽的文字都蒐羅了，體例和古史辨相類，我就請他加入，列爲古史辨的第四册。這個時候由於國難當頭，民族國家的存亡問題越來越嚴重，我的愛國主義思想日益熾烈，爲宣傳抗日而奔走，一面編抗日的"通俗讀物"，同時還辦討論歷史地理的禹貢半月刊，注意於邊疆問題，没有時間搞古史辨了。所以這一册完全是由羅根澤編的。這一册的内容分上、下兩編，上編討論儒、墨兩家，下編討論道、法兩家。

在這一册中收了我一九三二年四月寫的一篇從吕氏春秋推測老子之成書年代。這篇文章是我和胡適在學術史上發生的又一次分歧。胡適在中國哲學史大綱上册中沿襲舊説，以爲老子是孔子以前的人，老子一書是論語以前的書。這本是莊子和史記以來的舊説，在他本可以不負責任，可是他偏偏要攬到自己頭上去。梁啟超提出反駁，以爲老子一書必是戰國時的著作。我覺得梁説是對的，因爲老子一書中的許多意識是戰國時代的意識而非春秋時的意識，因此不可能在孔子以前成書。在這以前，我曾在致錢玄同的信中簡略地説過，也當面和胡適口頭談過，可是他不加考慮，一口拒絶。一九三一年寒假，我到杭州省親，因當時日本帝國主義侵略我國的局勢很緊張，在淞滬作戰，滬杭路中斷了，我就留在杭州，買了幾部子書讀着，越讀越覺得梁啟超的話對。吕氏春秋的作者時代確定，讀了幾遍，又取荀子、淮南子等書作旁證，以一個月之力寫成這篇推測老子成書年代的文章，在燕大的史學年報上發表。這篇文章是明白地反對胡適的説法的，他看了之後，大爲生氣，作了一篇評論近人研究老子的方法，把我痛駁一番。從此以後，他就很明顯地對我不滿起來。

在古史辨第四册的序文中，我還説了這麼一段話："我自己決不反對唯物史觀。我感覺到研究古史年代、人物事蹟、書籍真偽，需用於唯物史觀的甚少，無寧説這種種正是唯物史觀者所亟待於校勘和考證學者的借助之爲宜；至於研究古代思想及制度時，則我們不該不取唯物史觀爲其基本觀念。"現在看來，這段話還有需要修正的地方，但是我不反對唯物史觀和認爲研究古代思想及制度要用唯物史觀來指導的看法是非常明確的。胡適是反對唯物史觀的，一九三〇年他在胡適文選序中説過："被馬克思、列寧、斯大林牽着鼻子走，也算不得好漢。"所以他看到後更不高興，以後的交往就越來越少，關係也越來越疏遠了。

"九·一八"事變以後，大家都没有心思去讀書了，書社的生意也不行了，然而他們説别的書可以不出，但古史辨的影響大，不能不出。所以我靠着古史辨的牌子可以大膽地編書，而且一本比一本厚。第五册是我自己編寫的，我下了很大的功夫，還作了一篇長序。這册上編談的是漢代經學上的今古文問題，下編論的是陰陽五行説起源問題及其與古帝王系統的關係問題。這册古史辨雖然也研究到古史傳説，可是主要是重新估定漢代經今古文問題。自從晚清今文家提出了"新學僞經"的説法以後，許多古書像左傳、周禮甚至史記、漢書都有了劉歆作僞和竄入的嫌疑，同時許多古史傳説，像月令一系的五帝説，左傳郯子所述的古史傳説，羿、浞代夏以及少康中興故事，都有劉歆等人僞造的嫌疑。

我認爲古史的傳説固然大半由於時代的發展而産生的自然的演變，但卻着實有許多是出於後人政治上的需要而有意僞造的。王莽爲了要奪劉氏的天下，恰巧那時五行學説盛行，便利用了這學説來證明"新"的代"漢"合於五行的推移，以此表明這次篡奪是天意。劉歆所作的世經分明是媚莽助篡的東西，而世經裏排列的古帝王的五德系統，也分明是出於創造和依託的，這中間當然會造出許多僞史來。對這個問題，我曾寫了五德終始説下的政治和歷史一文來重新加以估定。錢玄同的論經今古文學問題可以代表他對經今古文問題的見解。錢穆的劉向歆父子年譜則徹底反對晚清今文學家的主張。在這册中，又因討論今古文的問題而連帶地討論到陰陽五行的起源。因此，這一册又收入了梁啓超的陰陽五行説的來歷和劉節的洪範疏證。

第六册是羅根澤繼續第四册編的，上編通考先秦諸子，下編專考老子。第六册剛印好，"七·七"事變就爆發了。北京没法呆下去了，我們祇好把印好的第六册送到上海，由開明書店發行，景山書社就關門了。

我自從離開北京後，先後到了甘肅、四川、雲南，到處奔波，生活極不安定，没法子編書了。巧得很，有個童書業繼續替我編。他在上海，把當時報刊上關於古史討論的文章儘量地蒐集彙編成册。這一册的文章討論得最細，内容也最充實，是十餘年來對古史傳説批判的一個大結集。這本書分爲上、中、下三編。上編是古史傳説的通論，收了我所著的戰國秦漢人的造僞與辨僞和楊寬的中國上古史導論；中編是三皇五帝考，以我和楊向奎合寫的三皇考和呂思勉、蒙文通、繆鳳林等關於三皇五帝討論的論文爲中心；下編是唐、虞、夏史考，以我與童書業合作的幾篇論文和呂思勉、陳夢家、吳其昌等的論文爲中心。中、下兩編從三皇一直討論到夏桀，當時研究古史傳説的重要文章，基本上都收入了。

自從我在讀書雜志上提出了古史傳説的見解，並把有關的討論文章彙編爲古史辨以來，經過十餘年學者們的研究、討論，到第七册爲止，共彙編了三百五十篇文章，三百二十五萬字，總算把紊如亂絲的古史傳説找尋出一個線索來了，爲後人進一步深入探索奠定了一個基礎。現在離開古史辨第一册的興起已五十五年了，距離第七册出版也已四十年了。上海古籍出版社採納我的建議，同意繼續出版第八册，使我感到無限的欣慰。這一册專收考證古代地理的文章，由我指導王煦華同志來蒐集彙編。

抗戰前，我在燕大的宿舍裏曾掛上一方"晚成堂"的匾額。這有兩個意義。第一，許多人看研究學問的工作太簡單了，總以爲什麼問題祇要一討論就可得出結論的，所以一見我面，總會問道：“你討論古史問題幾時可以終了。古史辨準備出幾册？”我答以“古史問題是討論不完的；古史辨希望在我死後還有同志們繼續出下去。至於我自己，離開成功的目標還遠得很哪，總要做到晚年才可有一些確實的貢獻。所以，現在還是提出問題的時候，而不是解決問題的時候。”説到這裏，我就指着匾額給他們看，説道：“倘使我活七十歲，就以七十歲爲小成；活八十歲，就以八十歲爲小成。若是八十以後還不死，而且還能工作，那麽，七十、八十時提出的問題和寫出的論文又不成了。所以成與不成並無界線，祇把我最後的改本算作我的定本就是了。”第二，當“九·一八”事變以後，我一半的精力在搞通俗讀物，宣傳民族意識，古史研究當然免不掉要放鬆，但望望後面的時間還長，心想祇要人民群衆的敵愾喚了起來，把最大的敵人壓了下去，我依舊可以規規矩矩地做我的本行工作，祇是把我的論文遲幾年發表就是了，所以也把“晚成”二字當作我的希望。哪裏想到盧溝橋炮聲一響，北京城就落入敵人的手裏，我是久爲他們特務所注目的人，不得不設法逃開，於是以後幾十年的工作計劃一直得不到安定的環境來實現，我的一生工作能力最强的一段時間就此浪擲了！

　　我的古史研究工作，從有些人看來是脫離現實的，所以以前有人警告我説：“你不能再走這條路了。你如換走一條路，青年還能擁護你。”我以爲這樣的説法未免有短視之嫌。我們現在的革命工作，對外要打倒帝國主義，對內要打倒封建主義，而我的古史辨工作則是對於封建主義的徹底破壞。我要使古書僅爲古書而不爲現代的知識，要使古史僅爲古史而不爲現代的政治與倫理，要使古人僅爲古人而不爲現代思想的權威者。換句話説，我要把宗教性的封建經典——“經”整理好了，送進了封建博物院，剝除它的尊嚴，然後舊思想不能再在新時代裏延續下去。以前有人説：“現在人對於古史可分爲三派：一派是信古，一派是疑古，一派是釋古，正合於辯證法的正、反、合三個階段。"我的意思，疑古並不能自成一派，因爲他們所以有疑，爲的是有信；當先有所信，建立了信的標準，凡是不合於這標準的則疑之。信古派信的是僞古，釋古派信的是真古，各有各的標準。釋古派所信的真古從何而來的呢？這衹是得之於疑古者之整理抉發。例如現在很多同志的文章都説到神農、黄帝是神話人物，詩經、楚辭是民間文藝，這種問題即是我們以前所討論的。釋古派認爲我們的討論結果爲得古史的真相，所以用來解釋社會發展史了。同樣，我們當時爲什麼會疑，也就是因得到一些社會學和考古學的智識，知道社會進化有一定的階段，而戰國、秦、漢以來所講的古史和這標準不合，所以我們敢疑。有人以爲我們好做"翻案文章"，譏諷我們"想入非非"，那是全不合乎事實的。我寫出許多古史論文，原爲科學工作，並不在求青年擁護；青年願意接近我的，我衹期望他在這一堆亂蓬蓬的材料裏，清理出一個是非的標準，在學問上自求進展，對於我所説的如有錯誤，極盼望人們的駁詰。我絕不像廖平、康有爲那樣，自居於教主而收羅一班信徒，盼望他們作我的應聲蟲。

　　又有人説："古史辨的時代已過去了！"這句話我也不以爲然。因爲古史辨本不曾獨佔一個時代，以考證方式發現新事實，推倒僞史書，自宋到清不斷地在工作，古史辨衹是承接其流而已。至於没有考出結果來的，將來還得考，例如"今古文問題"。這一項工作既是上接千年，下推百世，又哪裏説得上"過去"。凡是會過去的衹有一時的風氣，正似時裝可以過去，吃飯便不能過去。所以即使我停筆不寫了，到安定的社會裏還是會有人繼續寫的，衹有問題得到了合乎事實的令人信服的結論，像僞古文尚書一案，才没有人會浪費精神去寫，這是我敢作預言的。

致王伯祥：自述整理
中國歷史意見書[*]

伯祥兄：

　　我日來在家裏做辨僞叢刊的事情。這是國故叢書的一部分。本來適之先生囑我標點古今僞書考，但我的性情太喜歡完備，覺得隨便一標點不但對不起原作者，並對不住自己，所以我想把他引用的話都把原書校讎一番；引的人名和書籍都注明他的生卒、里籍及版本、卷數之類。這件事卻不易做，因爲中國很少參考書，像辭典一類東西，史志又不完備，檢查上極感困難。但因爲找原本書，卻發見許多辨僞的文字。起初只發見幾種，后來再把這幾種所引的書尋到根上去，輾轉攀引，所得愈多了。現在已覓得三四十種辨僞書，我意可以順了年代次序出版，好讓讀者興起進化的歷史觀念。但這件事又有困難，因爲依時編集後，恐怕將來更有發見，插不進去；而且要把同時的書籍翻看一遍，也非容易。好在既名叢刊，不妨隨得隨編。適之先生也這樣勸我。所苦的，各書在在連帶，一書漏遺則他書的注釋也不能滿意。大約這在初版時是決不能十分愜心的。

　　這辨僞叢刊分做兩類：一是辨僞事，二是辨僞書。每一冊裏只集一類，以後出版完時再編一個總索引。我們的意思，要把中國的史重新整理一下，現在先把從前人的懷疑文字聚集，排比，

---

*　原載古史辨第一冊。

做我們的先導。辨僞事的固是直接整理歷史，辨僞書的也是間接整理。因爲僞書上的事實自是全僞，只要把書的僞跡考定，便使根據了僞書而成立的歷史也全部失其立足之點。照我們現在的觀察，東周以上只好説無史。現在所謂很燦爛的古史，所謂很有榮譽的四千年的歷史，自三皇以至夏商，整整齊齊的統系和年歲，精密的考來，都是僞書的結晶。我極願意在辨僞叢刊的第一集上做一篇很長的序，將它的大致説一説。只要我的身子支持得下，諒可如志。

辨僞叢刊只是集前人的文字，將來我自己想做三種書：（1）僞史源，（2）僞史例，（3）僞史對鞫。所謂源者，其始不過一人倡之，要在這時辨來，自是很易；不幸十人和之，輾轉應用，不知其所自始，甚至愈放愈胖，説來更像，遂至信爲真史。現在要考那一個人是第一個説的，那許多人是學舌的，看它漸漸的遞變之跡。所謂例者，做僞史的總有一色的心理，記一事必寫到怎樣的程度，遂至言過其實，不可遮掩。現在要拿這般的心理歸納起來，教人曉得僞史總是歡喜向那方面走的，也可處處防範。所謂對鞫者，大家説假話，不能無牴牾，我們要把他們牴牾的話集錄下來，比較看着，教他們不能作遁辭。這三種書自是終身之業，現在只是收集材料。

我們這樣做，必可使中國歷史界起一大革命。我自知於哲學文學都是不近情的，我也不想做社會改造運動家，我只願一生讀書，做一個科學的史學者。所恨我的環境尚不能儘我用功，我的身體又是不能任受過分的勤勞，我將來能否達到我的願望尚不可知，我只能向着這一方面盡力進行罷了。

我這一個歡喜記錄的天性，無論何時都抑不下去。去年擬了幾張表，送與圖書委員會，只因需費較鉅（須七八十元），校中經費窘迫，擱了幾月；風潮起后，更無法了。但我既已打了這個樣，便是學校不刻，終必自己去刻。我等到這種表格刻就後，想把二十二史讀一遍，一方面既可隨時記録，立一個規模，一方面又可使我對於中國史事立一個確實的骨幹。我所記録的，不僅是表，也想同時記録史料，預備重編國史。我從前只想做學術史，現在則想並做社會史，因爲學術是社會的一部分，不知當時的社會狀況亦無從作學術史，況且單作學術史也太乾燥無味。

以上是我對於整理中國歷史的見解；括以一言，則審定舊史書（辨僞）與記録新史料。我自知這是一大事，必非我一人一生所能就緒，但我以爲正不妨讓後人接續下去，不必在我的手裏完工。況且有史學的嗜好的，像你及紹虞等，總可以幫助我做去。將來我們有機會時，最好集合在一塊。

　　　　　　　　　　　弟頡剛　十，六，九。

致錢玄同：論堯舜伯夷書[*]

玄同先生：

偶然想起前天的信意有未盡，更作此函。

論語上説堯是"蕩蕩乎民無能名"，説舜是"無爲而治"，這都是没有事蹟而加美之辭。恐怕堯舜在孔子時，原不過是"若存若亡"的兩個古帝。孔子就他們的没有事蹟流傳上去説他們好，於是只可説"無能名"和"無爲"。這正如鄉裏富人死了，一生實在没有什麽可記，但不得不請人作傳，於是只可説"韜光養晦""優游自得"的一類話。

論語上稱伯夷叔齊凡四次：一云"不念舊惡，怨是用希"；一云"求仁而得仁，又何怨"；一云"餓於首陽之下，民到於今稱之"；一則排在"逸民"類中，云"不降其志，不辱其身"。味這四語的意義，伯夷叔齊頗似只是隱士；所謂"餓於首陽"，猶云"食貧於首陽"，這句話正是對着闊綽的齊景公立説，自可證明。但後來造僞史的人看得"餓"字太着實了，以爲一定是餓死，於是造出"義不食周粟"的一段故事來。這件故事越説越多，於是夷齊只成了殷朝的忠臣，没有論語中"逸民"的氣息了。其實夷齊若果是殷朝的忠臣，論語上何以不加入"三仁"之内而曰"殷有五仁"呢？況且照了史記所載他們的行動，和"以暴易暴兮，不知其非矣"的歌辭，使得他們竟成了慷慨憤懑之士，又如何説得上"不念舊惡，

怨是用希"呢？做僞史的人讀了論語，只把"餓於首陽之下"一語
發揮盡致，卻忘了"不念舊惡"，至今顯出一個漏洞。

　　我很想把古史分析開來，每一事列一表，每表分若干格，格
上紀事，以著書之時代爲次，看他如何漸漸的轉變，如何漸漸的
放大，或如何一不留心便忘記了，使得作僞之跡無可遁形。這也
是一件很有趣的事情。但我的學問不知够做到否？先生對此有何
意見？

　　　　　　　　　　頡剛敬上　　十，十一，八。

與錢玄同先生論古史書[*]

　　我二年以來，蓄意要辨論中國的古史，比崔述更進一步。崔述的考信錄確是一部極偉大又極細密的著作，我是望塵莫及的。我自知要好好的讀十幾年書，才可追得上他。但他的著作有二點我覺得不滿意。第一點，他著書的目的是要替古聖人揭出他們的聖道王功，辨僞只是手段。他只知道戰國以後的話足以亂古人的真，不知道戰國以前的話亦足以亂古人的真。他只知道楊、墨的話是有意裝點古人，不知道孔門的話也是有意裝點古人。所以他只是儒者的辨古史，不是史家的辨古史。第二點，他要從古書上直接整理出古史蹟來，也不是妥穩的辦法。因爲古代的文獻可徵的已很少，我們要否認僞史是可以比較各書而判定的，但要承認信史便沒有實際的證明了。崔述相信經書即是信史，拿經書上的話做標準，合的爲真，否則爲僞，所以整理的結果，他承認的史蹟亦頗楚楚可觀。但這在我們看來，終究是立腳不住的：因爲經書與傳記只是時間的先後，並没有截然不同的真僞區別；假使在經書之前還有書，這些經書又要降做傳記了。我們現在既没有"經書即信史"的成見，所以我們要辨明古史，看史蹟的整理還輕，而看傳説的經歷卻重。凡是一件史事，

---

* 原載努力增刊讀書雜志第九期，1923 年 5 月 6 日；又載古史辨第一册。

應當看牠最先是怎樣的，以後逐步逐步的變遷是怎樣的。我們既沒有實物上的證明，單從書籍上入手，只有這樣做才可得一確當的整理，才可盡我們整理的責任。

我很想做一篇層累地造成的中國古史，把傳說中的古史的經歷詳細一說。這有三個意思。第一，可以說明"時代愈後，傳說的古史期愈長"。如這封信裏說的，周代人心目中最古的人是禹，到孔子時有堯、舜，到戰國時有黃帝、神農，到秦有三皇，到漢以後有盤古等。第二，可以說明"時代愈後，傳說中的中心人物愈放愈大"。如舜，在孔子時只是一個"無爲而治"的聖君，到堯典就成了一個"家齊而後國治"的聖人，到孟子時就成了一個孝子的模範了。第三，我們在這上，即不能知道某一件事的真確的狀況，但可以知道某一件事在傳說中的最早的狀況。我們即不能知道東周時的東周史，也至少能知道戰國時的東周史；我們即不能知道夏、商時的夏、商史，也至少能知道東周時的夏、商史。

但這個題目的範圍太大了，像我這般沒法做專門研究的人，簡直做不成功。因此，我想分了三個題目做去：一是戰國以前的古史觀，二是戰國時的古史觀，三是戰國以後的古史觀。後來又覺得這些題目的範圍也廣，所以想一部書一部書的做去，如詩經中的古史，周書中的古史，論語中的古史……。我想，若一個月讀一部書，一個月做一篇文，幾年之後自然也漸漸地做成了。崔述的學力我固是追不到，但換了一個方法做去，也足以補他的缺陷了。

這回適之先生到上海來，因爲不及做讀書雜志的文字，囑我趕做一篇。我當下就想做一篇論語中的古史，因爲材料較少，容易做成。但今天一動筆之後，又覺得趕不及，因爲單說論語自是容易，但若不與他書比較看來，就顯不出牠的地位，而與他書一比較之後，範圍又大了，不是一二天內趕得出的。因此，想起我兩月前曾與玄同先生一信，論起這事，固然是信筆寫下，但也足以説出一點大綱。所以就把這篇信稿鈔在這裏，做我發表研究的起點。我自己知道既無學力，又無時間，説不上研究；只希望因了發表這篇，引起了閱者的教導和討論，使我可以把這事上了軌道去做，那真是快幸極了！

十二，四，二十七。

玄同先生：

（上略）

先生囑我爲國學季刊作文，我也久有這個意思。我想做的文是層累地造成的中國古史。現在先對先生説一個大意，——我這些意思從來没有寫出，這信恐怕寫得凌亂没有條理。

我以爲自西周以至春秋初年，那時人對於古代原没有悠久的推測。商頌説："天命玄鳥，降而生商。"大雅説："民之初生，自土沮、漆。"又説："厥初生民，時維姜嫄。"可見他們只是把本族形成時的人作爲始祖，並没有很遠的始祖存在他們的意想之中。他們只是認定一個民族有一個民族的始祖，並没有許多民族公認的始祖。

但他們在始祖之外，還有一個"禹"。商頌長發説："洪水芒芒，禹敷下土方。……帝立子生商。"禹的見於載籍以此爲最古。詩書裏的"帝"都是上帝（帝堯、帝舜等不算，詳見後。尚書裏可疑的只有一個帝乙，或是殷商的後王尊他的祖，看他和上帝一樣，加上的尊號，也説不定）。這詩的意思是説商的國家是上帝所立的。上帝建商，與禹有什麼關係呢？看這詩的意義，似乎在洪水芒芒之中，上帝叫禹下來布土，而後建商國。然則禹是上帝派下來的神，不是人。小旻篇中有"旻天疾威，敷于下土"之句，可見"下土"是對"上天"而言。

　　商頌，據王靜安先生的考定，是西周中葉宋人所作的（樂詩考略、說商頌下）。這時對於禹的觀念是一個神。到魯僖公時，禹確是人了。閟宫說："是生后稷，……俾民稼穡；……奄有下土，纘禹之緒。"（按：生民篇敘后稷事最詳，但只有說他受上帝的保衛，沒有說他"纘"某人的"緒"。因爲照生民作者的意思，后稷爲始事種植的人，用不到繼續前人之業。到閟宫作者就不同了，他知道禹爲最古的人，后稷應該繼續他的功業。在此，可見生民是西周作品，在長發之前，還不曾有禹一個觀念。）這詩的意思，禹是先"奄有下土"的人，是后稷之前的一個國王；后稷是後起的一個國王。他爲什麼不說后稷纘黃帝的緒，纘堯、舜的緒呢？這很明白，那時並沒有黃帝、堯、舜，那時最古的人王（有天神性的）只有禹，所以說后稷纘禹之緒了。商族認禹爲下凡的天神，周族認禹爲最古的人王，可見他們對於禹的觀念，正與現在人對於盤古的觀念一樣。

　　在這上，我們應該注意的，"禹"和"夏"並沒有發生了什麼關係。長發一方面說"洪水芒芒，禹敷下土方"，一方面又說湯"韋、顧既伐，昆吾、夏桀"，若照後來人說禹是桀的祖先，如何商國對於禹既感他敷土的恩德，對於禹的子孫就會翻臉殺伐呢？按：長發云："玄王桓撥，受小國是達，受大國是達。"又云："相土烈烈，海外有截。"是商在湯以前國勢本已發達，到湯更能建一番武功，把韋、顧、昆吾、夏桀打倒罷了。禹是他們認爲開天闢地的人，夏桀是被湯征伐的一個，他們二人漠不相關，很是明白。

　　至於禹從何來？禹與桀何以發生關係？我以爲都是從九鼎上來的。禹，說文云："蟲也，從厹，象形。"厹，說文云："獸足蹂地也。"以蟲而有足蹂地，大約是蜥蜴之類。我以爲禹或是九鼎上鑄的一種動物，當時鑄鼎象物，奇怪的形狀一定很多，禹是鼎上動物的最有力者；或者有敷土的樣子，所以就算他是開天闢地的人。（伯祥云：禹或即是龍，大禹治水的傳説與水神祀龍王事恐相類。）流傳到後來，就成了真的人王了。九鼎是夏鑄的，商滅了夏搬到商，周滅了商搬到周。當時不過因爲牠是寶物，所以搬了來，並没有多大的意味；但經過了長時間的保存，大家對牠就有了傳統的觀念，以爲凡是興國都應取九鼎爲信物，正如後世的"傳國璽"一樣。有了傳統的觀念，於是要追溯以前的統，知道周取自商，商取自夏，自然夏、商、周會聯成一系。成了一系，於是商湯不由得不做夏桀的臣子，周文王不由得不做殷紂的臣子了。他們追溯禹出於夏鼎，就以爲禹是最古的人，應做夏的始祖了。（書中最早把"夏"、"禹"二字聯屬成文的，我尚没有找到。）

東周的初年只有禹，是從詩經上可以推知的；東周的末年更有堯、舜，是從論語上可以看到的。（堯、舜的故事從何時起，這個問題很難解決：左傳是戰國時的著作；尚書中的堯典、皋陶謨也靠不住；論語較爲可靠，所以取了牠。）論語中二次連稱堯、舜（堯、舜其猶病諸），一次連稱舜、禹（巍巍乎舜、禹之有天下也），又接連贊美堯、舜、禹（大哉堯之爲君——舜有臣五人而天下治——禹吾無間然矣），可見當時確以爲堯、舜在禹之前。於是禹之前有更古的堯、舜了。但堯與舜，舜與禹的關係還没有提起，或者當時人的心目中以爲各隔數百年的古王，如禹和湯，湯和文、武之類，亦未可知。（論語堯曰篇雖説明他們的傳授關係，但論語經崔述的考定，自季氏至堯曰五篇是後人續入的。堯曰篇的首章，在文體上很可見出有意摹古的樣子，在宗旨上很可見出秉着"王道"和"道統"兩個主義，是戰國時的儒家面目。）

在論語之後，堯、舜的事蹟編造得完備了，於是有堯典、皋陶謨、禹貢等篇出現。有了這許多篇，於是堯與舜有翁壻的關係，舜與禹有君臣的關係了。堯典的靠不住，如梁任公先生所舉的"蠻夷猾夏"，"金作贖刑"都是。即以詩經證之，閟宮説后稷

"奄有下國"，明明是做國王，牠卻説成舜的臣子（后稷的"后"字原已有國王之義，堯典上舜對稷説"汝后稷"，實爲不辭）。閟宮説后稷"纘禹之緒"，明明是在禹後，牠卻説是禹的同官。又以論語證之，（1）論語上門人問孝的很多，舜既"克諧以孝"，何以孔子不舉他做例？（2）論語上説"舜有臣五人"，何以堯典上會有九人？堯典上既有九人，各司其事，不容偏廢，何以孔子單單截取了五人？（3）南宮适説"禹、稷躬稼而有天下"，可見禹、稷都是有天下的，爲什麼堯典上都是臣而非君？（4）孔子説舜"無爲而治"，堯典上説他"五載一巡守，群后四朝"，又説他"三載考績，三考，黜陟幽明"，不相衝突嗎？這些問題，都可以證明堯典出於論語之後。（我意，先有了禪讓的學説而後有堯典、皋陶謨出來，當作禪讓的實證；禪讓之説是儒家本了尊賢的主義鼓吹出來的。）作論語時，對於堯、舜的觀念還是空空洞洞，只推尊他們做兩個道德最高，功績最大的古王；作了堯典等篇，於是堯、舜的"文章"都有實事可舉了。

　　從戰國到西漢，僞史充分的創造，在堯、舜之前更加上了多少古皇帝。於是春秋初年號爲最古的禹，到這時真是近之又近了。自從秦靈公於吳陽作上畤，祭黃帝（見漢書郊祀志。秦國崇奉的神最雜，名目也最詭：秦文公夢了黃蛇作鄜畤，拾得了一塊石頭作陳寶祠，實在還是拜物教。黃帝之祀起於秦國，説不定黃帝即是"黃龍地螾"之類），經過了方士的鼓吹，於是黃帝立在堯、舜之前了。自從許行一輩人抬出了神農，於是神農又立在黃帝之前了。自從易繫辭抬出了庖犧氏，於是庖犧氏又立在神農之前了。自從李斯一輩人説"有天皇，有地皇，有泰皇，泰皇最貴"，於是天皇、地皇、泰皇更立在庖犧氏之前了。自從世本出現，硬替古代名人造了很像樣子的世系，於是沒有一個人不是黃帝的子孫了。自從春秋命歷序上説"天地開闢，至春秋獲麟之歲，凡二百二十六萬年"，於是天皇十二人各立一萬八千歲了。自從漢代

交通了苗族，把苗族的始祖傳了過來，於是盤古成了開天闢地的
人，更在天皇之前了。時代越後，知道的古史越前；文籍越無
徵，知道的古史越多。汲黯説：“譬如積薪，後來居上”，這是造
史很好的比喻。看了這些胡亂偽造的史，堯典那得不成了信史！
但看了詩經上稀疏的史，更那得不懷疑商以前的史呢！

　　這些意思如果充分的發揮，準可著成數十卷書。古代的史靠
得住的有幾，崔述所謂“信”的又何嘗是信！即如后稷，周人自己
説是他們的祖，但有無是人也不得而知。因爲在詩、書上看，很
可見出商的民族重游牧，周的民族重耕稼，所謂“后稷”，也不過
因爲他們的耕稼爲生，崇德報功，追尊創始者的稱號。實際上，
周人的后稷和許行的神農有什麼分別？這兩個倡始耕稼的古王，
很可見出造史的人的重複。他們造史的人爲什麼要重複？原來禹
的上面堆積的人太多了，后稷的地位不尊重了，非得另創一個神
農，許行一輩人就不足以資號召了！

　　（下略）

　　　　　　　　　　　　　　頡剛敬上　十二，二，二十五。

附啟

玄同先生：

　　這封信發後，没有接到回覆，使我記挂得很。

　　在歌戈魚虞模古讀考上，讀到先生的跋。跋上説：“許慎的
説文是一部集偽古字、偽古義、偽古禮、偽古制和偽古説之大成
的書。”我很希望先生有辨説文的文字發表。

　　前月把吕刑與堯典對看，又得了一個對於苗族的傳説的變

遷。今天不及寫，下函詳告。

頡剛附啟　十二，四，二十八。

附

錢玄同：答顧頡剛先生書*

頡剛先生：

先生所説"層累地造成的中國古史"一個意見，真是精當絶倫。舉堯、舜、禹、稷及三皇、五帝、三代相承的傳説爲證，我看了之後，惟有歡喜贊歎，希望先生用這方法，常常考查，多多發明，廓清雲霧，斬盡葛藤，使後來學子不致再被一切僞史所蒙。我從前以爲堯、舜二人一定是"無是公"、"烏有先生"。堯，高也；舜，借爲"俊"，大也(山海經的大荒東經作"帝俊")："堯""舜"底意義，就和"聖人""賢人""英雄""豪傑"一樣，只是理想的人格之名稱而已。中國底歷史應該從禹説起。各教都有"洪水"的傳説，想來是實有其事的；大概洪水以前便全無歷史可稽了。堯、舜這兩個人，是周人想像洪水以前的情形而造出來的；大約起初是民間底傳説，後來那班學者便利用這兩個假人來"託古改制"。這類把戲，其實早被韓非戳破了，只因秦、漢以後底學者太無見識，糊裏糊塗地相信這是真人真史，直到康有爲作孔子改制考，才把它弄明白了。今讀先生之論，證以長發和閟宫兩詩，方知連禹這個人也是很可疑的了。王靜安説商頌是西周中葉宋國人底作品，此説我不以爲然。王氏不信衞宏序以商頌爲商詩之説，固然不錯；以"景山"及人名、地名、用語、稱名等等證明它

---

　*　原載讀書雜志第十期，1923 年 6 月 10 日；又載古史辨第一册。

是宋詩，尤爲卓識。但王氏所舉與商頌"語句相襲"的苤楚、隰桑、石鼓文、雲漢、烝民、常武、江漢、采芑諸周詩，雖舊説以爲宣、幽時代底作品，然我卻不敢貿然相信；況王氏又説："其爲商頌襲風、雅，抑風、雅襲商頌，或二者均不相襲而同用當時之成語，皆不可知"，則王氏本未嘗以此等詞句相像爲商頌是西周時詩之證。但王氏又説："魯頌之襲商頌，則灼然事實。夫魯之於周，親則同姓，尊則王朝，乃其作頌不摹周頌而摹商頌，蓋以與宋同爲列國，同用天子之禮樂；且商頌之作，時代較近，易於摹擬故也"，因此斷定"商頌蓋宗周中葉宋人所作以祀其先王，正考父獻之於周太師，而太師次之於周頌之後，逮魯頌既作，又次之於魯後"。他這種證據是不能成立的。他説魯頌襲商頌之爲"灼然事實"，大概是根據法言"公子奚斯嘗晞正考甫矣"一語，所以他斷定魯頌"徂徠之松，新甫之柏"是擬商頌"陟彼景山，松柏丸丸"。但揚雄這種話實在沒有做證據的價值。其他什麽"同爲列國"，什麽"同用天子之禮樂"，什麽"時代較近"，更是臆測無據之談。蓋王氏雖不信衛序，但極信國語"正考甫校（王氏讀爲"效"，解爲"獻也"）商頌於周太師"之説。我卻以爲國語這句話也不可輕信；因爲用了"太師"和"校"這些字樣，很有漢朝人的色彩。據我看，還是史記説商頌是宋襄公時底詩底話比較地近情。因爲商頌中誇大之語甚多，極與魯頌相像。魏源詩古微因魯頌閟宮有"荆舒是懲"及商頌殷武有"奮伐荆楚"之語，説"召陵之師，爲中夏攘楚第一舉，故魯僖、宋襄歸侈厥績，各作頌詩，薦之宗廟"，其説似乎有理。還有一層，商頌文筆非常之暢達，實在不像東周以前底作品。我這意見，雖與王氏不同，然對於先生"商族認禹爲下凡的天神，周族認禹爲最古的人王（有天神性的）"這個意見並無衝突；而且我這種講法，與先生所説"可見生民是西周作品，在長發之前，還不曾有禹一個觀念"的話尤覺契合。

伯祥兄説禹或是龍，此可備一説。先生據説文云"從虫"，而想到"禸"訓"獸足蹂地"，以爲大約是蜥蜴之類，竊謂不然。説文中從"禸"的字，甲文金文中均不從"禸"（如"禽""萬""禺""獸"諸字）。那"象形，九聲"而義爲"獸足蹂地"之"禸"字，殆漢人據訛文而杜撰的字。

　　我很喜歡研究所謂"經"也者，但我是很"惑經"的。我在十二年前看了康有爲底僞經考和崔觶甫師底史記探源，知道所謂"古文經"是劉歆這班人僞造的。後來看了康有爲底孔子改制考，知道經中所記的事實，十有八九是儒家底"託古"，沒有信史的價值。近來看葉適底習學記言，萬斯同底群書疑辨，姚際恒底詩經通論和禮記通論（在杭世駿的續禮記集説中），崔述底考信録等書，和其他書籍中關於"惑經"底種種議論，乃恍然大悟：知道"六經"固非姬旦底政典，亦非孔丘底"託古"的著作（但其中有後來底儒者"託古"的部分；論語中道及堯、舜、文王、周公，這才是孔丘底"託古"）；"六經"底大部分固無信史底價值，亦無哲理和政論底價值。我現在以爲——

　　（1）孔丘無删述或制作"六經"之事。

　　（2）詩、書、禮、易、春秋，本是各不相干的五部書（"樂經"本無此書）。

　　（3）把各不相干的五部書配成一部而名爲"六經"的緣故，我以爲是這樣的：因爲論語有"子所雅言，詩、書、執禮"和"興于詩，立于禮，成于樂"兩節，於是生出"孔子以詩、書、禮、樂教"（史記孔子世家）之説，又因此而造出"樂正崇四術，立四教，順先王詩、書、禮、樂以造士，春秋教以禮、樂，冬夏教以詩、書"（禮記王制）之説。這一來，便把詩經、尚書、儀禮三部書配在一起了。因爲"樂之原在詩三百篇之中，樂之用在禮十七篇之中"（邵懿辰禮經通論説），故實雖三部，名則四部。又因爲孟軻有"孔子作春秋"之説，於是又把春秋配上。惟何以配入易經，我現在還沒有明白。先生如其知道，請告訴我。

（4）"六經"底配成，當在戰國之末。"六經"之名，最初見於莊子天運篇。又莊子天下篇先説"詩、書、禮、樂，鄒、魯之士縉紳先生多能明之"，下又臚舉"詩""書""禮""樂""易""春秋"六個名目而不云"六經"。案：莊子中可信爲莊周自作者，惟"内篇"七篇而已。天運在"外篇"，天下在"雜篇"，皆非莊周自作，當出於戰國之末。

（5）自從"六經"之名成立，於是荀子儒效篇、商君書農戰篇、禮記經解、春秋繁露玉杯篇、史記（甚多）、漢書藝文志、白虎通等，每一道及，總是六者並舉；而且還要瞎扯了什麽"五常""五行"等等話頭來比附了！（到了劉歆等"古文家"出來，又在那五部書外加上一部周禮。至於春秋三傳、小戴禮記，以及論語、孝經、爾雅、孟子等書，自來皆認爲"傳記"，故流俗所謂"七經""九經""十一經""十三經"也者，都可用"六經"之名賅之。）

我們要考孔丘底學説和事蹟，我以爲只有論語比較的最可信據。我現在把論語之中與所謂"六經"有關的話分別記出如左：

關於詩的有十八則：

A 詩云："如切如磋，如琢如磨。"（學而）

B 子曰：詩三百，一言以蔽之曰，"思無邪"。（爲政）

C"相維辟公，天子穆穆。"（八佾）

D"巧笑倩兮；美目盼兮；素以爲絢兮。"（八佾）

E 子曰：關雎，樂而不淫，哀而不傷。（八佾）

F 子所雅言：詩、書、執禮，皆雅言也。（述而）

G 詩云："戰戰兢兢，如臨深淵，如履薄冰。"（泰伯）

H 子曰：興于詩，立於禮，成于樂。（泰伯）

I 子曰：師摯之始，關雎之亂，洋洋乎，盈耳哉！（泰伯）

J 子曰：吾自衛反魯，然後樂正，雅、頌各得其所。（子罕）

K "不忮不求，何用不臧?"（子罕）

L "唐棣之華，偏其反而。豈不爾思? 室是遠而。"（子罕）

M 南容三復"白圭"。……（先進）

N "誠不以富，亦祇以異。"（顏淵）

O 子曰：誦詩三百，……（子路）

P ……鯉趨而過庭，曰：學詩乎? ……（季氏）

Q 子曰：小子! 何莫學夫詩?（陽貨）

R 子謂伯魚曰：汝爲周南、召南矣乎? ……（陽貨）

關於書的有四則：

A 書云："孝乎惟孝，友于兄弟。"（爲政）

B 子所雅言：詩、書、執禮，皆雅言也。（述而）

C 武王曰："予有亂臣十人。"（泰伯）

D 書云："高宗諒陰，三年不言。"（憲問）

關於樂的有六則：

A 子語魯太師樂，……（八佾）

B 子謂韶，…… 謂武，……（八佾）

C 子在齊聞韶，……（述而）

D 子曰：興于詩，立于禮，成于樂。（泰伯）

E 子曰：師摯之始，關雎之亂，洋洋乎，盈耳哉!（泰伯）

F 子曰：吾自衛反魯，然後樂正，雅、頌各得其所。（子罕）

關於易的有三則：

> A 子曰：加我數年，五十以學易，可以無大過矣。（述而）
> B "不恒其德，或承之羞。"（子路）
> C 曾子曰：君子思不出其位。（憲問）

總説的有三則：

> A 子所雅言：詩、書、執禮，皆雅言也。（述而）
> B 子曰：興于詩，立于禮，成于樂。（泰伯）
> C 曰：學詩乎？……曰：學禮乎？……（季氏）

關於禮的話，論語中雖然很多，但大都是論禮意的，和儀禮全不相干。（"射不主皮"，"揖讓而升，下而飲"等語，後人雖可引儀禮來附會，但不能説這是孔丘引儀禮的證據。）

關於春秋的話，簡直一句也没有。"答子張問十世"和"答顏淵問爲邦"兩節，今文家最喜徵引，説這是關於春秋底微言大義；但我們仔細讀這兩節話，覺得真是平淡無奇，一點也看不出是什麽"非常異義可怪之論"；而且春秋經、公羊傳、春秋繁露中也並没有和這兩節相同或相近的話。這樣一件大事業，論語中找不出一點材料來，不是極可疑的嗎！

論語中説到詩的最多。其中 P 或不足信（崔述説），G 遠在孔丘之後，將這兩則除開不算外，還有十六則之多。這十六則之中，找不出一點删詩的材料來。ABCEIKMNR 所引的詩句或篇名，都在今本詩經之中，僅 D 與 L 爲"逸詩"（D 爲逸詩，説見後），則孔丘所見的詩，實與今本相差不遠（若説完全一樣，則亦決無此理；即使數目相當，而經兩千餘年的寫刻，内容底亡逸和增竄是必不能免的）。再看 B 與 O，則孔丘所見的詩，原來只有三百篇，並非刪存三百篇，這是以前已經有好多人說過的了。只有 J 中有"樂正，雅、頌得所"的話，但這話是論樂，不是論詩；就算是論詩，至多也不過說他編定詩篇次序，決不能作爲刪詩的證據。我想孔丘如果曾經刪詩，則鄭風必在被刪之列，因爲他是主張"放鄭聲"的（前人有謂"聲"是"樂"，不是"詩"，這是要想曲爲彌縫而又强作解人的議論）；而且若照秦、漢以來底儒者那樣用"聖道""王化"來論詩，則王柏、閻若璩、萬斯同底話真是一點不錯，因爲必須將詩經如此刪改，然後可以免於邪僻淫亂而合於聖道王化也。

關於書的四則，也找不出一點刪書的材料來。除 B 以外，都是引書。但很古怪：三次引書，都不在二十八篇之內。照此看來，現在這二十八篇"今文尚書"恐怕與孔丘所見的書很不相同。

樂無經，則關於樂的六則似乎不必去討論它了。但就 F 看來，倒是這個沒有經的樂是經過孔丘底整理的。

關於易的雖有三則，但這三則不特不足以證明孔丘曾經贊易，而且反足以證明孔丘與易無關。A 底文句，魯論與古論大異。今本出于鄭玄，鄭于此節從古論讀。若魯論，則作"五十以學，亦可以無大過矣"（見經典釋文）。漢高彪碑，"恬虛守約，五十以學"，即從魯論。我以爲論語原文實是"亦"字，因秦、漢以來有"孔子贊易"的話，故漢人改"亦"爲"易"以圖附合。古論是劉歆僞造的壁中經，固不足信；但此字之改，卻並非始于古論，因爲史記孔子世家已經作"易"了。大概漢人初則改"亦"爲"易"；繼則將論語此節改成史記底"孔子晚而喜易、序、彖、繫、象、說卦、文言，讀易，韋編三絕，曰：'假我數年，若是，我于易則彬彬矣。'"這種改變，原意殆想將論語此節作爲贊易之證。不料偶不經心，留下一個大漏洞：他們說孔丘暮年歸魯以後刪訂"六經"，其時他已在七十歲左右，于是論語中"五十"兩字便講不通了，什麼"或五年或十年"，什麼"用五用十"，或改作"卒"，或改作"吾"，講來講去，終難圓謊！B只引恒卦底爻辭，也與贊易無涉。至于C底曾參語，在易爲艮卦底大象，但多了一個"以"字，作"君子以思不出其位"，這明明是作大象者襲曾參語而加一"以"字，使與別卦大象底詞例一律；崔述曾據此以爲象傳出於孔丘以後之證。這豈非反足以證明孔丘與易無關嗎？

至於總説的三則：C可疑，不去論它；A是記孔丘用國語（"雅言"姑從劉台拱説）讀文藝，讀歷史，贊禮；B是論教材底先後次第，與後世所謂"删詩、書，定禮、樂"的話全不相干。

"六經"和孔丘無涉，略如上文所云。那麼，"六經"究竟是些什麼性質的書呢？我以爲——

詩　是一部最古的總集。其中小部分是西周底詩，大部分是東周（孔丘以前）底詩。什麼人輯集的，當然無可考徵了。至於輯集的時代，我卻以爲在孔丘以前；孔丘説"詩三百"，"誦詩三百"，則他所見的已是編成的本子了。先生説"詩經的輯集必在孔子以後，孟子以前"，引今本無"素以爲絢兮"一句又無"唐棣之華"全首爲輯集於論語之後之證（小説月報十四卷一號）。我看似未必然。子夏所問並非碩人之詩。碩人第二章句句都是描寫莊姜底身體之美，末了決不能有"素以爲絢兮"一句。這一定是別一首詩，但"巧笑"二句與碩人偶同罷了。此詩後來全首亡逸。"唐棣"一詩也是全首亡逸。"素絢"爲孔丘所稱道，固不應删去；即"唐棣"雖爲孔丘所不取，然今本無有，亦非有意删去，乃是偶然亡逸的。有亡逸也許還有增竄。例如都人士底首章，惟毛詩有之，三家均無（見禮記緇衣釋文），不知是本有而三家亡逸呢，還是本無而毛詩據左傳（襄十四）、禮記（緇衣）、賈誼新書（等齊篇）增竄呢。無論真相如何，總可以作詩經傳寫必有亡逸或增竄之證。但雖有亡佚或增竄，總是原始本的變相，不能説它們是兩個本子。

書　似乎是"三代"時候底"文件類編"或"檔案彙存"，應該認它爲歷史。但我頗疑心它並沒有成書，凡春秋或戰國時人所引夏志、周書等等，和現在所謂逸周書者，都是這一類的東西，所以無論今文家説是廿八篇，古文家説是一百篇，都不足信；既無成書，便無所謂完全或殘缺。因爲它常常被人稱引，於是"託古"的人們不免要來僞造了。現在的二十八篇中，有歷史底價值的恐怕沒有幾篇。如堯典、皐陶謨、禹貢、甘誓等篇，一定是晚周人僞造的。逸周書中，僞篇一定也佔了大部分。還有一層，尚書即無僞篇，也只是粉飾作僞的官樣文章，採作史料必須愼之又愼。前代學者不信任它的，只有一個劉知幾。以崔述的勇於疑古，而對於它則深信不疑，這是他被"王道""聖治"底觀念所蒙了。

禮　儀禮是戰國時代胡亂鈔成的僞書，這是毛奇齡、顧棟高、袁枚、崔述諸人已經證明的了。周禮是劉歆僞造的。兩戴記中，十分之九都是漢儒所作的。

樂　樂本無經，而古文家造出"魏文侯底樂人竇公獻書於漢文帝，乃周官大宗伯之大司樂章"之説（見漢書藝文志），其意殆欲以此冒充"樂經"。但這故事造得太不像了，因爲照他所説，竇公獻書時已有二百五六十歲光景（康有爲説）！

易　我以爲原始的易卦，是生殖器崇拜時代底東西；"乾""坤"二卦即是兩性底生殖器底記號。初演爲八，再演爲六十四，大家拿它來做卜筮之用；於是有人做上許多卦辭、爻辭，這正和現在底"籤詩"一般；"无咎""悔亡"，和"上上""中平""下下"一般。這些"籤詩"大概不止一種（但連山、歸藏之説則決不可信），所以左傳所載與今易經頗多不同。孔丘以後的儒者借它來發揮他們底哲理（這也是"託古"），有做彖傳的，有做象傳的，有做繫辭傳的，有做文言傳的，漢朝又有焦贛、京房一流人做的説卦傳，不知什麽淺人做的序卦傳，不知那位學究做的雜卦傳，配成了所謂"十翼"。

春秋　王安石（有人説不是他）説它是"斷爛朝報"，梁啟超説它像"流水賬簿"，都是極確當的批語。孟軻因爲要借重孔丘，於是造出"詩亡然後春秋作"，"孔子成春秋而亂臣賊子懼"的話，就這部斷爛朝報，硬說它有"義"，硬說它是"天子之事"。一變而爲公羊傳，再變而爲董仲舒之春秋繁露，三變而爲何休之公羊解詁，於是"非常異義可怪之論"愈加愈多了。但公羊氏(?)與董仲舒所説的春秋之義，雖非原始的春秋所有，卻是有條理，有系統，自成一派學説；後來忽然跑出一個文理不通的穀梁氏(?)來學舌，説了許多幼稚可笑的話，那便真不足道了。至於左傳，本是戰國時代一個文學家編的一部"國別史"，即是國語，其書與春秋絕無關係；到了劉歆，將它改編，加上什麽"五十凡"這類鬼話，算做春秋底傳，而將用不着的部分仍留作國語(康有爲説)。這部書底信實的價值，和三國演義差不多；但漢以前最有價值的歷史總不能不推它了。

這是我現在對於所謂"六經"是什麽性質的書的意見。

從實際上説，"六經"之中最不成東西的是春秋。但春秋因爲經孟軻底特別表彰，所以二千年中，除了劉知幾以外，沒有人敢對它懷疑的。孟軻是第一個講"道統"的人，他底全書底末章，由堯、舜、湯、文王、孔子，叙到他的時候，明明有"獨力肩道統"的意思。他全書中講到春秋，共有三處(没有仔細查，不知有無遺漏)：

　　A孟子曰：世衰道微，邪説暴行又作，臣弑其君者有之，子弑其父者有之；孔子懼，作春秋。春秋，天子之事也；是故孔子曰："知我者其惟春秋乎！罪我者其惟春秋乎！"……孔子成春秋而亂臣賊子懼。……(滕文公下)
　　B孟子曰：王者之跡熄而詩亡，詩亡然後春秋作。晉之乘，楚之檮杌，魯之春秋，一也。其事則齊桓、晉文；其文則史；孔子曰："其義則丘竊取之矣。"(離婁下)

C 孟子曰：春秋無義戰。（盡心下）

B 的話實在不通，詩和春秋的系統關係，無論如何說法，總是支離牽強的。我以爲這三則都是孟軻要將自己底學說依託孔丘，正與朱熹自己底"格物窮理說"和王守仁自己底"致良知說"要依託大學同樣地心理。他要闢楊、墨，爲了他們是"無君無父"的學說，所以有 A 說；他是貴王賤霸的，所以有 B 說；他是說"善戰者服上刑"的，所以有 C 說。A 底後面，有"吾爲此懼，閑先聖之道"和"我亦欲正人心，息邪說，距詖行，放淫辭，以承三聖者"等語，則依託孔丘以肩道統之意昭然若揭了。前人講春秋，很相信孟軻底話，很不相信孫復底春秋尊王發微底話。其實照孟軻底意思，必須像孫復那樣講法才能圓滿的。

我上面那種翻案的議論，只是要研究所謂"六經"的那幾部書的原始面目，只是要研究它們與孔丘有無關係而已。若講僞書底價值，正未可一概而論。亂鈔亂說的固然不少，至如易之彖、象、繫辭傳，如小戴禮記中之禮運、中庸、大學諸篇，如春秋之公羊傳與繁露，如周禮，這都是極有價值的"託古"著作。但不能因其有價值便說是姬旦、孔丘所作，也不能因其非姬旦、孔丘所作便說是無價值。我很佩服姚際恒、崔述、康有爲那樣"疑古"的求真態度，很不佩服他們那樣一味痛罵僞書的衛道態度。

兩千年中底學者對於"六經"的研究，以漢儒爲最糟。他們不但沒有把真僞辨別清楚，他們自己還要作僞。他們不但沒有把文句解釋明白，他們自己底文理大都是不通的。無論今文家、古文家，都是"一丘之貉"。什麼禘祫、明堂、封建、井田、宮室、祭器等等，人各一說，而且一個人還要自相矛盾：這可見他們全是望文生訓，閉眼胡說。清儒以爲漢儒去先秦未遠，其說必有所受，於是專心來給他們考證疏解，想出種種方法來替他們圓謊，其實是上了他們底當了！毛亨（？）底文理最不通，鄭玄底學問最蕪雜，他倆注詩經，鬧的笑話真是不少。鄭玄以後直到賈公彥、孔穎達諸人，不過將廢話越說越多罷了。中唐以後，曙光漸見，如李翶、韓愈之於論語，啖助、趙匡、陸淳之於春秋，劉知幾之於尚書、春秋，都能不爲舊說所蒙，開宋、明以來疑經的先路。宋儒所言經義，大都是將他們自己底學說套在古經底身上，無論好壞，總之十有七八非古經所本有。但如歐陽修、鄭樵、朱熹、葉適諸人底辨僞，成績卻是很大。他們還有一種好處，是求文理通順；不但朱熹注四書很講究文理，就是被大家目爲"陋儒"的蔡沈和陳澔，他們注解尚書和禮記也比"僞孔安國"和鄭玄要通得多。從清初到現代，既有戴震、段玉裁、王念孫、王引之、俞樾、孫詒讓、章太炎師諸人講通文義，又有閻若璩、姚際恒、崔述、康有爲諸人的推翻僞經，這幾部古書（"六經"）底真相漸漸地可以撥雲霧而見青天了。但以前底學者無論如何大胆疑古，總不免被成見所囿。先生說："崔述著書的目的是要替古聖人揭出他們的聖道王功，辨僞只是手段。"真是一針見血之論。姚、康諸人也是這樣。所以他們總要留下一團最厚最黑的雲霧，不肯使青天全見的。我們現在應該更進一步，將這團最厚最黑的雲霧盡力撥除。

中國底僞書真多，現代人底著作之中還有僞的，章太炎的白話文中有錢玄同的文章（中國文字略說）。所以我們要看中國書，無論是否研究國學，是否研究國史，這辨僞的工夫是決不能省的。"六經"在古書中不過九牛之一毛，但它作怪了二千多年，受害的人真是不少了；它作怪時用的許多法寶之中，"僞書"和"僞解"就是很重要的兩件，我們不可不使勁來推翻它。

"辨說文的文字"，現在還不能就做，因爲我對於這方面的研究還狠淺。我現在只能將疑說文的理由簡單奉告：

許慎是表彰"壁中古文經"底文字的。"壁經"之出於劉歆"嚮

壁（即孔壁）虛造”，經康有爲和崔觶甫師底證明，我認爲毫無疑
義了。壁經既僞，則其文字亦僞。許慎所記篆文，所釋形體，大
都與甲文金文不合；而說文中所謂“古文”，尤與甲文金文不合。
依我底研究，甲文最古，金文次之，石鼓文及大篆又次之（石鼓
文爲秦文，從馬叔平說；大篆爲秦文，從王靜安說），秦之金石
刻及小篆又次之。說文所列小篆，已多漢人傳譌之體；近見龔橙
理董許書稿本，他說說文中的小篆還不如漢隸的較爲近古，極爲
有見。至於說文中所謂“古文”，所謂“奇字”，乃是劉歆輩依仿傳
誤的小篆而僞造的，故與甲文、金文底形體相去最遠。因爲小篆
是傳誤的，“古文”是僞造的，所以說是“僞古字”。“僞古義”，如
“告，牛觸人，角着橫木，所以告人也”，“射，弓弩發於身而中
於遠也”之類。“僞古說”，如“楚莊王曰，止戈爲武”，“孔子曰：
一貫三爲王”之類。至於“僞古禮”和“僞古制”，這是從僞經上來
的；若將僞經推翻，則說文中這兩部分便不攻而自倒了。

　　要說的話還沒有完，今天暫止於此，請先生教正。

　　先生關於呂刑與堯典方面的新發明，便希示我。

　　　　　　　　　　　　玄同　一九二三，五，二五。

答劉胡兩先生書[*]

<u>掞藜</u>
<u>菫人</u> 先生：

　　由<u>努力社</u>轉到兩位先生的質問，披讀一過，真使我高興得很。我本來的意思，是要先把與古史有關的書一部一部的讀了，把内中説及古史的地方鈔出，歸納成爲一篇"某書中的古史"；等到用得着的書都讀完了，牠們説着的古史都抽出了，再依了牠們的先後關係，分別其真僞異同，看出傳説中對于古史的變遷，彙成一篇層累地造成的中國古史。不幸豫計中的許多篇"某書中的古史"還没有做，而總括大意的<u>與玄同先生書</u>先已登出，以至證據不充，無以滿兩位先生之意，甚以爲愧。

　　但我覺得我這一文的疏漏是有的，至於這個意思總不能輕易認爲錯誤，所以我想把胸中所有的意見詳細寫出，算做答文，與兩位先生討論下列諸項問題：

　　　　(1)<u>禹</u>是否有天神性？(2)<u>禹</u>與<u>夏</u>有没有關係？(3)<u>禹</u>的來歷在何處？(4)<u>禹貢</u>是什麽時候做的？(5)<u>后稷</u>的實在如何？(6)<u>堯</u>、<u>舜</u>、<u>禹</u>的關係如何？(7)<u>堯典</u>、<u>皋陶謨</u>是什麽時候做的？(8)現在公認的古史系統是如何組織而成的？
以上的題目當在一二月内做畢，登入<u>讀書雜志</u>。

---

* 原載<u>讀書雜志</u>第十一期，1923 年 7 月 1 日；又載<u>古史辨</u>第一册。附文同此。

　　本期讀書雜志限于篇幅，不能登載我的答文；我現在僅把我對於古史的態度説了。研究古史自應分析出信史和非信史兩部分。信史的建設，適之先生上月來書曾説一個大旨，鈔録於下：

　　我對於古史的大旨是：

　　1. 商民族的時期，以河南爲中心。此民族的來源不可考。但商頌所記玄鳥的神話當是商民族的傳説。關於此一時期，我們應該向"甲骨文字的系統的研究"裏去尋史料。

　　2. 周民族的時期，約分三時期：

　　（a）始興期，以甘肅及陝西西境爲中心。

　　（b）東侵期，以陝西爲中心，滅了河南的商民族的文化而代之。周公之東征，召公之南下，當在稍後。

　　（c）衰落期，以東都爲中心，僅存虛名的共主而已，略如中古時代之"神聖羅馬帝國"。

　　3. 秦民族的時期，也起於西方，循周民族的故跡而漸漸東遷，至逐去犬戎而佔有陝西時始成大國。

　　以時間言之，可得下表：

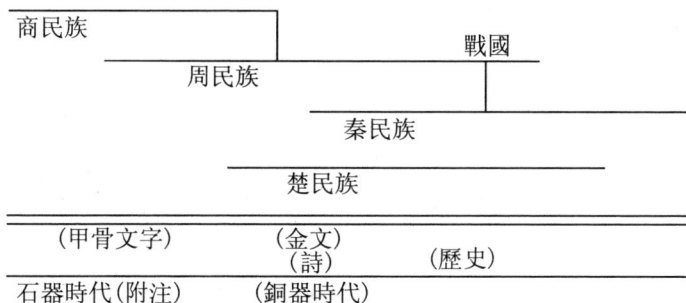

商民族		
周民族	戰國	
	秦民族	
	楚民族	
（甲骨文字）	（金文）（詩）	（歷史）
石器時代（附注）	（銅器時代）	

　　至於以山西爲中心之夏民族，我們此時所有的史料實在不够用，只好置之於"神話"與"傳説"之間，以俟將來史料的發現。

　　（附注）發見澠池石器時代文化的安特森（J. G. Andersson)近疑商代猶是石器時代的晚期（新石器時代）。我想他的假定頗近是。

適之先生這段話，可以做我們建設信史的骨幹。

在推翻非信史方面，我以爲應具下列諸項標準：

（一）打破民族出於一元的觀念。在現在公認的古史上，一統的世系已經籠罩了百代帝王，四方種族，民族一元論可謂建設得十分鞏固了。但我們一讀古書，商出於玄鳥，周出於姜嫄，任、宿、須句出於太皞，郯出於少皞，陳出於顓頊，六、蓼出於皋陶庭堅，楚、夔出於祝融、鬻熊（恐是一人），他們原是各有各的始祖，何嘗要求統一！自從春秋以來，大國攻滅小國多了，疆界日益大，民族日益併合，種族觀念漸淡而一統觀念漸強，于是許多民族的始祖的傳説亦漸漸歸到一條綫上，有了先後君臣的關係，堯典、五帝德、世本諸書就因此出來。中國民族的出於一元，俟將來的地質學及人類學上有確實的發見後，我們自可承認牠；但現在所有的牽合混纏的傳説我們決不能胡亂承認。我們對於古史，應當依了民族的分合爲分合，尋出他們的系統的異同狀況。

（二）打破地域向來一統的觀念。我們讀了史記上黃帝的"東至於海，西至於空桐，南至於江，北逐葷粥"，以爲中國的疆域的四至已在此時規定了；又讀了禹貢、堯典等篇，地域一統的觀念更確定了。不知道禹貢的九州，堯典的四罪，史記的黃帝四至乃是戰國時七國的疆域，而堯典的羲、和四宅以交阯入版圖更是秦、漢的疆域。中國的統一始於秦，中國人民的希望統一始於戰國；若戰國以前則只有種族觀念，並無一統觀念。看龜甲文中的地名都是小地名而無邦國種族的名目，可見商朝天下自限於"邦畿千里"之內。周有天下，用了封建制以鎮壓四國——四方之國，——已比商朝進了一步，然而始終未曾没收了蠻貊的土地人民以爲統一寰宇之計。我們看，楚國的若敖、蚡冒還是西周末東遷初的人，<u>楚國</u>地方還在今<u>河南</u>、<u>湖北</u>，但他們竟是"篳路藍縷以啟山林"。<u>鄭國</u>是<u>西周</u>末年封的，地在今<u>河南新鄭</u>，但竟是"艾殺此地，斬之蓬蒿藜藋而共處之"。那時的土地荒蕪如此，那裏是一統時的樣子！自從<u>楚國</u>疆域日大，始立縣制，<u>晉國</u>繼起立縣，又有郡；到<u>戰國</u>時郡縣制度普及；到<u>秦</u>併六國而始一統。若說<u>黃帝</u>以來就是如此，這步驟就亂了。所以我們對於古史，應當以各時代的地域爲地域，不能以<u>戰國</u>的七國和<u>秦</u>的四十郡算做古代早就定局的地域。

（三）打破古史人化的觀念。古人對於神和人原没有界限，所謂歷史差不多完全是神話。人與神混的，如<u>后土</u>原是地神，卻也是<u>共工氏</u>之子；<u>實沈</u>原是星名，卻也是<u>高辛氏</u>之子。人與獸混的，如<u>夔</u>本是九鼎上的罔兩，又是做樂正的官；<u>饕餮</u>本是鼎上圖案畫中的獸，又是<u>縉雲氏</u>的不才子。獸與神混的，如<u>秦文公</u>夢見了一條黃蚳，就作祠祭<u>白帝</u>；<u>鯀</u>化爲黃熊而爲<u>夏</u>郊。此類之事，舉不勝舉。他們所説的史固決不是信史，但他們有如是的想像，有如是的祭祀，卻不能不説爲有信史的可能。自<u>春秋</u>末期以後，諸子奮興，人性發達，於是把神話中的古神古人都"人化"了。人化固是好事，但在歷史上又多了一層的作僞，而反淆亂前人的想像祭祀之實，這是不容掩飾的。所以我們對於古史，應當依了那時人的想像和祭祀的史爲史，考出一部那時的宗教史，而不要希望考出那時以前的政治史，因爲宗教是本有的事實，是真的，政治是後出的附會，是假的。

（四）打破古代爲黃金世界的觀念。古代的神話中人物"人化"之極，於是古代成了黃金世界。其實古代很快樂的觀念爲<u>春秋</u>以前的人所没有；所謂"王"，只有貴的意思，並無好的意思。自從<u>戰國</u>時一班政治家出來，要依託了古王去壓服今王，極力把"王功"與"聖道"合在一起，於是大家看古王的道德功業真是高到極頂，好到極處。于是異於征誅的禪讓之説出來了，"其仁如天，其知如神"的人也出來了，堯典、皋陶謨等極盛的人治和德化也出來了。從後世看唐、虞，真是何等的美善快樂！但我們反看古書，不必説風、雅中怨苦流離的詩儘多，即官撰的盤庚、大誥之類，所謂商、周的賢王亦不過依天託祖的壓迫着人民就他們的軌範；要行一件事情，説不出理由，只會説我們的占卜上是如此説的，你們若不照做，先王就要"大罰殛汝"了，我就要"致天之罰於爾躬"了！試問上天和先王能有什麽表示？況且你既可以自居爲天之元子，他亦可以自説新受天命，改天之元子；所謂"受命""革命"，比了現在的僞造民意還要胡鬧。又那時的田畝都是貴族的私産，人民只是奴隸，終年服勞不必説，加以不歇的征戰，死亡的恐怖永遠籠罩着。試問古代的快樂究在那裏？我們要懂得五帝、三王的黄金世界原是戰國後的學者造出來給君王看樣的，庶可不受他們的欺騙。

以上四條爲從雜亂的古史中分出信史與非信史的基本觀念，我自以爲甚不誤。惜本期篇幅甚短，不能暢説。

頡剛敬上　十二，六，二十。

附

劉掞藜：讀顧頡剛君"與錢玄同先生論古史書"的疑問

在讀書雜志第九期讀到顧君頡剛的與錢玄同先生論古史書。顧君是要辨論中國的古史，想比崔述那"儒者的辨古史"更進一步，作那"史家的辨古史"底事業；要由看傳説的經歷做一番"確當的整理"工夫。這種研究底精神是很可欽佩的。自另一方面言之，歷來少有人疑經書不是信史，現在顧君卻以爲拿經書做標準是立腳不住的；因看古史傳說的變遷，遂大大疑起堯、舜、禹底史事來。這種疑古底精神，比崔述確是更進一步，也是很可欽佩的。

但我對于顧君所疑，不惟不很滿意，反使我生了好些疑問。所以我信手寫下就問於顧君。

　　顧君說："商頌長發說：'洪水芒芒，禹敷下土方，……帝立子生商。'禹的見於載籍以此爲最古。詩、書裏的'帝'都是上帝（帝堯、帝舜等不算……）。……看這詩的意義，似乎在洪水芒芒之中，上帝叫禹下來布土，而後建商國。然則禹是上帝派下來的神，不是人。小旻篇中有'旻天疾威，敷于下土'之句，可見'下土'是對'上天'而言。"

這種推想是很不能使人滿意的。因爲即把"禹敷下土方"的"下土"說作對"上天"而言，並不見得遂有"禹是上帝派下來的神，不是人"的意思。我們讀魯頌閟宮"赫赫姜嫄，其德不回；上帝是依，無災無害，彌月不遲，是生后稷，……奄有下土"，及大雅下武"成王之孚，下土之式"，這兩處並言"下土"。如果以"禹敷下土方"說爲"上帝叫禹下來布土，……禹是上帝派下來的神，不是人"，然則后稷也是上帝叫他下來奄有下土，武王也是上帝叫他下來爲下土之法了，他們也是神，不是人麼？

果如顧君所說，"禹敷下土方"是"上帝叫禹下來布土"，則"帝立子生商"更明明白白說是上帝置子而生契，若以爲禹是神，不是人，則契更是神，不是人了。那末，我們將詩經展開來讀，神還多哩，如商頌玄鳥有"天命玄鳥，降而生商，宅殷土芒芒；古帝命武湯，正域彼四方"，這裏明言上帝叫燕子下來生契，後來又叫湯去正域彼四方，不但契是神，不是人，就是湯又何嘗是人呢？又大雅文王有聲言："文王受命，有此武功"，皇矣亦說

"帝謂文王，無然畔援，……帝謂文王，予懷明德，……帝謂文王，詢爾仇方，……"看上帝給命與文王，又和文王這樣地對語，然則文王也是神，不是人麽？

　　顧君説："商頌據王靜安先生的考定，是西周中葉宋人所作的。……這時對于禹的觀念是一個神；到魯僖公時，禹確是人了。閟宮説：'是生后稷，……俾民稼穡；……奄有下土，纘禹之緒。'（按生民篇叙后稷事最詳，但只有説他受上帝的保衞，没有説他'纘'某人的'緒'。因爲照生民作者的意思，后稷爲始事種植的人，用不到繼續前人之業。到閟宮的作者就不同了，他知道禹爲最古的人，后稷應該繼續他的功業。在此，可見生民是西周作品，在長發之前，還不曾有禹的一個觀念。）這詩的意思，禹是先'奄有下土'的人，是后稷之前的一個國王；后稷是後起的一個國王。他爲什麽不説后稷纘黃帝……堯、舜的緒呢？這很明白，那時没有黃帝、堯、舜。"

　　但是我們翻開詩經大雅、小雅一讀，西周時候的詩如韓奕嘗言"奕奕梁山，維禹甸之"，信南山亦言"信彼南山，維禹甸之"，文王有聲言"豐水東注，維禹之績；四方攸同，皇王維辟"，這三詩對於禹的觀念也是一個神麽？我們且拋開這些，再就顧君所承認爲西周宋人所作的商頌來看。商頌殷武説："昔有成湯，自彼氐、羌，莫敢不來享，莫敢不來王，曰商是常；天命多辟，設都于禹之績。"這詩對於禹的觀念也是一個神嗎？不然，"西周對于禹的觀念是個神，到魯僖公時禹確是人了"，這句話恐怕不能成立吧？

　　至于生民詩作者的意思以"后稷爲始事種植的人，用不到繼續前人之業"，顧君已自言之。因爲生民作者以后稷爲始事種植的人，用不到繼續前人之業，所以無須把禹的事情牽進去。顧君何以又說"生民是西周作品，在長發之前，還不曾有禹的一個觀念"呢？因用不到牽入禹的事而不將禹牽入詩去，顧君乃遂謂作此詩的詩人那時沒有禹的觀念，然則此詩也因用不到牽入公劉、太王、王季、文王、武王而不將公劉、太王、王季、文王、武王牽入詩去，我們遂得說生民作者那時也沒有公劉、太王、王季、文王、武王的觀念嗎？于是我們可進一步而說閟宫也是因爲用不着說到后稷纘黄帝、堯、舜的緒，所以沒有牽他們進詩去。顧君因爲閟宫作者沒有牽他們進詩去，遂說"那時並沒有黄帝、堯、舜"；然則閟宫也沒有牽成王、穆王、隱公、桓公進去，我們遂得說那時也並沒有成王、穆王、隱公、桓公嗎？

閟宫何以不說后稷纘黄帝、堯、舜之緒而只說"纘禹之緒"呢？據我的意思，以爲禹是治水甸山，盡力乎溝洫的人，而后稷是開始種植的人。有禹治水甸山將溝洫弄好了，后稷遂得以種植了。因爲這個關係，所以閟宫作者不說后稷纘黄帝的緒，纘堯、舜的緒，只說"纘禹之緒"了。顧君謂"那時並沒有黄帝、堯、舜，那時最古的人王（有天神性的）只有禹，所以說后稷纘禹之緒；商族認禹爲下凡的天神，周族認禹爲最古的人王"，那末，未免太武斷，太不正確嗎？並且顧君既毫無穩妥證據地認禹爲天神性，不知道他對於"履帝武敏歆，攸介攸止，載震載夙"而生的后稷，何以又不認爲有天神性？

顧君說："在這上，我們應該注意的，'禹'和'夏'並沒有發生了什麽關係。長發一方面說'洪水芒芒，禹敷下土方'，一方面又說湯'韋、顧既伐，昆吾、夏桀'，若照後來人說禹是桀的祖先，如何商國對於禹既感他敷土的恩德，對于禹的子孫就會翻臉殺伐呢？……禹是他們認爲開天闢地的人，夏桀是被湯征伐的一個，他們二人漠不相關，很是明白。（書中最早把‘夏’和‘禹’二字聯屬成文的，我尚没有找到。）"

顧君這些話最容易引起人首先要發些很平常的問話道：先生以爲長發、閟宫這些詩上没有將"夏""禹"連稱，遂説"禹"和"夏"没有發生什麽關係，那麽，第一，先生相信詩篇有省文節字使句子長短整齊或音節便讀底道理嗎？第二，長發所説"洪水芒芒，禹敷下土方，外大國是疆，幅隕既長，有娀方將，帝立子生商"，是謂禹敷土治水的時候，有娀氏始大，而上帝立子生商。這不過借禹敷土的時候表明商創國的時候；並没有什麽感謝禹敷土底恩德的意思，並没有認禹爲開天闢地底意思。就依顧君所説，他商國縱有感謝禹敷土底意思，遂謂不會翻臉來殺他的後裔，天下那裏有這樣的好人？若果如顧君所云，則大雅文王周國也常欽佩"殷之未喪師，克配上帝"，蕩也不過説"殷不用舊"，説其"雖無老成人，尚有典刑"，何以遂會翻臉來殺商的子孫呢？

顧君説："至于禹從何來？禹與桀何以發生關係？我以爲都是從九鼎上來的。禹，説文云：'蟲也，從厹，象形。'厹，説文云：'獸足蹂地也。'以蟲而有足蹂地，大約是蜥蜴之類。我以爲禹是九鼎上的一種動物，當時鑄鼎象物，奇怪的形狀一定很多，禹是鼎上動物的最有力者；或者有敷土的樣子，所以就算他是開天闢地的人。……流傳到後來，就成了真的人王了。九鼎是夏鑄的，商滅了夏搬到商，周滅了商搬到周。……他們追溯禹出於夏鼎，就以爲禹是最古的人，應做夏的始祖了。"

這種説文迷，想入非非，任情臆造底附會，真是奇得駭人了！我駭了以後一想，或者顧君一時忘卻古來名字假借之説。不然，我們要問稷爲形聲字，是五穀之長，何以不認后稷爲植物咧？難道那奇形怪狀底象物九鼎上没有稷這種植物麽？九鼎上的動物——禹——流傳到後來成了真的人王，何以不説稷爲九鼎上的植物，流傳到後來成了周的祖宗呢？商、周追溯禹出於夏鼎，就以爲禹是最古的人，應做夏的始祖，安知周不是追溯后稷出於九鼎，以爲后稷是纘禹的緒而引爲他們的始祖呢？我底臆想卻相信人類知識和文化到了能採金鑄鼎，而鑄鼎又象物底時期，斷不會没有文字（因爲怕顧君不相信倉頡造字，故如此説）；斷不會没有鑄鼎底人的名字和事業流傳下來。禹是治水敷土，建功立業，鑄鼎象物這麽一個偉人，流傳下來縱有附會，斷不至於絶無其人。如果在詩經裏毫不帶有神秘意味底禹尚不信有其人，則天命玄鳥降而生底商和履帝武敏歆而生的后稷更不足信有其人了。大雅、小雅、商頌、魯頌雖把商和后稷説得天花亂墜，安知他們不是僞託？楊朱曰：“太古之事滅矣，孰誌之哉？三皇之世，若存若亡；五帝之事，若覺若夢；三王之事，或隱或顯，億不識一；當身之事，或聞或見，萬不識一；目前之事，或存或廢，千不識一。”誠如顧君所言，則我們目前的事千不識一，彼此相告便可彼此不信，因爲你耳聞别人之所見，雖如詩之不帶神秘意味地以告知我們，我們也可無確實證據地不相信也。

顧君説：“東周初年只有禹，是從詩經上可以推知的；東周的末年更有堯、舜，是從論語上可以看到的。……論語中二次連稱堯、舜（堯、舜其猶病諸），一次連稱舜、禹（巍巍乎舜、禹之有天下也），又接連贊美堯、舜、禹（大哉堯之爲君——舜有臣五人而天下治——禹吾無間然矣），可見當時確以堯、舜在禹之前。於是禹之前有更古的堯、舜了。但堯與舜，舜與禹的關係還没有提起，……（……堯曰篇雖説明他們的傳授關係，但……崔述考定自季氏至堯曰五篇是後人續入的。……)在論語之後，堯、舜的事蹟編造的完備了，於是有堯典、皋陶謨、禹貢等篇出現。有了這許多篇，於是堯與舜有翁壻的關係，舜與禹有君臣的關係了。"

"論語較爲可靠"，是顧君承認的。自季氏至堯曰五篇，經崔述考定爲後人所續，也是顧君承認的。現在我們且拋開季氏至堯曰五篇不說，只就所餘的十五篇，首先看看孔子那時是否已有書那本書。據爲政"書云'孝乎惟孝……'"，述而"子所雅言，詩、書執禮，皆雅言也"及憲問"子張曰：'書云"高宗諒陰，三年不言"，何謂也?'子曰：'何必高宗，古之人皆然'"，是孔子那時確有書這部書。所以孔子挪書雅言，他的弟子也拿書中語句問難。但孔門弟子何以不將孔子所雅言的詩、書盡記在論語裏呢？是必因爲孔子所雅言的是講解詩、書中整篇、整章或整段，只求弟子們能了解意義，有詩、書在，正不必記入論語中以免繁贅，所以僅將孔子對于詩、書的心得發爲抑揚慕嘆的記下來。正如我們現在讀史記，講杜詩，只把心得寫下——不勤奮的即有點心得也不肯去寫，——斷没有將全部史記或全篇列傳，全部杜詩或全章北征等都寫入的道理。孔子對于堯、舜、禹事有了心得，發爲慕嘆，而當時又並不詫爲無中生有的。今顧君只因没有看見重重複複地將堯、舜、禹的事實寫上，遂以爲堯典、皋陶謨、禹貢是在論語之後編造完備，那末，我們也没有看見詩經上詩篇重重複複地寫在論語裏，我們遂可說"在論語之後，后稷、文王、武王的事蹟編造完備了，于是有生民、大明、皇矣等等出現"嗎？

稍後于孔子的有墨子。墨子中的尚賢、尚同、兼愛、明鬼、非命等篇是現在的人所認爲真的。在這些篇章中每每引着禹誓、湯誥、呂刑、大誓、仲虺，是在墨子時也確實有書這本書。又每每說及堯、舜、禹君臣的事蹟和關係。據我們考察，孔門弟子以曾子爲最少，而論語泰伯所記，直至曾子之疾病且死，則論語成在曾子的死後很是明白。曾子死前，墨子的學説已風行一時。今顧君以爲堯、舜、禹的事蹟和關係是在論語之後堯、舜、禹的事蹟編造完備的時候才有，然則墨子能讀他身後的書嗎？

顧君又引詩經和論語上的話來證堯典出於論語之後。我仔細看來，沒有個很使人滿意的證據。今爲便利起見，依顧君的分條，逐一寫出我的疑問如下：

顧君説："堯典的靠不住，如梁任公先生所舉的'蠻夷猾夏'，'金作贖刑'都是。"其實梁先生在他的中國歷史研究法對於"金作贖刑"尚不敢確下否認，就是我們也沒有確實證據證明三代以前無金屬貨幣。只有"蠻夷猾夏"一個反證較爲穩妥。但不能以這一個證據遂説堯典都靠不住，因爲梁先生在一四二頁上又説"尚書堯典所記'仲春日中星昴，仲夏日中星火'等，據日本天文學者所研究，西紀前二千四百年時確是如此。因此可證堯典最少應有一部分爲堯、舜時代之真書"。自然顧君説堯典靠不住，下面還有證據。我們且看他的證據如何。他説"即以詩經證之，閟宮説后稷'奄有下國'，明明是做國王，牠卻説成舜的臣子"。夫閟宮説后稷"奄有下國"，不過如皇矣説"維此王季……奄有四方"，"維此王季……克長克君，王此大邦"，又謂文王爲"萬邦之方，下民之王"。如以爲后稷"奄有下國"是做了國君，不當説成舜的臣子，然則王季"奄有四方"，文王爲"萬邦之方，下民之王"，遂可説王季、文王不是商紂的臣子嗎？他們兩個何嘗不是明明做國王咧？顧君又説："后稷的后字原已有國王之義，堯典上舜對稷説'汝后稷'，實爲不辭。"按后稷是兩字相連的官名，與共工爲兩字相連的官名一樣。堯典中所稱"汝后稷""汝共工""汝羲暨和"，皆是古人命官的一種口氣，何謂不辭？因爲后稷是兩字相連的官名，所以詩經皇矣、生民、閟宮諸篇皆"后稷"連稱。如要把后稷的后字解作國王，何不把王季的王字也解作天子？顧君又説"閟宮説'纘禹之緒’，明明是在禹後，牠卻説是舜的同官”。按“纘禹之緒”雖可證明棄的事業在禹後，但不能證明他們兩個不同在舜的朝廷作官。因爲禹是盡力乎溝洫的，后稷是從事于種植的，禹把溝洫治好了，使后稷得以種植：這種纘緒並不須在幾十年後或幾百年後。若使不必在幾十年幾百年後，則在舜幾十年長底朝廷裏何以不得同官？顧君又以論語證之，其説曰：“(1)論語上門人問孝的很多，舜既‘克諧以孝’，何以孔子不舉他做例？(2)論語上説‘舜有臣五人’，何以堯典上會有九人？堯典上既有九人，各司其事，不容偏廢，何以孔子單單截取了五人？(3)南宮适説‘禹、稷躬稼而有天下’，可見禹、稷都是有天下的，爲什麼堯典上都是臣而非君？(4)孔子説舜‘無爲而治’，堯典上説他‘五載一巡守，群后四朝’，又説他‘三載考績，三考，黜陟幽明’，不相衝突嗎？這些問題，都可以證明堯典出於論語之後。”但我卻以爲這些問題沒有一個可以證明堯典出於論語之後。(1)中庸記孔子所説“舜其大孝也與”，且不論(因中庸出現較晚)論語上孔子不舉舜作例以答問孝的門人，這是孔子不好舉例的慣性，並不足以引來證明有論語後才有堯典。因爲我們知道孔子答弟子或其時的君卿，無論他們問君子，問干祿，問使民，問禮，問君使臣，問臣事君，問仁，問善人之道，問政，問友，問士，問恥，或問稼，孔子總是答幾句對症下藥的簡括話，從不遠舉實例。就是子路問成人，也不過舉幾個同時或略前的人，説明有了某種知，某種不欲，某種勇，某種藝，合攏來使他去觀感罷了。這並不是孔子的慣性；這是他百答中一個特答。若果如顧君所説，則孔子對於以上種種的問，也從没有舉過商書、周書、大雅、小雅那些講仁德，講爲政，講使民，講稼穡，講孝友，講做人，講君子，講禮義，講臨民的人物或言語作例，難道我們遂可以爲商書、周書、大雅、小雅出於論語之後嗎？(2)論語説“舜有臣五人”，這不過約指其最賢最有功或最有名者言之，但言辭之間少了一種修飾詞，就不如

"余有亂臣十人"的分別清楚。若果按數字死死限定，則孔子嘗説"詩三百"，何以實際有三百多篇？孔子屢稱他的弟子們爲"二三子"，儀封人也謂他們爲"二三子"，何以在論語上的孔門弟子不止二三？孔子稱"殷有三仁"，"周有八士"，果然殷只有三仁，周只有八士嗎？子張問"高宗諒陰，三年不言"，孔子答以"何必高宗，古之人皆然"，我們遂可以爲古人在居喪的時候果然三年不説半句話嗎？孔子對子路、曾皙、冉有、公西華説"以吾一日長乎爾"，遂可以爲孔子只説他們長一日嗎？晉文公賞從亡者，就我們所知有狐偃、趙衰、顛頡、魏武子、司空季子，而介之推何以只説他們爲二三子？（3）"禹、稷都是有天下，爲什麽堯典上都是臣而非君？"這種見解，正和前面把那閟宮"奄有下國"認作棄是國王，便不應説成舜的臣子一樣，都是忘記了古代天子之下尚有同公侯一般而有封地的君主，忘記了禹封於有夏，契封於商，棄封於邰，又太呆看了"天下"二字，所以遂説禹、稷不應作舜的臣子了。（4）孔子説舜"無爲而治"，也被顧君呆看了，所以將舜視爲一事不做的木偶。我要問老子主張"無爲"，何以要去作那柱下史？何以又要著五千言的書？退一步説，"舜有臣五人而天下治"了，"舜有天下，選於衆，舉皋陶，不仁者遠"了，所以只要"五載一巡守"，"三載考績"的優游巡覽考視遂够了，並不天天去有爲，何以見得相衝突呢？

顧君又説："后稷，周人自己説是他們的祖，但有無是人也不得而知。因爲在詩經上看，……所謂后稷，也不過因爲他們的耕稼爲生，崇德報功，追尊創始者的稱號。"是的，周人因爲是耕稼爲生，崇德報功，追尊創始者。顧君已承認后稷爲創始者了，何以又説有無是人不得而知？

在上面我已經説了一大段了，我自己相信錯誤一定很多。結局説起來，顧君疑古的精神是我很表同情的；不過他所舉的證據和推想是很使人不能滿意的。他這封書中自然也有些好處，閲者自知，不用我說了。

十二年，五月，十三日。

胡堇人：讀顧頡剛先生論古史書以後

中國古籍經過秦火一大刧，到了兩漢有許多學者利用着“託古改制”造成好些僞籍出來，真僞雜糅，莫衷一是，所以上古的史學很難研究。近來國內許多有名學者對於古史都取懷疑的態度，這是我們最贊成的。不過古史裏比較稍近事實的地方卻也不少，斷不能一概抹煞。

最近努力週報附刊的讀書雜志第九期內登載顧頡剛先生給錢玄同先生論古史一書，顧先生主張以爲中國古史是層累地造出的，堯、舜、禹、稷的事蹟都是靠不住。原文篇幅很長，想看努力週報的人大都見過，這裏不必細説，我只抽出他説禹的那一段來和閱者談談吧。

本來戰國以前經傳和諸子書中説禹的地方很多，實物也有“岣嶁碑”等，顧先生卻一概唾棄，只相信詩經和論語，所以本文也只就詩經來説。這點要請閱者注意。

顧先生因商頌長發篇説“洪水芒芒，禹敷下土方，……帝立子生商”，斷定當時作詩的人以爲禹是上帝派下來的神，不是人。並引小旻篇“旻天疾威，敷于下土”爲例，斷定下土是對上天而言。

我以爲“洪水芒芒，禹敷下土方”二句，正是叙禹平治水土的話，和信南山篇説“信彼南山，維禹甸之”，韓奕篇説“奕奕梁山，維禹甸之”，文王有聲篇説“豐水東注，維禹之績”，都是一樣意思，並没有含着神祇的觀念，而且信南山篇下接“畇畇原隰，曾孫田之”，韓奕篇下接“有倬其道，韓侯受命”，文王有聲篇下接

"四方攸同，皇王維辟"，把曾孫、韓侯、皇王和禹相提並論，都是人類，並不曾把禹當天神般看待。這三篇不都是西周作品嗎？可見先生所說的"這時對于禹的觀念是一個神"，這個肯定完全錯誤了。若說下土對上天而言，更屬拘執。那下武篇的"成王之孚，下土之式"又何嘗有天神的意思呢？

先生以生民篇不說后稷纘某人的緒，作閟宮的人卻說他纘禹之緒，便斷定生民篇出世時還沒有禹一個觀念，到閟宮時纔有禹這個人。又因閟宮不說黃帝、堯、舜卻偏說禹，更斷定那時最古的人王只有禹。這種理論也欠圓滿。須知生民篇是郊祀的樂歌，古人神權最重，若在迎神侑樂時對着所祀的神說他的功勞係纘述別人的餘緒，未免得罪神靈，所以這詩不說纘誰的緒大概因此。不比閟宮篇頌禱當代國君，帶敘上代的事儘可盡情暢說；兩詩體裁本絕不同。此外還有別種原故（如後人作詩的趁韻等），何能責詩人說一律的話。至不說黃帝、堯、舜而單說禹，自因禹的水功和稷的土功有連帶的關係，所以單單說他，決不能就因此斷爲這時人的心目中最古的人王只有禹。

先生又因長發篇說"韋、顧既伐，昆吾、夏桀"，以爲禹和夏並沒什麼關係。又說若照後來人說禹是桀的祖先，如何商國對於禹既感他敷土的恩德，對于禹的子孫就會翻臉殺伐呢？先生這種意見好像每一朝開始的君主有些恩德於人，他的子孫就無論如何暴虐，天下人均應永遠絕對服從了。這般拘執的論調我實不願更辨。

最奇妙的是先生因說文禹字訓蟲便以爲禹不是人類，是九鼎上鑄的一種動物。又引伯祥云：或即是龍。……這般望文生義的解釋，如何叫人信服呢？若依這個例子，則舜字本義說文訓作蔓草，難道帝舜就是一種植物嗎？

此外原文還說有"堯典作在論語之後，后稷有無是人不可知"種種議論，我都不敢盲從。只因爲篇幅的關係，俟後有機會再談罷。

我以爲古史雖然龐雜，但只限在堯、舜以前。若堯、舜以後的史料，似乎比較稍近事實。我且把我依據的理由寫在下面：

一　古史官是世傳的，他們父傳子，子傳孫，容易把史料保存。就是突遭兵火，他們因職務上關係，不能不盡法搜輯。況列國有史官，一國失傳，還有別國可以參互考訂，決不能各國同時間對於某時代造出一色的假貨。例如司馬氏在燒書以後，還能保全一部分史料，作成史記。他所叙商朝事實，和新近出土的龜甲文大致差不多相同。商代如此，夏代便也可知。可見那堯、舜、禹、湯決不是完全杜撰了。

二　古人一命以上每每鑄造重器，各有款識，流傳下來，恰是考古的好資料，所以歷代學者多很注意。春秋時代那虞、夏彝器當然還多。若依顧先生所説“堯、舜、禹、湯係層累地添出”，當時學者豈有不知參考之理。例如九鼎既鑄有魑魅魍魎等怪物，諒必還有文字説明，何得把鼎上的蟲類忽然移到鑄鼎人身上作爲那人的名字呢？

三　天文家歲差之説創始唐一行，其理論則萌芽於晉虞喜，三國以前並没有一人知道。若依顧先生所説堯典是春秋以後造出的僞作的，那麽，何以堯典的天象和春秋時代不同而又暗合歲差的公例呢？世間那裏有這般湊巧的事。我想那假冒的人，在歲差原理未發明時，決不敢把天象説作兩歧，致惹反響。今堯典卻老實説出，可見牠是有根據並非僞造了。

顧先生要推翻全部古史，當然要尋出幾個充分證據，方可叫人信服，斷不能這樣附會周納。我很盼望先生和許多學者抛棄主觀的見解，平心靜氣細細研究，再把研究的結果整理一部上古的信史出來，那纔是我們最歡迎的事。

十二，六，二，作於績溪上川。

討論古史答劉胡二先生 *

得了兩位先生的質問，禁不住我作答的興致。但胸中存着的意思太多，只得分期回答。這一期登的專是辨禹，豫計下一期辨禹貢，又下一期辨堯典、皋陶謨，又下一期辨后稷及文王之爲紂臣（文王的問題爲我的原文所無；因劉先生説起這事，也提起我辨論的興致），末一期辨現在公認的古史系統。希望這文登完之後，兩先生及其他讀者都給我嚴正的批評，使得我的意思應該修正的修正，應該取消的取消，而不誤的主張亦可以成立。

一　禹是否有天神性？

我所以疑禹爲天神，是由"洪水芒芒，禹敷下土方"而來。劉先生以爲説了"下土"不即是天神，引后稷、武王作例，我也承認。我並且想到雅、頌中所以説"下土"、"下國"特多之故，是由於對上帝及祖先而言；帝與祖皆在上天，故自言爲下，若對"人"言，便爲"王國"、"王土"、"四方"、"四國"、"土宇"……了。我原來又以爲楚詞上説"禹降省下土方"，自上至下爲降，也有上帝

---

* 原載讀書雜志第十二、十四—十六期，1923 年 8 月 5 日—12 月 2 日；又載古史辨第一册。

派下的意思；但看了"維嶽降神，生甫及申"等句，覺得還不能算做理由。故此文中把"下土"與"降"的兩詞擱起。

但我雖把這兩詞擱起，依舊以爲禹是一個神。現在把詩、書中説及禹的話鈔在下面一證：

詩——（一）信彼南山，維禹甸之。（信南山）

（二）豐水東注，維禹之績。（文王有聲）

（三）奕奕梁山，維禹甸之。（韓奕）

（四）是生后稷……纘禹之緒。（閟宮）

（五）洪水茫茫，禹敷下土方。（長發）

（六）天命多辟，設都于禹之績。（殷武）

書（除去堯典、皋陶謨、禹貢三篇）——

（七）鯀陻洪水，汩陳其五行。帝乃震怒，不畀洪範九疇，彝倫攸斁。鯀則殛死，禹乃嗣興。天乃錫禹洪範九疇，彝倫攸叙。（洪範）

（八）其克詰爾戎兵以陟禹之跡，方行天下，至于海表，罔有不服。（立政）

（九）皇帝清問下民，鰥寡有辭于苗。……乃命三后恤功于民：伯夷降典，折民惟刑；禹平水土，主名山川；稷降播種，農殖嘉穀。三后成功，惟殷于民。（吕刑）

我們從這九條看來，可以歸納出周代人對于禹的四條觀念：

（a）禹平水土是受的上帝命。（七）、（九）

（b）禹的"跡"是很廣的。（一）、（二）、（三）、（六）、（八）

（c）禹的功績是"敷土"、"甸山"、"治水"。（一）、（二）、（三）、（五）、（九）

　　(d)禹是一個耕稼的國王。(四)

以上只有(d)條最特別,我現在就先說這條。

　　我在上次文中說:"禹是后稷之前的一個國王,后稷是後起的一個國王。"現在想想,覺得猶不盡然。所謂"纘禹之緒",實在是纘禹的耕稼之緒。這詩的語意正與論語所說相同。論語說:

　　　子曰:禹,吾無間然矣! …… 卑宮室而盡力乎溝洫。(泰伯)
　　　禹、稷躬稼,而有天下。(憲問)

論語上不說禹甸山治洪水的大功績而只說禹"躬稼","盡力溝洫",這是很奇怪的事。論語中所說的禹與閟宮的一模一樣,惟此二書與他種傳說立異,這是很應注意的事。按魯頌與論語俱作於魯國,時間距離約二百年,可見魯國人對于禹的觀念是最平常的,不似王朝與宋國人的想像中的禹那樣偉大。(鄒、魯間人神權思想甚是淡薄,讀論語、孟子可知。一讀左傳、楚詞、郊祀志等,就覺得齊、晉、秦、楚諸國的神話的發達了。這個緣故須得考究。)

　　倘使詩、書所記盡如閟宮和論語,禹確是人王,不應當再有天神的懷疑了。若有人說,禹的事實惟魯國爲得其真相,其餘都是流傳而失其真的,以此證明禹的爲人,似乎也說得過去。但我想,禹若果是在后稷之前的一個耕稼的國王,后稷之名也就不會有了;后稷之所以爲后稷,原是尊崇他倡始耕稼,加上的名號,若他只有"纘緒",也不應獨居此名了!我們再看,在西周時,古王任農事的惟有后稷;在東周的魯國,后稷之前又有禹;到戰國時,烈山氏之子柱先做后稷了,舜也"發於畎畝之中"了,倡始耕稼的尊號又給神農奪去了。在西周時,原以進入農業社會不久,而耕稼的事又倡始於周民族,周民族既得了中國,要想竭力的推廣牧，所以有始祖后稷的尊崇，所以有“純其藝黍稷”的告教（酒誥），所以有“篤公劉，匪居匪康，迺場迺疆，迺積迺倉”（公劉）及“文王卑服，即康功田功”（無逸）的稱美。若果有神農、柱、舜、禹的耕稼在前，則到周初已有一二千年了，農業的發達已久了，又何必這樣的鄭重鼓吹呢？

（d）條既是後起之説（或是魯國特有之説），我們再看上三條。

（a）條，洪範上“天”“帝”互稱，可見帝即是天：殛鯀的是天，興禹的亦是天。呂刑上的“皇帝”，向被説經者因堯典而解作帝舜。但試看上文“虐威庶戮，方告無辜於上：上帝監民，罔有馨香德”，下即接説“皇帝哀矜庶戮之不辜”，又接説“皇帝清問下民”，末又説“上帝不蠲，降咎于苗”，文義原是一貫。上下既言上帝，不容中間獨言人帝。況“皇”與“上”俱爲形容詞，故天可稱“上天”，亦可稱“皇天”。“上帝”與“皇帝”爲一名的互文，意義甚明。皇帝既是上帝，他所命的三后當然含有天神性。合之於洪範所言，禹的治洪水，平水土，由於上帝的命令，自無可疑。

劉先生説：“若以爲禹是神，不是人，則……商頌玄鳥有……‘古帝命武湯，正域彼四方’……湯又何嘗是人呢？又大雅文王有聲言‘文王受命，有此武功’，皇矣亦説‘帝謂文王，無然畔援；……帝謂文王，予懷明德，……’看上帝給命與文王，又和文王這樣地對語，然則文王也是神，不是人麼？”我對於這問的解答，以爲“稱天而治”，“替天行道”，是古代王者的慣技。他們説上帝與之接近，是爲自己的聲勢計；故出了他們的勢力範圍，這種神話也就沒有勢力。所以玄鳥的古事不見於周人的詩，而文王受命割殷的事決不會見於商族的稱説。且武湯、文王的來踪去跡甚是明白，他們有祖先，有子孫，所以雖有神話而沒有神的嫌疑。至於禹，他的來踪去跡不明，在古史上的地位是獨立的（父鯀子啟全出於僞史，不足信）。他不是周族的祖先而爲周族所稱，不是商族的祖先而亦爲商族所稱，他的神話是普遍的。地位的獨立，神話的普遍，惟有天神纔能如此！

　　(b)條，禹跡之廣，立政上說得稍詳。"方行天下，至于海表"，可見禹的足跡無所不至(後來的山海經即本此觀念而作者)。在這一條上，我們無從懸揣他是神是人，因爲人跡固是跡，"獸蹄鳥跡"也是跡，漢武帝時的"大人跡"也是跡。

　　禹的最有天神的嫌疑的地方，我以爲乃在(c)條上。(c)條所舉禹的功績是敷土、甸山、治水。這是劉先生以爲最無神的氣味的。但我始終不解，土是怎樣的敷法？山是怎樣的甸法？敷，前人解作分，以爲即是分州；又解作賦，以爲是分配九州的賦役。這種解法，很覺牽強；且在"洪水芒芒"中就有這般上軌道的辦事也未免太早計了。我們看詩、書上"敷"字的用法不出二種：長發的"敷奏其勇"，康誥的"往敷求于殷先哲王"，爲普遍義；顧命的"敷重篾席"，小旻的"旻天疾威，敷于下土"，長發的"敷政優優"，爲鋪放義。解作普遍義的，爲副詞或形容詞；解作鋪放義的，爲動詞。又古無輕唇音，敷與鋪二字音義均同，故可通用：如周頌的"敷時繹思"，左傳引作"鋪時繹思"(宣十二年)；毛詩的"鋪彼淮濆"，韓詩作"敷彼淮濆"(釋文引)，均可證。長發的"禹敷下土方"，敷是動詞，當然是鋪放之意。這一句的意思，即是說"在茫茫的洪水中，禹鋪放土地於下方"。天問言禹治水，有"洪泉極深，何以寘之？"的問。寘與填同。這一句的意思，即是問"在極深的洪泉中，如何鋪填着土地來？"正可與長發所言對照。

　　甸，詩經上除了兩個"維禹甸之"以外找不到別的，無從比較。從前人講作"治"，這不過看見禹貢上有"治梁及岐"的話而牽引上來，了無根據。鄭玄周禮注云："甸，讀與'維禹敶之'之敶同"(稍人)。可見漢時詩經有不作甸而作敶的。甸敶同音，敶即陳，爲軍陣之陣的本字，乃是排列分布之意。天問云："日月安屬？列星安敶？"乃是問日月繫屬在什麼地方，星宿是那一個所陳列的。尚書多士云："乃命爾先祖成湯革夏，俊民甸四方。"這是把賢才分布到四方，正是皺意。信南山謂南山爲禹所甸，韓奕又謂梁山爲禹所甸，試問禹把這些山是如何排列分布的？我意，陳山正與鋪土相連，土爲禹所鋪，山亦爲禹所陳。我上次文中曾説周代人對於禹的觀念正和魏、晉間人對于盤古的觀念差同，此意甚覺不誤。

治水的"治"字是後人加上去的。詩經中説"豐水東注，維禹之績"，績當即是跡。照了上條所説，那時人看得土是禹鋪的，山是禹陳的，則水道自然也是禹所排列的了。洪範説他治水的話甚不明白，似乎他一得到了上帝的九疇，洪水就自會平復似的。我們所以深信他治水之故，乃是受了孟子、禹貢等書的影響。

若禹確是人而非神，則我們看了他的事業真不免要駭昏了。人的力量怎能縠鋪土陳山？就説敷土是分畫九州，甸山是隨山刊木，加以疏瀹江河，試問這事要做多少年？在"洪水橫流，禽獸偪人"的時候又應做多少年？據孟子説，他做這番事業只有八年，就硬用了禹貢的"作十有三載乃同"之句也不過十三年，試問有何神力而致此？現在導一條淮河，尚且費了許多時間無數工力還沒有弄好，何況舉全國的山川統幹一下，而謂在幾年之間可以成功，這不是夢話嗎！

廣雅説："夏禹所治四海内地，東西二萬八千里，南北三萬六千里"（此本山海經）。我們就算他單走這兩條直線，八年之中一天已經要走十八里半；何況人類不能走鳥道，他又不是單單定一個四至，一定要盤互縈迴，繞山轉水，每天豈不要走幾百里路！這個樣子，除非説他專在路上飛跑，總覺説不過去。但飛跑了，試問"高高下下，疏川導滯，鍾水豐物，封崇九山，決汨九川，陂鄣九澤，豐殖九藪，汨越九原，宅居九隩，合通四海"（周語下）等大功績又如何做法呢？就説全國的人民全來工作，他只是監工，試問他一個人到各處查勘一週已經要費多少日子？何況皋陶謨明説他"予乘四載，隨山刊木，……予決九川，距四海，濬畎澮，距川”，而益、稷的幫助只在“奏庶鮮食”，試問在我們的理性上能説他是一個“人”嗎？若他可説爲人，則六天造成世界的上帝也可以拉到人類中來了！

禹之爲神，我想大家總可在此承認。至於禹的神職是什麽，我以爲可在呂刑看出。呂刑説：“禹平水土，主名山川。”這句話一向給人看得最平淡的；他們以爲禹平了水土，更去題山川的名字。但我讀了左傳，不信這是確解。左傳道：

> 或間兹盟，司慎司盟，名山名川，群神群祀，先王先公，七姓十二國之祖，明神殛之！（襄十一年傳）
> 名有五，……不以山川。……以山川則廢主。（桓六年傳）

可見所謂“名山川”是“名山名川”；“名”是形容詞，不是動詞。所謂“主名山川”，乃是主領名山川，爲名山川之神；“主”是動詞，不是副詞。漢書郊祀志謂始皇東游海上，行禮祠名山大川及八神，八神爲天主、地主等。“主名山川”爲名山川之主，義甚顯豁。我常疑周代以后稷配享上帝，上帝以下最尊者莫如稷，何以又禹、稷連稱，若甚有關係者？（因我不信禹、稷同官，故有此疑。）一天讀魯語，恍然大悟。魯語道：

> 昔烈山氏之有天下也，其子曰柱，能殖百穀百蔬，——夏之衰也，周棄繼之，——故祀以爲稷。共工氏之伯九有也，其子曰后土，能平九土，故祀以爲社。

這一條雖是戰國時的話，但很有注意的價值。“皇天后土”爲春秋時習語，但在周頌中只見祀上帝，祀祖先，以后稷配上帝，不見有天地享祀並立的痕跡；照他們的意思，恐是以地屬天而不是以地齊天的。不知何時始有"后土"字出現；又不知何時始以"皇天后土"並言。小雅甫田有"以我齊明，與我犧羊，以社以方"之語；大雅雲漢又有"祈年孔夙，方社不莫"之語。社从示从土，方亦訓地，其爲祀地無疑。祀社之禮不知始于何時。甲骨卜辭中無"社"字。甘誓雖有"戮于社"之言，但甘誓本僞書，不足信。論語哀公問社，宰我答的"夏后氏以松，殷人以柏"，恐亦是無徵之言。自有社祀，其後乃以"社稷"連稱。社爲土地，稷爲民食，兩者爲國家根本，故春秋時以"社稷"一名爲"國家"的代名詞。（社稷連稱爲詩、書中所無而左傳中所特多。）稷之爲后稷，自無疑義。戰國時因古史已提高不少，故另立一柱于后稷之前，這也是他們的長技。社之爲禹，國語雖無明文，而看其"能平九土"之語，實即是禹。又看周語中太子晉的話：

　　　　昔共工氏……淫失其身，欲壅防百川，墜高堙庳以害天下，皇天弗福，……共工用滅。有崇伯鯀播其淫心，稱遂共工之過，堯用殛之于羽山。其後伯禹念前之非度，……共之從孫四嶽佐之，高高下下，疏川導滯。……

可見魯語的共工氏乃是戰國時人拿來裝在禹的上面的，與柱加于稷上正同。知共工氏裝于禹上，則禹之爲社又得一間接的證明。禹爲社，稷爲稷，禹、稷之所以連稱由于社稷的連稱，禹、稷之所以並尊由于社稷的並尊，甚是明白。小雅楚茨以下，有信南山、甫田、大田諸篇，皆是祀農神之詩：信南山贊美禹德而言"維禹甸之"，甫田、大田述祀事而言"以社以方"，"以御田祖"，"田祖有神"。田祖雖不必爲禹，而禹既爲土地之神，則大而敷土甸山，小而溝洫耕稼，莫非其分內之事。閟宮與論語所説，恐即由社神與田祖的傳説上來。大、小雅皆宣王前後詩（我信西周初期的詩只有周頌），則禹爲社神之説起于西周後期可知了。

總以上的話，可以對于禹的性質下一假定：

　　西周中期，禹爲山川之神；後來有了社祭，又爲社神（后土）。其神職全在土地上，故其神蹟從全體上説，爲鋪地，陳列山川，治洪水；從農事上説，爲治溝洫，事耕稼。耕稼與后稷的事業混淆，而在事實上必先有了土地然後可興農事，易引起禹的耕稼先于稷的觀念，故閟宮有后稷纘禹之緒的話。又因當時神人的界限不甚分清，禹又與周族的祖先並稱，故禹的傳説漸漸傾向于"人王"方面，而與神話脱離。

二　禹與夏有没有關係？

上面所引詩、書中言禹的九條，完全没有連及夏字。今再看詩、書中言"夏"的有没有連帶説禹：

　　詩——（一）殷鑒不遠，在夏后之世。（蕩）
　　　　　（二）韋、顧既伐，昆吾、夏桀。（長發）
　　書——（三）相古先民有夏，……有夏服天命。（召誥）
　　　　　（四）有夏不適逸，……殷革夏命。（多士）
　　　　　（五）惟帝降格于夏，有夏誕厥逸。（多方）
　　　　　（六）迪惟有夏，乃有室大競。（立政）

這六篇上也是全没有提起夏與禹的關係。固然像劉先生所説，"詩篇上有省文節字使句子長短整齊或音節便讀底道理"，但我依然疑惑，何以詩、書中有九篇説禹，六篇説夏，乃一致的省文節字而不説出他們的關係？況詩經中有一個例，凡是名詞只有一個字的每好湊成兩字，而兩字以上的名詞則不删。如“鸒斯”“鹿斯”則以“斯”湊成兩字，“維莠”“維鳩”則以“維”湊成兩字。若“麀鹿濯濯”“鳲鳩在桑”則名詞已有兩字，便不須加襯字了；如“王命仲山甫”“命程伯休父”，名詞雖在二字以上，也不加省節了。十月之交云：

皇父卿士；番維司徒；家伯維宰；仲允膳夫；聚子内史；蹶維趣馬；楀維師氏。

讀此，很可見人名爲單字的則“維”字加于人名，官名爲單字的則“維”字加于官名，務使一句湊成四字。“維禹甸之”，“維禹之績”正是此例。禹若果是人王，亦應照了“后稷”“公劉”“王季”之例而稱他爲“后禹”（至少也要像國語和堯典的稱他爲“伯禹”）；禹若果是夏王，亦應照了“夏后”“夏桀”之例而稱他爲“夏禹”。何以詩、書上九處説禹，卻只有一個禹字，或襯上一個維字，再没有别字聯屬，篇篇有省文節字的需要呢？就説維字不爲襯字而爲頓重語氣之用，贊美禹功必用維字以致其情，用了維字則四字已全，禹只能爲單字，這無論只適用于詩經上的三條，尚有六條説不過去，即就這三條而論，頓重語氣原不必定爲四字之句，如“維仲山甫補之”，“維此王季其心則友”，仲山甫與王季的名號亦無礙其不爲單字也。

多士、多方並言夏、殷，言殷則必舉成湯，言夏則從不舉禹。這是什麽道理？我們且説這是偶然的漏略罷，試再看立政：

古之人迪惟有夏，乃有室大競，籲俊尊上帝，迪知忱恂于九德之行。……桀德，惟乃弗作往任，是惟暴德，罔後。

亦越成湯，陟丕釐上帝之耿命，……克用三宅三俊。……嗚呼，其惟受德暋，惟羞刑暴德之人同于厥邦！

這一段是把夏與商對舉的，都是説夏、商起先的時候如何好，後來的時候如何壞。但何以在商則舉出創業的成湯與亡國的受，而在夏則但舉出亡國的桀而不舉出創業的禹？做立政的人並不是不知道禹的（篇末即言"其克詰爾戎兵以陟禹之跡"），他何以不把禹和湯並舉呢？又何以在篇末卻又單舉了禹呢？這不是在劉先生所説的"省文節字"的範圍之內的，因爲在誥誨的文中原不必省，而且在對舉的文中也不應省。

禹爲人王，讀閟宮篇可知在春秋時的魯國已經確定了。但禹與夏的關係，詩、書上没説，論語上也没説，直至戰國中期方始大盛，左傳、墨子、孟子等書即因此而有"夏禹"的記載。（依我考定，左傳是紀元前三百年間所著，約當赧王初元。墨子書決是"墨分爲三"之後所作。諸子著書都在戰國後期，若前期則並無著書觀念。此係另一問題，後當詳論。）因爲這種話到了戰國才有，所以我不敢相信。

禹與夏没有關係，是我敢判定的；禹與夏何以發生關係，我還不敢下一斷語。現在把我的推想寫在下面以備商榷：

（1）周始於后稷，商始於契，是有明文的；獨夏代則只知有末王而不知有首王。爲稱説"三代聖王"便利計，有補足的需要。論語中以夏、商爲"二代"，又單言堯、舜、禹。以堯、舜、禹置於夏、商之上，則禹與夏最爲近，故有合一的趨勢。

（2）詩、書中屢言"有夏""時夏"，此是對四夷而言之"中國"，疆域既不大，且含有種族之義。至于"禹跡"，是無遠不屆的。春秋以後種族觀念日微，"諸夏"的境界日事擴張，與理想中的禹跡相當，遂使"夏"與"禹"合而爲一。"諸夏"之夏改指夏代言，禹遂爲夏代首王。

（3）我們稱禹爲夏禹，正和稱堯爲唐堯、舜爲虞舜一樣的無稽。論語上只言堯、舜而不言唐、虞，唐、虞之號不知何自來。左傳上所説的陶唐和有虞乃是夏代時的二國，引之於下：

　　　夏書曰，"惟被陶唐，……有此冀方。今失其行，亂其紀綱，乃滅而亡。"（哀六）

　　　昔有過澆滅夏后相，后緡方娠，……歸于有仍，生少康焉。……澆使椒求，逃奔有虞，爲之庖正。……虞思於是妻之以二姚。（哀元）

在左傳上，舜没有姚姓，虞亦不言舜胤，堯没有唐號，唐亦不言堯後，或猶保存得一點唐、虞二國的本相（雖亦未始不可説爲丹朱、商均之裔，但他們二人即根本不可信）。我尋求禹和夏，堯和唐，舜和虞所以發生關係之故，以爲這是戰國的僞史家維持信用的長技。他們覺得堯、舜、禹都是冥漠中獨立的個人，非各裝在一個着實的地方不足以使得他們的地位鞏固，於是這些假人經由僞史家的作合，就招贅到幾個真國度裏做主人了！這確是很有效力的事。試看蚩尤、共工之類，當時的傳説何嘗不盛，只是没有經過僞史家的安頓，至今在古史中永是浮沈不定，隨人轉移，比了堯、舜、禹，相去何啻天淵，這可見没有佔到地盤的苦處了！

三　禹的來源在何處？

　　　我上一文疑禹爲動物，出於九鼎，這最引起兩先生的反對。我於此並不抗辯，因爲這原是一個假定。我只把當初立此假定之故條列於下：

　　　（1）我讀了左傳上王孫滿對楚子的話，"昔夏之方有德也，……鑄鼎象物，……螭魅罔兩莫能逢之"，以爲九鼎是神話的出產地。又見説文訓"禹"爲"蟲"，訓"厹"爲"獸足蹂地”，合此二義，頗似蜥蜴；而彝器上有“螭”，正作蜥蜴之形，似禹有出于九鼎的可能。

（2）魯語有“木石之怪曰夔罔兩，水之怪曰龍罔象”的話，與左傳所言可相證合。夔、龍正是堯典上的九官之二，而竟是九鼎上的魑魅罔兩，然則與夔、龍同官的禹既有疑竇，自亦有出于九鼎的可能了。

（3）彝器上的夔係屬獸形，呂氏春秋又記樂正夔有一足的傳説（察傳），堯典上又説他會使“百獸率舞”，夔之爲獸實無可疑。推之于禹，頗覺説文所説近是。

（4）左傳所記貪于飲食的縉雲氏不才子饕餮，乃是彝器上闊嘴的獸。呂刑所記苗民中始作亂的蚩尤，乃是彝器上大耳大眼長面的獸。合之于夔螭之類，可見“古史的人”很有出于“鼎上的獸”的可能。

（5）在傳説中，鯀是先禹治水的人。説文云：“鯀，魚也。”左傳云：“堯殛鯀于羽山，其神化爲黃熊，以入于羽淵。”（昭七）朱熹楚詞注云：“左傳言鯀化爲黃熊；國語作‘黃能’。按：熊，獸名；能，三足鱉也。説者曰，獸非入水之物，故是鱉也。”（天問）則鯀爲水中動物，古代已有此説。禹既繼鯀而興，自與相類，故淮南子即有禹化爲熊以通轘轅之道的故事。

（6）天問言治水事，有“鴟龜曳銜，鯀何聽焉？”及“應龍何畫？”之問。山海經本此，言“禹治水時有應龍以尾畫地，即水泉流通，禹因而治之也”。可見治水的神話中水族動物極多；引禹爲類，並不足奇。

（7）左傳與天問均説鯀化熊，天問又説“伯禹腹鯀”，又説“焉有龍虬負熊以游”，覺得“伯禹”與“龍虬”有合一的可能。龍螭同形，覺得第一條理由又得一憑藉。

以上是説明我所以有“禹爲動物，出於九鼎”的假定的緣故。我現在對於這個假定的前半還以爲不誤，對於後半便承認有修正的必要了。

　　我所以要修正這條假定之故，因爲九鼎不鑄于夏代，禹説纔起于西周的中葉，已有堅强的理由了。王孫滿對楚子一段話最露破綻的是"貢金九牧"一語。九州的傳説起於戰國（詩經上"九有""九圍"，猶言"四方""八表"，乃是四方四隅加上中央，不是畫分土地爲九州），九牧之説當然不可靠。貢金之説，適之先生來書云："鐵固非夏朝所有，銅（bronze）恐亦非那時代所能用。發見澠池石器時代的安特森近疑商代猶是石器時代的晚期（新石器時代），我想他的假定頗近是。"本來夏代彝器從沒有發見過；即學者考定的商代彝器亦並無確實出于商代的證據，不過比較了周器，把語句簡單的，字體特異的歸在商代罷了。商器尚如此茫昧，夏之尚未進於銅器時代自不必説，那裏能鑄出九鼎！至於九鼎的來源，我以爲當是成王建立東都時鑄下的大宗器（或商末所鑄而西周所遷），用來鎮撫王室的。當時初入銅器時代，銅料豐富，鑄器要求重大，也是可有的事。至於鼎上刻鏤神蹟，乃是古代的風氣，左傳所謂"鑄鼎象物"還是可信（現在保存的彝器有物象的很多，這上的神話必有資於古史，惜考古家不注意此事）。不過禹説既是後起，他的神蹟還來不及刻上九鼎罷了。

　　我對於禹的來歷很願意再下一個假定："禹是南方民族的神話中的人物。"我所以下此假定，有下列數項理由：

　　（1）楚辭天問對於鯀、禹有很豐富的神話。

　　（2）越國自認爲禹後，奉守禹祀。

　　（3）傳説中有禹會諸侯於塗山的故事（左傳哀公七年），又有禹娶于塗山的故事（皋陶謨；天問塗作盍）。塗山在今安徽懷遠縣東南八里；周代時在淮夷與羣舒之間。

　　（4）傳説中有禹致羣神于會稽的故事（國語），又有禹封禪于會稽的故事（郊祀志），又有禹道死葬會稽的故事（墨子）。會稽山在今浙江紹興縣東南；春秋時爲越都。

（5）會稽山西北五里有大禹陵。按：有了陵墓原不足以證明真有這個人，但陵墓所在之處確很足以證明這一地是這一個神話的中心點。如黃帝是西北民族的神話人物，而他的陵在橋山（今陝西中部縣西北），正在鄜畤附近。如盤古是西南民族的神話人物，而他的墓在南海，又在桂林；南海的墓延亘到三百餘里（見任昉述異記）。可見這種陵墓乃由於神話的指實。他們在某一種神話的集中地方，指定一個高大的陵阜，算做神的陵墓；靠了這一點神蹟，他們更可安頓着他們的信仰和崇拜。禹陵既在會稽，會稽自可定爲禹的神話的中心點。

（6）漢書郊祀志（管子與封禪書文均同；因兩書有晚出之疑，故舉此書）記管仲講了十二個封禪之君——無懷氏、虙羲、神農氏、炎帝、黃帝、顓頊、帝嚳、堯、舜、禹、湯、周成王——他們封的地方只有泰山一處，禪的地方只有云云、亭亭、社首、會稽四處。云云在蒙陰、亭亭在鉅平、社首在博縣，都是泰山附近的小山，在漢代泰山郡之內的；獨有禹所禪的會稽乃遠在南方。封禪的事原是戰國時鄒、魯的儒者造出來的（當在辨堯典時詳論），他們心目中只有一個泰山可爲天下之望，所以非拉了百代的帝王到泰山去封禪不可。但何以他們竟肯單單讓禹到會稽去禪呢？這大概因爲禹在會稽的立足點太堅强了，有非依從習慣不可之勢，所以如此。

（7）古代開化的民族只有中原一處，因此中原人很藐視四方半開化和未開化的民族。他們看西北方獸多，故以西北方的民族爲獸種：如獯鬻、獫狁、狄……加上犬旁，見得他們是犬類。又看南方蛇多，故以南方的民族爲虫種：東南之越號爲閩，（説文云："閩，東南越，蛇種。"）西南岷江間號爲蜀，而總名南方種族曰蠻。（説文云："蠻，南蠻，蛇種。")詩采芑云："蠢爾蠻荊。"蓋不但名荊人爲蠻，且以其動作爲蟲之動作。（説文云："蠢，蟲動也。"）可見中原人對於南方，隨處可以引起蟲族的聯想，故文字上以蟲表南方的極多。禹名從蟲恐亦此例。越人自稱爲禹後，恐亦與蜀人以鼈叢爲祖先是相同的。

（8）楚之古文爲𣟏，可見他們是在林中建國的。楚亦名荊，當以荊棘繁多之故。看荊楚一名，草木暢茂的樣子已是活現。楚辭天問云："東南何虧？"又云："康回憑怒，地何故以東南傾？"蓋當時的東南爲水潦所歸，故有"地不滿東南"之説。積水氾濫，自是那時實事。漢書地理志于楚地曰："江南卑溼"；于粵（即越）地曰："其君禹後，……封于會稽，文身斷髮，以避蛟龍之害。"可見楚、越一乃因林木的繁茂，土地的卑溼，人類與龍蛇同居，飽受了損害。又可知當時吳、越人之所以斷髮文身，蓋是起于保護生命的要求，其效用與動物的保護色相等。那時那地的人生是何等的可怖！平定水土的事是何等的需要！孟子上言禹治水情形的有兩段話，錄下：

　　當堯之時，天下猶未平，洪水橫流，氾濫于天下；草木暢茂，禽獸繁殖，五穀不登，禽獸偪人，獸蹄鳥跡之道交于中國。……舜使益掌火，益烈山澤而焚之，禽獸逃匿。（滕文公上）
　　當堯之時，水逆行，氾濫于中國；蛇龍居之。民無所定，下者爲巢，上者爲營窟。……使禹治之，禹掘地而注之海，驅蛇龍而放之菹。……險阻既遠，鳥獸之害人者消，然後人得平土而居之。（滕文公下）

這固是孟子想像中的堯、舜時代的情形，但何以與實際上的周代時楚、越情形竟這等的相似？楚、越間因地土的卑溼，有積水的氾濫，故有宣洩積水的需要；因草木的暢茂，有蛟龍的害人，故有焚山澤驅蛇龍的需要。有了這種需要，故禹、益的神話足以增大牠們的價值，發展牠們的傳播。禹之出于南方民族，這是一個很重要的證據。孟子所説的古代"中國"的情形，實已露出受了楚、越的暗示的破綻了！

　　若有人駁我，説："周代的楚、越固是過的這種生活，但上古的中原那知道不也是過的這種生活呢？那見堯、舜時代不是真的如此？"這個問題自然須請地質學家研究，非我所能解決。但我也有一點意思可供參考。第一，中國的黃土區域緜延甚廣，爲古代膏腴地。但別處還有山林險阻，惟河南省的東部是一個大平原，没有平水土的需要，故文化發達最盛，亦最早。（我很疑夏的國都離商不遠，不在今山西安邑，理由頗多，俟後辨。）夏、商以前如中原果有文化，亦應起於此。第二，楚國經過了幾百年的經營，水土平了；到戰國時，這可怖的景象只留在楚國的南方了。讀楚詞中的招魂和大招，牠們所説的四方毒害，東方是弱水，西方是流沙，北方是增冰，這些都是地文上的險阻，還無足深怖。獨有南方，炎火千里，有蓁蓁群聚的蝮蛇，有九首的雄虺，有騫舉的王虺，有傷躬的蝮，在山林險隘之中往來倏忽地吞人。可見即在楚國人——中原人號爲南蠻的——的觀念中也是最怕着南方。我們看，春秋時的楚國併力開發北疆，而對於南越的用師獨杳然無聞。戰國時，各國竭力的闢草萊，但楚國的南境還只到着衡山。（戰國策記蘇秦説楚威王語，謂楚地"南有洞庭、蒼梧"。後人據之，謂楚的南境直至今之廣西梧州。但離騷中以蒼梧與縣圃、崦嵫等許多理想地名並列，爲作者所欲駟虬乘鷖御風而游者，可見其甚渺茫。蓋當時意想中，楚的南方有名蒼梧的一地；至于究竟怎樣，連楚國人也不能知道，因爲往南山林險阻，過去不得，實不容知道了。)這也可證中原所以稱南方爲蠻之故，而南方的可怖確在水土未平與龍蛇偪人。

南方民族在這樣的環境裏，如何不會有無數平水土的神話出來，更如何不會有平水土的最有力量的禹出來！

(9)商代與南方民族有無關係雖不可考(商頌殷武的"奮伐荆楚"，頌的是春秋時的宋桓公，非頌商王)，但看殷高宗所伐的鬼方在汧、隴間(依王靜安先生考定)，而商頌所特標的服屬的種族也只有氐、羌，周亦興于岐山，所以我們可以說商代時的中原只有與西方民族發生關係。到了周代，始有召公闢國至江、漢的事。(召公是世襲的，不能定說爲召公奭)，于是封建諸姬至于漢陽。關于當時的傳說，有成王封熊繹爲楚子的話(史記)，又有熊繹服事康王的話(左傳)。但這些話既不見于詩、書，而昭王已經"南征不復"，采芑並駡他們"大邦爲讎"，可見楚在西周時國勢已盛，常與周室對壘，受周封建之說甚不可信；即使有之，也不過周室的一種羈縻手段罷了。直到宣王時，周的武力有一度的旺盛，始有"用遏蠻方"(抑)及"蠻荆來威"(采芑)的快意之詞。然而漢陽諸姬到春秋初期卒盡爲楚所吞滅了。南方民族與中原諸國有直接的關係的，惟有楚及淮夷、徐戎。淮、徐二國偏在江北，又牠們的史蹟已得不到什麼，不知牠們與江南民族有無聯絡；楚則沿江立國，因伸其勢力于群舒，而與吳、越早就交通(越通中原在春秋後三年——哀公二十一，紀元前四七四，——但楚與越的交通在宣公八年——紀元前六〇一——早就見于左傳了。這決不是第一次，惜以前無可考耳)。從此，可知南方民族的神話從楚國傳到中原是很可能的：一來是楚國爲南方民族的領袖，與中原交通甚早；二來是周室封諸姬于漢陽，使周民族與楚民族日益接近；三來是周民族與楚民族常有用兵的事，有交換文化的鼓動力。

中原與南方民族發生關係由于封建，這是確切不移的事。至於封建諸姬至于漢陽，依了周室的國力和次序而言，自當在成、康以後。一部詩經，可信爲最古的詩惟有周頌。周頌有"自彼成、康，奄有四方"之語，可見作于成、康以後，昭、穆之世。細繹周頌的話，牠們也説山河（如"天作高山"，"及河喬嶽"，"猗與漆、沮"，"墮山喬嶽，允猶翕河"），但没有道出一個"禹"字。牠們也説耕稼（如思文、噫嘻、豐年、載芟、良耜、桓等篇），但又没有道出一個"禹"字。牠們也説后稷（如"思文后稷，克配彼天；立我烝民，莫非爾極"），但又没有道出他和禹曾有過什麼的關係。一比了商、魯頌及大、小雅的對于禹的尊崇的態度，就顯出周頌的特異了。周頌爲什麼特別的不稱禹？原來做周頌時尚没有禹的偉大的神蹟傳播到周民族來；或者雖經傳播而勢力不廣，還没有引起共同的信仰。

今按詩、書中説及禹的九篇，閟宮、長發、殷武作于春秋時，已無疑義。吕刑爲穆王時所作，韓奕爲宣王時所作，似尚可信。洪範、立政二篇文義明暢，與大誥、康誥等篇文體相差甚遠，當是後世史官補作，與無逸、金縢等篇同其性質。（關於這一個問題，須俟將來研究古文法再行判定。依我豫測，尚書二十八篇中確可信爲真蹟的不過十二三篇；爲東周時史官補作的也有十篇左右。）信南山及文王有聲二篇的時代雖無考，但我疑大、小雅都是西周後期及東周初期之作，因詩中愁歎失國的甚多，合於東、西周交界時的情形，而誇揚武功的亦不少，按之記載亦可信爲宣王，恐"雅音"自爲西周後期風行的樂調。我們看雅中如文王、大明等篇確是宗廟之詩，何以不入頌而入雅？再看周頌篇幅短少，何以雅體甚是寬展？可見雅頌之分不在奏樂的地方不同，而在時代的先後不同，音節的繁簡不同。（魯頌、商頌雖居頌名而實雅體。）在此種理由之下，信南山及文王有聲自可定爲西周後期所作。

周頌三十一篇没有"禹"的一字，那時人竟没有禹的偉大功績的觀念。一到穆王末年的吕刑，禹就出現了；到西周後期，社祀也舉行了；大、小雅及商、魯頌屢屢把禹提起，看得他在古史中的地位是最重要的了。這一點分别是何等的顯著！且當時既與他方種族關係較輕，而適在專力開闢南疆的時候，中原民族初與南方民族接觸的時候，這一個環境更是何等的重要！

總合以上的理由，可以爲我所立的假定——禹是南方民族的神話中的人物——作一個概括的説明：

商、周間，南方的新民族有平水土的需要，醖釀爲禹的神話。這個神話的中心點在越（會稽）；越人奉禹爲祖先。自越傳至群舒（塗山）；自群舒傳至楚；自楚傳至中原。流播的地域既廣，遂看得禹的平水土是極普遍的；進而至于説土地是禹鋪填的，山川是禹陳列的，對於禹有了一個"地王"的觀念。

中原民族自周昭王以後，因封建交戰而漸漸與南方民族交通，故穆王以來始有禹名見於詩、書，又特設后土之祀，得與周人的祖先后稷立於對等的地位。

四　堯舜禹的關係是如何來的？

詩經中有若干禹，但堯、舜不曾一見。尚書中除了後出的堯典、皋陶謨，有若干禹，但堯、舜也不曾一見。故堯、舜、禹的傳說，禹先起，堯、舜後起，是無疑義的。後起者立於前，也是杜撰古史的成例，我們是看慣的。但他們何以發生了關係，這個問題我們應該探索一番。

玄同先生說堯爲高義，舜爲大義，意義相承，可見出于同時，有互相關係的可能。至於禹，我們看洪範，明明說是上帝殛鯀之後而繼起的；看呂刑，也明明說是上帝降下來的；看殷武、立政，又只說禹跡而不言舜域。他只有受命於上帝，沒有受命於人王。他乃是獨當一切，不是服政效忠。若照後世人所說的堯、舜、禹之關係看來，則禹所畫的九州原是堯、舜的天下，何以反把這兩個主人撇落在一旁呢？

詩、書中言禹的九條，全沒有做了堯、舜之臣的氣息，不必提了，就看僞作的禹貢，也是說：

> 禹敷土，隨山刊木，奠高山大川。
> 六府孔修，庶土交正，厎慎財賦，咸則三壤，成賦中邦。
> 錫土姓。
> "祇台德先，不距朕行。"
> 禹錫玄圭，告厥成功。

這是何等的獨斷獨行，稱心布置！這何曾有一點兒做了他人的臣子的意味！末句所謂"禹錫玄圭，告厥成功"，乃是告成功于上帝，上帝把玄圭賞賜與他，與洪範的"天錫禹洪範九疇"正是一例的事實。（帝王世紀和宋書符瑞志有"禹治水畢，天錫玄珪"的話，正作如此解。僞孔傳謂"堯錫玄圭以彰顯之"大謬，禹貢上何曾有堯來！）可見做禹貢的人對於禹的觀念還是詩、書上的禹的觀念，而不是諸子上的禹的觀念。

堯、舜的傳說本來與治水毫没干係，論語上如此，楚辭上也是如此。自從禹做了他們的臣子之後，于是他們不得不與治水發生關係了。但治水原是禹的大功，口碑載道，堯、舜奪不得的：没有法想，只得請堯做了一時的矇矓，由他任鯀治水；等到"九年，績用弗成"，堯没有辦法，就做了堯、舜交替的關鍵，並爲舜舉禹的地步。如此，禹的功績既没有減損，而堯舉了舜，舜舉了禹，成就了這件事，堯、舜也很有間接的功勳，治水的事是他們三人合作的成績了。但殛鯀的是誰呢，大家説不清楚；連一部左傳也忽而説堯，忽而説舜（昭七年傳，"堯殛鯀于羽山"；僖三十三年傳，"舜之罪也殛鯀"）。這可以見出一種新傳説出來時，前後顧全不得的情形。

我們既知堯、舜、禹的關係起于戰國，要尋出這個關係的來源，應當先看戰國時的背景。戰國時，四方民族漸漸與中原民族融合爲一，各民族的祖先平時不相聞問的，到這時也都胡亂搭湊而成一系。孟子説舜爲"東夷之人"，若舜果爲東夷的祖先，則他與南蠻的祖先禹發生關係，自在情理之内。但這決不是最重要的理由，因爲堯、舜、禹的關係是有意味的，不比黄帝、少皥、顓頊之類的無端湊合。

最重要的理由乃在當時的政治背景。戰國時，各强國的國王都有統一天下的大志，不息的戰爭攻伐，貴族又是説不盡的豪侈，殘傷民命，暴奪民財：人民憔悴于虐政之下，真是創深痛鉅。那時的學者看着人民的苦痛，對于政治問題的解決方法非常要求得急切。解決方法最直截的無過革命，革命的事原有湯、武的好例在前，所以他們竭力的罵桀、紂，頌湯、武。但當時人民對于國王，正和現在人民對於軍閥一樣，雖是疾首痛心到極點，而要自己起來剗除他們的勢力終是無力的。他們在這般有心無力的境界中，只有把自己的希望構成一種根本解決的想像，做宣傳的功夫。根本解決的想像是什麼？乃是政治的道德化。他們想像：若有一個道德最好的天子出來，捨棄了一切的權利，他的目的單是要天下安樂，自然可以"天下爲公"，沒有爭奪的事。他們想像：倘若天子的位不是固定的，做天子的必是天下最賢的人，他必能識拔許多賢才做各項的職務，使得天下之民歸心，成就最好的政治。這一種想像就是禪讓說。墨子、孟子書中這類的話甚多，茲不備舉。

但自古只有父兄傳子弟的局面，而沒有先聖傳後聖的局面，他們鼓吹禪讓說是得不到證據的。沒有法子，就拉了兩個"無能名"的古帝——堯、舜——和一個在傳說的系統上列於夏初的古王——禹——做他們鼓吹學說的憑藉。好在這幾個人的事蹟是沒有什麼確實的記載的，你要那樣說就可那樣說，你愛那樣造就可那樣造。堯、舜、禹的關係就因了禪讓說的鼓吹而建築得很堅固了。

但禪讓之說起來時，禹早已做了夏后了：夏是世代相承的，故不得不使他把傳賢的局面改爲傳子的局面。然而益相禹的傳說與舜相堯，禹相舜的傳說是有同等的勢力的，故又不得不使他舉益自代。舊史必使他傳啟，新興的禪讓說必使他傳益，但結果又不能違背舊史，亦必使他傳啟，這個謊如何圓法呢？在這一點上，造僞史的人真做够了難題了！國策道：

> 禹授益，而以啟爲吏；及老而以啟爲不足任天下，傳之益也。啟與支黨攻益而奪之天下。

這一說是歸過於啟的，然已有"禹令啟自取之"的嫌疑了。天問道：

> 啟代益作后。

這是禹已禪益，啟更代益，間接而成傳子的局面。但啟何以代益，是啟搶來呢，是益傳與他呢，這文沒有說明。竹書紀年道：

> 益干啟位，啟殺之。

這是禹不禪益，啟即代禹，爲直接的傳子。但啟何以代禹，是禹有意呢，是啟搶來呢，這文也沒有說明。以上三說雖可解釋，但總是禪讓制的惡散場，在"比戶可封"的時候不應當有這種事。于是孟子上有一個極巧妙的回答：

> 禹薦益于天；七年，禹崩。三年之喪畢，益避禹之子於箕山之陰。朝覲訟獄者不之益而之啟，曰："吾君之子也！"謳歌者不謳歌益而謳歌啟，曰："吾君之子也！"
>
> 丹朱之不肖；舜之子亦不肖。舜之相堯，禹之相舜也，歷年多，施澤於民久。啟賢，能敬承繼禹之道。益之相禹也，歷年少，施澤于民未久。

這一個解釋真是何等的美滿！禹是肯薦益的，益是肯避啟的，啟又是實在得民心的，沒有一個人失德，沒有一個人貪有天下，然而"民意"的趨嚮如此，禪讓制便輕輕的改到傳子制了！

洪水未平，舉賢治之，是禪讓制之所由起。啟有賢德，傳子即是傳賢，是禪讓制之所由終。這一個起訖的時間，名爲禪讓時代，公推爲人治最美滿的時期。一班兼做僞史家的政論家竭其全力爲這個時期張皇幽眇，編造了無數佳話。堯、舜與禹經過了這一番的陶鑄，他們就成了拆不開的伴侶：凡是稱道一個人，必定聯帶稱道其他二人。比較詩、書中只說禹而不言堯、舜的時候，一般人對于古史的觀念真是大不同了！

那時禪讓之說鼓吹既盛，故戰國中期即有燕王噲實行這個學説的事實出來。這是紀元前三一六——前三一四年的事。堯、舜、禹禪讓之説雖不知起于何時，但可見在這時已經傳播得普遍而確定了，所以燕國的群臣會得很信服的把這事勸燕王做，而燕王也會得很願意做。不幸當時學者理想中的堯、舜的人格太高超了，燕噲與子之的人格不能得到當時學者的信服，所以即在極端主張禪讓説的孟子，也得説：“子噲不得與人燕；子之不得受燕於子噲。”

在禪讓之説未起時，也有讓國的事；關於這類事的記載，有論語及左傳上的泰伯、宋公子目夷、曹子臧、吳季札（伯夷、叔齊態度不明，恐不可信）。但他們的讓乃是出於良心的主張，不是由於學説的鼓動，乃是未居其位而不居，不是已居其位而忽讓；乃是一家兄弟叔姪的推讓，不是君對於臣的禪讓。我們在這上，可見那時並沒有堯、舜、禹禪讓之説，故讓國者全没有堯薦舜，舜薦禹的觀念，而不受讓的也没有舜避丹朱，禹避商均的觀念。故論語上也只有稱美泰伯的讓，而没有稱美堯、舜的讓。到了戰國中期，堯、舜禪讓之説大佔勢力，有鼓吹的，有實行的，而泰伯等讓國之説就退了下去，不見有人稱引了。

在這章的終結，我可以大膽的説：禹是西周中期起來的，堯、舜是春秋後期起來的，他們本來没有關係。他們的關係是起於禪讓之説上；禪讓之説乃是戰國學者受了時勢的刺戟，在想像中搆成的烏託邦。

總以上四章——(1)禹是否有天神性？(2)禹與夏有没有關係？(3)禹的來源在何處？(4)堯、舜、禹的關係是如何來的？——爲下列表，表明自西周以至戰國的人對於禹的觀念的轉變：(注：呂刑、立政、洪範三篇尚不能確定其時代，故加疑號。左傳、國語、楚辭三種已微有禹受舜禪的氣息，但尚無明文，故入之“夏后”題下。)

西周	東周	戰國
天　神 （書呂刑？） （詩信南山、 　文王有聲、 　韓奕）	（書立政？洪範？） （詩長發、殷武）	（楚辭）
		夏　后 **受舜禪** （禹貢） （左傳）（國語） （楚辭） （墨子） （孟子） （論語堯曰篇） 以後的諸子全不能脱此觀念， 不備舉。
	人　王 （詩閟宮） （論語）	

五　后稷的實在怎樣？

　　西周人對於后稷的傳說，詳見於生民一詩。把這詩分析開來看：

　　（a）厥初生民，時維姜嫄。生民如何？克禋克祀，以弗無子。履帝武敏歆，介攸介止，載震載夙，載生載育，時維后稷。

這一章是説姜嫄孕后稷的原因，見得她的這個兒子是向上帝討來的。"履帝武敏歆"一語雖不可解，總是她的生育與上帝有關係的意思。

（b）誕彌厥月，先生如達。不坼不副，無菑無害，以赫
厥靈。上帝不寧，不康禋祀，居然生子！

這一章是說姜嫄産生后稷時的順利，和上帝的關心后稷産生的
樣子。

（c）誕寘之隘巷，牛羊腓字之。誕寘之平林，會伐平林。
誕寘之寒冰，鳥覆翼之。鳥乃去矣，后稷呱矣。實覃實訏，
厥聲載路。

這一章是說后稷生下後的神蹟。從前人說后稷名棄，說后稷是給
姜嫄棄去的，棄去之故是爲了無人道而生子。但我覺得這說很涉
附會。姜嫄這個兒子是她自己去求來的，生産的時候又是這般順
利，爲什麼要棄去？棄名始見於左傳、國語，乃是戰國時人已立
了烈山氏之子做了后稷以前的后稷，所以不得不別立一名以示區
別。至於這章的本身，我以爲牠不過要表示后稷幼時的神蹟，爲
"以赫厥靈"的證據，不必求其理由。

（d）誕實匍匐，克岐克嶷，以就口食。蓺之荏菽，荏菽
斾斾；禾役穟穟；麻麥幪幪；瓜瓞唪唪。
誕后稷之穡，有相之道。茀厥豐草，種之黃茂。實方實
苞，實種實襃，實發實秀，實堅實好，實穎實栗。……

這二章都是說后稷在種植上的功績；說他幼年時如何就好種植，
一生的種植的成績如何美滿。

（e）即有邰家室。

這句説他的根據地在有邰。

　　　　(f)誕降嘉種，維秬維秠，維穈維芑，……以歸肇祀。

這章的意思很模糊：是后稷降嘉種於人民，他就國而肇祀呢？還是后稷在天之靈降嘉種于下民，下民得到了很好的收穫而祀他呢？還是天降嘉種與后稷，如閟宮所謂"是生后稷，降之百福，黍稷重穋，植稺菽麥"呢？這很不容易解答。好在此章無關重要，可以勿論。

　　在此很可注意的，后稷只是后稷，他没有做帝嚳的兒子，没有做禹的輔佐，没有做舜的臣子，也没有做契的同官。我前次因了閟宮説后稷"纘禹之緒"而生民篇不言，堯典上乃以禹、稷爲同官，是一個破綻。胡堇人先生駁我，説：

　　　　生民篇是郊祀的樂歌。古人神權最重，若在迎神侑樂時對着所祀的神説他的功勞係纘述别人的餘緒，未免得罪神靈。所以這詩不説纘誰的緒大概因此。不比閟宮頌禱當代國君，帶叙上代的事，儘可盡情暢説。

我以爲説了"纘緒"如要得罪神靈，則説了比生民更好的功績當然可使神靈更爲快樂；但若藏去了他的第一等功績而只説他的第二等功績，也當然使得神靈更爲惱怒。堯典云：

　　　　黎民阻飢，汝后稷，播時百穀。

在黎民阻飢的時候去播百穀，是何等重要的事！何以生民與閟宮都只説他自己的種植而不説當時黎民阻飢的樣子呢？皋陶謨云：

　　　　暨稷播奏庶艱食鮮食，懋遷有無化居，烝民乃粒，萬邦
　　作义。

因"播奏庶艱食鮮食"而連帶做"懋遷有無化居"，因"烝民乃粒"而
其效至于"萬邦作义"，這更是何等的大事！生民篇竟不拿來稱頌
后稷，神靈聽了應該何等的不樂，説"我的'懋遷有無化居'及'萬
邦作义'的功績竟都給子孫抑没了！"我們再想，舜命九官是古代
極盛的政治，是中國最有光榮的歷史，後世如秦起於西戎，尚且
把伯翳（一説即益）拉作祖先，誇張他佐禹之功，像后稷這般在九
官中坐了第二位，輔助舜、禹成就大業，這是應該何等稱道的
事；而他的子孫倒一切不理會，只説他産生時的神蹟和自幼及壯
種植的成績，豈不是舉其細而忘其大嗎？想來做郊祀樂歌的人不
會得如此糊塗罷？
　　劉掞藜先生駁我，説：

　　　　禹是盡力乎溝洫的；后稷是從事於種植的。禹把溝洫都
　　治好了，使后稷得以種植：這種纘緒並不須在幾十年後，或
　　幾百年後。若使不必在幾十年幾百年後，則在舜幾十年長底
　　朝廷裏何以不得同官？

但我讀到閟宮篇，覺得"是生后稷，……纘禹之緒"與下面"至於
文、武，纘大王之緒"的文義是一致的。大王的緒爲翦商，文、
武纘了他的緒，自然更去翦商；后稷的緒爲稼穡，他所由纘緒的
禹自然也是稼穡。所以我在上面説，閟宮對於禹的態度和論語是
一致的，牠們看得禹是在后稷之前的一個耕稼的人王，對于治水
方面反甚輕忽。照劉先生所説，閟宮的話乃是説禹、稷在虞代分
功作事；這比較了下文的"至于文、武，纘大王之緒"，很覺講不
過去。且詩中明明言他"奄有下土"而"纘禹之緒"，並不是"受舜

之命，待禹成功”而“纘禹之緒”。劉先生一定要把堯典和閟宮併爲一談，似乎彌縫的痕跡太顯露了！至説“奄有下土”即是“封於有邰”，后稷之爲國君由於舜之所命，則連堯典尚無此等話，更不必説詩經了。

后稷的名爲棄，是後世人所公認的。詩經上只稱他爲后稷而沒有提到棄字，還可以説是子孫尊崇先祖（雖已有了公亶父、公劉的例）。至於堯典、皋陶謨，本説是虞廷的記載，后稷爲舜的臣子，史官自應直記其名，何以有“禹拜稽首，讓于稷、契暨皋陶”，及“暨益奏庶鮮食，……暨稷播奏庶艱食鮮食”的記載，惟稷稱官，而禹、益、契、皋陶乃皆稱名？況舜未説“汝后稷”之前，棄尚未正式做后稷的官，何以在命禹的時候，禹已説“讓于稷、契”而不言“讓于棄、契？”這無非后稷二字在人心目中的印象太深了，棄是後出的名字，不甚佔勢力，作者一時竟改不過來，或者竟忘懷了！

“后稷”二字在堯典上看，自然是官名。但堯典的作者誤看“后稷”爲官名，正和漢朝人誤看堯典的“汝作朕虞”而解“朕虞”爲官名是同樣的可笑。（堯典上，舜對益説的“汝作朕虞”，是説“你做我的虞官”，“虞”是官名，“朕”是第一身所有格的代名詞，意義很明。漢人如司馬遷、班固等都把“朕虞”二字聯作一個官名，王莽時又有“予虞”的官，豈不可笑！）后稷的后字本是國王之義；周人因爲推他做古代的國王，所以稱他爲后稷。至於在虞廷上，他乃是天子之臣，那能復稱爲后！“群后”之稱指四方的國君是講得通的，至於朝廷上的職官以后爲名是講不通的。若説爲了后稷是有國之君，故官名定爲后稷，則他去職之後使沒有封地的人接任，這“后”字要否摘去？若説爲了尊重天子之官，看他們與群后一例，則禹何不稱后司空，契何不稱后司徒，皋陶何不稱后士，益何不稱后虞？他們也是天子之官，也是有國之君（依劉先生説“禹封於有夏，契封于商”諸語），又何以都不稱后，單單稱稷官

爲后？這實是一個很大的漏洞。推他們所以有這個漏洞之故，也
無非"后稷"二字在傳說中連接得太密切了，作者聽得爛熟，以致
改不過來，或者竟忘懷了！

　　因了堯典、皋陶謨稱名的惑亂，敍述的與生民、閟宮相去太
遠，所以我敢斷定牠們是晚出的書，后稷在虞廷作官是晚出的
故事。

　　現在我再進一步而討論生民、閟宮中的后稷。我在上次的文
中說道："即如后稷，周人自己說是他們的祖宗，但有無是人也
不得而知。……所謂后稷，也不過因爲他們的耕稼爲生，崇德報
功，追尊創始者的尊號。"劉先生駁我道："顧君已承認后稷爲創
始者了，何以又說'有無是人也不得而知'？"我對於這個質問的解
答，可分爲下列三層：

　　(1)周人稱其祖先，公亶父、公劉、王季是名上加一階
　　位；太王、文王、武王是階位上加一謚法。后稷的"后"字是
　　階位，而"稷"字則既非名，又非謚，乃是他所做的事業。自
　　公亶父以至文、武(公亶父在公劉之前，說見下章)，各有開
　　闢疆土建立國家的事，而后稷則只有耕稼的事。可見周人所
　　崇拜后稷的只有耕稼。

　　(2)古代記載闊略，所謂史官只會記君主的起居，絕不
　　注意于社會，事物的創始者即在同時亦不能知道。何況民族
　　始基之時，本無史官，只有傳說，創始者的真相又那裏可以
　　知道。到了後世，有了崇德報功的觀念，要一一立出事物的
　　創始者，又以爲人類惟帝王爲最聰明，於是有庖犧、神農、
　　有巢、燧人等許多古帝出來，而黃帝一身甚至包辦了好幾十
　　件東西。如黃帝般，是先有了人帝的傳說而後把物件堆上去
　　的，且不論，如庖犧、神農……則爲了要舉起這一個創始者
　　而因事所立之名，甚是可見。造史的人想着太古的人專事漁
　　獵，必有創始漁獵的，故有庖犧氏；想到太古的人一定茹毛

飲血，必有創始火食的，故有燧人氏。……其實這種事情是從不知不覺中來，不知道經過了若干年代的醞釀推移，誰也不能做創始的人。猶之人類之爲人類，不知經過了多少變化，決不能指定那一年是始有人類之年，那一人是人類的第一人。但在古人的想像中必以爲人類是突然生出來的，因此苗族有盤古的傳説，猶太族有亞當、夏娃的傳説。傳説雖流行，我們決不能承認盤古、亞當等真是人類的始祖，這是無可疑的。后稷之名，很可看出是周人耕稼爲生，崇德報功，因事立出的，與庖犧、燧人……有同等的性質。没有庖犧氏出來，難道人類就不會漁獵嗎？没有燧人氏出來，難道人類就不會火食嗎？没有后稷出來，難道周民族就不會進於耕稼社會嗎？我們信周民族先進於耕稼社會，但不能信后稷爲創始者，正和我們信古代曾有漁獵社會，但不能信庖犧氏爲創始者一樣。所以我對於劉先生的回答，是：後人意想中的創始者是一件事，實際上有無是人又是一件事，決不能因爲後人意想中有了這一個創始者就説實際上必有此人。

（3）周頌思文云："思文后稷，克配彼天；立我烝民，莫非爾極。貽我來牟，帝命率育。"魯頌閟宫云："皇皇后帝，皇祖后稷，享以騂犧，是饗是宜。"大雅雲漢云："旱既太甚，藴隆蟲蟲，不殄禋祀，自郊徂宫；上下奠瘞，靡神不宗。后稷不克，上帝不臨。"讀此，可見后稷是配饗上帝的，雖也是先祖，但比了別的先祖，他的任務特別大："貽我來牟"是他的"率育"，"藴隆蟲蟲"是他的"不克"。周民族所祀之神，自上帝之外，最尊的没有過於他了。生民與閟宫上，除了説他耕稼的成績之外，只有"奄有下國"與"即有邰家室"二語爲政治上的事實；但這二語卻實在空洞得很。有邰即是周民族的根據地，"奄有下國"乃是周民族勢力的發展。這二語雖是説的一人，實不啻説的一民族。他的本身在政治上究竟做了些什麼，依然毫無所知。可見他在周人的想像中，爲農神的分數多，爲人王的分數少。我們既知道周民族是特重耕稼的，又知道耕稼的事是不會由一個人突然發明而且驟得到無數種類的極美滿的成績的，又知道後人想像中的創始者是不必真有其人的，故我們可以懷疑后稷本是周民族所奉的耕稼之神，拉做他們的始祖，而未必真是創始耕稼的古王，也未必真是周民族的始祖。

六　文王是紂臣嗎？

劉先生說："如以爲后稷'奄有下國'是做了國君，不當說成舜的臣子，然則王季'奄有四方'，文王爲'萬邦之方，下民之王'，遂可說王季、文王不是商紂的臣子嗎？他們兩個何嘗不是明明做國王咧？"我對于這問的回答，是：后稷非舜臣，王季、文王亦非紂臣。並且可以推到商民族上去，說：契亦非舜臣，湯亦非桀臣。這一個公案本是最容易明白的，不知道許多人爲什麼還要很情願的上僞史的當？

讀古史的人每易有一個成見，以爲中國自黃帝"方制萬里，畫野分州"以來，永遠是一統的；地域的區畫，秦以前是封建，秦以後是郡縣。因爲有了這一個成見，所以覺得唐、虞、三代的天子威嚴與秦、漢是沒有差異的，唐、虞、夏、商的政治綱領與周代是沒有差異的。因爲沒有差異，所以君臣之義無所逃于天地之間，商湯不得不做夏桀的臣子，周文王不得不做商紂的臣子。

他們不知道，中國在戰國以前是不曾統一過，在周代行封建制以前還是滿地的立着許多部落的國家。（即在行封建制以後，除了所封之國，依然還是部落的國家。試看左傳上，齊、魯、晉、衛的境上莫不有戎狄；只要疆場無主，就立刻生豺狼之心。我們試想，未有封建時應該怎樣?)商之所以爲商，周之所以爲周，自有他們民族成立的歷史。商之所以滅夏，周之所以滅商，也本合於他們民族發展的程度。湯和文王不過是繼了他們的先人的事業而努力，他們恰恰生於他們的民族的極盛時期，故得成就了最光榮的功績。這班戰勝民族的領袖對於戰敗民族的領袖，本所欲得而甘心，一旦遭逢時會，達到願望，是何等的快樂！他們强弱之爭還來不及，那有什麼君臣之誼呢！他們歡欣鼓舞還説不盡，又那有什麼"慚德"呢！

他們的實在情形，商頌長發和魯頌閟宫説得都明白，不過讀者一向疏忽着。長發道：

　　濬哲維商，長發其祥。……外大國是疆，幅隕既長，有娀方將，帝立子生商。
　　玄王桓撥，受小國是達，受大國是達。率履不越，遂視既發。相土烈烈，海外有截。
　　帝命不違，至于湯齊。湯降不遲，聖敬日躋。……帝命式于九圍。
　　受小球大球，爲下國綴旒。何天之休，……百禄是遒。……
　　武王(湯)載旆，有虔秉鉞。如火烈烈，則莫我敢曷。苞有三蘖，莫遂莫達。九有有截。韋、顧既伐，昆吾、夏桀。

這詩説的是：商民族是上帝建立的("有娀方將，帝立子生商"一語義甚明白，帝是上帝，他借了有娀之女而立自己之子，與姜嫄的"履帝武敏歆"是同樣的意思。朱子爲堯典所誤，謂"契於是時始爲舜司徒，掌布五教於四方，而商之受命實基於此"，真是附會之辭)；建立之後，在玄王時如何興盛，在相土時又如何興盛；

直到湯時，商族盛極了，湯又是最能幹的人，所以會得受了上帝的命，像火一般的旺烈，把韋、顧、昆吾與夏桀一起打倒了。他和夏桀有什麼君臣名分上的關係？他的祖玄王和虞舜又有什麼君臣名分上的關係？

閟宮寫得更顯明了，牠道：

> 赫赫姜嫄，……是生后稷。降之百福，……奄有下國，俾民稼穡。

> 后稷之孫，實維大王，居岐之陽，實始翦商。至於文、武，纘大王之緒，致天之屆，於牧之野。“無貳無虞，上帝臨女！”敦商之旅，克咸厥功。

這篇詩說太王是周民族中蓄志翦商的第一人，文王、武王是繼續太王的事業而翦商的人，本事直言，沒有一點拘牽和隱諱，因爲這事本是自己民族的光榮，用不到拘牽和隱諱的。在這上，我們可以知道稱王自太王已經稱了，翦商自太王已經翦了。我們又可以知道，文王只有受命而“割殷”（書多士），沒有受命而稱王；只有“昭事上帝”（詩文王），沒有服事殷紂；只有“纘太王之緒”而翦商，更沒有纘太王之緒而事商！我們再看大雅蕩篇：

> 文王曰咨，咨女殷商！女炰烋於中國，斂怨以爲德。不明爾德，時無背無側。爾德不明，以無陪無卿。

> 文王曰咨，咨女殷商！天不湎爾以酒，不義從式。既愆爾止，靡明靡晦。式號式呼，俾晝作夜。

> 文王曰咨，咨女殷商！如蜩如螗，如沸如羹，小大近喪，人尚乎由行。內奰於中國，覃及鬼方。

這簡直是文王伐商的誓師辭了。這篇中充滿着撻伐的口氣和對壘的神情，那裏有一點君臣名分的氣息！（此詩固非<u>文王</u>自作，但<u>西周</u>時的作者代他立言，也應爲他設身處地。若<u>文王</u>實爲<u>商紂</u>的臣子，而且終身恭謹的服事他的，作者也不會如此無端誣衊。）

　　一面做國君，一面做天子的臣子，這是<u>周</u>代封建制度之下所有的事。所以能毅如此之故，只因所封的國君本是王朝的臣子，這個名分是立得起來的。至于不經封建的國家，異族對於中原，小國對于大國，原只有强弱的區別，並無天澤的定分。小國爲保全自己的生存計，所以瞻依趨附着强者；最强的國家，給牠保護及征服的小國就最多。<u>長發</u>中所謂"受小球大球，爲下國綴旒"，即此之謂。這種情形，在<u>左傳</u>中屢屢看見，隨便舉出幾條如下：

　　　　<u>徐</u>即諸<u>夏</u>；<u>楚</u>人伐<u>徐</u>。（<u>僖</u>十五年）
　　　　<u>任</u>、<u>宿</u>、<u>須句</u>、<u>顓臾</u>，<u>風</u>姓也，……服事諸<u>夏</u>。（<u>僖</u>二十一年）
　　　　六人叛<u>楚</u>，即東夷。（<u>文</u>五年）
　　　　蠻夷屬於<u>楚</u>者<u>吴</u>盡取之，是以始大。（<u>成</u>七年）

我很疑心<u>夏</u>、<u>商</u>間所謂"王"，實即<u>春秋</u>時所謂"霸"。<u>春秋</u>時，一個霸主出來，便有許多服屬的小國。如<u>鄭</u>、<u>衞</u>、<u>陳</u>、<u>蔡</u>、<u>許</u>、<u>曹</u>諸國，永遠依違於幾個大國之間。説牠服屬，確是服屬；説服屬的是臣，所服屬的是君，那就大誤。所以<u>齊桓</u>、<u>晉文</u>假使生於<u>夏</u>、<u>商</u>，未必不爲王者；只因<u>齊</u>、<u>晉</u>爲<u>周</u>王所封建，不便取而代之，所以不做到"王"的地步罷了。更想<u>周</u>之與<u>商</u>，正似<u>楚</u>之與<u>周</u>：<u>周</u>强則"蠻荆來威"，<u>周</u>衰則"觀兵問鼎"。這完全是勢力的關係，有什麽名分在内！<u>春秋</u>時，<u>東周</u>尚是諸<u>夏</u>的共主，但<u>楚</u>也稱王，盡力拓地，自定制度。試問王朝有什麽力量可以裁制牠？所以看了<u>周</u>代時的<u>楚</u>國，舉一反三，<u>周</u>本是<u>商</u>代時的强國，牠對于<u>商</u>的關係也可知了。<u>尚書</u>上説：

天休于寧王，興我小邦周。（大誥）

皇天上帝改厥元子，茲大國殷之命。（召誥）

天既遐終大邦殷之命。（同上）

可見周人稱殷爲大邦，自稱爲小邦；看殷爲兄長（元子），自居于弟輩。他們的伐商，只是想把弟輩的地位改到兄長的地位，把小邦的地位改到大邦的地位罷了，有什麼"臣弑其君"的嫌疑，更何必做什麼"聞誅一夫紂矣，未聞弑君也"的曲解！

商民族發展的情形，記載缺略，僅有長發一詩，不足以知其詳。但我們讀了"玄王桓撥"，"相土烈烈"諸語，很可知道湯以七十里成王業的話是不足信的。周民族的發展，幸有大雅和周、魯頌保存了一點史料，可以作一個系統的敘述。今試擬如下：

（一）周民族並沒有很久的歷史，大約牠的成立還是在商代。（史記記周世系，自后稷至文王不過十四代，而商則自湯至紂已有二十九代。這十四代還是有一大半全無事跡可指的，不知道有無其人。自從秦、漢間人把后稷拉做了堯的胞弟，于是就覺得周民族立國甚早，而這十四代人物個個要在耄耋中生子。其實國語尚以周棄爲在夏衰時——魯語云："夏之衰也，周棄繼之。"——左傳亦謂商以來祀棄爲稷——昭二十九年傳，——戰國時人尚不敢把他放在堯時呢。）

（二）在公亶父的時候，周民族還穴居在漆、沮一帶。公亶父向西尋去，到了岐山之下的胥，那地是一塊很肥美的平原——周原，——他們就在那兒住下。（據大雅緜篇前三章。"古公亶父"的"古"字係詩人加上的形容詞，非稱號，從崔述說。"聿來胥宇"的"胥"字，把公劉篇的"于胥斯原"，"于京斯依"，"于豳斯館"等句比較看來，是一個地名，從適之先生說。公亶父這人，自孟子以來都說是太王；我覺得不對。公亶父在緜篇上看，是一個"篳路藍縷以啟山林"的國君；太王是文王的祖，已在周民族很盛的時候：他們的時會是不同的。況且太王既已稱王謚太，何以于緜篇又稱公呼名？雅、頌同爲西周時作，不應當把稱號亂用如此。推其所以致誤之故，一由于公亶父"至于岐下"而太王亦"居岐之陽"，二由于公亶父娶的是姜女而文王之母亦"思媚周姜"。但我以爲周國始終不曾離開過岐山，"至岐"只有始遷的第一代，"居岐"儘不妨沿着多少代，這二者不能强合爲一事。周與姜本係老親，看后稷母名姜嫄可知，不能説太王娶的周姜即是緜篇上的姜女，而合太王于公亶父，使他們併作一人。又看緜篇以"緜緜瓜瓞"發端，而首章言"民之初生，自土沮、漆"，末章言"文王蹶厥生"，其爲原始要終之詩，言周民族自微而盛，自開國以至成大業，此意甚明。公亶父乃是初定國基之君，故詳言其始至之狀；若在太王時，便不容有這等事了。自從孟子言太王避狄，硬拉公亶父覓地的事作證據，又言太王好色，硬引緜篇"爰及姜女"的話作證據，于是公亶父與太王合而爲一，反在公劉之後，有似乎中衰，而緜篇紀始的本義就失去了。）

（三）公亶父之後有公劉。公劉時，周民族開拓的地域廣了，除了原有的胥以外，又有京和豳，渭水、芮水一帶地都是他們的領土了。公劉很勤于農業，又獎勵武事，故周國益臻富强。（據大雅公劉篇。）

（四）太王承公劉之後，勢力向東方發展，始致力于翦商。（據魯頌閟宮篇。前人謂太王、王季、文王是武王克商後所追王，這句話我不敢相信。詩、書中全沒有追王的跡象。況且那時本不必做了統一的君主才可稱王，只要有稱王的實力就不妨自己加上這個名號：看春秋時楚國並周稱王，甚可明白。周國在公劉時既已富强，到太王時進而稱王，也是很平常的事。皇矣説王季"王此大邦"，又説文王爲"下民

之王"，王季、文王非商紂臣，非追稱王，於此皆可見。劉
先生謂據此足以取消后稷非舜臣之説，我以爲這幾句話非但
不能取消這説，實足以建立王季、文王非商臣之説。試問王
季、文王爲商臣有何證據？太王、王季、文王的追王除秦、
漢間人所作的中庸外有何證據？而太王、王季、文王在詩、
書上直稱爲王何以反不信？）

　　（五）王季是一個德行很好的君主，但似乎没有什麽大功
績。他的妻太任是在殷商娶來的。（據大雅大明、皇矣
兩篇。）

　　（六）文王是有大幹才的人，又有許多的好輔佐。他事上
帝很謹慎；四方之國歸附他的很多。他驅了混夷（串夷），平
夷了岐山的道路，判斷了虞、芮的質成，伐滅了密、崇二
國，東作邑于豐，自謂受了上帝的命而伐商。（據大雅大明、
緜、皇矣、文王有聲四篇，周頌天作篇。）

　　（七）文王伐商的功績没有做成，就死了。他的長子武王
繼起，順天命以伐商，和商國的兵旅在牧野開戰，勇將師尚
父奮力戰鬥，遂把商國滅了。（據大雅大明篇。）
以上從詩經裏抽出周初的史蹟，自公亶父立國，至武王滅商，次
序井然。試問"三分天下有其二以服事殷"（論語），"文王以百里"
（孟子），"文王帥殷之叛國以事紂"（左傳），"紂賜之弓矢斧鉞，
使西伯得征伐"（史記）這一類傳記中的話如何插得進去？

　　推原所以有文王爲紂臣之説的緣故，實由于春秋後期以至戰
國初期的時局的引導。春秋之末，世卿已極專橫。到了戰國，小
國的卿就成了小國之君（如魯之季氏），大國的卿就成了大國之君
（如晉之韓、魏、趙三家，齊之田氏）。他們起初都是諸侯的臣
子，只有很小的采邑；以巧佔豪奪的結果，漸漸的"奉邑倅於諸
侯"；更進一步，就分佔故主之國而代之。但他們雖是自己成了
國君，對于故主的君臣名分上總不免有些挂絆，對于被欺凌和被

推倒的故主身上總不免有些"慚德"。在這慚德之下的自解，惟有以湯、武革命爲理由。他們以爲以臣滅君是古來一例的，他們爲故主之臣，正與湯和文、武爲桀、紂之臣一樣：故主不振作，該得由大臣來"易位"。湯和文、武滅了故主，無損其爲聖王；然則他們自己正有相當的地位可佔，初不必没臉見人。這一種心理，一半是有意的造作，一半是無意的誤會。有意的造作，只爲自己裝面子，可以弗論。無意的誤會，則實由于當時人歷史常識的太缺乏。凡是没有歷史常識的人，就不會有歷史觀念，只覺得當前的事物無一非古來生成的，無一非萬世不易的。現在鄉下人看辮子是盤古以來束髮的老法子，現在無智識的婦女看纏足是周公所定的禮制，這類見解没有不是從這個"古來如此"的觀念之下所生出來的。古代民神的雜糅，祖先的模糊，史籍的稀少，都是那時歷史觀念缺乏的表徵。新興的國君生出這一種的誤會，那是當然之事。我們看曹丕受了漢獻帝之禪而云"舜、禹之事，吾知之矣"，反映過來，豈不是這一班滅公室的權門正作着"湯、武之事，吾知之矣"的口吻嗎？所以在這個時期之中，可以斷説湯和文、武的故事一定造出了許多有意的謊話和説出了無數誤會的謊話。又一方面，那時的學者（政客）爲了游説人主，鼓動風氣，都有待於取證，而取證務必以適合於當世情形的爲動聽，故不管古代事實如何，定要説成與現代同一的狀況，使得所説的在古可徵，在今可用，而後足以盡其能事，所以又發生了許多有意的謊話。例如他們要勸一個國君行王道，這個國君的國小，就説"地方百里而可以王，文王也是百里起的，湯還不過七十里"；這個國君的國大，就要換句話説，"文王之囿方七十里，民猶以爲小"了。究竟文王實有多少地，他實有多麼大的一個囿子，他的囿子是否實有湯的一國大，他們説話是不負正確的責任的。所以戰國學者口中的歷史，只能注意他的立説的意義，切不可看作真實的歷史，因爲他們原没有考實自己的説話的觀念。

附

劉掞藜：討論古史再質顧先生 *

頡剛先生：

　　自讀書雜志第九期上先生那"與錢玄同先生論古史書"很引起我們的疑問後，在第十期上又讀到玄同先生答先生的書；及到十一期十二期始有先生答覆我們的書，這書所討論的問題很多，所以文也很長。第十一期所載，只僅僅表明先生對於古史的態度；第十二期始有正式答覆我們質問的文字。但是爲讀書雜志的篇幅所限，第十二期纔只論及：(1)禹是否有天神性？(2)禹與夏有沒有關係？(3)禹的來源在何處？第三問題的論文在第十二期上還沒有登完，所以(4)禹貢是什麼時候作的？(5)后稷的實在如何？(6)堯舜禹的關係如何？(7)堯典，皋陶謨是什麼時候做的？(8)現在公認的古史系統是如何組織而成的？及後來增加的"文王之爲紂臣"的問題等等，皆在下幾期陸續登載去了——這很足使我們欲早日一睹爲快的心陷於渴望的情境。

　　掞藜近在報紙上時時讀到吳稚暉先生的箴洋八股及勸梁任公先生緩提倡國學，少葬送青年……等等文章，深感吳先生的見識和愛國的熱忱。想來中國現在所處的地位和物質文明的程度，目下中國國民真應當有十分之八九趨向於科學和實業，不應當群集於玄學文學和國故。有名望的人，真應當提倡切用於中國現在情形的學術，使國民自立自強，使國家得存于東亞，得存于世界，真不應當以空疏的和妝飾的學術迷導青年。不過我們從事歷史的人，整理史料，辨僞別真，勘錯訂誤，皆是分內的事，是我們應

　　* 1923 年 8 月作。原載讀書雜志第十三—十六期，1923 年 9 月 2 日—12 月 2 日；又載古史辨第一冊。

當努力去做的。我希望我們既從事于歷史學和文學的人努力去做我們分内的事；從事其他科學或實業的人呢，也不宜妄自菲薄，也應當努力去做他們分内的事。總之，人于其所從事而不能盡本分以求有成，以符國民之責，以盡人生之職，是最可恥的。

這段對於本書所討論的問題本是贅言，若使先生萬一看得以下討論問題的文字有登入讀書雜志的價值，將其登出，這便是我希望我們大家各盡其分的一點愚忱。

第十期上玄同先生答先生的書，其中所論列乃是（1）孔丘無删述或制作六經之事，（2）詩、書、易、禮、春秋，本是各不相干的五部書，（3）不相干的五部書配成一部而名爲"六經"的原故，（4）"六經"配成的時候，（5）"六經"是些什麼性質的書。這篇"翻案的議論，只是要研究所謂'六經'的那幾部書的原始面目，只是要研究牠們與孔丘有無關係而已"。其中雖有爲揆揆所不敢苟同之處，但對於先生所欲討論的那八九問題没有關係，所以我在此處也不牽作一起談了。

我對於先生所已經登出的答覆，贊成的地方和可佩服的見解固然很多，卻是不敢苟同之處亦自不少。我原來的意思，本想等待先生的文章全篇登完後才作一整篇的文字和先生商量，但是一讀了佳作以後，於心所不安之處輒欲一吐爲快，故隨手寫出，就商於先生。在下幾期讀書雜志將陸續登載的答書，若有不得不與先生討論之點，仍當逐期奉商。因爲這種翻案的議論，這種懷疑的精神，很有影響於我國的人心和史界，心有所欲言，不敢不告也。

（一）關於先生所持古史態度的討論

信史的建設，先生引胡適之先生的古史大旨三條作爲骨幹；胡先生的説法，本與我們及一般人的商周秦民族觀念相同，可不再説。至於推翻非信史方面，先生所説應具的標準有

（一）打破民族出於一元的觀念

（二）打破向來地域一統的觀念

（三）打破古史人化的觀念

（四）打破古代爲黃金世界的觀念

關于第一條所説，很與我個人的意見相符。我向來以爲中國民族在幾萬年前縱或出於一元，但有史時代的夏商周秦實在各有各的始祖。一統的世系籠罩百代帝王，實在不敢信。“中國民族的出于一元，俟將來的地質學及人類學上有確實的發見後，我們自可承認牠；但現在所有的牽合混纏的傳説我們決不能胡亂承認。我們對於古史，應當依了民族的分合爲分合，尋出他們的系統的異同狀況”，這話十分贊成。只是説堯典乃因“許多民族的始祖的傳説……歸到一條線上，有了先後君臣的關係”而產生出來，這話尚待先生辨堯典的文字登出讀後，纔敢説贊成或不贊成。

關於第（二）條所説，我卻有點意思不同了。先生謂：“史記上黃帝的‘東至於海，西至於空桐，南至於江，北逐葷粥’，……禹貢的九州，堯典的四罪，……乃是戰國時七國的疆域，而堯典的羲和四宅以交趾入版圖更是秦漢的疆域。……商朝自限於‘邦畿千里’之內。周有天下，用了封建制以鎮壓四國——四方之國，——已比商朝進了一步，然而始終未曾没收了蠻貊的土地人民。……到秦併六國而始一統。若説黃帝以來就是如此，這步驟就亂了。所以我們對於古史，……不能以戰國的七國秦的四十郡算做古代早就定局的地域。”我以爲先生錯了。“步驟就亂”不足以證明戰國的七國秦的四十郡不是古代早就定局的地域。因爲轄地大小廣狹不是自古至今有一定步驟的，不是古代定局的地域極小而後來定一代一代推廣的。我們知道漢朝定局的地域廣，到了晉朝，疆域便狹了；到了東晉，更狹小了。唐朝定局的地域廣，到了宋朝，疆域便狹了，到了南宋更狹小了。元朝的疆域極廣，不僅爲中國前古所無，而且爲明清所遠不及。如果按步驟去推測，定然是再亂，三亂，四亂……了，難道遂可據東晉的疆域說漢書地理志所載非漢時早就定局的地域，據南宋明清的疆域說唐書元史所載非唐元早就定局的地域嗎？如果以黃帝的四至，禹貢的九州，堯典的四罪所放殛之地爲合於戰國時七國的疆域，便以爲不應是黃帝時堯時禹時早就定局的地域，難道遂可說漢代疆域合於唐代的疆域，便不應是漢代早就定局的地域嗎？如果以商朝自限於“邦畿千里”之内，周朝始終未曾没收了蠻貊的土地人民，證交趾是秦漢的疆域，不應入堯典的版圖，難道可以南宋自限於大江之南，清朝始終未曾發展至葱嶺以西，遂説漢朝不應服西域，元朝不應跨歐亞嗎？

　　先生或要説如果堯時已將交趾併入版圖，何以夏商來絶無人道及，絶無書提及呢？這疑問最好以歷史上相同的事實解釋之。從前亞歷山大的帝國版圖東至印度河以東，南至尼羅河上流，後來羅馬帝國繼起，西盡歐州，北至來因河布列顛，皆其疆土。此數百年間，希臘羅馬的人誰不知道世界之大。可是到了中世紀羅馬既衰，希臘與羅馬時之地理知識盡失，只知道有地中海沿海的各地，以耶路撒冷爲世界的中心，不復知有東方；亞歷山大所親自到過而收入版圖的印度河，再也無人知，無人到了。到了歐洲黑暗時代（四七六年至八百年），歐人蒙昧的狀態幾欲返乎草昧時代了，甚麼學術和知識都不知道了。以此看來，前代入版圖的遼遠地方，後來失掉了，或竟至於數百年千餘年隔絶不知，是常有的事；不可因中間有時隔絶，遂説牠不是那時那代的疆土。且交趾非周朝非春秋非戰國時代的疆域所及，乃“秦漢的疆域”，這是先生承認的。先生既只承認交趾爲秦漢時的疆土，則必謂堯典的羲和四宅以交趾入版圖乃堯典爲秦漢人所僞造之證，至少或亦以四宅爲秦漢人竄入之證。若是我所猜的不錯，則是先生的意思以爲秦漢以前中國與交趾無關係，中國與交趾遠隔絶，所以必没有交趾之可知可言。但是就我所知，春秋之末，秦漢之前，竟時時有人道及交趾，甚且是堯舜撫有交趾。我且把他們分寫如下：

(a)墨子節用中　古者堯治天下，南撫交趾，北際幽都，東西至日所出入，莫不賓服。

(b)尸子輯逸文　堯南撫交趾，北懷幽都，東西至日月之所出入。

(c)韓非子十過　昔者堯有天下，其地南至交趾，北至幽都，東西至日月之所出入者，莫不賓服。

(d)大戴禮記少閒　昔虞舜以天德嗣堯，朔方幽都來服，南撫交趾，出入日月，莫不率俾。

在這四條之中我們縱把(d)條目爲漢儒所作，將牠和淮南子修務訓所云"堯北撫幽都，南通交趾"，賈誼新書修政語所云"堯撫交趾，北中幽都"，史記顓頊紀所云"南至于交趾"，舜紀所云"南撫交趾"等觀，而于(a)(b)(c)三條，無論其爲墨子尸子韓非子親寫或彼等之徒黨所記，總可認爲戰國時文。然則彼等所言係憑空臆造耶？抑有所據耶？豈其預知後世之地名耶？抑將謂其承前代之舊耶？如曰漢人竄入，則何不併論語、孟子、荀子……諸書而俱竄入之以爲完全之彌縫？若曰非秦漢人所竄入，則是秦漢以前知有交趾了。知有交趾，則是早已與交趾有關係了。但是我們知道春秋東周西周商夏都與交趾沒有來往，是墨子尸子韓非子等所言實由堯之撫有交趾也。以韓非之疑古，猶且稱道之，則交趾入堯之版圖亦可以無惑。如曰託古改制，則何三子所言似出諸一口耶？反覆思維，覺先生以交趾爲秦漢疆域便疑其不能入堯時版圖，實在錯了。

先生又説："我們看，楚國的若敖蚡冒還是西周末東遷初的人，楚國地方還在今河南湖北，但他們竟是'篳路藍縷以啟山林'。鄭國是西周末年封的，地在今河南新鄭，但竟是'艾殺此地，斬之蓬蒿藜藋而共處之’。那裏是一統時的樣子!"這段話也是欲說明自黃帝至周地域不統一的一個證據。以我看來，不禁發笑。(一)蓬蒿藜藋是容易生長的：某地亂到一年，蓬蒿藜藋便可没人；某地無人一年，蓬蒿藜藋也便可没人；況且有人居的地方，蓬蒿藜藋也須時時斬艾的。這不過可以説明人少；安得據爲"地域向來不統一"之證？山林也是容易長成的，數十年没有人居，後來的人便須啟牠了。這也不過可以説明人少，安得據爲"地域向來不統一"之證？現在青海西藏新疆蒙古及内地的蓬蒿藜藋的地方和山林，須斬艾啟闢的尚多哩，豈可説地域還未像統一，還未入我國版圖？(二)商民族以河南爲中心，此適之先生所説，此我們所共承認的。商朝天下自限於"邦畿千里"之内，此先生所説，我也可承認的。商在河南，後來鄭亦在河南，其在商代邦畿千里之内是顯然的。豈可因在鄭封之初須斬艾蓬蒿藜藋，遂説"地域向來不統一"嗎？鄭封地不屬于商統一的邦畿千里之内嗎？楚國地方在今河南湖北，是我們所公認的。但是周南召南所歌咏江漢汝間的化行俗美，人物繁盛，這也想是先生所肯承認的。然則楚國地方在周朝統一的地域裏頭顯然明瞭。豈可因若敖蚡冒的"篳路藍縷以啟山林"遂説"地域向來不統一?"(三)所謂"篳路藍縷以啟山林"，"艾殺此地，斬之蓬蒿藜藋而共處之"，不過是楚鄭的後人表白他們祖先勤勞的意思。且封地于人，豈必先爲之啟闢山林，斬之蓬蒿藜藋？且地經一統，豈山林立即全啟，蓬蒿藜藋即不生耶？反覆推求，覺先生欲以此證"不像統一"，亦屬錯了。

　　所以我的態度只是打破古來各代地域一致的觀念。

　　關於第(三)條所説，我也有些不贊成的地方。即如先生所説"古人對于神和人原没有界限，所謂歷史差不多完全是神話。人與神混的，如后土原是地神，卻也是共工氏之子；實沈原是星名，卻也是高辛氏之子。人與獸混的，如夔本是九鼎上的罔兩，又是做樂正的官；饕餮本是鼎上圖案畫中的獸，又是縉雲氏不才子”，這段似是而非，很足以淆惑視聽。謂古史中多神話，是我所承認的；但舉這些例來證“古人對於神和人原沒有界限，所謂歷史差不多全是神話”，是不可不辯的。（a）辯“后土原是地神，卻也是共工氏之子”。先生須知道古“有五行之官，是謂五官，實列受氏姓，封爲上公，祀爲貴神。社稷五祀，是尊是奉：木正曰句芒；火正曰祝融；金正曰蓐收；水正曰玄冥；土正曰后土。……曰，社稷五祀，誰氏之五官也？曰，少皞氏有四叔，曰重，曰該，曰修，曰熙，實能金木及水。使重爲句芒，該爲蓐收，修及熙爲玄冥，世不失職，遂濟窮桑：此其三祀也。顓頊氏有子曰犂，爲祝融；共工氏有子曰句龍，爲后土：此其二祀也。后土爲社；稷，田正也。有烈山氏之子曰柱，爲稷，自夏以上祀之；周棄亦爲稷，自商以來祀之”。這段話就是說治理木火金水土的五個官名叫作句芒、祝融、蓐收、玄冥、后土；作這五個官的人就是重、該、修、熙、犂、句龍。他們在生時實列受氏姓，封爲上公。因爲他們不失職，後人遂感他們的恩惠，祀爲貴神，是尊是奉，所謂貴神的神名就是那五個官名，猶之田官之長叫作稷，作稷這官的人死了，後人遂祀這作稷官的人爲稷神。祀他爲神是由後人感他的恩惠而尊奉的，所以如果後來又有做這官的人功勞更大更密切，後人不惜把後來的這個人祀作神以代替從前那個祀作神的人。夏祀柱爲稷，商以來祀棄爲稷，便是這個道理。由上看來，不見得“后土原是地神”，后土乃原是官名。後來后土成爲神名，乃是借官名作神名的。共工氏之子——句龍——原不是與地神混，乃是作治土的官——后土，後來人祀他爲神，始把他的官名當作神名的。先生這種錯誤，好像和認“大成至聖先師文宣王爲原是儒神，卻也是叔梁紇之子”一樣，尚可說得去麼？（b）辯“實沈原是星名，卻也是高辛氏之子”。這句話的錯誤，和上句一樣，均是把事實前後倒認。先生須知道“昔高辛氏有二子，長曰閼伯，季曰實沈，居于曠林，不相能也，日尋干戈，以相征討。后帝不臧，遷閼伯於商丘，主辰，商人是因，故辰爲商星；遷實沈于大夏，主參，唐人是因，以服事夏商，……及成王滅唐而封大叔焉，故參爲晉星。由是觀之，則實沈，參神也。昔金天氏有裔子曰昧，爲玄冥師，生允格臺駘；臺駘能業其官，宣汾洮，障大澤，以處大原。帝用嘉之，封諸汾川。沈姒蓐黃實守其祀。……由是觀之，則臺駘，汾神也"。這是說實沈遷于大夏，"主祀"參星，後來人奉他爲參神，一如臺駘被封於汾川，死後沈姒蓐黃祀他，奉之爲汾神一樣。是參原是星名，實沈原是人名而不原是星名明矣。是因實沈居於大夏，而大夏爲參星之分野，遂"主祀"之，後人因謂參星爲實沈，猶之豕韋氏處於衛地，衛地爲營室之分野，後人因謂營室爲豕韋一樣。是實沈原是人名而後人以他的人名名星益明矣。先生這種錯誤，豈不是和上句相同嗎？退一步言之，以星名名人者後世多有，如"參原是星名，卻也是曾晳之子；太白原是星名，卻也是杜甫之朋"。難道就可以說"人與神混"，春秋和唐朝的人"對於神和人原沒有界限"麼？(c)辯"夔本是九鼎上的罔兩，又是做樂正的官"。關於這事，先生又在讀書雜志第十二期論"禹的來源在何處"內第(3)條中說："彝器上的夔係屬獸形，呂氏春秋又記樂正夔有一足的傳說(察傳)，堯典上又說他會使'百獸率舞'，夔之爲獸實無可疑"。我以爲：(一)各書上不是傳說的事，先生猶多懷疑，何以呂氏春秋明明載是傳說的話，先生反如此相信？且呂氏春秋所載，乃"魯哀公問於孔子曰，樂正夔一足，信乎？孔子曰，昔者舜欲以樂傳教於天下，乃令重黎舉夔於草莽之中而進之，舜以爲樂正。夔於是正六律，和五聲，以通八風，而天下大服。重黎又欲益求人。舜曰，夫樂，天地之精也，得失之節也，故惟聖人爲能和，樂之本也。夔能和之以平天下；若夔者，一而足矣。故曰，夔一，足；非一足也"。這明明是說夔非一足，這明明是傳說之誤，這明明是呂覽教人須

"察傳"，這明明警人得如"夔一足"一類的話須"熟論其於人，必驗之以理"。若先生相信"夔之爲獸"而夔獸又只有一足，驗之於古今動物界，有是獸乎？（二）退一步言之，無論夔獸爲幾足，亦無論夔爲魌獸，古今以鬼以獸等等名人者多矣。如桓魋，以鬼名者也；如夔同時之虎熊羆，春秋時之郤豹、成熊、羊舌虎、竇犨等，俱以獸名者也；祝鮀、史鰌、梁鱣、孔鯉，以魚名者也；公孫蠆，以毒蟲名者也；其他以物名者不可勝舉，至今阿毛阿狗之類猶多。那些耍把戲的阿毛阿狗之類都能使狗和獸率舞，遂可説他們爲獸實無可疑嗎？至如夔所以名夔之故，或者以其生來之容貌醜惡強健，因之以夔名之，如柳宗元所傳郭橐駝，只因背駝，遂因人呼橐駝而即以爲名之類；或者以其與夔獸有什麼關係，因名爲夔，如鬪穀於菟爲於菟所乳，遂名爲於菟之類；或者以其好畜夔，因名爲夔，如豢龍御龍之因擾龍，狙公之因養狙而名之類：皆不可知。即無此諸因，亦何嘗不可名？今以鑄鼎象物的夔是獸形，遂證夔爲罔兩爲獸，先生亦可以彝器上的虎豹……鮀鯉……蠆駝……係屬獸形魚形蟲形，遂證於菟、郤豹、……祝鮀、孔鯉……公孫蠆、郭橐駝……爲獸爲魚爲蟲；以彝器上的魋爲鬼形，遂證魋爲罔兩嗎？（三）再退一步言之，即使夔只有一足，或因夔之一足而名夔，也不能即證明其爲罔兩，證其不是樂官。我們知道古代樂官多是殘體人做的，取其靜而不便動，宜於審音律也。如師曠之聰，因其目瞽，即其著例。夔縱只有一足，何不可爲樂官？塙保己一生而盲，猶能編輯史料及武家名目鈔等書至千餘卷，"驗之以理"，怎麼夔不可爲樂官呢？至於"禹的來源在何處"中第（2）條，其證明夔是罔兩，邏輯異常錯誤，更不足稱證據；等到討論"禹的來源"時再説去吧。（d）辯"饕餮本是鼎上圖案畫中的獸，又是縉雲氏的不才子"這話的誤處，也和上句一樣。以爲鼎上圖案畫中有這種獸，便説縉雲氏的不才子即是此獸，不是人。須知圖畫自圖畫，人自人，不容混證，好像鼎上圖案畫中有虎，我們不能遂將反證闘毅於菟便是虎，或把來證"人與獸混"，"古人對神和人原没有界限"。且左傳不是説"縉雲氏有不才子，貪於飲食，冒于貨賄，侵欲崇侈，不可盈厭；聚歛積實，不知紀極；不分孤寡，不恤窮匱：天下之民以比三凶，謂之饕餮"嗎？這是因他爲人貪婪無厭，天下之民惡之，以爲他與饕餮這獸無異（吕氏春秋先識篇曰："周鼎著饕餮，有首無身；食人未咽，害及其身。"經義述聞王念孫曰："饕餮本貪食之名，故其字從食，因謂貪厭者爲饕餮耳。"可知獸之號爲饕餮，亦以其貪而名之如此），因謂之爲饕餮，正如南子與宋朝淫亂，宋人惡之，以爲他們與豕類無異，因喻南子爲婁豬，宋朝爲艾豭一樣。若説"婁豬艾豭是鼎上彝器上圖案畫中的獸，又是衛靈公的夫人和她的情人"，以證"人和獸混"，還可通嗎？是故，渾敦、檮杌、窮奇、饕餮固是獸（此本服虔張揖之説），不得因把他們名四不才子，或彝器上有這類的像，遽斷古人對於人和神原没有界限，或四不才子本無其人也。

故我對于古史，只采取"察傳"的態度，參之以情，驗之以理，斷之以證。

關于第（四）條所謂"打破古代黄金世界的觀念"，是我很贊成的。雖然這條的解釋如説堯典、皋陶謨等極盛的人治和德化出于戰國時一班政治家託古之類很引起我懷疑，但是先生還有"辨堯典""辨皋陶謨"的文章在後，將陸續登出，等到讀了那文，如果滿意，當然不要説了；如不滿意，那時再説罷。

王充説得好，他謂"古之戎狄，今爲中國；古之躶人，今被朝服；古之露首，今冠章甫，古之跣跗，今履商舄。以盤石爲沃田，以桀暴爲良民，夷坧坷爲均平，化不賓爲齊民，非太平而何？夫實德化則周不能過漢，論符瑞則漢盛于周，度境土則周狹于漢，漢何以不如周？"（論衡宣漢篇）我們知道堯有八愷八元不能舉，有四凶不能去；舜的父頑母嚚弟傲，又流共工于幽州，放驩

兜于崇山，竄三苗于三危，殛鯀于羽山。他們所居，又茅茨不
翦，采椽不斲；飯於土塯，啜於土形；禹也是惡衣服，卑宮室。
人民"食果蓏蚌蛤，腥臊惡臭"。婚姻未別：堯的兩女同嫁一夫，
簡狄姜嫄私淫野合而生契稷（予以爲"履帝武敏"，"天命玄鳥降而
生商"，皆是淫奔野合生子而不知有父之證）。凡此皆草昧獉狉的
現象，有什麽黃金世界之可言？其使民亦不過如先生所説"依天
託祖的壓迫着人民就他們的軌範"，實在沒有什麽黃金世界的樣
子。不過堯舜禹這幾個帝王能努力盡職，時代沒有後來的擾攘，
後來的人遂嘆爲不可及；而不知那時地曠人稀，人易于生，簡單
樸素，自是當然，而所以爲草昧亦正以此也。

　　以上關於先生所持古史態度的討論完了。錢玄同先生説我很
有"信經"的色彩，其實我所持的態度卻有不然：於可信者信之，
不可信者還是不信。今趁這裏和先生討論"態度"之便，略附論之
如下，得以請益于玄同先生！

　　例如孟子的話，我間或有些不敢相信。我且舉出二事言之：
（一）孟子説伊尹耕于有莘之野，湯三使往聘之，然後就湯，是伊
尹不苟進也。乃孟子又曰五就湯五就桀者伊尹，且言治亦進亂亦
進而爲聖之任。夫伊尹既不枉己而正人，辱己而正天下，潔身至
矣，何以又五就湯，五就桀，治亦進，亂亦進呢？當湯未聘伊尹
之先，夏固已亂矣，而伊尹不往夏以正桀，可謂亂亦進耶？當湯
三聘之之後而後始往商以就湯，可謂治亦進耶？若説伊尹之五就
湯五就桀乃是謂湯既得伊尹而命之就桀，桀不用而復返就湯，湯
復命之就桀，如是往返去就，至於四五，然則跡雖近於治亦進亂
亦進，而實則非其本心，不過爲湯所促迫而如此耳，尚得爲聖之
任者耶？否則其五就湯五就桀在湯未得之之前也，何以湯又三使
往聘？且若其五就湯五就桀而在湯未得之之先也，何以伊尹得爲
"不枉己而正人，辱己而正天下"，"歸潔其身而已"者耶？反往參
驗推證，何孟子之言自相矛盾如此！毋乃湯與伊尹的事已無徵于

戰國之際，故墨子莊子韓非子和呂氏春秋所言臆測而孟子之言亦自相矛盾也歟？（二）武成言武王之伐紂也，曰"血流漂杵"。以逸周書世俘篇證之，似乎這事屬事實。而孟子以武王之仁聲仁聞推想武王不至如此，——或欲"託古改制"爲他勉强辯護，因以爲書不可盡信；但我以爲孟子錯了，——或以爲他欲"託古改制"的破綻露了：武王殺敵縱不如世俘所言，要必不少。戰國時代一種口頭禪，謂仁人之師不多殺戮。但是我們知道文王至仁，乃當其伐崇之役，嘗"執訊連連；攸馘安安"，"是絶是忽"，是仁人之師未嘗不多殺戮。我們也知道周公至仁，乃當其征東之役，嘗破斧缺斨，缺錡缺銶，是仁人之師未嘗不殺戮。以文王周公用兵之多殺，可知武王與紂之大戰，其必多殺戮無疑。孟子雖當勉强辯護，他的話豈可相信？

以上兩例，略表示我對於經書或任何子書不敢妄信，但也不敢閉着眼睛，一筆抹殺；總須度之以情，驗之以理，決之以證。經過嚴密的考量映證，不可信的便不信了。但不能因一事不可信，便隨便説他事俱不可信；因一書一篇不可信，便隨便説他書他篇皆不可信。如玄同先生在讀書雜志第十期答顧頡剛先生書中説"我從前以爲堯舜二人一定是'無是公'，'烏有先生'。堯，高也；舜借爲'俊'，大也（山海經的大荒東經作'帝俊'）：'堯''舜'的意義，就和'聖人''賢人''英雄''豪傑'一樣，只是理想的人格之名稱而已。中國的歷史應該從禹説起，各教都有'洪水'的傳説，想來是實有其事的。……"這種薄弱的證據和推想，我卻不敢以之不相信有堯有舜：因爲（1）玄同先生相信有禹，是由各教都有"洪水"的傳説，想來是實有其事，何以各教都有"堯""舜"的傳説，卻又想來一定是"無是公""烏有先生"呢？就"堯""舜"二字的意義説："堯"，高也；"舜"，大也，遂決定堯舜只是理想的人格之名稱，但是我們知道"高宗"，"高祖"，"太宗"，"太祖"都是"高""大"的意思，難道遂可斷定歷來許多高宗高祖太宗太祖都只是理想的人格之名稱而無其人嗎？即以堯舜或爲名字論之，我們知道春秋時有伯嚭，嚭，大也，有卜商字子夏，商通章，章，大也，夏亦大也，有郭賈字子方，賈通夏，大也，方亦大也。又有僑字子産，僑，高也，産，大也；有駟帶字子上，帶讀爲懘，懘，高也，上亦高也。其餘以“高”“大”名者不可勝數。若使如玄同先生所説，我們應以爲這班人都是“無是公”“烏有先生”“只是理想的人格之名稱”了。以此疑古，不是笑話麽？這種錯誤，皆是迷于説文的餘毒，而不知訴于邏輯，大前提早已錯了，怎能推論得合法呢？

（二）討論禹是否有天神性

　　先生上次“所以疑禹爲天神，是由‘洪水芒芒，禹敷下土方’而來”。現在已承認“下土”二字不能證明禹是天神了，但又據詩書上説禹的話歸納出下列四條：

　　（a）禹平水土是受上帝的命。

　　（b）禹的“跡”是很廣的。

　　（c）禹的功績是“敷土”，“甸山”，“治水”。

　　（d）禹是一個耕稼的國王。

上列四條，本少“禹有天神性”的意味；但先生一句總話説：“依舊以爲禹是一個神”。我初看這句話，以爲下文一定有很好的意思足以説明禹是一個神。那想將下文一看，不覺大失所望。

　　在這四條中，先生以爲“禹的最有天神的嫌疑的地方……乃在（c）條上”。我們且把（c）條先行討論。（c）條所歸納出“禹的功績是‘敷土’，‘甸山’，‘治水’”是根據：

　　　　詩——（1）信彼南山，維禹甸之。（信南山）

　　　　　　　（2）豐水東注，維禹之績。（文王有聲）

　　　　　　　（3）奕奕梁山，維禹甸之。（韓奕）

(4)洪水芒芒，禹敷下土方。(長發)

書——(5)皇帝清問下民，鰥寡有辭于苗。……乃命三
后恤功于民：伯夷降典，折民惟刑；禹平水
土，主名山川；稷降播種，農殖嘉穀。三后
成功，惟殷于民。(呂刑)

由上五條，先生發了"土是怎樣敷法，山是怎樣旬法"的疑問。因
爲先生早已有"禹有神性"的主見在腦子裏，將前人把"敷"字解作
"分"，解作"賦"，把"旬"字解作"治"的一並抹摋，自己牽強傅
會，將"敷"換作"鋪"，用之解"禹敷下土方"爲"禹鋪放土地於下
方"；將"旬"依漢朝或本作"鞠"的解作"列"，説爲"排列分布"之
意，用之解"維禹旬之"爲"山亦爲禹所陳"；又憑空説"治水"的
"治"字是後人加上去的。又硬把"豐水東注，維禹之績"的"績"字
當作"跡"。原來傳訓"績"爲"業"，箋訓"績"爲"功"，是極好解極
通順的弄到極不通。(原來是説"豐水之向東流，乃禹之功績"，
意謂豐水爲禹所治好而向東流。今改作跡，説文，"跡，步處
也"，我們解起來是"豐水之向東流，乃禹之步處"，尚可通麼?)
於是胡亂説"那時人看得土是禹鋪的，山是禹陳的，水道自然也
是禹所排列的了"。這樣一牽強傅會，遂算作證明"禹的最有天神
性的嫌疑"。

　　這種主觀的意見是我所最不贊成的。我們解釋古書上的字，
應當依古代的解説。若穿鑿傅會，遷就己意，是樸學者所最忌
的。我們解釋"敷"字，應當從最古的解法。孟子曰："當堯之時，
天下猶未平，……堯獨憂之，舉舜而敷治焉。"這"敷治"是兩字連
用的動詞。凡兩字連用的動詞，意義是一樣的，故用時可獨用，
亦可雙用。例如"變化""遷徙""辨別""處理""替代""逼迫""憂愁"
"奔走"……不勝枚舉，用時皆可分之爲二，合之爲一；可單用，
可雙用：意義是毫不變的。孟子把"敷治"兩字連用，是孟子時代

解"敷"作"治"的證據。我們再看荀子成相"禹傅土"，廣雅釋言"傅，敷也"，釋詁"傅，治也"。"傅"＝"傅"，是"敷"＝"治"也。此"敷"解作"治"的又一證據。上兩證是直接的。我們再看古人把"敷"解作"分"字的到底怎樣。禹貢"禹敷土"，馬注，"敷，分也"，"分"者，論語曰"五穀不分"，鄭注，"分，猶理也"。"理"即"治理"之意。說文"理，治玉也"；廣雅釋詁三，"理治也"。此間接證明"敷"之解爲"治"也。我們再看山海經海內經"禹鯀是始布土"，注，猶"敷"也。"布""敷"古同音通用，故"敷土"即是"布土"。到底"布"字的意義又怎樣呢？廣雅釋詁三，"列，布也"；又"列，治也"。"列"＝"列"，是"布"＝"治"也。"敷土"既即是"布土"，而"布土"即是"治土"，是"敷土"亦即是"治土"而訓"敷"爲"治"也。山海經雖僞書，太史公已曾讀之，其爲戰國或秦代之作可知，是又漢前訓"敷"爲"治"之證也。由上諸證，可知"禹敷下土方"本作"禹敷治下方土地"解，毫無疑義。既然是"禹敷治下方土地"，那麼，這"禹敷治下方土地"就是如孟子所說的"堯舉舜來敷治天下"，或孟子自己擔當的"能平治天下"一樣沒有"天神性的嫌疑"了。豈容牽強傅會？至於天問言禹治水，有"洪泉極深，何以寘之"的問，寘字同填，訓塞，解作"洪水淵泉極深，大禹何用寘塞而平之乎？"這是極平常的話，怎見得有"天神性的嫌疑"？譬如我說"黃河決堤，水大得很，顧先生將何以寘塞牠？"難道遂可以說顧先生有天神性的嫌疑麼？（況且寘字又即是寁字，古者寘寁雙聲通假。寁，止也。把來解"何以寘之"爲"何以止之"，又甚通順。而寁寘的古訓又當解作"是"；"是"者，楚語"王弗是"注，"理也"。是寘又有"敷理""敷治"之義也。）

　　論到"甸"字呢，我們也不可牽強傅會。先生以詩經上兩個"維禹甸之"爲"從前人講作'治'"不合於先生的成見，憑空說"這不過看見禹貢上有'治梁及岐'的話而牽引上來，了無根據"。好，我們且把"甸"字造字的原意研究研究，看畢竟是古人了無根據呢？還是先生了無根據？“甸”字从田，包省。按从勹田會意，田亦聲。勹，裹也。中有田而外有所包裹，顯然是田外圍以田塍之意，即作界畫也，畔也。這豈不是治田嗎？我們再看从田得聲的有“佃”有“畋”有“畕”。“佃”，中也；中者正也，已有正經界之意；而易繫辭的“以佃以漁”則訓佃爲治田矣。“畋”，平田也，平田即治田也；書多方“畋爾田”訓爲“治爾田”是也。“畕”比田也，從二田會意，爲次比田土之意，是亦治田也。甸字本意是治田之義，而同聲同偏旁之字又皆爲治田之義，範之以“音同義同”“同聲通假”之凡例，已無不鑿鑿可據，而先生乃説毛傳之訓“甸”爲“治”是了無根據，不知果何所據而云然？抹摋“甸”字的武斷話不能成立了，我們且退一步而論“陳”字。説文，“陳，列也”；列者，廣雅釋詁三曰，“治也”。又廣雅釋詁三“陳，布也”，而布＝敷，訓爲治，於上文已證之昭然。是“維禹陳之”與“維禹甸之”的解釋毫無差異，豈容强爲傅會？先生所説的“分”“列”“布”在古本皆有“治”的意義，但先生欲牽强傅會，因將他們連攏來作“排列分布”，解爲現在的意思，以遷就所謂“神性的嫌疑”。殊不知現在所謂“排列分布”，必定要有許多東西在那裏等待“排列分布”而後可説的。我們看信南山所説只有一個南山而韓奕所説又只有一個梁山，一個山怎能説得“排列分布”？譬如説“信彼許多兵士，維將官排列分布之”，這纔可以；若説“信彼顧先生，維將官排列分布之”，這豈可通？由上結局起來，“信彼南山，維禹甸之”，“奕奕梁山，維禹甸之”，即是“信彼南山，維禹治之”，“奕奕梁山，維禹治之”，與天作“天作高山，大王荒之”，“畇畇原隰，曾孫田之”一樣地没有什麽“天神性的嫌疑”。否則天作的高山（岐山），大王且能大之（“荒”，傳曰“大也”，此本于晉語。晉語鄭叔詹曰，“在周頌曰，‘天作高山，大王荒之’；荒，大之也”），如果咬文呆看，這是何等的有天神性！

論到“治水”的“治”字，雖欲牽强傅會而不可，蓋因“治”字的意義最明顯，最爲人所熟知故也。於是憑空説"治水的'治'字是後人加上去的"。我把這句話足足看了四五遍，又反覆看了前後，總不知先生何所指。這段迷離徜彷，前後不貫，既然説不出什麽道理來，所以我也不論。洪範言禹治水雖不明白，但不能因不言禹治水遂謂禹爲神。且洪範之言"帝乃震怒，不畀洪範九疇"，乃由"鯀陻洪水，汩陳其五行"。是則"天乃錫禹洪範九疇"，乃由"禹平水土"（吕刑）。此處雖未言"禹平水土"，按文意卻是天之錫禹洪範九疇乃在禹有所成之後，明甚。而先生乃曰"似乎他（禹）一得到了上帝的九疇，洪水就自會平復似的"。——這完全將"禹有所成而天乃錫禹"倒作"天錫禹而禹始有所成"了。這全是先生自己之意，非洪範之意，足見先生蔽於成見矣。

　　以上辯"禹的最有天神的嫌疑的地方"在"禹的功績是'敷土'，'甸山'，'治水'"之説不能成立。

　　次之討論（a）條。（a）條所歸納出"禹平水土是受上帝的命"是根據：

　　　　書——（1）鯀陻洪水，汩陳其五行。帝乃震怒，不畀洪
　　　　　　　　範九疇，彝倫攸斁。鯀則殛死，禹乃嗣興。
　　　　　　　　天乃錫禹洪範九疇，彝倫攸叙。（洪範）
　　　　　　（2）皇帝清問下民，鰥寡有辭于苗。……乃命三
　　　　　　　　后恤功于民：伯夷降典，折民惟刑；禹平水
　　　　　　　　土，主名山川，稷降播種，農殖嘉穀。三后
　　　　　　　　成功，惟殷于民。（吕刑）

　　先生説："洪範上'天''帝'互稱，可見帝即是天"，這很對的。又説"殛鯀的是天，興禹的亦是天"，這便錯了。我們只要略略小心一讀洪範這段，便只看出"不畀洪範九疇"的是天，"錫禹洪範九疇"的也是天；鯀之殛死乃由"彝倫攸斁"，禹之嗣興乃由

鯀之殛死，並不見得"殛鯀的是天，興禹的亦是天"。這裏又只言禹之嗣興，并未說禹受天命而平水土，是"禹平水土是受上帝的命"的話與這裏沒有關係，不能引這裏作證。退一步言之：這裏有"天乃錫禹洪範九疇"，可據以說天和禹有關係；但不能因此遂說可證明"禹是一個神"。因爲我們知道閟宮説"天錫公（僖公）純嘏"，不能遂謂僖公是一個神；大誥說"于天……遺我大寶龜"，不能謂周公是一個神，大明説"天作之（文王）合"，不能謂文王是一個神；既醉説"天被爾祿"，不能謂那班士君子俱是神，召旻説"天……瘨我饑饉"，不能謂凡伯是一個神，烝民説"天……保……天子，生仲山甫"，不能謂天子宣王和仲山甫皆是神……故也。再退一步言之：即使説"帝殛鯀，天興禹"（這本非洪範之意：禹嗣興，禹是主詞，興是自動字，天興禹，禹是賓詞，興是他動字——這天興禹是依先生的意思説的），也不能因此遂説可證明"禹是一個神"。因爲我們知道皇矣説"上帝耆之（耆，惡也，又斥也；之，指夏商），憎其式廓，乃眷西顧，此維與宅（此指文王）"，不能謂夏商人和文王是神；黃鳥説"彼蒼者天，殲我良人"，天保説"天保定爾，以莫不興"，不能謂奄息仲行鍼虎等是神；西伯戡黎説"天既訖我殷命"，大誥説"天……興我小邦周"，不能謂殷周之王是神；微子説"天毒降災荒殷邦"，洪範説"惟天陰騭下民"，不能謂殷人下民皆是神……故也。

　　呂刑上的"皇帝"的解説，向來已有兩種。鄭康成以爲皇帝指堯（此"皇帝清問下民"之皇帝，至"皇帝哀矜庶戮之不辜"之皇帝，鄭氏以爲是顓頊），三國志魏志鍾繇傳，繇上疏引此經所説，亦以"皇帝"爲堯，——此今文義也。趙岐注孟子引甫刑皇帝作帝（按呂刑馬注亦曰，皇帝一作帝；惟墨子尚賢中作"皇帝清問下民"，與今本書合），謂帝爲天，此今文歐陽夏侯異説也。無論解"皇帝清問下民"之"皇帝"爲"上帝"或"帝堯"，參之以上下文義皆可通。不過依鄭康成據楚語等言苗民作刑之歷史，以爲"苗民，謂九黎之君也。九黎之君于少昊氏衰而棄善道，上效蚩尤，重刑。必變九黎言苗民者，有苗，九黎之後。顓頊代少昊誅九黎，分流其子孫。居于西裔者爲三苗。至高辛之衰，又復九黎之惡。堯興，又誅之。堯末，又在朝。舜臣堯，又竄之。禹攝位，又在洞庭逆命，禹又誅之。穆王惡此族三生凶惡，故著其氏而謂之民"之説觀之，"皇帝哀矜庶戮之不辜"指顓頊，"皇帝清問下民"指帝堯，似乎很正確。且若兩"皇帝"，皆指"上帝"，則呂刑此段前有"上帝監民罔有馨香德"的"上帝"領起，下兩"皇帝"皆不應著。復次，"命重黎……""命三后……"乃顓頊帝堯兩時代之事，故各用"皇帝"領起。——總之，不論"皇帝"解爲"上帝"或"人帝"，皆不能證明"禹是一個神"。揆諸前面討論洪範所引許多"天和人的關係"的證據，已足解惑。如果先生以爲"皇帝即是上帝，他所命的三后當然含有天神性"，我且再舉些上帝和天命人的例，請先生看他們都有天神性沒有。(一)詩：(A)天命多辟，設都于禹之績——殷武。(B)思文后稷……貽我來牟，帝命率育——思文。(C)昊天有成命，二后受之——昊天有成命。(D)保右命之，自天申之——假樂。(E)古帝命武湯，正域彼四方——玄鳥。(F)帝謂文王——皇矣。(G)有命自天，命此文王——大明。(H)商之孫子，其麗不億，上帝既命，侯於周服——文王。(二)書：(A)惟時上帝集厥命于文王——文侯之命。(B)亦越成湯陟丕釐上帝之耿命——立政。(C)帝……伻我有夏式商受命——立政。(D)天……簡畀殷命——多方。(E)乃惟爾辟以爾多方大淫圖天之命——多方。(F)我亦不敢寧于上帝命——君奭。(G)在昔上帝割，申勸寧王之德，其集大命於厥躬——君奭。(H)惟時天……乃命爾先祖成湯革夏——多士。(I)今惟我周王不靈承帝事，有命曰割殷——多士。(J)天乃大命文王殪戎殷——康誥。(K)天既孚命正厥德——高宗肜日。……(三)最奇者，墨子之説天命湯等也，其非攻下曰："遝至乎夏王桀，天有酷命：日月不時，寒暑雜至，五穀焦死，鬼呼（於）國，鶴鳴十夕餘，乃命湯於鑣宮，用受夏之大命，'夏德大亂，予既卒其命于天矣，往而誅之，必使汝堪之。'湯焉（焉，乃也）敢奉率其衆，是以鄉有夏之境。帝乃使陰暴毀有夏之城。少少有神來告曰，'夏德大亂，往攻之，予必使汝大堪之。予既受命于天；天命融隆火於夏之城間西北之隅'。湯奉桀衆以克有夏，屬諸侯于薄，薦章天命，通於四方，而天下諸侯莫敢不賓服。"下接着説"天命周文王伐殷有國"，亦是同樣離奇。——先生於上面所舉許多天命的人也要説他們"當然含有天神性"否？湯與天、神、鬼完全混作一團，先生更當説他是一個神"自無可疑"嗎？孔丘也常言"畏天命"，"知我者其天"，"天喪予"，"天生德於予"，子貢且謂"天縱之將聖"，想先生也必以爲孔子有天神性無疑了？所以如果先生以爲"禹是一個神"，便該承認孔子及其前頭三代的帝王人民皆是神，且更當從"天命玄鳥降而生商"，"赫赫姜嫄……上帝是依……是生后稷"的商稷説起，如果不承認孔子以前的人都是神，則"禹是一個神"的話不能成立。

　　先生自然也説過"古帝命武湯，正域彼四方"，"帝謂文王，予懷明德"等爲"他們説上帝與之接近，是爲自己的聲勢計"；但是我們看閟宫"天錫公純嘏"，既醉"天被爾禄"，召旻"天篤我饑饉"，烝民"天……保……天子，生仲山甫"，黄鳥"彼蒼者天，殲我良人"，天保"天保定爾，以莫不興"，西伯戡黎"天既訖我殷命"，微子"天毒降災荒殷邦"，洪範"惟天陰隲下民"，"天乃震怒，不畀洪範九疇"，殷武"天命多辟，設都于禹之績"，文侯之命"亦越成湯陟丕釐上帝之耿命"，子貢謂孔子"固天縱之將聖"，……何嘗是他們説上帝與之接近乃爲自己聲勢計耶？我因此知道古人説天説上帝，不是以爲"人含有天神性"，倒是以爲"天神含有人性"，所以任何事皆牽及天，不僅僅是王者稱天而治已也。適之先生説得好："老子以前的天道觀念，都把天看作一個有意志，有知識，能喜能怒，能作威作福的主宰。試看詩經中説‘有命自天，命此文王’——大明，又屢説‘帝謂文王’——皇矣，是天有意志。‘天監在下’，‘上帝臨汝’——大明；‘皇矣上帝，臨下有赫，監觀四方，求民之莫’——皇矣，是天有知識。‘有皇上帝，伊誰云憎’？——正月；‘敬天之怒，無敢戲豫；敬天下之渝，無敢馳驅’——板，是天能喜怒。‘昊天不傭，降此鞠凶；昊天不惠，降此大戾’——節南山，‘天降喪亂，降此蟊賊’——桑柔；‘天降喪亂，饑饉薦臻’——雲漢，是天能作威作福。”因爲古人有這種天道觀念，所以不僅呂刑上皇帝所命的禹平水土，伯夷降典，稷降播種，不能説他們爲神，即凡古書上“天和人有關係”的人也不能隨便説他們爲神了。

先生又説：“武湯文王的來踪去跡甚是明白，他們有祖先，有子孫，所以雖有神話而没有神的嫌疑。至於禹，他的來踪去跡不明，在古史上的地位是獨立的；父鯀子啟全出於僞史，不足信。”先生所謂僞史，大概是指堯典、皋陶謨、禹貢；先生尚有辯論文在後未登，雖然不知道能否成立，但是現在我暫且承認先生所説不提——前面所以不提三篇之故也是如此。洪範非僞史，是幾千年來的人所共認的；先生嘗引來作證，是先生也承認無疑了。既然承認洪範非僞史，於是我敢説禹是鯀的後裔。因爲洪範説“鯀則殛死，禹乃嗣興”，我們知道“嗣”古文作“𤔔”，一見而知其爲“子”的意義。再看説文，“嗣，諸侯嗣國也”，請問“諸侯嗣國”該不該承認是“子繼父位”的？再看左傳襄公二十六年的齊慶嗣，字子息，請問“子息”是不是“兒子”的意思？再看詩小雅斯干“似續妣祖”，似嗣古同聲，通用，故傳曰“似，嗣也”，“嗣續妣祖”是不是“承繼先人”的意思？再看書上所説的“閔予小子嗣”，“命汝嗣訓，臨君周邦”，“嗣守文武大訓”，“繼自今嗣王則其無淫於觀於逸，……”“嗣王其監于兹”，“洪惟我幼冲人嗣無疆大歷服”……皆是子孫嗣祖先。由是禹之爲鯀子亦明矣。至啟爲禹子，除皋陶謨外，孟子言之最詳；孟子雖戰國時人，然其言此也必所有據。且禹傳位於啟事由萬章問之，可知此事爲當時所通知，是必爲舊史明矣。然則啟爲禹子亦無可疑。（詳見下論禹與夏有沒有關係條。）既然鯀爲禹父，啟爲禹子，禹的來踪去跡何嘗不明？“父鯀子啟全出於僞史，不足信”之説豈能成立？

　　　　以上辯禹“當然含有天神性”乃在“禹平水土是受上帝的命”之説不能成立。

　　復次，爲(b)條。(b)所歸納出“禹的‘跡’是很廣的”是根據：

　　　詩——(1)信彼南山，維禹甸之。（信南山）
　　　　　　(2)奕奕梁山，維禹甸之。（韓奕）
　　　　　　(3)豐水東注，維禹之績。（文王有聲）
　　　　　　(4)天命多辟，設都于禹之績。（殷武）
　　　書——(5)其克詰爾戎兵以陟禹之跡，方行天下，至于
　　　　　　　海表，罔有不服。（立政）

在這條上，先生説“我們無從懸揣他是神是人”，所以無可討論之處。

　　復次，爲(d)條。此條只根據詩閟宮“是生后稷，……纘禹之緒”，生出一個“禹是一個耕稼的國王”的斷語，以爲與論語“子曰，禹，吾無間然矣！……卑宮室而盡力乎溝洫”——泰伯；“禹稷躬稼，而有天下”——憲問之説相合。先生且言：“……所記……如閟宮和論語，禹確是人王，不應當再有天神的懷疑了”。所以此條于禹不惟不能證爲天神，乃反可證明爲人王，我也不再説了。惟是先生于這條附帶説：“禹若果是在后稷之前的一個耕稼的國王，后稷之名也就不會有了！后稷之所以爲后稷，原是尊崇他倡始耕稼，加上的名號；若他只有纘緒，也不應獨居此名了。”我卻有點意思，請分言如下：

（1）禹不是后稷之前一個耕稼的——"純其藝黍稷"的——國王。先生所以疑禹爲后稷之前的一個耕稼的國王，乃由於誤看了論語南宮适所説的"禹稷躬稼而有天下"，笨看了詩閟宮所説的"是生后稷……纘禹之緒"。請更分言如下：

（a）誤看了"禹稷躬稼而有天下"。禹本是一個"平水土""盡力乎溝洫"的人，而"平水土""盡力乎溝洫"雖非耕稼，卻是耕稼前頭的第一步緊要事。因爲平水土，開溝洫與耕稼的關係好像是一件事，所以最容易作一事混談。古人于這種連類的混談是數見不鮮的。我且請顧炎武和俞樾幫我舉幾個例：古書疑義舉例兩事連類而並稱例引日知錄曰："孟子云'禹稷當平世，三過其門而不入'。考之書曰，'啟呱呱而泣，予弗子'，此禹事也，而稷亦因之受名（例一）。'華周杞梁之妻善哭其夫而變國俗'。考列女傳曰，'哭于城下七日而城爲之崩'，此杞梁妻事也，而華周妻亦因之以受名（例二）。"……"呂氏春秋曰，'孔丘墨翟晝日諷誦習業，夜親見文王周公旦而問焉'。考之論語'吾不復夢見周公'，此孔子事也，乃因孔子而及墨翟，因周公而及文王（例三）。"——揆藜謂"禹稷躬稼而有天下"亦屬此類。考之詩生民，思文與書酒誥等，躬稼者乃后稷，絕無禹亦從事稼穡之文，是以孔子只説"禹……盡力乎溝洫"。然則因稷而連及禹，昭然明矣。故曰，禹不是一個耕稼的——"純其藝黍稷"的——國王也。

（b）笨看了"是生后稷……纘禹之緒"。凡詩——包括古今詩歌——最不可笨看的。若將詩經笨看，便會爲牠所誤。例如前面所舉許多天和人有關係的字句，若果將他們笨看，必定會疑春秋時代以前只有神而無人。這是因爲"老子以前的天道觀念"與後來不同，所以不可笨看者一。崔述豐鎬考信錄謂閟宮詩語夸誕：如僖公本乞師於楚以伐齊，而此詩反謂"荆舒是懲"；太王居岐之陽時而謂"實始翦商"。這是詩歌言語浮誇，所以不可笨看者二。凡詩人發舒情感而發爲言辭，往往形容過當：如召旻言"民卒流亡，

我居圉卒荒"；雲漢言"周餘黎民，靡有孑遺"；文王言"有商孫
子，其麗不億?"小明言"念彼共人，涕零如雨"；節南山言"國既
卒斬"等，豈其可信。此因詩歌常過于形容而非事實，所以不可
笨看者三。閟宮言"……后稷……纘禹之緒"，正亦是詩語夸誕者
之一。因為我們已知道禹為"平水土""盡力乎溝洫"的人，不是耕
稼的人，而閟宮引以為榮，乃說后稷纘他的緒，豈非夸誕? 乞援
于楚與懲楚是絕對相反的事尚且言之如此，何況"平水土""盡力
乎溝洫"是和耕稼有要緊關係的第一步事，自然要引以為榮而說
"后稷……纘禹之緒"了。

　　(2)后稷不是一個最初"倡始耕稼"的人，乃是一個"洪水滔
天"掃蕩稼穡後而復始"純其藝黍稷"的人。魯語曰："昔烈山氏之
有天下也，其子曰柱，能殖百穀百蔬，——夏之衰也，周棄繼
之，——故祀以為稷。"又左傳曰："有烈山氏之子曰柱，為稷，
自夏以上祀之；周棄亦為稷，自商以來祀之。"這斷不是憑空杜撰
的。因為我們知道人類生在地球之上已不止幾千年了。人類一生
了，便須吃動物和植物的。好吃的植物和動物，在蟻類且知道將
他們蓄養種植起來以供食用；何況于人，反不能培種植物嗎? 后
稷之生至乎今日，不過四千年左右，而人類之生已不止萬年，所
以烈山氏時有"殖百穀百蔬"之可能者一。中國埃及為世界上首先
文明之國，這是各國史家所公認的。我們知道帝堯之前二千餘
年，埃及已入金器時代；帝堯之前千餘年，埃及已為金字塔時代
(The Pyramid Age)；帝堯之前七八百年，塞姆種之游牧族已定
居于巴列斯登等處，自是 Zoser，Khufu，Sargon 等王繼起，時
尚在堯前三四百年也。埃及巴比倫于堯前已進于文明如此，中國
民族進化雖遲，豈有堯前尚不知種植之理? 此烈山氏時有"殖百
穀百蔬"之可能者二。有此二理，故可斷國語左傳所言實非虛造。
縱或烈山氏與柱果為真為偽尚不可知，后稷之前必有人類也當無
疑。人必藉動植物以生，既有動植物矣，則必有穀有蔬也無疑。

夫所謂種植耕稼者，不過以一舉手一投足之勞，掃荒薉，培所欲之植物而已，此植物即所謂"百穀百蔬"也。及夫"洪水芒芒"，"蕩蕩懷山襄陵"，則陵上之植物已被淹蓋，況乎平原下隰，寧有不掃蕩之理。然而水雖"懷山"，而山上猶有植物可食用可耕稼也。是以有"舜耕于歷山"。斯時也，"堯獨憂之，舉舜而敷治焉。舜使益掌火，益烈山澤而焚之；……禹疏九河，瀹濟漯而注諸海，決汝漢排淮泗而注之江，水由地中行"，然後水土平，后稷乃得"播種，農殖嘉穀"，而"俾民稼穡"矣。當此之際，柱之農功已盡，君民上下惟知周棄"純其藝黍稷"，"立我烝民"，于是舜命棄爲官，曰"棄，黎民阻饑，汝，后稷（言以汝爲后稷之官也，即'田正'也），播時百穀"，故后稷得"奄有下國，俾民稼穡"也。此所以"烈山氏之子……柱爲稷，自夏以上祀之；周棄亦爲稷，自商以來祀之"耳。此事線索甚明，次序甚整，諸書所言，若合符節之毫無觝觸，所謂"舜發于畎畝之中"又何足疑？至於先生説："若果有神農柱……的耕稼在前，則到周初已有一二千年了，農業的發達已久了，又何必這樣的（指酒誥、公劉、無逸）鄭重鼓吹呢？"我且以問作答而説道："自周初到現在又有三千多年了，農業的發達更久了，又何必立農業大學或如章士釗先生想倡'農業立國論'一樣地去鄭重鼓吹呢？"

　　以上附辯禹非"是一個耕稼的國王"及后稷不是一個最初"倡始耕稼"的人。

（a）（b）（c）（d）四條在前面都已討論完了，可算足以證明禹確是人而非神。於是先生説："若禹確是人而非神，則我們看了他的事業真不免要駭昏了。人的力量怎能毅……分畫九州，……隨山刊木，……疏瀹江河；試問這事要做多少年？據孟子説，他做這番事業只有八年，就硬用了禹貢的'作十有三載乃同'之句也不過十三年，試問有何神力而致此？"這種疑問，西洋史家夏德的支那太古史也嘗言之。但是我們不必駭昏；不要以爲禹是一個人獨力做這番事業。我們看：

> 墨子稱道曰："昔者禹之湮洪水，決江河，而通四夷九
> 州也，名山三百，支川三千，小者無數。禹親自操橐耜而九
> 雜天下之川，腓無胈，脛無毛；沐甚雨，櫛疾風：置萬國。"
> （莊子天下篇引）

所謂"親自"者，"非親自"之對言也。言"禹親自操橐耜而九雜天
下之川"，則禹外尚有人，非只禹一人可知也。譬如説，"欲辦好
這事，先生須親自去"，則知辦這事者除先生以外尚有人也；又
如説，"昔者歐戰方殷，德皇親自出馬而戰世界之兵"，我們斷不
能説是德皇一個人，一見此文而知德皇之外尚有多人也。我們更
觀之史記以明吾説：例如始皇本紀梁父刻石曰，"皇帝……親巡
遠方黎民"，吾人一讀此文，不惟知道平時有官吏巡遠方黎民，
且知此時必不止始皇一人（例一）。又項羽本紀"項王……曰'天下
初發難時，假立諸侯以伐秦，然身（親自也）被堅執鋭，……三年
滅秦定天下者，皆將相諸君與籍之力也'"，吾人亦必不以爲被堅
執鋭者只將相諸君與籍，必還有許多士卒（例二）。又高祖本紀
"趙相國陳豨反代地，……上自（親自）東往擊之"；"淮南王黥布
反，……高祖自往擊之"，無論何人，豈能説只高祖一人擊陳豨，
擊黥布麽（例三，例四）？凡此等例，不可勝舉，故曰，由墨子之
言，知治洪水者非只禹一人也。于是因此而知墨子之前，春秋以
上，必有禹率人治水之史無疑。

雖然，此尚未明言禹外有何人也，我們可再看國語和荀子。
周語既言禹之治水有"四嶽佐之"，而荀子亦説：

> 禹傅土，平天下，躬親爲民行勞苦，得益、皋陶、横
> 革、直成爲輔。（成相篇）

由此觀之，是禹之"敷土"和"平天下"，皆有益、皋陶、橫革、直成等爲輔也明甚。且此亦非荀子一人之言也，呂氏春秋亦嘗言之。呂覽求人篇曰："得陶、化益（困學紀聞曰，'化益即伯益'）、真窺（盧文弨曰，'窺與成音同，與窺形似，呂氏春秋蓋本作窺，傳寫誤爲窺耳；直與真亦形似'——揆藜按，直真古雙聲通段）、橫革、之交五人佐禹，故功績銘乎金石，著於盤盂。"夫禹之功績莫大乎治洪水，詩書頌之，孔孟歎之，諸子稱之，是此處所謂"功績"指"敷土""治水"也；得五人佐禹而後功績銘乎金石，著於盤盂，是禹得此五人爲輔而後治水敷土始有成也。然則禹非一人獨力治水也又明。

豈獨此五人佐禹治水麼？曰，不止此。我們可再看韓非子所說：

> 五蠹篇曰："禹之王天下也，身執耒臿以爲民先，股無胈，脛不生毛，雖臣虜之勞不苦于此矣。"
> 韓子曰："禹鑿龍門，通大夏；決河亭水放之海，身自持築臿，脛毋毛，臣虜之勞不烈于此矣。"（史記始皇本紀秦二世引。）

夫韓非，一最疑古之人也，其有所信必極審慎，此觀于難一顯學等篇攻擊孔墨之稱道堯舜而可知也。彼既曰"無參驗而必之者，愚；弗能必而據之者，誣"，然則凡其所據必有參驗者也；其言禹事也，既所據有參驗，則禹之治水"身執耒臿以爲民先"爲三代以來信史明甚，且可證明周語太子晉和荀子所言皆有所據。退一步言之，今人疑古過甚，往往妄疑古書，或者以韓非五蠹爲僞。然吾人皆知五蠹爲太史公所嘗讀，而二世且引其中之語以爲談，豈爲僞造？夫韓非五蠹之可靠如此，然則禹之治水乃有天下人民幫助不獨陶化益真窺橫革之交五人佐之，更非一人獨力治水也又明。

豈獨韓非子言之耶？維淮南子要略亦有之，其言曰：

禹之時，天下大水，禹身執虆垂，以爲民先。

淮南子一書固多"妄作妖言"（史記淮南衡山列傳），然此條實非
"妖言"，因吾人參驗之淮南子以前的墨子荀子韓非子呂覽所言而
知其可據也，是則禹與民共治水也又明。

由是吾人縱或于僞孔傳所云"治洪水，輔成之：一州用三萬
人功，九州二十七萬庸"以爲非確數，而于史記夏本紀所云"禹與益
后稷奉帝命命諸侯百姓興人徒以傅土"，則斷其爲"……文直，……
事核，不虛。……"（班固語）既爲信史，則于禹成治水傅土事業
何疑之有？以有許多人佐禹，復命諸侯百姓興人徒，而禹又親自
操橐耜，執耒臿虆垂，以爲民先，至於股無胈，脛無毛；沐甚
雨，櫛疾風，則欲"高高下下，疏川導滯，鍾水豐物，封崇九山，
決汨九川，陂鄣九澤，豐殖九藪，汨越九原，宅居九隩，合通四
海"（周語下），何難之有？而況本之以"三過其門而不入"，聞"啟
呱呱而泣……弗子"之精神，延及八年或十三年之時日，焉往而
不成功？

曰，何以禹獨言"予決九川，距四海；濬畎澮，距川"耶？
曰，度之以情，驗之以理，參之以證，言"予"言"予"，乃人之常
情，事所時有，毫不足怪。謂予不信，請看史記（任取之以便舉
例）。高祖曰："項羽有一范增而不能用，此其所以爲我擒也。"其
實項羽本是自刎而後爲王翳、楊喜、呂馬童、呂勝、楊武所分，
且圍項羽于垓下者，有淮陰侯將三十萬，有劉賈軍，有大司馬周
殷舉九江兵，有齊梁諸侯，更有彭越、孔將軍、費將軍、絳侯、
柴將軍等，而高祖乃只曰"爲我擒"，此凡首領能以"我"字代表全
體之例一（史記高祖本紀）。又高祖入關時與父老約法三章："吾

所以來，爲父老除害，非有所侵暴，無恐。”其實此時從之入關者，將士甚多，而亦只曰“吾所以來”，此首領能以“吾”字包舉全體之例二（同上）。此類例證舉不勝舉，皆可以證知禹之稱“予決九川，……”實非止禹一人也，乃以禹爲治水之首領之故，遂得稱“予”以包舉全體員耳。

何以禹貢亦只人言曰“禹敷土……”耶？曰，禹貢本史臣紀功頌德之作，其性質體例正與李斯爲始皇作刻石文同。所有嶧山、泰山、琅邪臺、碣石、會稽諸刻石文，無不只曰皇帝能力怎樣大，功德怎樣高，做了怎樣的大事。所以我們不能以只言“禹”遂疑治水爲一人獨力所爲，猶如不能以李斯刻石文僅言“皇帝”遂説征服六國，統一天下爲始皇一人獨力所爲也。

以上辯“認禹平水土爲一人獨舉”之非。

禹既是人而非神，自然先生的“禹的神職”之説不攻自破了。雖然，不言及之，猶恐不足以服先生之心也，故略爲討論之。大概先生的説法如下：

(a)“禹平水土，主名山川”解作“禹平了水土，……乃……主領名山川，爲名山川之神”。

(b)讀魯語“昔烈山氏之有天下也，其子曰柱，能殖百穀百蔬，——夏之衰也，周棄繼之，——故祀以爲稷。共工氏之伯九有也，其子曰后土，能平九土，故祀以爲社”，而恍然大悟“社之爲禹”；且説“國語雖無明文，而看其‘能平九土’之語，實即是禹”。

由此，先生的結論是“禹爲山川之神，後來有了社祭，又爲社神”。這便先生所謂“禹的神職”。

其實(a)(b)兩條説法，大是笑話；真如適之先生所常説的“不值一駁”了。因爲兩條都是臆測的牽强傅會，(b)條尤誤。我且分言如後：

(a)條是臆測的牽强傅會。因爲先生解“主名山川”爲“主領名

山川，爲名山川之神”。“爲名山川之神”——尤其是“神”字，乃
是先生所私加的。這正犯了“增字解經”的毛病。凡是“增字解
經”，沒有不是自己先有了成見，去牽強傅會原文，以遷就自己
的臆測的。故清代漢學大家都以“增字解經”爲大忌，蓋以一經
“增字”解釋，便將原文的本意失掉，變成解者之私意故也。“主
名山川”，前人本解作“命山川以名”，先生將他換解爲“主領名山
川”，這還可以；硬要加上“爲名山川之神”——尤其是“神”
字，——這便是憑空傅會了。我們若將憑空加上的——即私增的
“爲名山川之神”——刪去，使原文回復本意，先生的説法即不攻
自破。無論“主名山川”爲“題山川的名字”或是“主領名山川”，皆
不見得有什麽“神職”的意味。因爲“題山川的名字”是任何人所
能，固然不待乎神；即“主領名山川”也不過如孔子所説的“顓臾
爲東蒙之主”，——論語“夫顓臾，昔者先王以爲東蒙主”，——
又何嘗是“神職”？（掞藜因先生解“名山川”爲“名山名川”，另生
了一個解説，即是“禹平水土，主名山川”者乃是説“禹之平治水
土也，以名山名川爲主”也。這是因爲莊子天下篇有“名川三百
〔川原作山，今依俞樾諸子平議説改正〕，支川三千，小者無數，
禹……”之言，而墨子節用中又有“慎其行”一語以釋“禹平水土，
主名山川”，故予以爲禹之平治水土，以名山名川爲主；次之乃
及於支川；最後乃及于小者。先大後小，以洩水之下流，而後乃
更治水之源流也〔凡小水必在源流，大水必爲下流；名川必爲長
大之水，衆小水和支川所會集者也〕，故曰“慎其行”，以求有功
而“惟殷于民”耳。——此雖不敢以爲正解，但亦可備一説。）

　　（b）條是爲“少見多怪”而臆測的牽強傅會。因爲先生讀了國
語而忘卻了左傳，故恍然大悟的“社之爲禹”竟是錯悟了。我們知
國語固然説着“共工氏之伯九有也，其子曰后土，能平九土，故
祀以爲社”。但是我們又知道左傳昭公二十九年傳也説“共工氏有
子曰句龍，爲后土（后土，土正也；官名），……祀……后土爲

社。……"此祀共工氏子句龍爲社也明甚。句龍是一個人，禹又是另一人，豈可謂"社之爲禹"？"平九土"是一事，"平水土"又是另一事，豈可説"國語雖無明文，而看其'能平九土'之語，實即是禹"？縱或説"平九土""平水土"爲一樣的事，也不可臆測兩人是一人。譬如起於布衣而統一天下是一樣的事，但是不可臆測朱元璋遂是劉邦。因爲先生有此"恍然大悟"的大誤，而加以要遷就自己的"社神之説起于西周後期"的臆説，于是遂大大武斷起來，憑空便説"甘誓雖有'戮于社'之言，但甘誓本僞書，不足信。論語哀公問社，宰我答的'夏后氏以松，殷人以柏'，恐亦是無徵之言"。又加以要牽强傅會"禹爲社，稷爲稷，禹稷之所以連稱由於社稷的連稱，禹稷之所以並尊由于社稷的並尊"之臆測，於是又武斷的説"閟宫與論語所説，恐即由社神與田祖的傳説上來"。——"恐亦是""恐即由""本僞書"九字，何以服讀者？且縱或祀禹爲社，亦是後人尊功（平水土）報德之舉，加之之名，豈爲"神職"？縱或祀禹爲社，如祀棄之爲稷，則亦由禹稷並尊而後社稷連稱，豈容倒爲"禹稷之所以連稱由於社稷的連稱，禹稷之所以並尊由于社稷的並尊"？

　　以上辯"神職"等説之謬。

　　全章討論已完，依先生現在的證據和説法，我老實不客氣地辯駁，覺得先生所説俱不能成立；但是先生有很好的證據和説法時，我願恭恭敬敬地承命將這篇大話一筆勾銷，以表示我毫無成見。先生這個翻案很足影響人心；我所不安，不敢不吐，所以我對于這篇暫時的結論是：

　　禹並沒有天神性。

　　　　　　　　　　　　　　　　　　　　　（未完）

啟事三則[*]

一

　　讀劉掞藜先生再質一文，使我非常欣喜。我久要尋覓這樣的
一個伴侶而不可得，現在竟得到了！

　　中國的古史全是一篇糊塗賬。二千餘年來隨口編造，其中不
知有多少罅漏，可以看得出牠是假造的。但經過了二千餘年的編
造，能彀成立一個系統，自然隨處也有牠的自衛的理由。現在我
儘尋牠的罅漏，劉先生儘尋牠的自衛的理由，這是一件很好的
事。即使不能遽得結論，但經過了長時間的討論，至少可以指出
一個公認的信信和疑疑的限度來，這是無疑的。多辨論一回，總
可多少得些成績，這也是無疑的。所以我們應該各照着自己的信
仰，向前走去，看到底可以走到那麼遠纔歇腳。實在像這樣大的
一個問題，便是犧牲了幾個人的一生的精力去討論，也是值得
的。不知劉先生肯應我否？

　　我現在仍依了上次的主意，把我對于古史的懷疑之點詳細說

＊　原分載讀書雜志第十四、十五、十七期，1923 年 10 月 7 日—1924 年
1 月 6 日；又載古史辨第一册。

了，把我對于古史成立的程序的假定立起來了，然後再做別的事。劉先生再質一文，只得等我這文發表完了之後再行回答，請鑒原！在我這文陸續發表的時候，仍希望劉先生陸續辯駁，愈駁得猛厲我愈感謝。

我更希望再有許多人加入我們的討論，因爲這個問題的解決不僅是我們幾個人的責任。加入的人多了，我們可以分工：那幾個人專討論制度，那幾個人專討論文字，那幾個人專討論天文地理；……這樣的做去，我不信一篇糊塗賬的古史不會有弄清楚的一天！我們努力！

> 十二，九，二十五。

二

依本文的次序，這一期應辦"禹貢"。但我的事務太忙，而這題牽涉的地方又太多，實在找不到整段的時間，使我可以把以前聚得的材料整理連綴成爲一篇文字，所以只得停着。"后稷"與"文王"兩題範圍較小，容易急就，現在把牠們先做好了，在這二期上發表。等到這兩章登完，我的職業已經變換了，或者可以多得一些空閒，在明年一年之中把"禹貢"，"堯典"，"古史系統"三題詳細論辨一番。我數月以來，覺得對於這三題的意見愈積愈多，非有十萬言説不完，非得整整的四個月做不盡。我雖終不能專事研究，但我所回復的舊職業已是有寒暑假的了，總可以説便利一點。我很快樂的在此預祝我明年辨論古史的順遂如願！

> 十二，十，二十。

三

　　我初到北京，下月又要到河南，在兩個月內無暇討論古史。等努力月刊出版後，我當繼續討論。無論如何，此文必在明年一年內做完。現在只得暫以"文王是紂臣嗎?"作一個小結束。請讀者原諒！

　　　　　　　　　　　　　十二，十二，二。

我的研究古史的計畫[*]

（爲努力月刊作）

　　我在讀書雜志第十七期上，曾經聲明在這兩個月內無暇作文，待努力月刊出版時當繼續討論。但現在這個約言竟不能如期實踐了，其故，因上海亞東圖書館要我標點東壁遺書，舊藉的標點很不容易，加以各種事務的牽制也趕不快，豫料非到半年之後不能完工；倘使再把作文的事加了進去，勢必將此事無期的遷延下去。所以我現在立定計畫：本年八月以前盡力用在東壁遺書上，九月到年底盡力將去年辦論古史的未完之稿作完；從明年起，更把古史徹底研究一番。徹底的研究當然不是容易的事，豫算須經廿余年工夫。這是我一生惟一的事業，也是惟一的願望，所以做成這篇與同志討論。

　　我是一個喜歡定計畫的人。從前和傅孟真先生同舍時，他曾笑我：“你老是規畫終身的大計，我決得定你一件也做不成的！”他的話真不錯，這六七年來我所豫定的計畫無往而不失敗，激起的煩悶一天重似一天。假使我沒有這種計畫，就無所謂失敗，也就不會激起煩悶。這真所謂“徒自苦”了！但我終是一個熱烈的人，無論如何受挫折，總不會使我灰心。我終覺得計畫是應當定的，一個人必須有了計畫才可使生活有意味。至於計畫的不能實現，乃是由於外界的牽制，並不是我自己的過失。倘使社會上能

＊　原載古史辨第一册。

原諒我，肯供給我一個可以發展才性的境界，我自信所定的計畫是不會成虛願的。所以我現在還是把終身的大計繼續的規畫。

我的生活爲外界所逼迫，脫出軌道已有七年了。此七年中，無時不想把生活回復到軌道上，但至今没有做到。這一次到北京，我立下一個大願：儘本年作豫備，使明年的生活上得軌道。在這一年中，勉力將未了的事作一結束，新發生的事再也不要過問，寫信和看書（指隨手翻覽的）也竭力求其減少。至于希望中的軌道的生活，是：把一天二十四小時分爲六個單位，每一單位計四小時，以二單位供睡眠，一單位供生活上的消耗與休息，一單位供辦事及交際，一單位供讀常識書，一單位供研究古史；星期日則完全供休息與游覽；一年中更作一二度的長途旅行。如此，研究古史和讀常識書兩項每年各可有一千小時左右。這固然明知不能如願——因爲我不是一個富人，生活可由自己支配的，——但總希望這兩項各能保持每年六百小時的數目，在無可奈何的境界中，我也肯以義命自安了。倘使碰着的機會好些，竟能稍稍超過這個數目，我就要以爲自己是一個很有幸福的人了。

讀常識書一項，種數甚多，如(1)世界史，(2)中國史及各種舊藉，(3)各種專史，(4)數學，(5)天文學，(6)年代學，(7)地理學，(8)地質學，(9)生物學，(10)人類學，(11)言語學，(12)宗教學，(13)社會學，(14)政治學，(15)法律學，(16)經濟學，(17)統計學……都是。這一個名單粗看似乎太多，但我原想儘着一生的時間去讀，並且不希望深造；我的願望，只要使得凡牠們可以輔助我的研究的地方我能穀明瞭：在技術上（如曆日的推算及地圖統計表的製繪等）會得使用，在理論上會得提出問題，請專門家作答了。所以我還覺得這是可能的事。

研究古史的計畫，是把全體分作六個學程，費廿一年的工夫做去。計畫如下：

　　　第一學程——從民國十四年至十九年，讀魏晉以前史書。

這六年内，我希望把我的研究古史的根基打好。主要的古史書有兩部，一是左傳，一是史記；我都想費一年的工夫，把牠細細地讀過。第三年至第六年，讀漢書及後漢書。這兩部書爲什麼要讀四年呢？因爲古學與古書均至漢時始從流質變成固體，在牠凝結的時候，加入漢人的分子不少。這些加入的分子，有的與周秦的原質混合，有的竟是化合了。魏晉以下的僞書僞史，現在要辨明牠是很容易的，因爲塗附在漢時定形的外面，很可不費力地拂拭而去；兩漢的僞書僞史便須經過一番化學的分析工夫了。分析之后，漢歸漢，周秦歸周秦，然後古史始可有切實的整理。所以當讀兩漢書的時候，必將漢人的經注經説和其他著作統讀一過，指出他們的作僞和傳誤的種種事實，並把今古文的黑幕一齊揭破，剗絶漢學搗鬼的根芽。

第二學程——從民國二十年至二十二年，作春秋戰國秦漢經籍考。

漢人的附會撥去了，各種古書始可顯出它們的本相，考證之事方才有所憑籍。所以第二步接做這事，把古書的時代與地域統考一過。固然材料既少，屬雜又多，這個工作要做得完滿是不可能的，但我們總可以得到一個大概情形。

第三學程——民國二十三年，依據考定的經籍的時代和地域抽出古史料，排比起來，以見一時代或一地域對于古代的觀念，并説明其承前啟後的關係。

第四學程——民國二十四年至二十六年，研究古器物學。

古器物學的常識是前幾年早應備的，到這時，書籍方面既經整理好，實物方面就更當着力研究。我覺得中國的古器物學雖已研究甚久，但所定的器物的時代還不可靠。例如商器，通常都將文字特異的，日干紀名的歸入；其實文字在秦以前原未統一過，不妨有特異的字體，而日干的紀名在周代還是行用（如齊之丁公乙公）。所以我很想在研究的時候，把傳世的古器的時代釐正一過，使得牠們與經籍相印證時可以減少許多錯誤。

第五學程——從民國二十七年至二十九年，研究民俗學。

經籍器物上的整理，只是形式上的整理；至於要研究古史的內部，要解釋古代的各種史話的意義，便須應用民俗學了。老實說，我所以敢大膽懷疑古史，實因從前看了二年戲，聚了一年歌謠，得到一點民俗學的意味的緣故。我們看，古人的善惡這般的截然分殊（如桀紂堯舜），古人的能力這般的無窮偉大（如禹黃帝），古人的境遇這般的十分奇特（如后稷舜）：我們是相信牠呢？還是不相信牠呢？我想，我們對付牠們的態度逃不出三種：一是信，一是駁，一是用自己的理性去做解釋，譬如大雅生民篇中說姜嫄生后稷由于"履帝武"，這原是一段神話，很可能且極平常，但自古至今終不曾給牠一個適當的地位。相信牠的人老實在史書上寫着"姜嫄出野見巨人跡，心忻然悅，踐之，而身動如孕者。"（史記）不相信牠的人便駁道："不交而孕是不可能的事；或者姜嫄那時適有孕，恰巧踏了大人跡就引起了誤會；況且姜嫄是帝王之妃，何爲適草野！"（王充與崔述）用自己的理性去做解釋的人說："這個'帝'不是上帝，是她的丈夫帝嚳高辛氏：他們一同去祀郊禖，姜嫄走在後頭，步步踏了帝嚳的腳印。"（毛傳與歐陽修等）近人有了一種新觀念了，於是他們的解釋也換了一種話頭，說道："那時原是母系時代，故只知有母"；或者說："姜嫄原是自由戀愛，故不能說出其夫。"話雖說了許多，但是都不對的。我對于這三種態度下一個總評，是：信牠的是愚，駁牠的是廢話，解釋牠的也無非是鍛煉。我們若用了民俗學的眼光去看，就可見這種故事正和現在上海戲園子裏鬧翻的關公出世，包公出世，薛仁貴出世一類戲一樣。這些戲中的偉人，或是黑虎星下降，或是

文曲星臨凡；到母腹中時，或是觀音送來，或是仙人引到。這種
故事，在事實上是必不確的，但在民衆的想像裏是確有這回事
的：他們總以爲大人物的來歷與普通人不同，該有這類奇蹟。因
爲牠在事實上必不確，所以信牠的是愚。因爲牠在民衆的想像裏
確有這回事，所以駁牠的也成了廢話。因爲牠在民衆的想像裏原
是這麼一回事，原不能勉强牠與我們的理性相合，所以用了自己
的理性去做解釋的總離不掉鍛煉。我希望自己做這項工作時，能
處處順了故事的本有的性質去研究，發見牠們在當時傳説中的
真相。

　　我做這項研究時，再有一個希望。古人心中有無史實與神話
的區別，到漢以後始分了開來。因爲歷來學者不注意神話，所以
史實至今有系統的記載，而神話在記載上就斬然中絕（在實際上，
當然自古至今沒有間斷過，如現在的玄穹高上帝及東嶽大帝之類
皆周秦之所留遺）。我希望做這項工作時，更把漢以後民衆心中
的古史鈎稽出來，直到現在家家懸挂的“神軸”爲止，看出牠們繼
續發展的次序。這個研究如能得到一個結果，古史在古代的地位
更可確定了。

　　　第六學程——從民國三十年至三十四年，把以前十六年
中所得的古史材料重新整理，著成專書。
這一部專書的組織，應將下列諸問題作爲系統的説明：
（1）某時代的古史觀念如何？
（2）這個古史觀念是從何時，何地，或因何事來的？爲什麼
　　要來？
（3）這個古史觀念在當時及後來發生了什麼影響？
　　以上三條，爲當時的古史觀念。
（4）這時的史事可以考實的有多少？
（5）這時的實物留遺至今的有多少？
（6）對于這時的民族和文化的大概情形的想像是怎樣？

以上三條，爲當時的史事。

到第六學程做完，我的古史研究可以告一結束了。我今年三十一歲，若絕不停滯，準期完功，已須五十二歲；若以研究的困難，人事的牽掣，稍一停留，六十歲是很容易到的。像我這般不結實的身體，即使善爲保養尚不知能到六十歲否。社會上如果恨我搖動人們的信仰，給我以種種挫折，那末，我的賫志而没自是應有之事。若以爲天地間不妨有此一人，或進而説這是應當做的，那末，請大家給我一點幫助。幫助的方法有二種：積極的是供給我一個適于研究的境地，消極的是無論什麼事情都不要責望我做。我並不是不識擡舉，專想規避社會上的責任，實在我只有這一點精力，我願意做的這件事情已經够消耗我的全部的精力了。我前作鄭樵傳，説他在獻皇帝書裏説的"使臣得展盡底藴，然後鶴歸蕙帳，狐正首丘，庶幾……不孤爲陛下之一民也"爲他的發揮學問的哀音。我自知學力淺薄，還説不上發揮，但是求智識的慾望在我的心中已經震盪得非常劇烈了，髣髴渴驥奔泉，再不能加以羈勒，勉强抑止，這一段哀苦之情原與鄭樵無異。相知的師友們，請你們仁惠地收受我這一個懇切的請求罷！

十三，三，廿六。

古史雜論·小叙 *

去年，我曾在努力週報附刊的讀書雜志上發表我的古史的意見。本年努力停刊，我的一篇竟没有做完。胸中悶漲的很，彷彿欠了債似的。現在語絲出版，我自然極願把未完之稿繼續做下。但我的工作太忙了，要做首尾完備的文字，總不會有從容的時間可以供我驅使。因念這幾年來所寫的一二十册筆記之中頗有些雜亂的材料，現在如把這些材料粗粗的整理一回，也可成爲無數的短篇文字。我去年做的論題，範圍本來太大了，要在短時期内所作的一篇文字之中將數千年來傳統的古史見解一齊推翻，未免太不量力。現在如能先把無數的零碎意見集成許多大段，將來有空閒時再把許多大段聯成若干長篇，倒也是腳踏實地的做法，而且在這樣冗忙的生活中也不難繼續地供給語絲的文稿了。所以現在就這樣辦。

我發表的文字，只是寫出我現在承認的意見，以爲當時的事實是應當如此的，並没有説實際的事實確是如此。所以極希望有人駁正我；我自己如發見了錯誤，也立即修正。

十三，十一，六。

---

* 原載語絲第二期，1924 年 11 月 24 日。

紂惡七十事的發生次第[*]

　　春秋戰國時人説話，最喜歡舉出極好的好人和極壞的壞人作議論的材料。極好的好人是堯、舜、禹、湯；極壞的壞人是桀、紂、盜跖。所以戰國時有一句成語，叫做"譽堯非桀"。（這句話的本義原是譽堯、舜而非桀、紂，因爲要句子短一點，便單舉了堯、桀。實際上，譽舜非紂的更要多。）一個人天天給人家稱譽，自然要好到三十三天的頂上去了。一個人天天給人家非薄，十八層地獄的末一層也就按定他跌進去了。這種過度的毀譽，説得太離奇時，即在沒有歷史觀念的時代，也免不得引起聽者的疑惑。所以堯、舜的譽有韓非子等懷疑，而桀、紂的毀也被子貢和荀子看出了破綻。

　　荀子道：

　　　　古者桀、紂……身死國亡，爲天下大僇，後世言惡則必稽焉。（非相篇、正論篇）

説到"言惡必稽"，分明看出桀、紂負了種種惡事的責任，爲無量數惡人當着代表。但他並沒有進一步推翻僞史。子貢便老實説破了。他道：

---

　*　原載語絲第二、三期，1924 年 11 月 24 日、12 月 1 日；又載古史辨第二册。

　　　紂之不善不如是之甚也！是以君子惡居下流，天下之惡
皆歸焉。（論語子張篇）

　　這是說明紂的不善的聲名都由於他所站的惡劣的地位而來，說得
非常的對。因爲普通人的心目中原是不看見個人而只看見地位
的；老話所謂"牌子"，新語所謂"偶像"，都是這種心理的表現。
這種心理表現得最明白的證據，即是漢書古今人表。人表上把人
類分作九等，最上是聖人，最下是愚人，似乎是專依品性而定上
下的。但一去細看，就可知道他們的上下原是根據於成敗。如被
秦始皇滅掉的六國之君，他們有什麼劣跡，他們的被滅不過是所
處的時勢的不幸，然而一個個都放在下中和下下兩等之中。秦始
皇總可以說是一個無道之君了，但因爲他成就帝業，必要保留得
一點面子，也就放在中下。諺云："成則爲王，敗則爲寇"，這個
觀念能跳出的有幾人呢！紂既不幸亡國，他的牌子天天被周朝人
毀壞，他成爲一個罪惡所歸的偶像自然是無足怪的事了。春秋時
橫議之風尚未盛，而子貢已經說出這般的話，那末到了"寓言十
九"的戰國，紂的一身所受的"天下之惡"的多，更是當然的了。

　　從前人作史，每喜把古人傳下的話整齊排比，成爲總清賬。
這樣做去，粗看確是很完備，但來源還沒有弄明白，驟然結清，
開的虛賬也就混過去了。我們因爲不甘心承認這些虛賬，所以要
檢齊所有的文券，另立流水簿，加以審查，標出按日開進的虛
賬。現在就用了這個方法，把紂的故事試驗一下。

　　我們若把尚書（除僞古文）中紂的罪惡聚集起來，結果，便可
以看出他的最大的罪名是酗酒。關於這事的話，有微子的"我用
沈酗于酒"，"方興沈酗于酒"，酒誥的"在今後嗣王酣身，……誕
惟厥縱淫泆于非彝，用燕喪威儀，……惟荒腆于酒"，無逸的"殷
王受之迷亂，酗于酒德"。其實酗酒是那時的風氣，並不是紂的
獨特的罪惡，所以酒誥又說"我民用大亂喪德，亦罔非酒惟行"，

“殷之迪諸臣惟工，乃湎于酒”，而武王對於妹土，竟命康叔“群飲，汝勿佚，盡執拘以歸于周，予其殺”。我們只要看周朝用了死刑來禁酒，便可知道商人的喝酒正似現在人的吸鴉片，已經成了有普遍性的深入骨髓的痼癖了。其二，是不用貴戚舊臣。關於這事的話，有微子的“吾家耄遜于荒”，“咈其耇長，舊有位人”，牧誓的“昏棄厥遺王父母弟不迪”，召誥的“厥終智藏瘝在”。其三，是登用小人。關於這事的話，有微子的“卿士師師非度”，牧誓的“惟四方之多罪逋逃，是崇、是長、是信、是使，是以爲大夫卿士，俾暴虐于百姓，以姦宄于商邑”，立政的“惟羞刑暴德之人同于厥邦，乃惟庶習逸德之人同于厥政”。其四，是聽信婦言。這惟有牧誓的“惟婦言是用”一句話。其五，是信有命在天。這有西伯戡黎的“王曰：嗚呼，我生不有命在天！”酒誥的“厥心疾很，不克畏死；辜在商邑，越殷國滅無罹”，多方的“以爾多方大淫圖天之命，屑有辭”。其六，是不留心祭祀。這有牧誓的“昏棄厥肆祀弗答”，多士的“罔顧于天顯民祇”。

　　從以上六項看來，紂只是一個糊塗人：他貪喝了酒，遂忘記了政事，所以把他的國亡掉了。崔述云：

　　　　蓋惟迷於酒色，是以不復畏天念祖，以至忠直逆耳，讒人倖進。（商考信錄）

他的罪狀確是只有這一點。這都是庸人的愚昧，並沒有奇怪的暴虐。何況這些話大都從周朝人的口中說出來的，他們自己初有天下，以新朝的資格，對於所滅的國君發出幾句斥責的話，乃是極平常的事，而且是應該有的事。即使被滅的國君是一個聖人，這些籠統的斥責之言於例亦不可少，因爲既要打他，就不得不罵他。韓非子外儲說云：

　　　　文公伐宋，乃先宣言曰："吾聞宋君無道，蔑侮長老，
分財不中，教令不信，余來爲民誅之！"

　　　　越伐吳，乃先宣言曰："我聞吳王築如皇之臺，掘深池，
罷苦百姓，煎靡財貨，以盡民力，余爲民誅之！"

讀了這種話，再去看牧誓、多士諸篇，頗使得我們要罵紂而不
忍。所以我們對於西周時紂的罪惡的傳説，只須看作一種興國對
于亡國的循例之言。

　　東周時，初有學者階級，也初有論議，他們本着"勸懲"之心
來説話，把亡國的紂當作箭垛，朝着他放箭，他的罪狀一定加增
得不少。看子貢的評論，可見一斑。但不幸書缺有間，我們已無
從知道了。只論語上有以下的一節：

　　　　微子去之。
　　　　箕子爲之奴。
　　　　比干諫而死。

這三件事都可屬于上邊的第二項的。

　　在戰國的書籍裏，他的罪條驟然加增得很多，而且都是很具
體的事實。列舉如下：

　　　　抑沈比干。（按：此頗有投比干於水的意思，如王子慶
忌於要離然者，故別列。）
　　　　賜封雷開。（以上二條見楚辭）
　　　　糟丘。
　　　　酒池。
　　　　肉圃爲格。
　　　　雕柱而桔諸侯。

刑鬼侯之女而取其環。

戮涉者脛而視其髓。

殺梅伯而遺文王其醢。

脯鬼侯。

作爲璇宮。

築爲傾宮。

剖孕婦而觀其化。

殺比干而觀其心。（按：論語但云諫而死，此云觀心，故別列。）

任惡來。

言而不信，期而不當。（以上十四條見呂氏春秋）

囚文王七年。（見左傳）

爲象箸。

設炮烙。

翼侯炙。

作靡靡之樂。

爲長夜之飲以失日。（以上五條見韓非子）

熊蹯不熟而殺庖人。（見御覽引墨子）

南距朝歌，北據邯鄲及沙丘，皆爲離宮別館。（見史記正義引竹書紀年）

爲玉牀。（見世本）

脯鄂侯。（見戰國策）

脯鬼侯以享諸侯。（見逸周書及禮記。按呂氏春秋但云脯，此云脯以享諸侯，故別列。）

到了西漢，他的罪惡的條歉因年代的更久遠而積疊得更豐富了。現在把已見戰國人稱引的刪去，把贗餘的列舉於下：

距諫，飾非。

矜人臣以能，高天下以聲，以爲皆出己之下。

作北里之舞。

厚賦稅，以實鹿臺之錢而盈鉅橋之粟。

益收狗馬奇物，充仞宮室。

益廣沙丘苑臺，多取野獸蜚鳥置其中。

大最（聚）樂戲于沙丘。

使男女倮相逐于酒池肉林之間。

廢商容。（以上九條見史記）

作桔數千，桔諸侯之不諂己者。（見新書。按：這條當即由呂覽的“桔諸侯”而來。惟高誘注呂覽，謂“雕畫高柱，施桔橰於其端，舉諸侯而上下之”，則與此不可併作一事。）

燎焚天下之財。

燔生人。（按：淮南以此語與“爲炮烙，鑄金柱”等語並列，似與炮烙非一事。）

鑄金柱。

析才士之脛。（按：此不云“涉者”，故別列。）

熱斗。（高誘注：“庖人進羹于紂，熱；以爲惡，以熱斗殺之”，與墨子所云不同。）

聽崇侯虎、屈商之言而拘文王於羑里。

宮中成市。（以上七條見淮南子）

鹿臺，其大三里，高千尺，臨望雲雨。（見新序）

妲己之所譽貴之；妲己之所憎誅之。（見列女傳）

諛臣左强教爲象廊，將至于天。

壯士斬其胉。（胉，腳脛也。按：此與“析才士之脛”差同，但壯與才又不同。）

殺周太子歷。（以上三條見褚先生補史記龜策列傳）

又有雖非新添而對于舊有之說加以較詳的摹寫的，有列女傳上說妲己的話：

> 百姓怨望，諸侯有畔者，紂乃爲炮烙之法，膏銅柱，加之炭，令有罪者行其上。輒墮炭中。妲己乃笑。比干諫曰："不修先王之典法而用婦言，禍至無日。"紂怒，以爲妖言。妲己曰："吾聞聖人之心有七竅。"於是剖心而觀之。

這是把作炮烙與剖比干的兩項罪名令妲己分擔了。

到了東漢，似乎没有新添的罪條。但論衡上引着一段話，卻把"長夜之飲以失日"的一件故事用二百四十倍的顯微鏡放大了：

> 紂沈湎于酒，以糟爲丘，以酒爲池，牛飲者三千人。長夜之飲，忘其甲子。車行酒，馬行炙，百二十日爲一夜。

東晉時，僞古文尚書出來，又爲他添上了三條：

> 焚炙忠良。（按：焚炙之忠良未知爲誰，故不與炮烙條合。）
> 罪人以族；官人以世。
> 作奇技淫巧以悦婦人。

那時皇甫謐做了一部通史，名喚帝王世紀。他是造僞史很有名的人，所以他集合了前人的舊說，更加上自己的幻想，綜合而成爲一整篇的紂的罪狀書。（這與司馬遷集合戰國、秦、漢時人的紂惡說而成爲一整篇是一樣的。）帝王世紀一書雖失傳，但這些文字還被引于太平御覽及尚書疏等書，可以覆按。現在把他所説的話能彀增加我們的異聞的寫在下面：

> 造傾宮，作瓊室瑤臺，飾以美玉，七年乃成。其大三里，其高千丈。其大宮百，其小宮七十三處。

> 宮中九市。（按：淮南子但言成市，此云九市，故別列。）

> 六月發民獵于西山。

> 天下大風雨，飄牛馬，壞屋樹，天火燒其宮，兩日並盡。或鬼哭，或山鳴。紂不懼，愈慢神。

> 殺人以食虎。

> 欲重刑，乃先爲大熨斗，以火爇之，使人舉，輒爛手。（按：此條當即淮南子的"熱斗"。但據高誘注文則熱斗事係出偶然，而此則有意的定此刑罰，爲異。）

> 多發美女以充傾宮之室，婦女衣綾紈者三百餘人。

> 誅邢侯。（按：一說邢侯即鄂侯。）

> 剖比干妻以視其胎。

> 文王之長子伯邑考質于殷，爲紂御。紂烹以爲羹，賜文王，曰："聖人當不食其子羹。"文王得而食之。紂曰："誰謂西伯聖者！食其子羹尚不知也。"

在皇甫謐的前後作紂的罪狀的說明的，有以下二條：

> （一）斮脛說明——老人晨將渡水，而沉吟難濟。紂問其故，左右曰："老者髓不實，故晨寒也。"紂乃于此斮脛而視髓。（見水經注）

> （二）夏獵的說明——紂以六月獵于西土，發民逐禽。民諫曰："今六月……地務長養，……君踐一日之苗而民百日不食。天子失道，後必無福。"紂以爲妖言，誅之。後數月，

天暴風雨，發屋折樹。（見金匱）

自晉代以後，他有沒有再添出什麼罪狀，我可不知道了。這或者因爲紂的暴虐説到這等地步，已經充類至盡，再也不能加上去，或者因爲學者的歷史觀念高了一點，知道耳朵裹聽來的傳説不能作爲信史，不肯寫在紙本上，二者均不可知。但學者方面即是如此，民衆的傳説總不會因他們的不肯寫在紙本上而終止其發展性的，牠依然是這樣地發展。結果就成了現在在下等社會中很有勢力的封神榜一書，又把這些人事經過神話化了。

我寫這篇，希望大家把牠當作徐文長故事一類書看，知道古代的史實完全無異于現代的傳説：天下的暴虐歸于紂與天下的尖刻歸于徐文長是一樣的，紂和桀的相像與徐文長和楊狀元的相像也是一樣的。這一點意思非常淺顯，所舉的證據也甚明白，想來讀者必不至于索解不得。倘有篤志信古之士一定要説古書無一字無來歷，古人的話不可輕于懷疑，那麼，我們先要請問以下的幾條：

（一）紂造的臺的高度，應照新序説是一千尺呢？還是應照帝王世紀説是一千丈呢？

（二）斮脛的人，應照水經注説是老者呢？或應照淮南子説是才士呢？還是應照補史記説是壯士呢？

（三）所剖的孕婦，應照吕氏春秋説是一個平常人呢？還是應照帝王世紀説是比干之妻呢？

（四）給文王吃的人肉羹，應照吕氏春秋説是梅伯的呢？還是應照帝王世紀説是伯邑考的呢？

（五）補史記説紂殺的"周太子歷"，這是何人？

這些問題都請考實了告知我們。否則我們在這樣參差牴牾的古史中，便是要信也苦于無從信起了。

十三，十一，八。

宋王偃的紹述先德[*]

宋王偃是惟一的"宋王"。他以前的宋君只稱公，到他立了十一年而自升做王，立了六十一年（史記云四十七年，今依梁玉繩考定）而爲齊湣王所滅。亡國後，他逃出去死了。他的臣子私自上他的謚法，或作康王（戰國策及呂氏春秋），或作獻王（荀子）。褚少孫補龜策列傳又稱爲宋元王。

紂是商的末一代，他是宋的末一代，宋即是商的後裔，所以他受的淫昏暴虐的遺傳性非常充足，很能恪守典型地照演一番。

紂是酗酒的；他也是"淫于酒"（史記宋世家）。

紂是拒諫飾非的，因殺過許多諫臣；他也是"罵國老之諫者"（戰國策），"群臣諫者輒射之"（宋世家）。

紂是很富于好奇心的，所以要"戮涉者脛而視其髓，剖孕婦而觀其化"（呂氏春秋），他也是"剖傴者之背，斮朝涉之脛"（賈誼新書及劉向新序。"斮朝涉之脛"一語，後來僞古文尚書簡直不客氣，放在泰誓下篇，當作武王誓師之辭了）。

紂是很勇的，會得"倒曳九牛，撫梁易柱"（帝王世紀）；他雖未必有這般的勇力，但也會"爲無頭之棺以示有勇"（戰國策及新序。莊子列禦寇篇亦云："宋王之猛，非直驪龍也"）。

紂是對待諸侯很暴虐的，曾經"作梏數千，梏諸侯之不附己者"（賈誼新書）；他雖沒有這般的權力，但也要"鑄諸侯之象，使

＊ 原載語絲第六期，1924 年 12 月 22 日；又載古史辨第二册。

侍屏匽(厠所)，展其臂，彈其鼻"(戰國策)。

紂是不畏天的，"天火燒其宮，鬼哭、山鳴"(帝王世紀)，一切都不怕；他竟是徹底的慢神了，"射天，笞地，斬社稷而焚之，曰：'威嚴伏天地鬼神'"(戰國策及新序)。

最奇怪的，他和紂不但行事一致，而且所得的"瑞應"亦是一律。這一律的瑞應即在劉向一人所著的書上。說苑敬慎篇道："昔者殷王帝辛之時，爵生烏于城之隅。工人占之，曰：'凡小以生巨，國家必祉，王名必倍。'"新序雜事篇(四)道："宋康王時，有爵生鷃于城之陬。使史占之，曰：'小而生巨，必霸天下。'"

他們得到了這般的瑞應之後怎麼樣呢？說苑道："帝辛喜爵之德，不治國家，亢暴無極，外寇乃至，遂亡殷國。"新序道："康王大喜，于是滅滕伐薛，取淮北之地。乃愈自信，欲霸之亟成，故射天，笞地，……國人大駭。齊聞而伐之，民散，城不守。王乃逃兒侯之館，遂得病而死。"這同是不識祥瑞的擡舉，以致"祥反爲禍"。

宋王偃所紹述的祖德，不但他的二十六世從祖紂而已，更有他的二十九世祖武乙。

武乙的事，翻開殷本紀來看，只有一件事，這一件事是他所以受"暴雷震死"的天刑的緣故。

這事的上半段説："帝武乙無道，爲偶人，謂之天神；與之博，令人爲行。天神不勝，乃僇辱之。"做了"偶人"來出氣，他們祖孫二人確是一致的，看上面説的鑄了諸侯的像使他們侍于厠所可知。只此一端，大足以激起神人的憤怒：神的憤怒是雷震，人的憤怒是攻伐。所以史記蘇秦傳道："秦以宋委于齊，曰：'宋王無道，爲木人以寫寡人，射其面。'"(燕策同。)

下半段更像了。武乙"爲革囊，盛血，卬而射之，命曰'射天'。"而宋王偃也絲毫不變地"盛血以韋囊，懸而射之，命曰'射天'"(宋世家)。其實"射天"的名目早已給武乙制定了，何必再由他去"命"呢？

因爲他和他的先德這般地相同，所以宋世家記道："於是諸侯皆曰'桀宋！宋其復爲紂所爲，不可不誅！'告齊伐宋。……齊湣王與魏、楚伐宋，殺王偃，遂滅宋而三分其地。"

究竟諸侯是不是因爲他復了祖先之德而告齊伐他呢？齊湣王是不是結合了魏、楚而把他攻滅呢？

史記田完世家道："王（齊湣王）爲東帝，秦昭王爲西帝。蘇代自燕來入齊，……齊王曰：'嘻，善，子來！秦使魏冉致帝，子以爲何如？'對曰：'……秦稱之，天下惡之，王因勿稱以收天下，此大資也。且天下立兩帝，王以天下爲尊齊乎？尊秦乎？'王曰：'尊秦。'曰：'釋帝，天下愛齊乎？愛秦乎？'曰：'愛齊而憎秦。'曰：'兩帝立約伐趙，孰與伐桀宋之利？'王曰：'伐桀宋利。'對曰：'……故願王明釋帝以收天下，……而王以其間舉宋，……天下莫敢不聽，此湯、武之舉也！……'於是齊去帝，……伐宋。……宋王出亡，死于温。齊南割楚之淮北，西侵三晉，欲以併周室，爲天子。泗上諸侯鄒、魯之君皆稱臣，諸侯恐懼。"（齊策四略同。）這是説齊湣王滅宋爲的是自己想做天子。

孟子滕文公下篇又道："宋，小國也；今將行王政，齊、楚惡而伐之。"這是説宋的被滅爲的是想行王政。

宋行王政而受他國的嫉忌，齊要自爲天子而滅宋，以戰國的情勢觀察起來，似有確實的可能。宋世家所謂"於是諸侯皆曰'宋其復爲紂所爲，不可不誅'，告齊伐宋"，恐怕是齊王一方面的宣傳之辭吧？（滅宋而三分其地，有梁玉繩的辨，見史記志疑卷二十一。）

如果諸侯告齊伐宋爲宣傳之辭，那麽，宋王偃的種種紹述先德的故事，或商代先王的種種遺傳與宋王偃的性質的故事，恐怕也有若干宣傳的成分在内吧？荀子上有兩段話，頗可以啟發我們。他道：

　　　桀、紂……身死國亡，爲天下大僇，後世言惡則必稽
焉。（非相篇）
　　　齊湣宋獻……身死國亡，爲天下大僇，後世言惡則必稽
焉。（王霸篇）

我們讀這兩段話時，更須記着：宋獻是紂的後裔。

　　　　　　　　　　　　　十三，十二，十四。

答李玄伯先生 *

在本刊第三期中，讀到李玄伯先生的"古史問題的唯一解決方法"，非常快樂。李先生所說的"用載記來證古史，只能得其大概；……要想解決古史，唯一的方法就是考古學；我們若想解決這些問題，還要努力向發掘方面走"，確是極正當的方法。我們現在研究古史，所有的考古學上的材料只有彝器文字較爲完備，其餘真是缺得太多。發掘的事，我們應當極端的注重，應當要求國家籌出款項，並鼓吹富人捐出款項，委託學者團體盡力去做。

但李先生這句話頗有過尊遺作品而輕視載記的趨向，我還想加上一點修正。我以爲無史時代的歷史，我們要知道牠，固然載記沒有一點用處；但在有史時代，牠原足以聯絡種種散亂的遺作品，並彌補牠們單調的缺憾，我們只要鄭重用牠，牠的價值決不遠在遺作品之下。我們現在討論的古史，大都在商周以降，已入有史時代，載記的地位已不可一筆抹煞。要講遺作品直接出于古人，載記何嘗盡是後人寫的。要講載記多僞作難以考定，遺作品又豈純粹無僞作而又易考定呢。所以我覺得我們若是多信一點遺作品，少信一點載記，這是很應當的；若說惟有遺作品爲可信而載記可以不理，便未免偏心了。推原從前人對于古史專主載記的弊病，只爲他們用了聖道王功的見解去看古人，用了信古尊聞的

* 原載現代評論第一卷第十期，1925年2月14日，題論古史研究答李玄伯先生；又載古史辨第一册。

態度去制伏自己的理性，所以結果完全受了謬誤的主觀的支配，造成許多愈説愈亂的古史。若是他們能毂用了客觀的態度去做整理的功夫，像他們對于名物訓詁一樣，他們所得的成績當然不能菲薄。我們生於今日，初懂得用歷史演進的眼光去讀古書，初懂得用古人的遺作品去印證古書，乍開了一座廣大的園門，滿目是新境界，在載記中即已有無數工作可做，依我看，我們現在正應該從載記中研究出一個較可信的古代狀況，以備將來從遺作品中整理出古史時的參考。若我們輕易跳過這個階級，那就失去了研究的基礎了。

前年，我們對於古史作過一番汗漫的論辨；承李先生稱引，甚爲慚感。但李先生似乎看得我們的論辨過於有力了，髣髴我們所討論的問題已經自許爲解決似的。這一點誤會使我不敢領受。我要在此聲明一句：我作這些文字，只是想把我的假設開出一條研究的路；我固然未嘗不希冀從我的假設上解決古史，但我深明白從假設到解決不知要費多少日子的研究，在研究中間不知要經過多少次的困難，我決不敢貿貿然想在半年之内所作的幾萬字中作一個輕率的解決。

李先生説：“載記既不能與我們一個圓滿的回答，我們只好去問第二種材料，古人直遺的作品。”我對於這句話，以爲在學問的目的上是無疑義的，但在我們研究的工作上則未必便應這般。學問是無窮無盡的，只有比較的近真，決無圓滿的解決。另一方面，學問是隨時隨地可以研究的，材料多固然便於研究，材料少也應把僅有的材料加以整理，不必便爾束手。現在古史問題在載記的研究上剛開頭，面前原有許多路徑可走，並不是已經碰住了死胡同裏的牆腳，非退出來不可。若説因牠終究不能給我們一個圓滿的解決，不如把牠丟過一旁，專從發掘去求圓滿解決，話雖説的痛快，其如眼前放着路不走，反而伸長了頭頸去待不知何年可以實現的事業，豈不是與鄉下人不去種田單想候着觸樹的兔子的辦法相同呢？語云：“俟河之清，人壽幾何！”我們若必等到材料完備而後去做研究的工作，恐怕永遠沒有工作的日子吧。所以我們在研究的工作上，對於新材料的要求加增，對於舊材料的細心整理，有同等的重要，應當同時進行，不宜定什麼輕重，分什麼先後。

以上說的，是我對於李先生所論的解決古史方法的一點意見。至於研究的工作，是學問界全體的職責，應當有許多人分工去做，不能獨責一二人作全部的包辦，這是無疑的。我自己就性之所近，願意着力的工作，是用了“故事”的眼光去解釋“古史”的構成的原因。現在就討論之便，敘述於下。

十年前，我極喜觀劇，從戲劇裏得到許多故事轉變的方式，使我對於故事的研究甚有興味。後來讀到適之先生的井田辨與水滸傳考證，性質上雖有古史與故事的不同，方法卻是一個，使我知道研究古史儘可應用研究故事的方法。回憶觀劇時所得的教訓，覺得非常親切；試用這個眼光去讀古史，牠的來源、格式，與轉變的痕跡，也覺得非常清楚。例如看八仙的結合，即可說明堯典九官的結合；看了薛仁貴薛平貴的化名，即可說明伯翳伯益的化名；看了諸葛亮的足智多謀，即可說明伊尹周公的足智多謀；看了曹操秦檜的窮兇極惡，即可說明桀紂的窮兇極惡；看了何仙姑的爲武平人，又爲歙人，又爲零陵人，孟姜女的爲杞人，又爲同官人，又爲澧洲人，又爲華亭人，即可說明舜的爲東夷人，又爲冀州人，舜妻的爲都於平陽的堯女，又爲湘夫人，又爲三身之國的母親。因爲我用了這個方法去看古史，能把向來萬想不通的地方想通，處處發見出牠們的故事性，所以我敢大膽打破舊有的古史系統。從此以後，我對於古史的主要觀點，不在牠的真相而在牠的變化。我以爲一件故事的真相究竟如何，當世的人也未必能知道真確，何況我們這些晚輩；但是我們要看牠的變化的情狀，把所有的材料依着時代的次序分了先後，按部就班地看

牠在第一時期如何，在第二時期如何，……這是做得到的，而且
容易近眞的。例如我前年考的禹，知道他起初是一個天神，後來
變成人王，後來又變爲夏后，最後作了舜的臣子而受禪讓。又如
去年考的孟姜女，知道她起初是卻君郊弔，後來變爲善哭其夫，
後來變爲哭夫崩城，最後變爲萬里尋夫。這樣的"不立一眞，惟
窮流變"的做去，即使未能密合，而這件故事的整個的體態，我
們總可以粗粗地領略一過。從前人因爲沒有這種的眼光，所以一
定要在許多傳說之中"別黑白而定一尊"：或者定最早的一個爲
眞，斥種種後起的爲僞；或者定最通行的一個爲眞，斥種種偶見
的爲僞；或者定人性最充足的一個爲眞，斥含有神話意味的爲
僞。這樣做去，徒然弄得左右支吾。結果，這件故事割裂了，而
所執定的一個卻未必是眞。

　　我研究古史的願望還有一個，是把神話與傳說從古代的載記
中，後世的小說詩歌戲劇以至道經善書中整理出來，使得二者互
相銜接，成爲一貫的記載。本來古代人對於眞實的史蹟反不及神
話與傳說的注意，所以古史中很多地方夾雜着這些話。後世智識
階級的程度增高了，懂得神話與傳說不能算做史蹟，他們便把這
些話屏出了歷史的範圍以外。但牠們的勢力雖不能侵入歷史範
圍，而在民衆社會中的流行狀況原與古代無殊，牠們依然保持着
它們的發展性與轉換性。黃帝雖不提起了，老子卻"一炁化三
清"，抵着他的地位而有餘了。風后力牧雖消失了，但關帝岳王
又起來了。禹的故事雖平淡了許多，但金龍四大王的故事又風靡
一世了。活了八百歲的彭祖，變爲"一瞑睡千年"的陳摶的兒子
了。齊景公時叫天的庶女，變爲明朝海瑞審清官司的竇娥了。這
種事情，在從前的學者看着，只有一笑置之；便是認眞一點，也
只有加上"荒唐悠謬，不可究詰"的八字批語。現在我們可不能這
樣了。我們在比較上，瞭解古代的神話與傳說的性質，必須先行
瞭解現代的神話與傳說的性質；在系統上，要瞭解現代的神話與

傳説所由來，必須先行瞭解古代的神話與傳説所由去。二者交互
縈迴，不可分割；不過從前人因爲沒有這種觀念，硬把今古同性
質的東西打成兩橛罷了。我希望我能毅得到時間，從左傳、楚辭
等書研究起，直到東嶽廟、義和團、同善社、悟善社的神位、神
壇、神咒、神乩，以及平話家口中的歷史，鄉下人口中的"山海
經"，一切搜集，爲打通的研究，爲系統的叙述。

　　以上兩項——（一）用故事的眼光解釋古史的構成的原因，
（二）把古今的神話與傳説爲系統的叙述——是我個人研究古史願
意擔任的工作。我自己知道，我現在學力太淺薄，不够正式做這
項工作；我只願從此勉力下去，至竭盡我的力量爲止。至於能解
決多少問題，我自己全沒有把握，惟有聽諸天命而已。

　　李先生説："顧頡剛劉掞藜兩先生所爭論的'禹的存在'，兩
造所引的書籍皆是那兩句，實不足以解決這個問題。"關於這件
事，我久有一點意見要説。可是我實在沒有閒空，只得停住了。
記在這裏，待將來的討論。

　　寒假中雜事苦多，匆匆寫此，甚不愜意，請李先生原諒！

　　　　　　　　　　　　　　　　　　十四，二，三。

附

　　　　　李玄伯：古史問題的唯一解決方法 *

　　研究歷史已是件難事，研究古史更是難上加難。我國人素來
懶于動筆，所以關於近代的史料，比起歐西各國來已經算少了。

――――――――――

　　* 原載現代評論第一卷第三期，1924 年 12 月 27 日；又載古史辨第
　　　一册。

加以古代世既遼遠，史料真偽糅雜，研究起來，較之歐西古史似乎更難了。近來顧頡剛錢玄同諸先生審別史料，將東周至於今對於古代的錯點指穿，於古史研究盡力真算不少！但現在這個問題是否算是解決？還是必須有待？這也是關心古史研究的所欲知的。

　　研究前人的往跡，所可藉的材料約分二種：曰載記，曰遺作品。第一類包括一切紙片的記載。近人研究古史所用的證據皆屬于這一類。古代載籍去今既遠，展轉鈔刻，錯誤愈多。何況中間更有人偽造呢！在用史證以前，分別真偽是件不可免的要務。前清以來，學者對于這節甚為注意，頗有重要的發現。但是我對于真偽書籍之辨頗覺懷疑。作偽的人去古比我們為近。他們所見的古書，如果我不敢說絕對比我們見的多，至少可以說他們所見的各種有與我們所見的不同。那麼，他們所造偽本的全體雖然不是古人的原樣，若分段看起來，也許有一兩段真是古人的。或者其語出自古某人，但其意則"斷章取義"。或其語雖非古人原文，其意則係古人的。我們設再前進一步講。造偽的人是否受了種暗示？若然，則所謂某時代如此如此雖不盡然，但與某時代有關而為造偽者所可聞見的或係如此。那麼，這類記載雖不足供作研究某時代的材料，但頗可為研究某時代有關的材料。譬如所謂夏禮如此，商禮如此，雖不必盡實，或係受杞禮宋禮的暗示，由于杞夏宋商的關係而涉想到禮的同樣。供作夏商的史料固然不可，卻可作研究杞宋的材料。在"偽書"中分出真的，這樣的難。反着去看，現在所謂真書又全是真的麼？論語一書，現在學者多半認為真的。孔子當時的言語總不能這樣的簡單。弟子們或覺得他話中的一二句說的好，就記在"小板"上了。這種是取其言。或覺得他說的全體有興味，綜簡起來，合成數句，也記在"小板"上。這種是取其意。取其言多係斷章，對於原意有否改變？取其意則所記是種改造的話，與原意是否仍合？這兩件皆是甚要緊的問題。果與原意有所改變，雖不能説他是僞書，價值卻減少了許多。

　　這分別真僞的困難既然如此，何者絕對可用作史料，何者絕對的不能用，真是個極難的問題了。所以用載記來證古史，只能得其大概——譬如西周以前的形勢與西周時不同，而不能得其詳情。顧頡剛劉揆藜兩先生所爭論的“禹的存在”，兩造所引的書籍皆是那兩句，實不足以解決這個問題。

　　載記既不能與“我們”一個圓滿的回答，我們只好去問第二種材料，“古人直遺的作品”。

　　直遺的作品直接出自古人。古人所能看見的，除了缺破以外，我們仍能看見。所以他的價值遠非傳鈔錯誤、僞作亂真的載記所可比擬。現地中藏品，除爲商賈盜發者外，大半仍未發掘。設以科學的方法嚴密的去發掘，所得的結果必能爲古史上甚重大的材料，這種是聚訟多久也不能得到的。所以要想解決古史，唯一的方法就是考古學。我們若想解決這些問題，還要努力向發掘方面走。

答柳翼謀先生 *

　　柳翼謀先生論以説文證史必先知説文之誼例一文是爲我而作的，所以現在編集古史辨時應當作一個回答。此文舉了説文中的許多人名地名，歸納出牠對於人名地名的幾條通例：(1)原字無義的舉人物爲證。(2)原字有義的則解義而不舉人物爲證。(3)字雖有義而人名罕見的則於字義之下兼舉人物。(4)但也有非例的，如"伋"與"亢"可以解義而僅舉人名。這篇文字，很可補王筠的説文釋例之缺，讀之甚佩。但是我要鄭重聲明一句話：這和我的辨論古史是没有什麼關係的。

　　我的辨論古史的主要觀點，在於傳説的經歷。我對於古史的最早懷疑，是由堯典中的古史事實與詩經中的古史觀念相衝突而來。在這個衝突中，中樞的人物是禹，所以使我對於禹在傳説中的地位特別注意。從此旁及他種傳説，以及西周、東周、戰國、秦、漢各時代人的歷史觀念，不期然而然在我的意想中理出了一個古史成立的系統。(這個系統的確實與否自是另一問題。)我要説明這個系統，當然要依了時代去搜集材料，從各時代的材料中看出各時代人對于古代的中心人物的觀念的演變。只因古代的材料缺佚的太多，爲聯串許多零碎材料的便利計，難免有幾處要借了後代的材料來説明前代的觀念的。但是，這僅是一種假設而

---

　　* 原載北京大學研究所國學門週刊第十五、十六合期，1926 年 1 月 27 日；又載古史辨第一册。

已，我決不願把牠作爲確實的證據。

　　固然我的假設也許是極謬誤，我的證據也許是很薄弱，但總還有些引起我建立假設的主要理由在。柳先生未能瞭解我的主要理由，單是斷章取義的截取了引說文的一段，說道：

　　　　比有某君謂古無夏禹其人，諸書所言之禹皆屬子虛烏有。叩其所據，則以說文釋禹爲蟲而不指爲夏代先王，因疑禹爲九鼎所圖之怪物，初非圓顱方趾之人。

言下似乎以爲我的推翻禹的歷史上的地位全由于說文一語，這實在是深文周納了！柳先生又據了說文上說及禹的事實的數條而說道：

　　　　胡許君既知禹爲蟲，復引禹之事實，初不自病矛盾；而千數百年讀說文者從未致疑及此，獨某君始具明眼，發前人之所未發乎！

這又是太輕蔑我了！我雖不學，難道還不知道說文是東漢時的著作嗎？到了東漢，不但漢以前的僞史全都成立，連王莽時的僞史也成立了。難道我會以爲許慎連禹爲夏王的一件事還不知道嗎？

　　我引說文的說禹爲蟲，正與我引魯語和呂覽而說夔爲獸類，引左傳和楚辭而說鯀爲水族一樣。我只希望在這些材料之中能觳漏出一點神話時代的古史模樣的暗示，借了這一點暗示去建立幾個假設，由了這幾個假設再去搜集材料作確實的證明。如果沒有確實的證明，假設終究是個假設。如果得到的材料足以否定我的假設，這個假設當然由我自己去推翻。照柳先生的意思，似乎我既引了說文這一條，便已把這個單詞隻義當作金科玉律般看待了。這實是最不瞭解我的態度之處。如果我真信說文等書爲金科玉律，得到了偶然的一語便看作真確的典實，不煩旁證，便施獨斷，那麼，我早已作了一個漢儒的傳人，我自己就是一個造僞史的（或是信僞史的），而決不會像現在這般處處存了懷疑的態度而去研究古史了。

我當時所以引用説文這一句話，也有數項理由：

第一，在説文本書上看，鯀作魚解，卨（契）作蟲解，夔作魖解。禹在傳説中既與他們同時同事，覺得解禹爲蟲也不算得過分。

第二，禹本爲古代神話所集中的人物，看九鼎、山海經、禹本紀（史記引）諸文物可知。司馬遷等雖不信這些東西，但這是用了他們的理性去做量度，他們原是不識得民衆社會的神話傳衍的本相的。這種神話在書本上流傳下來的雖不多，但看隨巢子（前文中誤據朱熹楚辭注作淮南子）有禹化爲熊的故事，吳越春秋又有禹娶九尾白狐的故事，可見在神話中禹與動物原是很接近的。

第三，蟲是動物的總名（大戴禮中有羽蟲、毛蟲、甲蟲等稱謂）。言禹爲蟲，就是言禹爲動物。看古代的中原民族對于南方民族稱爲“閩”，稱爲“蠻”，可見當時看人作蟲原無足奇。禹既是神話中的人物，則其形狀特異自在意内。例如山海經所説“其神鳥身龍首”，“其神人面牛身”，都是想像神爲怪物的表徵。這些話用了我們的理性看固然要覺得很可詫，但是順了神話的性質看原是極平常的。

第四，古人在器物上刻鏤神蹟，是很普通的事實，有現存的遺物可證。左傳所謂“鑄鼎象物，使民知神姦”，是不錯的。吕氏春秋説：“得陶、化益、真窺、横革、之交五人佐禹，故功績銘于金石，著于盤盂”（求人篇），可見禹一起人也是刻鏤在器物上的。但器物上的人總是怪物模樣的（現存古器可證），所以禹有怪物模樣也是在情理之内。吕氏春秋

又言"周鼎著饕餮"（先識覽）；又言"周鼎著倕"（離謂篇）。饕
餮的形象，現在在鼎上很易看見，乃是大耳大眼長面的獸。
倕即垂，正是堯典中禹的同官。呂氏春秋所謂"周鼎"，就是
左傳中所謂"夏鼎"，即"九鼎"。垂既上得九鼎，那麼，禹的
圖上九鼎也未始不是可能的事了。
因爲有以上幾項理由，所以我有以下的一段文字：

> 至于禹，……我以爲是從九鼎上來的。禹，説文云：
> "蟲也，從禸，象形。"禸，説文云："獸足蹂地也。"以蟲而有
> 足蹂地，大約是蜥蜴之類。我以爲禹是九鼎上鑄的一種動
> 物，當時鑄鼎象物，奇怪的形狀一定很多，禹是鼎上動物的
> 最有力者，或者有敷土的樣子，所以就算他是開天闢地的
> 人。流傳到後來，就成了真的人王了。

我的意思，只是希望在説文這條中漏出一些古代的禹的神話的本
相，故取了牠的兩句話立起一個假設。因爲是假設，所以連説了
兩個"我以爲"。
　　發表了這文之後，玄同先生給我覆信，説道：

> 説文中從"禸"的字，甲文金文中均不從"禸"（如"禽"、
> "萬"、"罵"、"獸"諸字）。那"象形，九聲"而義爲"獸足蹂
> 地"的"禸"字，殆漢人據訛文而杜撰的字。

我看了這段，知道説文中的"禹"字的解釋並不足以代表古義，也
便將這個假設丟掉了。丟掉了這一個假設，我依然有旁的證據可
以建立我的假設。説文本作在思想昏亂的時代，那時人的思辨力
非常薄弱，這部書的信實的價值原是很低微的，牠有證據給我固
所樂受，牠没有證據給我（或是把假的證據騙我）也没有什麼懊

喪。因爲我們知道現在辨論古史的最主要的事情，是在搜集西周至戰國的史實和傳說，以及各項的傳說的背景；至于失掉説文的一證，正如失掉帝王世紀和僞古文尚書的證據一樣，是無關輕重的。不料柳先生已借了這一點理由來鍛鍊我的罪狀了！

柳先生在文尾又説：

> 今之學者欲從文字研究古史，盍先熟讀許書，潛心于清儒箸述，然後再議疑古乎！

這種隘狹的見解，我不敢領受。我們現在研究學問，自有二十世紀的學問界做我們的指導。我們只有以不能達到當世的學問界的水平線爲自己的愧恥。至于許書和清儒著述，原只能供給我們以研究的材料，並不能供給我們以學問的準繩。就是要從文字研究古史，也應以甲骨文金文爲正料，以説文等隨便湊集的書爲副料。照柳先生的話，若是我們没有許書和清儒著述，我們便没有疑古的可能；若是我們不熟讀許書和潛心清儒著述，我們便没有疑古的資格了。這等意思是否合理，不待贅言。至于我引據説文，未能依了柳先生的例，這是無關重要的，因爲許慎的書本就没有例，我們現在所有的説文的例都是後來人替牠尋出來的，與春秋家替春秋尋例一般。因爲是替牠尋出來的，所以很雜亂。即如柳先生所舉的例，“娥”是無義可解的嗎？（秦謂好曰娥，見揚雄方言。）“偓”是無義可解的嗎？（偓促，拘愚貌，見劉向九歎。）爲什麼他只舉了人物爲證而不解義呢？“伉”，許但舉人名，段氏非之是也，但伉下第三十四字“健”，即解云“伉也”，可見伉之有義，許慎亦自知之；其所以單舉人名，因爲他没有例，所以他疏略得很。這正是他的書的幼稚的證據。但是他的書幼稚，我們就瞧不起牠嗎？不，他這書原是最早的一部字書，方法的幼稚原是不應苛責的。只要我們知道牠是一部東漢時的字書，我們肯用東

漢時的字書的眼光去看牠，而不用適用于現在的字書的眼光去看
牠，也不用適用于商、周的字書的眼光去看牠，那麼，牠就可以
表現出牠的真價值來而不致迷誤許多人了。清儒的著述也應當這
般看待。總之，我們要用了時代的眼光去看古書，纔可不受古書
的欺騙。若把古書作我們治學的標準，不去研究而去服從，希望
在服從之下再去疑古，這正和"緣木求魚"一樣地無望；我們如
此，我們只有一生一世在偽史中打混了。所以柳先生文中責我的
話，我很知道這是精神上的不一致，是無可奈何的。

許慎書中，儘有許多靠不住的地方。玄同先生說：

> 說文是一部集偽古字、偽古義、偽古禮、偽古制和偽古
> 說之大成的書。

我覺得這是不能怪許慎的，他所處的時代原是一個"偽古字、偽
古義、偽古禮、偽古制和偽古說"昌行的時代。他在序中說：

> 詭更正文，鄉壁虛造不可知之書，變亂常行，以燿于
> 世。諸生競說字解誼，稱秦之隸書爲倉頡時書；云"父子相
> 傳，何得改易！"乃猥曰："馬頭人爲長"，"人持十爲斗"，
> "虫者屈中也"。……

可見他也正恨着"偽古字、偽古義……"的猖狂妄行，想做一番肅
清的工夫。但他生在這個時代之中，終究沒法擺脫，無意中不免
受到許多薰染，留下許多誤謬；正似韓非子罵人信偽古史的爲
"非愚則誣"，而他自己書中卻引用了多少偽古史一樣。我們現在
在說文裏，可以看見許多荒謬話，例如：

> 禿　王育說："倉頡出見禿人伏禾中，因以制字。"

　　无　　王育説："天屈西北爲无。"

　　黍　　孔子曰："可爲酒，禾入水也。"

　　士　　孔子曰："推十合一爲士。"

　　易　　祕書説："日月爲易。"

這種話與"馬頭人爲長"有什麼區別？新青年四卷三號中有王敬軒一信，中云：

　　　　"人"字左筆爲男，男爲陽爲天，故此筆之末，尖其鋒以示輕清上浮之意。右筆爲女，女爲陰爲地，故此筆之末，頓其鋒以示重濁下凝之意。又如"暑"字中從土，上從日，謂日晒地上也。下又從日，謂夕陽西下之後日入地下也。土之上下皆有日，斯則暑氣大盛也。中以丿貫其上下二日，以見二日仍是一日。古人造字之精如此。

我們要是知道王敬軒的話是可笑的，我們便可知道説文引孔子、王育等説話是同樣的可笑了。

　　許慎的説文既如此雜亂而謬誤，我們就丢了牠嗎？不，我已在上面説過，我們只要用東漢時的字書的眼光去看牠，就可表現出牠的真價值來。他所處的時代，連諸生也要看隸書爲倉頡時書的，我們正可看他們種種異想天開的解釋字義，做他們的思想史和他們的文字學的研究。

　　同樣，我們若是研究東漢時的神話和傳説，説文中也有材料供給我們。例如以下諸條，都是很可寶貴的材料：

　　廌　　獸也，似山牛，一角。古者決訟，令觸不直。

　　雟　　蜀王望帝婬其相妻，慚，亡去，化爲子雟鳥。故蜀人聞子雟啼，皆起云望帝。

　　鳳　神鳥也。天老曰，鳳之象也，鴻前，麐後，蛇頸，魚尾，鸛顙，鴛思，龍文，龜骨，燕頷，雞喙；五色備舉。出于東方君子之國，翺翔四海之外，過崐崙，飲砥柱，濯羽弱水，莫宿風穴。見則天下大安寧。

　　𩾌　鳳飛，群鳥從以萬數，故爲朋黨字。

以上這些話似乎出于答柳先生的範圍之外了。但我的意思，只是要借此説明我們如何對付古書的一個態度。我自己守着的不變的宗旨，是用史實的眼光去看史實，用傳説的眼光去看傳説。從前人因爲看古書古史莫非史實，故有信而無違。現在我們知道古書古史中儘多傳説的分子了，我們便該順了傳説的性質而去搜尋牠們的演化的經歷。因爲要尋出牠們的演化的經歷，所以儘不妨施用假定。用了這個態度來看我的文字，便可看出我的文字雖是瑣雜淺陋，裏邊自有一貫的意思，並不成立于某一書上的單詞隻義。希望柳先生以後對我作辨駁的時候，能罄瞭解我這個態度。

　　　　　　　　　　　　　　　　　十四，十一，廿八。

附

　柳翼謀：論以説文證史必先知説文之誼例*

　　今人喜以文字説史，遠取甲骨鼎彝古文，近則秦篆。爬羅抉剔，時多新異可憙之誼。顧研究古代文字雖亦考史之一涂術，要當以史爲本，不可專信文字，轉舉古今共信之史籍一概抹摋。即

＊　原載東南大學史地學報第三卷第一、二合期，1924 年 4 月 1 日；又載古史辨第一册。

以文字言，亦宜求造字之通例，説字之通例；雖第舉一字，必證之他文而皆合。此清代經師治諸經治小學之法也。不明乎此，第就單文隻誼矜爲創獲，尠不爲通人所笑矣。

比有某君謂古無夏禹其人；諸書所言之禹皆屬子虛烏有。叩其所據，則以説文釋"禹"爲蟲而不指爲夏代先王，因疑禹爲九鼎所圖之怪物，初非圓顱方趾之人。按説文固未釋禹爲夏代先王，

　　　　説文："禹，蟲也。从内，象形。"

然本書固數舉禹；如"鼎""吕"之説，皆指禹爲人，非蟲也。

　　　　説文："鼎，三足兩耳，和五味之寶器也。昔禹收九牧之金，鑄鼎荆山之下。……"
　　　　又："吕，脊骨也。象形。昔太嶽爲禹心吕之臣，故封吕侯。"

假使許君知禹非人，不當仍沿舊説。胡許君既知禹爲蟲，復引禹之事實，初不自病矛盾；而千數百年讀説文者從未致疑及此，獨某君始具明眼，發前人之所未發乎？

以説文證經考史，必先明説文之誼例。不明説文之誼例，刺取一語，輒肆論斷，雖曰勇於疑古，實屬疏於讀書。何則？説文者，解字之書，非爲後世作人名字典也，故於字之形誼可解者不引古人作證。如"堯"，如"舜"，如"湯"，如"棄"，如"昌"，如"發"，如"旦"，皆不釋爲某帝某王。

　　　　説文："堯，高也。从垚在兀上。"
　　　　又："舜，艸也，楚謂之葍，秦謂之蔓，蔓地連華。象形。从舛，舛亦聲。"

又：“湯，熱水也。从水，昜聲。”

又：“棄，捐也。从廾推莘棄之；从厶，厶，逆子也。”

又：“發，射發也。从弓，癹聲。”

又：“昌，美言也，从日，从曰。一曰，日光也。”

又：“旦，明也。从日見一上；一，地也。”

必其字之罕見而又無誼可解者，始舉人物爲證。如“羿”，如“媧”，如“嬕”，如“娥”，如“偰”，如“偓”，如“佺”皆是。

　　説文：“羿，帝嚳時射官，夏少康滅之。从弓，幵聲。論語曰：‘羿善射。’”

　　又：“媧，古之神聖女，化萬物者也。从女，咼聲。”

　　又：“嬕，甘氏星經曰：‘太白上公妻曰女嬕；女嬕居南斗，食屬；天下祭之曰明星。’从女，前聲。”

　　又：“娥，帝堯之女，舜妻，娥皇，字也。从女，我聲。”

　　又：“偰，高辛氏之子，堯司徒，殷之先。从人，契聲。”

　　又：“偓，偓佺，古仙人名也。从人，屋聲。”

　　又：“佺，偓佺也。从人，全聲。”

其字雖有誼而人名罕見者亦舉以爲證。如“敤”，如“奭”，如“逜”，如“孔”皆是。

　　説文：“敤，研治也。从攴，果聲。舜女弟名敤首。”

　　又：“奭，盛也。从大，从皕；皕亦聲。此燕召公名，讀若郝。史篇名醜。”

　　又：“逜，驚走也；一曰往來也。从夰，䢊。周書曰伯粿。粿，古文囧。”

又：“孔，通也。从乙从子。乙，請子之候鳥也。乙至而得子，嘉美之也。古人名嘉，字子孔。”

由此觀之，舜之女弟名見說文而舜不見，不得謂古無舜也。周公、召公名德相儷，召公名見說文而周公不見，不得謂古無周公也。又如代號國名女姓之類，皆是有形誼者釋誼，無形誼者引史。如“唐”，如“虞”，如“夏”，如“商”，如“殷”，如“周”，許君非不知爲代號，然皆但釋字誼，不舉二帝、三王之朝代爲證。

說文：“唐，大言也。从口，庚聲。”

又：“虞，騶虞也；白虎黑文，尾長於身，仁獸，食自死之肉。从虍，吴聲。”

又：“夏，中國之人也。从夊，从頁，从𦥑；𦥑，兩手；夊，兩足也。”

又：“商，从内知外也。从冏，章省聲。”

又：“殷，作樂之盛稱。从㐆，从殳。”

又：“周，密也。从用口。”

如“吴”，如“楚”，如“蔡”，如“衛”，如“魯”，如“齊”，許君非不知爲國名，然皆但釋字誼，不舉春秋之國號爲證。

說文：“吴，姓也，亦郡也。一曰，吴，大言也。”（據王菉友說文釋例，謂姓郡二語皆淺人所增。）

又：“楚，叢木，一名荆也。从林，疋聲。”

又：“蔡，艸也。从艸，祭聲。”

又：“衛，宿衛也。从韋帀，从行；行，列衛也。”

又：“魯，鈍詞也。从白，䲣省聲。”

又："齊，禾麥吐穗上平也。象形。"

惟"陳""秦""窮""郟"之類始稱某某封國。

　　説文："陳，宛邱，舜後媯滿之所封，从𨸏，从木，
申聲。"
　　又："秦，伯益之後所封國也，宜禾。（此尚有誼。）从
禾，舂省聲。"
　　又："窮，夏后時諸侯夷羿國也。从邑，窮省聲。"
　　又："郟，周封黃帝之後於郟也。从邑，契聲。"（邑部引
古國甚多，舉此爲例。）

女部之姓，許君多不得其解，故多引古以證。

　　説文："姜，神農居姜水以爲姓。从女，羊聲。"
　　又："姬，黃帝居姬水以爲姓。从女，臣聲。"
　　又："姞，黃帝之後百鮌姓，后稷妃家也。从女，
吉聲。"
　　又："嬴，少昊氏之姓。从女，嬴省聲。"
　　又："姚，虞舜居姚虛，因以爲姓。从女，兆聲。"
　　又："媯，虞舜居媯汭，因以爲氏。从女，爲聲。"
　　又："妘，祝融之後姓也。从女，云聲。"

而姒之爲姓，本字作似，似又有誼，故不著其姓。

　　説文："似，象也。从人，㠯聲。"

明於前例，自不致疑古無姒姓也。

此等誼例淺近易曉，本自不待解說，故王菉友釋例亦未言及。然學者苟熟復段懋堂之書，即知段氏實嚴辨此例。如人部之"伋"字"伉"字，許君皆以人名爲釋，而段斥其非例，以字既有誼，不得泛稱人名也。

　　說文："伋，人名。"段注："以此爲解，非例也。古人名字相應。孔伋字子思，仲尼弟子燕伋字子思，然則伋字非無義矣。'人名'二字非許書之舊也。"

　　又："伉，人名。从人，亢聲。論語有陳伉。"段云："非例也。左傳施氏婦曰：'不能庇其伉儷。'杜注曰：'伉，敵也；儷，偶也。'"

今之學者欲從文字研究古史，盍先讀熟許書，潛心於清儒著述，然後再議疑古乎？

（王國維）古史新證
第一、二章附跋[*]

頡剛案，讀此，知道春秋時秦齊二國的器銘中都説到禹，而所説的正與宋魯二國的頌詩中所舉的詞意相同。他們都看禹爲最古的人，都看自己所在的地方是禹的地方，都看古代的名人（成湯與后稷）是承接着禹的。他們都不言堯舜，髣髴不知道有堯舜似的。可見春秋時人對於禹的觀念，對於古史的觀念，東自齊，西至秦，中經魯宋，大部分很是一致。我前在與錢玄同先生論古史書中説："那時（春秋）並没有黃帝堯舜，那時最古的人王只有禹。"我很快樂，我這個假設又從王靜安先生的著作裏得到了兩個有力的證據！

十四，十二，廿二記。

---

[*] 原載古史辨第一册。

讀李崔二先生文書後[*]

　　李子祥、崔陡塵二先生見示關於稷山和聞喜兩地的姜嫄和后稷故事，使我從民衆的傳説中得到許多古史的新見解，非常感荷。

　　從這兩篇文章裏看，可以知道姜嫄和后稷的故事有兩個主要的區域：

　　(1)關中區域(陝西中部偏西)：

　　　　(甲)武功——詩生民篇"即有邰家室"。其地有姜嫄墓。

　　　　(乙)寶雞——有姜水和姜太公釣魚臺。

　　　　(丙)邠縣——有履跡坪。

　　(2)河東區域(山西西南部)：

　　　　(甲)聞喜——姜嫄家在山白池村。稷山下有姜嫄墓。墓旁有冰池，爲姜嫄棄后稷處。

　　　　(乙)稷山——姜嫄家在小楊村。稷山上有后稷祠及后稷墓。祠旁有蛇虎澗，爲姜嫄棄后稷處。山上有馬蹄人足。砂中有五穀石。

　　　　(丙)絳縣——有姜嫄墓。

看以上所寫，似乎聞喜和稷山兩處的遺跡最多；但這是因爲李崔兩先生自身在兩地之故，説不定他處有更多的遺跡。渭水從甘肅

　　* 原載中山大學語言歷史學研究所週刊第一集第十一、十二合期，1928年1月16日；又載古史辨第二册。附文同此。

東行，經寶雞和武功，到潼關，入黃河；汾水從寧武南行，經稷山，傍聞喜和絳縣入黃河：這便是這兩個區域中的故事流通遷轉的道路。

稷王山上的姜嫄和后稷的故事，我們看來是很容易說明的。五穀石和后稷所以發生關係，正因爲它的樣子像五穀而后稷是種五穀的人。浙江嵊縣餘糧山上有石如拳，把它敲碎，裏面有粉屑，像糖，也有像蔴豆的。紹興一帶是禹的故事的區域，那邊的人就說禹治水的工程告終于此，這些有粉屑的石便是他丟下的剩餘的糧食。這兩件故事何等相像呵！"馬蹄人足"，未識何狀，意義云何。冰池和蛇虎澗，都不過找一個最危險的地方指出后稷所受灾難之重，和西游記上寫的唐僧遇難一樣，而冰池又合于生民篇所謂"誕寘之寒冰"。姜嫄避追衆時，黃風大作，颭成一個高墳，亦猶孟姜女避追兵時，忽然山峰轉移，橫遮無路的事。至于說她雪裏抱柴，無處下足，祇得履跡而行，這是把"履帝武"的神話加上了人情化。胎滿出醜，到野外生産，更是棄兒的好說明。（但何以解釋詩經上"以弗無子"的話呢？）說她禁止騾子産生騾駒，用金針紮住它的牝門，從此騾子就永遠不生騾駒，這和漳州人說的朱文公讀夜書，厭苦蛙鳴，把硃筆向蛙額上一點，從此漳州的蛙額上有一紅點而不鳴，是一樣的。稷王爺自恨無爹，每次神像下山向他的母親請安，總是給她看個脊背，這也是山兜子下山時的慣例。總之，這些傳說，都是先有了一件事實，然後再替它想出理由來解釋的。有許多故事爲了解釋的需要而發生，此項例證隨處可見。

左傳，"晉侯治兵于稷"，杜注，"在今聞喜"。後漢書，"聞喜有稷山亭"。看這些話，可知晉南之有稷地和稷山是很早的。但不知道先有后稷的故事而後有稷地和稷山呢？還是先有了稷地和稷山而後聯想到后稷的故事，把這件故事塗附上去呢？這個啞謎，我們應當細細地猜着。

后稷的故事在南方是没有勢力的，但"五穀之神"，鄉間奉祀的也很多。聽毛夷庚先生（常）説，浙江江山縣的社廟統名爲"五穀王廟"，裏面奉祀的是社公和社婆。這是把"社"和"稷"合爲一的，因爲鄉間奉祀社神，不過祈求年穀豐登的一個意義而已。稷山縣村村有稷王廟，似乎也是把稷王當作土地神看待，和江山縣一例。不知道那邊還有土地廟嗎？

凡是女神，總含有豐富的母性，不管她有没有嫁。例如福建莆田縣的天后，原是林家的閨女，但她"尤善司孕嗣，凡有不育者隨禱隨應"（三教搜神大全）。北方的碧霞元君原是東嶽大帝前的玉女，但她的"一氣化三清"的三女神之一是"子孫聖母廣嗣元君"（妙峰山所供）。這位姜嫄娘娘在晉南也是這樣地受人崇拜！她的墓碑，只要把銅錢磨上一磨，就可使得小孩們無災無害。

李汝寬説："墓者，慕也。聖人殂亡，四海若喪考妣，殊俗之人各起土而墳，是以所在有焉。"這確是對于各地重複的墳墓的好解釋。但又何以解釋他們産生地的重複呢？

李子祥先生因爲相信稷王山的故事，説姜嫄和后稷確是山西人而非陝西人，理由是"五帝之世，大河以西視同化外；虞夏建都蒲坂、安邑，教稼官之部署當與帝都不遠"，"設使有邰果在陝之武功，不窋之西去又何得稱'竄'哉"！這幾句話牽動的問題太多，不能作簡單的否認。現在爲時間所限制，姑且簡略地説一下：

后稷和虞夏本來没有什麼關係，看大雅生民篇和魯頌閟宮篇都只説后稷個人稼穡的成功而不説他作教稼之官，又不説他和虞夏的君臣關係，便可知道。只爲古史的傳説到了戰國時代，受民族的混合和交通的利便的鼓盪力，由不同的系統併合成爲一個系統，使得河東的虞夏和河西的后稷發生了關係。姜嫄后稷是周民族系統中的始祖，而周民族是繁盛在陝西的，縱他們民族當時或有遷徙，但我們没有找到這方面的可信的材料，似不當把他們説成山西人。至于周語上説的“我先王不窋用失其官而自竄于戎翟之間”，這是用了封建時代的成法來看部落時代的事實。其實他説“于戎狄之間”，不啻已自己承認是戎狄。祇因明説自己是戎狄覺得可恥，所以改説“自竄”而已。國語本爲戰國時人所作，裏邊説“昔我先世后稷以服事虞夏”，絶不足奇。我們只要看堯典上説“帝曰，‘棄：黎民阻飢，汝后稷，播時百穀’”，孟子上説“堯獨憂之，舉舜而敷治焉，……后稷教民稼穡”，便可知道著作的時代相同，記載的故事也是大致相同的了。

　　堯典九官的故事的原狀及其演變，手頭有無數材料要整理，胸中有無數話要説，只是我的環境不許我這樣做。即如這一篇文字，還是二月六號寫起的，不幸在廈門大學風潮之中，日受風潮的激盪，到今天方才寫畢，已經隔了五十餘天了。寫一篇短文尚且如此的困難，寫若干篇長文字更有何種方法可以達到我的願望。我真悲傷，難道我的時間是命定的應該這樣地耗費嗎！

　　　　　　　　　　　　　　　十六，三，三十。

附

李子祥：游稷山感后稷教稼之功德記事

　　子祥籍解梁，素知邑北百里外有稷山縣，究未審其命名之義。民國乙丑，權聞喜東鎮區篆，考縣圖，得悉西北稷王山分稷、聞之界，知命名之所自來，而猶未納入腦髓。丙寅春，移權稷山清河區務，稷王山是其南界。巡行鄉邑，村村有稷王廟，即后稷廟。廟貌雄偉，他廟不及。亦多有稷王娘娘廟者。觸目驚心，以爲后稷教稼，功在萬世，德及普天，何獨一縣崇奉之隆以至於此？欲考邑乘，記載缺如。因之往來于胸腔腦蓋之間者數閏月。

居無何，有土人來。余詢之曰："若近稷王山，頗悉稷王山之故事乎？"彼曰："相傳稷王棄隨其母姜嫄常往來此山，教人播種，故後人崇奉；今猶有馬蹄人足存焉。稷王之母家相傳在今聞喜縣之山白池村，或稷山縣之小楊村，未悉確否。惟山之旁徑，砂石之中，一種明亮之石，純粹玉質，有似大小麥顆者，有似黍稷粒者，有似穀實者，有似玉蜀黍者，有似芝麻粒分白色麻色者，又有似南瓜（一名北瓜）、西瓜、甜瓜各子者；他如板豆、小豆、綠豆、江豆之形，無不畢具。名曰'五穀石'，並有催生之能力，可爲特別之紀念。惟採取時不可言，言之終日不獲一。"余試遣人採之，果如所言，奇哉！

余始信周詩生民之篇可以印證此事也。其第一章有曰，"厥初生民，時維姜嫄，……履帝武敏歆，載生載育"，其第二章有曰，"不坼不副，無菑無害，居然生子"，足徵其胎胚產殖之不凡。其第四章有曰，"荏菽旆旆，麻麥幪幪，瓜瓞唪唪"，是寫其少時游戲之種植。其第五章之末句曰，"即有邰家室"，是寫后稷以母家爲家，必近都邑左右。其第六章曰，"誕降嘉種，維秬（黑黍），維秠（墨黍一稃二米），維穈（赤粱粟），維芑（白粱粟）"，是寫后稷所降于民之種籽也。徵之詩歌，考之物理，地寶天成，當有由然。

或曰，巨跡感孕之説得毋誕乎？曰，誕妄之説，正士不取；然玄鳥生商，巨人生周載在史傳，理將毋同？夫非常之人生產恒奇：基督耶蘇有母無父；亞當、夏娃何處生來？理之有無，正可存而不論耳。

或又曰，按有邰之國係炎帝之後，周祖棄之母家在今陝西武功縣，考古者宗之，何得附會于稷、聞之旁？曰，書策何嘗無錯誤，但當據理以辨。五帝之世，大河以西視同化外。虞、夏建都蒲坂、安邑，教稼官之部署當與帝都不遠。斷言之，有邰之地當不在雍州。史稱有虞之際，棄爲后稷之官，封于邰。及夏衰，不窋失職，自竄於戎狄之間。至其孫公劉，復修后稷之業，立國于豳。設使有邰果在陝之武功，不窋出之西去又何得稱“竄”哉！此可徵棄家之有邰非陝西之有邰。或者周興以後，追念發祥之地，改某地爲有邰，以示不忘祖宗功德。炎漢之起，劉邦生于豐沛，定鼎長安，就附近建一豐邑，名曰新豐，移豐人居之。有邰之在陝者或亦與此同。

總之，神州以農立國，天地先生異人以養育斯民；及功德普遍，天地又産異物以表彰異人：氣化使然，而生五穀石。彼白琲大貝，卞玉隋珠，亦無所用之。誠使搜羅採取，供之本省陳列所、農會，研究品題，再輸送京、津、滬、漢博物院，爲全世界所注目，尊重中華，推本農業，使人知山西有后稷神聖，景仰崇拜，稷、聞之榮，亦三晉之光。此記者之微意也。

陡塵近稷王山，若有土人傳聞之奇，均郵筆而賜教言，是所南望。餘意不盡，無任依依。

崔盈科：姜嫄之傳說和事略
及其墓地的假定

我暑假編輯晉聞歌謠後，即有志搜集本地所傳說的故事或神話；因爲此等傳說非特饒有興味，實關民衆思想。乃一再延宕，竟形擱置。日前我的忘年交李子祥先生自稷山縣清河鎮寄來從稷王山下覓得的五穀石多粒，並附其所作游稷山感后稷教稼之功德記事一則，石瑩潔可愛而文亦引證詳贍。又欲世人景仰后稷，推本重農，更囑我代爲搜集土人傳聞，是因我家距稷王山很近的緣故。不學如余，很難應命；祇好就我所知，分爲四項，略述如下：

（一）游覽所及　我家居聞喜城西二十里半原陳家莊，西距稷王山和姜嫄墓（俗稱姜娘娘廟）均約二十里許。每年夏曆三月初一日，姜娘娘廟大會，香火甚盛，並由附近村落輪流值社，演戲三天。我年十五歲時，曾隨同村中學友游過一次。印象最深的，就是廟裏的東南隅有一很大的墓塚，墓塚前面廡間裏一碑，刻着“姜嫄陵寢”字樣。碑甚大，色澤極瑩滑，約略能照着人的影子，如古銅鏡一般似的。男女老幼在碑上磨制錢的很多，相傳銅錢在此碑上磨磨，叫小孩子佩在身上，不但是無災無害而且是小孩們好管（即健康不易死的意思）。故大家磨了一個又一個，都擁擁擠擠的圍着那碑。我也隨着磨了許多銅錢，回家分散給諸親戚婦女們，他們都是感激得很。我二十三歲暑假時，適值天旱，村中每門派一人赴稷王山祈雨，我也隨着大眾到山頂上住了一宿，夜間穿着棉衣，方能不冷。此山即聞喜、稷山、萬全等縣交界處。那時我的最大感想，就是（一）北望汾河，一帶蒼茫，念着汾水西南流入黃河，更由黃河流入勃海，是何等地曠遠。（二）南望中條山與稷王山百里之間，邱陵一層層的起伏，且是一川一川的平坦（川是平地的意思），故心上總思着那些邱陵和平川，或者均是洪水的淤泥和冲刷而成的。更想當洪水極盛時，大禹治水，稷王山和中條山最高峰的湯王山或者就是南北的兩岸。（三）我們村中父老農夫每以稷王山頂有雲與否判斷晴雨。稷王山上兩塔中之一塔，是這附近三五十里裏農夫孺子行人等所最喜遙望的一種景致。我二十年來所遙望的塔，今始親近細觀，不禁狂喜。但是我那時的目的只知藉此登山漫游，而對于姜嫄和后稷的故事絲毫沒有詢及，亦是一大憾事。

（二）歷來載記　詩生民篇有“厥初生民，時維姜嫄。生民如何？克禋克祀，以弗無子；履帝武敏歆，攸介攸止，載震載夙，載生載育，時維后稷”的話。毛傳謂“后稷之母配高辛氏”。鄭箋謂“帝，上帝也。……時有大神之跡，姜嫄履之，足不能滿，履其拇指之處。心體歆歆然，其左右所止處，如有人道感己者也，于是遂有身，而肅戒不復御。後則生子而養長之，曰棄"。史記周本紀則謂"姜嫄爲帝嚳之妃"。又謂"姜嫄出野見巨人跡，心忻然欲踐之，踐之而身動如孕者。居期而生子，以爲不祥，棄之隘巷，……因名曰棄"。此等記載甚是不通，不過各據所聞叙述而已。而眉山蘇氏謂"巨人之跡隱然在地，走而避之且不暇，忻然踐之，何姜嫄之不自愛也？……毛公作詩傳，以……'履帝武'爲從高辛之行，及鄭之箋而後有踐之事。當毛之時未始有遷史也，遷之説出於疑詩，而鄭之説又出於信遷矣。……甚矣，遷之以不祥誣聖人也"！（綱鑑易知録卷一頁六引。）以今度古，蘇氏亦未爲得。最近古史辨上有一段説得最好，兹舉于下，作爲結論。

　　大雅生民篇中説姜嫄生后稷由于"履帝武"，這原是一段神話，很可能且極平常。但自古至今，終不曾給牠一個適當的地位。相信牠的人老實在史書上寫着："姜嫄出野見巨人跡，心忻然悦，踐之而身動如孕者。"（史記）不相信牠的人便駁道："不交而孕是不可能的事，或者姜嫄那時適有孕恰巧踏了大人跡，就引起了誤會。況且姜嫄是帝王之妃，何爲適草野？"（王充與崔述）用自己的理性去做解釋的人説："這個'帝'不是上帝，是她的丈夫帝嚳高辛氏。他們一同去祀郊禖，姜嫄走在後頭，步步踏了帝嚳的腳印。"（毛傳與歐陽修等）近人有了一種新觀念了，於是他們的解釋也換了一種話頭，説道："那時原是母系時代，故只知有母。"或者説："姜嫄原是自由戀愛，故不能説出其夫。"話雖説了許多，但是都不對的。我對于這三種態度下一個總評，是：信牠的是愚，駁牠的是廢話，解釋牠的也無非是鍛鍊。我們若用了民俗學的眼光去看，就可見這種故事正和現在上海戲園子裏鬧翻的關公出世，薛仁貴出世一類戲一樣。這些戲中的偉人，或是

黑虎星下凡，或是文曲星臨世；到母腹中時，或是觀音送
來，或是仙人引到。這種故事，在事實上是必不確的，但在
民眾的想像裏是確有這回事的。他們總以爲大人物的來歷與
普通人不同，該有這類奇蹟。因爲牠在事實上必不確，所以
信牠的是愚。因爲牠在民眾的想像裏確有這回事，所以駁牠
的也成了廢話。因爲牠在民眾的想像裏原是這麼一回事，原
不能勉强牠與我們的理性相合，所以用了自己的理性去造解
釋的總離不掉鍛鍊。我希望自己做這項工作時，能處處順了
故事的本有的性質去研究，發見牠們在當時傳説中的真相。
（見古史辨頁二一五。）

（三）民間傳説　姜嫄的傳説，究竟是怎樣？兹就我幼時所聞
現在所能記憶的略述如下：相傳姜娘娘當女子時，有一年冬季雪
後，她獨自個到場裏去拖柴；但是大雪之後，場裏是一片雪，她
就無處下足。適有新從雪中走過的一行很大的足跡，似屬可踐，
或不致于使雪没足，故她即履其跡而行。因爲那是神人的足跡，
從此她遂身懷有孕。及胎滿出醜（無夫而生子，俗謂“出醜”），她
的母親就叫她騎了一匹騾子到野外生產去。她在野外正要生產
時，騾子亦要生產騾駒。她就嘆息的説：“真是患難上遇患難！”
她恐怕躭誤自己行程，即用金針將騾子的牝門紮住，從此騾子就
永遠不生騾駒了。她生產後，即將胎兒抛在池中。時值六月，池
水忽結成冰，兒得不死。還有些鳥兒下來，護着胎兒。這胎兒就
是現在的稷王爺。相傳現時冰池村池陂裏，每年六月還要結冰一
次，就是那時留下的舊例。爾時她的嫂嫂提着疙瘩麭湯向野外給
她送飯，到半坡上將飯罐跌破，麭湯也就順坡流下，故現在那裏
就成了一個疙瘩坡。未幾，村上的人嫌忌姜娘娘在那池陂裏抛着
胎兒，説是于村上定不吉利，故大家就合夥追着打她。她騎着騾
子逃了。可是她的騾子因要生產，是走不動的，他們越追越近。

快要追着時，驀然的起了一陣黃風整整的颳了三日三夜，颳成一個很大的墳。姜娘娘也就不見了。現在姜娘娘墓就是那時大風所颳成的。後來她的胎兒長大，最喜歡做種稼，就是現在各處所敬的稷王爺。故稷王山附近有五穀石，有的像麥，有的像穀，像豆……等。稷王爺是無父親，常問他的母親姜娘娘要爹。她說："無爹！"稷王爺很不願意。故至今每年三月初一日，姜娘娘廟裏演戲，稷王爺轎從山上抬下看他母親時，總是給他母親一個脊背坐着，就是因爲無爹生氣的緣故。

（四）姜嫄墓考　姜嫄墓的所在，記載各異。聞喜縣志沿革門，"聞喜，唐爲冀州地，有稷山"一條下引邑故翟鳳翥涑水編中姜嫄墓記。其略曰，"邑西北三十五里，有冰池，世傳后稷棄此，詩云'寘之寒冰'是也。池東爲姜嫄之墓。山後荒壟數十畝，爲有邰氏墳。……稷播穀于此始，故其山曰稷。上有后稷陵；下有姜嫄墓。……"明李汝寬聞喜縣城北門外重修后稷廟記有"先朝儒臣呂枏氏序稷山縣志，謂'其邑去后稷所產之地甚邇，而后稷始稼于此，邑因是名'。陝西通志亦曰，'后稷播百穀，獨以稷名，其播穀之地亦曰稷山'。又展禽曰，'稷勤百穀而山死'。然稷山實聞喜之故地。今山上后稷祠墓，稷山縣主之；山下有姜嫄墓，聞喜主之。祠旁有蛇虎澗，俗傳爲姜嫄棄后稷之處。……"讀史方輿紀要謂"稷山縣，漢聞喜地。……隋開皇十八年改縣曰稷山，屬絳州；唐因之"。聞喜縣志謂"稷山，故聞喜封內地。左傳'晉侯治兵于稷'，杜預注，'在今聞喜'。後漢書，'聞喜有稷山亭，唐改稷山縣'。"均足證姜嫄墓在聞喜縣境。而涑水編之姜嫄墓記又謂"今邠州有履跡坪；武功有姜嫄墓；絳縣亦有姜嫄墓。夫邠至公劉始著，非稷在邠也，而有坪乎？武功即有邰所封，或祖于彼，遷于此乎？抑武功其食邑乎？李汝寬曰，'墓者，慕也。聖人殂亡，四海若喪考妣，殊俗之人各起土而墳，是以所在有焉'。……稷佐堯及舜，其母子俱宜葬于此。武功之墓，絳之墓，又不必辨矣"。

是又確謂別處之墓皆非。但古史辨頁一四七有"我以爲周國始終不曾離開過岐山，……周于姜本係老親，……"我就疑心姜姓究在何地。翻檢綱鑑易知録卷一頁三，謂"炎帝育于姜水，故以姜爲姓"，注謂"今陝西鳳翔府寶雞縣有姜氏城，城南有姜水"。説文"姜"篆下亦謂"神農居姜水，因以爲姓"；段注引渭水篇注曰，"岐水又東徑姜氏城南，爲姜水"。我曾因事數往寶雞，聞説姜太公釣魚臺在寶雞縣虢鎮之東。寶、岐相距僅百里許，故古史辨謂"周與姜本係老親"，誠屬卓見。如是，姜嫄在陝不在閩。因爲古代交通阻梗，幾千里外連續娶親，實在令人難信。可是古史辨頁一四一説："我們可以懷疑后稷本是周民族所奉的耕稼之神，拉做他們的始祖，而未必真是創始耕稼的古王，也未必真是周民族的始祖。"故我的假定，以爲姜嫄果爲周祖之母，其墓必在陝而不在晉。無論后稷有無其人，而聞喜姜嫄之故事或非烏有。周拉后稷爲始祖而神其母，或因與姜爲老親，故亦蒙以姜姓；又用故事造爲詩歌，一似姜嫄真爲后稷之母，后稷真爲周之始祖者。但結論雖是如此，我仍是毫無成見，尚等續行研究。數千載的啞迷，我總想一再重猜呢。

十五，十，八。

虞初小説回目考釋 *

　　講學類鈔一書，是光緒三十一年（公元一九〇五）江陰南菁學堂出版的半月刊，裏面宋育仁的文字最多，從序上看來，他是在那邊做校長（那時凡主持一個學校的都稱之爲監督，只因書上没有署銜，現在就用了這個名詞來稱呼他）。這個半月刊，門類分得多的很，真是“天文、地理無所不知，諸子百家無所不曉”。其中小説列於第二十門，第一篇的名目是虞初小説，演講主角虞舜的故事，當然上接唐堯，下聯夏禹，同時兼及稷、契、益、皋陶等人。他在小説學研究序例上説道：“漢志（漢書藝文志）所載周乘十餘家，即小説之原起；其書久亡。武帝命黄衣使者虞初乘輜車采民間小説，進御者凡九百家，可謂夥頤，所謂‘小説九百，本自虞初’者也。……今兹學會立小説一門，……依回段之體，用通俗之言，以平淡出神奇，化虚構爲實事，演説帝舜故事，即取虞初小説爲名。”

　　他又説：“夫小説之用與文字同功，始于啟發人情，終于增進人格。帝舜之賢，則行爲大孝，德爲聖人。帝舜之才，則自耕稼、陶、漁，所在成都、成邑。其初遭遇之阨，則不得于親，至于捐階、掩井。其後遭遇之隆，則先得于君，至于登庸、在位。妃匹之愛，則二妃皆帝女。風雲之會，則五臣皆聖賢。成治水之

＊　原載語絲第三十一期，1925 年 6 月 15 日；後經修訂載于史學年報第三期，1931 年 8 月。1972—1975 年又作了大量的修訂。

大功，狩蒼梧而仙去。實古今中外、環球五洲、空前絕後、絕無
僅有（案：這句話有些不通，但意思是不錯的），說部家所窮思極
想而萬難虛構者，乃于帝之實事得之！莊子云：‘天之生是使獨
也’；孟子云：‘勉爲舜而已矣。’今著此說部，即以此二意作骨：
一是表彰人能，一是勉勵人格，以示倫理政治爲人群進化之極
點。……”他說這是舜的“實事”，萬不是說部家所能“虛構”，這
句話我們不贊成，容下文詳說。

　　下面的回目，是：

第一回　　嬀汭流虹，握登符聖瑞。
　　　　　歷山爭畔，瞽瞍信讒言。
第二回　　純孝格天，靈通象、鳥。
　　　　　至誠動物，化及陶、漁。
第三回　　興工藝，負夏就時。
　　　　　闢商途，傅墟救敗。
第四回　　鹿、豕偕游，深山聞至道。
　　　　　龍、蛇並出，洪水告奇災。
第五回　　壅聖明，共、驩互稱薦。
　　　　　輕天下，巢、許並逃名。
第六回　　盜息壤，共、鯀堙鴻水。
　　　　　舉都君，岳、牧薦鰥夫。
第七回　　爲國訪賢，皇子就農學。
　　　　　館甥貳室，二女降民家。
第八回　　妒采地，傲象謀奪嫡。
　　　　　解酖毒，敩首護同胞。
第九回　　焚廩、掩井，二女解重圍。
　　　　　納揆、賓門，重華歷諸職。
第十回　　聖賢相逢，五臣啟四代。

元愷並舉，八伯慶同朝。

第十一回　告封禪，雷雨示休徵。

窺神器，干戈萌異志。

第十二回　誅四凶，重修刑律。

輯五瑞，更定朝儀。

第十三回　神禹治水，宛委夢玄夷。

伯益焚山，疏屬刑貳負。

第十四回　産奇胎，塗山化石。

降怪物，淮水安瀾。

第十五回　教稼、明倫，功垂萬世。

阜財、解愠，利普群生。

第十六回　璿璣齊七政，肇建明堂。

玉帛貢九州，遍巡方岳。

第十七回　避河南，丹朱失政。

封嶺表，傲象回心。

第十八回　朝太公，萬方受養。

建宗廟，七祖生天。

第十九回　西母獻圖，四夷齊嚮化。

南蠻逆命，群后大興師。

第二十回　顯神異，黃能化羽淵。

聽簫韶，有苗奔印度。

第二十一回　成地、平天，大功歸帝力。

鳳儀、獸舞，文運表中天。

第二十二回　甘隱遁，善卷入山。

耽歌舞，義均就國。

第二十三回　萬國來王，塗山再受禪。

九疑遺蛻，湘水共登仙。

第二十四回　明倫教，孔子删書。

愛國心，屈原入夢。

　　舜的故事，是我國古代最大的一件故事，從東周、秦、漢直到晉、唐，不知有多少萬人在講說和傳播，也不知經過多少次的發展和變化，才成爲一個廣大的體系；其中時地的參差，毀譽的雜異，人情的變化，區域的廣遠，都令人目眩心亂，捉摸不定。宋氏這個回目，大膽地把許多參差不齊的故事聯串了起來，成爲很整齊的一套，他的魄力確實可以使人佩服。只可惜他只做了第一回的上半篇，也許爲了他的轉業就停止了。我真希望現在或以後的文學家能够依據了他的大意寫成一部小說，因爲這個故事實在是很好的人情小說的匯合，也是許多神話、故事摻入的歷史，即使有幾處地方已經不合乎現代潮流，但把它埋没在古書堆裏終究對於中國文化是一個損失。

　　我是不能從事於文學創作的，但我很高興研究神話、傳說的來源和它的演變。鄭樵在通志樂略中說道："虞舜之父，杞梁之妻，於經傳所言者不過數十言耳，彼（指稗官小說）則演成萬千言。"我自從在北京大學出版的歌謡週刊上編了幾期孟姜女故事研究專號後，到今把"杞梁之妻"的故事的演變歷程已算認識了一個大概了。至於虞舜和他的家門以及他在朝廷上的故事，我何嘗不想考上一考，只爲他的故事在古代的勢力太大，牽涉到大量的古書、古蹟、古制，使得人頭暈眼花，要去一一查明白它，一來無此時間，二來現在也尚没有這個學力，所以就借着這個回目，把它所依據的資料揭示出來，把應當加上的解釋和批判也儘量地寫下，略略解掉我的求知慾的燥渴，並且算做我整理舜的故事的第一個草樣。

一　嫣汭流虹，握登符聖瑞

　　要解釋這一個回目，必須先説明"讖、緯"的性質；而要説明它的性質，又須先解釋這兩字的意義。簡單説來，"讖"就是豫言，是唯心論的先驗論，顯然出於巫者的造作。"緯"是對"經"而言，好像絲織品一樣，經是縱的絲，緯是橫的絲，是相輔相成的。這兩個名詞猛一看時似乎互不相干，但按着實際情形説，卻不是真有這樣的分析，讖和緯已渾合爲一物，是儒生的方士化跟方士的儒生化的匯流，它按着陰陽、五行的方式，亂抽些古來傳下的神話和傳説，以及各個著作者的幻想，整齊推演而寫成的。這些書最初作於漢成帝時，大約完成於東漢。爲着它起着保衛封建帝王的權位的作用，竭力烘託他們"受命於天"的背景，因此爲帝王所樂意接受；但那些手握軍權或政權的大臣們，爲了進一步奪取他的主子的"天位"，就要利用讖緯的文字，或者修改讖緯的原文，以適合於發動政變的需要，又成爲原居"天位"者的障礙，所以有時也受着禁止流通的約束。直到隋代，索性從民間收集攏來，一把火燒掉了。到現在，只有易緯八種尚保留下來之外，其他只有從古籍裏引用的零篇斷簡輯録出來的若干殘帙。

　　讖緯的大類約可分爲河圖緯、洛書緯、七經緯、論語讖等，每一類又分爲若干種。這書第一回的"握登符聖瑞"，即出在河圖緯。河圖緯稽命徵（説郛五引，並見漢學堂輯本頁三）云："握登見大虹，意感生舜于姚墟。"這就是宋氏"握登符聖瑞"的回目的出處。晉代皇甫謐的帝王世紀也有同樣的記載（太平御覽卷八十一引），但前後卻加上了幾個字，在前邊加了"瞽瞍妻曰"四個字，在後邊加上了"故姓姚"三個字，比稽命徵的原文説得較爲詳細。

這件故事的意義，跟"簡狄吞燕卵而生契"（見史記殷本紀）、"姜嫄履大人跡而生稷"（見史記周本紀）和"女脩吞玄鳥卵而生大業"（見史記秦本紀）之説相同，都是"感生説"下的産物，不過在時間上有發生的先後罷了。姜嫄、簡狄和女脩生子的傳説發生在春秋以前，是一種原始社會圖騰崇拜自然發生的感生説；至於握登意感而生舜的傳説，卻産生在陰陽五行高度流行的漢代，是在一個陰陽五行的系統之下——太微五帝——有完備組織的一種有意造作的感生説了。沈約作宋書符瑞志時相信了緯書和皇甫謐的話，絲毫不疑惑地加以採取。今本竹書紀年的附注（這是後人錄自宋書符瑞志而假託爲沈約作的）因之，於是"握登見大虹，意感而生舜於姚墟"的傳説，在漢以後便得到了人們的普遍信仰，都以爲真有那麼一回事了。

"嬀汭"二字，本於尚書堯典"釐降二女于嬀汭"之語。這話有兩種解釋：經學家訓"汭"爲内，説是在嬀水的北面，例如僞孔傳曰："居嬀水之内"，馬融曰："水所出入曰汭。"但地理學家卻説"嬀、汭"是二條水名，在蒲坂縣。例如酈道元水經注於"河水……南過蒲坂縣西"條注云："嬀、汭二水出焉：南曰嬀水，北曰汭水，西逕歷山下，上有舜廟。"蒲坂縣，即今山西永濟縣地，就是向來説爲舜所建都的地方。這兩説究竟哪一説對，現在暫且擱下。

史記五帝本紀云："舜，冀州之人也。"尚書禹貢的冀州，約略相當於今山西和河北兩省地。唐李泰括地志云："嬀州爲嬀水，説出城中。"又云："嬀州懷戎縣西有舜井。"唐的嬀州是今河北懷來縣地。這地雖是離蒲坂很遠，但還在冀州境内。

孟子上有一段文字卻大可怪。離婁下云："孟子曰：'舜生于諸馮，遷于負夏，卒于鳴條，東夷之人也。'"他是冀州人，説他是中原人很近情理，如何説他是東夷呢？趙岐孟子注云："生始，卒終，記終始也。諸馮、負夏、鳴條，皆地名也，負海也。在東方夷服之地，故曰東夷之人也。"照他這樣説，舜的一生所住的地方竟不曾離開東夷這個區域，都是近海的地方，好像不曾到過中原的冀州似的。這一説跟史記、水經注和括地志等書大大不同，是什麽原因呢？

焦循孟子正義引趙佑四書温故録云："'今青州府有諸城縣，大海環其東北，説者以爲即春秋書"城諸"者；其地有所謂馮山、馮村，蓋相傳自古。'竊疑近是。凡言人、地，以所生爲斷，遷、卒皆在後，孟子亦據舜生而言'東'也。……若河東之虞，蓋本舜祖虞幕之封，故書稱'虞舜'，史言'冀州'，猶後人稱祖籍，標郡望耳。然自漢以來皆專主河東，於是諸馮湮，注意隱矣。"照他這樣講，舜的出身地點是在今山東諸城縣了。

在以上幾段中，我們須記着：舜的出身地據以上諸説已有三處，是：山西永濟縣、河北懷來縣、山東諸城縣。至於他所遷（販貨）的負夏、所卒的鳴條在哪裏，下文另講。

二　歷山爭畔，瞽瞍信讒言

歷山是舜長大後從事農業勞動的地方，但這地究在何處則有很多的説法。孔穎達尚書疏在大禹謨篇下引鄭玄云："歷山在河東。"這等於説歷山即在蒲坂。酈道元所謂"嬀水……汭水西逕歷山下，上有舜廟"，即此。史記正義引括地志云："蒲州河東縣雷首山，……亦名歷山，……歷山南有舜井。"這雖與水經注説的不同，但地點則不甚相遠。

近人丁錫田山東縣名溯原歷城條云："歷城以歷山得名。史記：'晉平公元年伐齊，齊靈公戰于靡下。'徐廣曰："靡"一作"歷"。'三齊記：'歷下城南對歷山，城在山下，因名。'"這裏所説的歷山，就是現在濟南的千佛山，俗傳即虞舜耕耘之處，所以山下又有舜井。這麼説來，便與山西的歷山離得很遠了。

水經注云："周處風土記曰：'舊説舜葬上虞，又記云"耕于歷山"，而始寧、剡二縣界上舜所耕田，於山下多柞樹。吳、越之間名柞爲櫪，故曰歷山。'余按：周處此志爲不近情，傳疑則可，證實非矣。安可假木異名，附山殊稱，彊引大舜，即比寧、懷！"按：周説雖給酈道元所駁，但不可輕視。餘姚、上虞二縣名及百官地名，在西漢時已成立，它們何以名姚？又何以名虞？這裏面當然有許多的原因。始寧即今上虞縣，剡即今嵊縣，舊屬浙江會稽道。這樣説來，比濟南的歷山更遙遠了。但我們在這一則上，可以知道那邊有舜所葬的墓，又有舜所耕的田，又有滿生柞樹的歷山。

張守節史記正義引括地志云："越州餘姚縣有歷山、舜井。"這一句話，可以使我們知道在上虞東北的餘姚也有舜井，也有歷山。同書又云："濮州雷澤縣有歷山、舜井。"濮州即今山東的濮縣。諸城縣是近海之區，濮則靠近山東西部，已近河北的大名縣了。

正義接以上二語而説道："二所（越州、濮州）又有姚墟，云生舜處也。及嬀州（懷來）歷山、舜井，皆云舜所耕處。未詳也。"張守節覺得關於這個問題，已經眼花撩亂，感到無法處理。

我們再把以上幾段總結一下，便可知道在上一回的三處之外，舜的故事的根據地又多出了四處，是：山東歷城縣、浙江上虞縣、浙江餘姚縣、山東濮縣。按着省區來分，舜的故事的根據地，在山西的有一處，在河北的有一處，在山東的有三處，在浙江的有兩處。

至於"爭畔"一事，我們還考不出宋氏的根據在哪裏。我們在韓非子難一篇中所見到的，只有"歷山之農者侵畔"一件事，在史記五帝本紀裏所見到的，則爲"舜耕歷山，歷山之人皆讓畔"，也沒有"爭畔"。這或者是宋氏爲了敘述舜的德化，故意先設下的一個埋伏吧？

瞽瞍信讒言這件故事，在口說中一定描摹得很好，但書本上記得並不多。堯典云："父頑、母嚚、象傲。"史記五帝本紀云："舜母死，瞽瞍更娶妻而生象。象傲。瞽瞍愛後妻子，常欲殺舜，舜逃避；及有小過，則受罪。順事父及後母與弟，日以篤謹，匪有解（懈）。"

瞽瞍一名，也有不同的解法。史記五帝本紀説舜是"盲者子"，又云"舜父瞽瞍盲"，這是作瞎子解的。尚書僞孔傳云："無目曰瞽。舜父有目不能分別好惡，故時人謂之'瞽'。配字曰'瞍'；瞍，無目之稱。"則瞽瞍只是心地糊塗，眼並不瞎。宋氏取的是後一說，所以他在小說中道："瞽瞍……單名一個'槶'字（原注：見孫海門稽古名異），因爲他一味愚闇，有眼分不出好歹，當時的人便把他取個渾名，叫作'瞽瞍'。"

三　純孝格天，靈通象、鳥

中國古籍中大量説舜是孝的，但偏有人説他是不孝的。莊子盜跖篇云："堯不慈，舜不孝，禹偏枯。"這是斷定舜不孝的一個證據，可是此處卻並沒有提出他是怎樣地不孝。呂氏春秋也説"舜有不孝之行"（見仲冬紀當務篇），同樣沒有説出他不孝之行究竟是什麼來。等到高誘注呂氏春秋時，便解釋道："詩云，'娶妻如之何？必告父母。'堯妻舜，舜遂不告而娶。故曰'有不孝之行'也。"原來高誘在這裏所謂的"不孝之行"，是由孟子離婁上"舜之不告而娶"傅會出來的，但是孟子並沒有把"不告而娶"定爲舜不孝的罪狀，高誘的話未免太牽強了。還是越絕書的作者聰明些，它在吳內傳裏把舜的有不孝之行解釋得較爲合理，其言曰："舜親父假母，母常欲殺舜，舜去耕歷山三年，大熟，身自外養，父母皆飢。舜父頑，母嚚，兄狂，弟傲，舜求爲變心易志。舜爲瞽瞍子也，瞽瞍欲殺舜，未嘗可得；呼而使之，未嘗不在側，此舜有不孝之行。"

　　説舜孝的以孟子爲最多也最具體。萬章上篇云："舜往于田，……號泣于旻天，于父母。……爲不順于父母，如窮人無所歸。……人悅之，好色，富、貴，無足以解憂者，惟順於父母，可以解憂。……大孝終身慕父母，五十而慕者，予於大舜見之矣。"又告子下云："舜其至孝矣，五十而慕。"荀子大略篇則説："虞舜、孝巳，孝而親不愛。"禮記中庸篇道："舜其大孝也與！"堯典亦道："克諧以孝。"以上這一切，都是説舜的孝的文字。

　　宋氏是贊成舜孝説的，所以他便立下了這個"純孝格天"的回目，但是舜孝則孝矣，至于如何的能"格天"，卻是個不容易考究的問題了。記得幼年讀二十四孝時，曾看見在"孝感動天"的標題下，有"舜耕于歷山，有象爲之耕，鳥爲之耘"這幾句話，可惜找不出它的出典來。王充論衡偶會篇説："傳曰：'舜葬蒼梧，象爲之耕；禹葬會稽，鳥爲之佃'，失事之實，虛妄之言也。"（皇甫謐帝王世紀〔御覽八十一引〕所記與此略同。）或者二十四孝的話是由這裏演化出來的，但這裏所説的是舜、禹死後的事，與他們生前無關，並且也不是舜一個人的事，所以我們實在不敢一定這樣主張。可是這個假設，卻很有可能性，因爲故事的演變常將不同的事實歸到一個人身上，也常將死後的事説成生前，象爲舜耕，鳥爲禹耘的故事，或者就是這樣變出來的？

　　蔡邕琴操敍思親操本事云："舜耕歷山，思慕父母，見鳩與母俱飛鳴相哺食，益以感思，乃作歌，……"這裏所説的倒是與鳥有關係了，但那是因鳥生感，并非靈通于鳥。抱朴子云："有虞至孝，三足鳥集其庭。"這雖是靈通于鳥了，但又不是替舜耘田，仍然解決不了"格天"這個問題。

四　至誠動物，化及陶、漁

　　墨子尚賢中云："古者舜耕歷山，陶河瀕，漁雷澤，堯得之服澤之陽，舉以爲天子。"舜做陶漁的工作，始見于此。

　　孟子公孫丑上篇云："大舜有大焉，善與人同，舍己從人，樂取于人以爲善。自耕稼、陶、漁以至爲帝，無非取于人者。"于是舜的陶、漁工作帶了"取于人以爲善"的色彩了。管子版法解云："舜耕歷山，陶河濱，漁雷澤，不取其利以教百姓；百姓舉利之，此所謂能以所不利利人者也。"在這裏，舜的耕稼、陶、漁工作又掛上了一個"利他主義"的招牌。

　　呂氏春秋孝行覽慎人篇云："舜耕于歷山，陶于河濱，釣于雷澤，天下説之，秀士從之。"從此舜的耕稼、陶、漁的工作有了德化的意味。貴因篇又云："舜一徙成邑，再徙成都，三徙成國。"（管子治國篇所載與此略同。）于是他的德化的證據更明白地顯示了出來。

　　到了史記的五帝本紀，又更進一層而有以下的記載："舜耕歷山，歷山之人皆讓畔。漁雷澤，雷澤上人皆讓居。陶河濱，河濱器皆不苦窳。一年而所居成聚，二年成邑，三年成都。"它把慎人篇的德化舉出了具體的事實，又把管子治國篇和呂氏春秋貴因篇的三徙覈定爲三年。前面"歷山爭畔"的回目是由這裏的"讓畔"來的，正是受舜德化的預備呢。

　　淮南子更説的神乎其神了。原道訓云："昔舜耕于歷山，朞年而田者爭處墝埆，以封壤肥饒相讓。釣于河濱，朞年而漁者爭處湍瀨，以曲隈深潭相予。當此之時，口不設言，手不指麾，執玄德于心而化馳若神。”

　　韓非子中有一段記載，是説明舜的所以屢次改變職業的原因的。難一篇云：“歷山之農者侵畔；舜往耕焉，朞年甽畝正。河濱之漁者爭坻；舜往漁焉，朞年而讓長。東夷之陶者器苦窳；舜往陶焉，朞年而器牢。仲尼歎曰：‘耕、漁與陶，非舜官也；而舜往爲之者，所以救敗也。舜其信仁乎！乃躬藉處苦而民從之。故曰“聖人之德化”乎！’”這是説舜的改行爲了救世的苦心而不因于他的貧賤，他的德化也不是無心的感應。

　　但韓非子是不信堯、舜的，所以他在下面就駁道：“或問儒者曰：‘方此時也，堯安在？’其人曰：‘堯爲天子。’‘然則仲尼之聖堯奈何？聖人明察在上位，將使天下無姦也。今耕、漁不爭，陶器不窳，舜又何德而化？舜之救敗也，則是堯有失也。賢舜則去堯之明察，聖堯則去舜之德化，不可兩得也。楚人有鬻楯與矛者，譽之曰：“楯之堅，莫能陷也。”又譽其矛曰：“吾矛之利，于物無不陷也。”或曰：“以子之矛，陷子之楯，何如？”其人弗能應也。夫不可陷之楯與無不陷之矛不可同世而立：今堯、舜之不可兩譽，矛楯之説也。且舜救敗，朞年已一過，三年已三過，舜有盡，壽有盡，天下過無以已者，有盡逐無已，所止者寡矣！賞罰使天下必行之，令曰：“中程者賞，弗中程者誅。”令朝至暮變，暮至朝變，十日而海內畢矣，奚待朞年！舜猶不以此説堯令從，己乃躬親，不亦無術乎。’”這一駁邏輯性很強，簡直使得譽舜的人無法回答。

　　崔述在唐虞考信録（卷一）中也駁道：“此皆後人追美舜德之詞，不必實有此事。舜尚不能化象之傲，歷山、雷澤之人豈皆賢而無不肖哉！……大抵稱古人者多過其實，以舜之不順乎親也，則謂舜既升庸之後，瞽瞍猶欲殺之；以舜之德能型俗也，則謂舜當耕稼之時，人已化而歸之。試比而觀之，無乃感一家太難而感一方太易乎！”

他們所説的雖是很有道理，但是他們卻不知道這原是故事演變的一種方式。我們看到劉備本是割據時代的一個英雄，只因他的聰明全送與諸葛亮了，所以他在戲劇中只能退爲成一個庸懦的人。施公也是這樣，爲了他手下有了智勇雙全的黄天霸，他也只得成爲"施不全"了。至于好人的遭難，那是當然的事情。唐僧玄奘取經的誠心，傳説裏使他處處得到神佛的幫助，又有齊天大聖的沿路護衛，然而還免不了路上的八十一難。

雷澤，史記集解引鄭玄曰："雷夏，兗州澤，今屬濟陰。"史記正義引括地志曰："雷夏澤，在濮州雷澤縣郭外西北。"水經注云："雷澤在成陽故城西北，……即舜所漁也。"三説相同，都説在今山東濮縣(濟陰，漢郡，包今定陶、濮縣等地。成陽，漢縣，故城在濮縣東南)。但也有説在山西永濟縣的，墨子尚賢中篇畢沅注云：今"山西永濟縣南四十里，雷首山下有澤，亦云舜所漁也。"

河濱，史記集解引皇甫謐曰："濟陰，定陶西南陶丘亭是也。"正義則引括地志曰："陶城在蒲州河東縣北三十里，即舜所都也。"又云："南去歷山不遠，或耕或陶，所在則可，何必定陶方得爲陶也？舜之陶也，斯或一焉。"

讀以上二條，知道舜陶、漁的地方也可能在山東，也可能在山西。崔述以爲"虞乃冀州境，舜不應耕稼、陶、漁于二千里外"。他原不知道這是故事，本不是歷史，山西可以有舜，難道就可以禁止山東有舜嗎！

五　興工藝，負夏就時

"負夏"二字始見于孟子離婁下篇的"舜……遷于負夏"。韓詩外傳因之，亦謂舜“遷于負夏”（卷三）。這遷字作“遷徙”解固可，但作“戀遷”解亦可。于是舜不僅做了“靈通象鳥”的農人，也不僅做了“化及陶、漁”的工人，又做了“戀遷有無化居”的商人了。“就時”，史記索隱云：“猶‘逐時’，若言乘時射利也。”

尚書大傳（史記索隱引）云：“販于頓丘，就時負夏。”史記云：“作什器于壽丘，就時于負夏。”頓丘和壽丘不知道是不是一個地方。

壽丘，史記集解引皇甫謐曰：“在魯東門之北。”負夏，集解引鄭玄曰：“衛地。”究竟是在魯或在衛呢？在這不同的兩說上，可見這兩個說法也是從濮縣那邊分化出來的。

六　闖商途，傅墟救敗

關于“救敗”二字的解釋，已于第四條裏說過了，所以在這裏不再討論。

尸子（繹史十引）云：“舜……灰于常羊，什器于壽丘，就時負夏，未嘗暫息。頓丘買貴，于是販于頓丘；傅墟賣賤，于是債于傅墟：以均救之。”常羊在此處是地名；淮南子“常羊之維”的常羊，則作形容詞“徜徉”“不進不退”解。宋書符瑞志的“有神龍首感女登于常羊山，生炎帝”（係據春秋緯元命苞而作），常羊又成爲山名了。但無論作何解，常羊與傅墟，我們現在都不知道在什麼地方。

七　鹿、豕偕游，深山聞至道

　　孟子盡心上篇云："舜之居深山之中，與木石居，與鹿、豕游，其所以異于深山之野人者几希。及其聞一善言，見一善行，若决江、河，沛然莫之能禦也。"孟子的意思，是説舜居深山時雖是荒陋到萬分，但後來聽得了他人的善言，見到了他人的善行，就肯竭力相從，不因昔日的荒陋而不去理會。給宋氏這樣一改，就變爲他與鹿、豕偕游的時候聞了至道，髣髴深山中有一個道人在那裏講經，他一聽之後頓時大澈大悟似的。

　　孟子此語，和公孫丑篇的"大舜有大焉，善與人同，捨己從人，樂取於人以爲善"，中庸篇的"舜其大知也與！舜好問而好察邇言，隱惡而揚善"語意相同；不過欲揚先抑，用"深山"作是語，以見取人之善是無論在哪種環境裏都可以做到的。

八　龍、蛇並出，洪水告奇災

　　關于洪水的傳説，古籍中的記載很多。最早的是書皋陶謨的"洪水滔天，浩浩懷山襄陵，下民昏墊"，及詩經商頌長發的"洪水芒芒，禹敷下土方"等處。但這些記載雖然提到了洪水時的情狀，卻没有想像出"龍、蛇並出"時如何爲人民大害的故事，等到孟子出來才有了"氾濫于中國，蛇、龍居之"的話。

　　孟子滕文公上篇云："當堯之時，天下猶未平，洪水横流，氾濫于天下，草木暢茂，禽獸繁殖，五穀不登，禽獸偪人，獸

蹄、鳥跡之道交于中國。"下篇又云："當堯之時，水逆行，氾濫
于中國，蛇、龍居之，民無所定，下者爲巢，上者爲營窟。"這兩
段都明説了洪水在堯時氾濫于中國的慘狀，那時候正是一個"禽
獸偪人"，"蛇龍居之，民無所定"的極端恐怖的世界！我們從孟
子所説的"天下猶未平"這句話推想，這個"蛇、龍擾亂人民"的世
界，似乎在帝堯以前已經是這樣了。

淮南子中有一段，説洪水是在女媧時。覽冥訓云："往古之
時，四極廢，九州裂，天不兼覆，地不周載，火爁炎而不滅，水
浩洋而不息，猛獸食顓民，鷙鳥攫老弱。于是女媧練五色石以補
蒼天，斷鼇足以立四極，殺黑龍以濟冀州，積蘆灰以止淫水。"這
是漢人的説話，把洪水的時代拉長了。但它記載那時的恐怖情
形，則與孟子之文大略相同。

宋氏這個回目，不依照孟子、淮南兩書的洪水在堯前已有的
説法，而云"龍蛇並出，洪水告奇災"，似乎這是突然間來的禍
患。上一題云："鹿、豕偕游，深山聞至道"，又似乎舜剛在深山
聞得至道時，洪水就襲擊來了；又似乎有一仙人，爲了下界萬民
的受災，特地到深山中把他點化，好讓他出來平治天下似的。這
確是做小説的好手法，非常能够動人。

九　雍聖明，共、驩互稱薦

宋先生説"共、驩互稱薦"，不知道是不是他們兩人互相引薦
的意思？若是他們互相稱薦的話，在古籍裏實在找不出根據來。
我們知道的只是驩兜的稱薦共工，並没有共工稱薦驩兜的事。

驩兜稱薦共工，大概最早見于尚書。堯典云："帝曰：'疇咨
若予采？'驩兜曰：'都！共工方鳩僝功。'帝曰：'吁，静言庸違，

象恭滔天！'"共工本是官名，自此以後便習用作人名了。

史記五帝本紀也有兩處驩兜薦共工于堯的事。其一云："堯又曰：'誰可者?'驩兜曰：'共工旁聚布功，可用。'堯曰：'共工善言，其用僻，似恭，漫天，不可。'"其二云："驩兜進言共工，堯曰：'不可。'而試之工師，共工果淫辟。"這都是説驩兜在堯面前稱薦共工，而堯不用的事。史記的話，乃根據堯典而來，所以在文字上雖然變換了形式，但意思都還是一樣。

十　輕天下，巢、許並逃名

巢是巢父，許是許由。巢父一名起的很遲，始見揚子法言問明篇。晉皇甫謐高士傳（汪士漢校本）卷上云："巢父者，堯時隱人也。山居不營世利，年老以樹爲巢，而寢其上，故時人號曰巢父。堯之讓許由也，由以告巢父，巢父曰：'汝何不隱汝形，藏汝光？若非吾友也！'擊其膺而下之。由悵然不自得。乃過清冷之水洗其耳，拭其目曰：'向聞貪言，負吾之友矣。'遂去，終身不相見。"

許由之名，較巢父起的早，莊子讓王篇云："堯以天下讓許由，許由不受。"國策趙策、荀子成相篇及淮南子俶真訓等，亦有關于許由的記載。他的身世，皇甫謐的高士傳説得最詳細，其言曰："許由，字武仲，陽城槐里人也。……堯讓天下于許由，……不受而逃去。齧缺遇許由曰：'子將奚之?'曰：'將逃堯。'曰：'奚謂邪?'曰：'夫堯知賢人之利天下也，而不知其賊天下也，夫唯外乎賢者知之矣。'由于是遁耕中岳潁水之陽，箕山之下，終身無經天下色。堯又召爲九州長，由不欲聞之，洗耳于潁水濱。時其友巢父牽犢欲飲之，見由洗耳，問其故，對曰：'堯欲召我爲九州長，惡聞其聲，是故洗耳。'巢父曰：'子若處高岸深谷，人道不通，誰能見子？子故浮游欲聞，求其名譽，污吾犢口。'牽犢上流飲之。許由没，葬箕山之巔，亦名許由山。……"這説高士的丰度何等超絶！

十一　盗息壤，共、鯀堙鴻水

關于鯀堙鴻水的傳説，最早見于書經，洪範云："鯀陻洪水，汩陳其五行。"堯典云："帝曰：'咨，四岳，湯湯洪水方割，蕩蕩懷山襄陵，浩浩滔天，下民其咨。'……僉曰：'於，鯀哉。'帝曰：'吁，咈哉，方命圮族！'岳曰：'異哉！試可乃已。'帝曰：'往欽哉！'九載，績用弗成。"這裏只説鯀"九載績用弗成"，並没有像洪範似的，説鯀曾"陻洪水，汩陳五行"。至于洪水如何地陻，五行如何地汩陳，洪範也没説明白，我們現在已經無從知道了。只有山海經海内經的"洪水滔天，鯀竊帝之息壤以陻洪水，不待帝命"一段記載，曾略微説到他違背上帝的意志陻洪水時用的方法。大概宋氏的鯀盗息壤堙洪水的回目，就是從這裏來的。

共工陻洪水的傳説，比鯀陻洪水的傳説起的較晚。國語周語下云："昔共工……虞于湛樂，淫失其身，欲壅防百川，墮高堙庳，以害天下。皇天弗福，庶民弗助，禍亂並興，共工用滅。"這是説共工想堙塞山陵池澤以害天下的事，並未説出他是在陻洪水。

淮南子本經訓云："舜之時，共工振滔洪水，以薄空桑，龍門未開，吕梁未發，江、淮通流，四海溟涬。"這裏的共工不是在陻洪水，簡直是在揚洪水了。與周語共工要害天下的意思頗相同，所以高誘在注釋這段話的時候，便本着周語亦謂共工"欲防

百川，滔高埋庳，以害天下”。這麼一來，<u>共工</u>簡直是個害天下
的罪人了。

十二　舉都君，岳、牧薦鰥夫

這完全是本于<u>堯典</u>立下的回目。<u>堯典</u>云："帝曰：'咨，四
岳，朕在位七十載，汝能庸命巽朕位?'岳曰：'否德忝帝位。'曰：
'明明揚側陋。'師錫帝曰：'有鰥在下，曰<u>虞舜</u>。'帝曰：'俞，予
聞。如何?'岳曰：'瞽子，父頑，母嚚，<u>象</u>傲，克諧以孝，烝烝
乂，不格姦。'帝曰：'我其試哉!'"

<u>堯典</u>的"鰥"字，到<u>太史公</u>作五帝本紀時改爲"矜"字。<u>集解</u>引
<u>孔安國</u>曰："無妻曰矜。"那麼"鰥"和"矜"本來是一個意思。

十三　爲國訪賢，皇子就農學

<u>孟子萬章</u>上篇云："帝使其子九男、二女，百官、牛羊、倉
廩備，以事<u>舜</u>于畎畝之中，天下之士多就之者，帝將胥天下而遷
之焉。"<u>萬章</u>下篇又云："使其子九男事之。"這都是<u>堯</u>使九子事<u>舜</u>
的故事，但<u>堯</u>如何爲國訪賢，在<u>孟子</u>裏卻沒有說。

其後，<u>尸子</u>(藝文類聚十一引)云："<u>舜</u>一徙成邑，再徙成都，
三徙成國，其致四方之士。<u>舜</u>聞其賢，徵之草茅之中，與之語禮
樂而不逆，與之語政至簡而易行，與之語道廣大而無窮。於是妻
之以媓，媵之以娥，九子事之，而托天下焉。"到這裏，<u>堯</u>爲國訪
賢的故事才找到了證據。

　　所謂"皇子"當然是指堯的兒子而言，但是在古籍裏"皇子"的數目卻有"九"和"十"的不同。孟子、尸子和淮南子(泰族訓云"乃屬以九子")都是説堯有九個兒子的，惟獨呂氏春秋卻説堯有十個兒子。愼行論求人篇云："堯傳天下於舜，禮之諸侯，妻以二女，臣以十子，身請北面朝之。"孟春紀去私篇亦云："堯有子十人。"高誘注去私篇時，大概看出了數目的不同，於是强爲解釋道："孟子曰：'堯使九男、二女事舜。'此曰十子，殆丹朱爲胤子，不在數中。"其實，數目的多少，不必一定解釋得一樣，因爲一個故事的演變，常是多方面的，這人説是這樣，那人也可以説是那樣，在我們看起來，他們在傳説中所佔的地位都是相等的。那時舜既在田耕稼，堯的兒子當然"就農學"了。

十四　館甥貳室，二女降民家

　　古籍多將二女的故事與九男的故事，連舉着在一起講，所以在上一目講"皇子就農學"的時候，同時也講到堯妻舜以二女的故事，似乎堯之事舜以九男，妻舜以二女，是同時作的事，並無先後之分。但按照宋氏這個回目，是先有了"皇子就農學"，然後才有"二女降民家"，與書本上的記載便不很相合了。

　　堯典云："帝曰：'我其試哉！女于時，觀厥刑于二女。'釐降二女于溈汭，嬪于虞。帝曰：'欽哉！'"淮南子泰族訓云："堯治天下，政教平，德潤洽，在位七十載，乃求所屬天下之統，令四岳揚側陋，四岳舉舜而薦之堯，堯乃妻以二女，以觀其内，任以百官，以觀其外。"太史公作五帝本紀時，便本着堯典和淮南子的話説道："四嶽咸薦虞舜，曰：'可。'於是堯乃以二女妻舜，以觀其内，使九男與處以觀其外。舜居溈汭，内行彌謹，堯二女不敢以貴驕事舜親戚，甚有婦道。堯九男皆益篤。"此即宋氏所謂"二女降民家"也。其實即在傳説中，舜也不是平民而是貴族，所以左傳有"自幕至于瞽瞍無違命"的話。

孟子萬章下云："舜尚見帝，帝館甥于貳室，亦饗舜。"此即宋氏"館甥貳室"回目的由來。但是爲依了堯典的"嬪于虞"，竟犧牲了孟子萬章上的"不告而娶"的記載，這就是受了"二者不可得兼"的限制了。

十五　妬采地，傲象謀奪嫡

宋氏這個回目沒有確實的證據，不知道他何所本？我們所看到的材料，堯典只説"象傲"，孟子萬章上篇也説到"象日以殺舜爲事"，卻没有什麼"妬采田"的話。史記五帝本紀用孟子文，有"象乃止舜宫居"一句，還不能算是"妬采地"。所以宋氏這個回目，的確是小説家誇大描寫的一種筆法。

十六　解酖毒，敤首護同胞

敤首，爲舜之女弟，見説文。漢書古今人表有"敤手"一名，注云："舜之妹。"敤音口果反，流俗書本作"擊"字者誤。刘向列女傳云："瞽叟又速舜飲酒，醉，將殺之。舜告二女，二女乃與舜藥，浴汪，遂往。舜終日飲酒不醉。舜之女弟繫憐之，與二嫂諧。"王照圓注云："舜女弟名敤手，俗書傳寫，誤合爲'擊'字，又誤爲'繫'字。"（列女傳記此事在焚廩、浚井之後。）

十七　焚廩、掩井，二女解重圍

孟子萬章上云："萬章曰：'父母使舜完廩；捐階，瞽瞍焚廩。使浚井；出，從而掩之。象曰："謨蓋都君，咸我績。牛羊，父母；倉廩，父母。干戈，朕；琴，朕；弧，朕；二嫂使治朕棲。"象往入舜宮，舜在牀琴。象曰："鬱陶思君爾。"忸怩。舜曰："惟兹臣庶，汝其于予治。"不識舜不知象之將殺己與？'曰：'奚而不知也！象憂亦憂，象喜亦喜。'"這段故事真是突兀煞人。它没有説明在焚廩時舜是怎樣跳下來的，在掩井的時候他又是怎樣鑽出來的。因爲舜在井中時，他的父和弟忙把泥土填下，料定他這回必死，所以象和瞽瞍即刻分派他的財產。萬想不到象進入舜宮時，舜已經安穩地出來，在床上鼓琴了。這如果不是象的活見鬼，便是舜具有了封神榜上土行孫的本領。

史記卻説出了他逃出來的理由。五帝本紀云："堯乃賜舜絺衣與琴，爲築倉廩，予牛、羊。瞽瞍尚復欲殺之，使舜上塗廩，瞽瞍從下縱火焚廩，舜乃以兩笠自杆而下，得不死。後瞽瞍又使舜穿井，舜穿井爲匿空，旁出。舜既入深，瞽瞍與象共下土實井，舜从匿空出去。"替舜説明了脱險的經過，可是以兩笠自杆而下，是會給人們看見的。至于從井中匿空旁出，則是別人見不到的，而且舜獨自一個突然開成一條地道，終究是一件極艱難的勞動，何以他會得頃刻築成這個工程，而且有了一個出口呢？

孟子説象到舜宮時見舜鼓琴，史記卻不然，它把這事倒過來了。文云："瞽瞍、象喜，以舜爲已死。象曰：'本謀者象。'象與其父母分，於是曰：'舜妻堯二女與琴，象取之；牛羊、倉廩予父母。'象乃止舜宮居，鼓其琴。舜往見之，象愕不懌，曰：'我思舜正鬱陶。'舜曰:'然,爾其庶矣。'舜復事瞽瞍,愛弟彌謹。"
這文大部分用的是孟子,但鼓琴的人和舜、象入宮的先後次序卻
都不一樣了。

孟子與史記都只説象要搶堯的二女歸自己,没有説舜與二女
的閨房之私。到列女傳就有二女和舜的呢呢私語了。文云,"瞽
瞍與象謀殺舜,使塗廩。舜歸告二女曰:'父母使我塗廩,我其
往?'二女曰:'往哉!'舜既治廩,乃捐階,瞽瞍焚廩;舜往飛出。
象復與父母謀,使舜浚井。舜乃告二女,二女曰:'俞,往哉!'
舜往浚井,格其出入,從掩,舜潛出。"這是説舜塗廩、浚井的工
作都先取得到二女的同意,可是舜怎樣由廩上飛出,又怎樣由井
裏潛出,這裏卻没有交代明白。

舜既然娶了帝王家的女兒,又得帝王的寵信,爲何他的父親
和弟弟竟敢屢次謀害他?難道他們都不怕帝堯的威嚴,把自己的
利害也就不計了嗎?這是一個不易説明的矛盾,因之,王充論衡
吉驗篇就把這事歸到舜未逢堯的時候。文云:"舜未逢堯,鰥在
側陋。瞽瞍與象謀欲殺之,使之完廩,火燔其下;令之浚井,土
掩其上。舜得下廩,不被火災;穿井旁出,不觸土害。堯聞,徵
用。"他把這事的時間往上移動,也算解決了這個難題。

上面是焚廩、浚井的故事。怎麽又説起"二女解重圍"呢?

史記正義引通史(當是梁武帝所作,見隋書經籍志,今佚)
云:"瞽瞍使舜滌廩,舜告堯二女。女曰:'時其焚汝!鵲汝衣
裳,鳥工往!'舜既登廩,得免去也。舜穿井,又告二女。女曰:
'去汝裳衣,龍工往!'入井,瞽瞍與象下土實井,舜從他井出去
也。"列女傳裏單是説她們勸他去,這裏卻是她們替舜出主意了。
可是,"鳥工"與"龍工"究竟是怎樣一回事,通史卻没有説明。

梁沈約作的宋書符瑞志云:"舜父母憎舜,使其塗廩,自下
焚之。舜服鳥工衣服飛去。又使浚井,自上填之以石,舜服龍工
衣自旁而出。"(今本竹書紀年附注所記與此同。)這和通史文很合

拍，説是因爲舜服了"鳥工衣"和"龍工衣"，才能免于受害。

山海經中次十二經洞庭之山條，郭璞注云："二女靈達，鑒通無方，尚能以鳥工、龍裳救井、廩之難。"可見這是六朝時代傳播得相當廣泛的一個傳説。"龍裳"分明就是"龍工衣"，只是我們没法知道這"龍工衣"和所謂"鳥工衣"究竟是怎麽一些東西，會得有這等神奇的效用。

十八　納揆、賓門，重華歷諸職

堯典記舜受堯用之後的政績道："慎徽五典，五典克從。納于百揆，百揆時叙。賓于四門，四門穆穆。納于大麓，烈風雷雨弗迷。"僞孔傳云："徽，美也。五典，五常之教。揆，度也。度百事，總百官，納舜于此官。穆穆，美也。四門，四方之門。麓，録也。納舜使大録萬機之政，陰陽和，風雨時，各以其節，不有迷錯愆伏，明舜之德合于天。"照這樣講，只是記舜的布政一切順理成章，是一個好宰相，原没有什麽神奇。

可是早於僞孔傳的史記就不是這樣看待堯典。它道："堯使舜入山林、川澤，暴風、雷雨，舜行不迷，堯以爲聖。"在烈風和雷雨的猛烈襲擊之下，舜能不迷路。這頗近于仙人的試心和道士的鬬法，大可作小説上的裝點。

"賓于四門"一事，史記本書中就有兩種不同的説法。其一云："賓於四門，四門穆穆；諸侯、遠方賓客皆敬"，這説的是他接待來賓的有禮。其二云："舜賓於四門，乃流四凶族，遷於四裔，以禦魑魅，於是四門辟，言毋凶人也"，賓作"擯"解，説的是排除凶人。僞孔傳爲要調和這個異説，就合這兩條而下注道："舜流四凶族，四方諸侯來朝者舜賓迎之，皆有美德，無凶人。"

十九　聖賢相逢，五臣啓四代

論語：“舜有臣五人而天下治”，似乎是這回目所本，但那時舜尚没有受堯禪，這裏所説“五臣”應是當指舜、禹、稷、契、皋陶。孟子滕文公上云：“當堯之時，……舉舜而敷治焉。……禹疏九河，……后稷教民稼穡，……使契爲司徒，教以人倫。……堯以不得舜爲己憂，舜以不得禹、皋陶爲己憂。……孔子曰：‘大哉堯之爲君！……’”就這看來，在堯的政權下是舜、禹、稷、契、皋陶五位行政大臣最負重任，正是宋氏回目所謂“聖賢相逢”的“五臣”。至于論語所説的“舜有臣五人”，當是在禹、稷、契、皋陶外再加上一個益，因爲孟子裏説：“舜使益掌火，益烈山澤而焚之，禽獸逃匿”，皋陶謨裏也説：“禹曰：‘洪水滔天，……予乘四載隨山刊木，暨益奏庶鮮食’”，足證益確是助禹治水的好幫手，所以孟子萬章上有“禹薦益于天”的話。至於在堯的朝廷裏，益卻没有起過很大的作用。又回目的“四代”，則是虞、夏、商、周，虞是舜國，夏是禹國，商是契國，周是稷國。只有皋陶空着，但他並不是没有封地。左傳文公五年：“秋，楚成大心……帥師滅六。冬，楚公子燮滅蓼，臧文仲聞六與蓼滅，曰：‘皋陶、庭堅不祀，忽諸，……哀哉！’”杜預解云：“蓼與六皆皋陶後”，是他認爲皋陶和庭堅是一個人；否則依臧文仲所言的程序言，六當爲皋陶之後，蓼當爲庭堅之後。庭堅是高陽氏的才子之一，見下一回。

國語鄭語一：“史伯曰：‘成天地之大功者，其子孫未嘗不章，虞、夏、商、周是也。虞幕能聽協風以成樂物生者也。夏禹能單平水土以品處庶類者也。商契能和合五教以保于百姓者也。

周棄能播殖穀蔬以衣食民人者也。其後皆爲王、公、侯伯。’”這是“成天下之大功者”的子孫的發跡。從這裏可以看出，虞幕是舜的第一代祖先，證明舜不是一個從庶民出身的天子。

我們若單從堯典上看，禹以下四臣當然是在舜攝政後進用的。那麼，這樣地有大才幹的人，爲什麼在堯未禪位以前竟都銷聲匿跡，直等到堯讓位之後才如春笋地怒發呢？爲了彌補這一層缺憾，所以史記説：“禹、皋陶、契、后稷、伯夷、夔、龍、倕、益、彭祖，自堯時而皆舉用，未有分職”，僞孔傳于此四人亦説，“美其前功以勉之”，説明這些臣子在堯時已經任用，只是没有專職而已。這算敷衍過去了。

二十　元愷並舉，八伯慶同朝

元、愷並舉事，見左氏文公十八年傳。文云：“高陽氏有才子八人：蒼舒、隤敳、檮戭、大臨、尨降、庭堅、仲容、叔達，齊聖廣淵，明允篤誠，天下之民謂之‘八愷’。高辛氏有才子八人：伯奮、仲堪、叔獻、季仲、伯虎、仲熊、叔豹、季貍，忠肅共懿，宣慈惠和，天下之民謂之‘八元’。此十六族也，世濟其美，不隕其名，以至于堯，堯不能舉。舜臣堯，舉八愷，使主后土，以揆百事，莫不時序，地平天成。舉八元，使布五教于四方，父義，母慈，兄友，弟共，子孝，内平外成。”按文義，八愷的主要任務是生產，八元則主教育。這裏所舉的這十六個名字，很多没有見于別的記載，這固然是一個疑問；它又説“十六族”，又説“世濟其美”，可見這十六人早已傳了幾代，成了各個分族的祖先了，而他們的子孫又是能承繼他們的美德的。下文又説“舉八元”、“舉八愷”，作者的意思是説舜從八元、八愷的氏族中舉出人來擔任政治工作的。

　　“八伯”一名出現的很遲。西漢所傳尚書大傳虞夏傳云：“維(舜)元祀，巡狩四嶽、八伯”，鄭玄注：“堯始得羲、和，命爲六卿；其主春、夏、秋、冬者並掌方嶽之事，是爲‘四嶽’，出則爲‘伯’。其後稍死，鵬咼(即驩兜)、共工等代之，乃分置‘八伯’。”這是一個極端主觀主義的解釋，這裏姑且不論。大傳又云：“舜將禪位于禹，俊乂百工，相和而歌卿雲。帝唱之；八伯咸進，稽首而和。”鄭玄注：“主四岳者謂之四伯。至其死，分岳事置八伯，皆王官。其八伯惟驩兜、共工、放齊、鯀四人而已。其餘四人，無文可知。”(周禮賈公彥序引)這真可謂理屈辭窮了！

二十一　告封禪，雷雨示休徵

　　“封禪”二字的合爲一名，不見于古經典。堯典中有“封十有二山”之文，尚書大傳注云：“封，亦壇也。”風俗通義云：“禪，謂壇墠。”可見封禪二字的本義都是祭時堆土所成的壇。

　　堯典云：“肆類于上帝，禋于六宗，望于山川，遍于群神。”這只是說舜祭山川、群神，並未明白地說這就是封禪。下文“封十有二山”，也沒有提到“禪”。史記封禪書記着管夷吾的一段話，始有“堯封泰山，禪云云。舜封泰山，禪云云”的記載；泰山是大山，云云是泰山下小山。到了戰國末年，“封禪”這個名詞才成立，舜的“告封禪”也才有了證據。

　　至于“雷雨示休徵”，似乎宋氏借用了秦始皇的故事。史記封禪書云：“始皇之上泰山，中阪遇暴風雨，休于大樹下。諸儒生既絀，不得與用于封事之禮，聞始皇遇風雨，則譏之。”“暴風雨”本是當時人們看作上帝對于秦始皇的一種懲罰，宋氏這個回目，如果不是他有意地從"咎徵"變作"休徵"，或者他是用的堯典上的"納于大麓，烈風雷雨弗迷"這一典故？

二十二　窺神器，干戈萌異志

這個回目，在堯典和史記裏都找不到它的出處，只是在先秦諸子裏卻有根據。

韓非子外儲説右上云："堯欲傳天下于舜，鯀諫曰：'不祥哉，孰以天下而傳之于匹夫乎！'堯不聽，舉兵而誅殺鯀於羽山之郊。共工又諫曰：'孰以天下而傳之於匹夫乎！'堯不聽，又舉兵而誅共工於幽州之都。於是天下莫敢言無傳天下於舜。"這雖然像是"萌異志"，卻不是"窺神器"，只見得堯作事的果斷，而鯀和共工都不能體會他的舉賢讓位的美意。

吕氏春秋行論云："堯以天下讓舜，鯀爲諸侯，怒於堯曰：'得天之道者爲帝，得地之道者爲三公。今我得地之道而不以我爲三公！'以堯爲失論，欲得三公。怒甚猛獸，欲以爲亂。比獸之角能以爲城，舉其尾能以爲旌。召之不來，仿佯於野，以患帝舜。於是殛之於羽山，副之以吴刀。"這是説鯀，不願堯把天下讓給舜，他自己又想爬上三公的高職位，因而受到殛的處分，那就有點窺神器的意味了。

上面是説鯀與共工不服堯禪位於舜的，還有説三苗作亂也是對舜的不服氣。博物志卷二外國條云："昔唐堯以天下讓于虞，三苗之民非之，帝殺有苗之民。叛，浮入南海爲三苗國。"

爲了帝位的轉移，激起各方面有力者的反對，以致發動刀兵，可見禪讓這一制度推行的不易。然而鯀有獸角以爲城，又有獸尾以爲旌，畢竟露出了神話的面貌。

二十三　誅四凶，重修刑律

哪四個人是四凶？這在古籍裏也有不同的記載。

左傳文公十八年記太史克的話："昔帝鴻氏有不才子，掩義隱賊，好行凶德，醜類惡物，頑嚚不友，是與比周，天下之民謂之'渾敦'。少皞氏有不才子，毀信廢忠，崇飾惡言，靖譖庸回，服讒蒐慝，以誣盛德，天下之民謂之'窮奇'。顓頊氏有不才子，不可教訓，不知話言，告之則頑，舍之則嚚，傲很明德，以亂天常，天下之民謂之'檮杌'。此三族也，世濟其凶，增其惡名，以至于堯；堯不能去。縉雲氏有不才子，貪于飲食，冒于貨賄，侵欲崇侈，不可盈厭，聚斂積實，不知紀極，不分孤寡，不恤窮匱，天下之民以比三凶，謂之'饕餮'。舜臣堯，賓于四門，流四凶族——渾敦、窮奇、檮杌、饕餮——投諸四裔，以禦螭魅。"這裏所説的四凶，是渾名叫做渾敦、窮奇、檮杌、饕餮四個人，他們的真姓名不可知，而誅伐他們的則是舜，堯對他們是毫無辦法的。

然而孟子的記載便不同了，雖然處置四凶的仍然是舜，但四凶卻爲另外四個人。萬章上云："舜流共工于幽州，放驩兜于崇山，殺三苗于三危，殛鯀于羽山，四罪而天下咸服。"這裏説的，是共工、驩兜、三苗和鯀。堯典所記跟孟子完全相同，只是於誅四凶之外先提到規定各種刑律，這就是宋氏回目中"重修刑律"之所本。其文云："象以典刑；流宥五刑；鞭作官刑；扑作教刑；金作贖刑；眚災肆赦；怙終賊刑。欽哉欽哉，惟刑之恤哉！流共工于幽州，放驩兜于崇山，竄三苗于三危，殛鯀于羽山，四罪而天下咸服。"這文的"流"、"放"、"竄"固然都可以歸入"流宥五刑"

之内，可是，“殛”釋爲流終覺得有些不妥，何況山海經的末篇明説“帝令祝融殺鯀于羽郊，副之以吳刀”，他畢竟是砍頭的呢！

史記所記與孟子、堯典相同，只是依了五帝德（見下文）加上了四個方向的少數民族。其文云：“舜……言于帝，請流共工于幽陵，以變北狄；放驩兜于崇山，以變南蠻；遷三苗于三危，以變西戎；殛鯀于羽山，以變東夷。四辠而天下咸服。”其中“崇山”即嵩山，西漢時定爲中嶽，説爲南蠻便嫌太近。

從以上各説看來，四凶的名字，左傳與堯典所記是完全不同的。太史公作五帝本紀時，用了兼收並蓄的辦法，同時採取了進去，於是舜誅的四凶乃成了兩組。我們禁不住又要問道：那時的凶人何以會得這樣地巧合，都是以四數爲一組的？

但經學家畢竟是聰敏的，他們會把這兩組拼成一組。賈逵的左傳解詁（史記注引）云：“帝鴻，黃帝也。不才子，其苗裔驩兜也”；這就把渾敦和驩兜併作了一人。又曰：“檮杌，頑凶無疇匹之貌，謂鯀也”；這又併檮杌與鯀爲一人。服虔的左傳解誼説窮奇即“謂共工氏也，其行窮而好奇”；這又把共工和窮奇合了起來。剩下一個饕餮沒有注，當然是三苗了！

誅四凶者，有的説是堯，有的説是舜。以上所引各書都説是舜所幹，可是在古籍裏説是堯所誅的卻也不少。今分錄如下：

其一，大戴禮記五帝德在“宰我曰：‘請問帝堯？’”之下，孔子回答他的話，除稱頌堯的德行外，是“流共工于幽州以變北狄，放驩兜于崇山以變南蠻，殺三苗于三危以變西戎，殛鯀于羽山以變東夷”，這文在“宰我曰：‘請問帝舜’”之上，分明是分配給堯的一件大事。司馬遷作五帝本紀是照鈔五帝德的，所以他就把這文寫入了堯紀，但在“帝堯老，命舜攝行天子之政”下加入了“驩兜進言共工，堯曰‘不可’，而試之工師，共工果淫辟。四嶽舉鯀治鴻水，堯以爲不可，嶽彊請試之，試之而無功，故百姓不便。三苗在江、淮、荊州數爲亂。於是舜歸而言於帝，請流共工……”，見得誅四凶是舜請示於堯而堯答應照辦的。史記雖鈔五帝德，但文字有小異："幽州"作"幽陵"，"殺三苗"作"遷三苗"。孔廣森大戴禮記補注云："'殺'，'竄'字之誤。古文尚書曰：'竄三苗'，'竄'之言'殛'也。……'殛'，亦'放'也。天問曰：'永遏在羽山，夫何三年不施?'洪範曰：'鯀則殛死'者，言其終死殛所，非謂誅殺之。"王念孫讀書雜志駁孔氏"殺"爲"竄"字誤云："'殺'乃'桀'之借字，謂放流之也。字亦通作'蔡'。"説文："'桀'，粢粢散之也，从米、殺聲。"昭元年左傳："周公殺管叔而蔡蔡叔"，杜注曰："'蔡'，放也。"是四凶統統被流放，並没有一個砍頭。

其二，莊子在宥説："昔者黄帝始以仁義攖人之心，……堯於是放驩兜於崇山，投三苗於三峗，流共工於幽都，此不勝天下也。"陸德明經典釋文莊子音義："崇山，南裔也。堯六十年，放讙兜於崇山。'投三苗'，崔本'投'作'殺'，尚書作'竄'。三苗者，縉雲氏之子。'三峗'，……西裔之山也，今屬天水。堯六十六年，竄三苗於三峗。……共工，官名，即窮奇也。'幽都'，李云'即幽州也'，……北裔也。堯六十四年，流共工于幽州。"依陸氏説，堯誅諸凶都有確實的年代，而均在堯典所説的"朕在位七十載，汝能庸命巽朕位"之前，亦即在四岳舉舜于畎畝中之前，是堯的一件獨斷獨行的事情。按陸氏生于隋世，卒于唐初，其時竹書紀年雖尚存在，但這書在晉殤叔以後才逐年記事，以前的事情並没有定下年份，因此他所記下的堯六十年至六十六年的三次誅殺和放流之事，猜想他根據的是皇甫謐的帝王世紀。這位生在晉代的古史學家最會説謊話，看史記五帝本紀的裴駰集解、司馬貞索隱、張守節正義所引的"皇甫謐"説和"帝王世紀"説，把五帝的年歲和他們在位的年數、甲子説得十分確定，便可知道他是怎樣的一個大言不慚的人。但他雖能瞞過晉、唐的人們，可是已瞞不過十八世紀的人，到了二十世紀就更没有他的地位了。

其三，韓非子外儲説右上："堯欲傳天下於舜，鯀諫曰：'不祥哉！孰以天下而傳之于匹夫乎！'堯不聽，舉兵而誅，殺鯀于羽山之郊。共工又諫曰：'孰以天下而傳之于匹夫乎！'堯不聽，又舉兵而誅，〔流〕共工于幽州之都。于是天下莫敢言無傳天下于舜。仲尼聞之曰：'堯之知，舜之賢，非其難者也。夫至乎誅諫者必傳之舜，……不以其所疑敗其所察，則難也。'"這是把堯誅諸凶放到堯徵用了舜且將讓位於舜的時候，比了陸德明所引之說推遲了好幾年了。

其四，淮南子脩務訓："堯立，孝、慈、仁、愛，使民如子弟，西教沃民，東至黑齒，北撫幽都，南道交趾。放讙兜於崇山，竄三苗於三危，流共工於幽州，殛鯀於羽山。"它說了這番話後，才提到"舜作室，築牆茨屋，辟地樹穀"的事，可見在作者意想中，堯誅四凶之後才舉舜登庸。又這文上云"北撫幽都"，下云"流共工於幽州"，"都"與"州"是舌頭音的轉化，即是一字，可見幽都是堯的仁愛之教所開闢的北方邊疆，後來發現共工是壞人，所以把他流放到那邊。

誅四凶的究竟是堯或是舜，清代學者爲欲解決這個問題，或是想調和這些矛盾，崔述在唐虞考信錄（卷二）中說："此（指堯典）其記放齊、驩兜及鯀之用何也？曰：所以爲舉舜張本，亦所以爲流四凶之張本也。（丹）朱既不足以付大事，而共工、驩兜相與比周，鯀功又不克成，是以堯之心迫欲得一人以代己而敷治也。共工、驩兜皆爲堯所斥絕，即鯀之用亦非堯意，是以舜攝政後流之放之於遠方也。曰：然則堯何以不流放之而必待夫舜也？曰：當堯之時，或其才有可取，罪尚未著，猶欲冀其成功，望其悔過；及舜攝政後而情狀日以顯著，功既難冀其成，過亦無望其悔，然後流之放之。但典文簡質，未及詳載其由耳；非堯不能去，必待舜而後始去之也。蓋堯之心但欲庶績咸熙，黎民得所，原不私此數人，故舜流之放之而無所嫌。"這樣一講，就說是舜誅固可，說爲堯誅亦無礙，因爲"舜特體堯之心，終堯之事，以成堯之美，而初未嘗反堯之政”，何等地設想得圓滿！

　　行輩稍後於崔述的郝懿行，他在書説（卷上）中也説：“去四凶者雖舜，其實皆秉命于堯，蓋舜斯時方居攝未陟帝位也。故流、放、竄、殛，特書于‘二十有八載’之前，以明去四凶者堯也。左傳謂堯未能去，至舜而後去之，非也。”在司馬遷的“厥協六經異傳，整齊百家雜語”的方法之下，崔、郝兩家的調停之論已算做的到家了。

　　可是鯀的被誅，在比較早的記載裏，並不是爲了堯授天下於舜，而是爲了他鄣洪水。國語周語下：“其在有虞，有崇伯鯀播其淫心，稱遂共工之過，堯用殛之于羽山。”韋昭解：“‘播’，放也。‘稱’，舉也。舉遂共工之過者，謂鄣洪水也。”又魯語上：“夫聖王之制祀也，……以死勤事則祀之。……鯀鄣洪水而殛死。”韋解：“鯀防百川，績用不成，堯用殛之于羽山。禹爲天子而郊之，取其勤事而死也。”禮記祭法：“夏后氏亦禘黄帝而郊鯀，祖顓頊而宗禹。……鯀鄣鴻水而殛死，禹能修鯀之功。”孔穎達疏云：“鯀塞水……亦是有微功於人，故得祀之。若無微功，焉能治水九載！”又世本云：“‘（鯀）作城郭’，是有功也。……禹能修父之功，故祀之。”史記夏本紀也説：“禹傷先人父鯀功之不成受誅，乃勞身焦思，居外十三年，……致費於溝淢，……以開九州。”從這些文字裏，可見同樣是治洪水，鯀是主張“塞”的，即是築隄防洪水，由此悟得作了城郭以防衛敵人入侵的道理，所以對人民有功，因而得受夏王朝的郊祭；禹是主張“疏”的，即是引水開溝淢，這不但減少了水災的威脅，而且大有利於農産，對於人民的功勞更大，所以得受夏王朝的宗祀。韓非子和吕氏春秋的斤斤計較於職位高下而亂動干戈的説法，自然應該淘汰。可是鯀的“障”和禹的“疏”本是水利工程的一分爲二的兩種辦法，不能舉一而廢一，殛鯀興禹原是神話中的消除牴牾的一種幻想，在實際的歷史上是解不通的。

二十四　輯五瑞，更定朝儀

堯典云："輯五瑞，既月，乃日覲四岳、群牧，班瑞于群后"，即是這個回目的出處。僞孔傳："'輯'，斂；'既'，盡；'覲'，見；'班'，還；'后'，君也。舜斂公、侯、伯、子、男之瑞圭、璧，盡以正月中，乃日日見四岳及九州牧、監，還五瑞於諸侯，與之正始。"孔穎達疏："'輯'是斂聚，'班'爲散布。……周禮典瑞云：'公執桓圭，侯執信圭，伯執躬圭，子執穀璧，男執蒲璧'，是圭、璧爲五等之瑞，諸侯執之，以爲王者瑞信，故稱'瑞'也。舜以朔日受終於文祖，……及斂五瑞，則入月以（已）多日矣。'盡以正月中'，謂從斂瑞以後至月末也。……舜初攝位，當發號出令，日日見之，與之言也。……更復還五瑞於諸侯者，此瑞本受於堯，斂而又還之，若言舜新付之，改爲舜臣，與之正新君之始也。"話説得很明白，舜已攝位，應當把堯時所封的諸侯一一見過；爲了惟恐其中有冒濫，所以要輯瑞作證；既已見面，仍把這些瑞玉還給他們。

這個回目全出堯典。這是西漢時代面臨的一個封王、侯以藩衛天子的一個大一統的局面，是堯典著作時代的一個關鍵問題。

二十五　神禹治水，宛委夢玄夷

禹治水的故事，古籍中差不多都有記載，因爲太繁了，應另作專論，今略而不述。

宛委是山名，在浙江會稽縣東南十五里，一名玉笥山。玄夷是神人之名。禹在宛委夢見玄夷這個故事，見于吳越春秋卷四越王無余外傳，其文云："乃按黃帝中經歷，蓋聖人所記，曰：'在于九山東南天柱，號曰宛委，赤帝在闕。其巖之巔，承以文玉，覆以盤石。其書金簡，青玉爲字，編以白銀，皆瑑其文。'禹乃東巡，登衡嶽，血白馬以祭。不幸所求，禹乃登山仰天而嘯，因夢見赤繡衣男子，自稱玄夷蒼水使者。聞帝使文命于斯，故來候之。非厥歲月，將告以期，無爲獻吟，故倚歌覆釜之山，東顧謂禹曰：'欲得我山神書者，齋于黃帝巖嶽之下。三月庚子，登山發石，金簡之書存矣。'禹退，又齋。三月庚子，登宛委山，發金簡之書，案金簡玉字得通水之理。復返歸嶽，乘四載以行川，始于霍山，徊集五嶽。"照這樣説，禹的治水完全是出于玄夷蒼水使者的指導。如果得不到這些金簡玉字之書，他就會像他父親鯀一般地因無功而受罰了！

二十六　伯益焚山，疏屬刑貳負

益是舜的虞官。堯典云："帝曰：'疇若予上下草、木、鳥、獸？'僉曰：'益哉！'帝曰：'俞，咨益，汝作朕虞！'益拜稽首，讓于朱、虎、熊、羆。帝曰：'俞，往哉，汝諧！'"

益的焚山，見于孟子滕文公上，云："舜使益掌火，益烈山澤而焚之，禽獸逃匿。"皋陶謨則云："禹曰：'洪水滔天，浩浩懷山襄陵，下民昏墊。予乘四載，隨山刊木，暨益奏庶鮮食。'"僞孔傳："'奏'，詔進于民。鳥獸新殺曰'鮮'。"蔡傳云："水土未平，民未粒食，與益進衆鳥、獸、魚、鼈之肉于民，使食以充飽也。"那麼，他不但是焚山而且是刊木，不但是驅鳥獸而且是捉禽獸來供食用了。

　　“伯益”兩字，崔述在唐虞考信録（卷三）中曾論辨過。他因漢書地理志説：“秦之先曰柏益，……堯時助禹治水，爲舜朕虞，養育草、木、鳥獸，賜姓嬴氏。”顏師古注：“柏益，一號柏翳，蓋‘翳’、‘益’聲近故也”，而分益和翳爲二人。但古人之名常有同音異字，如“帝舜”亦作“帝俊”，見于山海經，即是一例。我很懷疑舜官之所以有益，即因秦祖爲柏翳之故，崔氏的分析不足爲定論，當于別篇論之。

　　疏屬刑貳負的故事，出于山海經。海内西經云：“貳負之臣曰危危，與貳負殺窫窳。帝乃梏之疏屬之山，桎其右足，反縛兩手與髮，繫之山上木。”又云：“開明東有巫彭、巫抵、巫陽、巫履、巫凡、巫相，夾窫窳之尸，皆操不死之藥以距之。窫窳者，蛇身人面，貳負臣所殺也。”這經上的“帝”自是上帝，那麼梏貳負臣一事自是上帝所爲，與益無關。宋氏這題，或因山海經相傳是禹和益合作，因而使他們發生了關係吧？

二十七　産奇胎，塗山化石

　　正在這天翻地覆的時候，忽然這位神禹起了室家之思了，這確是一個很好的愛情插曲。

　　禹娶于塗山的故事，在皋陶謨中本來是一椿“正經”的事情，它述禹的話道：“予娶于塗山；辛、壬、癸、甲，啟呱呱而泣，予弗子，惟荒度土功。”這是與孟子上的“禹三過其門而不入”是同樣的救世而不暇顧家的表現，並沒有什麼神祕的意味在内。但這裏的“辛、壬、癸、甲”，於僞孔傳解作“辛日娶妻，至于甲日，復往治水”。按從辛到甲只有四天，塗山氏哪會一結婚便産了兒子<u>啟</u>呢？

　　<u>吕氏春秋音初</u>云：“<u>禹</u>行功，見<u>塗山</u>之女。<u>禹</u>未之遇而巡省
南土，<u>塗山</u>氏之女乃令其妾候<u>禹</u>于<u>塗山</u>之陽。女乃作歌，歌曰：
‘候人兮猗’，實始作爲南音。”這裏只説<u>禹</u>見<u>塗山</u>之女，並没有直
截了當地説<u>禹</u>娶她，但<u>塗山</u>之女既令其妾（丫鬟）候他，她自己又
作南音之歌，那自然對<u>禹</u>早就有情了。

　　<u>列女傳</u>中也有一段<u>禹</u>娶<u>塗山</u>的故事，曰：“<u>啟</u>母者，<u>塗山</u>氏
長女也，<u>夏禹</u>娶以爲妃。既生<u>啟</u>，辛、壬、癸、甲，<u>啟</u>呱呱泣，
<u>禹</u>去而治水，惟荒度土功，三過其家不入其門。<u>塗山</u>獨明教訓而
致其化焉。”這是跟<u>皋陶謨</u>和<u>孟子</u>一樣地説<u>禹</u>如何地勤勞民事，<u>塗</u>
<u>山</u>氏女又是如何地賢淑教子。

　　説<u>禹</u>娶<u>塗山</u>較爲詳細的，當推<u>吴越春秋</u>。<u>越王無余外傳</u>云：
“<u>禹</u>三十未娶，行到<u>塗山</u>，恐時之暮，失其制度，乃辭云：‘吾娶
也，必有應矣。’乃有九尾白狐造于<u>禹</u>，<u>禹</u>曰：‘白者，吾之服也。
其九尾者，王之證也。’<u>塗山</u>之歌曰：‘綏綏白狐，九尾龐龐。我
家嘉夷，來賓爲王。成家成室，我造彼昌。天人之際，於茲則
行。明矣哉！’<u>禹</u>因娶<u>塗山</u>，謂之女嬌，取辛、壬、癸、甲。<u>禹</u>行
十月，女嬌生子<u>啟</u>。<u>啟</u>生不見父，晝夕呱呱啼泣。”這裏把<u>禹</u>怎樣
娶<u>塗山</u>氏之女比戰國人所説的更爲完備，而且把生<u>啟</u>的事移後到
“<u>禹</u>行十月”，也比<u>皋陶謨</u>記的近情多多。可惜它還没有告訴我們
怎樣“産奇胎，<u>塗山</u>化石”。

　　“産奇胎，<u>塗山</u>化石”的神話始見於<u>淮南子</u>（今本未有，<u>漢書</u>
<u>武帝紀</u>注引）。其文云：“<u>禹</u>娶<u>塗山</u>，治鴻水，通<u>轘轅山</u>，化爲
熊。<u>塗山</u>氏見之，慚而去。至<u>嵩高山</u>下，化爲石。<u>禹</u>曰：‘歸我
子！’石破北方而生<u>啟</u>。”<u>漢書武帝紀幸緱氏</u>詔曰：“朕用事<u>華山</u>，
至于<u>中嶽</u>，獲駮鹿，見<u>夏后啟</u>母石。”<u>應劭</u>注：“<u>啟</u>生而母化爲
石。”照以上所説，<u>淮南子</u>是説<u>塗山</u>氏女先化爲石，而後石破生
<u>啟</u>；<u>應劭</u>對于“<u>啟</u>母石”的解釋，則説<u>啟</u>降生以後他的母親才化爲

石，二説顯然不同。至于啟母所化之石，不但河南嵩山上有，即安徽懷遠縣的塗山上也有。

　　至于"塗山"這一地名的解釋，各書不同。按左傳哀公七年："禹合諸侯于塗山"，杜預解爲"在壽春東北"。壽春即今安徽壽縣。清一統志謂"塗山在懷遠縣東南八里"，其地亦在今安徽。會稽志則説"塗山在山陰縣西北四十五里"，此處之山陰縣在清代與會稽縣並爲浙江紹興府治，辛亥革命後廢府，併山陰、會稽兩縣爲紹興縣。照這樣説，塗山又不在安徽而在浙江了。一個有名人物，這般地給人搶來搶去，裝點門面，可見古蹟的不可信到了什麼程度。

二十八　降怪物，淮水安瀾

　　這件故事，在書本上出現得最晚。路史餘論九無支祈條引集仙録云："李公佐至永和九年從元公錫泛洞庭，登包山，入靈洞，得古岳瀆經第八卷，奇字蠹毁，不能解。其後周焦君詳之云：'禹治水，三至桐柏山，驚風、迅雷，石號、木鳴，土伯擁川，天老肅兵，功不能興。禹怒，召集百靈，搜命夔、龍、相、柏等於君長稽首請命。禹因囚鴻冡氏、彰商氏、兜氏、盧氏、犁婁氏，乃獲淮、渦水神名無支祈，善應對言語，辨江、淮之淺深，原隰之遠近；形若猿猱，縮鼻、高額，青軀、白首，金目、雪牙，頸伸百尺，力逾九象，博擊騰趠，疾利倏忽，視不可久。禹乃授之童律，童律不能制；授之烏木田，烏木田不能制；授之庚辰，庚辰能制。鴟脾、桓胡、木魁、水靈、山妖、石怪，奔號叢繞者以千數。庚辰以戰遂去。頸鎖大械，鼻穿金鈴，徙之淮陰龜山之足，俾淮水永安。'"這篇文章頗與禹在宛委得金簡玉字相像，可惜出于唐人之手，太晚了！

　　禹既有娶于塗山（安徽懷遠縣）的故事，又有鎖住無支祈的故事，可見他的故事與淮水甚有關係，是淮水流域人民盛傳的一件禹治水的故事。明代住在淮安的吳承恩作西游記演義，即把這個跳來跳去、力大于象的無支祈送給孫行者了。

二十九　　教稼、明倫，功垂萬世

　　這個回目是準備寫稷與契的政績的。孟子滕文公上云："后稷教民稼穡，樹藝五穀，五穀熟而民人育。人之有道也，飽食煖衣，逸居而無教，則近于禽獸。聖人有憂之，使契爲司徒，教以人倫：父子有親，君臣有義，夫婦有別，長幼有序，朋友有信。"校以上文二十回目，好像稷是八元的總和，契是八愷的總和。堯典説："帝曰：'棄，黎民阻飢，汝后稷，播時百穀！'帝曰：'契，百姓不親，五品不遜，汝作司徒，敬敷五教，在寬！'"即是此意。史記五帝本紀所記的亦與此同。

　　在以上所引的兩段話裏，我們知道后稷就是棄。他爲什麽名棄，這是戰國以前書中所沒有提到的。直到司馬遷作周本紀，才把這個原委説明。周本紀："周后稷，名棄。其母有邰氏女，曰姜嫄。……姜嫄出野，見巨人跡，心忻然説，欲踐之；踐之而身動如孕者。居期而生子。以爲不祥，棄之隘巷，馬牛過者皆辟不踐。徙置之林中，適會山林多人；遷之，而棄渠中冰上，飛鳥以其翼覆薦之。姜嫄以爲神，遂收養長之。初欲棄之，因名曰棄。棄爲兒時，屹如巨人之志。其游戲，好種樹麻、菽，麻、菽美。及爲成人，遂好耕農，相地之宜，宜穀者稼穡焉。……帝堯聞之，舉棄爲農師，天下得其利，有功，……號曰后稷。"（吳越春秋吳太伯傳及宋書符瑞志所記皆與此略同。）這段文字，分明從詩大雅生民和魯頌閟宮來，是周族早期的一種傳說，説明了姬、姜兩姓的婚姻關係，但詩經裏卻没有"棄"這名字。那時還是母系社會，婦女是氏族的主人，人們只知道有母而不知道有父，所以生民説："厥初生民，時維姜嫄"，閟宮説："赫赫姜嫄，其德不回"，並不以無夫生子爲羞，根本用不着抛棄，其所以"馬、牛不踐"、"山林多人"、"鳥翼覆之"，正是表現后稷初生時的種種奇蹟，説明了周族以農立國的偉業。到了父權社會，婦女成了男子的附屬品，才把無夫而孕看作不道德的事而有棄兒的行爲，這就是后稷名棄的由來。例如左傳宣四年："若敖娶於䢵，生鬬伯比。若敖卒，從其母畜於䢵；淫於䢵子之女，生子文焉，䢵夫人使棄諸夢中，虎乳之。䢵子田，見之，懼而歸。夫人以告，遂使收之。……以其女妻伯比。"這纔清楚表現了父權社會中對于私生子的慘酷處理！堯典稱稷爲"棄"，正是它晚出的證據。

在神禹治水、伯益焚山之後，繼之以后稷教稼、契教人倫，自然地發生了蒸蒸日上的文化了。

三十　阜財、解愠，利普群生

這個回目出自尸子。文選琴賦注引尸子云："舜作五絃之琴，以歌南風：'南風之薰兮，可以解吾民之愠。'"又禮記樂記疏謂魏王肅聖證論引尸子及家語難鄭（鄭玄）云："昔者舜彈五絃之琴，其辭曰：'南風之薰兮，可以解吾民之愠兮。南風之時兮，可以阜吾民之財兮。'"清汪繼培輯尸子時，王肅作僞的公案早被人們指出，所以他注道："疑尸子本止二語，而肅合家語稱之也。"

除尸子以外，在别的書裏還不曾找出舜的"阜財"和"解愠"發生關係的故事來。雖然説舜彈五絃之琴以歌南風已很多，如韓非子外儲説左上，淮南子詮言、泰族，韓詩外傳四，史記樂書索隱，越絶書卷十三，新語無爲，風俗通義聲音等均是；但都没有把歌詞全文記載下來，也没有説明它是怎樣地“阜財”，又怎樣地“解愠”的。所以這個回目的内容，我們現在已經難以替它解釋了。如果宋氏作成這部小説，當然會得隨着他的構想而作出一番渲染來的。

三十一　璿璣齊七政，肇建明堂

堯典云：“在璿璣、玉衡，以齊七政。”僞孔傳云：“‘在’，察也。‘璿’，美玉。‘璣、衡’，王者正天文之器，可運轉者。‘七政’，日、月、五星各異政。舜察天文，齊七政，以審己當天心與否。”孔穎達疏：“舜……雖受堯命，猶不自安，……乃復察此璿璣、玉衡以齊整天之日、月、五星七曜之政，觀其齊與不齊。齊則受之是也，不齊則受之非也。見七政皆齊，知己受爲是，遂行爲帝之事。”照這樣講來，舜當時用了“渾天儀”這樣的儀器去觀測天象，决定他的受禪是否合於天心，正與論語堯曰的“天之歷數在爾躬”同意，是五德終始説下的産物。其所謂“齊”，或者是“日、月合璧，五星聯珠”一類現象吧！

肇建明堂事，書無明文。堯典云：“正月上日，受終于文祖。”史記對于此句的解釋是“‘文祖’，堯太祖也。”鄭玄注：“文祖者，五府之大名，猶周之明堂。”禮記祭法：“有虞氏禘黄帝而郊嚳，祖顓頊而宗堯”，鄭玄注：“有虞氏以上尚德，禘、郊、祖、宗配用有德者而已。”孔穎達疏：“虞氏禘、郊、祖、宗之人皆非虞氏之親，是‘尚德’也。”舜受禪於堯，這個典禮行於堯的太祖之廟，即是"尚德"的表示，所以在他的祭法之中，禘黃帝、祖顓頊、郊嚳，都是堯的直系祖先，這分明出於帝繫姓中排列的系統，這篇文字明見於大戴禮記和五帝本紀的。堯典又云："歸，格于藝祖，用特。"馬融注："'藝'，禰也。"這才是舜的家廟。自從鄭玄等有了這些注，而堯、舜之有明堂便在堯典裏找出證據來了。

　　除此之外，關于舜與明堂的記載，我們在尸子裏又知道明堂"有虞曰總章"。但這只是説明堂在有虞時叫做"總章"，還没有提到舜肇建明堂的事實。禮記明堂位云："鸞車，有虞氏之路也。……泰，有虞氏之尊也。……米廩，有虞氏之庠也。……凡四代之服、器、官，魯兼用之。"這裏所謂"四代"，即指虞、夏、商、周。宋氏這個回目，或因明堂位文虞在最前，所以就定爲舜始建明堂了吧？

三十二　玉帛貢九州，遍巡方岳

　　堯典云："歲二月，東巡守，至于岱宗，柴，望秩于山川；肆覲東后，協時、月，正日，同律、度、量、衡，修五禮，——五玉、三帛、二生、一死，贄，——如五器；卒，乃復。五月，南巡守，至于南岳，如岱禮。八月，西巡守，至于西岳，如初。十有一月，朔巡守，至于北岳，如西禮。……五載一巡守，群后四朝。"在巡閲方岳之中，他要做許多事情：（一）燔柴告天，（二）依照山、川的秩次而行望祭之禮，（三）覲見諸侯，（四）整齊曆法，（五）整齊律、度、量、衡，（六）修五禮和禮器。諸侯也要在這個時候用五種玉、三種帛，以及生、死的鳥、獸做贄見禮來朝見這位新攝位的帝王。以後是不是年年照辦還是隔了幾年纔辦一次，本文不詳。這種制度，是秦、漢時代儒者的想像中的宗教和政治的統一，是合於陰陽五行説的支配的。

史記五帝本紀本于堯典，它所記的都與堯典相同。只有尚書大傳稍異，其文云："維元祀，巡狩四岳、八伯，壇四奥，沈四海，封十有二山，兆十有二州，濬川。樂正定樂名；元祀代泰山，貢兩伯之樂焉。"鄭玄注："'元'，始也。歲二月，東巡守，始祭代氣於泰山也。東稱'代'。"爲了在堯典中四岳是全國最高行政長官，區域廣大，不易單獨處理，所以在每一岳裏再立諸侯之長二伯，故云"八伯"。這是在別的書裏找不出證據來的。分明是西漢尚書學家臆造出來的制度。

所謂四岳，堯典裏確定的只有東岳泰山，至於南岳衡山，西岳華山，北岳恒山，那是到了漢宣帝時纔欽定下來的制度。如果真是"封十有二山"，那就比這四岳擴大了三倍，我們姑且遷就漢以下之説，把今山西的蒲阪作爲舜的都城，由蒲阪到四岳，相距甚遠，往返需時甚久，在古代的交通條件十分困難之下，舜在一年之内巡視一遍，確實不易，何況擴大到十二山。隋代的王通在他的文中子王道裏説："舜一歲而巡五嶽，國不費而民不勞，……無他道也，兵衛少而徵求寡也。"這雖然説得好像有理，但還不足以解決這個問題。這個問題的關鍵，在於"州"和"岳"的編制上，這在我寫的州與嶽的演變一文中已有説明，這裏不詳述了。

關于"貢"的記載，禹貢上説的最多，我也在禹貢新注中作了考證，現在不再列舉。

三十三 避河南，丹朱失政

避河南一事見于孟子。萬章上云："舜相堯二十有八載，非人之所能爲也，天也。堯崩，三年之喪畢，舜避堯之子于南河之南，天下諸侯朝覲者不之堯之子而之舜，訟獄者不之堯之子而之舜，謳歌者不謳歌堯之子而謳歌舜，故曰天也。夫然後之中國，踐天子位焉。"在這一段文字裏可以看出孟子對於天子這個位子還是擁護傳子制而不贊成禪讓制的，所以他要在堯死之後，舜不是直接承受帝位而要避開帝位，只因丹朱繼了堯位之後，作事太不得人民的擁護，而舜卻有二十八年長期攝政的歷史，得到人民的高度好感，所以他雖是避開了國都，隱居到黃河的南面，但人民還不肯放過他，拉了他出來作皇帝。這真是"人心所向，天意可知"。但這和論語的"堯曰：'咨爾舜，天之歷數在爾躬'"生出了怎樣多大的矛盾！

左傳文公十八年所記史克的話，也說："是以堯崩而天下如一，同心戴舜以爲天子。"似乎舜爲天子確是由於人民的推戴而不是出於堯的禪讓。

從以上所引的兩段文字看來，在堯朝的舜只有相堯，只因堯崩之後，諸侯和人民都同心戴舜，所以撇開了堯的太子丹朱，使舜繼堯做了天子。

可是堯典所記卻和這些話截然不同。它在一開頭就把丹朱趕了出去。文云："帝曰：'疇咨若時登庸？'放齊曰：'胤子朱啟明。'帝曰：'吁，嚚訟，可乎！'"寫出了丹朱在堯未舉舜以前早已做了胤子（太子），卻又早已受了他父親的擯斥。又于舉舜後道："帝曰：'格汝舜，詢事考言，乃言底可績，三載，汝陟帝位！'……正月上日，受終于文祖。"這說明了舜在登庸後三年即已受堯之禪。又于堯崩之後道："月正元日，舜格于文祖。"堯死後他就穩穩當當地登上了帝位。歷來學者爲要使得堯典的話不至與孟子相衝突，才勉強地解爲攝位。但即使是攝，又哪會有"避河南，丹朱失政"的事情呢？這是兩千多年來的儒者圓不過來的謊話！只因堯典和孟子同列於最高地位的經典裏，誰也不敢揭破這個矛盾，冒犯封建社會的最高統治階級建立的宗教性的權利的根據，因而使自己陷於不測的危害，惟有假作癡呆，囫圇吞棗地讀過去，這樣就蒙蔽了人民的眼睛兩千多年，直到封建社會解體，纔容許我們去戳穿它。

史記五帝本紀云："堯立七十年得舜，二十年而老，令舜攝行天子之政，薦之于天"，這和"詢事考言，……三載，汝陟帝位"是相矛盾的。堯典"三載"而即行禪讓，和史記的"二十年"方令舜攝政，在時間上差得太遠了。又云："堯辟位凡二十八年而崩，百姓悲哀如喪父母；三年，四方莫舉樂以思堯。堯知子丹朱之不肖，不足授天下，于是乃權授舜。授舜則天下得其利而丹朱病，授丹朱則天下病而丹朱得其利，堯曰：'終不以天下之病而利一人'，而率授舜以天下。堯崩，三年之喪畢，舜讓辟丹朱于南河之南，諸侯朝覲者不之丹朱而之舜，獄訟者不之丹朱而之舜，謳歌者不謳歌丹朱而謳歌舜。舜曰：'天也！'夫而後之中國踐天子位焉。"這固然和孟子文合了，但和堯典的"月正元日，舜格于文祖"又矛盾了。我們看像司馬遷這樣想把孟子和堯典的話併合爲一，結果還是保存了孟子而犧牲了堯典，可以知道兩個存在着的矛盾是掩蓋不起來的，我們只該揭露矛盾，才有解決矛盾的希望。

尚書大傳虞夏傳云："堯爲天子，丹朱爲太子，舜爲左右。堯知丹朱之不肖，必將壞其宗廟，滅其社稷，而天下同賊之，故堯推尊舜而尚之，屬諸侯焉，致天下於大麓之野。"這裏所說的堯不以天下授丹朱的理由，在文字上與史記所言有所不同，史記是說堯爲了有利於天下人民才把天下讓給舜的，他的心地何等光明正大；而這裏則是爲了保存唐家的宗廟和社稷而把天下授給舜的，心地就褊狹了。可是這和禮記祭法所說的"有虞氏……宗堯"卻是一個意思。既經宗了堯，就必然爲了保存唐家的宗廟。這個問題留在第三十六回"建宗廟七祖生天"下再談。

　　史記和尚書大傳都説堯知道自己的兒子丹朱不肖，那末，人
們不禁要問：丹朱究竟是怎樣一個不肖的人？這就首先該提到皋
陶謨，那篇裏記禹的話道："無若丹朱傲，惟慢游是好，傲虐是
作，罔晝夜頟頟，罔水行舟，朋淫于家，用殄厥世。"那麼，他的
罪狀可以分析爲：一是慢游，二是傲虐，三是不分晝夜，四是無
水搖船，五是聚集淫朋。但近代吳闓生的尚書大義卻説："'丹朱
傲'，即胥敖，在丹水之浦，亦即楚辭之澆也。或以爲堯子丹朱，
謬甚。"這話該怎講？吳氏所以把"丹朱傲"定爲一名，是由於大戴
禮記帝繫説"瞽瞍産……帝舜及産象敖"來。他説"即胥敖"，是由
莊子齊物論説"堯……欲伐宗、膾、胥敖"來。他説"即楚辭之
澆"，是由天問説"釋舟陵行，何以遷之？惟澆在户"及論語憲問
説"羿善射，奡盪舟，俱不得其死然"來。"奡"、"傲"同音，"盪
舟"與"釋舟陵行"又好像是一件事。所以他就獨排衆議，把古書
資料湊成這個新型的解釋。然而"胥敖"既是一個國名，又怎樣把
它改作人名呢？天問的"釋舟陵行"似乎即是皋陶謨的"罔水行舟"
所本，然而"釋舟"是舍舟登陸，"行舟"則是説他硬要在陸地上行
舟，究竟是兩回事。何況帝繫的"象傲"一名很像是漢代經師錯讀
了堯典"象傲"的句子，把形容詞變作了名詞呢？

　　以上所説的一切，都没有提到丹朱如何失政的事蹟，而且堯
典的廢朱在舉舜之前，丹朱在舜攝政之後再没有起些作用，宋氏
這個回目實在令人費解。看山海經海内南經云："蒼梧之山，帝
舜葬于陽，帝丹朱葬于陰。"又海内北經云："帝堯臺，……帝丹
朱臺，……在崑崙東北。"在丹朱這個名字上與堯、舜同樣地加上
一個"帝"字，這真像他曾經繼續堯的位子而作過帝的，但又何以
解于孟子等書一齊摒棄了他呢？又他既已做過帝，便很容易有失
政的事蹟，但現存的任何書本裏卻没有保存這份材料。所以宋氏
這個回目，很可以表示出他想從山海經的記載裏加以附會渲染的
意願。

三十四　封嶺表，傲象回心

史記集解引帝王世紀云："堯娶散宜氏女，曰女皇，生丹朱"，又引汲冢紀年云："后稷放帝子丹朱"，又引范汪荆州記云："丹水縣在丹川，堯子朱之所封也"，那麼，堯的長子朱只是"封"於丹，説得嚴重些也只是"放"於丹，丹即今湖北丹江縣，也不能算太遠。但史記正義引括地志云："故堯城在濮州鄄城縣東北十五里，竹書云'昔堯德衰，爲舜所囚'也。又有偃朱故城在縣西北十五里，竹書云'舜囚堯，復偃塞丹朱，使不與父相見'也。案濮州北臨漯，大川也。"漯水是黄河的支流，唐的濮州轄境相當於今山東范縣、鄄城縣和河南濮城縣南部地區。竹書是晉太康二年在魏襄王冢内發現的一大批竹簡，括地志所引的不一定出於紀年，也許出於項語。據這兩條文字看來，曾有舜發毒手，把堯和朱都監禁了，築了兩城，堯在東北，朱在西北，雖同在一縣而不得相見，這只是舜的凶狠，並無堯的不慈。

"堯殺長子"，未見他書。陸德明經典釋文引晉崔譔莊子注："堯殺長子考監明"算是一個孤證，偏不是丹朱。可是莊子盜跖云："滿苟得曰：'堯殺長子，舜流母弟，疏戚有倫乎？'"作者爲了加強堯的不慈的罪狀，毅然地説丹朱被堯殺了。

至于"舜流母弟"，"流"字在這裏自當作"放"字解，與孟子"封"的説法是相反的。孟子萬章上："萬章問曰：'象日以殺舜爲事，立爲天子則放之，何也？'孟子曰：'封之也，或曰放焉。'萬章曰：'……象至不仁，封之有庳，有庳之人奚罪焉？仁人固如是乎？在他人則誅之，在弟則封之。'曰：'仁人之于弟也，不藏怒焉，不宿怨焉，親愛之而已矣。親之，欲其貴也。愛之，欲其富也。封之有庳，富貴之也。身爲天子，弟爲匹夫，可謂親愛乎！'敢問"或曰放"者何謂也？'曰：'象不得有爲于其國，天子使吏治其國而納其貢税焉，故謂之"放"，豈得暴彼民哉！雖然，欲常常而見之，故源源而來。不及貢，以政接于有庳，此之謂也。'"這是把"放"與"封"解爲同一件事的異説。但在字義上，莊子上的"流"決不是孟子上的"封"。大概崔譔注莊子時曾看出這點不同來，爲了免得跟孟子上的話沖突，便解釋道："流，放也。孟子云：'舜封象于有庳，不得有爲于其國，天子使吏治其國而封納貢税焉'，故謂之'放'也。"這倒很像漢以下的封國，天子派了太傅去代封君執行政務一樣，可知孟子確是生在封建社會，已經有了中央集權的思想了。

　　我們由孟子上的話，知道舜封象到有庳，是爲了對弟弟的親愛；派人代他治國，不許他自己有所作爲，則是爲了有庳之人没有罪，免得他們受象的壓榨。錢玄同先生曾説象是一個拿乾脩的人，這很恰當，虧得孟子的善于調停異説呵！可是舜對弟的親愛，一到法家的韓非口裏便變成爲不仁了。韓非子忠孝云："瞽瞍爲舜父，而舜放之；象爲舜弟，而（舜）殺之；放父、殺弟，不可謂仁。"象既然爲舜所殺，當然談不到兄弟的親愛了！所以封弟的那段"以德報怨"的事蹟，在韓非子裏卻直斷爲處以死刑的，和莊子中堯對丹朱的結果一樣。

　　有庳，水經注引王隱説，謂在應陽縣，即今湖南零陵縣。王隱云："應陽縣……東五里有鼻墟，象所封也，山下有象廟。"史記正義引帝王世紀也説："舜弟象封于有鼻。"後漢書袁譚傳中也説："象傲終受有鼻之封。"李賢注云："鼻國在永州營道縣（即零陵）北，今猶謂之鼻亭。"大象的鼻子在獸類中爲最長，而這名字叫作象的也封到鼻墟，或作有鼻，這不能不説是一件奇巧的事，是不是其中含有神話成分呢？這可見鼻亭的故事是從南方發生的，和舜所崩的蒼梧即在一地，這二人的故事必然有相互依存的關係。

閻若璩著的四書釋地續根據了孟子來駁，説没有"兄居蒲坂，弟居零陵，陸阻太行，水絶洞庭，較諸驩兜放處尤遠千里之理"。又道："且零陵之是國也，比歲一至，則往返幾將萬里，其勞已甚。數歲而數至，勢必日奔走于道路風霜之中而不少寧息。親愛弟者固如是乎？蓋有庳之封必近在帝都，而今不可考爾。或曰：然則今零陵曷爲傳有是名也？按括地志云：'鼻亭神在營道縣北六十里。故老傳云：舜葬九疑，象來至此，後人立祠，名爲鼻亭神。'（按：這根據史記正義所引）宋類苑云：'道、永二州之間，有地名鼻亭，窮崖絶徼，非人跡可歷。舜封象于有庳，蓋此地。'蓋者，疑辭。"這分明説他是一位神道了。

閻若璩説有庳不在南方，是一個最近于孟子思想的解釋。但在他同時，也有説它確在南方的，似乎更是一個近情的解釋。

顧炎武日知録七"象封有庳"條云："舜都蒲坂而封象于道州鼻亭，在三苗以南荒服之地，誠爲可疑。如孟子所論，親之欲其貴，愛之欲其富，又且欲其源源而來，何以不在中原近畿之處而置之三千餘里之外耶？蓋上古諸侯之封萬國，其時中原之地必無閒土可以封故也。……或曰：禹封在陽翟，稷封在武功，何與？二臣者，有安天下之大功，舜固不得以介弟而先之也。故象之封于遠，聖人之不得已也。"這是説那時中原封國太多，已無閒土，不得不封象到道州，是一個無可奈何的解釋。然而封國不僅是土地的分配，也是人口的分配，據孟子所説，堯、舜是生在洪荒初闢的時代，中原的人口難道已經這般地殷闐了嗎？

到了宋氏定下這回目，又説象受封的地點在"嶺表"（五嶺之外，即今廣東），那就比湖南更遠了。

"回心"事，不知出在何處。荀子正論篇云："世俗之爲説者曰：'堯、舜不能教化，是何也？'曰：'朱、象不化。是不然也。堯、舜，至天下之善教化者也，南面而聽天下，生民之屬莫不振動從服以化順之，然而朱、象獨不化，是非堯、舜之過，朱、象之罪也。……堯、舜者，天下之善教化者也。'"此處雖然沒有説出象會回心，卻説舜原是一個"善教化"的人物，不幸偏有了這"獨不化"的弟弟，宋氏定下這個回目，也許爲了要更好地説明舜的德化政治無所不被，所以在傲象被封以後，故意造出一段回心的事情來，借此表明了舜的德政的偉大成功。

　　楚辭天問有"眩弟並淫，危害厥兄，何變化以作詐，後嗣而逢長？"的疑問，王逸注："言象爲舜弟，眩惑其父母，並爲淫佚之惡，欲共危害舜也。"又云："象欲殺舜，變化其態，内作姦詐，……終不能害舜。舜爲天子，封象於有鼻，而後嗣之子孫長爲諸侯。"照這樣説，象的子孫是永遠作諸侯的，想不到這個惡人竟得了這樣的善報！皋陶謨裏卻説丹朱"傲虐是作，……朋淫于家，用殄厥世"，丹朱和象同樣是惡人，而結果則一個絶世，一個逢長，何以老天爺會有這樣不公平的對待呢？

三十五　朝太公，萬方受養

　　孟子萬章上載着一段很有趣味的問話。那時有一個名叫咸丘蒙的，他問孟子道："語云：'盛德之士，君不得而臣，父不得而子。'舜南面而立，堯帥諸侯北面而朝之，瞽瞍亦北面而朝之。舜見瞽瞍，其容有蹙。孔子曰：'於斯時也，天下殆哉岌岌乎！'不識此語誠然乎哉？"孟子回答他道："否，此非君子之言，齊東野人之語也！……孝子之至，莫大乎尊親；尊親之至，莫大乎以天下養。爲天子父，尊之至也。以天下養，養之至也。……書曰：'祗載見瞽瞍，夔夔齋慄；瞽瞍亦允若。'"照齊東野人的説法，是瞽瞍朝舜，爲的是正君和臣的名分；可是照齊西聖人的説法，卻是舜朝瞽瞍，爲的是正父和子的名分。

　　在史記裏，司馬遷也就依了孟子的話而説道：“舜之踐帝位，載天子旗，往朝父瞽瞍，夔夔唯謹，如子道。”

三十六　　建宗廟，七祖生天

　　這個回目大約是本于孔子家語而立的。家語廟制篇云：“孔子曰：‘天下有王，分地建國，設祖宗，乃爲親疏、貴賤、多少之數。是故天子立七廟：三昭、三穆，與太祖之廟而七。……此自有虞以至于周之所不變也。’”可是下文卻説：“有虞宗堯，異代之有功德者也。”那麽，這七廟又不盡是舜的七祖了，這該怎麽解釋呢？

　　孔子家語這部書，依清代學者研究的結果，是三國魏時代王肅僞造的。王肅固然大膽地編造僞書，但除了部分的絕對主觀性之外還是有所依據的。這天子立七廟之説，是出於禮記祭法。祭法説：“王立七廟，……曰考廟，曰王考廟，曰皇考廟，曰顯考廟，曰祖考廟，皆月祭之。遠廟爲祧，有二祧，享嘗乃止。”“考”是父，“王考”是祖，“皇考”是曾祖，“顯考”是高祖，“祖考”是始祖，這五廟都是每月祭祀一次。至於高祖以上和始祖以下的祖先，人數多了，不可能爲他們各立一廟，那就只能把他們的牌位遷入兩個祧廟，一年中只在禘祭和祫祭内舉行祭禮。至于“有虞宗堯”一事，也出在祭法裏。文云：“有虞氏禘黄帝而郊嚳，祖顓頊而宗堯。”據大戴記帝繫姓文，顓頊是黄帝的孫，帝嚳是黄帝的曾孫，堯是黄帝的玄孫，他們是屬于一系的；可是舜則是顓頊子窮蟬的後裔，上離顓頊已六世，雖説與帝嚳和堯還是一族，也只能説是疏遠的本家，決不能算是直系的祖先，爲什麽舜立宗廟，竟要郊嚳而宗堯呢？鄭玄作禮記注，爲要彌縫這個矛盾，就曲予解釋道："有虞氏以上尚德，禘、郊、祖、宗配用有德者而已。自夏以下，稍用其姓氏之先後之次"，見得虞以上祭祀的對象是尚德的，所祭的不必限于直系的祖先；到了夏以下"家天下"的時代，方纔專祭直系的祖先了。這句話是不是具有歷史的真實性呢？其實，祭法所言，只緣舜受堯禪，堯典裏説他"受終于文祖"，注家都説"文祖，堯太祖也"，既經受禪在堯的祖廟裏，而堯父爲嚳，那就不能不説爲"郊嚳"，堯死之後舜也就不能不"宗堯"了。

晉書記太始三年奏置七廟，宜權立一廟。群議以爲上古清廟一宮，周制七廟。舜承堯禪，受終文祖，則虞氏不改唐廟。乞依有虞故事。王肅是晉武帝司馬炎的外祖，他的經學，仗着外戚的力量，自然風靡一世了。

三十七　西母獻圖，四夷齊嚮化

西母獻圖的故事，也是出於緯書。尚書帝命驗云："西王母于大荒之國得益地圖，慕舜德，遠來獻之。"雒書靈准聽也説："舜受終，西王母獻益地圖。"這些話説得很奇怪。益本是舜的臣子，他在虞廷的九官裏是職掌"上下草木鳥獸"的虞官，繪製了地圖滿可以自己獻給舜，用不着居於遥遠的西王母替他代辦。在孟子裏也只説他曾幹過一次掌火焚山的事情而已，並没有説他在地理學上建立有何等的功勳，哪裏説得到他畫起全國地圖來？緯書之説，誠不知其何所據。按山海經首有劉秀（即劉歆）校上表，稱這書是伯益所作。東漢初年，王充作論衡，其別通篇中説："禹主行水，益主記異物，海外山表無遠不至，以所聞見作山海經"，即承劉秀説來。今本列子是東晉時代張湛編集的，湯問篇道：
"大禹行而見之，伯益知而名之，夷堅聞而志之。"那麼，真正動
筆的該是夷堅了。自從有了這些説法，人們愈加相信益是山海經
的作者，因此他就畫起全國地圖，而且把這圖推行到外國去了。

　　再來談談西王母和舜的關係。大戴禮記少間云："昔虞舜以
天德嗣堯，……出入日月，莫不率俾。西王母來獻其白琯。"風俗
通義聲音篇也説："舜之時，西王母來獻其白玉琯。"晉書律曆志
云："舜時，西王母獻昭華之琯，以玉爲之。"宋書樂志亦云："古
者以玉爲管，舜時西王母獻白玉琯是也。"這些都是説西王母給舜
獻上白玉琯的，琯的嘉名是"昭華"。

　　徐幹中論爵祿篇："舜爲匹夫，猶民也。及其受終于文祖，
傳稱曰'予一人'，則西王母來獻白環。"世本（徐文靖竹書統箋引）
云："舜時，西王母獻白環及珮。"宋書符瑞志云："帝舜有虞氏……
即帝位，……景星出房，地出乘黄之馬，西王母獻白環、玉玦。"
（今本竹書紀年附注所説同符瑞志。）這都是説西王母來獻的是白
環和玉玦，而這些環、珮、玦是在白玉琯之外的。爲了崑崙山出
玉，而西王母立國於西方，所以獻的都是些晶瑩的玉器。

　　"西王母"三個字的解釋，有許多説法：有的説"西王母"是神
人；有的説"西王母"爲婦人；有的説"西王母"三字是譯音，乃是
一個部落的名稱；也有説"西王母"就是設巴國的女王（Queen of
Shebas）。這國所在之地也有種種説法：丁謙謂即古代的迦勒底
國，顧實謂即波斯國，張星烺謂即今俄領西土耳其斯坦，在撒馬
兒罕附近。這些話都見於他們的穆天子傳的考證。這些渺茫的猜
測，也許没有一個正確的，但也許將來可以在亞洲西部的考古工
作裏得到某一説的證實。

　　回目所謂"四夷齊嚮化"，是指舜時一切來納貢的國家或部落
而言。據各方面的記載，當舜時，除了西王母以外，其他來朝貢
嚮化的國家不下一二十個，現在擇些重要的録在下面：

大戴禮記少間云：“昔虞舜以天德嗣堯，……幽都來服，南撫交趾，……海外肅慎、北發、渠搜、氐、羌來服。”史記五帝本紀云：“唯禹之功爲大：……南撫交趾、北發；西戎、析枝、渠搜、氐、羌；北山戎、發、息慎；東長、鳥夷。四海之内咸戴帝舜之功。”（説苑修文所説與史記所記同。）新序雜事篇云：“舜立爲天子，天下化之，蠻夷率服。北發、渠搜，南撫交趾，莫不慕義。”傳爲梁任昉作的拾遺記云：“虞舜在位十年，……萬國重譯而至。有大頻之國，其民來朝。……有孝養之國，……舜受堯禪，其國執玉帛來朝，特加賓禮，異于餘戎狄也。”今本竹書紀年定在舜即位後“二十五年，息慎氏來朝，貢弓矢。……四十二年，玄都氏來朝，貢寶玉”。這些都是“四夷嚮化”的具體記載，假使各國使臣的報聘在那時都是事實，那麽舜所得到的榮譽真有“萬國衣冠拜冕旒”的盛況了。

三十八　南蠻逆命，群后大興師

墨子兼愛下云：“雖禹誓即亦猶是也。禹曰：‘濟濟有衆，咸聽朕言：非惟小子敢行稱亂；蠢兹有苗，用天之罰！若予既率爾群對諸群以征有苗。’”僞大禹謨云：“帝（舜）曰：‘咨，禹，惟是有苗弗率，汝徂征！’禹乃會群后，誓于師曰：‘濟濟有衆，咸聽朕命！蠢兹有苗，昏迷不恭，侮慢自賢，反道敗德，君子在野，小人在位，民棄不保，天降之咎。肆予以爾衆士，奉辭伐罪。爾尚一乃心力，其克有勳！’”今本竹書紀年云：“（舜）三十五年，帝命夏后征有苗。”宋氏所説的“南蠻”，從以上各種資料看來，可見就是墨子等書所説的“有苗”。

説舜因有苗不服而起征伐之師的，在舊文獻裏還有不少。荀子議兵篇云："舜伐有苗。"淮南子上有兩處這樣説：兵略訓云："堯戰于丹水之浦，舜伐有苗"；脩務訓云："舜……南征有苗，道死蒼梧"。這都説舜是伐過有苗的；可是照脩務所言，舜竟死在南征的道路上，這意義就重大了。

可是説舜時有苗不服，禹請伐之，而舜以爲不可的，在古籍中也有好幾處提到，這把舜德説得更完美了。韓非子五蠹云："當舜之時，有苗不服，禹將伐之，舜曰：'不可！上德不厚而行武，非道也！'"吕氏春秋上德云："三苗不服，禹請攻之。舜曰：'以德可也！'行德三年而三苗服。"吕氏春秋的"三苗"即是韓非子等書中的"有苗"，古人常常通用這兩名。

韓非子和吕氏春秋雖然説明了舜以德化有苗的政策的成功，但是有苗所以不服的原因還没有舉出來。我們現在就再來談談這個原因。戰國策魏策一："吴起對（魏武侯）曰：'……昔者，三苗之居，左彭蠡之波，右洞庭之水，文山在其南，而衡山在其北，恃此險也，爲政不善，而禹放逐之。'"韓詩外傳卷三説："當舜之時，有苗不服。其不服者，衡山在南，岐山在北，左洞庭之波，右彭澤之水，由此險也，以其不服。禹請伐之，而舜不許，曰：'吾喻教猶未竭也！'久喻教而有苗民請服。"又劉向説苑君道篇也説："當舜之時，有苗不服，其所以不服者，大山在其南，殿山在其北，左洞庭之波，右彭蠡之川，用此險也，所以不服。禹欲伐之，舜不許，曰：'諭教猶未竭也！'究諭教焉而有苗請服。"這樣説來，有苗之所以不服，完全是爲了有天險可恃，才敢抗拒舜皇朝的政權；但是經過了舜的一番教化之後，居然肯來請服，這也不能不使人感到在舜的德化政策之下才會有這樣偉大的成功。可惜在宋氏的回目上没有能説明這一點。

三十九　顯神異，黃能化羽淵

正當興兵伐<u>苗</u>的動亂時代裏，忽然插入這麼一段靈異的故事，使得讀者有點新鮮的感受，這是<u>宋</u>氏善于變換氣氛的技術。

<u>左傳昭公</u>七年云："<u>鄭子産</u>聘于<u>晉</u>，<u>晉</u>侯有疾，……夢黃熊入于寢門。……<u>子産</u>對曰：'……昔<u>堯</u>殛<u>鯀</u>于<u>羽山</u>，其神化爲黃熊，以入于<u>羽淵</u>，實爲夏郊，三代祀之。'"原來"黃能化羽淵"就是<u>鯀</u>被殛後化爲黃熊投入<u>羽淵</u>的一段神話。<u>杜預</u>解熊音雄，獸名。亦作"能"，三足鼈也。按<u>説文</u>及<u>字林</u>，皆云"能，熊屬，足似鹿"。則黃能是獸而不是鼈了。

<u>山海經中次三經</u>云："南望<u>墠渚</u>，<u>禹</u>父之所化。"<u>水經注</u>云："<u>墠渚</u>，水上承陸。<u>渾縣</u>東<u>墠渚</u>，渚左原上，陂方十里，佳饒魚葦。"<u>畢沅山海經注</u>云："水中小洲名渚，墠音填，一音暖。……<u>鯀</u>化<u>羽淵</u>而復在此。世謂此澤爲<u>慎望陂</u>，陂水南流注于<u>涓陽</u>，水渚在今<u>河南嵩縣</u>。"這是説<u>羽淵</u>之處，名爲<u>墠渚</u>，在<u>河南</u>的<u>嵩山</u>下面。<u>楚辭天問</u>云："化爲黃熊，巫何活焉？"<u>王逸注</u>云"<u>鯀</u>死後化爲黃熊，入于<u>羽山淵</u>"，則是説<u>鯀</u>死後化爲黃熊的地點是在今<u>山東</u>的<u>羽山淵</u>，二説顯然不同，但我們看<u>國語周語</u>中記的是"有<u>崇伯鯀</u>"，<u>逸周書世俘</u>中記的是"<u>崇禹</u>生<u>開</u>（<u>啟</u>）"，"崇"即"嵩"的同音字，顯然<u>嵩山</u>區域是<u>鯀</u>、<u>禹</u>、<u>啟</u>傳説的中心，我們不能相信後起的<u>羽山</u>在今<u>山東</u>的一説。

<u>吳越春秋越王無余外傳</u>云："<u>堯</u>……巡狩，觀<u>鯀</u>之治水無有形狀，乃殛<u>鯀</u>于<u>羽山</u>，<u>鯀</u>投于水化爲黃能，因爲<u>羽淵</u>之神。"這裏除了把<u>鯀</u>所以被殛由於治水無功的原因説了出來，並且還説<u>鯀</u>投水化爲黃能之後又成了<u>羽淵</u>之神。

梁任昉作的述異記，説：“堯使鯀治洪水，不勝其任，遂誅鯀於羽山，化爲黃熊，入于羽泉。今會稽祭禹廟，不用熊，曰黃能即黃熊也。”這除了説明鯀被誅的原因外，還説明了黃能即是黃熊。左傳上的“黃熊”，宋氏稱之爲“黃能”是有他的根據的。但“羽泉”的名稱卻與以前所引各書不同，可見羽淵的異名是羽泉。

四十　聽簫韶，有苗奔印度

在上面“南蠻逆命，群后大興師”的回目裏，我們知道有苗之所以不服爲的是有天險可恃，等到舜以德教感化了他們，便又自來請服了。但舜如何以德化之，在那個回目裏還没有講清楚，現在再在這裏説明一下。

按僞大禹謨于叙述舜命禹會群后伐有苗之後，有以下這一段話：“三旬，苗民逆命。益贊于禹曰：‘惟德動天，無遠弗届。滿招損，謙受益，時乃天道。帝初于歷山，往于田，日號泣于旻天，于父母，負罪引慝；祗載見瞽瞍，夔夔齊慄；瞽瞍亦允若。至誠感神，矧兹有苗！’禹拜昌言曰：‘俞，班師振旅。’帝乃誕敷文德，舞干羽于兩階。七旬，有苗服。”由此可以知道有苗之所以肯來降服，是由于益的主張和禹的班師，然後舜行德教，用干、羽舞于兩階的原故。所謂“舞干、羽于兩階”，蔡沈集傳曰：“干，楯；羽，翳也：皆舞者所執也。兩階，賓、主之階也。”是“干”固爲武器，但亦與“羽”同爲供樂舞的工具。執了這工具以舞，經過七十天功夫，有苗就服了。賈誼新書匈奴亦云“舜舞干、羽而三苗服”，可見在西漢初年這故事已經形成了。

淮南子繆稱訓云：“禹執干、戚舞于兩階之間，而三苗服。”齊俗訓又云：“當舜之時，有苗不服，於是舜修政偃兵，執干、

戚而舞之。"氾論訓又云："舜執干、戚而服有苗。"這三處雖都和
僞大禹謨"舞干、羽于兩階"相似，卻略有些距離，因爲"干、戚"
即今之楯和斧；而"干、羽"按蔡傳的解釋則是楯和翳，二者不是
完全相同的。

　　"簫韶"二字初見于皋陶謨的"簫韶九成"一語。白虎通德論禮
樂謂其爲舜的樂名。大概宋氏以爲"干、羽"與"干、戚"和樂舞都
有關係，因而連帶提出"聽簫韶"的話來。至於"有苗奔印度"的話
是從哪裏來的，我們實在找不出他的娘家。稱爲晉張華著的博物
志卷二外國條云："昔唐堯以天下讓于虞，三苗之民非之，帝殺
有苗之民；叛，浮入南海爲三苗國。"這裏浮入南海的三苗國，頗
有被人想像爲印度的可能。但是在時間上這是堯時的事，原不在
於舜即帝位之後，在地點上我們也不能斷定這就是有苗奔到印度
去。這或許是宋氏自己摹儗出來的，未必實有出處。

四十一　成地、平天，大功歸帝力

　　左傳文公十八年云："舜臣堯，舉八愷，使主后土，以揆百
事，莫不時序，地平、天成。"林堯叟注云："以揆度百工之事，
莫不一時得其次序而無廢事；水土既平，天道亦成。"宋氏"成地、
平天"的話就是由八愷主后土來的。

　　至于"大功歸帝力"，大約與僞大禹謨有關。其文云："俞，
地平天成，六府、三事允治，萬世永賴，時乃功。"蔡沈集傳釋之
云："水土治曰'平'，言水土既平而萬物得以成遂也。'六府'，
即水、火、金、木、土、穀也。六者財用之所自出，故曰'府'。
'三事'，正德、利用、厚生也。三者人事之所當爲，故曰'事'。
舜因禹言養民之政，而推其功以美之也。"可是這原本是舜美禹

功，而不是"歸帝力"的"大功"。

四十二　鳳儀、獸舞，文運表中天

　　"鳳儀、獸舞"的故事，最早見于皋陶謨，其文云："夔曰：'戞擊鳴球，搏、拊、琴、瑟以詠，祖考來格，虞賓在位，群后德讓。下管鼗鼓，合止柷、敔，笙、鏞以間，鳥獸蹌蹌。簫韶九成，鳳凰來儀。'夔曰：'於，予擊石拊石，百獸率舞。'"由夔説的這一套話裏，我們可以看出舜的德化政治的效力真是無比偉大，無怪乎蔡沈集傳説："聲之致祥召物，見于傳者多矣。況舜之德致和于上，夔之樂召和于下，其格神、人，舞獸、鳳，豈足疑哉！……夫韶樂之奏，幽而感神，則祖考來格；明而感人，則群后德讓；微而感物，則鳳儀、獸舞。原其所以能感召如此者，皆由舜之德，如天地之無不覆燾也。"又曰："'百獸舞'，則物無不和可知矣。……'庶尹諧'，則人無不和可知矣。"

　　皋陶謨所記的"鳳儀、獸舞"的故事，乃由夔的口中説出。等到緯書出現，便直截了當地説，"正月上日，舜受終，鳳（皇）儀，黃龍感，朱草生，蓂莢孶，西王母受益地圖"（見雒書靈准聽，藝文類聚十一引），把夔説出的一番手續割掉了。宋書符瑞志採取了皋陶謨和緯書的説法，綜合起來説道："舜……即帝位，蓂莢生于階，鳳凰巢于庭，擊石拊石，百獸率舞，景星出房，地出乘黃之馬，西王母獻白環、玉玦。"今本竹書紀年的附注也就照樣地記下了這般美麗的景色。

四十三　甘隱遁，善卷入山

　　善卷入山的故事，出于莊子讓王。其文云："舜以天下讓善卷，善卷曰：'余立于宇宙之中，冬日衣皮毛，夏日衣葛絺，春耕種，形足以勞動；秋收斂，身足以休食，日出而作，日入而息，逍遥于天地之間而心意自得。吾何以天下爲哉！悲夫，子之不知余也！'遂不受。於是去而入深山，莫知其處。"莊子所記，尚有子州支伯、石户之農、北人無擇等三人爲舜所讓，但皆不受。

　　晉皇甫謐作高士傳，記善卷的事蹟較莊子爲詳。這書有汪士漢校本(秘書二十一種)可據。其文曰："善卷者，古之賢人也。堯聞得道，乃北面師之。及堯受終之後，舜又以天下讓卷。卷曰：'昔唐氏之有天下，不教而民從之，不黨而民勸之，天下均平，百姓安靜，不知怨，不知喜。今子盛爲衣裳之服以眩民目，繁調五音之聲以亂民耳，丕作皇韶之樂以愚民心，天下之亂從此始矣！吾雖爲之，其何益乎！予立宇宙之中，冬衣皮毛，夏衣絺葛，春耕種，形足以勞動，秋收斂，身足以休息，日出而作，日入而息，逍遥于天地之間而心意自得。吾何以天下爲哉！悲夫，子之不知余也！'遂不受。於是去而入深山，莫知其處。"他寫出高士的不願做皇帝的心意，文字更爲淋漓酣暢。

四十四　耽歌舞，義均就國

　　義均一名，見于山海經。海内經云："帝俊有子八人，是始爲歌舞。帝俊生三身，三身生義均，義均是始爲巧倕，是始作下民百巧。"帝俊和帝舜，文字雖異，音原相通，所以堯典的"克明俊(jùn)德"，史記五帝本紀引作"能明馴(xún)德"。郭璞於大荒東經"中容之國，帝俊生中容"下注云："'俊'亦'舜'字，假借音也。"又大荒南經"倍伐降處緡淵，有水四方，名曰俊壇"，注道："水狀如土壇，因名'舜壇'也。"又大荒北經"附禺之山，……丘南帝俊竹林在焉，大可爲舟"，注道："言舜林中竹一節則可以爲船也。"他斷定"俊"和"舜"是一字的異寫。這樣看來，始爲歌舞的是舜的八個兒子。歌舞本不是一件壞事，但只耽歌舞就會成爲"朋淫于家"的丹朱一流人物，是應當像象一樣地遠遣就國的。

至于義均一名，好像就是商均，但這兒説"帝俊生三身，三身生義均"，分明義均是舜的孫子，不是舜子商均。然而山海經是巫書，非常雜亂，只該當作一堆未經整理的神話看待。看大荒南經説："赤水之東，有蒼梧之野，舜與叔均之所葬也"，郭注："叔均，商均也。舜巡狩，死於蒼梧而葬之。商均因留死，亦葬焉。""叔"(shū)和"商"(shāng)是同紐字，當然爲一名的分化，只是"義"字的紐與韻和這兩字全不相通，不知道是怎麼來的。宋氏這個回目，確定義均即商均，爲了耽於歌舞，被他的父親送到遠處做國君了。然而有一個難解決的問題：看海内經文，義均是有一手的巧藝，人們的各種手工業都是由他提倡起來的。堯典中舜命九官，其中作共工的垂在各種古籍裏是常被寫作"倕"的。然則他是主管工業的大臣，和主管農業的大臣稷有着同等的重要地位，爲什麼要把他趕出國都呢？而且照海内經所説，舜是有八個兒子始爲歌舞的，義均算是有去處了，還有七人怎麼辦呢？

在孟子裏，是沒有義均這名的。萬章上篇雖然説到"舜之子亦不肖"，但並沒有把"舜之子"的名字寫出來。司馬遷作五帝本紀時才説："舜子商均亦不肖，舜乃豫薦禹于天。"張守節正義："或云：'封舜子均于商，故號"商均"也。'"於是商均的封地有了着落了。商，亦作商於，在今河南西部丹江的中、下游，即秦封衛鞅地。羅泌的路史（後紀卷十二）云：“女營生義均，……義均封于商，是爲商均，是喜歌舞。”他是集合幾種資料串成一線的。今本竹書紀年根據這文，就有了“（舜）二十九年，帝命子義均封于商”這件歷史記載。總之，爲要使舜禪位于禹，必須把舜的長子先行調開。

四十五　萬國來王，塗山再受禪

左傳哀公七年云：“禹合諸侯于塗山，執玉帛者萬國。”淮南子原道訓承之，云：“禹……合諸侯於塗山，執玉帛者萬國。”由此知“萬國來王”與塗山這塊地方是有關係的，但是禹的“受禪”最初的記載卻與那裏的“會諸侯”没發生什麽關係。

關于禹受禪的故事，論語堯曰云：“堯曰：‘咨爾舜，天之曆數在爾躬！允執其中。四海困窮，天禄永終！’舜亦以命禹。”（有人説這段話是戰國後人插入的，我看很對，因爲這段文字和五德終始説很相像，每一帝王的在位是有他一定的曆數的。）這是説：當舜自己感到精力衰退而禪位于禹的時候，也就用了堯禪位於舜時所説的話來命禹。

在孟子裏，没有舜命禹的話，可是有一段舜薦禹于天而禹避舜之子的話。萬章上云：“昔者舜薦禹于天。十有七年，舜崩。三年之喪畢，禹避舜之子于陽城，天下之民從之，若堯崩之後不從堯之子而從舜也。”史記夏本紀根據孟子的話，寫道：“帝舜薦禹於天爲嗣，十七年而帝舜崩；三年喪畢，禹辭辟（避）舜之子商均於陽城。天下諸侯皆去商均而朝禹。禹於是遂即天子位，南面朝天下，國號曰夏后。”前帝的推薦，後帝的避位，臣民的推戴，竟這般地相像，證明歷史是盡可重演的。在吴越春秋裏也有一段禹避舜子的話，越王無余外傳云："舜崩，禪位命禹。禹服三年，形體枯槁，面目黎黑，讓位商均，退處陽山之南，陰河之北。萬民不附商均，追就禹之所，狀若驚鳥揚天，駭魚入淵，晝歌夜吟，登高號呼曰：'禹棄我如何所戴！'禹三年服畢，哀民不得已，即天子之位。"描寫人民擁禹爲帝的熱烈情緒更深刻了。

偽大禹謨記舜禪位于禹的經過，比較論語與孟子都詳細。其言云："帝曰：'格汝禹！朕宅帝位三十有三載，耄期倦于勤。汝惟不怠，總朕師！'"禹聽了舜這一段話，覺得自己德行不夠，不能勝天子之任，於是向舜力辭。但是舜不准許，不得已，乃于"正月朔旦，受命于神宗，率百官若帝之初"。蔡沈集傳釋之云："正月朔旦，禹受攝帝之命于神宗之廟，總率百官，其禮一如帝舜受終之初等事也。"今本竹書紀年"三十三年春正月，夏后受命于神宗"的記載，即本於這偽大禹謨。

至于舜禪位于禹時的情況，宋書符瑞志描寫得更爲生動有力。其文云："舜在位十有四年，奏鐘、石、笙、筦未罷，而天大雷雨，疾風發屋拔木，桴鼓播地，鐘、磬亂行，舞人頓伏，樂正狂走。舜乃擁璿持衡而笑曰：'明哉夫，天下非一人之天下也！亦乃見于鐘、石、笙、筦乎！'乃薦禹于天，使行天子事。于時和氣普應，慶雲興焉，若煙非煙，若雲非雲，郁郁紛紛，蕭索輪囷，百工相和而歌慶雲。舜乃設壇于河，依堯故事。至于下昃，榮光休氣至，黃龍負圖，長三十二尺，廣九尺，出于壇畔，赤文綠錯，其文言當禪禹。"這些話寫舜之禪禹，完全由於上帝的壓迫，上帝用了疾風雷雨等可怕情狀逼得他不能不禪位，又用了和氣景雲榮光黃龍來嘉賞他的禪位。似乎都是王莽用了詐力受漢禪以後，歷代權臣都摹仿這個方法而登帝位，因而御用文人造出這種受禪的神話來作讓位的點綴，騙得人民的信仰，這些人造的神話就有了它的在實際政治中的一定的市場了。

　　禹受舜禪之後，禪讓制爲什麼會突然地改爲傳子制呢？這是一個國體上的大改變，所以就在戰國時代已經不由得不激起人們的懷疑。禮記禮運道：“大道之行也，天下爲公，選賢與（舉）能，講信、脩睦，故人不獨親其親，不獨子其子，……是謂‘大同’。今大道既隱，天下爲家，各親其親，各子其子，貨力爲己，大人世及以爲禮，……故謀用是作而兵由此起，禹、湯、文、武、成王、周公由此其選也。……是謂‘小康’。”這文雖沒有提出“堯、舜禪讓”字樣，但看著者把“天下爲公，選賢舉能，不獨親其親”看作“大同”之世，把“天下爲家，各親其親，世及爲禮”看作“小康”之世，而以禹爲小康世的第一名人物，顯而易見，他是不贊成傳子制的。劉向所編新序節士云：“禹問伯成子高曰：‘昔者堯治天下，吾子立爲諸侯焉。堯授舜，吾子猶存焉。及吾在位，子辭諸侯而耕，何故？’伯成子高曰：‘昔堯之治天下，舉天下而傳之他人，至無欲也；擇賢而與之，其位至公也。……舜亦猶然。今君賞罰而民欲且多私，是君之所懷者私也，百姓知之，貪爭之端自此始矣；德自此衰，刑自此繁矣！吾不忍見，以是野處也！’”這是借了具體的人物來說明堯、舜的“無欲”與“至公”，而承受舜讓的禹卻是懷着私心，使得百姓互相“貪爭”起來，鬧得德衰而刑繁，顯得一切的陰謀搗亂都是所有制的作梗！甚至孟子的大弟子萬章也質問他的老師道：“人自言：‘至於禹而德衰，不傳於賢而傳於子’，有諸？”我們可以看出，當時懷有進步思想的人對於傳子制是怎樣地深惡痛絕。因此，當漢高祖戰勝了項羽，諸侯及將相共請尊爲皇帝時，他也覺得輿論不願保存傳子制，只得假情假意地説：“吾聞帝，賢者有也。……吾不敢當帝位！”（史記高祖本紀）

　　孟子在這個問題上本是一個贊成私有制的保守派，但當時正當堯、舜禪讓説風行一世的時候，他也没法反對，只得幻想出一個“天與之”和“民受之”的辦法，説：“使之主祭而百神享之，是天與之；使之主事而事治，百姓安之，是民受之。”對於萬章的質問，他在主觀上想出一個似乎圓滿的答復：“天與賢則與賢，天與子則與子。昔者舜薦禹於天，十有七年，舜崩。三年之喪畢，禹避舜之子於陽城；天下之民從之，若堯崩之後不從堯之子而從舜也。禹薦益於天，七年，禹崩。三年之喪畢，益避禹之子於箕山之陰，朝覲、訟獄者不之益而之啟，曰：‘吾君之子也！’謳歌者不謳歌益而謳歌啟，曰：‘吾君之子也！’丹朱之不肖，舜之子亦不肖；舜之相堯，禹之相舜也，歷年多，施澤於民久。啟賢，能敬承繼禹之道；益之相禹也，歷年少，施澤於民未久。舜、禹、益相去久遠，其子之賢、不肖，皆天也，非人之所能爲也。莫之爲而爲者，天也。莫之致而至者，命也。”他用“天”和“命”來解釋帝王繼統制的改變，真是陷入了極端的歷史唯心主義。可是他的同時人就不這樣説了。韓非子外儲説右下云：“潘壽對（燕王）曰：‘禹愛益，而任天下於益，已而以啟人（啟的臣子）爲吏；及老而以啟爲不足任天下，故傳天下於益，而勢重盡在啟也。已而啟以支黨攻益而奪之天下，是禹名傳天下於益，而實令啟自取之也。’”史記燕世家有同樣的記載，但“潘壽”作“鹿毛壽”（集解引徐廣説：“一作‘厝毛’”），他勸燕王噲讓國於子之時，理由是“人之謂堯賢者，以其讓天下於許由，許由不受，有讓天下之名而實不失天下。今王以國讓於子之，子之必不敢受，是王與堯同行也。”這是要燕王得到嘉名。他説到禹想盡方法地改變禪讓制爲傳子制時，是“或曰：禹薦益，已而以啟人爲吏；及老，而以啟人爲不足任乎天下，傳之於益。已而啟與交黨攻益，奪之天下。謂禹名傳天下於益，已而實令啟自取之”。這又是要燕王保持王位。從這兩書記載可以看出，禹的薦益不過是表面文章，而禹的傳位於啟乃是處心積慮的陰謀手段。這和竹書紀年（晉書束哲傳引）説的“益干啟位，啟殺之”以及汲冢瑣語（唐劉知幾史通疑古引）説的“舜放堯於平陽，益爲啟所誅”都是一致的辦法。看來只有堯是世界上惟一公認的好人，而舜和禹則是想把天下作爲自己的私產，捨不得把它送給自己兒子以外的某一個人的；只因前代定下的禪讓制已得到人民的擁護，不便明目張膽地把它推翻，所以假意敷衍一番，來遮掩人民的眼目。把舜和禹相比，禹的手段更爲陰險毒辣，他預先把自己兒子方面的私黨布滿了中外各個工作崗位，所以禹一死去，啟就穩穩地坐上了皇位，而且把他的父親所假意推薦的益殺死了。

四十六　九疑遺蜕，湘水共登仙

舜既禪位給禹，再没有別的事情了。可是他的死和葬的地方卻又激起了很大的波瀾，充滿着小説的傳奇性。

孟子離婁下云：“舜生於諸馮，遷於負夏，卒於鳴條，東夷之人也”，把諸馮、負夏和鳴條並置於東夷之下，分明東夷是一個種族的大名，而諸馮、負夏、鳴條則是東夷區域中的三個地名。諸馮、負夏已見前文，現在再説鳴條。

當時所謂東夷是以鳥爲圖騰的，所以又稱作“鳥夷”。前面説過的商人和秦人的始祖都是吞了燕卵而生，這用了後世進步的眼光來看固然只是某一種族的神話，但是用了現代歷史唯物主義的眼光來看卻是古代民族所真實崇奉的圖騰，是本民族共同承認的祖先。商代建都在東夷的區域裏，無論他們的血統是不是出於東夷，而在文化交流的情況下，總容易接受當地人民的信仰，認爲共同的祖先。（我所以這樣説，是因爲司馬遷在六國年表序上説：“夫作事者必於東南，收功實者常於西北。故禹興於西羌，湯起於亳”，集解引徐廣説：“京兆杜縣有亳亭”，似乎商族是由西北遷到中原的。）秦國固然在周初已遷到西方，但他們的原居地則在東方，所以魯國會有"築臺于秦"的事實，見於春秋莊三十一年。
照上文所考，諸馮在今山東諸城縣境，負夏在衞境，衞建國在商
都殷，可見鳴條必然距離這些地方不遠。究竟在哪裏呢？巧得
很，安陽殷虚出土的甲骨文裏有"在正月，王來正（征）人（夷）方。
于攸侯喜啚"（明義士藏片），可見商王伐東夷時是在攸國停留過
的。"攸"即"條"的省文。書湯誓序説："伊尹相湯伐桀，……戰
于鳴條之野。……夏師敗績，湯遂從之；遂伐三朡，俘厥寶玉。"
後漢書郡國志："濟陰郡定陶縣有三㚇亭"，"㚇"即"朡"的異體
字。由鳴條伐三朡，可見鳴條必然距離定陶不遠。定陶在今山東
濟寧縣境。孟子所講的堯、舜事情，大多數把神話和傳説化爲史
事，造成了古史上的糾紛；惟獨説到舜的生卒地點卻透露了歷史
的真實。

可是歷史的真實往往是平淡無奇的，不足以號召聽衆，使他
們感到戲劇性的趣味，堯典末尾記着"舜……陟方乃死"這句話本
是可以激發疑問的，於是舜的死地就被講史家推向遠處去了。這
個新鮮的説法，從史書上看，最早見於秦始皇和他的博士們的問
答。史記秦始皇本紀，二十八年："始皇……浮江，至湘山祠。
逢大風，幾不得渡。上問博士曰：'湘君何神？'博士對曰：'聞
之，堯女，舜之妻，而葬此。'於是始皇大怒，使刑徒三千人皆伐
湘山樹，赭其山。"這事大可表現秦始皇的暴虐，只爲一時氣候不
佳，不適宜行船，就對於湘君這位神靈生了大氣，喚起三千名刑
徒（奴隸）把湘山上的樹木一起砍光了。這位封建帝王的任性胡爲
當然不在話下，所奇怪的乃是秦博士斷定湘君是堯的女兒和舜的
妻子。堯、舜的國都所在，或説在今山東，或説在今河北，或説
在今山西，雖有種種不同，總之不離黃河下游，怎麼這位堯的公
主，舜的皇后會得死了葬到今湖南湘陰縣的湘山上去，做了那裏
的山川之神呢？

要解決這個問題，還得從神話裏尋取資料。山海經中次十二

經：“洞庭之山，……帝之二女居之，是常游於江淵，澧、沅之風交瀟、湘之淵，是在九江之間，出入必以飄風、暴雨。”這“帝之二女”確實像“堯之二女”。“出入必以飄風暴雨”，跟秦始皇至湘山時，“逢大風，幾不得渡”也極相似。可是晉郭璞注道：“天帝之二女而處江爲神也。……説者皆以舜陟方而死，二妃從之，俱溺死於湘江，遂號爲湘夫人。按（楚辭）九歌，湘君、湘夫人自是二神。江、湘之有夫人，猶河、洛之有虙妃也；此之爲靈，與天地並矣，安得謂之堯女！且既謂之堯女，安得復總云‘湘君’哉！何以考之？禮記曰：‘舜葬蒼梧，二妃（按檀弓上此文作“三妃”，孔穎達疏引帝王世紀云：“長妃娥皇，無子。次妃女英，生商均。次妃癸比，生二女霄明、燭光。”）不從’，明二妃生不從征，死不從葬，義可知矣。即令從之，二女靈達，鑒通無方，尚能以鳥工、龍裳救井、廩之難，豈當不能自免於風波而有雙淪之患乎！……原其致謬之由，由其皆以‘帝女’爲名。名實相亂，莫矯其失，習非勝是，終古不悟，可悲矣！”郭璞痛駁堯女爲湘君之説，説明這説由于“天帝”的“帝”與“帝堯”的“帝”相混而被錯認，足見他分析神話和史實的一片苦心。但事實卻没有這般簡單。

　　原來舜的故事早已由楚國的巫師流傳到了南方，在楚國南部遍布了他的遺蹟。山海經海内南經“蒼梧之山，帝舜葬於陽，帝丹朱葬於陰”，郭注：“即九疑山也。……丹朱稱‘帝’者，猶漢山陽公死，加‘獻帝’之謚也。”又海内東經“湘水出舜葬東南陬，西環之，入洞庭下”，郭注：“今湘水出零陵營道縣陽湖山，入江。”又大荒南經“赤水之東，有蒼梧之野，舜與叔均之所葬也”，郭注：“墓今在九疑之中。”同篇“大荒之中，有不庭之山，榮水窮焉。有人三身，帝俊妻娥皇，生此三身之國，姚姓。……有淵四方，……南旁名曰從淵，舜之所浴也”，郭注：“‘姚’，舜姓也。”娥皇是舜妻，姚是舜姓，這裏別出“帝俊”，上文已説明“俊”是“舜”的音轉。同篇“東南海之外，甘水之間，有羲和之國。有女子名曰羲和，方浴日於甘淵。羲和者，帝俊之妻，生十日"，十日，是從甲到癸的十天，古人以爲這十天是十個太陽輪流照臨下土的。"羲"與"娥"同從"我"聲，"和"與"皇"是同紐字，所以"羲和"就是舜妻娥皇。大荒西經"有女子方浴月。帝俊妻常羲生月十有二，此始浴之"，十二月，即正月到臘月的十二個月。"常"古音讀如"棠"，與"皇"同韻，"常羲"即"羲和"的倒轉，是一個女神的分化。她既生了太陽，又生出月亮，成爲宇宙中最偉大的神靈。這些話從有些初步的科學思想的人們看來，可以説它荒謬到了絕倫的程度，但在那些逞口亂談的巫師口中，這正是當時人們五體投地的崇拜對象，也就保存了原始社會中的信仰遺跡。

舜既在神話中普遍流傳他葬在今湖南省南部的蒼梧山上，他的兒子商均以及他的舅爺丹朱也跟了去，那麼他的親愛的后妃們自然也會隨着走了。楚辭九歌於湘夫人云："帝子降兮北渚，目眇眇兮愁余"，漢王逸注："'帝子'，謂堯女也。'降'，下也。言堯二女娥皇、女英，隨舜不反，墮於湘水之渚，因爲湘夫人。"又説："'眇眇'，好貌也。'余'，屈原自謂也。言堯二女儀德美好，眇然絕異，又配帝舜，而乃没命水中。屈原自傷不遭值堯、舜而遇闇君，亦將沈身湘流，故曰'愁我'也。"這同秦博士説的十分相近，而堯的二女爲在湘水中淹死，所以作了湘水之神，更可以覈實博士之説。可是博士説的是堯二女爲湘君，而王逸則説爲湘夫人，九歌中又另有湘君，這問題將怎麼解釋呢？王逸對此只得含糊其辭，不加分析。到宋，朱熹作楚辭集注，卻承受了韓愈黄陵廟碑的話，想出了一個新説。他在湘君下注道："'君'，謂湘君，堯之長女娥皇，爲舜正妃者也。……'帝子'，謂湘夫人，堯之次女女英，舜次妃也。韓子以爲娥皇正妃，故稱'君'，女英自宜降稱'夫人'也。"這似乎很有憑據，實則湘君是湘水中的男性主神，湘夫人乃是湘君的配偶，他們本是洞庭區域裏的夫婦神，和河、濟流域的堯、舜神根本不生關係；只因受了巫師的拉攏，併合在一起，而舜葬蒼梧已爲北方儒者所承認，不但檀弓説得分明，堯典也作了"陟方乃死"的謎語式的記載，只得把娥皇、女英安置在湘水，遂使湘君的性別似乎難於確定而已。

舜葬蒼梧，二妃追踪到湘水而溺死，這是哀感頑艷的一件故事，因此，後人對於這故事又有些發展。晉張華博物志八："堯之二女，舜之二妃，曰湘夫人。舜崩，二妃啼，以涕揮竹，竹盡斑。"梁任昉述異記也説："昔舜南巡而葬於蒼梧之野，堯之二女娥皇、女英追之不及，相與慟哭，淚下霑竹，竹上文爲之斑斑然。"從此以後，凡有斑點文的竹子就被人們喚作"湘妃竹"。直到清曹雪芹作紅樓夢，把大觀園裏最會啼哭的女子林黛玉所住的一所植了竹子的院子題爲"瀟湘館"，又替她起了一個筆名叫做"瀟湘妃子"，更加深刻地印在讀者的記憶之中，可以説是這個故事的最高成就。

描寫舜的二妃在洞庭湖上尋覓她們的丈夫的悲痛之情最有名的，是李白的一篇古風——遠別離。其詞云："遠別離，古有皇、英之二女，乃在洞庭之南，瀟、湘之浦。海水直下萬里深，誰人不言此離苦？日慘慘兮雲冥冥，猩猩啼煙兮鬼嘯雨，我縱言之將何補？皇穹竊恐不照余之忠誠，雲憑憑兮欲吼怒！堯、舜當之亦禪禹。君失臣兮龍爲魚，權歸臣兮鼠變虎。或言堯幽囚，舜野死。九疑聯綿皆相似，重瞳孤墳竟何是？帝子泣兮綠雲間，隨風波兮去無還。慟哭兮遠望，見蒼梧之深山。蒼梧山崩湘水絶，竹上之淚乃可滅！"

李白這首詩，不但寫出了夫妻離別的悲哀，而且也寫出了君臣篡奪的慘酷。他説的"君失臣兮龍爲魚，權歸臣兮鼠爲虎"，正是權臣奪取政權的常例，所以堯禪舜的實際只是被"幽囚"，而舜禪禹的實際則惟有"野死"，舜葬蒼梧乃是禹放逐舜到那裏去的。這個意思，時代較早於李白的劉知幾，在他的史學名著史通的疑古篇裏已説："舜典又云：'五十載，陟方乃死'，注云：'死蒼梧之野，因葬焉。'案蒼梧者，於楚則川號汨羅，在漢則邑稱零、桂（零陵、桂陽），地總百越，山連五嶺。人風婐劃（文身），地氣歊瘴，雖使百金之子猶憚經履其途，況以萬乘之君而堪巡幸其國？且舜必以精華既竭，形神告勞，捨兹寶位，如釋重負。何得以垂殁之年更踐不毛之地！兼復二妃不從，怨曠生離，萬里無依，孤魂溘盡，讓王高蹈，豈其若是者乎！歷觀自古人君廢逐，若夏桀放於南巢，趙嘉（"嘉"應作"遷"，指戰國趙的末一王遷，爲秦所滅）遷於房陵，周（厲）王流彘，楚（義）帝徙郴，語其艱棘，未有如斯之甚者也。斯則'陟方'之死，其殆文命（禹）之志乎？"劉知幾從各方面觀察，得到的結論是舜死蒼梧由於禹發動了一次劇烈的宮廷政變。

宋氏擬定的回目"湘水共登仙"，根據的是楚辭湘夫人的"九疑繽兮並迎，靈之來兮如雲"，王逸注："言舜使九疑之山神繽然來迎二女，則百神侍送，衆多如雲也"，舜能指揮九疑山的百神來到湘水迎接二女，豈不是生前雖有離別之苦，但死後都成了仙，仍有團圓之樂呢？

從舜的放死蒼梧到二妃的溺死湘江，可説極人間的慘酷。可是一轉而爲湘水登仙，以及九疑派神迎接，又突變悲劇爲喜劇。這樣地悲喜迴環，大足供詩人墨客吟詩和作畫的描寫。可是討人嫌厭的學者們總想拆穿這些美妙的神話。韓愈在黃陵廟碑上説："竹書紀年（按，這是古本紀年）帝王之没皆曰'陟'，陟，升也，謂升天也。書曰：'殷禮陟配天。'故書紀舜之没云'陟'；其下言'方乃死'者，所以釋'陟'爲'死'也。地之勢東南下：如言舜巡狩而死，宜言'下方'，不得言'陟方'也。"清徐文靖在他著的竹書統箋上説："據竹書（按，這是在古本紀年已佚之後，明人掇拾成書，並插入别的事情，加上作者想像之辭，是爲今本紀年）云：'堯七十一年，二女嬪虞'；其後三十年，堯崩；舜在位又五十年，崩于蒼梧之野。計二女二十而嫁，已並百歲。何有百歲之妃后從行巡省，溺死湘江……乎！況檀弓有曰：'舜崩于蒼梧之野，蓋三妃未之從'，其不得溺于湘江明矣！"照韓愈説，舜根本没有南巡這回事。照徐文靖説，娥皇、女英已都是一百歲的老婆婆，決不可能從行巡省，更不會溺死湘江，何況檀弓已明説她們"未之從"呢！這個美麗的神話不是就被戳破了嗎？所以現在洞庭湖裏君山上面的舜二妃墓，只是後人用來裝點名勝的一個所謂"古蹟"。

　　但是，話又得説回來，舜的巡省道死在古典裏還是有根據的。而且不但舜有這樣的結局，連堯和禹也遭受了同樣的悲劇。墨子節葬下説："昔者堯北教乎八狄，道死，葬蛩山之陰，衣衾三領，穀木之棺，葛以緘之，既汜（窆）而後哭，滿埳（坎）無封，已葬而牛馬乘之。舜西教乎七戎，道死葬南己之市，衣衾三領，穀木之棺，葛以緘之，已葬而市人乘之。禹東教乎九夷，道死葬會稽之山，衣衾三領，桐棺三寸，葛以緘之，絞之不合，通之不埳。"他們的葬禮，説得真是簡單到了極頂。好像西晉的劉伶，爲了自己愛喝酒，叫人荷鍤跟着他，等到哪裏醉死了就埋在那裏完事。奇怪的是：堯是北教乎八狄而死，舜是西教乎七戎而死，禹是東教乎九夷而死，都到一個方面的邊疆去行道，爲要教育和感化四方少數部族，不惜於在禪讓得人之後，高年跋涉，以致道死；可惜禹後無人，缺着"南教"。更奇怪的，是舜的陟方而死，乃是"西教乎七戎"，和南方的蒼梧之山渺不相涉。吕氏春秋安死篇云："堯葬於穀林，通樹之；舜葬於紀市，不變其肆；禹葬於會稽，不變人徒"，好像是墨子節葬的節要之文，"紀市"一名分明即是"南己之市"的簡稱。紀市不知所在，可以斷定，它不即是蒼梧。

　　對於這一個很特殊的史話該怎樣地去解釋呢？我個人的臆見是：當清末戊戌政變時，康有爲是變法派的領導人，他爲要抵制守舊派的反對，著有孔子改制考一書，説明孔子是主張改制的，孔子開了這個風氣之後，先秦諸子也都跟着主張改制，所以我國既行孔、孟之道，在當今受東西方列强嚴重壓迫的時候就必該變法，才可以免於滅亡。康氏著這書的動機是政治性的，他的議論極多主觀武斷之處，但他著書所依據的資料多數是歷史性的文獻，先秦諸子的託古改制的長期秘密卻被他揭破了。我們知道，孔子生於奴隸社會轉入封建社會的交替時期，他滿心想繼承周公的一套禮樂制度（即奴隸主所定壓迫奴隸的制度），還不可能有改制的思想。但到了戰國初期，爲了大國大量併吞小國，有力的貴族（權臣）打倒無力的貴族（國君），鐵器的普遍流行促進了農業和手工業的發展，政治和經濟的形勢大變，那就不容不改制了。第一個起來提倡改制並改造古代歷史以適應時代需求的人，便是墨子。他提倡"尚賢"，要不分階級，選舉最賢能的人居最高的政治地位；他提倡"尚同"，要把各個階級的人組織起來，層層地向上看齊，接受那最賢能的人的指導而工作；他提倡"兼愛"和"非攻"，要結束各國間的戰爭；他提倡"節用"和"節葬"，要使貴族厲行節儉，人民改善生活。他希望把社會整個兒改造，於是那些在虛無縹渺中的古帝王完全經過了他的隨心的裝飾而成爲新社會中合乎理想的領導人物。堯、舜、禹等人所以好到極點，就是出於墨子和他的門徒們的烘託和渲染。這個學說的實質原爲創造一個美好的將來，而在它的形式上則儘在敘述過去歷史的榮耀，這就造成了"堯、舜不勝其美，桀、紂不勝其惡"的中國上古史！

可是尚賢説的實行足以推翻財産私有制的存在，這對於封君和地主都是不利的，所以儒家的荀卿就根本不承認曾有過禪讓的事情，而曾受墨家薰陶又標榜自己是孔子的繼承人的孟軻則作爲調停之論，只承認這是"天與"、"人歸"的自然結果，不是堯對舜和舜對禹的直接禪讓，所以燕王噲禪位給他的相子之的時候，他就激烈地批評道："子噲不得與人燕，子之不得受燕于子噲！"至於鹿毛壽一輩人則更想出堯爲了想得到自己的好名聲而做出讓位的舉動，禹的本意是想傳子啟，因而遍布了啟的私黨，結果是益干啟位，被啟殺了。當時百家爭鳴，誰都可以想出花樣，套在古人的頭上。你說這是"盛世"，我就說這是"衰世"。你說這是"喜劇"，我偏說這是"悲劇"。堯"克明俊德，協和萬邦"，總可說他是個全德之人了，但在囚堯城裏，他望着丹朱的被偃塞而力不能救。舜活到一百十歲，二妃活到一百歲，總可以說享着高壽了，然而他們還弄到夫離妻散，兩位老婆婆哭得竹上生斑，終至溺死於湘水。古代史本多神話和傳說，例如山海經，雖說它離奇不經，終究是古代的人民群衆積累的幻想所結集，而且其中容或有真的史實，例如"王亥僕牛"的事今已得到甲骨文的證明。至於戰國、秦、漢一段時期，爲了封建社會統治階級的需要，爲了知識分子(百家)上品的想要改造社會，下品的爲了對統治階級服務的需要，所造作的神話和傳說，則只能看作這一時期的思想史料，決不能錯誤地看作古代的社會史料。司馬遷不懂得這個分別，他在史記太史公自序裏說自己整理史料的方法，是"厥協六經異傳，整齊百家雜語"，不知道六經的異傳、百家的雜語，都是各說各的，相互矛盾，要想把它調和、整齊，成爲一個有系統的記載，徒然勉強遷就，成爲更加主觀的排列和敘述。史記之後，如皇甫謐的帝王世紀、劉恕的通鑑外紀、蘇轍的古史、胡宏的皇王大紀、羅泌的路史，直到清初集其大成的馬驌繹史，全是用的司馬遷的方法，搜集的資料愈多，其中的牴牾亦愈甚。到了今天，在黨和人民政府領導之下，各地都在發展考古工作，這才是我國建立真古史的曙光，我們正在等待一部真的中國古代史的出現，那些舊式古史已漸漸地化爲廢紙了。

四十七　明倫教，孔子删書

儒家認爲詩、書、禮、樂、易、春秋六部古典都出於孔子教授門徒時所手定。實際上，這些書決不是一個時代的著作，而且其中思想矛盾、事實牴牾，也可證明不是一個人所編集。這個問題太複雜了，不能在這裏多講。

宋氏所定的回目，注重在"孔子删書"上，這就可以講一個大概。書，亦名尚書，"尚"即"上"，意義是上代的史書，包括虞（唐包在内）、夏、商、周四代。内容是君對大臣及人民的命令，大臣相對和對君的進言，某一事件的始末，以及出師征伐時的誓師之辭。用了現在的話講，可説是一部"檔案滙編"。倘使保存得比較完全，確是一部分量很大的書；但不幸得很，在漢文帝時，做過秦博士的伏生保留下來的只有二十八篇，號稱爲我國古代史寶庫的，零零落落地只存得這幾篇了！

這書裏，屬于虞、夏二代的，只有堯典、皋陶謨、禹貢、甘誓四篇。到了三國魏時，王肅一派的經師，搜集古書裏所引的殘文，加以主觀的編排和補充，僞造了二十五篇，用"古文"書寫；又把原有的二十八篇分析爲三十三篇，例如從堯典中分出舜典，從皋陶謨中分出益稷，所以這部尚書就擴大爲五十八篇。然而僞造的東西終究會露出它的破綻來，所以從宋代起懷疑，直到清代論定，經過了八百多年的研究，斷稱這書爲僞古文尚書，再也翻不起身來。現在我們這兒所引的尚書，舜典依舊併入堯典，益稷也依舊併入皋陶謨。

從史料價值説，在這二十八篇裏，周書比較最可靠，爲的它離秦、漢時代不遠，雖經歷次迻寫，文字錯異，又多斷簡殘編，但究竟是西周傳到東周的，又有近代出土的青銅器上的銘文可資比較。商書的時代離開東周遠了，當時史官用以記載文件的竹簡多爛壞了，經過周代史官的轉寫，便摻入了周人的思想和語法以及周人想像中的商史，我們對它該持的態度只有將信將疑。至于虞、夏，則時代更前，當時是不是已有文字，在考古學上還是一個值得討論的問題，那時代的社會情況實際上更渺茫了；可是虞夏書的文章偏做得十分出色，幾乎是一色的四言駢文，平仄調協，如果把殷虛出土的甲骨文一比，就没法相信早於殷的史官一千年前已會有這樣高度的文化。所以這幾篇文字，我們只該看作戰國、秦、漢間人爲了美化古代而對於虞、夏作出的精雕細琢的文藝作品。康有爲説這幾篇是孔子所作，孔子時代哪裏寫得出這樣的好文章來，如果在孔子的思想裏居然具備着這樣大一統的政治思想，定得出這樣大一統的建國方略，那才奇怪呢！

　　回目裏説的"孔子删書"，這件事在司馬遷作的孔子世家裏還不曾有。世家只説"古者詩三千餘篇；及至孔子，去其重，取可施於禮義，……三百五篇，孔子皆弦歌之"，見得那時已有删詩之説，可是還没有一字提到删書之説。直到西漢後期，緯書大出，尚書緯璇璣鈐才活見鬼地説："孔子求書，得黄帝玄孫帝魁之書，迄於秦穆公，凡三千二百四十篇，斷遠取近，定可以爲世法者百二十篇，以百二篇爲尚書，十八篇爲中候。"這分明是依傍了删詩之説而造出的。中候即尚書緯中的一種，而以爲出於孔子删定，更是自占身份的吹擂。推原它所以會這樣説，則因西漢之世人們嫌二十八篇太少，早有擴大古史的要求，所以王莽篡漢，劉歆作了國師，在他們"發得周禮以明因監"的時候，其春官外史之職即爲"掌三皇、五帝之書"。後來僞古文尚書出現，在尚書序中説："古者伏犧氏之王天下也，始畫八卦，造書契以代結繩之政，由是文籍生焉"，見得伏犧之世已造了文字，已編了史書。又説："伏犧、神農、黄帝之書，謂之三墳，言大道也。少昊、顓頊、高辛、唐、虞之書，謂之五典，言常道也。……是故歷代寶之，以爲大訓"，這是代名與書名的具體指出。可是很奇怪，爲什麼這些歷代所寶的大訓，到了那個重視文化遺產的孔丘手裏偏要截去其前六代，忍心使得"大道"全不可見，"常道"也删掉了一大半呢？所以，這本是不足一駁的説法。

宋氏所以標出這個回目，原是爲了這部虞初小説是以尚書中的虞夏書做中心資料的。現在經過我們一考，人們可以清楚地認識堯典、皋陶謨和僞大禹謨等篇都只不過是小説家腕下所搬弄的故事而已。

四十八　愛國心，屈原入夢

這一個回目是虞初小説的結穴，大似西廂記的草橋驚夢的布局，可以在讀者的腦筋中起着雲煙縹緲的感覺。

楚國本是立國於黃河下游的國家，在商代時它已是一個大國，但由於周武王克殷和周公東征，它擋不住這鋒鋭的新興的西方軍隊，就遷到了丹江流域；後來沿着漢水，更往南移，征服了南方的許多部落和小國，成爲與中原霸主對峙的局面，這就是一部春秋史的中心問題。——以上是我所作的簡單的結論，詳細的證據和討論別見於拙著周族東展的史料整理。因爲它早就立國中原，所以保存了許多古代的傳説和史實，在一部楚辭裏留下了許多中原人早已忘卻的古代歷史。

屈原是楚國的貴族，在楚懷王時代做過左徒的官，他深深地受到楚文化的薰陶，具着優美的文筆。可是在那時候，西方的秦已強大了，爲了秦的東南境即是楚的西北境，壤地相接，楚就成了秦的最方便的侵略目標。楚懷王是一個糊塗人，他不聽屈原聯齊拒秦的忠告，反而信了秦的謀臣張儀的詭計，進了武關，希望和秦昭王會談，哪知昭王不見他，他竟成了秦的俘虜，後來就死在那裏。懷王既被留，楚人立了他的兒子頃襄王；屈原向這位新王獻議，又受到佞臣上官大夫的排擠，把他放逐到洞庭湖邊。他一腔忠憤，無可發洩，就把祖國的前途和自己的志願、遭遇和幻想用歌詞體盡情地寫了出來，那就是我國文壇上不朽的名著——離騷。後來他就跳到汨羅江裏（今湖南湘陰縣東北）自殺了。這是我國歷史上一幕仁人志士的悲劇！

　　在離騷中，屈原先陳述了家世，又說起自己的志願："汨余若將不及兮，恐年歲之不吾與"，他是不肯放棄一點時間的。又說時間實在過得太快了，"日月忽其不淹兮，春與秋其代序。惟草木之零落兮，恐美人之遲暮"，他的工作和學習無疑是十分勤謹。他又把自己的心願推向別人，說"不撫壯而棄穢兮，何不改乎此度？乘騏驥以馳騁兮，來吾道夫先路！"他多麼希望別人同自己一樣好呀！然而別人決不能這樣，他歎口氣道："惟黨人之偷樂兮，路幽昧以險隘。豈余身之憚殃兮，恐皇輿之敗績。"別人只會偷樂，結果把國家推進了死胡同，他早看出這祖國的危機，不怕碰釘子，儘是直言諫諍，結果則君王信了讒言，把他趕走了。"余固知謇謇之爲患兮，忍而不能舍也！指九天以爲正兮，夫唯靈脩之故也！"把他趕走本是意料中的事，但是他的好心則惟天可表。靈脩大概是當時的一位巫師，負有用占卜指導人行事的責任的。可是這位巫師看到他遭受罷斥也就不敢和他接近了，"初既與余成言兮，後悔遁而有他。余既不難夫離別兮，傷靈脩之數化"。

　　屈原的一片報國的忠心是不會變的，"謇吾法夫前脩兮，非世俗之所服；雖不周於今之人兮，願依彭、咸之遺則"。巫師原是孔子以前的聖人，所以他願意效法巫彭、巫咸這班前脩遺下的法則，不怕和一般人立異。"長太息以掩涕兮，哀民生之多艱。……

亦余心之所善兮，雖九死其猶未悔！"他的正義感決不改變，雖是他的流亡生活非常痛苦，也只有緊咬着牙齒來忍受："忳鬱邑余侘傺兮，吾獨窮困乎此時也！寧溘死以流亡兮，余不忍爲此態也！"表示他的意志是這等堅强。

他流放的地方離舜葬的蒼梧不遠，人間既找不到有共同思想的人，他就決定找舜去談談："依前聖以節中兮，喟憑心而歷兹。濟沅、湘以南征兮，就重華而陳詞"，他就進入了夢境了。他見到了舜："曾歔欷余鬱邑兮，哀朕時之不當。攬茹蕙以掩涕兮，霑余襟之浪浪。"舜對他當然有一番安慰，使得他"跪敷衽以陳辭兮，耿吾既得此中正"。那時候，大風忽起，羲和爲他御車，爲他奔騰玉虬（龍），"朝發軔於蒼梧兮，夕余至乎縣圃"，縣圃在崑崙山上，這夢就越做越遠了。他爲什麼要從極南到極西？"吾令羲和弭節兮，望崦嵫而勿迫。路曼曼其脩遠兮，吾將上下而求索"，原來他在上天下地的游行中尋找好人。好人找不到，他就令鳳鳥日夜飛騰，去質問上帝。想不到上帝對他卻很冷淡，"吾令帝閽開關兮，倚閶闔（天門）而望予"，給他一頓閉門羹，只是在天門上遙望他一下而已。他失望了，知道"世溷濁而不分兮，好蔽美而嫉妬"，天上原和地下一樣地黑暗！他還不灰心，"朝吾將濟於白水兮，登閬風而緤馬。忽反顧以流涕兮，哀高丘之無女"，他想找一個異性朋友細訴衷情了。可是，不幸得很，他尋遍了虙妃、有娀佚女、有虞二姚，都沒有獲得她們的青睞。他又去找一個巫師靈氛，請求占卜。靈氛向他説："天下大得很，豈止這幾個地方有美女呢！你遠走高飛到別處，自有美女求賢夫的，她們就不會放過你了！"這空空的安慰是不够滿意的，他聽説巫咸今晚要來，就帶着精米去求他一斷。果然，百神擁着巫咸來了，舜也從九疑山上派神來迎了，這些神靈都對他説："只要你誠心好善，自然會碰到好相識，正像傅説受刑操作，便碰上了武丁；呂望窮而屠牲，也碰得上周文王。你趁着年紀還不老，還是趕快走的好。"因此，他選定了好日子，坐了象牙的車，駕着飛龍，又向西極走了。行到赤水，接受西皇隆重的招待，聽了九歌，觀了韶舞，十分快樂。忽然間望到舊居的都城，依然一片黑暗，那時僕夫也傷悲了，馬也停着不走了，屈原的悲喜無端的大夢也就醒了！

這是他在痛苦的遭遇中精神失常的自白，是他臨死時的哀鳴，也是他抱着真切的愛國心而得不到國人的認識的悲思的發洩。他曾經幾次在苦痛中夢到舜，受到舜的接見和致意，可見他對舜是十分眷戀的，所以宋育仁就恰當地把他的離奇古怪的夢境作爲虞初小説的結束。

禪讓傳説起於墨家考[*]

一　緒言

　　堯、舜、禹的禪讓，在從前是人人都認爲至真至實的古代史
的；自從康長素先生提出了孔子託古改制的一個問題以後，這些
歷史上的大偶像的尊嚴就漸漸有些搖動起來了。然而人們即使能
懷疑到禪讓説的虚偽，還總以爲這是孔子所造，是儒家思想的結
晶品。哪裏知道這件故事不到戰國時候是決不會出現的，並且這
件故事的創造也決非儒家所能爲的。現在作這一篇文字，就是要
把這件向來認爲古代或儒家名下的遺産重畫歸它的正主——墨
家——名下去。我們一定要揭去了堯、舜、禹的偽史實，纔可以
表顯出墨家的真精神！

　　大家粗聽了這段話，一定要發生許多疑問，以爲禪讓説原是
儒家所盛傳的，怎麼會架到墨家的頭上去呢？要明白這點，先要
知道禪讓説是直接從尚賢主義裏産生出來的；倘没有墨家的尚賢
思想，就決不會有禪讓的傳説！我們若能細讀儒家中孟、荀兩大

　　* 原載國立北平研究院史學集刊第一期，1936 年 4 月；略加修訂收入古
　　　史辨第七册，開明書店，1941 年 6 月。

師的書，便可知道他們實在並不贊成禪讓説：他們雖因時勢的激盪，有時逼得無奈，不得不承受這件故事，但總想改變其意義，使得這個傳説與他們的根本主義不十分相妨。禪讓説裏的舜、禹都是從庶人出身的，這件故事若果真是儒家所造，在儒家的親親、貴貴兩個主義之下，哪裏會有庶人出身的天子？這是不待辨而自明的事情！（舜、禹禪讓説雖或是儒家添出來，但因要拍合堯、舜的禪讓，便不得不把禹也説成由庶人出身。自從有了帝系説，把舜、禹都説成黄帝、顓頊的子孫，於是舜、禹之爲天子即在儒家的學説裏也得到了相當的理由了。關於帝系説，頡剛另有帝系考一文論之，兹不贅説。）

一件大故事的出世，必有它特殊的背景；一件大故事的完成，必有它積久發展的歷史。没有戰國的時勢，便不會有禪讓説；没有儒、墨們的競奇鬥巧，便不會有如火如荼的禪讓故事。自從歷史家有了社會科學的觀念，用了唯物史觀來解釋故事，於是便有人説："禪讓説是原始共産社會裏酋長選舉制的反映。"這樣一來，墨家因宣傳主義而造出的故事，便變成了原始共産時代的史料了。

本文雖預備説明禪讓説的來源，卻有一椿遺憾，這便是我們對於商以前的政治組織不能確實地知道，所以不能把這件故事所憑藉的時代的情形託獻給讀者看，這是要待鋤頭考古學的發展來幫助我們的。現在我們與其亂説，不如暫時藏拙爲妙。如果有人質問道：你們既不知道商以前的政治組織，哪裏再有資格反對唐、虞時的禪讓？我們將答説：唐、虞的社會如何固然我們不知，但唐、虞的社會必非戰國的社會，這是我們所敢斷説的。禪讓如確爲唐、虞時的史實，則必適應于唐、虞時的社會而不適應于戰國時的社會，何以這個問題竟活躍于戰國社會之中呢？既經活躍於戰國社會之中，那就可知禪讓説對於戰國社會是有它的特殊使命的，我們只要抓住了這個使命，自然可以明白它的真相究

竟是怎樣的了。而且我們還要回問一句：你自己除了戰國的材料
以外，能確實找到唐、虞時的禪讓材料嗎？如果不能，那麼你也
只有疑的資格而沒有信的資格！倘使你還説：唐、虞時的禪讓史
料固然我們找不到，但戰國近古，你們怎會知道他們也找不到
呢？我們將答説：戰國時人的嘴裏的東西固然是豐富得很，但實
際的歷史材料是貧乏到極點的。我們現在對于甲骨文和金文的研
究，還是粗引其緒，然而所得的商、周史的智識已遠非戰國人所
能及（例如五等爵、五服制，現在已把孟子、禹貢中的系統推翻
而另建了），何況前于商、周的唐、虞，戰國人豈有不同我們一
樣的黑漆一團的道理？所以禪讓説既只有戰國的材料，而且戰國
的材料有這樣多，那麼我們便只該定它爲戰國時的傳説了。

　　在本文中，提出兩個問題：（一）禪讓説是墨家爲了宣傳他們
的主義而造出來的；（二）墨家只提出了堯、舜的禪讓，舜、禹禪
讓的故事乃是後人加添上去的。願讀者對於此文緊記着這兩個中
心的主張。

二　古代的世官制度

　　古代的官制，商以前我們雖不能詳考，而西周以來至于春
秋，無疑地是行的世官制度（世官不一定是世職）。這世官制度與
宗法制和封建制有不可分離的關係。王靜安先生殷周制度論説：

　　　　由嫡庶之制而宗法……生焉。商人無嫡庶之制，故不能
　　有宗法；藉曰有之，不過合一族之人奉其族之貴且賢者而宗
　　之，其所宗之人固非一定而不可易，如周之大宗、小宗也。
　　周人嫡庶之制，本爲天子、諸侯繼統法而設；復以此制通之

大夫以下，則不爲君統而爲宗統，於是宗法生焉。……天子、諸侯雖無大宗之名而有大宗之實。篤公劉之詩曰："食之飲之，君之宗之"，傳曰："爲之君，爲之大宗也。"板之詩曰："大宗維翰"，傳曰："王者天下之大宗。"又曰："宗子維城"，箋曰："王者之嫡子謂之宗子。"是禮家之大宗限於大夫以下者，詩人直以稱天子、諸侯。唯在天子、諸侯則宗統與君統合，故不必以宗名；大夫、士以下皆以賢才進，不必身是嫡子，故宗法乃成一獨立之系統。……是故大夫以下，君統之外復戴宗統：此由嫡庶之制自然而生者也。

又與嫡庶之制相輔者，分封子弟之制是也。商人兄弟相及，凡一帝之子，無嫡庶長幼，皆爲未來之儲貳；故自開國之初已無封建之事，矧在後世。……是以殷之亡，僅有一微子以存商祀，而中原除宋以外，更無一子姓之國；以商人兄弟相及之制推之，其效固應如是也。周人既立嫡長，則天位素定，其餘嫡子庶子，皆視其貴賤賢否，疇以國邑；開國之初，建兄弟之國十五，姬姓之國四十，大抵在邦畿以外；後王之子弟亦皆使食畿內之邑。故殷之諸侯皆異姓，而周則同姓、異姓各半。此與政治文物之施行甚有關係，而天子、諸侯君臣之分亦由是而確定者也。

靜安先生這段話把宗法制度和封建制度的由來説得非常清楚。在這種社會之下，官吏當然都是些世襲貴族去充任。左傳桓公二年記晉師服的話道：

吾聞國家之立也，本大而末小，是以能固；故天子建國，諸侯立家，卿置側室，大夫有貳宗，士有隸子弟，庶人工商各有分親，皆有等衰；是以民服事其上而下無覬覦。

可見那時候實在是推封建諸侯之義於卿、大夫、士，嫡子、庶子各有其位，父親的職位多由嫡子繼任，上下階級釐然不混，所以它的效用能使民服事其上而下無覬覦。封建制度即從宗法制度來，它們的意義是一貫的。所謂卿、大夫、士，除王官外，就是諸侯的諸侯；他們的職位雖不必全是世襲，但決沒有一個庶人可以突躍而爲卿大夫的。我們看西周時的王室大臣，如周公、召公、太公（太公當是周王外舅家的人）、芮伯、彤伯、畢公、毛公、祭公，都是些同姓和異姓的貴戚（卿、大夫中之有異姓，猶諸侯中之有異姓）。東周時的王室大臣，如周、單、劉、富等，也是如此（至虢、鄭等則更是以近畿的諸侯而世爲王官）。再看春秋時的列國卿、大夫，如魯之三桓，鄭之七穆，晉之欒、韓、魏、趙、范、知、中行，衛之孫、寧，齊之高、國、崔、慶、陳，宋之華、向，楚之鬭、成、蒍（亦作蕿），不也都是些同姓或異姓的貴族世襲執政嗎！

　　説到這裏，我們試舉一件春秋時的故事。當周靈王之世，王朝中有兩個卿士，一個是王叔陳生，是貴族，一個是伯輿，是世官，他們二人爭起政權來。晉侯派士匃去查辦，他就在王庭上開了法庭，兩人各派代表到案：

　　　　王叔之宰與伯輿之大夫瑕禽坐獄於王庭，士匃聽之。王叔之宰曰：“篳門閨竇之人而皆陵其上，其難爲上矣！”瑕禽曰：“昔平王東遷，吾七姓從王，牲用備具；王賴之而賜之騂旄之盟，曰：‘世世無失職！’若篳門閨竇，其能來東底乎！……”（左襄十年傳）

王叔和伯輿在王朝的職分是平等的，伯輿的上代也是周的功臣而世世在位的，然而王叔方面還斥他是“篳門閨竇之人”，以爲柴門小户裏出不出好人才來，更不該“陵其上”，可見那時的階級制度是何等森嚴，階級思想是何等深刻！那些真正從"篳門閨竇"裏出身的，如何説得上有參政的資格！春秋已是一個開通的時代，尚且如此，春秋以前自然更不必説了。

我們再看古金文裏所保存的世官制度的遺痕（下面所舉的例證不過略示一斑，並不是説古金文裏的世官制度的證據盡在于此）：

王若曰："虎！載先王既命乃祖考事啻官，嗣左右戲繁荊，今余隹帥井先王命，命女叏乃祖考啻官，嗣左右戲繁荊。"（師虎毁銘）

王曰："閑！……用侎乃祖考事，嗣寏艅邦君，嗣馬弓矢。"（豆閑毁銘）

王乎内史駒册命師奎父："……用嗣乃父官友。"（師奎父鼎銘）

大師小子師望曰："不顯皇考宛公……用辟于先王。……望肇帥井皇考，虔夙夕出内王命。"（師望鼎銘）

王若曰："舀！命女叏乃祖考嗣卜事。"（舀鼎銘）

王乎尹氏册命舀曰："叏乃祖考作冢嗣土于成周八自。"（舀壺銘）

王乎内史册命趞叏毕祖考服。（趞尊銘）

燮伯乎令卯曰："飤乃先祖考死嗣燮公室，昔乃祖亦既令乃父死嗣荎人，……今余非敢夢先公，有進退；余懋由先公官，今余隹令女死嗣荎宮荎人。"（卯毁銘）

王命同左右吳大父，嗣易林吳牧，……"世孫孫子子左右吳大父，母女又閑。"（同毁銘）

王乎史醽册命師酉："嗣乃祖啻官。……"（師酉毁銘）

王受（授）作册尹者（書）俾册命免："命女世周師嗣歡。"（免毁銘）

伯龢父若曰："師嫠！乃祖考有勞于我家，女右佳小子，余命女死我家，䵼嗣我西偏東偏僕馭百工牧臣妾。"（師嫠𣪘銘）

克曰："穆穆朕文祖師華父……肆克龔保乒辟龔王，……永念于乒孫辟天子，天子……㤅念乒聖保祖師華父，勵（擢）克王服，出内王命。"（大克鼎銘）

虢叔旅曰："不顯皇考惠叔，……御于乒辟，……旅敢啓帥井皇考威義，□御于天子。"（虢叔旅鐘銘）

"不顯皇祖考……嚴在上，廣啓乒孫子于下，擢于大服，番生不敢弗帥井皇祖考不杯元德。……王命䵼嗣公族，卿事（士），大史寮。"（番生𣪘銘）

王若曰："師訇！不顯文武，□受大命，亦則□女乃聖祖考克左右先王。"（師訇𣪘銘）

王若曰："師㝅！……既命女夒乃祖考嗣小輔，今余佳䰟臺乃命，命女嗣乃祖考舊官小輔眔鼓鐘。"（師㝅𣪘銘）

王乎内史尹册命師兑："世師龢父嗣左右走馬，五邑走馬。"（師兑𣪘銘）

在古金文裏看，只見有世官制度，不見有從庶人擢任大官的，這是一件確然不移的史實。

我們再看詩、書。周書梓材説：

以厥庶民暨厥臣達大家，以厥臣達王，惟邦君。

這是當時社會大致的分級，庶民只能達到大家，臣也要經過大家、邦君兩層等級才能達到王。所謂大家，就是諸侯所立的家，它的地位等於小國；大家家君的職位大約同諸侯一樣，是世襲罔替的。呂刑説：

王曰："嗚呼，念之哉！伯父、伯兄、仲叔、季弟、幼子、童孫，皆聽朕言！庶有格命。今爾罔不由慰日勤，爾罔或戒不勤；天齊于民，俾我，一日非終惟終，在人。爾尚敬逆天命，以奉我一人；雖畏勿畏，雖休勿休，惟敬五刑以成三德。一人有慶，兆民賴之，其寧惟永。"

這裏所説的"伯父、伯兄、仲叔、季弟、幼子、童孫"，都是王的親族，也就是掌刑的官吏。下文所謂"官伯族姓"，所謂"嗣孫"，也就是這等人。商書盤庚（這當是周代的宋國人做的）説：

古我先王亦惟圖任舊人共政。

遲任有言曰："人惟求舊；器非求舊，惟新。"古我先王暨乃祖乃父胥及逸勤，……世選爾勞，予不掩爾善。

乃祖乃父是同我先王胥及逸勤的，"圖任舊人"，"世選爾勞"，不是世官制度是什麼？詩大雅文王篇説：

文王孫子，本支百世；凡周之士，不（丕）顯亦世。

凡周之士都是世世代代的丕顯的（傳："不世顯德乎！士者世禄也。"箋："凡周之士，謂其臣有光明之德者，亦得世世在位，重其功也"），這不是世官制度又是什麼？

古代行世官制度，古文籍裏的證據真可謂舉不勝舉，所以俞正燮就説：

太古至春秋，君所任者，與共開國之人及其子孫也。慮其不能賢，不足共治，則選國子教之，上士、中士、下士、府、史、胥、徒取諸"鄉興賢能"。大夫以上皆世族，不在選舉也。選舉使鄉主之……非近畿者，鄉吏主之，非大夫也，所以用之也小，故主之者不必尊人，亦習知其分之不可越也。……漢抑諸侯，王法非周法也，周法則誠不善也。荀子王制云："王公大人之子孫不能禮義，則歸之於庶人；庶人之子孫積文學，正身行，則歸之卿相士大夫。"徒設此義，不能行也。……齊能用管敬仲、甯戚，秦能用由余、百里奚，楚能用觀丁父、彭仲爽，善矣！戰國因之，招延游談之士。夫古人身經百戰而得世官，而以游談之士加之，不服也；立賢無方，則古者繼世之君又不敢得罪于巨室也。……繼世之君立賢無方者，（董）仲舒啟之也。……周則王族輔王，公族治國，餘皆功臣也；分殷民大族以與諸侯，所謂興之爲伍長鄉吏者於其中興之，而無美仕大權，此則周之制也。（癸巳類稿卷三，鄉興賢能論）

俞氏這段話同我們說的如出一口。所謂"大夫以上皆世族"，"其分不可越"，的確是古制。而俞氏所謂"王法"，則是儒、墨們託古改制的法。這一點，他雖未明言，似乎已被覷破了。趙翼也說："自古皆封建，諸侯各君其國，卿大夫亦世其官，成例相沿，視爲固然。"語見廿二史劄記卷三。

但也有不少人認不清楚，他們以爲古代和後世一樣，是量才任官，白屋出公卿的。連靜安先生的殷周制度論裏也說：

周人以尊尊、親親二義上治祖禰，下治子孫，旁治昆弟，而以賢賢之義治官。故天子、諸侯世，而天子、諸侯之卿、大夫、士皆不世。……世卿者後世之亂制也。……此卿大夫不世之制，當自殷已然，非屬周制。

他爲什麼會這樣錯認呢？原來他們幼年讀的儒書太熟了，無形中就把春秋以後的儒、墨們的理想制度確認作殷、周的真制度了。
先就孟子説：

孟子是一個不贊成世官而贊成世禄的人，所以他説：

昔者文王之治岐也，耕者九一，仕者世禄。（梁惠王下）
所謂故國者，非謂有喬木之謂也，有世臣之謂也。（同
上）
夫世禄，滕固行之矣。（滕文公上）

他贊成“世禄”爲的是要維持舊日貴族的階級，這就是靜安先生説
的“以親親之義旁治昆弟”。他不贊成世官，則是要拔用真才，也
就是靜安先生説的“以賢賢之義治官”。所以他又説：

舜發於畎畝之中，傅説舉於版築之間，膠鬲舉於魚鹽之
中，管夷吾舉於士，孫叔敖舉於海，百里奚舉於市。故天將
降大任於是人也，必先苦其心志，勞其筋骨，餓其體膚，空
乏其身，行拂亂其所爲，所以動心忍性，曾益其所不能。
（告子下）

他舉出這許多有名的古人，見得農夫也可以作帝王，工人、商
人、囚犯、隱士、奴隸都可以作大官，而且他説一定要過得貧苦
生活的人方有擔當天下大任的能力，這就證明了安享世禄的貴族
只是些無能之輩了。他又舉出一段齊桓公的故事：

五霸，桓公爲盛。葵丘之會諸侯，束牲載書而不歃血，
初命曰：“誅不孝，無易樹子，無以妾爲妻！”再命曰：“尊賢
育才，以彰有德！”三命曰：“敬老慈幼，無忘賓旅！”四命曰：
“士無世官，官事無攝，取士必得，無專殺大夫！”五命曰：

“無曲防，無遏糴，無有封而不告！”（告子下）

在這個盟約裏，“取士”也有了，“尊賢育才”也有了，“士無世官，官事無攝”説得更明白了。齊桓公尚且立了這樣的條例，何況三王、五帝！孟子又説“今之諸侯皆犯此五禁”，那末世官制度豈不成了齊桓公後的“亂制”？

可是翻開公羊和穀梁兩傳來，齊桓公的盟約便不是這回事。公羊傳道：

> 桓公曰：“無障谷！無貯粟！無易樹子！無以妾爲妻！”（僖三年）
> 穀梁傳道：葵丘之盟，陳牲而不殺，……壹明天子之禁，曰：“毋雍泉！毋訖糴！毋易樹子！毋以妾爲妻！毋使婦人與國事！”（僖九年）

這兩條所載的全是孟子中的初命、五命之文，“取士”和“無世官”等等卻統統不提，這是什麼道理？即此可見孟子所特有的幾命本是他個人的想像，沒有得着普遍的承認的。

荀子在孟子之後，反對世官更激烈了，他道：

> 亂世……以世舉賢，先祖當賢，後子孫必顯。行雖如桀、紂，列從必尊，此以世舉賢也。……以世舉賢，雖欲無亂得乎哉！（君子）

他直斥“以世舉賢”是亂世之制，不知道這正是所謂古先聖王之制。靜安先生有了孟、荀的先入之見，哪能不被蒙蔽了也！（荀子受墨子影響甚深，證見下第九章。）

此外，在戰國末出現而在漢初寫定的公羊傳裏，也有反對世

官的主張:

> （隱三年經：尹氏卒）尹氏者何？ 天子之大夫也。其稱
> "尹氏"何？ 貶。曷爲貶？ 譏世卿。世卿，非禮也。
> （桓五年經：天王使仍叔之子來聘）仍叔之子者何？ 天子
> 之大夫也。其稱"仍叔之子"何？ 譏。何譏爾？ 譏父老子代從
> 政也。

拿這種話來和詩、書及銅器銘辭合看，兩方面的思想實在隔得太
遠了！ 如果硬把它們勾合在一個時代，這好像對夏蟲語冰，它是
不懂得這一套的。

三　春秋時的明賢主義

話又說回來了，說古時全無賢賢的觀念也是不對的。周書立
政說:

> 古之人迪惟有夏，乃有室大競，籲俊尊上帝，迪知忱恂
> 于九德之行；乃敢告教厥后曰：拜手稽首后矣，曰，宅乃
> 事，宅乃牧，宅乃準，兹惟后矣；謀面用丕訓德，則乃宅
> 人，兹乃三宅無義民。桀德惟乃弗作往任，是惟暴德，
> 罔後。
> 亦越成湯陟，丕釐上帝之耿命，乃用三有宅，克即宅，
> 曰三有俊，克即俊，嚴惟丕式，克用三宅三俊；其在商邑，
> 用協于厥邑，其在四方，用丕式見德。嗚呼！ 其在受德暋，
> 惟羞刑暴德之人同于厥邦，乃惟庶習逸德之人同于厥

政。……

　　亦越文王、武王克知三有宅心，灼見三有俊心，以敬事
上帝，立民長伯。……

　　文王惟克厥宅心，乃克立茲常事，司牧人以克俊有德。
亦越武王……率惟謀從容德，以並受此丕丕基。

　　自一話一言，我則末惟成德之彦，以乂我受民。

　　國則罔有立政用憸人。……繼自今立政其勿以憸人，其
惟吉士，用勵相我國家。

　　嗚呼！繼自今後王立政，其惟克用常人。（案常人就是
吉士，既謂之常人，則與舊人之義相近，當然不是新起
之士。）

這是古代第一篇申述任用賢才的大文章，後來的皋陶謨就取資於
此。這篇東西當然不是西周人的手筆（但不能就説西周人絶無任
賢的觀念），可總是戰國以前的文章。它爲什麼這樣説呢？我們
以爲這篇話同春秋的時勢是有關係的。春秋時雖仍行世官制度，
但在世官中已頗知舉賢了（所謂“以世舉賢”），如管仲、鮑叔（管、
鮑都是貴族中的地位較低者）雖位下於高、國，但實掌大權，這
是齊國所以能強的緣故。國語晉語載晉文公復國後的布置道：

　　昭舊族，愛親戚，明賢良，尊貴寵，賞功勞，事耆老，
禮賓旅，友故舊：胥、籍、狐、箕、欒、郤、柏、先、羊
舌、董、韓寔掌近官；諸姬之良掌其中官；異姓之能掌其
遠官。

“昭舊族”，“愛親戚”，“尊貴寵”，就是所謂“親親”“貴貴”的主
義，這是貴族社會裏所必要的行爲。至於“明賢良”則是落在第三
位的主義，所明的賢良也就是舊族親戚貴寵裏的賢良。胥、籍、

狐、箕、欒、郤、柏、先、羊舌、董、韓，都是舊族大家（韋注：
"十一族，晉之舊姓"），他們掌了近官，這就是所謂"昭舊族"，
"尊貴寵"。同姓的諸姬之良掌了中官，異姓（只是異姓，並不是
庶民）的賢能掌了遠官，這就是所謂"愛親戚，明賢良"。晉語又
載文公問元帥於趙衰：

> 對曰："郤縠可！行年五十矣，守學彌惇；夫先王之法
> 志，德義之府也，……請使郤縠。"公從之。

"守學彌惇"，就是所謂"賢良"，當時的平民哪裏够得上守學，哪
裏够得上學"先王之法志"呢？左傳宣公十二年載晉隨武子批評當
時楚國的政治道：

> 其君之舉也，內姓選於親，外姓選於舊，舉不失德，賞
> 不失勞，……君子小人物有服章，貴有常尊，賤有等威，禮
> 不逆矣。

可見當時所謂選舉，雖然要"舉不失德"，但是選舉的辦法，仍舊
是"內姓選於親，外姓選於舊"的，仍舊是"昭舊族，愛親戚"的主
義。所謂"貴有常尊，賤有等威"，這樣才叫做禮；不然便是逆禮
了。周語記富辰諫襄王的話道：

> 尊貴，明賢，庸勳，長老，愛親，禮新（注："新，來過
> 賓也"），親舊，……是利之內也。……鄭未失周典，王而蔑
> 之，是不明賢也。……夫禮，新不間舊；王以狄女間姜、
> 任，非禮，且棄舊也。

這裏説得非常明白，所謂"明賢"的賢只是貴族的賢。左傳隱公三

年記石碏諫衛莊公的話道：

> 賤妨貴，少陵長，遠間親，新間舊，小加大，淫破義，所謂六逆也。

原來"賤妨貴，遠間親，新間舊"，都是所謂逆！這樣看來，說春秋以上已經能彀徹底尚賢，是不是閉着眼睛的說話？

四　孔子的政治主張及其背景

春秋以來，列國互相兼併，大國至地方數千里，政事寖益紛繁，事變之來不是幾個世家舊臣所能處理，所以明賢的觀念日漸發展。又因列國間久有盟會朝聘的往來，交通也日臻便利，小農國家的規模一天天的破壞，工商業便應運而起，使庶民得到了獨立的地位。（在那時已有舉庶人助理政事的風氣，如晉趙孟的舉絳縣老人。）春秋晚年，各國的內政方面，世官制更趨於崩潰，於是大夫有代國君的職權的了，庶民翻身的時機一天天的接近了。在這個時候，有一位從貴族降爲平民而再由平民升爲貴族的大學者出世，這人就是孔子。孔子生長在魯國，魯國本是當時的一個模範的封建國家，保存得封建的禮教特別多，孔子在這個環境裏求學，耳濡目染，所以他的思想偏於守舊。他看見當時世官制崩潰的情形，不由得不嘅嘆道：

> 天下有道，則禮樂征伐自天子出；天下無道，則禮樂征伐自諸侯出。自諸侯出，十世希不失矣；自大夫出，五世希不失矣；陪臣執國命，三世希不失矣。天下有道，則政不在

　　大夫；天下有道，則庶人不議。（論語季氏）

他這樣大聲疾呼的罵當時天下爲“無道”，當然他老人家頭腦裏所謂的“道”就是那等級秩然的世官制了。這正在變動中的社會，在他老人家的眼光裏竟是這樣無道的天下，所以害得庶人要開口議。他哪裏知道事情猶有甚於此者，這一議竟替戰國的“處士橫議”開了先聲，直鬧了幾百年，把舊日的貴族統統打倒了才閉口呢！

　　一個人處在時代的潮流裏，總是不容易跳出它的影響的。孔子曾說過“舉賢才”的話（子路），又曾稱贊過他的門弟子仲弓道：

　　雍也可使南面。（雍也）

仲弓至多不過是個大貴族的家臣（仲弓爲季氏宰），他老人家竟說他可以南面爲君，這與“陪臣執國命”何異？他如果不是春秋晚年人，這話是不會說也不敢說的！又那時衛國有個大夫叫公叔文子，與他的一個家臣同做了公家的臣，孔子聽得了這事，便稱贊他說：“可以爲文矣”（憲問）。這都是春秋末年人舉賢主張的表現。但是孔子究竟是個過渡時代的人物，他終於說：

　　君子學道則愛人，小人學道則易使也。（陽貨）

原來小人學道（在孔子以前連“小人學道”這句話都不會有的）只是供君子的易使而已。就這句話看來，便可見孔子決不是徹底主張尚賢主義的一個人。

五　墨子的尚賢尚同説與堯舜禪讓故事

到了戰國，那時的天下已歸併成幾個大國，各大國的國君互相競爭，都想"辟土地，莅中國而撫四夷"，然而這種大事業歸誰來擔負呢？原來的貴族養尊處優，除了享樂擺架子之外再有什麼大能耐？没有法子，只得在庶民裏挑選，而任賢的觀念爲之大盛。戰國的賢主如魏文侯首舉求賢的旗幟，列國君相競起倣效，於是蘇秦、張儀取卿相於頃刻，四公子養食客至數千人，這都是在這種風氣下自然的結果。這樣一來，古代的"親親""貴貴"的主義便真的漸漸地打破了。

學術界裏首先起來順應這種時勢的人是墨子，他有堅定的主義，有具體的政治主張。他的第一個主張，便是"尚賢"。他説：

> 國有賢良之士衆，則國家之治厚；賢良之士寡，則國家之治薄；故大人之務將在於衆賢而已！

大人之務既在於"衆賢"，那末應該怎麼樣才能彀把賢才衆起來呢？他説：

> 譬若欲衆其國之善射御之士者，必將富之，貴之，敬之，譽之，然後國之善射御之士將可得而衆也。況又有賢良之士，厚乎德行，辯乎言談，博乎道術者乎，此固國家之珍而社稷之佐也，亦必且富之，貴之，敬之，譽之，然後國之良士亦將可得而衆也。

要想衆賢，必定要先能尊賢。這尊賢的辦法，古者聖王有沒有行過的呢？他説是行過的：

> 古者聖王之爲政也，言曰："不義不富，不義不貴，不義不親，不義不近。"
>
> 古者聖王之爲政，列德而尚賢，雖在農與工肆之人，有能則舉之，高予之爵，重予之禄，任之以事，斷予之令；……故當是時，以德就列，以官服事，以勞殿賞，量功而分禄，故官無常貴而民無終賤，有能則舉之，無能則下之。……

據他説古者聖王所富貴親近的人都是賢者，雖然是農夫工匠，只要有能耐，就肯馬上把他舉起來，把大官給他做。在那個時候，做官的人不一定是常久的富貴，小百姓也不一定是永遠的貧賤的。這些話，當時的民衆當然極聽得進，當然是極願意替他宣傳的。但是怎見得古者聖王之爲政是這樣的呢？他説：

> 古者堯舉舜於服澤之陽，授之政，天下平；禹舉益於陰方之中，授之政，九州成；湯舉伊尹於庖厨之中，授之政，其謀得；文王舉閎夭、泰顛於罝罔之中，授之政，西土服。

這些都是古之聖王從漁人厨役等的小百姓中舉出賢才來的實例（從此以後，古代的大臣便多是貧賤出身的了）。於是他終結便説：

> 尚欲祖述堯、舜、禹、湯之道，將不可以不尚賢！（尚賢上）

墨子的第二個主張是"尚同"。他説：

　　選擇天下之賢可者，立以爲天子；……又選擇天下之賢可者，置立之以爲三公，……畫分萬國，立諸侯國君；……又選擇其國之賢可者，置立之以爲正長。……天子發政於天下之百姓，言曰："聞善而（與）不善，皆以告其上：上之所是，必皆是之；所非，必皆非之，……"上同而不下比者，此上之所賞，而下之所譽也。

　　里長者，里之仁人也；……鄉長者，鄉之仁人也；……國君者，國之仁人也。（尚同上）

這是把尚賢主義推廣到了極點，自然得到的結論。因爲天子、三公都是天下之賢可者，國君、鄉長、里長也都是國、鄉、里的仁人，所以人民應該上同而不下比。這尚同主義是與尚賢主義相輔爲用的：尚賢而不尚同，則政治不能統一，其亂在下；尚同而不尚賢，則政治不能修明，其亂在上。但在尚賢、尚同兩個主義之下，天子必定要是天下的最賢之人，那末君主世襲制便不能維持了，這怎麼辦呢？於是他們就想出一種君主選舉制來。

　　君主選舉制在古代（指部落時代以後）本來是沒有先例的，但是墨子偏要替它尋出先例來。他説：

　　古者舜耕歷山，陶河瀕，漁雷澤（當作濩澤），堯得之服澤之陽，舉以爲天子，與接天下之政，治天下之民。（尚賢中。尚賢下多"反（販）於常陽"一句。）

堯從農夫、陶工、漁人中舉起舜來，把天子讓給他，這不是君主選舉制的先例嗎？看了這個例子，可見一個人只要賢能出眾，無論他的本職是怎樣的低賤，也儘有被舉爲天子的資格。陶、漁們的地位低極了，天子的地位高極了，然而只要是天下最賢的人，就可以逐從最低升到最高，毫不受社會階級的牽制。這是墨子望天討價的手段，也是墨子一鳴驚人的手筆。但倘使戰國的社會不容許墨子説這番話，墨子也不會這樣亂趁口的；就是他敢於亂趁口，也不會有人聽信的。所以一定要先有了戰國的時勢，才會有墨家的主義；有了墨家的主義，才會有禪讓的故事。

堯、舜禪讓的故事，就是從上邊看似平凡而實奇創的説話裏來的。

六　墨家内部的禪讓制

墨子建立了尚賢、尚同的主義，創造了堯、舜禪讓的故事，結合一班徒黨，努力從事宣傳；但是政治組織的改變是一件最不容易的事情，沒有實力是不會成功的。爲要作小規模的試驗計，就在自己的團體裏推出一位首領來，叫做“巨子”，——“巨”亦作“鉅”，由他管理全部的徒黨。他是墨家中最賢的人，掌了生殺的大權，竟是一位無冕的帝王。他去職時，由他選擇一位最賢的同志，把位子讓給他。這樣繼繼繩繩的下去，直到墨家失其存在的時候。

莊子天下篇裏説墨者：

以巨子爲聖人，皆願爲之尸，冀得爲其後世。

這可見徒黨對於巨子是怎樣的信奉，又怎樣的看重這職位的繼承。

在呂氏春秋裏，載有兩則巨子的故事，表示他們當首領的都具有堅强的人格，秉着墨子的精神，使千載之下的讀者受着很大的感動。其一是去私篇載的腹䵍：

墨者有鉅子腹䵍居秦，其子殺人。秦惠王曰：“先生之年長矣，非有他子也，寡人已令吏弗誅矣，先生之以此聽寡人也！”腹䵍對曰：“墨者之法曰：‘殺人者死，傷人者刑’，此所以禁殺傷人也。夫禁殺傷人者天下之大義也，王雖爲之賜而令弗誅，腹䵍不可不行墨子之法！”不許惠王而遂殺之。

讀此段，可知墨子自有紀律，巨子有執行本黨的紀律的權力，不受君主的干涉。又可知墨家的徒黨受着雙重的制裁，國家的法律雖赦了，墨家的紀律還是逃不了的。又可知巨子住在某一國，他的行動雖有與國家法律相抵觸之處，亦頗能靠了他的正義博得君主的同情，不用高壓力去解散他們的組織。其二是上德篇的孟勝：

墨者鉅子孟勝善荊之陽城君，陽城君令守於國，毀璜以爲符，約曰，“符合，聽之！”荊王薨，群臣攻吳起兵於喪所，陽城君與焉。荊罪之，陽城君走；荊收其國。孟勝曰：“受人之國，與之有符。今不見符而力不能禁，不能死，不可！”其弟子徐弱諫孟勝曰：“死而有益陽城君，死之可矣。無益也而絕墨者於世，不可！”孟勝曰：“不然。吾於陽城君也，非師則友也，非友則臣也。不死，自今以來求嚴師必不於墨者矣，求賢友必不於墨者矣，求良臣必不於墨者矣！死之，所以行墨者之義而繼其業者也！我將屬鉅子於宋之田襄子，田襄子賢者也，何患墨者之絕世也！”徐弱曰：“若夫子之言，弱請先死以除路！”還歿頭前於孟勝。因使二人傳鉅子於田襄子。孟勝死，弟子死之者百八十三人。（二人）以致令於田襄子，欲反死孟勝於荊。田襄子止之曰：“孟子已傳鉅子於我矣！”不聽，遂反死之。

在這一段裏，又可知巨子的接替是由前任的巨子在同志中挑選後任的，正如堯之與舜，墨子理想的境界算已實現了。我們在呂氏春秋中知道了三個巨子，而腹䵍居秦，孟勝居荆，田襄子居宋，可見巨子是無常處的，又可見墨家勢力的廣遠。在這兩段故事裏，他們是怎樣有信仰，肯犧牲，而堅固地團結，他們的領袖是怎樣的合於民衆的理想。

　　戰國時諸子爭鳴，百家競起，但別家都是個人自由發展，即使收得多少門徒（像孟子的"後車數十乘，從者數百人"），到這位領袖一死也就完了。只有墨家是有嚴密的組織的，而且是有一貫的主義的，他們確是一個政黨。他們不主張暴動，也肯幫王公們做一點事，得以寄存於諸侯之國，所以不能稱爲革命黨。但到了秦、漢的統一，帝皇權力日高，墨家就没有存在的可能了，這種巨子制度只能給秘密社會採用了。

七　禹受命説及舜禹禪讓故事的發生

　　堯、舜禪讓的故事，我們敢説是墨家創作的。但墨家還不曾想到舜、禹禪讓的故事。墨子尚賢上篇以"堯舉舜於服澤之陽"與"禹舉益於陰方之中"對舉，並没有説到舜舉禹。在墨子書裏，禹的出身乃是一個百里諸侯。魯問篇説：

　　　　禹、湯、文、武，百里之諸侯也，説忠行義取天下。

可見禹同湯、文、武一樣，是由諸侯升而爲天子的。非攻下篇説：

昔者禹征有苗，湯伐桀，武王伐紂，此皆立爲聖王。

這又可見禹得天下也同湯和武王一樣，是由於征誅而不是由於禪讓的。國語周語記太子晉諫靈王的話道：

王無亦鑒於黎、苗之王，下及夏、商之季。

在這裏可見苗是稱王的，同夏、商相類，他的時代也正在夏、商之前，與墨子的話相應（墨子、周語的話又從呂刑來）。以我們的猜想，墨子時的傳說，大約是説舜崩後，有苗强大作亂，禹把他征滅，便自己做了天子。我們看兼愛下篇所引的禹誓道：

禹曰：“濟濟有衆，咸聽朕言！非惟小子敢行稱亂，蠢兹有苗，用天之罰；若予既率爾群封諸君以征有苗。”

這和現存尚書裏的湯誓與牧誓的文句何等相像！（禹誓説：“濟濟有衆，咸聽朕言”；湯誓説：“格爾衆庶，悉聽朕言。”禹誓説：“非惟小子敢行稱亂”；湯誓也説：“非台小子敢行稱亂。”禹誓説：“蠢兹有苗，用天之罰”；湯誓也説：“有夏多罪，天命殛之”；牧誓也説：“今商王受惟婦言是用。……今予發惟恭行天之罰。”又禹誓亦與今存的甘誓文辭相類，甘誓，墨子明鬼下篇亦引作禹誓；或許有扈即是有苗的分化，禹誓是對群封諸君們説的話，甘誓是對六卿們説的話，也未可知。）非攻下篇又説：

昔者三苗大亂，天命殛之；……高陽乃命禹於玄宮（從王校文。孫詒讓云：“案藝文類聚符命部引隨巢子云：‘天命夏禹於玄宮……’云云，則非高陽所命也。”頡剛案：高陽即天，孫説非也。莊子大宗師篇云：“顓頊得之；以處玄宮，”

可證），禹親把天之瑞令以征有苗。……禹既已克有三苗，
焉歷爲山川，別物上下，鄉制四極，而神民不違，天下乃
靜：則此禹之所以征有苗也。遝至乎夏王桀，天有酷命，……
天乃命湯於鑣宮，用受夏之大命；……湯焉敢奉率其衆，是
以鄉有夏之境。……湯奉桀衆以克有夏，屬諸侯於薄，薦章
天命，通于四方，而天下諸侯莫敢不賓服：則此湯之所以誅
桀也。遝至乎商王紂，天不序其德，……赤鳥銜珪降周之岐
社，曰："天命周文王伐殷有國。"……武王踐功，……天賜
武王黃鳥之旗，王既已克殷，成帝之來，分主諸神，祀紂先
王，通維三夷，而天下莫不賓，焉襲湯之緒：此即武王之所以
誅紂也。若以此三聖王者觀之，則非所謂攻也，所謂誅也。

墨子裏的高陽就是天帝，可見禹的征有苗就是受命于天，與湯的
伐桀，武王的伐紂一樣。湯、武王伐了桀、紂之後就做了天子，
禹伐了有苗之後也做了天子，三代開國的情形又是一樣的。隨巢
子裏也有同非攻篇差不多的一段文字：

　　　　昔三苗大亂，天命殛之；夏后受於玄宮（海録碎事引作
"天命夏禹於玄宮"），……四方歸之；禹乃克三苗，而神民
不違，闢土以王。
　　　　三苗大亂，天命殛之；夏后受之，無方之澤出神馬，四
方歸之。（據孫詒讓輯本）

看"受於玄宮"，"四方歸之"，"闢土以王"諸語，就更可以證明我
們的假設了。大戴禮記少間篇（少間篇是三朝記的一篇，三朝記
是逃墨歸儒的人做的，童書業先生另有考）説：

　　　　昔虞舜以天德嗣堯。……舜崩，有禹代興；禹卒受命，

乃遷邑姚姓于陳。（下文説“禹崩，十有七世，……乃有商履
代興，……成湯卒受天命，……乃遷姒姓於杞”，可見禹的
得天下同湯一樣。）

舜是嗣堯的，禹是代舜而興的，兩者措辭不同。禹遷姚姓于陳，
舜卻不聞遷堯後於什麼地方，可見舜的嗣堯與禹的代舜不同。

墨子尚賢下篇固然也説：

　　　昔者堯有舜，舜有禹，禹有皋陶。湯有小臣，武王有閎
　夭、泰顛、南宮括、散宜生。

但這只能證明舜與禹曾有過君臣的關係，並不能證明他們定有禪
讓的關係，正如禹並不曾禪讓給皋陶，湯並不曾禪讓給伊尹，武
王並不曾禪讓給閎夭等一樣。而且尚賢下篇本較晚出，即“禹有
皋陶”一語可證。案論語，子夏曰：“舜有天下，選于衆，舉皋
陶，不仁者遠矣”（論語這章與墨子尚賢中篇合看，也受墨家的影
響，又在篇末，已是晚出的文字），孟子也説：“舜以不得禹、皋
陶爲己憂”，“舜爲天子，皋陶爲士”，都把皋陶和舜發生關係。
墨子説：“禹舉益於陰方之中”，孟子也説：“禹薦益於天”，“益
之相禹也”，又都把益和禹發生關係。舜和皋陶相當，禹和益相
當，一個聖君，一個賢相，分配得很好，這本是儒、墨杜撰的印
版古史的公例。惟此篇以皋陶與禹相當，和所染篇同。所染篇是
鈔襲呂氏春秋的文字，昔人已明其僞。而且此篇下文又説：“日
月之所照，舟車之所及，粒食之所養，得此莫不勸譽”，這等文
字直同秦始皇琅邪刻石、大戴禮記五帝德、小戴禮記中庸等篇語
句一律，定出秦後了。

舜、禹禪讓説大約是儒家添出來的。舜舉禹説始見於國語，
晉語説：

舜之刑也殛鯀，其舉也興禹。（左傳僖公三十三年文同，
“刑”作“罪”。）

於是在墨子裏被天帝所刑的鯀和所興的禹（尚賢中篇説：“雖天亦
不辯貧富貴賤遠邇親疏，賢者舉而尚之，不肖者抑而廢之：……
然則親而不善以得其罰者誰也？曰：‘若昔者伯鯀，帝之元子，
廢帝之德庸，既乃刑之于羽之郊，……帝亦不愛，則此親而不善
以得其罰者也。’然則天之所使能者誰也？曰：‘若昔者禹、稷、
皋陶是也。’……”），都變成被舜所刑和所興的了。舜、禹禪讓説
始見於孟子，萬章篇記：

　　萬章問曰：“人有言：‘至於禹而德衰，不傳於賢而傳於
子’，有諸？”
　　孟子曰：“……昔者舜薦禹於天，十有七年，舜崩，三
年之喪畢，禹避舜之子於陽城，天下之民從之，若堯崩之後
不從堯之子而從舜也。……匹夫而有天下者，德必若舜、
禹，而又有天子薦之者。……”
　　孔子曰：“唐、虞禪，夏后、殷、周繼，其義一也。”（這
段孔子的話恐非孟子本文，因爲唐、虞連稱是很晚的事，非
孟子時所有，另有考證。）

孟子叙禹的爲天子同舜一樣，再看萬章所問的話，可見那時舜、
禹禪讓説已風行了。從此以後，墨子裏的百里諸侯出身，征有苗
而有天下的禹，也就變成了匹夫出身，爲天子所薦而有天下的
禹了。
崔述唐虞考信録説：

　　自秦、漢以來，世之論者皆謂堯以天下與舜，舜以天下

與禹。……余按：堯以天下與舜，誠有之矣；若舜以天下與
禹，以經（按指堯典）考之，則殊不然！堯之禪舜也，經書之
詳矣；……自舜即位以後，但記其詢岳，咨牧，命官，考
績，而禪禹之事未有一言及之者，則舜未嘗以帝位授禹明
矣！以天下授人，千古之大事也。堯之授舜也，言之詳，詞
之累；舜果亦以天下授禹，何得終舜之身略之而不記乎？典
者，所以記事也，謨者，所以記言也；典猶春秋也，事無大
小必書；謨猶訓誥之文也，取其言之足以爲世法而已，其人
之事不載之於篇中也。……舜果嘗授禹以天下，其事當載於
典，不當載於謨明矣；今典反不言，而謨（案指大禹謨）反有
之，然則是僞撰尚書（案指僞古文尚書）者習於世俗所傳舜禪於
禹之言，而采摘傳記諸子之文以補之耳，烏足爲據也哉！……
不然，堯以帝位授舜而舜帝，舜亦以帝位授禹而禹何以獨不帝
而王也哉？（按這句話問得很有理由。）……後人……但見舜、
禹之相繼爲天子，而遂以爲堯傳之舜，舜傳之禹，舜既然矣，
禹何以獨不然；由是傳賢傳子之疑紛紛於世。……（卷四）

崔氏見堯典不載舜禪禹的事，遂疑舜未嘗以帝位授禹，這無異於
拿墨家的話來駁儒家（堯典所記就是墨家的禪讓説）。他所謂"世
俗所傳之言"，實在就是儒家之言；他所謂"後人"，實在也就是
儒家。想不到儒家後學的崔述竟做了墨家的代言人，於此可見六
藝之文的權威了。

八　論語堯曰章辨僞

論語裏有極可疑的一章文字，那便是堯曰篇裏的堯曰章。這

章説：

> 堯曰："咨爾舜，天之歷數在爾躬！允執其中！四海困窮，天禄永終！"舜亦以命禹。

這一章如果是可信的，則堯、舜、禹禪讓説可説在孔子時已成立了。但崔述對於它也是疑得非常勇猛。他先就尚書、孟子中的堯、舜推説道：

> 案漢儒所傳之古文尚書，……二帝、三王之言具在也。堯之讓岳也，曰："朕在位七十載，汝能庸命巽朕位！"其授舜也，曰："詢事考言，乃言底可績三載，汝陟帝位！"皆欲其代己熙庶績以安天下耳，未嘗以天下爲重，而欲其常保而無失也。舜之咨岳也，曰："有能奮庸熙帝之載？"其賡載歌也，曰："股肱喜哉！元首起哉！百工熙哉！"惟欲熙庶績以終堯之功耳，亦未嘗以天下爲重，而欲常保而無失也。……孔子曰："巍巍乎舜、禹之有天下也而不與焉"，孟子曰："舜視棄天下猶棄敝蹝也"，又曰："遵海濱而處，終身訢然，樂而忘天下"，然則天禄之去留初不在舜意念中也明矣！

於是再批評論語此章道：

> 今論語所載堯命舜之詞乃云："四海困窮，天禄永終。"堯授舜以天下，豈但欲其不令"四海困窮"；舜之不令四海困窮，又豈徒爲"永終天禄"計哉！且舜固嘗"讓于德弗嗣"者也，……舜方讓而不居，而堯乃以"天禄永終"戒之，是何其待舜之太薄也邪？……天道遠，人道邇，天無跡而難憑，人有爲而共見；豈有置人事不言而但以歷數爲據，使後世闇于

者得藉以爲口實乎！……且歷數在躬，於何見之？……孟子曰"湯執中"，記曰"執其兩端，用其中於民"，……然此皆論古人云爾。自後觀之，則得爲中矣；若事前教之曰執中，則不知中果何在也！……安有絶口不及天下大事而但以空空一中詔之乎！且堯典紀堯禪舜之事詳矣，此文果係堯命舜之要言，……何以反略之而不載乎？……此篇在古論語本兩篇，篇僅一、二章，魯論語以其少，故合之，蓋皆斷簡，無所屬，附之於論語之末者，初不知其傳自何人。學者當據尚書之文以考證其是非得失而取舍之，不得概信爲實然也。（唐虞考信録卷二）

崔氏老是拿了堯典做他取舍的標準，他見堯典不載論語此文，便斷定它非"實然"，這只可説是信經，哪裏是疑古！但論語這章確實不是儒家的話，崔氏的意見是可以節取的。我們試尋取論語這章的本源。

論語這章中最可疑的，便是"歷數"兩字。論語比考讖説：

帝堯率舜等游首山，觀河渚。有五老游河渚，一曰："河圖將來告帝期！"……有頃，赤龍銜玉苞，舒圖刻版，題命可卷，金泥玉檢，封盛書威，曰："知我者重童也！"五老乃爲流星，上入昴。黃姚視之，龍没圖在。堯等共發，曰："帝當樞百，則禪于虞。"堯喟然曰："咨汝舜：天之歷數在汝躬！允執其中！四海困窮，天禄永終！"乃以禪舜。（據殷元正集緯所輯）

據它説，歷數便是帝王的歷運。所以鄭玄根據此讖便解"歷數在爾躬"爲"有圖録之名"。何晏也解歷數爲"列次"，朱熹則解爲"帝王相繼之次第"，其説皆近是。蓋歷數二字若不作如此解，便不可通。但這種帝王相繼的次序是從哪裏來的呢？這就不能不推到陰陽家的鼻祖鄒衍身上。案鄒衍書有主運，史記封禪書云"鄒衍以陰陽主運顯於諸侯"，集解引如淳説：

今其書有主運，五行相次轉用事，隨方面爲服。

五行是永遠轉動的，轉動的時候是永遠依着它的生尅的次序的，這便叫做"歷數"。得到這歷數之運的人做了天子，依着五行的顏色來定他的服色制度，得水德的尚黑，得火德的尚赤，這就是"隨方面爲服"，也即是"天之歷數在爾躬"的具體表示。所以我們敢説，從"天之歷數在爾躬"一句看來，論語中這一章是陰陽家的説話。陰陽家是起于鄒衍的，孟子還看不見，何況孔子！

又史記鄒衍傳中説：

騶衍睹有國者益淫侈，不能尚德，……乃深觀陰陽消息而作怪迂之變，終始、大聖之篇十餘萬言，……稱引天地剖判以來，五德轉移，治各有宜，而符應若兹。……然要其歸必止乎仁義節儉，……始也濫耳。

這就是"四海困窮，天禄永終"諸語的來源。他見當時的國君太淫侈了，弄得生民塗炭，所以造爲怪迂的話來恐嚇他們，使他們能夠改行仁義和節儉。這和論語此章所説"四海之內如能不困窮了，天禄就永遠在你的名下了"，是何等的相像？可是鄒衍警戒戰國君主的話，在這裏竟上升了三千餘年（依韓非説），變成了堯命舜和舜命禹的話了！其實鄒衍的話又是從墨家來的，"仁義"連稱最早見於墨子書，"尚德"也是墨家的話，"節儉"則更是墨家的一個重要的主義。墨家以爲王者的受命是天的賞賢，他們常常拿了上天賞賢罰暴的話頭去恫嚇當時的王公大人，所以"四海困窮，天禄永終”諸語簡直就是墨子的尚賢、兼愛、天志、節用等主義下的一個簡單化的標語。

董仲舒春秋繁露郊祭篇解“天之歷數在爾躬”爲“察（在）身（躬）以知天”，史記曆書解“歷數”爲“曆象”（係把列次的“歷”作曆象的“曆”解），都是斷章取義的説法。從董説則“歷數”兩字没有着落，從史記説則“在爾躬”三字又不可通。漢人這種望文生義的解釋是不能使我們信服的。

“允執其中”一語，也是論語這章晚出的證據。孟子説“楊子取爲我，……墨子兼愛，……子莫執中”（盡心上。爾雅疏引尸子説“皇子貴衷”，據孫人和先生説皇子就是子莫），那麽“執中”是因楊、墨兩家各趨極端而激起來的調和之説，在楊、墨以前的人恐不能説出這樣的話。“中”字的語源固然是很古的，酒誥有“作稽中德”，盤庚也有“各設中于乃心”，大概都把它看作一種平正的道德。（友人丁山先生有刑中與中庸一文，載蔡元培先生六十五歲紀念集，他主張“中”的本義是官府簿書，據吕刑、立政、牧敦，齊侯鐘等文爲證，但對于酒誥和盤庚之辭不易施以同樣的解釋耳。）孔子曾有“中庸之爲德其至矣乎”的話，但没有説“執中”，執中的産生原有它的特殊的背景的。孟子説“執中無權，猶執一也”，又説“湯執中，立賢無方”（焦循曰，“惟賢則立而無常法，乃申上執中之有權，‘無方’當如鄭氏注之爲無常也”），可見單一的執中是孟子所不贊成的。若論語這章出於孟子以前，而載在論語之中，孟子敢反對孔子所傳的堯、舜之道嗎？

從上面幾點看來，這章文字已够後的了；但若逕説這是鄒衍所託，那也不對。這章的出現應該還在鄒衍之後。因爲在鄒衍的五德系統裏，以黃帝當一代，繼着這一代的是夏，可見他是把堯、舜歸在黃帝一代中的。論語此文，把堯、舜、禹分作三代，取鄒説而又失了鄒義，足徵它的時代是更晚的。所以這章文字，早則出於戰國之末，遲則當在秦、漢之交。

　　下文"予小子履敢用玄牡"和"雖有周親，不如仁人"兩節，取的是墨家的僞尚書。"公則說"也是墨家的主義，"孔子貴公"乃是漢人造出的話頭。這幾點，友人趙貞信先生已有極精密的考證，我們很盼望他的論語辨僞能早日出世。——這與本文無關，不必在此詳論。

　　還有道統說是孟子爲了尊崇儒家，排斥楊、墨而提出來的，他的"五百年必有王者興"的歷史觀竟是鄒衍五德終始說的先導。論語這章也有濃厚的道統說的氣息，後世理學家所謂"三聖傳心"的故事即在於此，這是它出於孟子後的一個證據。

　　自從論語中有了這章文字，大家從小讀熟了，再來看墨子中的禪讓說便不易發生問題，只以爲墨子書中所用的禪讓故事是因襲着論語的。哪裏知道，墨子中的禪讓故事乃是費了許多心思而創造的，孟子中的禪讓故事是墨家學說流入了儒家而改造的，論語中的禪讓故事則更是後人採用了鄒衍的學說而重製的。

九　禪讓說能在古代社會裏實現嗎？

　　我們既明白了禪讓說是墨家因爲要宣傳他們的主義而造出來的，則禪讓說在歷史上已失去了它的地位；然而恐怕人們還不服，我們再來檢討檢討這件故事在古代的社會裏能否實現（以下姑且照舊說假定堯、舜時已入封建社會）。我們知道戰國以前整個的社會都建築在階級制度上，左傳昭公七年記芊尹無宇的話道：

　　　　天子經略，諸侯正封，古之制也。……天有十日，人有十等，下所以事上，上所以共神也。故王臣公，公臣大夫，大夫臣士，士臣皁，皁臣輿，輿臣隸，隸臣僚，僚臣僕，僕臣臺。

當時在庶民中還有六等之制（皁、輿、隸、僚、僕、臺都是在官的庶民。案隸字的意義甚多，未可執一而論；當另爲隸考一文論之），試想人民是怎樣的受階級制度的壓迫，哪裏會有一介庶人一躍而爲天子的事？國語齊語載管仲的話道：

> 昔聖王之處士也使就閒燕，處工就官府，處商就市井，處農就田野；……夫是故士之子恒爲士，……工之子恒爲工，……商之子恒爲商，……農之子恒爲農。

這段話雖未必真是管仲之言，但是士農工商各有常處，世執其業，則是古代可有且必有的情形。（周語内史過也説：“古者……庶人工商各守其業。”）在這種情形之下，又哪裏會有一介農工一躍而爲天子的事？詩小雅大東篇説：

> 舟人之子，熊羆是裘；私人之子，百僚是試。

這是當時人諷刺亂世情形的話。他們説，舟人的兒子也有穿着熊羆的裘子的了，私人（傳：“私人，私家之人”）的兒子也有做着百官的了，這簡直是天翻地覆了！在這種觀念之下，又哪裏會有一介匹夫一躍而爲天子的事？曹風候人篇説：

> 彼候人兮，何（荷）戈與祋（殳）；彼其之子，三百赤芾。
> 維鵜在梁，不濡其翼；彼其之子，不稱其服！
> 維鵜在梁，不濡其咮；彼其之子，不遂其媾！

這也是那時人罵倖進的小人的。候人本是荷着戈與殳的腳色，現在居然有三百個穿着赤芾的了（説文："市，韠也，……所以蔽前。"案，芾即韍。左傳晉文公入曹，數之，以其不用僖負羈，而乘軒者三百人，當即指此），暴發户呀，你們哪裏配穿你們的衣服啊！這些暴發户大概有同貴族通婚的，所以又罵他們"不遂（'遂'即'稱'）其媾"。我們試想想墨家的尚賢主義若真是實現在古代的社會裏，那些從農與工肆裏跳起來的賢人，不知將被當時人罵多少句"彼其之子不稱其服"哩！我們再想堯以二女妻舜的故事若真是實現在古代，那末舜也不知要被當時人罵多少句"彼其之子不遂其媾"哩！我們再看，左傳昭公七年載單獻公棄親用羈，就被襄、頃之族殺了；定公元年又記鞏簡公棄其子弟而好用遠人，結果也被他的群子弟所賊：可見在古代的親親社會裏，尚賢主義是决行不下去的！（左傳昭公三年晉叔向對齊晏子嘅嘆晉國衰敗的情形道："欒、郤、胥、原、狐、續、慶、伯，降在皁隸"，可見世卿的衰敗正是他們所痛惜而怕見的，更可見在古代貴貴主義之下，尚賢主義也决不能行。）又吳起相楚悼王，廢公族疏遠者；悼王一死，宗室大臣便把吳起攻殺。商君相秦孝公，令宗室非有軍功論不得爲屬籍，宗室貴戚多怨望者；孝公一死，商君便也遇害。在封建制度已搖動的戰國時代剝奪了宗室貴戚的權利，尚且要慘遭失敗，何況封建制度甚嚴密的春秋以上的時代呢！（商書微子篇説紂："咈其耇長，舊有位人"，周書牧誓也罵商王受："昏棄厥遺王父母弟不迪，乃惟四方之多罪逋逃是崇是長，……"然則紂的大罪也只是違反了親親貴貴的常例。）

在古代只有禮讓的觀念，而沒有禪讓的觀念。古代的所謂禮讓，只是貴族間所行的一種禮教。詩小雅角弓篇説：

民之無良，相怨一方；受爵不讓，至于己斯亡。

可見受了爵是應該讓的。左傳襄公九年載楚子囊批評晉國政治的
話道：

　　　　當今吾不能與晉爭，……其卿讓於善，……上讓下競。
　　當是時也，晉不可敵，事之而後可。

僖公二十七年，襄公十三年傳並載晉諸卿的相讓，這些就是堯典
虞廷九官相讓的故事的前身。一則一戰而霸，一則諸侯遂睦，可
見"上讓下競"，其國便不可敵。當時人看這種禮教，非常重視。
孔子説：

　　　　能以禮讓爲國乎，何有；不能以禮讓爲國，如禮何！
　　（論語里仁）

這是春秋時人的公同見解。（我們要記得古代是"禮不下庶
人"的。）

　　因爲有了這種禮讓的觀念，所以當時貴族間便有讓國的實
事；如吳太伯、仲雍、伯夷、叔齊（這兩件讓國的故事尚未能徵
實）、魯隱公、弗父何、宋宣公、宋穆公、太子兹父（宋襄公）、
公子目夷、公子去疾、公子季札、公子郢、公子啟等都能讓國於
其兄弟子姪。但這些祇是貴族自己家門中的相讓，終没有聽得把
君位讓給別姓的臣民的。

　　説到公子目夷讓國的事情，不由得聯想到墨子的姓氏祖先等
問題，就附帶在此討論一下吧。史記孟荀列傳説"墨翟爲宋大
夫"，鄒陽傳又説"宋信子罕之計而囚墨翟"，又墨子書中詳記其
止楚攻宋之事，墨子和宋國有深切的關係自可無疑。近人以墨姓
不多見，對于墨子的姓氏祖籍等起了很多的猜測。我們以爲，墨
確是他的真姓氏，而且從這姓上可以知道他是公子目夷之後，原

是宋國的宗族。按史記伯夷列傳索隱引應劭説"孤竹蓋伯夷之國，君姓墨胎氏"，又周本紀正義引括地志"孤竹，……殷時諸侯孤竹國也，姓墨胎氏"，是知伯夷姓墨胎。通志氏族略引元和姓纂説墨氏"孤竹君之後，本墨台氏，後改爲墨氏，……戰國時宋人墨翟著書號墨子"，則以墨子爲孤竹君之後，由墨台（胎）縮短爲墨姓的。梁玉繩漢書古今人表考説："考北周書怡峰傳云，'本姓默台，避難改焉'，則'台'即'怡'字，作'胎'非也。（原注：台有胎音，故誤。）"據此，則"台"應讀作"怡"，直到南北朝時還有姓墨台的。又考史記殷本紀，殷後有目夷氏。潛夫論志氏姓篇以目夷氏爲微子之後。廣韻六脂"夷"字注云："宋公子目夷之後，以目夷爲氏"，則公子目夷之後爲目夷氏。這個目夷氏又作墨夷氏，世本説："宋襄公子墨夷須爲大司馬，其後有墨夷皋。"（廣韻六脂及姓氏急就篇引）"宋襄公子"當是"宋襄公兄子"的傳訛。通志氏族略又説"墨台，宋成公子墨台之後"，此"宋成公"當是"宋桓公"之訛，則"目夷"直作"墨台"，與伯夷姓合。左傳僖八年載宋太子茲父與公子目夷互相以仁讓國，茲父説"目夷長且仁"，目夷説"能以國讓，仁孰大焉！"這頗與伯夷、叔齊相互讓國的傳説相似。論語也説伯夷、叔齊"求仁而得仁，又何怨"（述而）。伯夷與目夷讓國事的既甚相近，姓又相同，即名也有一半相同，也許即是一個人傳説的分化。目夷居長，所以稱作伯夷；叔齊當即太子茲父。墨子是伯夷之後，實在就是公子目夷之後。論語正義引春秋少陽篇："伯夷姓墨"，則墨怡亦可去其下一字而單作墨。這可證墨子的受姓之始。又墨學與宋人思想多合，俞正燮説：

　　墨者，宋君臣之學也。……記曰："天子命諸侯教，然後爲學。"宋王者後，得自立學。又亡國之餘，言仁義或失中。管子書立政云"兼愛之説勝，則士率不戰"，立政九敗解云："不能令彼無攻我，彼以教士，我以毆衆，彼以良將，

我以無能，其敗必覆軍殺將”，如此正宋襄公之謂。左傳公
子目夷謂襄公未知戰，“若愛重傷，則如勿傷；愛其二毛，
則如服焉”，兼愛、非攻，蓋宋人之蔽。呂氏春秋審應云：
“偃兵之義，兼愛天下之心也。”據左傳襄公歿後，華元、向
戌皆以止兵爲務，墨子出，始講守禦之法，不如九敗解所
譏。墨子實宋大夫，其後宋牼亦墨徒，欲止秦、楚之兵，言
戰不利，有是君則有是臣，……墨爲宋學明也。（癸巳類稿
卷十四墨學論）

馮友蘭先生也説：

　　宋爲殷後，在春秋列國中文化亦甚高。漢書地理志曰：
“宋地，房、心之分野也。……其民猶有先王遺風，重厚多
君子，好稼穡，惡衣食，以致畜藏”（史記貨殖列傳同）。惟
宋人重厚，故在當時以愚見稱。……墨子之道，“其生也勤，
其死也薄，其道太觳，以自苦爲極”（莊子天下篇），所謂“其
智可及也，其愚不可及也”，必在宋人重厚多君子之環境中
乃能發展。且好稼穡，惡衣食，以致畜藏，亦墨子强本節用
之説所由出也。（中國哲學史上卷第五章（一）論墨學爲宋學）

據他們説來，兼愛、非攻、節用都是宋人思想與宋俗。其實明鬼
也是宋俗，左傳僖公十九年載宋襄公用鄫子于次睢之社，欲以屬
東夷。殺人媚鬼，這種極端野蠻的宗教行爲，在春秋時，也只有
東南一方帶的人使用過（昭公十年又記季平子用人於亳社，胡適
之先生説：“用人祭社，似是殷商舊俗”，語見説儒一文）。又商
書盤庚三篇露骨地表示着商人迷信祖先神靈的思想，與周書所表
現的周人宗教思想頗不一樣，墨學與宋俗實在太接近了。
　　如墨子爲宋人這個假定不錯，則墨家主張禪讓説自有其歷史

上的背景。又俞正燮説殷人被周人壓制，不得爲高官（見鄉興賢能論），這話在古書上是多有明證的，則墨家主張平等，剷除階級，或亦有其歷史上的背景。孔子雖也是殷人，但傳到他時早已魯化了。

一〇　戰國時禪讓説的實行

自從墨家的勢力擴張，禪讓説盛行於時，當時的君主聽得高興，便有想要或實行讓位給臣下的。呂氏春秋不屈篇載：

> 魏惠王謂惠子曰：“上世之有國必賢者也，今寡人實不若先生，願得傳國。”惠子辭。
> 王又固請曰：“寡人莫有之國於此者也，而傳之賢者，民之貪爭之心止矣，欲先生之以此聽寡人也！”惠子曰：“若王之言，則施不可而聽矣。王固萬乘之主也，以國與人猶尚可。今施布衣也，可以有萬乘之國而辭之，此其止貪爭之心愈甚也。”

這件故事不知道實在與否？如是真事，則是禪讓説流行後所發生的第一次影響。呂氏春秋的作者批評這件事道：

> 夫受而賢者，舜也；是欲惠子之爲舜也。夫辭而賢者，許由也；是惠子欲爲許由也。傳而賢者，堯也；是惠王欲爲堯也。堯、舜、許由之作，非獨傳舜而由辭也，他行稱此。今無其他，而欲爲堯、舜、許由，故惠王布冠而拘於鄄（高注：自拘於鄄，將服於齊也），齊威王幾弗受（注：幾，危；

危不受魏惠王也）；惠子易衣變冠，乘輿而走，幾不出乎魏
境。凡自行不可以幸爲必誠。

魏惠王想學堯，惠施想學許由，結果只落得了一場非笑。此後還
有一件更可非笑的禪讓故事出來。戰國策燕策載：

> 子之相燕，貴重主斷。……鹿毛壽謂燕王（噲）曰："不
> 如以國讓子之。人謂堯賢者，以其讓天下於許由，由必不
> 受，有讓天下之名，實不失天下。今王以國讓相子之，子之
> 必不敢受，是王與堯同行也。"燕王因舉國屬子之，子之
> 大重。

這又來了一個學堯的人。可惜子之不想學許由，他想學舜；於是
那時便又有人希意承旨，對燕王噲說道：

> 禹授益而以啟爲吏；及老而以啟爲不足任天下，傳之益
> 也。啟與支黨攻益而奪之天下。是禹名傳天下於益，其實令
> 啟自取之。今王言屬國子之，而吏無非太子人者，是名屬子
> 之而太子用事。

燕王噲是真心效法堯的，他弄假成真的把官員的印一起收了，交
給子之，由他任用。子之也是真心效法舜的，就馬上南面行起王
事來，燕王噲反做了子之的臣。於是孟子裏所載的"舜南面而立，
堯帥諸侯北面而朝之"的"齊東野人之語"就實現了。可惜：

> 子之三年，燕國大亂，百姓恫怨。將軍市被、太子平謀
> 將攻子之，……太子因數黨聚衆，將軍市被圍公宮，攻子
> 之，不克。……構難數月，死者數萬衆，燕人恫怨，百姓離

意。孟軻謂齊宣王曰："今伐燕，此文、武之時，不可失也！"王因令章子將五都之兵，以因北地之衆以伐燕。士卒不戰，城門不閉，燕王噲死，齊大勝燕，子之亡。二年，燕人立公子平，是爲燕昭王。（國策燕策。史記燕世家文略同。）

本是一場堯、舜的禪讓，結果竟鬧得比禹、益的禪讓更壞。以禪讓始者反以征誅終，這是一件多麽没味的事？這比較後來漢、魏與魏、晉之間的玩意兒真有媿色多了！

一一　戰國儒家所受墨家尚賢主義的影響

戰國時墨家的聲勢既非常浩大，他們所持的主義，如兼愛、非攻、尚賢、節用等等，又極容易得到民衆的同情，所以雖和他們勢不兩立的儒家也不得不適應時勢而承受這種學説的一部分。我們且拿當時儒家中最著名的孟、荀兩大師做代表，看他們承受墨家的學説到什麽程度。（本文但論尚賢思想，其實兼愛、非攻等主義，儒家也相當的受到墨家的影響。）孟子説：

仁則榮，不仁則辱；今惡辱而居不仁，是猶惡濕而居下也。如惡之，莫如貴德而尊士：賢者在位，能者在職，……雖大國必畏之矣。（公孫丑上）

尊賢使能，俊傑在位，則天下之士皆悦而願立於其朝矣。（同上）

唯仁者宜在高位；不仁而在高位，是播其惡於衆也。（離婁上）

天下有道，小德役（於）大德，小賢役（於）大賢。（同上）

“尊賢”“使能”都是墨家所提出的主義。“尊賢使能，……則天下之士皆悦而願立於其朝矣”，就是墨子所説的“賢良之士必且富之、貴之、敬之、譽之，然後國之良士亦將可得而衆也”。“惟仁者宜在高位”，就是墨子所説的“國君者，國之仁人也；天子者，固天下之仁人也”。“小德役大德，小賢役大賢”，也就是墨子所説的“以德就列”等話。孟子這些話，都從墨子尚賢主義裏流出的。（所以他也有“堯以不得舜爲己憂，舜以不得禹、皋陶爲己憂，……爲天下得人者謂之仁”等話。又他説：“當堯之時，天下猶未平，……堯獨憂之，舉舜而敷治焉”，這段話也從墨子的“堯舉舜……，授之政，天下平”等話來。）

不過儒家究竟和墨家不同：墨家講兼愛，儒家則講親親；墨家主張澈底尚賢，儒家還要兼顧貴貴。所以從墨家的平等眼光看來，舉賢最爲緊要；從儒家的等差眼光看來，親親貴貴應與尊賢並行。（所以像象這樣不仁的人，舜還得親愛他；這同墨子所説的“古者聖王……不義不親”等話是怎樣的衝突。）孟子説：

用下敬上，謂之貴貴；用上敬下，謂之尊賢。貴貴尊賢，其義一也。（萬章下）
親親，仁也。（告子下）
國君進賢，如不得已；將使卑踰尊，疏踰戚，可不慎與！（梁惠王下）

可見儒家總是怕“卑踰尊，疏踰戚”的，所以他們對於“進賢”也只是“如不得已”！荀子也説“親親、故故、庸庸、勞勞，仁之殺也；貴貴、尊尊、賢賢、老老、長長，義之倫也”；他們總是要把“親親、故故、貴貴、尊尊”同“賢賢”放在一起談！

但是荀子卻比孟子更露骨的承受墨家的尚賢學説。荀子説：

> 我欲賤而貴，……貧而富，可乎？曰：其唯學乎！……
> 鄉也混然涂之人也，俄而竝乎堯、禹，豈不賤而貴矣哉！……
> 鄉也胥靡之人，俄而治天下之大器，舉在此，豈不貧而富矣
> 哉！（儒效）

這不就是墨子所説的“此何故始賤卒而貴，始貧卒而富，則王公
大人明乎以尚賢使能爲政”（尚賢中），“女何爲而得富貴而辟貧
賤，莫若爲賢”（尚賢下）嗎？

> 大儒者，天子三公也；小儒者，諸侯大夫士也。（儒效）
> 上賢禄天下，次賢禄一國，下賢禄田邑。（正論）

這不就是墨子所説的“鄉長，固鄉之賢者也；……國君，固國之
賢者也；……天子者，固天下之仁人也”（尚賢中）嗎？

> 請問爲政，曰：賢能不待次而舉，罷不能不待須而
> 廢。……雖王公士大夫之子孫也，不能屬於禮義，則歸之庶
> 人；雖庶人之子孫也，積文學，正身行，能屬於禮義，則歸
> 之卿相士大夫。（王制）

這不就是墨子所説的“官無常貴而民無終賤；有能則舉之，無能
則下之”（尚賢上），“不黨父兄，不偏貴富，……賢者舉而上之，
富而貴之，以爲官長；不肖者抑而廢之，貧而賤之，以爲徒役”
（尚賢中）嗎？

> 君人者……欲立功名，則莫若尚賢使能矣，是君人者之

大節也。（王制）

這不就是墨子所説的"名立而功成，……則由得士也，……夫尚賢者政之本也"（尚賢上）；"今大人……將欲使意得乎天下，名成乎後世，故（胡）不察尚賢爲政之本也？此聖人之厚行也"（尚賢中）嗎？

　　　　王者之論：無德不貴，無能不官，無功不賞，無罪不罰；……百姓曉然皆知夫爲善於家，而取賞於朝也；爲不善於幽，而蒙刑於顯也。夫是之謂定論！（王制）

這不就是墨子所説的"古者聖王之爲政也，言曰：不義不富，不義不貴，不義不親，不義不近"（尚賢上），"是以民皆勸其賞，畏其罰"（尚賢中）嗎？原來這是"定論"！

　　　　論德而定次，量能而授官，……上賢使之爲三公，次賢使之爲諸侯，下賢使之爲士大夫。（君道）

這不就是墨子所説的"以德就列，以官服事"（尚賢上），"選擇賢者立爲天子，……選擇其次立爲三公，……選擇其次立爲卿之（與）宰，……選擇其次立而爲鄉長家君"（尚同下）嗎？

　　　　人主欲得善射射遠中微者，縣貴爵重賞以招致之，内不可以阿子弟，外不可以隱遠人，能中是者取之。……欲得善馭速致遠者，一日而千里，縣貴爵重賞以招致之，内不可以阿子弟，外不可以隱遠人，能致是者取之。欲治國馭民，……然而求卿相輔佐，則獨不若是其公也，案唯便嬖親比己者之用也，豈不過甚矣哉！故有社稷者莫不欲彊，俄則弱矣；莫不欲安，俄則危矣；莫不欲存，俄則亡矣：……是無他故，莫不失之是也！……夫文王非無貴戚也，非無子弟也，非無便嬖也，倜然乃舉太公於州人而用之，豈私之也哉？以爲親邪，則周姬姓也，而彼姜姓也；以爲故邪，則未嘗相識也；以爲好麗邪，則夫人行年七十有二，齫然而齒墮矣；然而用之者，夫文王欲立貴道，欲白貴名以惠天下，而不可以獨也，非于是子莫足以舉之，故舉是子而用之。……（同上）

這段話更全與墨子相同。墨子説：

> 譬若欲衆其國之善射御之士者，必將富之貴之。……（尚賢上）
> 當王公大人之於此也，雖有骨肉之親，……實知其不能也，必不使。……當王公大人之於此也，則不失尚賢而使能。逮至其國家則不然，王公大人骨肉之親，無故富貴面目美好者則舉之。（尚賢下）
> 今者王公大人爲政於國家者，皆欲國家之富，人民之衆，刑政之治，然而不得富而得貧，不得衆而得寡，不得治而得亂，……是其故何也？……是在……不能以尚賢事能爲政也！（尚賢上）
> 文王舉閎夭、泰顛於置罔之中，授之政，西土服。（同上）
> 昔者堯之舉舜也，湯之舉伊尹也，武丁之舉傅説也，豈以爲骨肉之親，無故富貴面目美好者哉？唯法其言，用其謀，行其道，上可而利天，中可而利鬼，下可而利人，是故推而尚之。（尚賢下）

看了這段比較，誰還敢説荀子是反墨的？荀子的話同墨子的話這樣的相像（荀子書中與墨子相同的話還多，如性惡篇尚有"賢者敢推而尚之，不肖者敢援而廢之"的話，富國篇甚至於有"兼而愛之"的話。他又受墨子尚同、節用等主義的影響很深，其"非相"似也從墨子的非命主義來的），他爲什麼還要罵墨子，說"墨子之於道也，猶瞽之於白黑也，猶聾之於清濁也，猶欲之楚而北求之也"（樂論）呢？這不是好惡隨情是什麼！荀子又罵當時的俗儒說："其言議談説，已無以異於墨子矣，然而明不能別"（儒效），試問荀子自己是不是已在俗儒之列呢？

此外後來所稱爲"四書"之一的中庸（這是一篇秦人所著而經過漢人改竄的書，日本武内義雄有考，説頗精覈。其中之一部分或爲戰國人所作）裏也有很多墨家的話。如説：

> 大德必得其位，必得其禄，必得其名，必得其壽；故天之生物，必因其材而篤焉，故栽者培之，傾者覆之；……故大德者必受命。
>
> 仁者，人也，親親爲大；義者，宜也，尊賢爲大；親親之殺，尊賢之等，禮所生也。
>
> 尊賢則不惑。
>
> 去讒遠色，賤貨而貴德，所以勸賢也。

"尊賢"、"貴德"、"勸賢"，都是墨、孟一派的話。"尊賢之等"，大約也就是所謂"上賢禄天下，次賢禄一國，下賢禄田邑"的等。"大德必得其位……""大德者必受命"的信念更直接從墨家尚賢主義來，比孟子所謂"匹夫而有天下者，德必若舜、禹，而又有天子薦之者"的話又進了一步了。跟堯典先後出世的皋陶謨裏説：

> 日宣三德，夙夜浚明，有家；日嚴祗敬六德，亮采，有

邦。翕受敷施，九德咸事；俊乂在官，百僚師師，百工惟時，……庶績其凝。

無曠庶官，天工人其代之。……天命有德，五服五章哉！……

帝，光天之下，至于海隅蒼生，萬邦黎獻共惟帝臣，惟帝時舉；敷納以言，明庶以功，車服以庸，誰敢不讓，敢不敬應。

日宣三德則有家，日敬六德則有邦，九德咸事則有天下，這同墨子、中庸等書是一貫的説話。"天命有德"就是"大德者必受命"。"敷納以言，明庶（試）以功，車服以庸"，更是尚賢的具體辦法。尚賢主義被推闡到這樣地步，也就無以復加了。

在這裏，我們還要附記墨子裏載的墨子與儒家的一段對話：

公孟子謂子墨子曰："昔者聖王之列也，上聖立爲天子，其次立爲卿大夫。今孔子博於詩、書，察於禮樂，詳於萬物，若使孔子當聖王，則豈不以孔子爲天子哉？"子墨子曰："夫知者必尊天事鬼，愛人節用（案論語：子曰："節用而愛人"，這還是墨襲孔而非孔呢？還是論語的作者叫孔子襲墨子的話呢？），合焉爲知矣。今子曰'孔子博於詩、書，察於禮樂，詳於萬物'，而曰'可以爲天子'，是數人之齒而以爲富。"（公孟）

公孟子是個儒者（孫詒讓以爲即孟子中的公明高），常常被墨子所折服（他曾承認墨子的話爲善），他承受了墨家"聖王之列，上聖立爲天子，其次立爲卿大夫"的話，拿來反問墨子："照這樣説，孔子如當聖王的時候，豈不有被舉爲天子的資格嗎？"墨子答他説："孔子算不得上聖，所以尚起賢來，孔子並沒有被舉爲天子的資格。"這段話或是確有其事，或是墨家所造的故事（墨子書的編成時代很不早，不過材料大致可信），都未可知；若是真有其事，那末公孟子就是最早承受墨家學說的儒家了。

　　然而，無論儒家怎樣受墨家的影響，他們終是各有不能混合的分野。現在再舉一個例來說一下罷。墨子爲了反對運命說，立一個主義叫做"非命"。他說："古之聖王發憲出令，設以爲賞罰以勸賢。"因爲照主張有命的人的說法，上之所罰是我的命招來的，不是做人不好，上之所賞也是我的命招來的，不是做人好，那麼聖王"勸賢"的精意就失去了，所以他斷然的說，執有命是"不仁"，是"覆天下之義"。即此可見尚賢是墨家的根本主義，而非命乃是從尚賢裏推演出來的。儒家則說"死生有命，富貴在天"（論語顏淵）。死生富貴既都付之於不可知的天命（天就是命，與墨家的天不同），那還有什麼賢可尚，什麼暴可罰呢？這因儒家是維持舊制度的，他們繼承了古代的觀念，以爲生爲王公大人由於他的命貴，命貴是不能強奪的。我們看孟子說："繼世而有天下，天之所廢必若桀、紂者也"，一定要像桀、紂一般的作惡才可以剝奪他的貴命，可見一切小惡是被饒恕的。又說："匹夫而有天下者，德必若舜、禹而又有天子薦之者"，生來命賤的人必須備有舜、禹之德，還要遇着皇帝提拔的好機會，才得改賤爲貴，可見既定階級的不易逾越。在這種觀念之下，他們把堯、舜、禹的禪讓故事說成了千世不可一遇的神話，禪讓說於是在儒家主張有命的學說裏失去了它原有的意義。墨家是主張平等的，他們說"雖在農與工肆之人，有能則尚之"，那便是隨時可以實現的事，禪讓就可定爲永久的制度，像現在民主國選舉總統一樣了。儒、墨同言禪讓，那知他們意義的不同竟至於此！

一二　孟荀二子對於禪讓説的態度

儒家雖因時勢的鼓盪，不得不承受墨家的尚賢學説，但是他們總想改變其意義，使得它與他們自己的根本主義不十分衝突。這一個苦衷，我們若小心讀孟子和荀子就可以明白。

孟子是一個相當贊成禪讓説的人，然而當燕王噲與子之實行禪讓説的時候，他就頗不願意他們成功。戰國策裏孟子勸齊王伐燕的話我們儘可以不信，但是孟子本書總是可信的罷？孟子中記燕國亂時齊國有個名叫沈同的人來詢問孟子的意見，他道："燕可伐嗎?"孟子答他道：

> 可！子噲不得與人燕，子之不得受燕於子噲。（公孫丑下）

以一個"言必稱堯、舜"的人，而對於熱心模仿堯、舜的子噲、子之，反持這種冷酷的態度，實在令人無從索解！倘使他用了同樣的句法説"堯不得與舜天下，舜不得受天下於堯"，禪讓的偶像豈不就此打碎了嗎？

有一次，他的學生萬章爲了懷疑禪讓的事，問他道：

> 堯以天下與舜，有諸?

他用了批評燕事的態度回答道：

> 否！天子不能以天下與人。

話說得這樣斬釘截鐵，當然把這件故事推翻了。於是萬章再問：

> 然則舜有天下也，孰與之？

他呆了一呆，回答一句很空洞的話：

> 天與之。

這顯見是他的遁辭了。萬章這人真厲害，又反問一句道：

> 天與之者，諄諄然命之乎？

這話要是問在西周的時候，或是向墨家之徒去問，他們當然回答說，“是的！”因爲詩大雅裏就有“有命自天，命此文王”以及“帝謂文王，予懷明德……”（皇矣）等句，墨子裏也有“天乃命湯於鑣宮，……有神來告曰：‘夏德大亂，往攻之，予必使汝大堪之，予既受命於天’”（非攻下）等話。但是孟子的時代和他的學說已不容他這樣神道設教了，所以他答道：

> 天不言，以行與事示之而已矣。

他以爲天是不說話的，但也會借了人事來表現他的意思。萬章不肯放鬆，再逼進一層問道：

> 以行與事示之者如之何？

問到這樣，他再沒有什麼辦法，只得用了墨子的手段，支支吾吾的杜造出一段故事來，說道：

舜相堯，二十有八載，非人之所能爲也，天也。堯崩，三年之喪畢，舜避堯之子於南河之南，天下諸侯朝覲者不之堯之子而之舜，訟獄者不之堯之子而之舜，謳歌者不謳歌堯之子而謳歌舜，故曰天也。夫然後之中國踐天子位焉。（萬章上）

舜相堯有二十八年之久，這就是天意。堯崩之後，舜避到南河的南面，好讓堯子去繼承天子之位；然而朝覲訟獄的人不到堯子那邊去，只到舜這邊來，歌頌功德的人又不歌堯之子而歌舜，天意表示得這樣明顯，舜還敢違背皇天的威命嗎？所以他只得做天子了。

這些話雖然講的是堯、舜，其實是針對燕王噲讓國的事説的。倘使子之能相子噲二十餘年，噲死之後，他也離去燕都，燕的臣民也不戴太子平而戴他，那就是孟子理想中的禪讓（“天與之，人與之”）了。但這是實際上能有的事嗎？孟子又説“以天下與人易，爲天下得人難”（滕文公上），“好名之人能讓千乘之國，苟非其人，簞食豆羹見於色”（盡心下）。魏惠王和燕王噲就是孟子所説的“好名之人”，他們至多能以天下與人，而不能爲天下得人，孟子彷彿説“他們那班人哪配高攀堯、舜，實行禪讓哩！”

荀子雖然受墨家思想的影響更深，但他是一個主張“隆禮”的人，隆了禮就要維持階級制度，所以他對於禪讓説的反對比孟子還要激烈，他在正論篇裏大聲疾呼道：

世俗之爲説者曰，“堯、舜擅讓”。是不然！天子者，勢位至尊，無敵於天下，夫有誰與讓矣！道德純備，智惠甚明，……天下無隱士，無遺善，同焉者是也，異焉者非也（案：這仍是墨子尚賢、尚同的説話），夫惡有擅天下矣！

曰：“死而擅之。”是又不然！聖王在上，圖（決）德而定次，量能而授官（案：這又是墨子的説話），……聖王已没，天下無聖，則固莫足以擅天下矣。天下有聖而在後者，則天下不離，朝不易位，國不更制，天下厭然，與鄉無以異也。以堯繼堯，夫又何變之有矣！聖不在後子而在三公，則天下如歸，猶復而振之矣；天下厭然，與鄉無以異也，以堯繼堯，夫又何變之有矣！（案：這是孟子的説話。）唯其徙朝改制爲難。故天子生則天下一隆，致順而治，論德而定次（案：這又是墨子的説話）；死則能任天下者必有之矣（案：這又是孟子的説話）。夫禮義之分盡矣，擅讓惡用矣哉！

　　曰："老衰而擅。"是又不然！血氣筋力則有衰，若夫智慮取舍則無衰。（案：墨家的天子是要血氣筋力都不衰的人才能擔任。）

　　曰："老者不堪其勞而休也。"是又畏事者之議也！天子者，執至重而形至佚，心至愉而志無所詘，而形不爲勞，尊無上矣，……居如大神，動如天帝（案：這卻不是墨家的天子），持老養衰，猶有善於是者與不？老者休也，休猶有安樂恬愉如是者乎？故曰："諸侯有老，天子無老；有擅國，無擅天下"，古今一也。夫曰堯、舜擅讓，是虛言也；是淺者之傳，陋者之説也；不知逆順之理，小大至不至之變者也；未可與及天下之大理者也！

他的話説得何等決絶，"禮義之分盡矣，擅讓惡用矣哉！"禪讓説是與禮義之分相衝突的。他斷定這是"虛言"，是"淺者之傳，陋者之説"（禪讓説若是孔子所造所傳，難道荀子認孔子爲淺者與陋者嗎？）；這比了孟子一方面説唐、虞不是禪，一方面又説唐、虞禪的扭扭揑揑藏藏躲躲的態度高明了多少？但他究竟是戰國人，怎能逃得出戰國的風氣（輕信僞史曲解傳説的風氣），所以他一方面仍舊説："聖不在後子而在三公，則天下如歸，猶復而振之矣，……""論德而定次，死則能任天下者必有之矣"，這同孟子的話又有什麽兩樣？他又説，"諸侯有老，天子無老；有擅國，無擅天下"，則是他承認諸侯可以禪讓的了。這或許是因爲諸侯擅國是周代史上常有的事情，他不能把它完全抹煞的緣故。

荀子成相篇又道："請成相，道聖王：堯、舜尚賢身辭讓，……堯讓賢，以爲民，氾利兼愛德施均；……堯授能，舜遇時，尚賢推德天下治；……堯不德，舜不辭，妻以二女任以事。……舜授禹以天下，尚得推賢不失序；外不避仇，内不阿親賢者予。……堯有德，……舉舜甽畝，任之天下身休息。"成相篇與正論篇的思想太衝突，恐非荀子之書。漢書藝文志載："孫卿賦十篇"，成相篇或即其一部，則成相篇本另爲一書。藝文志又載"成相雜辭十一篇"，列在雜賦之末；成相篇楊注云："漢書藝文志謂之成相雜辭"；王應麟漢書藝文志考證云："淮南王亦有成相篇，見藝文類聚"，則成相篇或出漢代他家之手，也未可知。這篇裏採取當時的傳説，而以墨家的主義（"尚賢"、"氾利"、"兼愛"、"授能"、"推德"）爲骨幹，這更可證明禪讓説是出於墨家的了。

孟、荀以後，還有澈底懷疑禪讓説的，那便是晉的嵇康、唐的劉知幾們。但他們並不是有心客觀研究古史，而是受的時代的刺戟。當曹丕受了漢獻帝的禪讓，曾興奮地説：

舜、禹之事，吾知之矣！

那就是他覺得堯禪舜，舜禪禹，也是像他們那樣唱的傀儡戲。接着又有司馬炎的受禪，大家看得够了，以爲禪讓真是那麽一回事，所以在那時發現的竹書紀年及瑣語上，就有

舜放堯於平陽。（史通疑古篇引瑣語）

堯德衰，爲舜所囚。舜囚堯，復偃塞丹朱，使父子不得相見也。（史記五帝本紀正義引竹書）

后稷放帝子丹朱於丹水。（史記高祖本紀正義引括地志引竹書）

等等記載，而嵇康也就以"非堯、舜，薄湯、武"喪掉生命。到了劉知幾時，他在歷史上所見禪讓的故事比嵇康和汲冢書的編輯者更多了，於是他就有系統的批評，以爲：

（一）堯典序云："將遜于位，讓于虞舜。"孔氏注云："堯知子丹朱不肖，故有禪位之志。"按汲冢瑣語云"舜放堯於平陽"，而書云某地有城以"囚堯"爲號。……據山海經謂放勳之子爲帝丹朱，……得非舜雖廢堯，仍立堯子，俄又奪其帝者乎？觀近古有姦雄奮發，自號勤王，或廢父而立其子，或黜兄而奉其弟，始則示相推戴，終亦成其篡奪。……斯則堯之授舜，其事難明，謂之讓國，徒虛語耳。

（二）舜典又云："五十載陟方乃死。"注云："死蒼梧之野，因葬焉。"按蒼梧者，……人風媒劃，地氣歊瘴，雖使百金之子猶憚經履其途，況以萬乘之君而堪巡幸其國！且舜必以精華既竭，形神告勞，捨兹寶位，如釋重負，何得以垂殁之年更踐不毛之地？兼復二妃不從，怨曠生離，萬里無依，孤魂溘盡，讓王高蹈豈其若是者乎？……斯則陟方之死其殆文命之志乎？

（三）汲冢書云："……益爲啟所誅。"……推而論之，如啟之誅益，仍可覆也。何者？舜廢堯而立丹朱，禹黜舜而立商均，益手握機權，勢同舜、禹，而欲因循故事，坐膺天祿，其事不成，自貽伊咎。觀夫近古篡奪，桓獨不全，馬仍反正，若啟之誅益，亦由晉之殺玄乎？若舜、禹相代，事業皆成，唯益覆車，伏辜夏后，亦猶桓效曹、馬而獨致元興之禍者乎？

他以爲古代禪讓的局面，堯是給舜囚起來的，堯子丹朱是舜篡奪的，舜是給禹趕到蒼梧死掉的，益是想學舜、禹未成而給啓殺掉的，一場莊嚴美麗的故事由他一講，便變成慘無天日的了！他的腦髓裏有的是曹丕、司馬炎、桓玄以及南北朝許多開國帝王的故事，就以爲古代的禪讓也不過如此，這不但上了戰國人的當，而且也上了魏、晉人的當了。這是墨、儒當年創造時所萬想不到的。

一三　道家對於禪讓説的反應

在戰國諸子中，道家是比較起得晚的。唯其起得晚，所以參考的材料多，論辨的方法精，他們的學説就會得突過了儒、墨諸家，在漢初幾乎統一了全國的思想。也唯其起得晚，所以儒、墨的流弊，他們都看得透，攻擊得有力，他們就站在儒、墨的對面，作儒、墨的勁敵。

禪讓的故事經過了儒、墨們近百年的煊染，深入於各個人的心坎，無論在政治界或學術界，這件故事如何實現於古代及能否再現於今日都成了討論的重大問題。儒、墨是主張尚賢的，經世的，他們理想中的天子應是最有能力做好事的人，所以墨家會得創造禪讓説，而儒家也會順受。但道家就不這樣，他們主張一任自然，既不要尚賢，也不要經世，所以對于禪讓故事也就輕蔑起來，堯、舜大聖都成了卑卑不足道的人了。他們説：傳天下算得什麽好事！你們看，堯、舜要讓去天下時，人家還不屑受咧！於是他們先説出一個許由的故事來（許由即益、伯夷、皋陶，亦即四岳，參看陳霆兩山墨譚、章太炎許由即皋陶説、宋翔鳳尚書略説等書。觀燕策文，知許由不受讓説已早有，道家特加以描寫）：

> 堯讓天下於許由，曰：“日月出矣而爝火不息，其於光也不亦難乎！時雨降矣而猶浸灌，其於澤也不亦勞乎！夫子立而天下治，而我猶尸之，吾自視缺然，請致天下！”許由曰：“子治天下，天下既已治也，而我猶代子，吾將爲名乎？名者實之賓也，吾將爲賓乎？鷦鷯巢於深林，不過一枝。偃鼠飲河，不過滿腹。歸休乎君，予無所用天下爲！”（莊子道遙游）

這就是説堯自己覺得道德不如許由，正如爝火的不及日月，所以他的良心逼着他去讓掉天下。不幸許由這人很像楊朱，他只肯“爲我”，不肯“爲天下”，就謝絶了。吕氏春秋求人篇文略與此同，末了説許由避堯的讓，逃到箕山之下，潁水之陽種田去，大概是襲取了益的故事編成的。

許由可算是高尚了，哪裏知道還有比許由更高尚的人哩！晉皇甫謐的高士傳記道：

> 巢父者，堯時隱人，年老，以樹爲巢而寢其上，故時人號曰巢父。堯之讓許由也，由以告巢父。巢父曰：“汝何不隱汝形，藏汝光？若非吾友也！”擊其膺而下之。（太平御覽卷五百六引）

巢父不責讓天下的堯，反責不受讓的許由，説“這都由於你的好名招出來的！”兩人就絶交了。説到這樣，似乎已到了頂點了；但還不完：

　　　　許由，字武仲，堯聞致天下而讓焉，乃退而遁於中岳，
潁水之陽，箕山之下隱。堯又召爲九州長，由不欲聞之，洗
耳於潁水濱。時有巢父牽犢欲飲之，見由洗耳，問其故，對
曰："堯欲召我爲九州長，惡聞其聲，是故洗耳。"巢父曰：
"子若處高岸深谷，人道不通，誰能見子？子故浮游，欲聞
求其名譽，汙吾犢口！"牽犢上流飲之。（史記伯夷列傳正義
引高士傳）

這寫巢父對於許由是何等的藐視！可憐許由的兩耳還不及巢父之
犢的一張嘴來得乾淨！説到這樣，巢父應是高尚透頂的人了，哪
知强中更有强中手：

　　　　其（許由）友巢父聞由爲堯所讓，以爲污己，乃臨池洗
耳。池主怒曰："何以污我水？"（世説新語言語類注引高士
傳）

巢父之上竟又添出一位池主來了！譬如造塔，愈造愈高，低頭一
看，堯真是渺小極了！儒、墨紛紛，到底哪裏及得道家的超邁？
（符子又載堯以天下讓巢父，據譙周引或説，巢父就是許由。）
　　莊子讓王篇又載堯、舜讓天下的五件故事。其一是堯讓於子
州支父：

　　　　堯以天下讓許由，許由不受。又讓於子州支父，子州支
父曰："以我爲天子，猶之可也；雖然，我方有幽憂之病，
方且治之，未暇治天下也。"

這位子州支父何等悠游自在，把個人的幽憂之病看得重過天下。
讓王篇的作者（未必莊周）批評他道：

夫天下至重也，而不以害其生，又況他物乎！唯無以天下爲者，可以託天下也。

這句話真是難死人了，他以爲天下之重只該託付給不肯犧牲自己的人，但不肯犧牲自己的人又哪裏肯任受天下之重，豈非太矛盾了嗎？其二是舜讓於子州支伯：

舜讓天下於子州支伯，子州支伯曰：“予適有幽憂之病，方且治之，未暇治天下也。”

子州支伯又是這麼一套！讓王篇中給批評道：

故天下大器也，而不以易生，此有道者之所以異乎俗者也。

這真是楊朱“拔一毛而利天下不爲”的思想。禪讓的故事出於墨家而逃避禪讓的故事出於楊家，即此一端也可以見出戰國時的思想潮流來。（以上二段，與呂氏春秋貴生篇文略同。）其三是舜讓于善卷：

舜以天下讓善卷，善卷曰：“余立於宇宙之中，冬日衣皮毛，夏日衣葛絺；春耕種，形足以勞動，秋收歛，身足以休食；日出而作，日入而息，逍遥於天地之間而心意自得：吾何以天下爲哉！悲夫子之不知余也！”遂不受，於是去而入深山，莫知其處。

善卷説的不願做天子的理由更充足了，他只是要做一個無拘無束的人。其四是舜讓于石户之農：

舜以天下讓其友石戶之農，石戶之農曰：“捲捲乎后之
爲人，葆力之士也”，以舜之德爲未至也，於是夫負妻戴，
携子以入於海，終身不反也。（呂氏春秋離俗覽文略同，
“捲”作“棬”。）

其五是舜讓于北人无擇：

舜以天下讓其友北人无擇，北人无擇曰：“異哉后之爲
人也，居於畎畝之中而游堯之門！不若是而已，又欲以其辱
行漫我，吾羞見之！”因自投清泠之淵。（呂氏春秋離俗覽文
略同，“清泠之淵”作“蒼領之淵”。）

舜把天下送給這個人也不要，送給那個人也不要（高士傳又載舜
以天下讓蒲衣）。不但人家不受而已，反討了幾場没趣，而且罵
他的人也自以爲受了極度的羞辱，不惜用了自殺的手段來洗刷這
個不幸，堯、舜真是太没有出息了。墨子在九原之下，萬想不到
他手創的理想中最高的人物竟墮落得成了道家觀念中最下作的人
物，時代真變得太快了！

道家對於尚賢主義的總批評是：

尊賢授能，先善與利，自古堯、舜以然。……舉賢則民
相軋，任知則民相盜。之數物者，不足以厚民。民之於利甚
勤，子有殺父，臣有殺君，正晝爲盜，日中穴阫。……大亂
之本必生於堯、舜之間，其末存乎千世之後。千世之後，其
必有人與人相食者也。（莊子庚桑楚）

爲了墨家把自己的“尊賢授能，先善與利”的學説套在堯、舜的頭
上，道家便痛快地直非堯、舜，斥“堯、舜之間”爲“大亂之本”，

斷定它能造成吃人的惡果。他們的説話固嫌過火，但也不是趁口的亂道，因爲無論什麼事情，利弊總是相倚伏的，尚賢固有好處，也難免流弊。尤其是戰國之末，一班新進邀功的政客造成了刀兵的慘刼，是爲當時的隱士們所極不滿意的。

墨家在戰國初期建立了堯、舜禪讓的故事；儒家在戰國中期接受了它，又新添了舜、禹禪讓的故事。道家更後，連那位征誅的湯也要行起禪讓來了！莊子讓王篇中有下列一段故事：

> 湯將伐桀，因卞隨而謀。卞隨曰："非吾事也！"湯曰："孰可？"曰："吾不知也！"湯又因瞀光而謀，瞀光曰："非吾事也！"湯曰："孰可？"曰："吾不知也！"湯曰："伊尹何如？"曰："强力忍垢，吾不知其他也！"湯遂與伊尹謀伐桀，尅之。以讓卞隨，卞隨辭曰："后之伐桀也謀乎我，必以我爲賊也；勝桀而讓我，必以我爲貪也。吾生乎亂世而無道之人再來漫我以其辱行，吾不忍數聞也！"乃自投椆水而死。湯又讓瞀光曰："知者謀之，武者遂之，仁者居之，古之道也。吾子胡不立乎？"瞀光辭曰："廢上，非義也。殺民，非仁也。人犯其難，我享其利，非廉也。吾聞之曰：非其義者不受其禄，無道之世不踐其土；況尊我乎！吾不忍久見也！"乃負石而自沈於廬水。（吕氏春秋離俗覽文略同，"瞀光"作"務光"，"椆水"作"潁水"，"廬水"作"募水"，"垢"作"詢"，"立乎"作"位之"。）

卞隨、瞀光與許由、善卷們所處的境界很不同："許由、善卷遭着的是禪讓者的禪讓，卞隨、瞀光遭着的乃是征誅者的禪讓，所以他們更覺得恥辱，非跳水不可了。禪讓的故事説到這步田地，真可説是無聊之至！

逸周書殷祝解裏又載着一件桀、湯揖讓的故事：

湯將放桀于中野，士民聞湯在野，皆委貨扶老携幼奔，
國中虛。桀請湯曰：“……今國家無人矣；君有人，請致國，
君之有也！”湯曰：“否，……士民惑矣，吾爲王明之！”士民
復致于桀曰：“以薄之君，濟民之殘，何必君更！”桀與其屬
五百人南徙千里，止於不齊。不齊士民往奔湯于中野，桀復
請湯，言君之有也。湯曰：“否，我爲君王明之！”士民復重
請之，桀與其屬五百人徙于魯。魯士民復奔湯，桀又曰：
“國，君之有也！……”湯曰：“此君王之士也，君王之民也，
委之何？”湯不能止桀，湯曰：“欲從者從君！”桀與其屬五百
人去居南巢。

湯放桀而復薄，三千諸侯大會。湯取天子之璽置之天子
之座，左退而再拜從諸侯之位。湯曰：“此天去位，有道者
可以處之；天子非一家之有也，有道者之有也！……”湯以
此三讓，三千諸侯莫敢即位，然後湯即天子之位。

尚書大傳殷傳中有大同小異的兩段文字，但第一段之末有顯著的
差異：

魯士民復奔湯，桀曰：“國，君之有也，吾聞海外有
人！”與五百人俱去。

逸周書說桀與其屬五百人去居南巢，而這裏說與五百人去海外或
者已把田橫的故事加進去了。

桀三次讓湯，湯也三次讓桀，征誅變成了揖讓，而這揖讓比
了征誅更難爲情，恐怕又是道家一派造出的謠言吧？湯非但讓
桀，還讓三千諸侯，這揖讓的範圍更擴大了。後來漢高帝即位的
時候也照做了這一套，史記高祖本紀載：

諸侯及將相相與共請尊漢王爲皇帝。漢王曰：“吾聞帝，賢者有也，……吾不敢當帝位！……”漢王三讓，不得已，……乃即皇帝位氾水之陽。

“帝，賢者有也”與“天子……有道者之有也”這句話何等相像？湯三讓，漢王也三讓，其説話與舉動無不相同，這究竟是漢高帝模倣湯呢，還是漢代造史家逼着湯去模倣漢高帝呢？唉，古史中的變相實在太多了，令人捉摸不得，奈何！（案：項羽死後，高祖圍魯，魯降，逸周書也説魯士民奔湯，又是一件相同的事情。）

一四　法家對於禪讓説的反應

法家也是戰國晚年起來的救弊的學派，那時國家社會都是亂紛紛的，没有綱紀，他們要重新建立起秩序來，所以主張用了今日法西斯蒂的手段，統整這久已散漫的社會。後來秦始皇統一六國以後的政治設施，便是採用他們的學説的。

他們只主張擴大君主的權力，不主張多給人民以自由，人民既没有自由參政的權利，當然不必十分提倡尚賢（法家對於尚賢説並不十分排斥，因爲恐怕阻礙了他們自己的出路）；他們又主張聖法之治，不崇拜聖王之治，更不需要禪讓。所以他們對於禪讓説，是和道家一樣，根本没有興趣，只想把它取消，雖然反對的理由不同。

法家的領袖兼集大成者是韓非，他也曾順口依着墨家的堯、禹生活，替禪讓故事想出一個人情的解釋：

堯之王天下也，茅茨不翦，采椽不斲，糲粢之食，藜藿之羹，冬日麑裘，夏日葛衣，雖監門之服養不虧於此矣。禹之王天下也，身執耒臿以爲民先，股無胈，脛不生毛，雖臣虜之勞不苦於此矣。以是言之，夫古之讓天子者，是去監門之養而離臣虜之勞也，故傳天下而不足多也。（五蠹。案：淮南子精神訓與主術訓也有同樣的議論。）

他以爲古人禪讓天下並不是一件慷慨得不得了的事，只因當時的君主的享受太可憐了，還不如不做天子的能過舒服的日子，所以他們也捨得讓掉了。從我們看來，他實是用了墨家的節用説與兼愛説來打破墨家的尚賢説。這種説法太過幼稚，是打不倒墨家的，因爲他們如果怕過苦生活，當時就不做天子了；做天子和過苦生活都是他們的責任心的表示，旁人眼光裏的苦正是他們内心的至樂呢。

但韓非自有着不可及的見解，他懷疑堯、舜的一切的故事。他道：

孔子、墨子俱道堯、舜而取舍不同，皆自謂真堯、舜，堯、舜不復生，將誰使定儒、墨之誠乎？殷、周七百餘歲，虞、夏二千餘歲，……今乃欲審堯、舜之道於三千歲之前，意者其不可必乎？無參驗而必之者，愚也；弗能必而據之者，誣也；故明據先王，必定堯、舜者，非愚則誣也。（顯學）

這就是説堯、舜時代的歷史都是儒、墨的傳説，我們生在今日，既没有證據去決定它，也就没有理由去信用它。在這個見解之下，禪讓説當然一拳槌碎了。

今本韓非子中還有些話也是非薄堯、舜的，雖不一定是韓非的親筆，但總可以代表先秦和漢初的法家的思想。難三篇説：

葉公子高問政於仲尼，仲尼曰，"政在悦近而來遠"。
（下文説哀公問政於仲尼，仲尼曰，"政在選賢"；齊景公問
政於仲尼，仲尼曰，"政在節財"。這哀公與齊景公所問的仲
尼，倒很像墨翟的化身。）

或曰：仲尼之對，亡國之言也。……夫堯之賢，六王之
冠也，舜一從而咸包，而堯無天下矣。有人無術以禁下，恃
爲舜而不失其民，不亦無術乎？

這是用了尚賢説和禪讓説來打破儒家的修德主義的。墨家提出了
尚賢説與禪讓説，儒家推波助瀾，不想只供法家拿來做反攻他們
的工具。又説疑篇説：

古之所謂聖君明主者，非長幼弱也，及以次序也，以其
搆黨與，聚巷族，逼上弑君而求其利也。舜逼堯，禹逼舜，
湯放桀，武王伐紂，此四王者，人臣弑其君者也，而天下譽
之。……以今時之所聞，田成子取齊，……韓、魏、趙三子
分晉，……臣之弑其君者也。

這篇直斥舜、禹爲逼上弑君的人，拿他們和當時的權臣相比，簡
直把舜、禹説成了曹丕和司馬炎，已開了劉知幾們的先路了。但
在這裏，舜、禹只有很空洞的逼君一項罪狀，似乎作者沒有知道
汲冢書的傳説，不然，舜放堯於平陽，囚堯，偃塞丹朱等説話，
正是逼上的最好的證明，他們似沒有不舉的道理。忠孝篇又説：

皆以堯、舜之道爲是而法之，是以有亂臣，有曲父。
堯、舜、湯、武或反君臣之義，亂後世之教者也。堯爲人君
而君其臣，舜爲人臣而臣其君，湯、武爲人臣而弑其主，刑
其尸，而天下譽之，此天下之所以至今不治者也。夫所謂明

君者，能畜其臣者也；所謂賢臣者，能明法辟，治官職，以
戴其君者也。今堯自以爲明而不能以畜舜，舜自以爲賢而不
能以戴堯，……此明君且常與，而賢臣且常取也，故至今爲
人子者有取其父之家，爲人臣者有取其君之國者矣。父而讓
子，君而讓臣，此非所以定位一教之道也。……今夫上賢，
任智，無常，逆道也，而天下常以爲治。……廢常上賢則
亂，舍法任智則危，故曰上法而不尚賢。記曰：“舜見瞽瞍，
其容造焉。”孔子曰：“當是時也，危哉天下岌岌！有道者父
固不得而子，君固不得而臣也。”臣曰：孔子未知孝悌忠順之
道也。……父之所以欲有賢子者，家貧則富之，父苦則樂
之。君之所以欲有賢臣者，國亂則治之，主卑則尊之。今有
賢子而不爲父，則父之處家也苦；有賢臣而不爲君，則君之
處位也危。……所謂忠臣，不危其君。……今舜以賢取君之
國，而湯、武以義放弒其君，此皆以賢而危其主者也，而天
下賢之。……是故賢堯、舜、湯、武……天下之亂術也。瞽
瞍爲舜父而舜放之，象爲舜弟而舜殺之，放父殺弟，不可謂
仁；妻帝二女而取天下，不可謂義；仁義無有，不可謂明。
詩云：“普天之下，莫非王土；率土之濱，莫非王臣。”信若
詩之言也，是舜出則臣其君，入則臣其父，妾其母，妻其主
女也。……世皆曰：許由讓天下，賞不足以勸；盜跖刑犯赴
難，不足以禁。臣曰：未有天下而無以天下爲者，許由是
也；已有天下而無以天下爲者，堯、舜是也；毀廉求財，犯
刑趨利，忘身之死者，盜跖是也。此二者，殆物也。

這篇書以堯、舜禪讓爲“反君臣之義，亂後世之教”，以爲至今人
子取父之家，人臣取君之國，皆是堯、舜遺下的禍患。這分明是
從荀子一派的儒家和道家的說法裏演化出來的批評。儒家和法家
都是主張維持君主的尊嚴的，禪讓說把君主的地位降低，使人人

都有一蹴而幾的機會，當然最爲尊君而不尚賢的法家所痛惡。法家以爲"上賢"是"逆道"。荀子非十二子篇説慎到"尚法而無法"，解蔽篇説慎到"蔽於法而不知賢"，莊子天下篇也説慎到"笑天下之尚賢"，"無用賢聖"，這可見本篇所説"上法而不尚賢"確是法家老祖的説話。天下篇又説慎到"非天下之大聖"，舜、禹、湯、武們當然是天下之大聖，又可見非堯、舜薄湯、武也確是法家的原始思想。儒家的孟、荀雖不贊成禪讓説，但他們還要捧堯、舜做教主，一心要把自己的思想替堯、舜辨誣，而法家卻逕借了"齊東野人之語"來大罵堯、舜，這是儒、法兩家的根本不同之點。道家雖也反對禪讓説，但他們排斥了舊禪讓説，又造出新禪讓説來；法家則連新舊的禪讓説一起痛罵，許由、堯、舜們竟同盜跖一樣是"殆物"，這簡直把古來的豪傑統統壓倒了！

　　韓非子的説林上篇也記着湯讓務光的故事：

　　　　湯以(已)伐桀，而恐天下言己爲貪也，因乃讓天下於務光；而恐務光之受之也，乃使人説務光曰："湯殺君而欲傳惡聲于子，故讓天下於子。"務光因自投於河。

這件故事本是道家造的，經法家一解釋，湯讓務光的惡意就更顯了：他並不想真讓天下，他只因爲要洗刷自己的惡名而犧牲了務光，"我雖不殺伯仁，伯仁由我而死"，湯的詐術如此，於是儒、墨所崇奉的聖人又變成了殺人不見血的奸雄了。

一五　禪讓説的最後兩次寫定

　　到了漢代，禪讓説已漸征服了整個的知識界，差不多人人都以爲這是真事了，於是這件故事便需要一次最後的寫定。漢武帝時的儒者就起來担任了這工作。在他們寫定的堯典裏所載的禪讓故事是這樣：

帝曰："疇咨若時登庸？"放齊曰："胤子朱啟明。"帝曰："吁！嚚訟，可乎？"

帝曰："咨，四岳！朕在位七十載，汝能庸命巽朕位。"岳曰："否德忝帝位。"曰："明明揚側陋。"師錫帝曰："有鰥在下曰虞舜。"帝曰："俞！予聞，如何？"岳曰："瞽子，父頑，母嚚，象傲；克諧以孝，烝烝乂，不格姦。"帝曰："我其試哉！女于時，觀厥刑于二女。"釐降二女于嬀汭，嬪于虞；帝曰："欽哉！"

慎徽五典，五典克從；納于百揆，百揆時序；賓于四門，四門穆穆；納于大麓，烈風雷雨弗迷。

帝曰："格汝舜！詢事考言，乃言厎可績三載，汝陟帝位！"舜讓于德弗嗣。正月上日，受終于文祖。

二十有八載，帝乃徂落；百姓如喪考妣，三載，四海遏密八音。月正元日，舜格于文祖。

這些話各有來源，其中最重要的一個源泉要算淮南子泰族訓。泰族説：

堯治天下，政教平，德潤洽，在位七十載，乃求所屬天下之統，令四岳揚側陋。四岳舉舜而薦之堯，堯乃妻以二女，以觀其內；任以百官，以觀其外。既入大麓，烈風雷雨而不迷，乃屬以九子，贈以昭華之玉而傳天下焉，以爲雖有法度而絑弗能統也。

怎知道這是堯典取泰族而不是泰族取堯典呢？因爲堯使九男事舜，二女嫁舜，乃是一個較早的傳說，孟子中兩次提到（萬章上、下），吕氏春秋中則兩次提到十子二女（去私、求人），這裏把九子與二女連叙，自是戰國舊習。把堯典勒成定典的人，出在君權較重的時代，覺得九男事舜之説有些犯上之嫌，所以把它去掉。如泰族之文取自堯典，也將跟着他一樣了。

　　在堯典的話中，足知其所涵墨家的成分甚重。墨子説“堯得舜於服澤之陽，舉以爲天子”，這是説堯直接傳位於舜；堯典説：“格汝舜，……汝陟帝位，……正月上日，受終于文祖”，也是堯直接傳位於舜。孟子則説：“舜相堯，二十有八載，……堯崩，三年之喪畢，舜避堯之子於南河之南，天子諸侯朝覲者不之堯之子而之舜，……夫然後之中國踐天子位焉”，這是説舜的爲天子由於臣民擁戴起來，與堯無干。（孟子又説：“堯老而舜攝也”，這是孟子敷衍當時傳説的地方。又左傳文十八年所載太史克的話也與孟子的前説相同，這段文字也是西漢人作的，另有考，説略見拙作尚書研究講義。）可見孟子所説的是儒家的堯、舜，而堯典所記的竟是墨家的堯、舜。又堯典所謂“朕在位七十載，汝能庸命巽朕位”，豈不是荀子所反對的“老衰而擅”説；“帝乃殂落，……月正元日，舜格于文祖”（這是堯典敷衍孟子的地方），豈不是荀子所反對的“死而擅之”説；而“格汝舜，……汝陟帝位，……正月上日，受終于文祖”，又豈不是荀子所排斥的“堯、舜擅讓”説呢？堯典所言，竟没有一句不是荀子所反對的，荀子若見到堯典，他敢反對聖經嗎？（又荀子非相篇説：“五帝之中無傳政，……是以文久而滅，節族久而絶”，是荀子直不承認堯、舜能有書流傳後世。）還有今本堯典不載舜、禹的禪讓，也是受墨家影響的顯著的一點。

　　怎樣知道今本堯典是漢代人作的呢？最重要的理由有五點：第一是十二州乃是漢代的制度：戰國的書上只有九州，從没見過十二州的名稱。第二是南交與朔方的地點太遠，不是秦、漢以前的疆域：南交就是交趾，交趾到秦纔列入中國版圖（交趾之名漢前固已有之，但交趾與朔方對舉，則爲漢武帝時分州的事實）；朔方就是漢武帝所立的朔方郡，詩經的朔方在今山西的西南部，不得在極北邊疆而與南交相對；又西即是西域（西國、西海、西極）的簡稱；嵎夷、暘谷在朝鮮（暘谷本是神話裏的地名，到後來方變成實際的地方；又堯典的嵎夷與禹貢的嵎夷不同）。南至交趾，北至朔方，西至西域，東至朝鮮，是漢武帝的疆域。第三是史記以前的人不引今本堯典：武帝中年以前的漢帝詔書有極與今本堯典相合的，但從未見引今本的堯典；司馬相如封禪文，董仲舒春秋繁露等也都不引今本堯典之文，可證今本堯典出於武帝中年以後。第四是漢武帝的政事皆與堯典相合：如修郊祀，禮百神，巡狩，封禪，分州，濬川，定曆法，舉賢良，制贖刑等等，漢武帝與堯、舜簡直是一個模型裏製出來的人物，實在是堯典在漢武帝的政治背景下所作的證據。第五是“咨汝二十有二人”語與上詢四岳，咨十有二牧，命九官的人數不合：實在“十有二牧”的原本（這個原本也只是較今本稍早一點的一個本子）當作“九牧”，九加四加九是二十二；後人改“九牧”爲“十二牧”，一時疏忽，未照顧全文，以致得一篇内自相矛盾了。以上諸項的考證，均詳見拙著尚書研究講義第一册與堯典著作時代問題之討論（禹貢半月刊第二卷第九期），讀者可以參看。

　　後來的儒者看見尚書裏不載舜、禹的禪讓，覺得不賅不備，他們想替它加添進去：到了魏、晉的古文尚書出來，便居然完成了這件任務。他們聚精會神地爲這個故事做了一篇大禹謨，其中所載的舜、禹禪讓故事是這樣：

　　　　帝曰：“格汝禹！朕宅帝位三十有三載，耄期倦于勤；汝惟不怠，總朕師！”禹曰：“朕德罔克，民不依。……”

　　帝曰："來禹！降水儆予，成允成功，惟汝賢；克勤于邦，克儉于家，不自滿假，惟汝賢。汝惟不矜，天下莫與汝爭能；汝惟不伐，天下莫與汝爭功。予懋乃德，嘉乃丕績。天之歷數在汝躬，汝終陟元后！人心惟危，道心惟微，惟精惟一，允執厥中！無稽之言勿聽，弗詢之謀勿庸；可愛非君，可畏非民，衆非元后何戴，后非衆罔與守邦：欽哉！慎乃有位，敬修其可願，四海困窮，天禄永終。惟口出好興戎，朕言不再！"禹曰："枚卜功臣，惟吉之從。"帝曰："禹！官占惟先（克）蔽志，昆命于元龜；朕志先定，詢謀僉同，鬼神其依，龜筮協從；卜不習吉。"禹拜稽首固辭。帝曰："毋！唯汝諧。"正月朔旦，受命于神宗，率百官若帝之初。

"格汝禹"是摹倣堯典堯命舜"格汝舜"之辭；"朕宅帝位三十有三載"是摹倣堯典"朕在位七十載"的話，三十有三載是根據孟子"舜薦禹于天，十有七年，舜崩"，堯典舜"在位五十載，陟方乃死"等文字，五十載去十七，正得三十三之數；"汝惟不怠總朕師"是摹倣堯典"汝能庸命巽朕位"的話；"朕德罔克"是摹倣堯典"否德忝帝位"的話；"帝曰來禹"是襲取皋陶謨；"降（洚）水儆予"是襲取孟子所引逸書；"成允成功"是襲取左傳襄五年所引夏書；"克勤于邦，克儉于家"是襲取史記夏本紀"禹爲人敏給克勤"，"汝惟不矜"諸語是襲取荀子君道篇與老子的話；"天之歷數在汝躬"諸語是襲取論語堯曰篇的話；"汝終陟元后"是摹倣堯典堯命舜"汝陟帝位"之辭；"人心惟危"諸語是襲取荀子解蔽篇所引道經；"無稽之言勿聽"二句是襲取荀子正名篇的話；"衆非元后何戴"二句是襲取國語所引夏書；"惟口出好興戎"是襲取墨子所引逸書術令；"官占惟克蔽志"是襲取左傳哀十八年所引夏書；"卜不習吉"是襲取左傳哀十年趙孟的話；"禹拜稽首固辭"是摹倣堯典"舜讓于德弗嗣"的話；"正月朔旦，受命于神宗"是摹倣堯典"正月上日受終于文祖"的話。這幾點前人如閻若璩、惠棟、王鳴盛們已精密地考出了。

　　他們這樣集腋成裘地摘取了堯典和論語僞堯曰篇、墨子、孟子、荀子、左傳、國語等的文句，造成了一大段莊嚴燦爛婉轉曲折的文章；雖然不經拆，也就足以騙過一千多年的人們。自此以後，舜、禹禪讓說便也在六藝裏植下了一個深固的根基；除崔述以外，差不多就沒有人敢對它懷疑的了。這是禪讓說在文字上的大成功，也是墨家主張在儒家經典裏的大勝利！

一六　結論

　　近數年來，用了社會分析的眼光來研究中國歷史的人漸漸多起來了，這原是一種好現象，因爲以前所謂史學只達到事實的表面，現在覺悟應該探求它的核心了，有了這個覺悟而再經過若干年工作之後，一切死氣沈沈的記載就可化作活潑潑的，這是怎麼一件美事！不過，在古代史方面，他們不免出了岔子。這因古代史的材料從來不曾好好整理過，戰國、秦、漢間人爲要發揮他們的主義，隨口把古人編排到自己擬定的模型裏，强迫他們粉墨登場，改變了古代史的實況；漢以後的學者沒有別擇的眼光，牽纏在他們設下的種種葛藤之中，或信甲而排乙，或取乙而拒甲，或又用了模棱兩可的方式來調和甲乙，或又拉攏甲乙的話來遷就他自己的意見，因此二千餘年來愈講愈亂，弄得一塌糊塗。如果不經過一番澈底的整理，這種材料是不能隨便使用的。不幸近年研究社會史的人們太性急了，一心要把中國古代社會的性質在自己著作的一部書或一篇文章裏完全決定，而他們寫作的時間又是那麼短促，那就不得不跳脫了審查史料一個必經的階段。在這種情形之下，古人隨口編造的東西遂又活躍於現代史學的園地，作者只要揀用一段便于自己援用的文字，便可說古代的事實是如此的；或者用了新觀念附會一段舊文字，加以曲解，也就可說古代的事實是如此的。於是舊葛藤尚没有斬芟，新葛藤又在叢生中了。這樣棼亂的狀況固然是一種新學問草創的時代所免不了的，但主持論壇的人究竟應當有明顯的意識力攘這種不幸的現象，而指出一條研究的正道來給大家看。如此，許多人的精力可以不至白白地費掉，社會演進的歷史纔有真實的建設。

　　這幾年中社會史的論戰，頡剛個人從没有參加過，這固因自己的能力不够，也知道研究學問應當分工，我的性情學力既偏近于審查史料方面，就不必超越了本職來談各種社會的制度。但各個工作是没有一項能獨立的，審查史料時也有該運用社會史的智識的地方，正如研究社會史時必須具有審查史料的眼光一樣，所以這兩方面正當相輔相成，而不當對壘交攻以減少彼此工作的效力。現在我就把這篇文字貢獻給他們。

　　我作這篇文字的目的仍是在審查史料——把先秦諸子口中的禪讓説還給先秦諸子，使它不致攪亂夏以前歷史的真相；也就是掃除唐、虞的僞史料而增加先秦諸子的真史料。我希望研究社會史的人們看了這篇肯省察一下，如果我們所説的還能成立，那麽唐、虞時代的社會性質最好暫且不要提起，因爲那時的事情，現在還不曾得到一件證據確鑿的東西來作證明；至於那時事情所以在書本上面鬧得這樣熱烈，這完全由於先秦諸子善意和惡意的熱烈的宣傳，若把這些宣傳還給了先秦諸子，試問唐、虞是什麽景況，實際上只有黑漆一團！禪讓説便是一個已摘發的例子。

　　關於禪讓説的來源問題，我們一二人的揣測固然未必準確，但就我們所搜集到的材料看來，似乎以這樣的解釋爲最恰當。這篇文字的篇幅較長，爲怕讀者一時不容易抓到綱領，所以再寫幾段提要（並略作補遺）在下面：

　　戰國以前的社會建築在階級制度上，各階級的人各有他們的本分，逾越就是罪惡。作官的世世代代作官，平民就使有才能還是一個"小人"。當時理想的政治，只是從貴族世官之中選取賢良，任國家的政事。諸侯卿大夫也有時相讓，但所讓的人只限于同階級間，沒有讓給平民的。後來列國互相吞併，土地日就開發，國家的組織嚴密起來，政治工作不是幾個驕奢慣了的貴族所能擔任，侯王們就不得不在平民中選拔真才以應時勢的需要，原來的階級制度的基礎漸漸動搖了。在這時，墨子就站在時代的前面，倡導澈底的尚賢説。他以爲某個人在社會上的地位完全應與這人的能力成正比例；最賢的人做天子，其次做三公諸侯，又其次做鄉長里長，沒有一些兒冤屈。天子的位不是世襲的，是前任的天子從平民中選擇一個最賢的人出來，讓位給他。有什麼證據呢？那就是堯、舜的禪讓。——這因那時人沒有時代的自覺，他們不肯説"現在的社會這樣，所以我們要這樣"，只肯説"古時的社會本來是這樣的，所以我們要恢復古代的原樣"。墨子順應戰國的時勢而創立的禪讓説必須上託之於古代冥漠中的堯、舜，正是戰國諸子假造古史以闖動時人的恒例。他們爲了實現這個學説，就在自己徒黨中立了"巨子"制，巨子是黨中最賢的人，也是掌握黨權最高的人，巨子的位是由前任選擇賢者而傳讓的。

　　孔子是春秋末年人，他正處在時代轉變的樞紐，所以他一方面也説"舉賢才"，一方面還是要維持階級制度，不願有庶人的私議。孔子的學派傳下去叫做儒家，永遠維持這二元論的政治學説，——"尊賢"和"親親"相對立。因爲尊賢，所以平民可以執掌政權；因爲親親，所以貴族的職位仍只該傳授給貴族。這是一個矛盾的主張，但他們總是敷衍着。（例如孟子既以尊賢而不主張世官，又以親親而主張世禄，他不想想，所以有禄爲的是做官，既無世官了，要世禄做什麼，這豈不成了無功受禄！）他們以爲天子之位是應當傳給兒子的，所以對於禪讓説表示反對；但禪讓説是這樣的流行，而且已由堯、舜的禪讓展長到舜、禹和禹、益的禪讓，僞故事竟成了真古史，儒家不能不屈伏於這橫流的下面，所以孟子便想出曲解的方法，以爲堯崩之後本該由丹朱承繼的，不幸天下的人歸心於舜，舜爲他們所包圍，没法處置，纔繼堯之位；禹亦是如此；直到啟，因他受人擁戴超過於益，便把禪讓的局面改變了。（啟在古史中本是最不賢的人，頡剛等有考，見夏史三論啟和五觀與三康章；自從孟子這樣一説，纔把他的不賢的故事洗刷了。）荀子則連這一個曲解也不滿意，逕斥禪讓説爲“虚言”，這一説似乎可以從儒家中清出去了。但後來堯典的作者對於孟、荀之説毫不理會，依然採用了墨家的説法編寫堯、舜禪讓史；論語堯曰篇的作者亦然，混合了墨家的禪讓、節用説和鄒衍的五德終始説，寫了一段三聖傳心的命詞；僞古文尚書的作者更把舜禪禹這件故事插入了新作的大禹謨；於是禪讓説在儒家經典裏築下了堅不可拔的基礎了！漢代的經師和讖緯的作者受了墨家風氣的感染，以爲“大德者必受命”，像孔子這樣的聖人，必然該作天子，然而竟不得作天子，於是“孔子爲素王”，“以春秋當新王”以及“端門受命”諸説都起來了。儒家既蒙有濃重的禪讓説的色彩，於是即使有人懷疑了堯、舜、禹的禪讓史實，總以爲這是孔、孟相傳的聖道，康長素先生便説這是孔子託古改制的一端；他不知道這和孔子風馬牛不相及，卻是爲孟子所嫌厭，荀子所深惡而痛絕的。儒、墨相亂，日子久了真不容易弄清楚了！

　　道家是在極亂的時勢下所産生的，他們寶貴自己的生命，不願受外物的驅使，所以重個人而輕天下。他們鄙薄儒、墨的栖栖皇皇地救世，以爲世界越救越亂，儒、墨們不但有害於世，亦且喪失了自己的本性。他們對於禪讓説盡力排斥，以爲尚賢任知的結果一定生出大亂來。儒、墨們既會造了正面的故事來證明堯、舜、禹的禪讓，他們也就會造了反面的故事來證明當時真有道德的人的不受他們的禪讓。於是堯、舜屢屢爲了讓位問題遭受一班高士的申斥，這班高士甚至用了自殺來洗刷被讓的羞辱（好像貞節的女子被強姦了），見得禪讓真是一件無聊透頂的事。

法家維持君權而剝奪民權，他們只要"上法"，不要"尚賢"，所以對於禪讓説也根本拒絕。在韓非的書中，他有時曲解禪讓故事，以爲那時天子的生活太苦，他們只是爲了個人要過舒服的日子而讓位；有時根本否認堯、舜故事的存在，以爲這些完全是儒、墨們造出來的，没有信據的資格。在不信禪讓説的幾派之中，以孟子的態度爲最游移，道家最滑稽，荀子最堅決，而法家則一味的冷酷。

聽人講禪讓的故事，聽得高興了而實行禪讓的，是燕王噲；想不到結果鬧了一場慘劇，讓位的與被讓的都殺死了。可是禪讓説經了墨、儒日久的宣傳，一般人已確信了，西漢時遂有眭弘請昭帝禪位，蓋寬饒請宣帝禪位的事；而哀帝和董賢相好，也欲禪位嬖倖。自從王莽輔孺子嬰有始無終，聲稱受了漢高帝禪讓之後，禪讓遂成爲權臣篡國的固定的方式。在這種情形之下，一般人就以爲舜、禹的受禪也是如此的了。適會汲郡發現竹書，編輯的人便把他們自己的想像插了進去，於是有舜囚堯和放堯的記載見於紀年和瑣語。劉知幾生得較後，看見的禪讓把戲更多，他在史通中索性把堯、舜、禹、益的故事推演一個盡致，於是儒、墨們美麗的模特兒便穿上了最慘痛的外衣，替法家詬病的"殆物"補上了應有的命運。

自從有了禪讓傳説之後，或迎或拒，大略如此。現在借此再看一看儒、墨兩家的關係，來認識他們在中國歷史上的價值。我們知道，儒家存階級而墨家廢階級，儒家立等差之愛而墨家主兼愛，儒家信有命而墨家非命，從種種方面看來，這兩派實有根本的差異，未可混同；更看孟子罵墨子爲"禽獸"，荀子又罵墨子爲"聾瞽"，兩家的怨毒如此，似乎也没有溝通的道路。但從我們上面所搜集的許多材料看來，則孟、荀所取墨家的話，如"仁者宜在高位”，“無德不貴，無能不官”等等非常的多，尤其是“上賢禄天下，次賢禄一國”之語簡直可作禪讓説的注腳。其後此等話頭更盛，如中庸裏的“德爲聖人，尊爲天子，富有四海之内”，禮運裏的“大道之行也，天下爲公，選賢與能，講信修睦，故人不獨親其親，不獨子其子，……是謂大同”，這種偉大的氣魄決不是斤斤於階級制度的儒家所能自創。（禮運中又有“聖人耐以天下爲一家，中國爲一人”，亦即墨子説。）墨家同化儒家的力量，即此可見。至漢，墨家中絶；儒家靠了君主的提倡縣延了二千餘年，在這時期中，舉賢選能成爲上下的共同意識，連世官制度曾否在古代實行這問題也弄糊塗了（例如前舉的荀子及靜安先生之説，又如僞古文尚書把“官人以世”列作紂的大罪狀的一條），這就是墨家的血液在儒家的筋肉裏所起的作用。有人説中國的歷史只是孔子思想下支配的歷史，這是只見了外表的話。我們應知道如没有墨家的努力宣傳，古代的階級制度必不會倒墜得這麼快速和淨盡，中國的歷史也就不是這副面目。願讀這文的人且不要笑禪讓傳説在“無中生有”的幻境裏的演變，大家來認識墨子的精神的偉大！

　　民國二十年秋，我在燕京大學擔任尚書研究一課，因講堯典，聯帶討論到禪讓的故事，我覺得這件故事是墨家傳入儒家的，儒家在原則上不該收受這件故事，而在戰國的大時勢下，又不許不收受，因此弄得左右支吾，掣襟見肘。當時曾將此意寫了一篇堯舜禹禪讓問題，附於講義之後。年來生活不安，尚未能詳徵博引，作爲論文。去年童丕繩先生（書業）來平，把這個意見向他提起，他亦具有同心，因託他搜集材料，往返商榷，成此一篇。此文中，如論“明賢良”即是“昭舊族”，禹的得天下由於征有苗，荀子承受墨家的影響諸條都是童先生讀書的心得；不敢掠美，謹記於此，並誌感謝。二十五年三月二十日，顧頡剛記于杭州。

　　四月初自杭回平，童先生又給我許多材料，讓我補入文裏，遂窮六日之力修改一過。其中墨子爲宋公子目夷之後一則，切理饜心，足破近人墨子爲印度人之妄説，記此誌感。五月三日又記。

鯀禹的傳説[*]

——夏史考第四章

夏代的歷史，我們在最早的文籍金文、詩、書（商、周書）裏只知道有桀王暴虐，被商湯征滅的一件事。在周代人的心目中，夏初的歷史已是很渺茫的了，如他們説：

> 相古先民有夏，天迪從子保，面稽天若，今時既墜厥命。
>
> 有夏服天命，惟有歷年；……惟不敬厥德，乃早墜厥命。
>
> 我受天命，丕若有夏歷年。（召誥）
>
> 古之人迪惟有夏，乃有室大競，籲俊尊上帝，迪知忱恂于九德之行，乃敢告教厥后曰："拜手稽首，后矣！"曰："宅乃事，宅乃牧，宅乃準，兹惟后矣！"謀面用丕訓德，則乃宅人，兹乃三宅無義民。桀德惟乃弗作往任，是惟暴德罔後。（立政）

他們只知道有夏的初年是怎樣的好，後來怎樣變壞；又知道有夏的國祚是很長的。除此以外，只知道一個夏桀，至於桀以前的君

---

* 與童書業合作。原載説文月刊第一卷第二—四期，1939 年 3—6 月；又載古史辨第七册。

主是誰，實際的事跡又是怎樣，周代人似乎全不知道。他們雖説到禹，但並未把他和夏發生關係。在詩、書中，禹的地位是獨立的，事蹟是神化的；禹是禹，夏是夏，兩者間毫無交涉。一直到戰國以後的文籍裏，我們才發現禹是夏代的第一世君主。國語鄭語説：

> 夏禹能單平水土，以品處庶類者也。

這是"夏禹"一名的始見（隨巢子也説，"天命夏禹於玄宫"）。雖然在墨子中我們早已看出禹是夏代的王了。

鯀的名字出現較晚，直到墨子裏才見（洪範是墨子以後的書）。他與禹本來有没有關係，很是問題，因爲墨子説鯀是上帝的元子，被上帝所刑，上帝又曾任命過禹；但墨子是反對"殺其父而賞其子"的辦法的，魯問篇説：

> 魯陽文君語子墨子曰："楚之南有啖人之國者橋，其國之長子生，則鮮而食之，謂之宜弟；美則以遺其君，君喜則賞其父，豈不惡俗哉！"子墨子曰："雖中國之俗亦猶是也。殺其父而賞其子，何以異食其子而賞其父者哉？苟不用仁義，何以非夷人食其子也。"

"殺其父而賞其子"是夷道，墨子總不敢説上帝或堯、舜用夷道罷？所以我們懷疑墨子是不以鯀、禹爲父子的。不過山海經和天問等記載原始神話的書裏已經把鯀、禹説成父子，或許是墨家的傳説特異，或許竟是我們神經過敏，均未可知。

鯀與夏發生關係也始於國語和左傳，但"夏鯀"一名則是最早出現於吕氏春秋的，君守篇説：

夏鯀作城。

　　自從鯀、禹與夏代發生了關係，夏代史的首頁方才寫得成。夏代的上面是虞代，虞代的代表者是堯、舜（堯、舜本都是虞帝，"唐"的代號是後起的，另有考證；請參看童書業所著帝堯陶唐氏名號溯原一文，載古史辨第七册下編），因種種關係，鯀、禹又與堯、舜漸漸有了交涉；自從堯、舜、禹禪讓説産生，三代以前的上古史又粲然可稽了。

　　爲解剖鯀、禹傳説的來源、本相與其演變，我們分了以下的五個題目來詳細説明。

一　鯀、禹的天神性傳説

　　原始的鯀、禹究竟是人是神，我們現在已經不得而知。——這不是我們不想知道，實在是現存的材料太少，没法知道了。——但是鯀、禹在古代，確有天神性的傳説，這是不容否認的事。我們且先看看保存原始神話最豐富的山海經，海内經説：

　　　　禹、鯀是始布土，均定九州。……洪水滔天，鯀竊帝之息壤以堙洪水，不待帝命；帝令祝融殺鯀于羽郊。鯀復（腹）生禹，帝乃命禹卒布土以定九州。

凡山海經、楚辭、淮南子等書裏單稱"帝"的多指上帝。這是説鯀偷了上帝的法寶"息壤"（郭注："息壤者，言土自長息無限，故可以塞洪水也。"）去堙塞那滔天的洪水，只因不曾得着上帝的同意，上帝就派人把他殺了。鯀死後，在他的肚裏忽然生出一個禹來

（郭注：“開筮曰：‘鯀死三歲不腐，剖之以吳刀，化爲黄龍也。’”
初學記二十二引歸藏“大副之吳刀，是用出禹”，可證“復”即“腹”
字），上帝就派禹去完成鯀的事業，——“布土以定九州”。

　　鯀會偷上帝的東西，死後又會生兒子；禹會受上帝的任命去
布土；他們自然都是神性的人物了。我們再讀墨子，又知道他們
都是上帝的親屬。尚賢中篇説：

　　　　雖天亦不辯貧富、貴賤、遠邇、親疏，賢者舉而尚之，
　　不肖者抑而廢之。……然則親而不善以得其罰者誰也？曰：
　　若昔者伯鯀，帝之元子，廢帝之德庸，既乃刑之于羽之郊，
　　乃熱照無有及也，帝亦不愛。……然則天之所使能者誰也？
　　曰：若昔者禹、稷、皋陶是也。

原來鯀是上帝的大兒子，只因他廢了上帝的功德，上帝就把他刑
了；這可見上天對於親而不善的人的處罰。禹是鯀的兒子，便是
上帝的孫子，只因他比他的父親能幹，上帝便任用了他；這可見
上天對於賢能的人的信用。鯀、禹既是上帝的兒孫，他們自然更
不是凡人了。洪範也説：

　　　　鯀陻洪水，汩陳其五行，帝乃震怒，不畀洪範九疇，彝
　　倫攸斁。鯀則殛死，禹乃嗣興，天乃錫禹洪範九疇，彝倫
　　攸叙。

這與墨子的話相互證。不過鯀的罪狀自此以後變成“陻洪水，汩
陳其五行”罷了。“洪範九疇”當是“九州”傳説之變。
　　與山海經相互證的是楚辭和淮南子。我們先看楚辭，天
問説：

　　鴟龜曳銜，鯀何聽焉？順欲成功，帝何刑焉？永遏在羽山，夫何三年不施？伯禹腹鯀，夫何以變化？纂就前緒，遂成考功，何續初繼業而厥謀不同？洪泉極深，何以窴之？地方九則，何以墳之？應龍何畫？河、海何歷？鯀何所營？禹何所成？……九州安錯？川谷何洿？東流不溢，孰知其故？東西南北，其修孰多？南北順橢，其衍幾何？崑崙、縣圃，其居安在？增城九重，其高幾里？四方之門，其誰從焉？西北辟啟，何氣通焉？……

這是整段的鯀、禹的故事：鯀聽了鴟龜的指示去治水，將要成功反被上帝所刑，在羽山的地方拘禁了三年（"遏"，止也，拘禁之意），伯禹便從鯀的肚裏變化出來。他繼續鯀的功業，把極深的洪泉填平了（王注："言洪水淵泉極深，大禹何用實塞而平之乎？""實"即"填"字），把"方九則"的地弄高了（"墳"字訓"高"。朱注："九州之域，何以出其土而高之乎"）；又有應龍助着他治水；他放穩九州，掘成川谷，計算了東西南北的廣長度數，又安置了天帝的下都崑崙山。從此宇宙便得平定。淮南子墜形訓説：

　　禹乃使太章步自東極至于西極，二億三萬三千五百里七十五步；使豎亥步自北極至于南極，二億三萬三千五百里七十五步。凡鴻水淵藪自三百仞以上，二億三萬三千五百五十（里）有九（淵）（"里"、"淵"二字據王念孫校删）。禹乃以息土填洪水，以爲名山。掘昆侖虛以下地；中有增城九重，其高萬一千里百一十四步二尺六寸；……旁有四百四十門；……旁有九井；玉橫維其西北之隅；北門開以内不周之風。傾宮、旋室、縣圃、涼風、樊桐在昆侖閶闔之中。……

這是天問的具體解答：禹派個叫太章的從東極步行到西極，丈量得兩面的距離共有二億三萬三千五百里七十五步；又派個叫豎亥的從北極步行到南極，丈量得兩面的距離也是二億三萬三千五百里七十五步(海外東經："帝命豎亥步自東極至於西極，……一曰'禹令豎亥'。"可見禹與上帝是有同等本領的人物)。在這裏共有三百仞以上的鴻水淵藪二億三萬三千五百五十九個，禹便用息土(即息壤)把洪水填平，造成了名山。又把天上的崑崙虛掘下地來，其中有九重的層城，高共一萬一千里一百一十四步二尺六寸；旁邊有四百四十個門，北門開着納進不周之風。傾宮、旋室、縣圃等等都在崑崙的閶闔門(注："閶闔，崑崙虛門名也。")之中。

讀了上面的敘述，我們知道洪水是鯀、禹用息土填平的，九州是鯀、禹放置的，川谷、名山也是他們造成的。禹又會派人丈量東西南北四極的度數，又會從天上掘下崑崙虛，這除了帝子天孫真是誰也辦不到！其實他們的本領還不止此，淮南子天文訓又說：

日出于暘谷，……入于虞淵之氾，曙于蒙谷之浦，行九州七舍有五億萬七千三百九里；禹以爲朝晝昏夜。

禹的本領大到能驅使太陽，制定朝晝昏夜，直是上帝的化身了。

讀了山海經、墨子、天問、淮南子等書，再回頭來看金文、詩、書，便懂得鯀、禹傳說早期的情況了。齊侯鐘銘說：

虩虩成唐(湯)，有嚴在帝所，尃受天命，……咸有九州，處堣(禹)之堵。

這是說成湯受了天命，就享有了九州，住在禹的土地上。土地如何會是禹的呢？只因它是禹用上帝的"息壤"造成的。所以秦公毁銘也説：

> 不(丕)顯朕皇且(祖)受天命，鼏宅禹賚，十又二公在帝
> 之坏。

"賚"讀爲"蹟"（詳下），"禹蹟"便是"禹堵"。因爲土地是禹造成
的，所以遍天下都是禹的蹟。"帝坏"與"禹賚"爲互文，禹的蹟便
是帝的坏，這是因爲禹平水土是受的上帝的命令。"鼏宅禹賚"，
秦公鐘銘作"龕有下國"，"下國"是對上天而言的。"在帝之坏"鐘
銘作"不家在下"，可證"下國"便是"帝坏"，也便是"禹賚"。禹與
帝的關係密切如此！

"禹蹟"又見於詩、書，書立政説：

> 其克詰爾戎兵以陟禹之迹，方行天下，至于海表，罔有
> 不服。

"陟禹之迹"與"鼏宅禹賚"文義相近，"方行天下，至于海表"都是
禹的跡，禹跡之廣可知。左傳襄公四年也説：

> 芒芒禹跡，畫爲九州，經啓九道。……

"禹跡"畫爲九州，"九州"是當時天下的異名，這與齊侯鐘銘"咸
有九州，處堣之堵"的話又相印證了。

"禹跡"又作"禹績"，詩大雅文王有聲篇説：

> 豐水東注，維禹之績。

商頌殷武篇説：

天命多辟，設都于禹之績。

逸周書商誓篇（這是逸周書中較古的一篇）也説：

在昔后稷，惟上帝之言克播百穀，登禹之績。

“登禹之績”自是“陟禹之迹”的異文，這可確證“禹績”便是“禹跡”（蹟）了。（左傳哀公元年説少康“復禹之績”，此“績”字亦即“蹟”字，猶言疆土也。）

　　據淮南子説名山（“名”字可訓爲“大”，“名山”猶言“大山”）是禹造成的，所以詩經也説：

信彼南山，維禹甸之。（小雅信南山）
奕奕梁山，維禹甸之。（大雅韓奕）

“甸”字究爲何解，現在姑且闕疑。即依舊解訓“治”，“治”字所包之義也很廣闊，如“爲山”（淮南子）的“爲”可以訓“治”，“陳山”的“陳”也可訓“治”（鄭玄周禮注引“甸”作“敶”，“敶”即“陳”），“奠山”（禹貢）的“奠”也可以訓“治”。我們覺得禹貢“奠高山大川”一語實是神話的遺跡，請問山川怎樣“奠”法？“甸”“奠”音近，“甸”或即“奠”字。無論如何，遍治四方名山一事，在禹的時代決計不是人力所能的！

　　據山海經、淮南子等書説洪水是禹奉了上帝的命用息土填平的，所以詩經也説：

洪水芒芒，禹敷下土方。（商頌長發）

在“洪水芒芒”的當兒，禹從天上降下地來敷土。“敷”訓爲“布”，

海内經説"洪水滔天，帝乃命禹卒布土"，可證。土地原來是禹布
成的。楚辭天問也説：

> 禹之力獻功，降省下土四方。

"降省下土四方"一語就是"敷下土方"的訓詁，可見禹是從上降下
來的。所謂禹獻功乃是説他向天獻功：禹貢説"禹錫玄圭，告厥
成功"，據帝王世紀和宋書符瑞志，禹的玄圭是上天所賜；禹告
成功，也是向天告功；與堯、舜無關。書呂刑又説：

> 皇帝清問下民，……乃命三后，恤功于民，……禹平水
> 土，主名山川。

這裏的"皇帝"即是上帝，師訇段銘"肆皇帝亡斁，臨保我有周雪
四方"，可爲明證。禹是上帝所命"恤民"的三后之一，禹平水土
是受的上帝的命，並不是受的堯、舜的命。——這確是一件很顯
明的事實！

　　在古代的傳説裏，神與獸往往是不分的，鯀、禹既有天神性
的傳説，所以他們也有變獸的故事。如天問説：

> 化爲黃熊，巫何活焉？咸播秬黍，莆藋是營，何由並投
> 而鯀疾脩盈？

在這裏有"鯀疾脩盈，化爲黃熊"的故事。天問的話不容易懂，我
們應參看國語和左傳。晉語八説：

> 昔者鯀違帝命，殛之于羽山，化爲黃熊以入于羽淵。

<u>左傳昭公</u>七年也說：

> 昔<u>堯</u>殛<u>鯀</u>于<u>羽山</u>，其神化爲黄熊以入于<u>羽淵</u>。

它們說<u>鯀</u>被殛後，他的神靈變成一頭黄熊跳入了<u>羽淵</u>（"熊"一作"能"，能，三足鼈也）。<u>山海經</u>注引<u>開筮</u>又說<u>鯀</u>化爲黄龍，這都是古代的白蛇傳式的故事。因爲<u>鯀</u>會變熊，所以他的兒子<u>禹</u>也會得變熊。<u>繹史</u>卷十二引<u>隨巢子</u>說：

> <u>禹</u>娶<u>塗山</u>，治鴻水，通<u>轘轅山</u>，化爲熊。

<u>鯀</u>治洪水不成而變熊，<u>禹</u>也因治洪水而變熊。我們知道人是不會變化的，除非是神！又<u>吕氏春秋行論</u>篇說：

> <u>堯</u>以天下讓<u>舜</u>，<u>鯀</u>爲諸侯，怒於<u>堯</u>曰："得天之道者爲帝，得地之道者爲三公，今我得地之道，而不以我爲三公。"以<u>堯</u>爲失論。欲得三公，怒甚猛獸，欲以爲亂；比獸之角能以爲城，舉其尾能以爲旌，召之不來，仿佯於野以患帝，<u>舜</u>於是殛之於<u>羽山</u>，副之以吴刀。

<u>鯀</u>想得三公的位子成了失心瘋，瘋得比一頭猛獸還凶。他能"比獸之角能以爲城"（案：此殆即"夏<u>鯀</u>作城"等傳說所從出），"舉其尾以爲旌"，真像一個獸的頭領。<u>舜</u>因爲他如獸一般"仿佯於野"足以爲患，便把他殛死，並用吴刀把他的身體剖開。我們讀<u>山海經</u>注知道<u>鯀</u>被吴刀所剖之後便化爲一條黄龍，請問這些不是神話又是什麼？

二　禹的神職

鯀、禹既都是天神（或許是人變成的），那末他們的神職也不能不一討論。關於鯀的神職，因爲没有材料，只好暫時闕疑。至於禹，我們知道他是主領名山川的社神。書吕刑説：

> 禹平水土，主名山川。

"名山川"是一詞，淮南子墜形訓"禹乃以息土填洪水，以爲名山"，莊子天下篇"昔者禹之湮洪水，……名川（原作"山"，從俞樾校改）三百"，可以爲證（此外證據尚多，姑不備舉）。"主"是主領的意思。國語魯語下説：

> 昔禹致群神於會稽之山，防風氏後至，禹殺而戮之，其骨節專車。

禹是名山川的主神，所以能够"致群神"，好像天子能召會諸侯一般，所以又有"禹合諸侯於塗山，執玉帛者萬國"（左傳哀七年）的傳説。塗山即是會稽山（説文："峗，會稽山也。""峗"即"塗"字）。韓非子更明説："禹朝諸侯之君會稽之上，防風之君後至而禹斬之。"（飾邪）這都是神話的人化。但是所謂"群神"究竟是些什麼神呢？魯語下文説明道：

> 山川之靈，足以紀綱天下者，其守爲神。

韋注："山川之守，主爲山川設者也。足以紀綱天下，謂名山大川，能興雲致雨，以利天下也。"可見這些神都是名山川的神了。禹是名山川之神的首領，這就是所謂"主名山川"。

　　説到這裏，一定有人反駁道："魯語所謂'神'實在是人，這些'神'和那爲社稷之守的公侯一般，其名爲'神'，並不是真正的天神啊！"不知道這正是經過粉飾的觀念。戰國人理智發達，他們最喜歡把原有的神話用人情去解釋，例如夔獸一隻腳，他們會解做"夔（人名）一個就够了"（見呂氏春秋）；天神黄帝一個脖子上長着四張臉，他們會解做"黄帝（人王）派四人分治四方"（見尸子）；所以"禹致群神"他們也就解做"禹合諸侯"了。但是我們要請問的是：世界上真有"骨節專車"的人類嗎？禮記祭法説："山林、川谷、丘陵能出雲，爲風雨，見怪物，皆曰神。"如防風氏之類正是所謂"怪物"。何況禹爲名山川群神之主，我們還有墨子等書可作旁證。墨子明鬼下篇説：

　　　　商書曰："嗚呼！古者有夏方未有禍之時，百獸貞蟲，允及飛鳥，莫不比方，矧佳人面，胡敢異心。山川鬼神亦莫敢不寧，若能共允。佳天下之合，下土之葆。"察山川鬼神之所以莫敢不寧者，以佐謀禹也。

山川鬼神都是禹的佐謀，禹不是山川鬼神之主又是什麽呢？——人話裏面又保存了一些神話的遺跡。大戴禮記五帝德説：

　　　　禹……爲神主，……左准繩，右規矩，履四時，據四海，平九州，戴九天。

這不是活畫出一幅禹的神像嗎？禹爲神主，即是禹爲名山川神之主，史記夏本紀説：

> 禹……爲山川神主。

可作明證。這些都是漢人書裏所保存禹的神話的遺跡。雖然他們之所謂"主"乃是祭主的主，如詩經所謂"百神爾主矣"（大雅卷阿）的"主"。但是我們抽繹先秦其他的書，知道這"主"字原有領主的意義，如左傳桓公六年，申繻曰："名有五，……以山川則廢主"，這個"主"字便是山川之神了。史記封禪書稱始皇行禮祠名山大川及八神，八神爲"天主"、"地主"等，並可證"主"字之義。

　　"名山川群神之主"，這是一個什麼職務呢？我們以爲這便是社神。社或稱"主"，説文"社，地主也"（注意這"地主"二字）。論語"哀公問社於宰我"，魯語"社"作"主"；鄭玄云："主，田主；謂社主。"因爲山川都是附屬於土地上的，而社神即是土神，所以爲山川神之主。卜辭中有祭土的記載，據考證，"土"即是"社"。詩大雅緜篇"廼立冢土"，毛傳"冢土，大社也"；逸周書世俘解"用小牲羊、犬、豕于百神、水土，于誓社"，並可證百神與水土社的關係。而且禹爲社神在古書上是有明證的，淮南子氾論訓説：

> 禹勞（力）天下而死爲社，后稷作稼穡而死爲稷。

史記封禪書也説：

> 自禹興而修社祀，后稷稼穡故有稷祠。

因爲"社稷"連稱，所以"禹、稷"也連稱了。

　　其實禹爲社神就是在後人公認爲先秦的書上也有明證的。國語魯語上説：

　　昔烈山氏（禮記祭法"烈"作"厲"）之有天下也，其子曰柱（祭法"柱"作"農"），能殖百穀百蔬；夏之興（祭法"興"作"衰"）也，周棄繼之，故祀以爲稷。共工氏之伯九有（"九有"及下"九土"，祭法均作"九州"）也，其子曰后土，能平九土，故祀以爲社。

左傳昭公二十九年也説：

　　土正曰后土；……共工氏有子曰句龍，爲后土，……后土爲社。稷，田正也；有烈山氏之子曰柱，爲稷，自夏以上祀之；周棄亦爲稷，自商以來祀之。（案周棄之名是後起的，原名只有"稷"字。另有考證。）

這兩段話拿淮南子和史記來對照，知道后土句龍即是禹。禹字古或從"土"：齊侯鐘銘"禹"作"𡔦"；"后土"猶言"后稷"，本是職名。"句龍"即是"禹"字形義的引伸。"禹"是有足的蟲類，據近人考證，確是龍螭之屬。"句龍"的"句"字又與"禹"字的一部相似。則句龍即禹自很可能。天問"焉有虯龍負熊以游？"鯀"化爲黃熊"，又有"腹生禹"的故事；"腹""負"音近；則"虯龍"也頗有是禹的可能。"虯龍"和"句龍"或是一音之變。又開筮説鯀"化爲黃龍"，禹是鯀子，自然也會變龍了。左傳文公十八年稱："舜臣堯，舉八愷，使主后土，以揆百事，莫不時序，地平天成。""八愷"據杜預等説，有禹在內，是禹曾主后土。又堯典説舜命禹"宅百揆"，也與左傳"以揆百事"相證。又海內經説："禹、鯀是始布土，均定九州。"可見禹、鯀就是開始平水土的人，在他們以前，哪裏再有什麼"能平九土"的后土句龍呢？

　　后土句龍即禹，烈山氏之子柱也即是稷的化身。烈山氏後人説爲姜姓（國語韋注："烈山氏，炎帝之號也"，炎帝姜姓），而后稷爲姜嫄所生。漢書律曆志載張壽王言：“酈山女亦爲天子，在殷、周間”，“酈山”與“烈山”一音之變。國語周語下載太子晉言“自后稷之始基靖民，十五王而文始平之”；史記所列周的世系從后稷到文王也只有十五代，較之殷自成湯到紂共有二十九世的還要短上一半；則姜嫄當殷、周之間自亦可能。史記秦本紀：“申侯乃言孝王曰：‘昔我先酈山之女，爲戎胥軒妻，生中潏。’以親故歸周。”酈山女爲申侯之先，申爲姜姓之國；她的後裔又與周有親；這不是那“其德不回”的“赫赫姜嫄”又是誰呢？柱與稷名也音近（“柱”名或由“田主”之“主”來，“田主”與“后土”正相對），又同“能殖百穀百蔬”，同爲稷神，自更有一人分化的可能了。（“柱”祭法作“農”，神農也爲姜姓，或許神農與柱、稷均是一人傳説的分化，所以都爲始作稼穡者。又管子形勢解、淮南子原道訓等都以禹與神農並舉，與禹、稷並舉一般。）

　　不但后土句龍就是禹，稷就是柱，烈山氏就是姜嫄，連共工氏也就是鯀：“共工”二字是“鯀”字的緩聲，“鯀”字是“共工”二字的急音。共工氏“伯九有”，鯀“始均定九州”（海内經），爲“有崇伯”（周語下）。共工氏有子后土句龍“能平九土（州）”，爲社神；鯀也有子禹，能“平水土”（吕刑），“定九州”（海内經），爲社神。天下有這樣奇巧的事嗎？再看：周語説鯀與共工的罪狀一樣（“有崇伯鯀稱遂共工之過”）。共工“壅防百川，墮高堙庳”（周語下，下同），鯀也是“陻障洪水”（海内經、洪範、魯語等）；共工“皇天弗福”，鯀也是“帝乃震怒，不畀洪範九疇”（洪範，下同）；共工“庶民弗助，禍亂並興”，鯀也是“彝倫攸斁”；共工“用滅”，鯀也是“殛死”：兩人的事蹟又相同到如此！又墨子説鯀“廢帝之德庸”，堯典説共工“静言庸違”（左傳作“靖譖庸回”），二語略近。墨子説鯀被刑的地方“乃熱照無有及也”，莊子等書説共工被流在幽都（孟子、堯典等書作“幽州”，“州”“都”一音之轉）。楚辭招魂：“魂兮歸來，君無下此幽都些”；王注：“幽都，地下，……

地下幽冥，故稱幽都。"兩人被罰的地方也相似。又淮南子説共工
"潛于淵，宗族殘滅"（原道訓），國語和左傳也説鯀"入于羽淵"，
堯典也説鯀"方命圮族"，二人的事更極相似。再韓非子外儲説右
上篇記堯欲傳天下於舜，鯀和共工都因進諫不聽而被誅，兩人的
諫語完全相同，可證是一個傳説的分化。案：吕氏春秋行論篇記
鯀怒堯傳天下於舜一事，當是這個傳説的本始；所以楚辭離騷説
"鯀婞直以亡身兮"，九章也説"婞直而不豫兮，鯀功用而不就"，
可見"婞直不豫"原是鯀的惡德；但逸周書史記解又説"昔有共工
自賢，……唐伐之，共工以亡"。共工"自賢"與鯀"自以爲得地之
道，可爲三公"正同。此外，還有一事：左傳、國語記晉平公夢
見黄熊入于寢門而有病，請問子産，子産説是鯀作祟，祭鯀而
愈；路史後紀二注引汲冢瑣語同記此事，惟"黄熊"作"朱熊"，
"鯀"作"共工之卿浮游"，祭共工而痊；這也足證鯀與共工的關
係。其他共工即鯀的證據還多，這裏不能詳舉，我們將另有"鯀
與共工"一文論之。（即如史記楚世家言："重黎爲帝嚳高辛居火
正，……帝嚳命曰'祝融'。共工氏作亂，帝嚳使重黎誅之而不
盡。……"亦即海内經"帝令祝融殺鯀"及天問鯀死復活——誅之
不盡——等傳説之變。）

　　在古代，還有一種奇異的傳説，便是禹爲一個耕稼的國王。
詩魯頌閟宮篇説：

　　　　赫赫姜嫄，……是生后稷；降之百福，黍稷重穋，稙稺
　　　菽麥；奄有下國，俾民稼穡；有稷有黍，有稻有秬，奄有下
　　　土，纘禹之緒。

后稷"俾民稼穡"，"奄有下土"而是纘禹之緒的，可見禹也是一個
"俾民稼穡"的國王；所以天問説：

何后益作革而禹播降？

王注：“播，種也；降，下也。”案：呂刑“稷降播種”，可見禹、稷是同功的。論語也説：

禹、稷躬稼而有天下。（憲問篇）

“躬稼”便是“俾民稼穡”，“有天下”便是“奄有下土”，這可見后稷“纘禹之緒”之實了。泰伯篇又説：禹“卑宮室而盡力乎溝洫”，並足見禹有“躬稼”的事。又皋陶謨説禹“暨稷播奏庶艱食鮮食”，也是這種傳説的孑遺。

禹既是社神，怎麼又去侵犯稷神的職務呢？要明白這個，須先知道水土百穀原是相因的物事。詩小雅甫田篇道：

以我齊明，與我犧羊，以社以方，我田既臧，農夫之慶。……

鄭箋：“以絜齊豐盛與我純色之羊秋祭社與四方，爲五穀成熟，報其功也。”是祭社爲報成穀之功。大雅雲漢篇道：

祈年孔夙，方社不莫。

箋：“我祈豐年甚早，祭四方與社又不晚，……我何由當遭此災也！”是祈年與祭方社並舉。考周官大司徒之職：“設其社稷之壝而樹之田主。……”鄭注：“田主，田神；后土，田正之所依也。詩人謂之‘田祖’”（案，詩大雅甫田：“琴瑟擊鼓，以御田祖”；大田：“田祖有神”）。是社與稷共一田神之主。鄭論語注也説：“主，田主，謂社主”，可見“田主”就是“社主”。國語魯語上也說："土發而社，助時也。"韋注："土發，春分也；周語曰，'土乃脈發'；社者，助時祈福爲農始也。"祭社爲助農時，又可見社神與農事的關係。漢武帝爲了河水氾溢去祭后土，祭過之後，有鼎出后土祠旁，武帝曾對群臣說：

> 間者河溢，歲數不登，故巡祭后土，祈爲百姓育穀。（史記封禪書。孝武本紀文同。）

后土能爲"百姓育穀"，所以社神就也有"俾民稼穡"的傳說了。

三　鯀、禹治水傳說的本相與其演變

明白了鯀、禹都有從天神變成偉人的可能，便能知道他們治水傳說的本相了。從前的人都以爲鯀、禹父子是失敗和成功的兩個不同的人物，他倆結果的不同是由於他倆方法的不同：鯀用堙的方法治水以致失敗，禹改用疏的方法便得到了成功。這種觀念籠罩了二千年來的人心，大家都認爲無問題的事實了。但是據我們的探究，頗有和這種觀念相反的說法。說來話長，請讀下文：

詩經和周書裏提到禹，只說他"甸山"、"敷土"、"平水土"，而不曾明白地說出山是怎樣的"甸"法，土是怎樣的"敷"法，水土又是怎樣的"平"法。但我們看山海經和天問、淮南子等書，便知道禹所用的治水的方法和鯀一樣滿是"堙"和"填"，——這種方法原不是凡人所能行的。海內經說：

> 禹、鯀是始布土，均定九州。……洪水滔天，鯀竊帝之息壤以堙洪水，不待帝命，帝令祝融殺鯀于羽郊。鯀復（腹）

生禹，帝乃命禹卒布土以定九州。

"埋"字訓"塞"。鯀治洪水的方法是用息壤去埋塞，這便是所謂"布土"（"敷土"）。鯀開始布土，禹完成鯀的功，從此九州就安定了。在這裏，鯀所以失敗的原因乃是"不待帝命"，而並不是"埋洪水"。大荒北經説：

> 共工臣名相繇（海外北經作"相柳"），九首蛇身自環，食于九土（海外北經作"九山"），其所歕所尼，即爲原澤（海外北經作"澤谿"），不辛乃苦，百獸莫能處。禹湮洪水，殺相繇，其血腥臭，不可生穀；其地多水，不可居也；禹湮之（海外北經作"禹厥之"，郭注："掘塞之"），三仞三沮（郭注："言禹以土塞之之地陷壞也"），乃以爲池。群帝是因以爲臺。（海外北經文略同。）

共工的臣相繇是個長着九個腦袋，蛇的身體的怪物，無論什麽地方給他一歕（郭注："歕，嘔，猶噴吒"）一碰，便成了水澤。禹埋塞了洪水，殺死相繇，它的血流到的地方腥臭得長不出穀來，它所在的地方也是多水不能居人，禹便掘塞了這塊地，造成一個池。群帝（上帝）就在這所在築起臺來，以鎮壓妖魔。在這裏明白地説出"禹湮洪水"，可見"湮"原是治洪水的正當方法。天問也説：

> 不任汨鴻，師何以尚之？僉曰"何憂"，何不課而行之？鴟龜曳銜，鯀何聽焉？順欲成功，帝何刑焉？伯禹腹鯀，夫何以變化？纂就前緒，遂成考功；何續初繼業而厥謀不同？洪泉極深，何以寘之？地方九則，何以墳之？……鯀何所營？禹何所成？

"汨"字訓"没"，與"湮"同意。（"湮"即"堙"，塞没之意。）鯀的才不勝汨洪水的任，卻偏要去汨，所以没有好結果。他的兒子伯禹比他有才，能填平洪水，墳高土地（這便是所謂"平水土"），便成就了鯀的功績。天問的作者問："禹既是續初繼業，爲什麽又説他父子倆厥謀不同呢？"這是天問作者對於矛盾的傳説的懷疑。但他是相信前一説（舊説）的，所以又説"鯀何所營？禹何所成？"可見禹不過是成鯀所營的功而已。淮南子墜形訓説：

> 禹乃以息土填洪水，以爲名山。

禹用息土填塞洪水，遂造成了名山，這便是所謂"敷土"、"平水土"和"甸山"。

　　"禹堙洪水"之説豈特記載神話之書山海經等言之邪，雖儒家六藝經傳之文即亦猶是也。漢書溝洫志引夏書：

> 禹堙洪水十三年。（史記河渠書"堙"作"抑"，索隱："抑者，遏也。……堙、抑，皆塞也。"）

國語魯語上：

> 鯀障洪水而殛死（"障洪水"即"陻洪水"之變），禹能以德修鯀之功，……故……夏后氏……郊鯀而宗禹。

孟子滕文公篇：

> 昔者禹抑鴻水而天下平。

荀子成相篇：

禹有功，抑下鴻，辟除民害逐共工。

鯀堙洪水，禹修鯀之功，亦堙洪水，所以夏后氏要郊鯀而宗禹
了。——於此可證鯀、禹父子的同道。

"禹堙洪水"之説豈特儒家之書言之，雖墨家之説即亦猶是
也。莊子天下篇記墨子稱道曰：

昔者禹之湮洪水，決江、河而通四夷、九州也。

案：儒、墨兩家都稱道禹疏水之説，特於無意中留下"湮"之舊
跡。察二家之原意，或是以爲洪水非"堙"、"抑"不可，但江、河
又必須"疏"之耳（史記司馬相如列傳："昔者鴻水浡出，……夏后
氏戚之，乃湮鴻水，決江疏河，……而天下永寧。""堙"、"疏"並
舉，與儒、墨等説同）。——其實疏江、河即堙鴻水傳説之演
進也。

"堙洪水"的方法豈特鯀、禹用之，雖女媧即亦猶是也。淮南
子覽冥訓：

往古之時，四極廢，九州裂；天不兼覆，地不周載；火
爁炎而不滅，水浩洋而不息；猛獸食顓民，鷙鳥攫老弱。於
是女媧鍊五色石以補蒼天，斷鼇足以立四極，殺黑龍以濟冀
州，積蘆灰以止淫水；蒼天補，四極正；淫水涸，冀州平；
狡蟲死，顓民生；背方州，抱圓天。

女媧的"積蘆灰以止淫水"也即是鯀、禹父子的"以息土填洪水"的
方法。

禹疏水之説開始盛倡於墨子。兼愛中篇説：

　　　　古者禹治天下，西爲西河漁竇，以泄渠孫皇之水；北爲
防原泒，注后之邸，滹池之竇，灑爲底柱，鑿爲龍門，以利
燕、代、胡、貉與西河之民。東方漏之陸防、孟諸之澤，灑
爲九澮，以楗東土之水，以利冀州（齊州）之民。南爲江、
漢、淮、汝，東流之注五湖之處，以利荆楚、干越與南夷
之民。

這裏所謂"泄"、"注"、"灑"、"鑿"、"漏"、"流"等等都是"疏"的
方法。禹的治水方法既變，於是鯀的治水方法也就不得不變了。
國語周語下記：

　　　　靈王二十二年，穀、洛鬪，將毀王宮，王欲壅之。太子
晉諫曰："不可！晉聞古之長民者，不墮山，不崇藪，不防
川，不竇澤。……昔共工棄此道也，虞于湛樂，淫失其身，
欲壅防百川，墮高湮庳，以害天下，皇天弗福，庶民弗助，
禍亂並興，共工用滅。其在有虞，有崇伯鯀播其淫心，稱遂
共工之過，堯用殛之于羽山。其後伯禹念前之非度，釐改制
量，象物天地，比類百則，儀之於民而度之於群生。共之從
孫四岳佐之，高高下下，疏川導滯，鍾水豐物；封崇九山，
決汩九川，陂障九澤，豐殖九穀，汩越九原，宅居九隩，合
通四海。故天無伏陰，地無散陽，水無沈氣，火無災燀，神
無間行，民無淫心，時無逆數，物無害生；帥象禹之功，度
之於軌儀，莫非嘉績，克厭帝心。皇天嘉之，祚以天下，賜
姓曰'姒'，氏曰'有夏'，謂其能以嘉祉殷富生物也。祚四嶽
國，命以侯伯，賜姓曰'姜'，氏曰'有呂'，謂其能爲禹股肱
心膂，以養物豐民人也。……"

從此以後，鯀治水的方法便漸漸由"湮"而改成了"防"。鯀防洪水

而失敗，禹疏洪水而成功，便又成了不移的史實了。

　　我們追原鯀、禹治水傳說的所以改變，實由於戰國的時勢。在戰國的時候，交通四闢，水利大興，人們爲防止水患，就盛行了築堤的辦法；爲利便交通，振興農業，又盛行了疏水灌漑的辦法。但是築堤的害處多而利益少，疏水灌漑則是有利而無弊的事，所以防洪水的典故便漸歸了上帝所殛的萬惡的鯀，而疏洪水的典故就歸了天所興的萬能的禹了。我們且看看西漢賈讓的奏疏：

　　　　古者……大川無防，小川得入陂障，卑下以爲汙澤。……蓋隄防之作，近起戰國，雍防百川，各以自利：齊與趙、魏以河爲竟，趙、魏瀕山，齊地卑下，作隄去河二十五里。河水東抵齊隄，則西泛趙、魏；趙、魏亦爲隄去河二十五里。雖非其正，水尚有所游盪，時至而去，則填淤肥美，民耕田之。或久無害，稍築室宅，遂成聚落；大水時至漂没，則更起隄防以自救；稍去其城郭，排水澤而居之，湛溺自其宜也。……（漢書溝洫志）

　　“隄防之作近起戰國”，這話雖未必完全可靠，但是戰國以前即有隄防之制也必不盛，因爲在戰國以前的書上不大看見有築隄的事。自從戰國的君主“雍防百川，各以自利”，“以鄰國爲壑”（孟子告子），於是春秋時的齊桓公的盟誓裏也有了“毋雍泉”（穀梁傳等書）的口號，太古時的共工和鯀都成了“雍泉”的罪魁了。漢書溝洫志又說：

　　　　自是之後（指三代之後），滎陽下引河東南爲鴻溝，以通宋、鄭、陳、蔡、曹、衞，與濟、汝、淮、泗會于楚。西方則通渠漢水、雲夢之際。東方則通溝江、淮之間。於吳，則通渠三江、五湖。於齊，則通淄、濟之間。於蜀，則蜀守李冰鑿離堆，避沫水之害，穿二江成都中。此渠皆可行舟，有餘則用溉，百姓饗其利。至於它，往往行其水用溉田；溝渠甚多，然莫足數也。……史起爲鄴令，遂引漳水溉鄴，以富魏之河内。……其後韓聞秦之好興事，欲罷之，無令東伐，迺使水工鄭國間説秦，令鑿涇水，自中山西邸瓠口爲渠，並北山東注洛，三百餘里，欲以溉田。……渠成而用溉，注填閼之水，溉舃鹵之地四萬餘頃，收皆畝一鍾；於是關中爲沃野，無凶年。……（史記河渠書文略同。）

可見戰國確也是個"疏川導滯，合通四海"的時代。禹疏水之説即是這個時代潮流的護符啊！

鯀、禹治水傳説演變的原因既略探明，以下再略叙演變後的治水傳説：

莊子天下篇記墨子稱道曰：

昔者禹之湮洪水，決江、河，而通四夷、九州也，名川三百，支川三千，小者無數。禹親自操橐耜而九（鳩）雜天下之川，腓無胈，脛無毛，沐甚風，櫛甚雨，置萬國。禹，大聖也，而形勞天下也如此！

禹的神力已被"託古改制"家忘記，他們只記得禹的偉大的功績（"微禹，吾其魚乎"），於是就把禹忙得"腓無胈，脛無毛"了。

孟子滕文公篇説：

當堯之時，水逆行，氾濫於中國，蛇龍居之，民無所定，下者爲巢，上者爲營窟。書曰："洚水警予"，洚水者，洪水也。使禹治之，禹掘地而注之海，驅蛇龍而放之菹，水由地中行，江、淮、河、漢是也；險阻既遠，鳥獸之害人者消，然後人得平土而居之。

又説：

當堯之時，天下猶未平，洪水橫流，氾濫於天下，草木暢茂，禽獸繁殖，五穀不登，禽獸逼人，獸蹄鳥跡之道交於中國。堯獨憂之，舉舜而敷治焉。舜使益掌火，益烈山澤而焚之，禽獸逃匿。禹疏九河，瀹濟、漯而注諸海；決汝、漢，排淮、泗而注之江；然後中國可得而食也。

孟子是東方人，所以他的眼光裏的禹功首先是疏九河，瀹濟、漯；至於汝、漢、淮、泗，他便弄不甚明白了：他以爲這些水都是入江的，其實除漢以外並不如此。但是這個錯誤並不能怪他，我們看倒要怪吳王夫差和戰國的君主：吳王夫差“城邗，溝通江、淮”（哀九年左傳），戰國的君主“爲鴻溝，以通宋、鄭、陳、蔡、曹、衞，與濟、汝、淮、泗會於楚，西方則通渠漢水、雲夢之際，東方則通溝江、淮之間”。經他們這樣一弄，於是通今而不知古的孟子就錯認這些都是禹功，而把地理講錯了。

荀子成相篇説：

禹有功，抑下鴻，辟除民害逐共工。北決九河，通十二渚（十二州？），疏三江。禹傅土，平天下，躬親爲民行勞苦；得益、皋陶、橫革、直成爲輔。

周語説四岳佐禹治水，這裏又説禹“得益、皋陶、橫革、直成爲輔”，或許這四人就是所謂“四岳”（近人章太炎先生以爲皋陶即許由，明陳霆以爲許由即四岳）？但周語以四岳爲共工的從孫，這裏卻説"禹逐共工"，禹能上及共工（許多共工其實只是一個），下及四岳，還不算奇；四岳竟做了逐他們從祖的仇人的輔佐了。

韓非子五蠹篇説：

中古之世，天下大水，而鯀、禹決瀆。

因爲"疏決"在戰國時被認爲治水的正當方法，所以"湮障洪水"的鯀也居然會有"決瀆"之功。晚出的吳語也説：

今王既變鯀、禹之功，而高高下下，以罷民於姑蘇。

可憐吳王夫差不過築了一所臺，他竟代鯀而受"罷民"之過了。

呂氏春秋中載禹治水的傳説最多，略録重要的兩則如下：

昔上古龍門未開，呂梁未發，河出孟門，大溢逆流，無有丘陵、沃、衍、平原、高阜，盡皆滅之，名曰"鴻水"。禹於是疏河決江，爲彭蠡之障，乾東土，所活者千八百國。（愛類篇）

在這段文字裏，可注意的是鴻水之來是由於龍門、呂梁未曾開發，所以河水"大溢逆流"，成了洪水——這是神話的人話解釋。

禹東至搏木之地，日出、九津、青羌之野，攢樹之所，播天之山，鳥谷、青丘之鄉，黑齒之國。南至交阯、孫樸、續樠之國，丹粟、漆樹、沸水、漂漂、九陽之山，羽人、裸民之處，不死之鄉。西至三危之國，巫山之下，飲露吸氣之民，積金之山，其（奇）肱、一臂、三面之鄉。北至人正之國，夏海之窮，衡山之上，犬戎之國，夸父之野，禹彊之

所，積水、積石之山。不有懈墮，憂其黔首，顏色黧黑，竅
藏不通，步不相過，以求賢人，欲盡地利，至勞也。得陶、
化益、真窺、橫革、之交五人佐禹，故功績銘乎金石，著於
盤盂。（求人篇）

在這段文字裏，可注意的是山海經裏的地點幾乎都變成禹治水足
跡所至的區域。這是後來禹作山海經的傳説所由來（知度篇也説：
"禹曰：'若何而治青北（丘），化九陽奇怪之所際'"）。又禹佐四
人到這裏又添了一人，故事的内容更豐富了。至於"功績銘乎金
石，著於盤盂"等話，恐是當時的彝器上刻有禹治水的神話的
證據。

淮南子裏禹治水的傳説也極多，現在也録重要的兩則：

舜之時，共工振滔洪水，以薄空桑。龍門未開，吕梁未
發，江、淮通流，四海溟涬，民皆上丘陵，赴樹木。舜乃使
禹疏三江、五湖；辟伊闕，導廛、澗：平通溝陸，流注東
海。鴻水漏，九州乾，萬民皆寧其性。（本經訓）

在這段文字裏，可注意的是洪水的來源乃由於共工的"振滔"。共
工的罪名更增重了。又江、淮通流原來是洪水發作時的情形，並
不是禹把它們溝通的。

古者溝防不脩，水爲民害。禹鑿龍門，辟伊闕，平治水
土，使民得陸處。（人間訓）

這又説洪水之來是由於"古者溝防不脩"，故事更人話化了。（齊
俗訓又説："禹之時天下大雨，禹令民聚土積薪，擇丘陵而處
之。"這又把洪水的由來推到"大雨"的頭上去了。）

春秋繁露裏也記着一則禹遭水災的奇説，它道：

　　　　禹水湯旱，非常經也；適遭世氣之變而陰陽失平。堯視
　　民如子，民親堯如父母。尚書曰：“二十有八載，放勳乃殂
　　落，百姓如喪考妣，四海之內闕密八音三年。”三年陽氣厭於
　　陰，陰氣大興，此禹所以有水名也。（暖燠孰多篇）

董仲舒以爲有如舜、禹的聖王在上，天本不該降水災的。只因堯
死後，全天下的百姓都爲他服喪三年，喪是陰事，喪事過盛，就
弄得陰氣大興，壓了陽氣，陰氣興盛的表現，就造成了禹時的水
災。陰陽五行家的見解高明如此！

　　今本的堯典和皋陶謨乃是西漢初年的作品，裏面詳載着鯀、
禹治水的始末。堯典説：

　　　　帝曰：“疇咨若予采？”驩兜曰：“都，共工方鳩僝功。”帝
　　曰：“吁，靜言庸違，象恭滔天。”

帝堯向臣下詢問管理工程的人，有個叫驩兜的舉了共工，説他正
在辦理工程的事務。堯很不以共工爲然。結果他果然造成了洪水
之災。於是堯又向四岳詢問：

　　　　“咨，四岳！湯湯洪水方割，蕩蕩懷山襄陵，浩浩滔天，
　　下民其咨，有能俾乂？”僉曰：“於，鯀哉！”帝曰：“吁，咈
　　哉！方命圮族。”岳曰：“異哉！試可乃已。”帝曰：“往，欽
　　哉！”九載，績用弗成。

堯憂愁那“懷山襄陵”甚至“滔天”的洪水，需要平治水土的人，四
岳公舉了鯀，堯又不贊同，四岳請試用一遭，堯就派鯀去治洪

水，一治治了九年，絲毫没有成績（天問：“不任汩鴻，師何以尚之？僉曰何憂，何不課而行之？”是神話裏雜着的人話，爲堯典所本）。於是到舜攝了位，便：

> 流共工于幽州，放驩兜于崇山，竄三苗于三危，殛鯀于羽山，四罪而天下咸服。

到了堯崩，舜即真位時，又向四岳詢問能“宅百揆”的人，四岳答道：

> “伯禹作司空。”帝曰：“俞，咨禹，汝平水土，惟時懋哉！”禹拜稽首，讓于稷、契暨皋陶，帝曰：“俞，汝往哉！”

四岳又公舉作司空的伯禹去宅百揆，舜以爲然，就任命了。

在堯典裏，禹平水土的功績記得還簡單，這有皋陶謨的記載可作補充：

> 禹曰：“洪水滔天，浩浩懷山襄陵，下民昏墊。予乘四載，隨山刊木；暨益奏庶鮮食。予决九川，距四海；濬畎澮，距川；暨稷播奏庶艱食鮮食。懋遷有無化居。烝民乃粒，萬邦作乂。”

禹在洪水滔天的當兒，坐着四載（僞孔傳：“水乘舟，陸乘車，泥乘橇，山乘樏”），隨山刊木；疏决九川通到四海，疏濬畎澮通到大川，同着益、稷籌畫民食，振興商業，達到了“烝民乃粒，萬邦作乂”的目的。

堯典和皋陶謨出世最晚，它們整齊了舊有的各種傳說，使它簡潔化，合理化。從此以後，禹、鯀的神話的痕跡便幾乎完全湮沒了。但在這兩篇書前，還有一篇禹貢，集禹治水傳説的大成，尤爲堯典、皋陶謨的先驅。

禹貢的記載大略是這樣的：禹分治九州的水，制定九州的貢賦，從冀州起，經過兖、青、徐、揚、荆、豫、梁七州，到雍州止；把田賦制爲九等。分州定賦之際，導山，分爲三條：北條從岍、岐起至碣石止，中條從西傾、朱圉、鳥鼠起至陪尾止，南條從嶓冢起至敷淺原止。導水，大略分爲：（一）弱水，（二）黑水，（三）河水，（四）漾水，（五）江水，（六）沇水，（七）淮水，（八）渭水，（九）雒水。導山導水之功既竟，於是“九州攸同，四隩既宅，九山刊旅，九川滌源，九澤既陂，四海會同，六府孔修，庶士交正，成賦中邦”。禹於治水定貢之後，又錫土姓，作五服，終于“東漸于海，西被于流沙，朔、南暨，聲教訖于四海”，大告成功。

我們知道分州的傳説起源甚早，金文及山海經等書裏已見了。制貢的傳説似是來自孟子的“夏后氏五十而貢”（滕文公）一句話。九等田賦制或出於洪範所謂“九疇”（“疇”字訓“等”）。“導山”乃是“甸山”之變（這實在仍是一種神話，“導山”兩字很是不辭）。導水的傳説自墨子以後也已有了。“九州攸同”以下諸語來自周語等書。“六府”來自左傳的“水、火、金、木、土、穀，謂之六府”（文七年）等話。“錫土姓”的話來自“禹置萬國”（見莊子等書）等傳説。只有禹作五服之説或是禹貢作者的特創（五服之名則來自周書、周語等書）。後來的皋陶謨也説：

予（禹）……惟荒度土功。弼成五服，至于五千。州十有二師；外薄四海，咸建五長；各迪有功。

它説禹的五服四方相距有五千里之大（從普通説），正與禹貢：

　　五百里甸服……五百里侯服……五百里綏服……五百里
要服……五百里荒服

之數略等。至於"州十有二師"，及"咸建五長"，則大約又是皋陶
謨作者所創造的禹的新制了。
　　不但禹治水的情形傳説分歧無定，就是禹時水患和治水的年
數，説法也不一律，如：

　　禹七年水。（墨子七患篇引夏書）
　　故禹十年水。（荀子富國篇）
　　禹之時，十年九潦。（莊子秋水篇。案：賈誼新書云：
"禹有十年之蓄，故免九年之水。"）
　　禹五年水。（管子山權數篇）

禹時水患的年數，有七年、十年、九年、五年的四説。

　　禹八年於外，三過其門而不入。（孟子滕文公篇）
　　禹……居外十三年，過家門不敢入。（史記夏本紀。案：
禹貢兗州："作十有三載，乃同。"河渠書引夏書："禹抑洪水
十三年。"）
　　禹……疏河決江，十年不窺其家。（山海經注等引尸
子）

禹治水的年數，又有八年、十三年、十年的三説。
　　像這類紛紛之説，即無確定的證據，也只能存而不論了。

四　鯀、禹的來源在何處

鯀、禹的傳說雖然遍布於周代的全天下，但是那時的中國民族並不止一種，凡特殊的神話都有民族種姓做它的背景的，雜處的各民族所共戴的偉人，往往是由一個民族的神話人物所放大。那末鯀、禹的傳說是以那種民族做它的背景的呢？據我們最近的探究，鯀、禹的傳說大概是起於西方的戎族。

原來當春秋的時候，現在河南省的嵩山以西有一種戎族居住着，他們叫做“九州之戎”。這個“九州”並不是遍布全中國的“九州”，乃是中國西北部的一個大地名。它的區域大抵西從今陝、甘二省交界處起，北由隴山，南抵秦嶺；出潼關，北曁殽函，南及熊耳之東；東到今河南中部的嵩山爲止。這個區域地勢險峻，自古爲戎族和諸夏的雜居地。（關於這個結論，欲知其詳，請參看顧剛所著九州之戎與戎禹、州與嶽的演變。）

九州之戎放大起來，實可以説是西方戎族的總名。西方戎族中以姜戎一族爲最盛。姜戎姓姜，他們自稱是四岳之後；在他們之中，有已經華化的，有仍停滯在戎的原始狀態中的。華化的姜戎，便是齊、許、申、呂等國，其中尤以呂國爲姜姓的大宗，國語周語下説：

> 祚四嶽國，……賜姓曰“姜”，氏曰“有呂”，……申、呂雖衰，齊、許猶在。

四嶽的氏是“有呂”，這便是呂爲姜姓民族大宗的證據。呂國在西周時頗是强盛，銅器中有“呂王鬲”，足證他是稱過王的。國語鄭語也説：

> 申、呂方彊。

現在的周書中的呂刑便是呂國的遺書（從傅孟真先生説），這是一篇極重要的文獻。它裏面説：

> 王（呂王）曰：“若古有訓：蚩尤惟始作亂，延及于平民，罔不寇賊，鴟義姦宄，奪攘矯虔。苗民弗用靈，制以刑，惟作五虐之刑曰‘法’，殺戮無辜；爰始淫爲劓、刵、椓、黥，越兹麗刑並制，罔差有辭。民興胥漸，泯泯棼棼，罔中于信，以覆詛盟。虐威庶戮方告無辜于上，上帝監民罔有馨香德，刑發聞惟腥。
>
> “皇帝哀矜庶戮之不辜，報虐以威，遏絶苗民，無世在下。乃命重黎絶地天通，罔有降格。
>
> “皇帝清問下民，鰥寡有辭于苗：‘群后之逮在下，明明棐常，鰥寡無蓋（上三語移此從墨子）。德威惟畏（威），德明惟明。’乃命三后，恤功于民：伯夷降典，折民惟刑；禹平水土，主名山川；稷降播種，農殖嘉穀：三后成功，惟殷于民。”

這篇呂王的演説詞大意是説：太古的時候有個叫蚩尤的開始作亂，引得平民（他的部下）個個做了盜賊。他們不怕上帝的威靈，制造刑法，殺戮無辜。被殺無辜的人到上帝面前去訴苦，上帝大怒，降下了威嚴來，把苗民（蚩尤和他的部下）絶了種。又派個叫重黎（“重黎”當是一人，非二人，另有辨）的隔絶了天地的通路，使神人不得往來。一面上帝又垂詢下民的痛苦，鰥寡們報告了苗民的罪惡，並請上帝簡派宣揚威德的群后。上帝答應了他們的請求，就派三后下凡來體恤下民：伯夷降下刑典，禹平定水土，稷播種嘉穀，使下民得到正當的管理，有住的地方，有吃的東西：所以三后成功，對于下民是很殷厚的！在這段苗民作亂的故事裏，最可注意的是苗民和庶戮的對立：苗民是統治階級，庶戮是被壓迫階級；結果上帝老官幫了庶戮打倒苗民。這似是一個民族鬥爭的神話。大約所謂"庶戮""下民"就是姜姓民族的祖先，他們不堪統治階級苗民的壓迫，起來反抗，得到勝利，於是產生了上帝"遏絕苗民"的神話（三苗的疆域據錢賓四先生的考定，略與古九州的東部相當，這正是姜戎的區域。春秋時陸渾蠻氏的"蠻"即是"苗"，蠻也與姜戎雜處。又周武王伐殷，所率西戎八國中有羌和髳，"羌"即"姜"，"髳"即"苗"，也足證姜、苗二族的始終雜處）。結束這神話的人物是"三后"，他們在苗亂之後，"降典"的降典，"平水土"的平水土，"播種"的播種，當然都是姜姓民族的救主了。這"三后"都是何等樣的人物呢？我們知道伯夷是姜姓民族傳說裏的祖先。國語鄭語説：

　　姜，伯夷之後也。

海内經也説：

　　伯夷父生西岳，西岳生先龍，先龍是始生氐羌。

"羌"即是"姜"（章太炎等説），西岳當是四岳之一，可見伯夷是姜姓民族的太祖了。稷是周人傳説裏的祖先，詩大雅生民篇説：

　　厥初生民，時維姜嫄，……履帝武敏歆，……載生載育，時維后稷。

魯頌閟宮篇也説：

> 赫赫姜嫄，其德不回，上帝是依，……是生后稷。奄有
> 下土，纘禹之緒。后稷之孫，實惟大王。……

稷也是姜姓民族的女子姜嫄踏了上帝的腳步而產生的。他繼承禹
的統緒，產生出一個周民族來。於此可見稷與姜姓民族和禹的關
係了。其實禹也是姜姓民族傳説中的宗神，關於這點，證據很
多，如史記六國表説：

> 禹興于西羌。

吳越春秋越王無余外傳也説：

> 鯀娶于有莘氏之女，……産高密（禹），家於西羌。

後漢書戴良傳也説：

> 大禹出西羌。

新語術事篇並説：

> 大禹出于西羌。

皇甫謐更説得明白：

> 孟子稱“禹生石紐，西夷人也”。傳曰“禹生自西羌”是
> 也。（史記六國表集解引）

禹興于西羌，即是禹傳説出於姜姓民族的鐵證。因爲禹興于西羌，所以後來又有"戎禹"之稱。太平御覽八十二引尚書緯帝命驗説：

> 修紀……生似戎文命禹。

注云："似，禹氏；禹生戎地，一名文命。"潛夫論五德志也説：

> 修紀……生白帝文命戎禹。

禹與戎族有關的證據更見於六藝之文的詩經，商頌長發篇説：

> 洪水芒芒，禹敷下土方，外大國是疆，幅隕既長，有娀方將，帝立子生商。

"禹敷下土"而"有娀方將"（"娀"即"戎"，如鬼方稱"媿"，羌戎稱"姜"之例），可見戎族是因禹而興的了。又荀子大略篇説：

> 禹學於西王國。（韓詩外傳卷五文略同。新序等書亦有同樣文字。）

楊注："或曰：'大禹生於西羌西王國，西羌之賢人也。'"禹生於西羌，家於西羌，學於西羌，稱爲"戎禹"，則禹爲西方民族傳説中的人物，豈不明甚！（藝文類聚六引隨巢子説，"禹産於碨石"，"碨石"當是崑崙山之石，崑崙山也是西方的地名。）

禹與姜姓民族有關，尚有他證。如周語下説：

> 伯禹念前之非度，……共之從孫四岳佐之，高高下下，

疏川導滯。

是禹平水土以姜姓民族的祖先四岳爲輔佐，可見他們的關係了。再看墨子非攻下篇：

> 昔者有三苗大亂，天命殛之。……高陽乃命禹於玄宮，禹親把天之瑞令以征有苗，……苗師大亂，後乃遂幾（幾，微也）。禹既已克有三苗，焉歷爲山川，別物上下，鄉制四極，而神民不違，天下乃靜。

墨子中的“高陽”就是天帝（詳下），三苗大亂，天帝命禹去征伐，把苗人征滅。禹克了三苗，就“歷爲山川，別物上下”，成就他的“地平天成”的大功。這大足以補充呂刑的記載，可見禹真是姜姓民族創世的恩主了。（史記殷本紀引湯誥説：“古禹、皋陶——皋陶即伯夷，我等別有考——，久勞于外，其有功乎民，民乃有安。東爲江，北爲濟，西爲河，南爲淮，四瀆已修，萬民乃有居。后稷降播，農殖百穀。三公咸有功于民，故后有立。昔蚩尤與其大夫作亂百姓，帝乃弗予。有狀，先王言不可不勉！”案：此即呂刑之別本。在此文中，禹事更居重要的地位。）

禹與西方戎族有關，尚有一個鐵證：我們知道西方戎族的大支叫做“九州之戎”，而禹與“九州”更有不可分解的關係，“禹定九州”，是誰都知道的傳說，其實禹所定的“九州”就是由西方的“古九州”擴充而成的（後來鄒衍的“大九州”又由禹的“九州”擴充而成）。如墨子尚賢上篇説：

> 禹舉益於陰方之中，授之政，九州成。

案：九州戎又稱陰戎（見左傳），左傳哀公四年説：“蠻子赤奔晉陰地，……士蔿乃致九州之戎，將裂田以與蠻子而城之。……"
墨子的"陰方"便是左傳的"陰地"，"九州"也便是九州之戎的"九
州"，這是一件很顯明的事實！又據我們近來的研究，分布天下
的"五岳"實由姜姓民族的祖先"四岳"所演成（參看九州之戎與戎
禹），則分布天下的"九州"也由姜姓民族根據地的"九州"所演成，
自是極可能的事了！

　　不但禹的傳說起於西方的戎族，就是鯀的傳說也是如此。海
内經說：

　　　　黃帝生駱明，駱明生白馬，白馬是爲鯀。

是鯀爲黃帝之後。而大荒北經則說：

　　　　黃帝生苗龍，苗龍生融吾，融吾生弄明，弄明生白犬，
　　白犬有牝牡，是爲犬戎。

是犬戎也是黃帝之後。鯀與犬戎同出西方傳說中人物之黃帝。他
們的父親或爲駱明，或爲弄明，又像是一人。他們的本名上又各
有一個"白"字，又同以獸類爲名。則說他們出於一源，自近事
實。大荒北經叙犬戎世系之後，又說道：

　　　　有赤獸，馬狀無首，名曰"戎宣王尸"。

鯀是一頭"白馬"，戎宣王尸也是"馬狀"；鯀被"殛死"，戎宣王尸
也是"無首"；鯀尸化爲黃熊，戎宣王尸也是一頭赤獸，黃赤色近
（汲冢瑣語又記晉平公夢見赤熊窺屏，即左傳、國語所記夢見鯀
事，則鯀亦爲赤色，與戎宣王同）；是鯀即戎宣王也頗可能。大
荒北經又說：

> 有鯀攻程州之山。

"程州"或即"文王卒於畢郢"的"畢郢"；周書稱"周王宅程"（大匡解），史記正義引周書，"程"作"郢"，可證。此說如然，則程州地在西方，或是古九州之一（又今河南洛陽有古程國，程州或在此，其地亦近戎區）。鯀與九州戎族有關，此亦一證。又中山經說：

> 青要之山，實維帝之密都。北望河曲，是多駕鳥；南望墠堵，禹父之所化。

案：水經伊水注："墠堵水，水上承陸渾縣東墠堵，……即山海經所謂：'南望墠堵，禹父之所化。'"是鯀所化之處正在陸渾之戎區域之中。陸渾戎即九州戎的一支，見於左傳。

又鯀爲有崇伯，見周語（路史注引連山易也說"鯀封於崇"）；崇山即嵩山，詳王念孫讀書雜志四之二；嵩山也近九州之戎的區域。至鯀即共工，共工爲九州伯（鯀與九州的關係，無待詳說），見魯語、左傳；爲姜姓民族之祖，見周語。又禹稱"崇禹"，見逸周書世俘解；都陽城，見古本竹書紀年及世本（漢書地理志注引）；孟子也稱"禹避舜之子於陽城"（萬章篇）；漢書地理志又稱陽翟爲夏禹國；陽城、陽翟並在嵩山附近。禹又即后土句龍，句龍爲共工之子，姜姓之祖，能平九州。據上種種證據，鯀、禹傳說出於九州之戎，殆無可疑了！（又禹治鴻水的傳說中以"鑿龍門，闢伊闕"二事爲最著，龍門、伊闕亦在古九州區域中。）

五　鯀、禹與堯、舜的關係是如何來的

　　在金文、詩經、周書和山海經等書裏提到鯀、禹，只把他們同上帝説在一起，而没有把他們同堯、舜發生關係過。堯、舜這兩個人，在金文、詩、書裏甚至於不曾露過面，他們是怎樣來的，我們不能詳知（近人錢玄同、郭沫若、楊寬正諸先生都以爲堯、舜就是上帝，我們也相當的贊同）。但到了戰國時代，堯、舜的傳説已經大盛，於是那上帝部屬的鯀、禹便也漸漸變成堯、舜的部屬了。

　　最先將禹與堯、舜發生關係的書是論語。泰伯篇説：

　　　　子曰："巍巍乎舜、禹之有天下也而不與焉。"

堯曰篇説：

　　　　舜亦以命禹。

"不與"的"與"當解爲"堯以天下與舜，舜以天下與禹"的"與"（舊解以"不與"爲"不與求天下"，非是）。論語這兩章都是禪讓傳説下的産品，而禪讓傳説乃是墨子以後才盛行的（參看頡剛所著禪讓傳説起於墨家考。）所以這兩章必是墨子以後的文字，據近人的探究，論語這書到漢代才被編定（友人趙貞信先生持此説最堅，將有大部作品發表），裏面有晚出的材料，自是可能。關於堯曰篇的堯曰章，崔述已經勇猛地懷疑過，據我們的考定，這章也是戰國、秦、漢間的産品（説詳禪讓傳説起於墨家考），所以"舜亦以命禹"一語決不是春秋時的孔子所能説的。至於泰伯篇末幾章稱道堯、舜、禹的，近世中外學者也常常加以懷疑，他們的見解也是不錯的！據孟子滕文公篇：

> 以天下與人易，爲天下得人難。孔子曰："……君哉舜也，巍巍乎有天下而不與焉。"

所引孔子的話與論語同，而有舜無禹，可見這章文字在戰國時的本相。

其實禹與堯、舜在墨家的原始傳説裏還不曾發生關係，墨子尚賢上篇説：

> 古者堯舉舜於服澤之陽，授之政，天下平；禹舉益於陰方之中，授之政，九州成。

它提出了堯、舜和禹、益的關係，卻不曾提出舜、禹的關係來。我們知道墨家是主張尚賢説和禪讓説的，他們如知道有舜舉禹的故事，焉有不提的道理？再看論語，顏淵篇説：

> 舜有天下，選於衆，舉皋陶，不仁者遠矣。（案，這章也是墨家的話，但增入論語中似乎較早。）

可見舜所特舉的人是皋陶，並不是禹。如當時已有舜舉禹的傳説，他們也決沒有捨禹而言皋陶之理！孟子便説："堯以不得舜爲己憂，舜以不得禹、皋陶爲己憂。"在皋陶之上添出了禹了。

然則禹是誰舉的呢？據墨家説是天舉的。尚賢中篇説：

> 然則天之所使能者誰也？曰：若昔者禹、稷、皋陶是

也。何以知其然也？先王之書吕刑道之曰……

可見早期的墨家還承襲着吕刑上帝命三后的傳説。

天怎樣的舉禹呢？墨家説：

> 昔者有三苗大亂，天命殛之。……高陽乃命禹於玄宫，禹親把天之瑞令以征有苗。……禹既已克有三苗，焉歷爲山川，別物上下，鄉制四極，而神民不違，天下乃靜。（非攻下）

> 昔三苗大亂，天命殛之。天命夏禹於玄宫，……四方歸之。禹乃克三苗，而神民不違，闢土以王。（太平御覽等書引隨巢子）

兩文互勘，知道是天帝命禹去征伐有苗，禹打平了三苗，就平治水土，自立爲天子了。這是禹的受命説，也是淵源於吕刑的。

因爲禹征有苗是奉的天帝的命，而不是奉堯、舜的命，所以他的誓師詞是這樣：

> 禹曰："濟濟有衆，咸聽朕言：非惟小子敢行稱亂，蠢兹有苗，用天之罰。若予既率爾群封諸君以征有苗。"（兼愛下引禹誓）

看他這樣的獨斷獨行，稱天而治，與湯、武伐桀、紂的口氣完全一樣，哪裏有一毫人臣的氣息？

因爲禹的有天下也是受的上帝的命，而不是受的舜的禪讓，所以墨家又説：

> 昔者禹征有苗，湯伐桀，武王伐紂，此皆立爲聖王。

（非攻下）

可見禹是“征有苗”而“立爲聖王”的，與湯伐桀而有天下，武王伐
紂而有天下的程序一模一樣。因之他們又説：

> 昔者三代之聖王：禹、湯、文、武，百里之諸侯也，説
> 忠行義取天下。（魯問篇）

禹和湯、文、武一樣，都是以“百里諸侯”起家而取天下的。

堯、舜相代與舜、禹相代的程序不同，就是漢人的書裏也有
明證的。大戴禮記少間篇説：

> 昔虞舜以天德嗣堯。……舜崩，有禹代興；禹卒受命，
> 乃遷邑姚姓于陳。……禹崩，十有七世，乃有末孫桀即位；
> 桀不率先王之明德，……乃有商履代興，……成湯卒受天
> 命，……乃遷姒姓于杞。……

我們看：舜是嗣堯的，禹是在舜崩後代舜而興的，兩者的措辭不
同。禹遷姚姓于陳，湯遷姒姓于杞，舜卻不曾遷堯後于什麼地
方。可見禹的代舜與湯的代夏略同，和舜的繼堯的程序不合。這
正與墨家的話相應（本篇上文又説：“昔堯取人以狀，舜取人以
色，禹取人以言，湯取人以聲，文王取人以度，此四代五王之取
人以治天下如此。”以堯、舜、禹、湯、文王爲四代五王，可見少
間篇的作者乃以堯、舜爲一代，而以禹、湯、文王分屬三代，此
亦可證舜之繼堯與禹之代舜不同）。孔子三朝記（少間篇是孔子三
朝記中的一篇）中多有墨家的話，陳澧東塾讀書記已論之，此亦
一證。三朝記的另一篇誥志也説：

> 文王治以俟時，湯治以伐亂，禹治以移衆，衆服以立天下；堯貴以樂治，時舉舜；舜治以德，使力在國。……

這裏也提到堯舉舜，而不曾提舜舉禹的事。禹乃是因"衆服"而"立天下"的。——這也正與墨家的話相應。

舜、禹不曾發生直接的關係，這實在是較早的觀念，試看儒家記載古史的書國語也是這樣説：

> 伯禹念前之非度，釐改制量，象物天地。……帥象禹之功度之於軌儀，莫非嘉績，克厭帝心。皇天嘉之，祚以天下，賜姓曰"姒"，氏曰"有夏"，謂其能以嘉祉殷富生物也。（周語下）

它也以伯禹的爲天子是因爲他的功"克厭帝（上帝）心"，所以"皇天嘉之"，便"祚以天下"了。可見禹確不曾受舜的禪。這也正與墨家和吕刑的話相應。周語下文又説：

> 王……無亦鑒於黎、苗之王，下及夏、商之季。

可見黎、苗之王與夏、商之季君是同等的人物。湯、武伐夏、商而有天下，禹征有苗而有天下，三代的開創正是先後一律的！

今本墨子裏固然也説：

> 昔者堯有舜，舜有禹，禹有皋陶。……

把舜、禹和禹、皋陶發生了君臣的關係，與後代的話相近。但這話只見於尚賢下篇，墨子中凡有上、中、下篇的文字，中、下篇都較上、中篇爲晚出：下篇的文字常較中篇爲詳，中篇的文字又常較上篇爲詳(偶有中、下篇較上、中篇文字簡略的，乃出於脱文缺簡之故)，其附益的痕跡顯然，這點前人已有説過的了。何況這篇的下文又説：

> 日月之所照，舟車之所及，雨露之所漸，粒食之所養，得此莫不勸譽。

這類話正和秦始皇帝琅邪刻石，大戴禮記五帝德，小戴禮記中庸篇等語句一律，自出秦後了！(今本今文虞書也是很晚出的書，但裏面還只有禹爲舜臣的傳説而没有舜、禹禪讓的故事，可見舜、禹的關係確是逐漸添加成的。)

在墨家的原始傳説裏，非但禹與堯、舜不曾發生關係，就是鯀與堯、舜也是風馬牛不相及的。墨子尚賢中篇説：

> 昔者伯鯀，帝之元子，廢帝之德庸，既乃刑之于羽之郊，乃熱照無有及也，帝亦不愛。

這裏的"帝"也是上帝。據世本、帝繫等書，鯀是顓頊的兒子，顓頊號"高陽"，而高陽在墨子中正是天帝(見上)。鯀是天帝的兒子，廢天帝的德庸，被天帝所刑，他與堯、舜有什麽關係？(友人楊寬正先生以爲顓頊即堯，我們也相當的贊同，此處所云，不可拘泥文字看。)

鯀、禹與堯、舜的發生交涉是由於尚賢説和禪讓説的發展。尚賢説和禪讓説本是墨家因要適合時勢而提出的，並不是古代固有的思想和事實。但墨家雖主張尚賢、禪讓，他們卻只知道有堯、舜禪讓説，並不知道另有舜、禹禪讓的故事。等到禪讓説流傳既久，人們覺得單是堯、舜禪讓還不足資鼓吹，非使舜、禹也發生傳位的關係，不見古先聖王的心心相傳；於是舜、禹禪讓説便又應運而起了。

孟子是戰國中晚期的儒家大師，他深得墨家的三昧，善於創造古史；恰巧他有一個學生叫做萬章，偏偏專會懷疑古史，他常常想出了難題去窘難他的老師，有一次他又問他的老師道：

> 人有言：至於禹而德衰，不傳於賢而傳於子，有諸？

因爲湯、武征誅說阻住了禪讓說的發展，逼得禹不能傳賢，非傳於子不可，於是人們起了"禹德衰"的懷疑。萬章拿這個去質問孟子，確是一個難題；只因在儒家的觀念中，堯、舜、禹的道德是均等的，怎能使聖王的禹有"德衰"的嫌疑呢？這非解釋不可。幸虧孟子有本領，他立刻辯護説：

> 否，不然也！天與賢則與賢，天與子則與子。昔者舜薦禹於天，十有七年，舜崩，三年之喪畢，禹避舜之子於陽城，天下之民從之，若堯崩之後，不從堯之子而從舜也。禹薦益於天，七年，禹崩，三年之喪畢，益避禹之子於箕山之陰，朝覲訟獄者不之益而之啟，曰"吾君之子也"；謳歌者不謳歌益而謳歌啟，曰"吾君之子也"。丹朱之不肖，舜之子亦不肖；舜之相堯，禹之相舜也，歷年多，施澤於民久；啟賢，能敬承繼禹之道；益之相禹也，歷年少，施澤於民未久；舜、禹、益相去久遠，其子之賢、不肖，皆天也，非人之所能爲也。……匹夫而有天下者，德必若舜、禹，而又有天子薦之者。……孔子曰："唐、虞禪，夏后、殷、周繼，其義一也。"（萬章篇）

"傳賢"和"傳子"滿是天意，不是人力所能改變的。只因舜相堯，禹相舜的年歲長，對于百姓的關係深；而益相禹的年歲短，對于百姓的關係也淺；加之堯、舜的兒子都不肖，不足繼承天下；而禹的兒子偏偏賢能，足以繼禹；所以舜、禹能受堯、舜的禪讓，而益没分受禹的天下。這個回答是何等的巧妙！在這段話裏就出現了"舜薦禹於天"和"禹避舜之子"等故事；於是以"百里諸侯"起家，受天命征有苗而有天下的禹也就輕輕的改成了匹夫受天子的薦而有天下的禹了。（戰國策等書也説"禹無百人之聚以王諸侯"，禹非但失卻了百里的根據地，便連"百人之聚"的實力也不許他有了。）

　　自從禹與舜發生關係，於是鯀也就與舜打起交道來。國語晉語五説：

　　　　舜之刑也殛鯀，其舉也興禹。（左傳僖公三十三年文同，"刑"作"罪"。）

舜刑了有罪的鯀，卻舉了鯀的賢能的兒子禹，這是何等的大公無私（舜殛鯀興禹，又見於孟子、堯典等書）。但是就在國語和左傳的本書裏又有異説：

　　　　其在有虞，有崇伯鯀播其淫心，稱遂共工之過，堯用殛之於羽山。（周語下）
　　　　昔堯殛鯀于羽山。（左傳昭公七年）

它們又説鯀是堯殛的（堯殛鯀用禹又見於吕氏春秋等書）。鯀一個人如何會被堯、舜兩人所殛呢？太史公又替他們圓謊道：

　　　　驩兜進言共工……共工果淫辟；四嶽舉鯀治鴻水，……試之而無功；……三苗在江、淮、荆州數爲亂，於是舜歸而言於帝（堯），請流共工于幽陵，以變北狄；放驩兜于崇山，

以變南蠻；遷三苗于三危，以變西戎；殛鯀于羽山，以變東夷。四罪而天下咸服。（史記五帝本紀）

原來四凶都是舜言於堯而放殛的，這就調和了乖異的傳說，漢人的整齊古史的本領巧妙如此！

荀子成相篇說：

堯、舜尚賢身辭讓。……舜授禹以天下，尚得（德）推賢不失序，外不避仇，內不阿親，賢者予。禹勞心力堯有德，干戈不用三苗服。

“外不避仇”便是指的殛鯀而興禹；“內不阿親”便是指的舜不傳天下於商均而傳禹。在這裏禹又變成堯臣；“殛三苗”變成了“三苗服”，“征有苗”也變成了“干戈不用”了。（呂氏春秋等書均記舜格三苗的故事，孟子、堯典等書又記“舜竄三苗”，戰國策等書又記“舜伐三苗”；到了僞大禹謨出世，“禹征有苗”的故事竟由一舉成功而變成暫時失敗了。）

自從有了舜、禹禪讓說，立刻便風靡一世，如莊子、呂氏春秋、韓非子、戰國策等書均稱道舜、禹禪讓不絕。但韓非子中又有一種異說：

舜逼堯，禹逼舜，湯放桀，武王伐紂，此四王者，人臣弒其君者也，而天下譽之。（說疑篇）

禹曾“逼舜”、“弒君”，又是一個新發現。這與汲冢古文等書所記“舜放堯”、“囚堯”和“禹黜舜”等說，都是出於禪讓說的反應。

最後，還有一事，應得附帶討論，便是洪水和治水的傳說與堯、舜的發生關係。堯、舜傳說最初的出現與洪水和治水的故事

了無關涉；如墨子、論語等書所記，堯、舜只有"尚賢"一事最見
稱道，因堯、舜傳説本是以禪讓故事爲其核心的，與鯀、禹傳説
本以洪水和治水的故事爲其核心一般；兩者間原不相涉，所以墨
子引夏書道：

　　　　禹七年水。（七患篇）

可見洪水原是禹爲天子後的事，與堯、舜無關。墨家又説：

　　　　古者禹治天下，西爲西河漁竇，以泄渠孫皇之水，……
　　此言禹之事，吾今行兼矣。（兼愛上）

可見治水也原是"禹治天下"時的事，也與堯、舜無關。墨家又記
禹克了三苗之後，"爲歷爲山川，別物上下，鄉制四極，而神民
不違，天下乃靜"（非攻下）。"歷爲山川"等語便是指治水的事，
可見這等事確是發生於禹有天下之後的。

　　洪水和治水的事發生於禹爲天子以後，還有許多記載可作旁
證，如：

　　　　故禹十年水。（荀子富國篇）
　　　　禹立，勤勞天下，……通大川，決壅塞。……（呂氏春
　　秋古樂篇）
　　　　禹之王天下也，身執耒臿以爲民先。（韓非子五蠹篇）
　　　　禹之時，十年九潦。（莊子秋水篇）
　　　　禹五年水。（管子山權數篇）
　　　　夏人之王，……疏三江，鑿五湖。（同上輕重戊篇）
　　　　禹之時天下大雨。……禹遭洪水之患，陂塘之事，故朝
　　死而暮葬。（淮南子齊俗訓）

禹之時天下大水，……故節財薄葬閑服生焉。（同上要略篇）

這些話都與墨子書相證。此外如禹貢全篇詳載禹治水的事而不提堯、舜隻字；末云，"禹錫玄圭，告厥成功"，也是説禹向天帝告成功，天帝賜給禹玄圭。即此可見洪水和治水的故事，堯、舜原本無分，只因鯀、禹與他們發生了關係，所以洪水等傳説也便不得不與他們發生不可解的因緣了。

　　據上面的叙述，可得結論如下：

（一）鯀、禹頗有從天神變成偉人的可能。

（二）禹的神職是主領山川的社神。

（三）鯀、禹治水傳説的本相是填塞洪水，布放土地，造成山川；後來因戰國時勢的激盪，變成了築堤、疏導和隨山刊木等等。

（四）鯀、禹傳説的來源地是西方九州之戎的區域。

（五）鯀、禹本都是獨立的人物，因墨家的尚賢説和禪讓説的媒介，才與堯、舜等人發生關係。

以上五條結論，除第四條外，仍與古史辨第一册頡剛所著各文的結論大致相合；這並不是我們故意護前，實在是在現存的材料之下，用考證的方法去整理，不能不得到這樣的結果。

　　本章撰成以後，還有許多餘剩的材料，因較爲片段，没法寫成專節，只得揀重要的補叙於下：

　　（一）禹娶塗山女生啓的故事（塗山據錢賓四先生考證，即古九州區域中的三塗山）。楚辭天問説：

禹之力獻功，降省下土四方，焉得彼盍山女而通之於台桑？閔妃匹合，厥身是繼，胡爲嗜不同味而快鼂飽？

這是説禹治水時得到了一位<u>塗山女</u>，在台桑的地方結成夫婦。<u>呂氏春秋</u>音初篇也説：

> <u>禹</u>行功，見<u>塗山</u>之女，<u>禹</u>未之遇而巡省南土，<u>塗山氏</u>之女乃令其妾候<u>禹</u>于<u>塗山</u>之陽。女乃作歌，歌曰："候人兮猗！"實始作爲"南音"。<u>周公</u>及<u>召公</u>取風焉，以爲<u>周南</u>、<u>召南</u>。

<u>禹</u>因行功（治水）之便，去見<u>塗山女</u>，不曾"遇"着，便去巡省南土。<u>塗山氏</u>之女也很想"遇"<u>禹</u>，就派她的妾到<u>塗山</u>之陽去等候<u>禹</u>，並作歌以見意，想引誘了<u>禹</u>來。這首歌便是"南音"之始。"南音"又是周南、召南的娘家。足見"關雎樂而不淫"原來是<u>塗山氏</u>的遺德。<u>吳越春秋</u>記：

> <u>禹</u>三十未娶，行到<u>塗山</u>，恐時之暮，失其度制，乃辭云："吾娶也，必有應矣！"乃有白狐九尾造於<u>禹</u>。<u>禹</u>曰："白者，吾之服也；其九尾者，王之證也。"<u>塗山</u>之歌曰："綏綏白狐，九尾庞庞，我家嘉夷，來賓爲王，成家成室，我造彼昌，天人之際，於兹則行，明矣哉！"<u>禹</u>因娶<u>塗山</u>，謂之<u>女嬌</u>。（越王無余外傳）

<u>禹</u>行到<u>塗山</u>，因年已長，心想娶妻，便有一頭九尾白狐來到他的面前，<u>禹</u>認是自己的當王之徵，就娶了一位<u>塗山氏</u>女爲妻。這個故事當是東方民族的神話。考<u>山海經</u>載：

> <u>青丘國</u>在其（朝陽）北，其狐四足九尾。一曰在<u>朝陽</u>北。（海外東經）
> 有<u>青丘</u>之國，有狐九尾。（大荒東經）

是九尾狐產生於東方的青丘國。案呂氏春秋求人篇云："禹東至
鳥谷、青丘之鄉。"則青丘確是東方的國。逸周書王會解亦云：
"青丘狐九尾。"注："青丘，東海地名。"（山海經南山經亦云："又
東三百里，曰青丘之山……有獸焉，其狀如狐而九尾。"郭注：
"即九尾狐。"此青丘仍在東方也。）又案詩齊風南山篇云：

> 南山崔崔，雄狐綏綏，魯道有蕩，齊子由歸，既曰歸
> 止，曷又懷止？

鄭玄箋："雄狐行求匹耦於南山之上，形貌綏綏然。"這也可證男
女匹合的事東方人常以狐獸作比。至於東方的神話怎會混入西方
傳說中人物禹的故事中呢？關於這點，我們以為是越祖杼的故事
的傳訛。考海外東經注引汲郡竹書云：

> 伯杼子征於東海及三壽，得一狐九尾。

禹遇九尾白狐的故事既見於記載吳、越神話的書，越祖杼又有得
九尾狐的傳說，則我們的假定似還可以成立。吳越春秋記禹娶塗
山女後又載：

> 取辛壬癸甲，禹行。十月，女嬌生子啟；啟生不見父，
> 晝夕呱呱啼泣。

案：皋陶謨稱："（禹）娶于塗山，辛壬癸甲，啟呱呱而泣，予
（禹）弗子。"蓋即吳越春秋所本。這個故事之詳已不甚可知了。逸
周書世俘解載：

> 籥人奏崇禹生開，三終，王定。

"開"即是"啟","崇禹生開"既成了樂名，定是古代的一件大故事。考繹史十二引隨巢子載禹娶了塗山女之後，有一次因：

> 治鴻水，通轘轅山，化爲熊。塗山氏見之，慚而去，至嵩高山下，化爲石。禹曰："歸我子！"石破北方而生啟。

禹因治鴻水想打通轘轅山，搖身一變，化成了一頭熊。不巧恰被他的太太塗山氏看見，她慚愧得趕快逃走，到了嵩高山下，也搖身一變，化成了一塊石頭。禹追上去向她要兒子，石頭忽然自己破裂了北方，從裏面掉出一個啟來，這就是所謂"啟生於石"的故事。後來漢武帝行到嵩山，也曾親眼看見夏后啟母石。案淮南子脩務訓稱：

> 禹生於石。

注云："禹母脩己感石而生禹，折胸而出。"禹、啟父子之生都與石發生關係。真也是一件奇巧的事：這大約本是社神的傳說罷（據近人考究，古以石爲社）？（關於塗山女的故事，請參看路史裏的夏史一章。）

（二）禹鑄九鼎的故事。這件故事始見於史記，封禪書記漢武帝得了寶鼎之後，有司議道：

> 聞昔泰帝興神鼎一，一者，壹統；天地萬物所繫終也。黃帝作寶鼎三，象天、地、人。禹收九牧之金，鑄九鼎。皆嘗亨鬺上帝鬼神。遭聖則興。……（孝武本紀文同）

泰帝造了一個鼎，黃帝造了三個，禹又鑄了九個，他們三倍三倍的增加。但是禹鑄九鼎的傳說不見於先秦書：我們看左傳，只知

道九鼎是夏方有德時造的（宣三年），没有作者的主名。看墨子，
又知道九鼎是啟造的（貴義篇），則先秦時似無禹鑄鼎之説。考孟
子盡心篇記：

> 高子曰："禹之聲，尚文王之聲。"孟子曰："何以言之？"
> 曰："以追蠡。"曰："是奚足哉！城門之軌，兩馬之力與？"

趙岐注："禹時鐘在者追蠡也。追，鐘鈕也；……蠡，欲絶之貌
也。文王之鐘不然，以禹爲尚樂也。"據此，戰國時有傳説的禹的
樂器存在。管子山權數篇記：

> 禹五年水，……禹以歷山之金鑄幣，而贖民之無糧賣
> 子者。

據此，禹曾取歷山的銅鑄造貨幣。在先秦時的傳説（雖然管子時
代或許更晚），禹有鐘有幣，就是没有鼎。

此外如堯、舜、禹的道統説，以及禹的"節用"、"薄葬"等等
美德，都出於儒、墨等學派的宣傳。儒、墨們的主張怎樣，禹也
便怎樣。這類傳説既多且碎，一時不勝考據，我們只得留俟研究
儒、墨等學説時再討論了。

又本章所述鯀、禹的傳説，大致都是史記以前的材料，除隨
文提及者外，其餘晚出的材料都歸"僞古文尚書裏的夏史"及"路
史裏的夏史"等章中討論之。

夏史三論[*]

——夏史考第五、六、七章

　　十三年前，我們在努力週報附刊的讀書雜志上討論古史，文中的中心問題爲禹的是人是神？禹和夏有没有關係？討論的結果固然對於這兩個問題仍不能得到結論，但對於商以前的歷史從此知道其中傳説的成分極多，史實的成分極少，這便是我們工作的相當收穫。這數年來，人家還只記得我在第一篇文字中所説的禹爲蟲，我屢次聲明，這是我早已放棄了的假設；至于所以放棄的理由，乃爲材料的不足，我們不該用了戰國以下的記載來决定商、周以前的史實。至于用了戰國以下的記載來决定戰國以下的某種傳説的演變，這依然是該做的工作，我們决不該放棄這時代的責任。

　　民國十八年，燕京大學國文學會爲編輯睿湖期刊向我徵文，我答應做的文字是"啟和太康"，因爲我久覺得啟這個人，除了儒家的經典以外都是説他不好的，自從孟子説了"啟賢，能敬承繼禹之道"，又造出朝覲訟獄謳歌的人不到益那邊去而到啟這邊來的故事，啟纔變作一個好人，而他的不好的行爲全送給太康收受了。至于太康，是本來没有這個人的，乃是啟的分化。這文寫了數千字，别的事忙，擱了下來；哪知一擱便是五個年頭。去年童

---

　　* 與童書業合作。原載史學年報第二卷第三期，1936 年 11 月；又載古史辨第七册。

丕繩先生來平，我檢出舊稿給他看，他很以爲不謬，且説他也早有這樣的感覺。我説：“這好極了，就請你替我完了篇罷！”不料他一動筆就是數萬言，我説：“這更好了。夏代史本來只是傳説的堆積，是我們的力量足以駕馭的材料，不如索性做一部夏史考罷！”他爲了這件事情，到今足足忙了半年，尚未完工。今值史學年報徵文，便將屬稿略定的三章——啟和五觀與三康、羿的故事、少康中興辨——鈔出付刊。其中少康中興一項，康長素先生説是劉歆所造，固然不對，但總是後人竄入左傳及史記的。今經童先生詳加考證，使我們可以確實承認這是光武中興的倒影，多年蓄疑，一旦大明。豈非極痛快的一件事！

　　近來曾有人對我説：“你們再不要考古史了，給你們一考什麽都没有了！”料想這文發表，又要使他們難過一回。我們除了抱歉之外，再有什麽話説！好在夏代都邑在傳説中不在少數，奉勸諸君，還是到這些遺址中做發掘的工作，檢出真實的證據給我們瞧罷！若是你們所有的也是書本上的材料，而且是戰國以下書本上的材料，那麽除了用這樣方法整理之外是没有更適當的方法了。除非你們説歷史的目的不在求真而在求美，纔可保留着這些有趣味的故事給人們欣賞去。慚愧我們不是藝術家，我們不肩着這項任務，只得請諸君原諒了！

　　夏史考凡分十章，目錄如下：

　　首、夏史演變表

　　一、緒言

　　二、夏民族的實際的推測（夏與杞、鄫、越的關係附考）

　　三、桀的故事（相、杼、孔甲等附考）

　　四、鯀禹的傳説

　　五、啟和五觀與三康

　　六、羿的故事

七、少康中興辨

八、僞古文尚書裏的夏史（汲冢古文附辨）

九、路史裏的夏史

十、今本竹書紀年裏的夏史

　　附録一、夏都邑考

　　附録二、夏時考（夏年附考）

　　附録三、韶樂考

　　附録四、史記吳世家疏證

大約在這一年之內可以寫畢。

　　本篇從第五章登起，對於讀者似乎覺得突兀，所以現在就把第四章鯀禹的傳説裏與下聯接的一部分的大意略述如下：

　　尚書裏説"陟禹之迹"（立政），詩經裏説"設都于禹之績"（殷武），逸周書商誓篇裏説"登禹之績"，秦公殷裏説"鼏宅禹蹟"，齊侯鐘裏説"處禹之堵"，這些話都與詩經的"在帝左右"（文王），秦公殷的"在帝之坏"等語意相同，可見帝是天神而禹是地神。地神就是社神，亦稱后土，所以淮南子和史記中都有禹爲社神的記載。尚書中説到商能舉出它的先祖（如無逸、君奭）和亡國之君，説到夏則只能舉出一個亡國之君桀，對於夏的開國帝王，他們彷彿不知道似的。尤其是立政，説"古之人迪惟有夏，乃有室大競，籲俊尊上帝，……"對于夏的先世叙述得何等渺茫；然而底下又説"陟禹之迹"，足見禹與夏是毫無關係的。直到墨子，才把禹與夏正式發生了關係。

　　墨子説上帝罰親而不善的人，舉鯀爲例，因爲他説鯀是上帝的元子，有最親密的關係。墨子又説上帝賞賢能的人，舉禹爲例（均尚賢篇）。然而墨子是反對殺其父而賞其子的辦法的（見魯問篇），即此可證到墨子時尚不以鯀與禹爲父子。又戰國以前的書説到禹的很多，但從没有聯帶説鯀的（洪範是戰國末年的作品），也可作爲鯀非禹父的旁證。後來殛鯀興禹的上帝變成了堯、舜，那時人對於堯、舜的要求是大公無私，所以國語和左傳等書中就有了鯀爲禹父的説法。（孟子恐尚無鯀爲禹父的觀念。）

所以，我們可以説：禹與夏發生關係在前，鯀與夏發生關係在後。自禹和夏發生關係之後，禹纔與啟發生了父子的關係。再合上原有的幾個夏代之王，夏代史算有頭有尾了。（桀是在古書中最早出現的夏代之王。相大約是商祖相土的分化，他原是個"四征不庭"的賢君。杼的來源雖不可確知，但似與越民族有相當的關係；在國語裏看，杼是夏的一個中興之主，同商族的上甲微，周族的高圉、太王差不多。孔甲大約是商王祖甲的分化，關於他的故事，大部分是西漢人所造。至於皋、不降等，我們差不多只知道一個名字而已，他們是不是真正的夏王，已不可知了。）

二十五年六月四日，顧頡剛記。

第五章　啟和五觀與三康

自從禹、鯀同夏先後發生了關係，夏代史的首頁已經粲然可稽了，但是光有了腦袋和尾巴而缺着中間一段，這一部夏史仍舊是寫不成的；於是勇於作僞的戰國、秦、漢間的歷史家就繼起完成他們的工作。從戰國到西漢末出來的重要的夏代史説，現在大略敘述如下：

墨子非樂篇説：

　　於武觀曰："啟乃淫溢康樂，野于飲食，將將銘莧磬以力，湛濁于酒，渝食于野，萬舞翼翼，章聞于大（天），天用弗式。"故上者天鬼弗戒(式)，下者萬民弗利。

這一段話是墨家的尚書，武觀是尚書的篇名。在這篇書裏，禹的兒子啟是一個淫溢康樂的壞人，他既好樂又好酒，簡直是夏初的桀、紂；他爲天所弗式，當然没有什麽好結果。墨家拿啟來做一個"非樂"的箭垜，他們是有些根據的。查山海經海外西經説：

　　　　大樂之野，夏后啟于此儛九代，乘兩龍，雲蓋三層，左手操翳，右手探環，佩玉璜，在大運山北。一曰大遺之野。

大荒西經説：

　　　　有人珥兩青蛇，乘兩龍，名曰夏后開：開上三嬪(賓)于天，得九辯與九歌以下，此天穆之野高二千仞，開焉(焉猶於此也)得始歌九招。

郭注引開筮道："昔彼九冥，是與帝辯，同宮之序，是謂九歌。"又道："不得竊辯與九歌以國于下。"這些都是比較近於原始的神話。海外西經的"九代"就是大荒西經的"九招"的異文(郝懿行云："淮南齊俗訓云：'夏后氏其樂夏籥九成。'疑'九代'本作'九成'，今本傳寫形近而譌也。"案皋陶謨也有"簫韶九成"的話)，"九招"也就是"九韶"。路史注引古本竹書紀年云："啟登后九年，舞九韶。"九韶就是九辯、九歌的後身，本是天帝的樂，是啟上天竊下來的，並不是舜所作(參看本考附錄韶樂考)。郭注又引歸藏鄭母經道："夏后啟筮御飛龍登于天，吉！"啟會乘龍上天，自然是個神性的人物；他的傳説特别與音樂有關，或許原來是個樂神。墨家借了這個樂神來做"非樂"的箭垜，並替他添上了一件酗酒的罪名，好在酒與樂本來是聯帶的(墨家所謂"樂"是廣義的，酒也是

“樂”的一種）。

楚辭天問説：

　　啓棘賓商，九辯、九歌，何勤子屠母而死分竟地？

“棘”，郝懿行讀爲“亟”。“商”，朱熹讀爲“帝”。“啓亟賓帝，九辯、九歌”，就是説他三度賓于天帝，得到九辯、九歌的事。“勤子”的意義不可詳。“屠母”簡直是説他殺了母親。隨巢子説啓母塗山氏化爲石，石破北方而生啓（繹史引），“屠母”之説恐怕即從這個神話變出來的。“竟”，張惠言讀爲“境”。“死分境地”是説啓死後，境地便分裂了。這是墨子“天用弗式”一語的注腳。

離騷説：

　　啓九辯與九歌兮，夏康娱以自縱，不顧難以圖後兮，五子用失乎家巷。

舊解都以太康釋“夏康”，戴震以爲“康娱”是一辭，王引之讀“夏”爲下，解前兩句爲啓竊九辯、九歌於天，因以康娱自縱於下。案戴、王之説近是：離騷下文還有“日康娱而自忘”，“日康娱以淫游”的話，可見“康娱”確是一辭；“康娱自縱”就是墨子所謂“淫溢康樂”，是説啓的事。但是我們覺得“夏”字似不必破字讀，離騷下文還有“湯、禹儼而祗敬兮，周論道而莫差”的話，“周”指周家的文、武，則“夏”字解爲夏家指啓就得；王氏過於求通，反失去周、秦以及漢人的語法了。“五子用失乎家巷”，似乎就是天問所説“死分境地”的事。揚雄宗正卿箴説：

　　巍巍帝堯，欽親九族，經哲宗伯，禮有攸訓，屬有攸籍，各有育子，世以不錯。昔在夏時，少康不恭，有仍二女，五子家降；晉獻悖統，宋宣亂序，齊桓不胤，而忘其宗緒；周讒戎女，魯喜子同，高作秦祟，而扶蘇被凶；宗廟荒墟，魂靈靡附：伯臣司宗，敢告執主！（岱南閣叢書重刊宋淳熙本古文苑）

“少康”，初學記文同。章樵注本古文苑作“太康”，章本前人譏其“移易篇第，增竄文句，復非舊觀”（岱南閣叢書本古文苑顧廣圻序）；太康無誤少康之理，且有仍二女與有虞二姚分明是一傳說的分化，大約宗正卿箴原文確作“少康”；“太康”之文是章樵所妄改。少康實在就是啟的分化，“啟”、“開”古音同，“開”、“康”雙聲；少康原名當作康，少康是與啟分開後的名字（太康也是啟的化身，參看後記）。“不恭”就是“康娛自縱”與“淫溢康樂”，“五子家降”就是“五子用失乎家巷”之變；宗正卿箴的話從離騷來。王引之說：

“五子用失乎家巷”，“失”字因王注而衍；注內“失國，失尊位”，乃釋“家巷”二字之義，非以文中有“失”字而解之也。“五子用乎家巷”者，“用乎”之文與“用夫”、“用之”同，……若云“五子用失乎家巷”，則是所失者家巷矣，注何得云“兄弟五人家居閭巷失尊位”乎？……揚雄宗正箴曰“……五子家降”，“降”與“巷”古同聲而通用，亦足證“家巷”之文爲實義，而“用乎”之文爲語詞也。“巷”讀孟子“鄒與魯鬨”之“鬨”，劉熙曰：“鬨，構也，構兵以鬭也”；五子作亂，故云“家鬨”；家猶內也，若詩云“蟊賊內訌”矣。“鬨”字亦作“鬨”，呂氏春秋慎行篇：“崔杼之子相與私鬨”，高誘曰：“鬨，鬭也”：“私鬨”猶言“家鬨”。“鬨”之爲“鬨”，猶“鬨”之爲“巷”也（自注：“鬨”之通作“巷”，猶“巷”之通作“鬨”；法言學行篇：“一鬨之市”，“鬨”即“巷”字）。宗正箴作“五子家降”，“降”

亦"閩"也；呂氏春秋察微篇："楚卑梁公舉兵攻吳之邊邑，吳王怒，使人舉兵侵楚之邊邑，吳、楚以此大隆。""大隆"謂大鬭也，"隆"與"降"通（自注：書大傳"隆谷"，鄭注曰："'隆'讀如'麗降'之降。"荀子天論篇"隆禮尊賢而王"，韓詩外傳"隆"作"降"。齊策"歲八月降雨下"，風俗通義祀典篇"降"作"隆"。是"隆"與"降"通也。……）。（讀書雜志餘編下）

王氏讀離騷"五子用失乎家巷"爲"五子用乎家閧"，雖未必是（古注不可膠執），但解宗正箴"五子家降"之義則頗正確。左傳僖公十七年載：

> 齊侯（桓公）之夫人三：王姬、徐嬴、蔡姬，皆無子。齊侯好內，多內寵，內嬖如夫人者六人：長衛姬生武孟，少衛姬生惠公，鄭姬生孝公，葛嬴生昭公，密姬生懿公，宋華子生公子雍。公與管仲屬孝公於宋襄公，以爲大子。雍巫有寵於衛共姬，因寺人貂以薦羞於公，亦有寵，公許之立武孟。管仲卒，五公子皆求立。冬，十月，乙亥，齊桓公卒；易牙（雍巫）與寺人貂因內寵以殺群吏，而立公子無虧（武孟）。孝公奔宋。……

在這件故事裏：齊桓公小白就是少康的前身，長衛姬、少衛姬們就是有仍二女的前身（有仍二女疑又從晉獻公的驪戎二女來，左傳夏桀爲仍之會，韓非子作爲戎之會。張超誚青衣賦云："晉獲驪戎，斃懷恭子；有夏取仍，覆宗絕祀"；亦以此二事並言。僞古文尚書五子之歌襲此文末一句），武孟們就是五子的前身，"五公子爭立"也就是"五子家降"傳說的前身（後漢書后紀云："齊桓有如夫人者六人……終於五子作亂"）。本箴明明拿晉獻、齊桓來比少康，這很足把少康故事固有的性質啟示我們，知道他也沒有好結果的。五子家閧的事又見於逸周書，嘗麥篇說：

> 其在啟（原作"殷"，朱右曾等俱謂其譌，當作"啟"）之五子，忘伯禹之命，假（假，因也）國無正，用胥興作亂，遂凶厥國。皇天哀禹，賜以彭壽，思正夏略。

"胥興作亂"豈不就是"家閧"，五子到底是啟的兒子，這證明了離騷的夏和宗正箴的少康或太康就是啟了。五子家閧的結果是凶了厥國的，幸虧皇天哀念禹的功勞，賜給夏朝一個撥亂反正的人物彭壽，才把這場禍事補救轉來。在這裏，中興夏朝的人是彭壽（逸周書這段話是周王對宗掫大正說的，也是一篇宗正箴，彭壽大概是夏朝的宗正）。

五子在儒家的傳說裏也叫做"五觀"，國語楚語說：

> 堯有丹朱，舜有商均，啟有五觀，湯有太甲，文王有管、蔡：是五王者皆有元德也，而有姦子。

五觀就是墨子裏的"武觀"，"武""五"音近通假。五子是啟的兒子，五觀也是啟的兒子；五子是作亂之徒，五觀也是姦子：五觀自然就是五子的異名了。在這裏，啟有五觀與堯有丹朱，舜有商均一樣，啟是有元德的賢王，五觀是要不得的姦子。韓非子說疑篇也說：

> 其在記曰："堯有丹朱而舜有商均，啟有五觀，商有太甲，武王有管、蔡"，五王之所誅者皆父子兄弟之親也。

可見五觀是被啟誅了的。左傳昭公元年記：

　　　虞有三苗，夏有觀、扈，商有姺、邳，周有徐、奄。

“扈”、“五”音近，“五觀”當就是“觀、扈”的倒文（楚語“啟有五觀”，韋注云：“傳曰：‘夏有觀、扈’”）。觀、扈與三苗、姺、邳、徐、奄同舉，本是夏的兩個敵國。漢書地理志東郡有畔觀縣，應劭曰：“夏有觀、扈，世祖更名衛國。”後漢書郡國志説：

　　　衛……本觀故國，姚姓。

逸周書史記解説：

　　　弱小在彊大之間，存亡將由之，則無天命矣；不知命者死：有夏之方興也，扈氏弱而不恭，身死國亡。

觀是姚姓的國，扈是有夏方興時的一個不恭的國，與夏都無親族的關係。古本竹書紀年説：

　　　啟征西河。（北堂書鈔引）

西河是衛地（參看錢賓四先生子夏居西河考，禹貢半月刊第三卷第二期，又先秦諸子繫年考辨卷二三九），所謂“征西河”當即指征觀國。呂氏春秋先己篇説：

　　　夏后伯啟（原作“夏后相”，據注及御覽引文改）與有扈戰於甘澤而不勝，六卿請復之，夏后伯啟曰：“不可！吾地不淺，吾民不寡，戰而不勝，是吾德薄而教不善也。”於是乎處不重席，食不貳味，琴瑟不張，鐘鼓不修，子女不飭，親親長長，尊賢使能，期年而有扈氏服。

史記夏本紀録甘誓之文也説：

> 有扈氏不服，啟伐之，大戰于甘。將戰，【作甘誓】（三字後人竄入），乃召六卿申之。啟（今書作“王”）曰：“嗟，六事之人，予誓告汝：有扈氏威侮五行，怠棄三正，天用剿絶其命，今予維共行天之罰。左不攻于左，右不攻于右，女不共命；御非其馬之政，女不共命。用命賞于祖，不用命僇于社，予則帑僇汝。”遂滅有扈氏，天下咸朝。

書甘誓序也説：

> 啟與有扈戰于甘之野，作甘誓。

啟有伐觀伐扈的事，又有誅五觀的事，可見這兩種傳説必有關係，但不知其孰先孰後？漢代又有有扈爲夏的同姓，啟的庶兄的説法；世本説：

> 有扈與夏同姓。（書正義引）

史記夏本紀也以有扈氏爲禹後。淮南子齊俗訓説：

> 昔有扈氏爲義而亡，知義而不知宜也。

注：

> 有扈，夏啟之庶兄也；以堯、舜舉賢，禹獨與子，故伐啟。啟亡之。

馮衍顯志賦説："訊夏啟於甘澤兮，悼帝典之始傾。"於是"威侮五行，怠棄三正"的有扈氏變成了"爲義而亡"的有扈氏；啟伐敵國也變成了啟殺庶兄了。但在墨子裏伐有扈的是禹，明鬼篇引甘誓作禹誓；莊子人間世篇也説："禹攻有扈"；呂氏春秋召類篇並説："禹攻曹魏、屈驁、有扈，以行其教"；説苑政理篇更説："昔禹與有扈氏戰，三陳而不服，禹於是修教，一年而有扈氏請服"（這分明就是呂氏春秋所記啟的事）。究竟伐有扈的是禹是啟，可惜我們不能起古人於地下而問之了。

　　啟在儒家以外的傳説裏，不但是個淫昏之主，就是他的得位也是不正當的。天問説：

　　　　啟代益作后，卒然離蠥，何啟惟憂而能拘是達，皆歸躲籬而無害厥躬？

王逸云："離，遭也；蠥，憂也。"朱熹云："王逸以益失位爲離蠥，固非文義，補（案指洪興祖補注）以有扈不服爲離蠥，文義粗通，然亦未安。或恐當時傳聞別有事實也。史記燕人説禹崩，益行天子事，而啟率其徒攻益奪之；汲冢書至云益爲啟所殺；是則豈不敢謂益既失位而復有陰謀，爲啟之蠥，啟能憂之而遂殺益爲能達其拘乎？"（楚辭辨證）案朱説近是！戰國策燕策説：

　　　　禹授益而以啟爲吏，及老而以啟爲不足任天下，傳之益也。啟與支黨攻益而奪之天下（韓非子外儲説右、史記燕世家文略同）。

漢書律曆志載張壽王的話也道：

　　　　化益爲天子，代禹。

這是説益已受禹的天下，而又被啟所奪；便是天問“啟代益作后”一語的注腳。古本竹書紀年説：

　　　　益干啟位，啟殺之。（晉書束晳傳）

這是説啟已做了天子，益還想把這個位搶歸自己，於是爲啟所殺；便是天問“啟……卒然離蠥，何啟惟憂而能拘是達”諸語的注腳。王夫之云：“拘，囚禁也；達，逸出興師也。”劉盼遂先生讀“惟”爲“罹”。説並近是！

　　啟是被禹認爲不足任天下的，他與益又都有奪位自立的嫌疑，他做了天子以後又有“淫溢康樂”的昏德，他是一個怎樣不賢的人物！他是禹的一個怎樣不肖的兒子！

　　但是禹的這個不肖子到了儒家的學説裏卻變成了一個克家的令子了：戰國的儒家大師孟軻有一個善疑而好問的學生叫做萬章，他有一次問他的老師道：“有人説，從堯、舜傳到禹道德便衰落了，所以他不把天下傳給賢人而傳給自己的兒子了，是有這件事嗎？”孟軻答他説：“不對，話不是這樣説的！要知道傳賢與傳子都要聽老天爺的意思，天如要把天下給賢人，做天子的也只能把這位子傳給賢人；反過來説：天如要把天下給予這位天子的兒子，做天子的也只能把這位子傳給兒子了。堯、舜的傳賢和禹的傳子並不關于道德的高下，只是天意的變遷而已。”何以見得是天意的變遷呢？他接説道：

　　　　昔者舜薦禹於天，十有七年，舜崩，三年之喪畢，禹避舜之子於陽城，天下之民從之若堯崩之後不從堯之子而從舜也。禹薦益於天，七年，禹崩，三年之喪畢，益避禹之子於箕山之陰，朝覲訟獄者不之益而之啟，曰：“吾君之子也！”謳歌者不謳歌益而謳歌啟，曰：“吾君之子也！”

禹相舜有十七年之久，同舜相堯的年歲差不多；舜崩之後，天下的臣民都歸附禹而不歸附舜子，也同堯崩之後不歸附堯子而歸附舜一樣；這可見天意是要"與賢"了。益相禹只有七年；禹崩之後，天下的臣民都歸附禹子啓而不歸附益；這可見天意是要"與子"了。與賢和與子都不是堯、舜、禹的私意，只是天意罷了。所以他老先生終於説：

> 丹朱之不肖，舜之子亦不肖。舜之相堯，禹之相舜也，歷年多，施澤於民久；啓賢，能敬承繼禹之道。益之相禹也，歷年少，施澤於民未久。舜、禹、益相去久遠，其子之賢不肖，皆天也，非人之所能爲也。莫之爲而爲者，天也；莫之致而至者，命也。

因爲堯子丹朱同舜子都是壞人，舜相堯和禹相舜又都長久，對于人民的關係也深，所以堯、舜崩後天下之民歸附舜、禹而不歸附堯、舜之子。禹子啓乃是好人，益相禹的時間又短，和人民的關係也淺，所以禹死之後天下之民便歸附禹子而不歸附益了。這舜、禹、益爲相年歲的長短，和丹朱、舜子與啓的好壞滿是天意，不是人力所能改變的。所以並不是堯、舜因德盛而傳賢，到禹因德衰便傳子了。

在這段話裏，我們可以看出儒家因爲要維持堯、舜、禹道德均等的原則，只得把益、啓都説成了賢人。啓並非"不足任天下"，他是"能敬承繼禹之道"的；他也沒有奪益的位，他的爲天子是由於臣民的擁戴，同舜、禹一樣的。益也並沒有"干啓位"的事，他在禹崩之後肯避到箕山之陰去，讓啓安安穩穩的繼承了天子之位。啓固然是禹的肖子，益也不失其大賢的資格。一場征誅的慘劇變成了揖讓，我們真不能不佩服儒家改造古史的聰明的手段！

到了漢代，儒家的古史説統一了人們的信仰，於是史記上就記着道：

> 帝禹立，而舉皋陶薦之，且授政焉。而皋陶卒，封皋陶之後於英、六，或在許；而后舉益任之政。十年，帝禹東巡狩，至于會稽而崩，以天下授益。三年之喪畢，益讓帝禹之子啟而辟居箕山之陽。禹子啟賢，天下屬意焉。及禹崩，雖授益，益之佐禹日淺，天下未治，故諸侯皆去益而朝啟，曰："吾君，帝禹之子也！"於是啟遂即天子之位，是爲夏后帝啟。（夏本紀）

這段話自然全是鈔的孟子，不過添出了禹薦皋陶的一件事，這件事是到漢代才發生的，説見本考上章。此外十年禹崩與孟子七年之數不合，箕山之陽與箕山之陰不同；"以天下授益"的話也是孟子所没有的，當是本於他家之説（如戰國策所言）。其餘便没有和孟子不同的了。自此以後，益讓啟，天下歸啟的説法便成爲世人所公認的夏代史，大家看見了反儒家的益干啟位，啟殺益等話，就無不認爲異端邪説了。

啟的兒子，我們在先秦的書上只看見五觀，在史記裏我們才知道又有太康、中康（仲康）。夏本紀記啟以後杼（予）以前的世系是：

> 夏后帝啟崩，子帝太康立。……
> 太康崩，弟中康立，是爲帝中康。……
> 中康崩，子帝相立。
> 帝相崩，子帝少康立。
> 帝少康崩，子帝予立。

太康、中康、少康，我們叫他們作"三康"。這三康的名字和世系是有疑問的，首先提出這個疑問的人是崔述，他道：

> 禹之後嗣見於傳記者，曰啟，曰相，曰杼，曰臯，皆其名也。上古質樸，故皆以名著，無可異者。惟太康、少康則不似名而似號，不知二后何故獨以號顯？且太康失國，少康中興，賢否不同，世代亦隔，又不知何以同稱爲"康"也？仲康見於史記，當亦不誣，何故亦沿"康"號，而以"仲"別之？（夏考信錄卷二）

要解答這個疑問，我們首先應該知道"康"字的意義。"康"這一個字在古書裏有好壞兩面的意思。好的"康"字如：書盤庚"惟喜康共"，洪範"平康正直"，康誥"用康乃心"，詩周頌"文王康之"等都是。這個"康"字是安穩平正的意思。壞的"康"字如：書盤庚"無傲從康"，康誥"無康好逸豫"，詩唐風"無已太康"，周頌"成王不敢康"，和墨子"啟乃淫溢康樂"，楚辭"夏康娛以自縱"，"日康娛而自忘"，"日康娛以淫游"等都是。這個"康"字是淫樂的意思。周康王致治謚"康"，是好的"康"字；齊康公好樂謚"康"，宋康王傲慢謚"康"，便屬於壞的"康"字了。太康、仲康、少康在名字上是連接的，要好便全好，要壞也便全壞，他們都是啟的後人，他們的號"康"恐怕是紹述祖德罷？大概三康本都是"淫溢康樂"的腳色，所以都以"康"號顯，如象的號"傲"（見帝繫）一般。書序説：

> 太康失邦，昆弟五人須于洛汭，作五子之歌。

這五子就是啟的五子——五觀，太康兄弟五人（注意這個"兄"字）就是五子，王符潛夫論説：

　　啟子<u>太康</u>、<u>仲康</u>更立，兄弟五人皆有昏德，不堪帝事，
降須<u>洛汭</u>，是謂<u>五觀</u>。（<u>五德志</u>）

<u>仲康</u>也是<u>五觀</u>之一。<u>太康</u>、<u>仲康</u>兄弟五人皆有昏德，自然都是
"淫溢康樂"的腳色了。他們不堪帝事，降須<u>洛汭</u>，因爲<u>洛汭</u>是觀
地（<u>國語韋注</u>："觀，<u>洛汭</u>之地"；這大概是<u>漢</u>僞古文家的說法。
但<u>水經</u>："<u>淇水</u>屈逕<u>頓邱縣</u>故城西"，注："古文尚書以爲觀地矣，
蓋<u>太康</u>弟五君之號曰<u>五觀</u>者也"。這條注很是可疑，恐是<u>晉</u>僞古
文一派的話），所以他們叫做<u>五觀</u>，同<u>周汾王</u>、<u>晉鄂侯</u>等的例相
類。<u>王逸楚辭章句</u>說：

　　<u>太康</u>不遵<u>禹</u>、<u>啟</u>之樂而更作淫聲，放縱情慾以自娛樂，
不顧患難，不謀後世，卒以失國，兄弟五人家居閭巷失尊位
也。<u>尚書序</u>曰："<u>太康</u>失國，昆弟五人須于<u>洛汭</u>，作<u>五子之
歌</u>"，此佚篇也。

<u>漢書古今人表</u>下中等有<u>太康</u>，自注：

　　啟子，昆弟五人，號<u>五觀</u>。

中下等有<u>中康</u>，自注：

　　<u>太康</u>弟。

<u>國語韋注</u>也說：

　　<u>五觀</u>，<u>啟</u>子，<u>太康</u>昆弟也。

這些都是漢僞古文尚書以太康、仲康爲五觀之二的證據。自從魏、晉的僞古文尚書五子之歌改了書序的"昆弟五人"爲"厥弟五人"，千餘年來對於這個較早的僞古義便都不明白了。

太康、仲康既是五觀之二，那末少康便也有做五觀的可能。宗正箴説"少康不恭"，"不恭"就是"昏德"。北堂書鈔、初學記、太平御覽引世本説"少康作秫酒"，書正義引世本説"杜康造酒"，杜康實在應作夏康，也就是少康(説文云："少康即杜康")。荀子解蔽篇云"乘杜作乘馬"，吕氏春秋勿躬篇作"乘雅作駕"，則"杜"、"雅"本通假。荀子榮辱篇説："越人安越，楚人安楚，君子安雅"，儒效篇作："居楚而楚，居越而越，居夏而夏"，則"夏"、"雅"同字；這第一可以證明少康原名夏康(夏開——夏啟)，第二可以證明少康也有好酒的傳説。又路史據古本竹書紀年説"少康時方夷來賓，獻其樂舞"，這條文字如果不誤的話(後漢書東夷傳説自少康以後夷人世服王化，遂賓於王門，獻其樂舞，注引竹書紀年只説："后發即位元年，諸夷賓于王門，諸夷入舞"，疑其"方夷來賓獻其樂舞"本后發時事，路史作者誤讀後漢書而訛)，則少康似又曾有好樂的傳説。少康既好色(宗正箴云："少康不恭，有仍二女。"太平御覽廣韻引世本云："少康作箕帚"，箕帚是女人所用的物事)，又好酒，或許又好樂，都是所謂"昏德"，説少康有一時曾與太康、仲康們作伴，曾列入五觀之中，這似乎是尚可相信的一個假定。

在這裏我們應把書序的著作時代説一説：書序從前人都説是孔子作的，自從朱子疑爲"周、秦間低手人作"，"恐只是經師所作，……決非夫子之言"，他的弟子蔡沈作書集傳便在本經提出序文，彙爲一卷，附于全書之末而駁辨之；以後如金履祥、梅鷟、郝敬、閻若璩、孫喬年、程廷祚等都對此篇表示懷疑。魏源作書古微開始疑古文書序出於衛宏，到康有爲著新學僞經考則斷定書序是劉歆所僞作，廖平著古學考，崔適著史記探源又考出史記中所引的書序也是劉歆之徒所竄入。今案魏、廖、崔諸家的説法近是。今本百篇書序大概是東漢人所作而插入史記的(關於這點言之甚長,當另爲一文論之)。五子之歌是西漢末古文家所造逸尚書十六篇之一,序當是根據逸書作的。"太康失邦,昆弟五人須于洛汭"的故事是從離騷"夏康娛以自縱……五子用失乎家巷"的話變來;他們把離騷"夏康"二字誤讀爲一名,因而造出了"太康失邦"的事。在戰國時有一篇書叫做武(五)觀(見上),到了漢時"觀"字聲轉爲"歌",他們因此而又造出了一篇五子之歌的書。至潛夫論"兄弟五人降須洛汭"的"降"字則從宗正箴來,他們又誤把"五子家降"的"降"讀作本字了。崔適史記探源説:

> "作五子之歌",此東晉古文尚書書序語也。……漢時書序"須于洛汭"下當有"作五觀"句。晉時"觀"字始以聲轉爲"歌",……晚出古文尚書讀"歌"如字,增作五子之歌而作歌五章以當之;復改漢時書序"作五觀"爲"作五子之歌"。後人又依既改之書序竄入史記,乃成太史公録東晉人語矣,可笑孰甚焉!

我們以爲五子之歌從五觀來,這個假定是可以成立的。但崔氏以爲"作五子之歌"是東晉古文尚書書序語,漢時書序作"作五觀",晉時"觀"字始以聲轉爲"歌",這個説法我們便不能同意了!王逸楚辭章句引書序已作"作五子之歌",不作"作五觀"。又蔡邕述行賦也説:"悼太康之失位兮,愍五子之歌聲"(歐陽靜本蔡中郎集)。可證漢本書序已作"作五子之歌","歌"字讀如字。

太康、仲康這兩個人是不見於先秦書的(臣瓚所引汲冢古文"大康居斟鄩,羿亦居之,桀又居之"的話不可信,辨見本考第八章)。少康卻見於楚辭。天問説:

惟澆在户，何求於嫂？何少康逐犬而顛隕厥首？

在這裏有少康逐犬顛隕澆的腦袋的故事。王逸天問注説：

有扈，澆國名也。……少康……攻殺澆，滅有扈氏。

這個説法必是有所本的（少康就是啟的分化，啟有滅有扈的傳說）。天問下文説：

湯謀易旅，何以厚之？覆舟斟鄩，何道取之？

朱子云：“湯與上句過澆下句斟鄩事不相涉，疑本‘康’字之誤，謂少康也。”案朱説甚是！“易”亦即“扈”字，王靜安先生云：“山海經竹書之有易，天問作有扈，乃字之誤”（殷卜辭中所見先公先王考）。吳其昌先生云：“易與扈乃一字，非誤字也。‘易’與‘鄩’同。古文之例，諸凡地名加邑（阝）旁與渻‘邑’旁（阝）皆無别，而加邑旁者常較後。……‘易’古文皆作‘𨙻’（金文凡六七見），或作“𨙻”（金文凡三十餘見），其左旁之數小點增減無定；……故‘易’字可作‘鄩’，在古文書之，則‘𨙻’字可作‘𨙻’，適或其無足輕重之二點偶然脱去，則其字必作‘𨙻’，與小篆‘扈’字作‘𢈉’者又何以異乎？……其後不從邑旁者仍作有易，從邑旁者胥化爲有扈，皆職此由耳”（卜辭所見殷先公先王三續考，燕京學報第十四期）。據此，易就是扈，據王逸説扈又就是澆，則“康謀易旅”就是説少康謀澆的事。澆又就是象，“惟澆在户，何求於嫂”，就是孟子所說的“二嫂使治朕棲，象往入舜宮”的事。澆或作奡，論語説：“羿善射，奡盪舟”，羿、奡並舉。皐陶謨“無若丹朱、傲”，孔廣森云：“丹朱與傲是二人，傲即象也。帝繫曰：‘瞽瞍産重華及産象傲’，象爲人傲很，因以爲號，若共工稱‘康回’，鯀稱‘檮杌’

之比。管子曰：‘若傲之在堯。’劉景昇與袁譚書曰：‘昆弟相嫌，未若重華之於象傲。’漆書古文作‘朶’，見說文解字。論語‘朶盪舟’，即所謂‘罔水行舟’也”（經學卮言。顧剛案：論語“不得其死”亦即皋陶謨“用殄厥世”）。據此，澆即是朶，朶即是傲（又案離騷云：“澆身被服强圉兮，縱欲而不忍；日康娛而自忘兮，厥首用夫顚隕。”澆的“被服强圉”就是傲的“傲虐是作”和“罔水行舟”；澆的“縱欲不忍”就是傲的“惟漫游是好”和“朋淫于家”；澆的“康娛自忘”就是傲的“罔晝夜頟頟”；澆的“顚隕厥首”就是傲的“用殄厥世”），傲又即是象也。離騷說：

　　　　及少康之未家兮，留有虞之二姚。

舜有娶堯二女的傳說，少康娶有虞二姚的事似即從堯妻舜以二女的事變化出來；則少康與舜的傳說又相混和。舜有放象（孟子等書），殺象（韓非子等書）的傳說，所以少康也有殺澆的事。天問下文於叙有扈事後又說：

　　　　眩弟並淫，危害厥兄，何變化以作詐，後嗣而逢長？

這是說的象事，有扈是象的後人（郭沫若先生說），而澆也就是有扈。天問上文叙澆事時說：“女歧縫裳而館同爰止”，王逸注：“女歧，澆嫂也；言女歧與澆淫泆，……於是共舍而宿止也。”這就是“眩弟並淫”的注腳。則澆與象更有一傳說分化的可能了。天問又說：

　　　　舜服厥弟，終然爲害，何肆犬體（體一作豕）而厥身不危敗？

這似乎就是"少康逐犬而顛隕厥首"傳說的本源。天問下文又說：

> 兄有噬犬弟何欲？

這也疑是說的少康與澆或舜與象的故事。這樣看來，天問所說"康謀易旅，何以厚之"的話就是從舜先厚待象而後放殺之的傳說變化出來。"覆舟斟鄩，河道取之"，王逸注說：

> 少康滅斟鄩氏。

這斟鄩恐怕也就指澆，"覆舟"就是"盪舟"之變。天問在敘澆事上說道：

> 釋舟陵行，何以遷之？

王逸云："釋，置也。"毛奇齡云："'釋舟陵行'，解舟而陸是行也；遷，移也，即行也：書曰：'岡水行舟'，論語曰，'奡盪舟'，皆是也。"俞樾云："此二句當屬下爲義，……即謂'盪舟'。"這更可證明澆即是奡——傲——象了。

合以上所考，把這數人的傳說的演變繪製一表於下：

古人	傳說的種類　傳說發生的時代	戰　國	西漢初年	西漢末年
啓	神話家的傳說	乘龍登天，竊九辯九歌以國於下。		
	墨家一派的傳說	淫佚康樂，好酒樂，奪位自立。勤子屠母，死分竟地。		

續表

古人 \ 傳說的種類 / 傳說發生的時代	戰　國	西漢初年	西漢末年
儒家的傳說	賢能繼禹之道，被臣民擁立。伐有扈。		
五觀 / 國名的傳說	夏有觀扈，被啟所征（一說扈爲禹所征）。	扈爲夏的同姓，啟的庶兄，爲義而亡。	
五觀 / 人名的傳說	啟子。失乎家巷，胥興作亂。爲啟所誅。		家闋。與三康發生關係，變成夏的嗣君，降須洛汭。
三康 / 太　康	未見	啟子，嗣啟位。	有昏德，失邦，降須洛汭。
三康 / 仲　康	未見	太康弟，嗣太康位。	與太康更立，有昏德，降須洛汭。
三康 / 少　康	殺澆，謀扈，滅斟鄩。娶有虞二姚。	仲康孫，相子，嗣相位。封庶子於越。作秫酒、箕帚。	不恭，娶有仍二女（或曾一度列入五觀中）。

附論：

啟還有享神鈞臺的事，左傳昭公四年説：

夏啟有鈞臺之享。

這鈞臺之享，左傳的作者是把它説成享諸侯的。但我們看了左傳"禹合諸侯於塗山"（哀公七年），國語作"禹致群神於會稽之山"（魯語下）。會稽之山就是塗山，前人多有考證，國語的文字傳説多比左傳古，則"禹致群神"是原始的神話，而"禹合諸侯"是晚出的人話。以此類推，啟本是有神性的人物，其享諸侯怕也是享群神傳說的演變。所以歸藏啟筮篇就說：

　　　昔夏后啟享神于大陵而上鈞臺，枚占皋陶，曰，不吉！（太平御覽卷八十二引）

歸藏雖是晉以後人的僞作（漢代已有歸藏，見桓譚新論，後來的歸藏當是附益漢本之文而成），但多錄有古傳說，可證夏啟有享神的事。歸藏又說：

　　　昔者夏后享神于晉之墟，作爲璿臺於水之陽。（同上引）

“璿臺”當就是“鈞臺”，而“鈞臺”實就是“天臺”（天曰“大鈞”），史記趙世家記趙簡子之帝所，與百神游於鈞天，廣樂九奏萬舞；則啟享鈞臺與啟賓天竊九辨、九歌的傳說很有關係。這“爲璿臺”的事是也可以說成啟的罪狀的，淮南子說“紂爲瑤臺”（呂氏春秋也說“紂爲璇宮”，璇即璿），“爲瑤臺”既是紂的罪狀，則“爲璿臺”豈不可以說成啟的罪狀。墨家的書亡佚已多，或許他們所說啟的惡德中還有築璿臺的事哩！此外啟又有作九鼎的傳說，墨子耕柱篇說：

　　　昔者夏后開使蜚廉折金於山川，而陶鑄之於昆吾，是使翁難雉乙卜於白若之龜，曰：“鼎成三足而方，不炊而自烹，不舉而自臧（藏），不遷而自行，以祭於昆吾之虛，上鄉（尚饗）。”乙又言兆之由，曰：“饗矣，逢逢白雲，一南一北，一西一東；九鼎既成，遷於三國。”

歸藏也云：“昔夏啟筮徙九鼎，啟果徙之”（博物志引），歸藏的話大約就是根據墨子(墨子的卜辭也大類歸藏之文)。這鑄九鼎也未必是啓的好事(蜚廉在傳說中本是個壞人),因爲墨家是主張"諸加費不加於民利者,聖王弗爲"的,九鼎便是"加費不加於民利"的物事。左傳上説:"昔夏之方有德也,遠方圖物,貢金九牧,鑄鼎象物,百物而爲之備,使民知神姦,故民入川澤山林,不逢不若,螭魅罔兩莫能逢之,用能協於上下,以承天休"(宣公三年),九鼎至此乃有"使民知神姦"的功用。這件鑄九鼎的事又被儒家説成"有德"了(以九鼎爲禹鑄始於漢人,説見本考上章)。

第六章 羿的故事

從先秦到西漢中年所傳述的羿的故事可以分作三組:第一組是神話家所傳説的,第二組是詩歌家所傳説的,第三組是儒、墨等學派所傳説的。現在先説神話的羿的故事。

山海經海外南經説:

> 昆侖虛……虛四方。——一曰,……爲虛四方。——羿與鑿齒戰於壽華之野,羿射殺之;在昆侖虛東。羿持弓矢,鑿齒持盾。——一曰戈。

海內西經説:

> 海內昆侖之虛,……帝之下都,……百神之所在。在八隅之巖,赤水之際;非仁羿莫能上岡之巖。

大荒南經説:

大荒之中有山名曰融天，海水南入焉；有人曰鑿齒，羿
殺之。

海内經説：

帝俊賜羿彤弓素矰以扶下國，羿是始去恤下地之百艱。

在山海經裏的羿是上帝派下來的神人（山海經裏的帝俊就是上帝，
郭沫若先生説），他有去恤下地百艱的大功，殺鑿齒就是他去百
艱的大功之一。他與崑崙山很有關係，崑崙山乃是上帝在下方的
都邑，是百神所在的地方，不是羿就莫要想上岡頂去。即此可以
見出他的地位的高超。

山海經叙述羿的故事太簡單了。要詳細知道神話的羿的故
事，應參看淮南子。本經訓説：

堯之時十日並出，焦禾稼，殺艸木，而民無所食；猰
貐、鑿齒、九嬰、大風、封豨、修蛇皆爲民害。堯乃使羿誅
鑿齒于疇華之野，殺九嬰于凶水之上，繳大風于青邱之澤，
上射十日而下殺猰貐，斷脩蛇於洞庭，禽封豨于桑林；萬民
皆喜，置堯以爲天子。于是天下廣狹、險易、遠近始有
道里。

據它説羿是堯時的人，他替堯誅鑿齒，殺九嬰，繳大風（鳳），射
十日，殺猰貐，斷脩蛇，禽封豨（豕），去了百姓的大害，這就是
所謂“去恤下地之百艱”。山海經裏的帝俊到淮南子裏變成了堯；
羿也人化了，變成堯的功臣了。它説堯之所以爲天子是由於能任
羿，羿之於堯猶禹之於舜（下文即叙舜使禹治洪水之事）；禹的努
力的結果是“鴻水漏，九州乾”，羿的努力的結果是“天下廣狹、

險易、遠近始有道里”。在這裏，羿頗有做堯典裏人物的資格。我們以爲羿去百艱是原始的神話，而堯任羿是晚出的人話。淮南子氾論訓又説：

炎帝於（作）火，死而爲竈；禹勞（力）天下，死而爲社；后稷作稼穡，死而爲稷；羿除天下之害，死而爲宗布。

可見羿與炎帝、禹、稷本是同等高超的人物：炎帝是竈神，禹是社神，后稷是稷神，羿是宗布神。（注：“祭田爲宗布。”孫詒讓云：“宗布，疑即周禮黨正之祭禜，族師之祭酺。鄭注云：‘禜謂雩禜水旱之神，酺者爲人物裁害之神也。’禜、酺並禳除裁害之祭。”）

以上是神話家的説法。至于詩歌家所説的羿的故事則以楚辭爲代表，天問説：

帝降夷羿，革孽夏民，胡躲夫河伯而妻彼雒嬪？馮珧利決，封豨是躲，何獻蒸肉之膏而后帝不若？浞娶純狐，眩妻爰謀，何羿之躲革而交吞揆之？阻窮西征，巖何越焉？……安得夫良藥不能固臧？

上帝降下夷羿來爲的是替下民革除憂患的（“夏”字當案海内經讀爲“下”，左傳僖公二年虞師、晉師滅下陽，公羊、穀梁皆作“夏陽”，可證“夏”、“下”本通），他卻去射河伯，把雒嬪佔作妻子；他又射了封豨，拿它的肉做成了膏供獻給上帝，反招了上帝的不喜，於是被一個叫做浞的人同妻子純狐合謀弄死了。至“阻窮西征”三句舊解多説爲鯀和王子僑的事，實在也是説的羿：“窮”就是窮石，淮南子地形訓説：“弱水出自窮石”，窮石本是西方的地名。“阻”讀爲“徂”，詩周頌“彼徂矣岐”，沈括、朱熹據後漢書西南夷傳朱輔疏，和韓愈岐山操讀作“彼岨矣岐”，“岨”就是“阻”，可見“徂”、“阻”本通。“徂窮西征”，就是說羿西征往窮石。史記大宛列傳說：“安息長老傳聞條枝有弱水、西王母”，山海經大荒西經說崑崙山下有弱水之淵，西王母穴處，可見弱水與西王母有關，而窮石爲弱水所出，那末羿西征往窮石就是去見西王母。“巖何越焉”，也是說羿越過崑崙山的巖，所謂“崑崙之虛，非仁羿莫能上岡之巖”是也。“安得夫良藥不能固臧”，“臧”、“藏”古同字，就是說羿從西王母處得到了不死之藥，不能深固收藏而爲人所竊。淮南子覽冥訓說：

> 羿請不死之藥於西王母，姮娥竊以奔月，悵然有喪，無以續之。

這就是天問的話的注腳。離騷說：

> 羿淫游以佚畋兮，又好射夫封狐；固亂流其鮮終兮，浞又貪夫厥家。

到這裏，我們纔知道羿是一個淫游佚畋的人物，他的結果是被浞貪了家去。離騷叙羿事於五子失家事之後，羿事之末又說“浞又貪夫厥家”，這個“又”字很可注意，作離騷時或許有五子失家被羿所奪，而羿的家後來又被浞所奪的傳說。天問也叙羿事於啟死分境地的事之後，大概在楚辭系統的傳說中，啟、五子、羿、浞是相承接的人物。天問說羿“封豨是射”，離騷說羿“好射夫封狐”，“封狐”似乎就是“封豨”，因爲協韻的關係，所以改“豨”字爲“狐”字。

　　山海經系統與楚辭系統的羿的故事有同有不同：同的是羿爲上帝所降及射封豨等事；不同的是山海經一派傳說中的羿是個能

除天下之害的好人，而射封豨是他的功；楚辭一派傳説中的羿是
個淫游侠畋的壞人，而射封豨是他的罪；又山海經一派傳説中的
羿是夏以前的人（山海經、淮南子並叙羿事於禹之前），而楚辭一
派傳説中的羿是夏啓以後的人。綜合看來，不同之點比同點多，
所以我們不能不把它們分作兩派。

　　儒、墨等學派所傳述的人話的羿的故事又和山海經、楚辭不
同了。論語憲問篇記：

　　　　南宮适問於孔子曰：“羿善射，奡盪舟，俱不得其死然；
　　禹、稷躬稼而有天下。”夫子不答。南宮适出，子曰：“君子
　　者若人，尚德者若人！”

在這裏羿、奡對舉，羿有善射之技，奡有盪舟之力，但結果都不
得善終，可見君子是只應尚德，不應尚巧力的。鹽鐵論説：

　　　　羿、敖（奡）以巧（巧，今本作功，譌）力不得其死。（論
　　菑）

便是論語這章的注脚。

　　但是羿怎樣不得其死呢？孟子離婁篇説：

　　　　逢蒙學射於羿，盡羿之道，思天下惟羿爲愈己，於是殺
　　羿。孟子曰：“是亦羿有罪焉。”公明儀曰：“宜若無罪焉？”
　　曰：“薄乎云爾，惡得無罪！……”

原來羿是被他的學生逢蒙因妒忌而害死的。孟子以爲這件事羿也
有些罪，因爲君子取友必端，先生如好，徒弟一定不會不端；羿
不謹慎擇友，把技藝傳給匪人，所以説羿也有罪。我們應注意：

在這裏的羿只是個專門技術的職業家，他只有取友不端的罪狀。

荀子君道篇説：

> 羿之法非亡也，而羿不世中；禹之法猶存，而夏不
> 世王。

這裏的羿又是個世職的名稱，和夏王一樣。爲什麼戰國末年會起這一個的説法呢？我們應參看吕氏春秋。勿躬篇載：

> 大撓作甲子，黔如作虜首，容成作厤，羲和作占日，尚
> 儀作占月，后益作占歲，胡曹作衣，夷羿作弓，祝融作市，
> 儀狄作酒，高元作室，虞姁作舟，伯益作井，赤冀作臼，乘
> 雅作駕，寒哀作御，王冰作服牛，史皇作圖，巫彭作醫，巫
> 咸作筮：此二十官者，聖人之所以治天下也。

羿是“聖人所以治天下”的二十官中的一個，當時有了這種傳説，所以會把羿看作一個世職的名稱。羿作弓的話又見於墨子。非儒篇説：

> 儒者曰：“……君子循而不作。”應之曰：“古者羿作弓，
> 伃作甲，奚仲作車，巧垂作舟，然則今之鮑函車匠皆君子
> 也，而羿、伃、奚仲、巧垂皆小人邪？”

伃就是少康的兒子伃，奚仲據舊説也是夏時人，則這個羿當也是夏人了。弓是他所創作，他當然是最早的羿（官名的羿）。這可見羿在古代傳説中本只有一個（官名的羿的説法是晚起的），並沒有太康時羿，堯時羿好幾個；因爲傳説紛歧的緣故，才被後人説成了許多人。荀子解蔽篇又記：

　　　倕作弓，浮游作矢，而羿精於射。

到這裏，使我們又知道弓並不是羿所作的，羿不過能利用他人的
發明罷了。

　　左傳是儒家一派人所作的一部史書，比較可信的部分也記着
一件羿的事蹟：

　　　昔有仍氏生女黰黑而甚美，光可以鑑，名曰玄妻。樂正
　　后夔取之，生伯封，實有豕心，貪惏無饜，忿纇無期，謂之
　　封豕。有窮后羿滅之，夔是以不祀。（昭公二十八年）

這"玄妻"當然是天問的"眩妻"。天問説"浞娶純狐，眩妻爰謀"，
"純"與"緇"同，緇，黑色也，"純狐"就是"黑色的狐狸"，也就是
"玄妻"（後世稱妖婦爲"狐狸精"，恐即由此來）。原來有窮后羿滅
了伯封，浞便把伯封的母親佔作妻子，眩妻與浞合謀害羿，也算
報了殺子的仇恨。左傳的"封豕"也就是天問的"封狶"，"封狶"原
來是個人，因爲懷着像豕一樣的心，所以叫做封豕：這分明又是
神話化爲人話的一個例子。

　　儒家等學派與神話家、詩歌家所傳説的羿的故事雖有許多不
同之點，但是對於羿傳説的中心點——善射一事，卻是三派一致
的。又先秦、漢初的文籍裏平常提到羿總是注意他的善射，如：

　　　羿之教人射必志於彀，學者亦必志於彀。（孟子告子）
　　　大匠不爲拙工改廢繩墨，羿不爲拙射變其彀率。（同上
　　盡心）
　　　羿者天下之善射者也，無弓矢則無所見其巧。……弓調
　　矢直矣，而不能以射遠中微，則非羿也。（荀子儒效）
　　　羿、蠭門（逢蒙）者，善服射者也，……故人主欲得善

射，射遠中微，則莫若羿、蠭門矣。（同上王霸）

　　羿、蠭門者，天下之善射者也，不能以撥弓曲矢中。（同上正論）

　　游於羿之彀中。（莊子德充符）

　　王獨不見夫騰猿乎？其得柟、梓、豫章也，攬蔓其枝而王長其間，雖羿、蓬蒙不能眄睨也。（同上山木）

　　羿工乎中微而拙乎使人無己譽。（同上庚桑楚）

　　一雀適羿，羿必得之，威也。（同上）

　　射者非前期而中，謂之善射；天下皆羿也，可乎？（同上徐無鬼）

　　寄千金於羿之矢，則伯夷不得亡，而盜跖不敢取。……羿巧於不失發，故千金不亡。（韓非子守道）

　　發矢中的，賞罰當符，故堯復生，羿復立。（同上用人）

　　不以儀的爲關，則射者皆如羿也。（同上外儲說左上）

　　設五寸之的，引十步之遠，非羿、逢蒙不能必全者，有常儀的也。……有常儀的，則羿、逢蒙以五寸爲巧。（同上。問辯篇文略同。）

　　宋人語曰：“一雀過羿，必得之”，則羿誣矣。（同上難三）

　　今有羿、蠭蒙、繁弱於此而無弦，則必不能中也。（呂氏春秋具備）

　　一人曰：“吾弓良，無所用矢。”一人曰：“吾矢善，無所用弓。”羿聞之曰：“非弓何以往矢，非矢何以中的。”令合弓矢而教之射。（太平御覽三百四十七引胡非子）

　　羿，古之善射者也，調和其弓矢而堅守之；其操弓也，審其高下，有必中之道，故能多發而多中。……道者，羿之所以必中也；……射者，弓弦發矢也；故曰，羿之道非射也。（管子形勢）

　　射者扞烏號之弓，彎棊衛之箭，重之羿、逢蒙之巧，以
要飛鳥，猶不能與羅者競多。（淮南子原道訓）

　　羿以之（道）射。（同上齊俗訓）

　　弓矢不調，羿不能以必中。（同上兵略訓）

　　百發之中必有羿、逢蒙之巧。（同上説林訓）

　　羿之所以射遠中微者，非弓矢也。（同上）

　　羿名善射，不如雄渠、蠭門。（史記龜策列傳）

此外在韓非子裏又有這樣一條記載：

　　惠子曰：“羿執鞅持扞，操弓關機，越人爭爲持的；弱
子扞弓，慈母入室閉户。故曰：‘可必，則越人不疑羿；不
可必，則慈母逃弱子。’”（説林下）

楊拱辰先生（向奎）説：“‘越人不疑羿’與‘慈母逃弱子’對舉者，
越人是羿的仇敵，慈母是弱子的親屬：可必，則仇敵不相疑；不
可必，則親屬不相信。越與羿有仇者，越爲夏後，羿曾滅夏也”
（夏民族考，未刊）。案這條記載似乎不能這樣解釋，淮南子説山
訓説：

　　越人學遠射，參天而發，適（近）在五步之内，不易儀
也。世已變矣，而守其故，譬猶越人之射也。

注云：

　　越人習水便舟而不知射，射遠反直仰向天而發，矢勢盡
而還，故近在五步之内。參，猶望也。儀，射法。言不曉
射，故不知易去參天之法也。

可見韓非子的原意是説善射的羿操弓關機，雖是不知射的越人也敢爭爲持的而不疑；並不是説羿與越人有仇。這段話仍是説羿的善射。漢書嚴助傳載淮南王安上書云：

> 越人緜力薄材，不能陸戰，又無車騎、弓弩之用。

可證淮南子的注並没有錯。又淮南子俶真訓説：

> 雖有羿之知而無所用之。

這也是説羿的有巧知。

　　其他古書上還記着幾件羿的故事，隨巢子説：

> 幽、厲之時，奚禄山壞，天賜玉玦於羿，遂以殘其身，以此爲福而禍。（太平御覽八百五引）

這個傳説似乎就是天問"馮珧利决"一語之所本（王逸云："馮，挾也；珧，弓名也；决，躲韝也"）。山海經説帝俊賜羿彤弓素矰，這裏説天賜玉玦於羿，兩個故事差不多，但是所致的禍福不同。這是因爲山海經系統與楚辭系統的羿的傳説不同的緣故。又在這裏羿是幽、厲時的人，這是一個特殊的説法。

　　淮南子詮言訓説：

> 羿死於桃棓。

　　説山訓説：

> 羿死桃部不給射。

“桃部”就是“桃桮”，詮言訓注：“桮，大杖，以桃木爲之，以擊殺羿，由是以來鬼畏桃也”（案這是淮南子許注，説山訓注以“桃部”爲地名，這是高誘的説法。高説非是）。據它説，羿被桃木做的大杖打死，從此以後鬼便怕桃木了。案山海經西山經説：

> 恒山四成，有窮鬼居之。

這有窮鬼似乎就是指羿，羿大概還有爲鬼雄的傳説。據氾論訓“羿除天下之害而死爲宗布”，注又列一説道：“今人室中所祀之宗布是也。”羿許是較早的鍾馗神吧？

　　漢書藝文志道家載辛甲二十九篇，原注：“紂臣，七十五諫而去，周封之”（案志本劉向別録）。揚雄傳贊説，揚雄以爲“箴莫善於虞箴，作州箴”；後漢書胡廣傳説：“揚雄依虞箴作十二州、二十五官箴。”大約虞箴（虞人之箴）本是辛甲書裏的一篇，乃揚雄以前的作品。這篇箴現在還保存在左傳裏，襄公四年載：

> 昔周辛甲之爲大史也，命百官官箴王闕，於虞人之箴曰：“芒芒禹迹，畫爲九州，經啟九道；民有寢廟，獸有茂草，各有攸處，德用不擾。在帝夷羿，冒于原獸，忘其國恤，而思其麀牡。武不可重，用不恢于夏家。獸臣司原，敢告僕夫！”

在這篇箴裏，羿稱爲“帝夷羿”，這個名詞是以前所沒有見過的。這篇箴的作者實在是以羿爲夏代的帝。我們先看揚雄少府箴説：

> 實實少府，奉養是供，紀經九品，臣子攸同，……民以不擾，國以不煩。昔在帝季，癸、辛之世，酒池糟隄，而象箸以噬；……共寮不御，不恢夏、殷。……府臣司共，敢告執馵！（古文苑）

將作大匠箴説：

> 侃侃將作，經構宮室，……王有宮殿，民有宅居。……
> 春秋譏刺，書彼泉臺，兩觀、雉門，而魯以不恢。……作臣
> 司匠，敢告執斵！（同上）

這兩篇箴的語句多與虞人之箴相合，但是少府箴的“不恢夏、殷”
是説桀、紂，桀、紂是夏、殷的王；將作大匠箴的“魯以不恢”是
説魯定公（春秋經定二年夏五月壬辰，雉門及兩觀災；冬十月，
新作雉門及兩觀），定公是魯國的君。依此例推測，則虞人之箴
説羿“不恢夏家”，不是以羿爲夏代的帝嗎？這種説法在先秦、漢
初的書上是看不到的，所以虞人之箴最早也是西漢初年以後的
作品。

到了西漢末年，揚雄的太僕箴上説道：

> 昔有淫羿，馳騁忘歸。（同上）

“淫羿”的名詞是從離騷“羿淫游以佚畋”的話來的。上林苑令箴
説道：

> 昔在帝羿，共田徑游，弧矢是尚，而射夫封豬；不顧於
> 愆，卒有後憂。（同上）

“帝羿”的名詞是從虞人之箴來的。“射夫封豬”，“卒有後憂”等話
也是從楚辭上來的。後漢書崔駰傳載駰祖父篆被王莽迫爲建新大
尹，他嘆道：

> 吾生無妄之世，值澆、羿之君（案，這是用離騷和虞人

之箴的觀念，班固說離騷"下叙桀、紂、羿、澆之敗"），上有老母，下有兄弟，安得獨潔己而危所生哉！（案：這話恐是他的後人所文飾成的。）

光武中興，篆不仕，客居滎陽，臨終作賦自悼，名慰志，中有句道：

> 愍余生之不造兮，丁漢世之中微；……黎、共奮以跋扈兮，羿、浞狂以恣睢，睹嫚藏而乘釁兮，竊神器之萬機。

他拿澆、羿、浞來比王莽，已與今本左傳所載魏絳、伍員的話（見下章）相合，足徵相近的時代才有相近的觀念。但是崔氏還把九黎、共工來配羿、浞，可見在他的觀念中羿、浞是與九黎、共工差不多的人物。

綜合上面的叙述，我們可以說：在西漢中年以前，羿的時代還沒有固定，有的書說他是堯時人，有的書說他是夏時人，又有書說他是周幽、厲時人。羿的品格也沒有固定，有的書說他是有功的好人，有的書說他是有罪的壞人，又有書把他當作世職的名稱看。最通行的是他的善射的傳說。到了西漢初年以後，才有羿為夏帝的說法。西漢末年以來，楚辭一派的傳說佔得勝利，羿才固定為夏時淫游佚畋的君主了。直到東漢初年，然後羿才被看成一個篡位之君。

第七章　少康中興辨

我們考夏史考到這裏，有一個極大的困難問題臨頭了，那便是少康中興傳説的出現時代問題。這件傳説的根據地是左傳，似乎可認爲秦、漢以前的説法；然而我們倘能小心些去讀左傳記載這件史跡的兩段文字，便會發生很大的疑問。我們先看襄公四年的左傳：

> 無終子嘉父使孟樂如晉，因魏莊子納虎豹之皮以請和諸戎。晉侯（悼公）曰：“戎狄無親而貪，不如伐之！”魏絳曰：“諸侯新服，陳新來和，將觀於我，我德則睦，否則携貳。勞師於戎而楚伐陳，必弗能救，是棄陳也，諸華必叛。戎禽獸也，獲戎失華，無乃不可乎！【夏訓有之曰：‘有窮后羿……，’”公曰：“后羿何如？”對曰：“昔有夏之方衰也，后羿自鉏遷于窮石，因夏民以代夏政。恃其射也，不修民事而淫于原獸。棄武羅、伯困（因）、熊髡、尨圉，而用寒浞。寒浞，伯明氏之讒子弟也，伯明后寒棄之，夷羿收之，信而使之，以爲己相。浞行媚于内，而施賂于外，愚弄其民，而虞羿于田，樹之詐慝以取其國家，外内咸服。羿猶不悛，將歸自田，家衆殺而亨之，以食其子；其子不忍食諸，死于窮門。靡奔有鬲氏。浞因羿室生澆及豷，恃其讒慝詐僞而不德于民，使澆用師滅斟灌及斟尋氏，處澆于過，處豷于戈。靡自有鬲氏收二國之燼，以滅浞而立少康。少康滅澆于過，后杼滅豷于戈，有窮由是遂亡，失人故也。昔周辛甲之爲太史也，命百官官箴王闕，於虞人之箴曰：‘芒芒禹迹，畫爲九州，經啟九道；民有寢廟，獸有茂草，各有攸處；德用不擾。在帝夷羿，冒于原獸，忘其國恤，而思其麀牡。武不可重，用不恢于夏家。獸臣司原，敢告僕夫！’虞箴如是，可不懲乎？”於是晉侯好田，故魏絳及之。】公曰：“然則莫如和戎乎？”對曰：“和戎有【五】（三）利焉：戎、狄荐居，貴貨易土，土可賈焉，一也；邊鄙不聳，民狎其野，穡人成功，二也；戎、狄事晉，四鄰

震動，諸侯威懷，三也；【以德綏戎，師徒不勤，甲兵不頓，四也；鑒于后羿而用德度，遠至邇安，五也。】君其圖之！"公説，使魏絳盟諸戎，【脩民事，田以時】。

再看哀公元年的左傳：

> 吳王夫差敗越于夫椒，報檇李也；遂入越。越子以甲楯五千保于會稽，使大夫種因吳太宰嚭以行成。吳子將許之，伍員曰："不可！臣聞之：樹德莫如滋，去疾莫如盡。【昔有過澆殺斟灌以伐斟鄩，滅夏后相，后緡方娠，逃出自竇，歸于有仍，生少康焉；爲仍牧正，惎澆能戒之。澆使椒求之，逃奔有虞，爲之庖正，以除其害。虞思於是妻之以二姚而邑諸綸；有田一成，有衆一旅，能布其德而兆其謀，以收夏衆，撫其官職。使女艾諜澆，使季杼誘豷，遂滅過、戈，復禹之績；祀夏配天，不失舊物。今吳不如過，而越大於少康，或將豐之，不亦難乎！】句踐能親而務施，施不失人，親不棄勞，與我同壤而世爲仇讎，於是乎克而弗取，將又存之，違天而長寇讎，後雖悔之，不可食已！姬之衰也，日可俟也。介在蠻夷而長寇讎，以是求伯，必不行矣！"弗聽。退而告人曰："越十年生聚，而十年教訓，二十年之外，吳其爲沼乎！"（注：【 】中的文字是我們假定的後人插入的話。）

先説第一段：魏絳的話本是勸晉悼公和戎的，正説到得勁的當兒，突然轉到有窮后羿不脩民事，淫于原獸而致亡國的故事上去，上下語氣絶不連貫，當中又夾着什麼失人的問題，這是不是語無倫次？魏絳的話説完，接着悼公仍只是問他的和戎，好像没有聽見魏絳勸諫他好田的話似的，這是不是首尾橫決？底下魏絳所舉的和戎五利中竟有什麼鑒於后羿而用德度，這與和戎又有什

麼相干，這是不是雜湊？況且晉悼公是中興的伯主，豈有不脩民
事的道理？難道未聽魏絳的話以前，他便不脩民事了嗎？如果如
此，晉國又何以能強盛而使諸戎畏服請和！這是不是不近情理？
這段文字不通到這步田地，是不是該令人駭異？我們且參看一下
國語：

> 無終子嘉父使孟樂因魏莊子納虎豹之皮以和諸戎。公
> 曰："戎、翟無親而好得，不若伐之！"魏絳曰："勞師於戎而
> 失諸華，雖有功，猶得獸而失人也，安用之？且夫戎、翟荐
> 處，貴貨而易土，與之貨而獲其土，其利一也；邊鄙耕農不
> 儆，其利二也；戎、狄事晉，四鄰莫不震動，其利三也。君
> 其圖之！"公説，故使魏絳撫諸戎，於是乎遂伯。(晉語七)

原來魏絳只有勸晉悼公和戎的話，並沒有諫他好田的話；魏絳所
舉和戎之利也只有三項，並沒有五項；晉悼公聽了魏絳的話以
後，也只有撫諸戎一事，並沒有脩民事，田以時的兩項悔過舉
動。在左傳裏不可通之點，到國語裏都沒有了！於此可見國語所
載是原文，而左傳所載是經過後人竄改的文字。

再説第二段：伍員是吳國的臣，他竟敢當着吳王的面把過澆
來比吳，拿少康來比越，這是不是舉例不倫？上面已經説了"或
將豐之，不亦難乎"，下面又説"將又存之，……不可食已"，這
是不是語句重複？伍員的話中去了那一大段説過澆、少康故事的
部分，語氣仍很連貫，加入了反嫌累贅，這是不是後人僞竄的證
據？查史記吳世家也曾録了左傳這段文字：

> 吳王悉精兵以伐越，敗之夫椒，報姑蘇也。越王句踐乃
> 以甲兵五千人棲於會稽，使大夫種因吳太宰嚭而行成，請委
> 國爲臣妾。吳王將許之，伍子胥諫曰："【昔有過氏殺斟灌以

伐斟尋，滅夏后帝相；帝相之妃后緡方娠，逃於有仍而生少康。少康爲有仍牧正。有過又欲殺少康，少康奔有虞。有虞思夏德，於是妻之以二女，而邑之於綸；有田一成，有衆一旅，後遂收夏衆，撫其官職。使人誘之，遂滅有過氏，復禹之績，祀夏配天，不失舊物。今吳不如有過之強，而句踐大於少康，今不因此而滅之，又將寬之，不亦難乎！且】句踐爲人能辛苦，今不滅，後必悔之！"吳王不聽。

吳世家與左傳的文字，中間一大段幾乎全同，惟首尾有不同處：左傳説吳敗越是報檇李之役，史記則説是報姑蘇之役，姑蘇與檇李的地名不同；左傳説句踐能親而務施，史記則説句踐爲人能辛苦，句踐的長處也不同。又史記所載請委國爲臣妾的話，左傳裏沒有，而左傳裏"姬之衰也，日可俟也"等語與子胥退而告人的話，史記也都不載，史記獨載左傳裏一些不相干的話，這是什麽道理？即此可見史記所據的原是另一種材料，並非左傳；今本吳世家是經後人用左傳校改過的。還有史記裏上面已説了"今不因此而滅之"，下面緊接着又説"今不滅"，語句更顯得重複了，這不也是僞竄的證據嗎？我們再看史記子胥列傳裏的記載：

　　　夫差……伐越，敗越於夫湫（集解：駰案：音椒）。越王句踐乃以餘兵五千人棲於會稽之上，使大夫種厚幣遺吳太宰嚭以請和，求委國爲臣妾。吳王將許之，伍子胥諫曰："越王爲人能辛苦，今王不滅，後必悔之！"吳王不聽。

子胥列傳的話都與吳世家相同，獨獨沒有"昔有過氏殺斟灌以伐斟尋"那一大段話，這不更足以證明吳世家曾經後人的僞竄嗎（吳世家中後人竄亂處最多，參看本考附錄史記吳世家疏證）？我們試再尋吳世家"報姑蘇也"一語的來源。案吳世家上文説：

　　　　吳伐越，越王句踐迎擊之檇李。越使死士挑戰，三行造
　　吳師呼自剄。吳師觀之，越因伐吳，敗之姑蘇。

子胥列傳也説：

　　　　吳……伐越，越王句踐迎擊，敗吳於姑蘇。

檇李，賈逵云：“越地。”杜預云：“吳郡嘉興縣南有檇李城。姑蘇
爲吳地。”索隱云：“姑蘇，臺名，在吳縣西三十里。”二地非一甚
明。大約在太史公時有越敗吳於姑蘇的異説，史公取之入子胥列
傳與吳世家（越世家作“吳師敗於檇李”，或後人以左傳校改），這
是史記與左傳記載的不同，並不是太史公記憶有誤。越世家説：

　　　　吳王……悉發精兵擊越，敗之夫椒。越王乃以餘兵五千
　　人保棲於會稽，……乃令大夫種行成於吳，膝行頓首曰：
　　“……句踐請爲臣，妻爲妾。”吳王將許之，子胥言於吳王曰：
　　“天以越賜吳，勿許也！……”於是句踐乃以美女寶器令種間
　　獻吳太宰嚭；嚭受，乃見大夫種於吳王。種頓首言曰：“願
　　大王赦句踐之罪，盡入其寶器。……”吳王將許之，子胥進
　　諫曰：“今不滅越，後必悔之！句踐賢君，種、蠡良臣，若
　　反國，將爲亂。”吳王弗聽。

越世家子胥的話也與子胥列傳相應，不過越多出一次令人行成，
子胥多出一次進諫的事罷了；這是因爲越世家應該記越事較詳的
緣故。

　　此外，還有一點可疑：左傳中叙述少康中興事都夾在敵國請
和臣子進諫的話中。一段是君不許和，臣子請許而君聽之；一段
是君將許和，臣子請弗許而君不聽；這未免太巧了，似乎也是後

人有意增竄的痕跡！

　　我們既指出了左傳裏關於少康中興傳説兩段記載的僞竄痕跡，我們再要進一步問這兩段記載是什麼時候的著作？我們查出東漢以前確實沒有少康中興夏室的説法。先看左傳本書，成公八年説：

　　　　三代之令王皆數百年保天之禄，夫豈無辟王，賴前哲以免也。

作左傳時如真已有少康中興的傳説，則羿代夏政，寒浞殺羿，因羿室而生澆，澆長大滅夏后相，相妃后緡逃歸有仍而生少康，少康長大既娶，然後收夏衆以中興夏室，其間非數十年不可，夏朝既曾滅亡了數十年，左傳中何得有如上的説話？這證明了作左傳者的頭腦裏並沒有少康中興的故事。

　　再看國語，周語記叔向云：

　　　　一姓不再興。

少康中興夏室不是一姓再興嗎？這證明了作國語者的頭腦裏也没有少康中興的故事。又魯語説：

　　　　夏后氏禘黃帝而祖顓頊，郊鯀而宗禹；……杼能帥禹者也，夏后氏報焉。……凡禘、郊、祖、宗、報，此五者，國之典祀也。

原來能帥禹的是杼，並不是少康。如果少康真有中興夏室的大功，則夏人爲什麼不報他而報杼呢？這是最難辨護的一點！

　　再看大戴禮記，少閒篇説：

　　禹卒受命。……禹崩，十有七世，乃有末孫桀即位。……
成湯卒受天命。……成湯卒崩，殷德小破，二十有二世，乃
有武丁即位。……武丁卒崩，殷德大破，九世，乃有末孫紂
即位。

說起殷來，這位作者會得舉出它的始受命之君，與中興之君，
及亡國之君；但說起夏來，則只有舉它的始受命之君與亡國之
君，而不舉它的中興之君：這是什麼道理？少康的中興之功，
照後人所說實遠駕武丁之上，因爲武丁不過是繼前業，而少康
則是續絕緒；武丁不過是漢宣帝之流，而少康則是漢光武之儔。
我們叙漢史，能只舉宣帝而不舉光武嗎？就這一點看來，已可
證明西漢初年（少閒篇是西漢初年的作品）還沒有少康中興夏室
的傳說。
　　再看史記，夏本紀也只記：

　　帝相崩，子帝少康立。

在夏本紀裏少康直繼帝相的世，其間也並沒有后羿代夏，寒浞代
羿，澆滅帝相，少康中興的事。這是何等重要的夏代史跡，太史
公竟會忘記，夏本紀裏竟會失載，豈非大奇事！難道太史公真會
荒謬到這步田地嗎？
　　以上的證據已足證明西漢中年以前並沒有少康中興的傳說。
我們試再看西漢末年或東漢初年人所造的書序。書序中所載的夏
代史是這樣：

　　禹別九州，隨山濬川，任土作貢。
　　啟與有扈戰于甘之野，作甘誓。
　　太康失邦，昆弟五人須于洛汭，作五子之歌。

> 羲和湎淫，廢時亂日，胤往征之，作胤征。
>
> ……
>
> 伊尹相湯伐桀，升自陑，遂與桀戰于鳴條之野，作湯誓。

這裏面已有太康失邦的事，而仍没有后羿代夏，后相被滅，少康中興等記載，這很可證明一直到了西漢末年或東漢初年少康中興的傳說還没有成立。又揚雄的宗正卿箴也説：

> 昔在夏時，少康不恭。

少康既不恭，那裏還會成中興的偉績？

根據上面的論證，少康中興故事的出現時代就不能不移到東漢。我們且先看看東漢建國的事實。

當王莽自以爲受了漢高帝的禪，實際上簒了漢平帝和孺子嬰的位以後，託古改制，更張了一切的國是，只顧目的，不擇手段，胡幹了十多年，把天下弄得一團糟。到他的末年，盗賊四起，漢室的宗親劉縯、劉秀們便乘機聯合了群盗希圖恢復漢室的江山。他們奉了劉玄爲主，稱爲更始，竪起了復漢的旗幟，居然把王莽的兵打敗，一直攻進洛陽、長安，將王莽生生的砍死，漢室的江山居然奪回來了。本來中興的事業至此已可告一結束，不幸劉玄這人也不是個脚色，他不能制服臣下以安定基業，於是劉秀就又代他在鄗南即了帝位，是爲東漢光武帝。光武先打平了詐稱成帝子輿的王郎和銅馬等賊兵，又破降了攻入長安殺死更始帝的赤眉兵，又先後吞滅了割據各處的軍閥，遂得統一天下，建立了東漢二百年的基業，這就是所謂光武中興；老實説來，這也就是少康中興傳説所憑藉的背景。

當光武帝將要成事的時候，現在的四川給一個人叫做公孫述的佔據着。他自稱爲皇帝，國號成，色尚白，建元龍興。他承當時的風氣，也好爲符命鬼神瑞應之事；他以爲讖書裏説的"孔子作春秋，爲赤制作，斷十二公"，赤是漢，從高帝到平帝是十二代（連昌后數在内），可見漢的歷數已經完了；一姓不得再受命。他又引録運法説："廢昌帝，立公孫"，括地象説："帝軒轅受命，公孫氏握"，援神契説："西太守，乙卯金"，以爲他姓公孫應當受命；他又以西方的太守起家，應當去乙（軋）絶卯金（劉）。他又以爲五德之運黄承赤而白繼黄，漢是赤德，王莽是黄德，他據西方爲白德，確是得到了帝王的正序。他又説自己手掌中有奇文，並得到了龍興之瑞。於是屢次發出檄文，把這些意思宣傳到中原來，要使大衆相信漢運已絶，他確是真命天子了。光武帝很怕他的宣傳，就寫封信給他，説道：

> 圖讖言"公孫"，即宣帝也。"代漢者當塗高"，君豈高之身邪？乃復以掌文爲瑞，王莽何足效乎？君非吾亂臣賊子，倉卒時人皆欲爲君事耳，何足數也！君日月已逝，妻子弱小，當早爲定計，可以無憂：天下神器，不可力爭。宜留三思！（後漢書公孫述傳）

這封信裏把"公孫氏受命"等話頭統駁了，又把年齡已大，妻子弱小，天下神器不可力爭的話去恐嚇他，但是公孫述所提出的最屬害的一項惑人的證據——一姓不得再受命，他卻對它没有辦法。華陽國志引光武與公孫述書道：

> 吾自繼祖而興，不稱受命。

這是一種"遁辭知其所窮"的反駁。請問漢室已絶，光武帝起於黎庶，怎叫做"繼祖而興"？明明是創業，怎説"不稱受命"？這樣强辭奪理的話，難怪范曄要把它刪去了。當光武稱帝時，群臣上奏道："天命不可以謙拒"，"受命之符，人應爲大"，光武即位的祝文也説："皇天上帝眷顧降命，敢不敬承。"在即皇帝的位時明明自以爲是"受命"，到了與人辨難時便説"不稱受命"，這是那位中興聖皇的無賴行爲。然而我們卻要問光武帝爲什麼要這樣轉彎抹角的説話呢？他爲什麼不順手提出少康中興的史實來，作爲"一姓得再受命"的實例，一下子就把公孫述駁倒了呢？

當公孫述據蜀稱帝的時候，隴西的地方也被一個叫做隗囂的軍閥佔據着；他依違於光武與公孫述之間，忽而向漢，忽而向蜀，忽而又圖自立。他有一次曾遣辨士張玄游説割據河西的軍閥竇融，使他背漢，道：

> 更始事業已成，尋復亡滅，此一姓不再興之效。今即有所主，便相係屬，一旦拘制，自令失柄，後有危殆，雖悔無及。今豪傑競逐，雌雄未決；當各據其土宇，與隴、蜀合從，高可爲六國，下不失尉陀。（後漢書竇融傳）

這裏又提出了"一姓不再興"的話，以爲更始亡滅就是徵驗。這可見"一姓不再興"確是那時的一種普遍的迷信。竇融聽了這番話，便召集手下的豪傑及諸太守計議，其中智者都道：

> 漢承堯運，歷數延長。今皇帝姓號見於圖書。自前世博物道術之士谷子雲、夏賀良等建明漢有再受命之符，言之久矣。故劉子駿改易名字，冀應其占；及莽末，道士西門君惠言，劉秀當爲天子，遂謀立子駿，事覺被殺，出謂百姓觀者曰："劉秀真汝主也！"皆近事暴著，智者所共見也。除言天命，且以人事論之：今稱帝者數人，而洛陽土地最廣，甲兵最強，號令最明，觀符命而察人事，它姓殆未能當也！（同

上）

這班智者反駁張玄的理由共有四點：第一是漢承堯運，歷數延長，不會只有二百年的天下。第二是今皇帝姓號見於圖書，確是真命天子。第三是自前世博物道術之士建明漢有再受命之符，漢室應該再興。第四是洛陽（光武的根據地）的土地最廣，甲兵最強，號令最明，有完成帝業的希望。上三點是天命，下一點是人事。在這段話裏，我們知道漢承堯運是王莽們所鼓吹起來的説法，不想反會變成了漢室歷數應該延長的證據。今皇帝姓號見於圖書是指河圖赤伏符裏有“劉秀發兵捕不道，四七之際火爲主”的話；這河圖赤伏符是光武在長安時的同舍生彊華從關中得來的。前世博物道術之士建明漢有再受命之符是指甘忠可造出天官曆、包元太平經，言漢家逢天地之大終，當更受命於天；夏賀良陳説漢歷中衰，當更受命的事（谷子雲並没有建明漢再受命之説）。但是甘忠可是被劉向奏爲假鬼神罔上惑衆而下獄治死的，夏賀良是被哀帝斥爲反道惑衆而下獄伏誅的；到了此時他們卻又變爲博物道術之士了。然而在這裏最可奇怪的，還是這班智者也不提出少康中興的證據來駁倒張玄所提“一姓不再興”的話這一點。

　　公孫述、隗囂以外，在先前光武帝的大敵還有一個王昌。王昌一名郎，本是個賣卜的術士，他詐稱自己是漢成帝的兒子，本名子輿，説他母親本是成帝所幸的歌姬，懷孕生下他來；那時的皇后趙飛燕要想加害於他，幸虧他母親與別人換了兒子，他才得免。王昌造出了這番謡言，四處宣傳，居然感動了當時的漢室宗親趙繆王的兒子劉林，就奉他做了天子，發出檄書，號召州郡道：

　　　　朕孝成皇帝子子輿者也。昔遭趙氏之禍，因以王莽篡殺；賴知命者將護朕躬，解形河濱，削跡趙、魏。王莽竊位，獲罪於天，天命佑漢，故使東郡太守翟義、嚴鄉侯劉信擁兵征討，出入胡、漢。普天率土知朕隱在人間，南嶽諸劉爲其先驅。朕仰觀天文，乃興于斯，以今月壬辰即位趙宮，休氣熏蒸，應時獲雨。蓋聞爲國，子之襲父，古今不易；劉聖公未知朕故，且持帝號，諸興義兵咸以助朕，皆當裂土享祚子孫。已詔聖公及翟太守亟與功臣詣行在所。疑刺史二千石皆聖公所置，未睹朕之沈滯，或不識去就，强者負力，弱者惶惑。今元元創痍，已過半矣，朕甚悼焉！故遣使者班下詔書。（後漢書王昌傳）

據這道檄書裏所說，漢室中絶，皇子隱形民間，播遷各處，大臣起兵恢復，試問這種情形與少康中興的故事是何等相像？但是檄書裏也始終沒有露出少康兩個字來，豈不可怪！

王昌的"成帝子子興"，與公孫述、隗囂的"一姓不再興"的口號，到底敵不住光武的赤伏符，和"土地最廣，甲兵最强，號令最明"，他們都給光武滅掉，光武居然完成了帝業，於是"一姓不得再受命"的迷信才根本打破，少康中興故事產生的背景才完全成立。然而光武帝似乎始終不曾知道有少康中興的事：他既定天下，在建武三十二年的當兒，一夜裏讀了河圖會昌符有感，詔臣下案索河、雒讖文，言九世封禪事者列奏，乃下詔封禪。光武至泰山，博士充等議道：

殷統未絶，黎庶繼命，高宗久勞，猶爲中興。武王因父受命之列，據三代郊天，因孔子甚美其功，後世謂之聖王。漢統中絶，王莽盜位，一民莫非其臣，尺土靡不其有，宗廟不祀，十有八年。陛下無十室之資，奮振於匹夫，除殘去賊，興復祖宗，集就天下，海內治平，夷狄慕義，功德盛於高宗、武王，宜封禪爲百姓祈福。（續漢書祭祀志注引東觀

書）

在這篇奏文裏只拿高宗、武王來比光武，少康反落了選，這是什麼道理？光武至奉高，遣侍御史與蘭臺令史將工先上山刻石，文道：

> 昔在帝堯，聰明密微，讓與虞舜，後裔握機。王莽以舅后之家，三司鼎足冢宰之權勢，依託周公、霍光輔幼歸政之義，遂以篡叛，僭號自立。宗廟隳壞，社稷喪亡，不得血食，十有八年。揚、徐、青三州首亂，兵革橫行；延及荆州，豪傑併兼，百里屯聚，往往僭號；北夷作寇，千里無煙，無雞鳴犬吠之聲。皇天睠顧，皇帝以匹庶受命中興，年二十八載興兵起，是以中次誅討十有餘年，罪人則斯得。……吏各修職，復于舊典。（續漢書祭祀志）

這篇刻石文裏說起“皇帝以匹庶受命中興，……罪人則斯得。……吏各修職，復于舊典”，也沒有提到少康中興的典故，這又是什麼道理（祭祀志論便道：“夏康、周宣由廢復興，不聞改封”）？還有光武即位時諸將的奏書和光武即位告天的祝文，以及當時人的其他文字和說話裏統統不曾提到少康中興隻字。更可怪的，赤眉奉高皇帝璽綬投降，光武下詔道：

> 群盜縱橫，賊害元元，盆子竊尊號亂惑天下，朕奮兵討擊，應時崩解，十餘萬衆束手降服；先帝璽綬歸之王府。斯皆祖宗之靈，士人之力，朕曷足以享斯哉！其擇吉日祠高廟，賜天下長子當爲父後者爵人一級。（後漢書光武帝紀）

“先帝璽綬歸之王府”，“擇吉日祠高廟”，這不就是“祀夏配天，不失舊物”嗎？爲什麼這篇詔書裏也不順便一引少康的典故？到了後來蔡邕作光武濟陽宮碑文，便說：

> 祀漢配天，不失舊物。

這分明是變用了左傳的文字。爲什麼光武帝同他的群臣都忘記了左傳，而蔡邕偏能記得呢？

因爲有了以上種種疑點，所以我們敢假定今本左傳裏關於少康中興故事的記載是光武以後的人影射了光武的中興故事而杜造的。我們知道在西漢末年劉歆對於左傳已曾“引傳文以解經”，而東漢人對於左傳更有刪改整理的明證：

> 奇（孔奇）博通經典，作春秋左氏刪。（後漢書孔奮傳。案：這或許是刪定其大義的意思，參看孔叢子。）
> 衆（鄭衆）……從父（鄭興）受左氏春秋，……其後受詔作春秋刪十九篇。（同上鄭衆傳）

東漢人除了刪左傳以外，還有人曾：

> 著春秋外傳十二篇。（同上楊終傳）

這或是一種國語的刪本。即此可見當時人對於左氏春秋有些改動並不算一回事。不但左氏春秋曾被刪改，就是史記也有：

> （楊終）受詔刪太史公書爲十餘萬言（同上）

的事，可見東漢人也很可能改動史記。還有後漢書儒林傳敘說：

　　　　昔王莽、更始之際，天下散亂，禮樂分崩，典文殘落；
　　及光武中興，愛好經術，未及下車而先訪儒雅，採求闕文，
　　補綴漏逸。

　　東漢儒者在皇帝"採求闕文，補綴漏逸"的提倡之下，杜造些文字
來增益經典，是極可能的事。此外東漢儒者又有私行金貨改定蘭
臺漆書經字的成案，這都足以昭示我們東漢人可以有竄改經典
的事。

　　説到這裏，我們再來替左傳那兩段文字做一番疏證的功夫，
尋出它的淵源來：

　　昔有夏之方衰也。　　案離騷云："夏康娛以自縱，……五子
用失乎家巷"；逸周書嘗麥解云："其在啟之五子忘伯禹之命，假
國無正，用胥興作亂，遂凶厥國"；書序云："太康失邦，昆弟五
人須于洛汭，作五子之歌。"這都是夏室中衰説的先聲（但是這些
書裏的事實與左傳的事實是完全不同的）。

　　后羿自鉏遷于窮石。　　案天問云："阻窮西征"，淮南子地形
訓云："弱水出自窮石"；"阻窮西征"解見上章。僞竄左傳的人不
達天問這話之義，因造爲此語。

　　因夏民以代夏政。　　案天問云："帝降夷羿，革孼夏民"，解
見上章。僞竄左傳的人讀"夏"如字，解"革"爲"代"，因造爲
此語。

　　恃其射也。　　案論語憲問篇云："羿善射"；荀子解蔽篇云：
"羿精於射"；儒效篇云："羿者，天下之善射者也"；管子形勢篇
云："羿，古之善射者也"；史記龜策列傳云："羿名善射"；揚雄
上林苑令箴云："昔在帝羿，……弧矢是尚。"這些話都是左傳
所本。

　　不修民事而淫于原獸。　　案離騷云："羿淫游以佚畋兮"；揚
雄太僕箴云："昔有淫羿，馳騁忘歸"；上林苑令箴云："昔在帝

羿，共田徑游。"都爲左傳所本。

棄武羅……。　案山海經中山經云："青要之山，實惟帝之密都，……魋武羅司之，其狀人面而豹文，小要而白齒，而穿耳以鑢，其鳴如鳴玉。"世本云："武氏，夏時有武羅國，其後氏焉"（廣韻引）。一個神同一個國，都變成羿的賢臣了。

寒浞。　案世本云："韓哀作御"（文選注引。漢書王襃傳云："韓哀附輿"），呂氏春秋勿躬篇作"寒哀作御"，寒哀所作的御與羿所精的射相對，寒氏與羿的發生關係或因此故。楚辭中有浞之名，而無"寒浞"之稱。

浞行媚於内，……樹之詐慝以取其國家。　案天問云："浞娶純狐，眩妻爰謀"；離騷云："浞又貪夫厥家。"爲左傳所本。（但是浞的妻已變成先是羿的内而爲浞所取了。）

羿猶不悛，將歸自田，家衆殺而亨之，以食其子；其子不忍食諸，死于窮門。　案天問云："馮珧利決，封豨是射，何獻蒸肉之膏而后帝不若？"解見上章。左傳附會天問之文，把封豨的肉改成了羿的肉，把后帝也改成了羿的兒子。又羿本來是給他的學生逢蒙殺掉的，到了左傳裏也變成了被他的家衆所殺；於是楚辭王注便説："使家臣逢蒙射而殺之"，逢蒙是羿的家臣這個新説法就這樣成立了。

靡奔有鬲氏。　案光武的佐命功臣竇融的上世本是漢室的外戚，他曾做過王莽的臣子，王莽死後，關中大亂，他往河西撫結雄傑，懷輯羌虜，後來以舉足重輕的權勢歸附光武，佐成中興；靡的身份最與竇融相像（左傳杜注："靡，夏遺臣事羿者"）。或許"靡奔有鬲氏"一句就是影射竇融往河西的事，也未可知。

浞因羿室生澆及殪。　案離騷在"浞又貪夫厥家"語後接叙澆事，爲左傳這話所本；但在作離騷時是否已有澆爲浞子的説法，尚屬疑問。

使澆用師滅斟灌及斟尋氏，處澆于過，處殪于戈。　案天問云：“康謀易旅，何以厚之？覆舟斟尋，何道取之？”解見第五章。爲左傳所本。又案灌即是戈，亦即是過，又即是鬲。段玉裁據史記以爲“灌”“戈”通假。徐中舒先生云：“鬲，過，戈，古同是見母字，故得相通”（説見再論小屯與仰韶，安陽發掘報告第三期）。左傳把一國分爲四國了（後人亂説古史往往如此）。

靡自有鬲氏收二國之燼，以滅浞而立少康。　似影射竇融之事，説見前條（二國頗似影射翟義、劉信等）。

少康滅澆于過。　案天問云：“惟澆在户（“户”疑即“扈”之變），……何少康逐犬而顛隕厥首？”爲左傳所本。

后杼滅豷于戈。　案國語魯語云：“杼能帥禹者也，夏后氏報焉”；杼是夏的中興之主（參看第三章），所以左傳的作者也不能不分些功給他。

於虞人之箴曰：“……”　案虞人之箴大約是取之辛甲書的，説見上章。

昔有過澆殺斟灌以伐斟鄩，滅夏后相。　案襄公四年左傳不載澆滅夏后相，本節左傳只言澆伐斟鄩而不言滅斟鄩，大約左傳這兩段文字的作者以夏后相爲居斟鄩，澆滅夏后相就是滅斟鄩。但考左傳本書僖公三十一年載：“衛遷於帝丘，……衛成公夢康叔曰：‘相奪予享’”；則相當死於帝丘。帝丘與斟鄩不是一地，是左傳自相矛盾。

后緡方娠，逃出自竇，歸于有仍。　案左傳本書昭公四年云：“夏桀爲仍之會，有緡叛之”；十一年云：“桀克有緡以喪其身。”仍與緡都是國名，而此處以緡爲有仍之姓，是左傳又自相矛盾（本條請參看有仍國考）。

生少康焉，爲仍牧正。　案天問云：“該秉季德，厥父是臧，胡終弊于有扈，牧夫牛羊？”王逸注云：“有扈，澆國名也；澆滅夏后相，相之遺腹子曰少康，後爲有仍牧正，典主牛羊，遂攻殺澆，滅有扈，復禹舊績，祀夏配天也。”天問的話本是説商祖王亥的(説見王靜安先生殷卜辭中所見先公先王考)，偽竄左傳的人拿來加在少康的身上，王逸也同他一樣的誤解，東漢人對於較早的古史傳説實在已不明白了。

　　惎澆能戒之；澆使椒求之，逃奔有虞，爲之庖正。　案天問云："有扈(澆、椒)牧豎(少康)，云何而逢？擊牀先出(逃奔)，其命何從？恒秉季德，焉得夫朴牛，何往營班禄(爲之庖正)不但還來？"這話本也是説王亥同王恒的，偽竄左傳的人又拿來加在少康的身上了。

　　虞思於是妻之以二姚。　案離騷云："及少康之未家兮，留有虞之二姚"，爲左傳所本。史記吳世家解"虞思"爲"有虞思夏德"，後人妄説，大非！

　　有田一成，有衆一旅，能布其德而兆其謀。　案天問云，"康謀易旅，何以厚之？"解見第五章。朱熹注云："少康爲虞庖正，有田一成，有衆一旅，遂滅過澆，祀夏配天，不失舊物也。旅，謂一旅五百人也。"把"易旅"改成"一旅"，這怎樣講得通？又"兆其謀"的謀也就是"康謀易旅"的"謀"。漢書揚雄傳用雄自序世系語云："有田一壥，有宅一區"，就是左傳"有田一成，有衆一旅"語法之所本。

　　使女艾諜澆。　案天問云："惟澆在戶，何求於嫂？何少康逐犬而顛隕厥首？女歧縫裳而館同爰止，何顛易厥首而親以逢殆？"王逸注云："女歧，澆嫂也；……言女歧與澆淫佚，……於是共舍而宿止也。"女歧女艾當是一人之變，澆的嫂嫂竟變成了少康的間諜了(當時或有女歧媟澆的傳説，左傳改爲女艾諜澆)。

　　祀夏配天，不失舊物。　案大戴禮記少閒篇云："禹卒受命，……作物配天。"爲左傳所本。

　　據上面的疏證，左傳這兩段文字大半有所本而往往失了古書的原義，它的時代之晚是很明顯的了。

　　在現在留得的記載中看來，最早看見左傳中關於少康中興的兩段記載的大約是班固、賈逵們。賈逵有左傳這兩段文字的注解，但是尚有可疑之點：因爲賈氏注昭公四年左傳云："仍，緡，國名也"(史記楚世家集解引)；而注哀公元年左傳則云："緡，有仍之姓也"(史記吳世家集解引)，二説不同。所以李貽德云："或繕寫有誤"(春秋左氏傳賈服注輯述)。這是李氏不知左傳曾經僞竄的緣故；不然，他也要説其中一注不是賈氏的原文了。然而只有這一個證據，我們也不敢斷定賈逵必没有看到左傳中這兩段記載。(或許賈逵初見的左傳本子没有關於少康中興的兩段文字，後來看見了新本，又添入新注而忘改舊注，所以互相衝突，也未可知。)

　　班固著漢書，卻確曾看見左傳這兩段文字。漢書何武王嘉師丹傳贊説：

　　　當王莽之作，外内咸服。

這分明是用的左傳的文字。又漢書人表(或云非班固作)中有麈、女艾、有扔(仍)君、武羅、柏因、熊髡、厖圉、虞后氏、后緡、螶、韓(寒)浞、斟灌氏、斟尋氏等名字，與少康、二姚、杼、相、羿、澆(澆)等並列；可見那時左傳中的故事必已出現了。王符作潛夫論，在五德志裏也大段的把左傳這兩段文字鈔了進去(稍有些鈔錯的地方)。應劭作風俗通義，甚至於異想天開的替竇氏尋出了他們受姓的根源來：

　　　竇氏：夏后相遭有窮之難，其妃方娠，逃出自竇而生少康，其後氏焉。(廣韻引)

這種荒謬絕倫的説法，也一定要待少康中興故事風行後才會有的。

　　然而特別表彰少康中興的卻要推曹魏的高貴鄉公。高貴鄉公在魏氏衰微之際嗣了帝位，他頗有中興祖業的弘願，在即位之初，他就下詔道：

　　　　昔三祖神武聖德，應天受祚；齊王嗣位，肆行非度，顛覆厥德；皇太后深惟社稷之重，延納宰輔之謀，用贊厥位，集大命于余一人。以眇眇之身託于王公之上，夙夜祇畏，懼不能嗣守祖宗之大訓，恢中興之弘業。……（魏志卷四）

他有了"恢中興之弘業"的志願，所以他很羡慕夏少康。有一次他宴群臣於太極東堂，與侍中荀顗、尚書崔贊、袁亮、鍾毓，給事中中書令虞松等言帝王優劣之差，因問顗等道：

　　　　有夏既衰，后相殆滅，少康收集夏衆，復禹之績；（漢）高祖拔起隴畝，驅帥豪儁，芟夷秦、項，包舉寓内：斯二主可謂殊才異略，命世大賢者也。考其功德，誰宜爲先？

顗等對道：

　　　　夫天下重器，王者天授，聖德應期，然後能受命創業。至於階緣前緒，興復舊績，造之與因，難易不同。少康功德雖美，猶爲中興之君，與世祖（光武）同流可也；至如高祖，臣等以爲優。

他們以爲少康是與漢光武同等的人物，比不上高祖。這個對答大不合高貴鄉公的意思，於是他就説道：

　　　　自古帝王功德言行互有高下，未必創業者皆優，紹繼者咸劣也。湯、武、高祖雖俱受命，賢聖之分，所覺懸殊。少康、殷宗，中興之美；夏啟、周成，守文之盛：論德較實，方諸漢祖，吾見其優，未聞其劣。顧所遇之時殊，故所名之功異耳。少康生於滅亡之餘，……非至德弘仁豈濟斯勳？漢祖因土崩之勢，……若與少康易時而處，或未能復大禹之績也。推此言之，宜高夏康而下漢祖矣。

高貴鄉公一味的偏袒少康，實在就是他傾心於祖業的復興。"未必創業者皆優，紹繼者咸劣"兩語簡直道出了他的心事來。群臣既摸出了高貴鄉公的意思，於是在翌日再議的時候，就有一部分人順着他的話頭，議道：

　　……少康布德，仁者之英也；高祖任力，智者之儁也；仁智不同，二帝殊矣。詩、書述殷中宗、高宗皆列大雅；少康功美過於二宗，其爲大雅明矣。少康爲優，宜如詔旨。

原來少康的功美是過於殷中宗和高宗的。但仍有一部分人堅持着他們的前見，議道：

　　少康雖積德累仁，然上承大禹遺澤餘慶，內有虞、仍之援，外有靡、艾之助；寒浞讒慝，不德於民；澆、豷無親，外內棄之：以此有國，蓋有所因。至於漢祖，起自布衣，率烏合之士，以成帝者之業。論德則少康優，課功則高祖多；語資則少康易，校時則高祖難。

他們以爲少康到底不如高祖。高貴鄉公聽了兩面的話，斷説：

　　諸卿論少康因資，高祖創造，誠有之矣。然未知三代之

世，任德濟勳，如彼之難；秦、項之際，任力成功，如此之
易。且太上立德，其次立功，高祖功高，未若少康盛德之茂
也。且夫仁者必有勇，誅暴必用武，少康武烈之威豈必降於
高祖哉？但夏書淪亡，舊文殘缺，故勳美闕而罔載；唯有伍
員粗述大略，其言"復禹之績，不失舊物"，祖述聖業，舊章
不愆，自非大雅兼才，孰能與於此？向令墳、典具存，行事
詳備，亦豈有異同之論哉！

他的話説得這樣斬截，於是群臣只得表示悦服了。中書令虞松
進道：

少康之事，去世久遠，其文昧如，是以自古及今議論之
士莫有言者，德美隱而不宣。陛下既垂心遠鑒，考詳古昔，
又發德音，贊明少康之美，使顯於千載之上；宜録以成篇，
永垂于後。（魏志卷四注引魏氏春秋）

少康之事本是"其文昧如"的，是"自古及今議論之士莫有言者"
的，自從高貴鄉公垂心遠鑒，考詳古昔，發出德音，贊明了少康
之美，於是少康之事才顯豁於千載之上，後來遂爲晉元帝、宋高
宗、明福王們所熟知的了。

(楊寬)中國上古史導論
第十篇説夏附函按 *

　　頡剛案：楊寬正先生用研究神話之態度以觀察古史傳説，立説創闢，久所企仰。其懷疑唐虞之代名與吾人意見差同，而否認夏代之存在又不期同於陳夢家先生所論（陳説見其所著商代的神話與巫術，燕京學報第二十期）。陳先生主夏史全從商史分出，因而不認有夏之一代，取徑雖與楊先生有異，而結論則全同。按商之於夏，時代若是其近，顧甲骨文發得若干萬片，始終未見有關於夏代之記載，則二先生之疑誠不爲無理。惟周書召誥等篇屢稱"有夏"，或古代確有夏之一族，與周人同居西土，故周人自稱爲夏乎？吾人雖無確據以證夏代之必有，似亦未易斷言其必無也。楊先生此文最大之貢獻，在指出"夏國"之傳説與"下國"之傳説有關係，或禹啟等人物與夏之代名合流之由來，即緣"下后"而傳訛者乎？以材料之缺乏，未敢臆斷，姑識於此以質當世之博雅君子，並望參加討論古史之諸家對楊先生此文予以深切之注意也。

　　　　　　　　　民國二十六年五月二十一日附記。

＊　原載禹貢半月刊第七卷第六、七合期，1937 年 6 月 20 日；又載古史辨第七册。

息壤考[*]

戰國策秦策二中記載秦武王令甘茂約了魏國伐韓，當甘茂回來的時候，武王到息壤迎接他；甘茂爲了想伐韓的宜陽，可是怕武王聽信旁人的讒言，妨礙了這任務的完成，就對他講了一段曾參的母親投杼而起的故事，武王表示堅決地信任他，和他在息壤結盟。當時秦國的國都在咸陽，甘茂從東方回來，秦武王迎他于息壤，這息壤必然是咸陽東郊的一個地名。

這個地方爲什麼叫做"息壤"呢？原來在渭河峽谷裏黃土層間，常有地下水位增高和地下水流增大的現象。地下水位入冬凍脹，春後消融，地下水流又不斷地施壓力于上部較薄的地層，使得土地突然隆起。息，是長大的意思。土壤會自己高脹起來，所以秦國人稱它爲"息壤"。

一九五〇年，我因事到陝西武功，住在西北農學院裏，和辛樹幟院長及虞宏正教授等談話，知道隴海鐵路從寶雞到天水一段雖已于一九四四年築成，可是平均每年崩塌土方有五十萬公方之多。所以會造成這樣大的損失的原因，一來是谷岸黃土層間夾有紅色黏土層，容易惹起黃土的崩塌，阻塞路軌；二來即因地下水太多，土地時時隆起，今天剛刨平，明天又長出，鐵軌不能保持平衡，火車就不好開。因爲常有這些事故發生，在解放前，短短

* 1951年初稿，1957年8月定稿。原載文史哲第十期，1957年10月1日。

的三百里程途有時竟要走至十八天之久。道中荒凉，無物可買，旅客們必須自帶食品和燒飯的家伙上路。於是有民歌流行，説是：“寶天路，瞎胡鬧，不是塌方就掉道。”有的還替寶天路起了一個綽號，叫做“隴海路的盲腸”。可是解放以後情形就不同了，黨和人民政府竭力設法控制自然，在渭河上多架橋梁，北岸容易走就走北道，難走的時候改走南道；到南道難走了又轉行北道。人民解放軍的指揮員和作戰員數萬人聽從工程師的指導，用了排山倒海的威力戰勝自然的困難。對於土地隆起的現象，民間向來稱它做“神山”的，他們估計山中可能有水源使土地起化學作用而膨脹，就號召“向神山進攻”。果然在山裏發現水泉，他們立刻在山後掘了溝把它排泄。水既由山後泄出，山前就不再脹，神山失去了神秘，鐵路得保安全。辛院長又告訴我：陝西方面，不但寶鷄峽中有這現象，就是長安、朝邑之東也有這現象。渭惠渠之所以修築了好幾年而不成，便是受了這個影響。

按土地突然隆起的現象不但陝西有，別的地方也有。古本竹書紀年載：

> 梁惠成王七年，地忽長十丈有餘，高尺半。周隱王二年，齊地暴長，長丈餘，高一尺。（太平御覽卷八八〇引）

漢書東平王傳説：

> 哀帝時，無鹽危山土自起復草，如馳道狀。

這些事出在今河南和山東。唐柳宗元永州龍興寺息壤記説：

> 永州龍興寺東北陬有堂；堂之地，隆然負磚甓而起者，廣四步，高一尺五寸。始之爲堂也，夷之而又高；凡持鍤者

盡死。永州居楚、越間，其人鬼且機，由是寺之人皆神之，人莫敢夷。

宋張世南游宦記聞説：

江陵城內有法濟院，今俗稱爲地角寺，乃昔息壤祠。圖經引溟洪録云："江陵南門有息壤焉，隆起如牛角狀；平之則一夕如故。……牛馬踐之，或立死。"

這些事出在今湖南和湖北。清林春溥開卷隅得（卷九）説：

今吾郡城東街孝義巷有土隆起，亦約長丈餘，高一尺，夷之復高；行者蹉跌輒不利。蓋亦息壤之類。

這事出在今福建。又晉郭璞山海經注説：

漢元帝時，臨淮徐縣地涌長五六里，高二丈，即息壤之類也。（海內經）

清范寅越諺卷下論古今山海變易説：

儀峰山麓磐石，道光季年有樵翁指告曰："此余幼時坐而揹子（揹音稱，孩兒局戲，石粒在手，反復揹之以賭勝負）者，今漸高及腰，豈石亦長耶？"同治初年又往過之，則過腰寸許。此越諺所謂"人弗看見山高大，鷄弗看見人長大"者，是耶非耶？

近人朱琛洞庭東山物産考中蠻石條云：

山以泥爲肉，石爲骨，泉爲血。我鄉諸山所爲骨之石皆蠻石，色紅紫，性剛烈，甚易長大。琛十餘歲，見門前山嘴一石如方台；及二十餘歲，已大于屋基；至今，已逾半畝。可見其長力之速。

這些事出在今安徽、浙江和江蘇。從以上所舉諸項事實看來，這種現象很普遍，不過都是局部的，不及陝西範圍大，足以妨礙社會主義的建設。早在一千年前，柳宗元們已把這種現象和古書記載聯繫起來而定其名曰"息壤"。至于所謂"持鍤者盡死"、"牛馬踐之或立死"，那是當地的好事之徒或僧人們故神其事，所作的誇大的傳說，當然不可信。

我曾把這些資料送給礦學家張幼丞先生看，他說："息壤爲自生自長的土，這話從地質學上說來也是正確的。世界上有兩種顯著的因素可以造成息壤，一種是水，一種是風。例如崇明島是一千年前由于水的逐漸冲積而成，北方的黃土層則是風力所成。只是這種息壤之成須經歷漫長的歲月，範圍也很大；永州、江陵的息壤不屬於此類。湖南、湖北間原屬冲積地層，它的荷重力弱，在上面建立了較重的建築，往往容易下沉；如果下面接近于基岩就不會這樣。所謂基岩，是地內噴發的岩層。當周圍土質平均下沉的時候，潛藏基岩的地方即形成隆然而起之勢。至蠻石之說，說基石有長力則不可信，當是局部的地殼上升的現象。"

西北農學院藍夢九教授也告我："土向上隆起的原因，尚有黏土的濕脹和土壤生物作用，尤其是微生物作用；土壤本身並有彈性。在舊時代裏，堪輿家替官僚地主們尋穴地下葬，葬了之後有的會自己長起來，叫做'發坟'；他們就自己居功，表示幫助了這家的興旺。其實，這類穴地就是地下水、火所經之處，拿現在的術語說，就是接近地下流泉和火山的罅隙處，所以上面的土壤便和別的地方不同。例如流泉接近了火山的罅缺就變爲溫泉，這是大家都知道的。”

　　“息壤”既得到了它的科學解釋，並有科學解決的實例，不但秦國的息壤這個地名的來歷可以不待煩言而解，而且不妨進一步去探求我們祖國的一個偉大的神話的事實背景和它的發展過程了。

　　詩經的最後一部分是商頌，裏面有一篇長發，説：

　　　　洪水芒芒，禹敷下土方。

在這樣的簡單的語句中，包含了古代人民的一個盛傳的故事。怎麼講呢？山海經中海内經説：

　　　　洪水滔天。鯀竊帝之息壤以堙洪水，不待帝命。帝令祝
　　融殺鯀于羽郊。鯀復生禹。帝乃命禹卒布土以定九州。

這裏的“堙”是填塞的意思。滔天的洪水是無比的災難；要想解除這個災難，惟有拿息壤去填塞它。這件事情，鯀已經做了，但息壤這個神物是藏在上帝那裏的，鯀沒有請求他，也沒有通知他，徑自偷來用了，所以上帝生氣，把他殺了。可是洪水不該不平，所以上帝又命鯀的兒子禹把息壤放下洪水，使得大地重生。所謂“布”，就是“敷”，也就是今語的“放”。所謂“卒”就是用鯀的方法徹底把洪水除掉。

　　我爲什麼敢於加了許多字來解釋這些話，而且斷説禹也是用息壤堙洪水的呢？因爲淮南子的地形是這樣説的。地形文有誤亂，今依清王念孫的讀書雜志所考，寫定其文如下：

　　　　凡鴻水淵藪，自三仞以上，二億三萬三千五百五十有
　　九。禹乃以息土填洪水以爲名山。

息土，就是息壤的異稱。一仞八尺，當時洪水所聚的淵，在兩丈四尺以上的就有二億三萬多個。在這般廣大的區域裏，禹用了息壤一一填平了；不但填平而已，又讓它高出來，成爲若干座大山。試想，息壤有多麼大的神通和威力！

啟筮是歸藏的一部分，古代筮書的一種。這書晉後已亡佚，幸而郭璞山海經注裏還引了一點。這上説：

> 滔滔洪水，無所止極。伯鯀乃以息石、息壤以填洪水。（海内經注引。"啟"作"開"，避漢景帝諱改。）

這裏在息壤之外又多出了"息石"。看來正同范寅、朱琛所説，會自己長大的石頭了。

因爲治洪水的方法是用息壤，它既可以填平又可以填高，所以楚辭中的天問便説：

> 洪泉極深，何以寘之？地方九則，何以墳之？

"寘"，即填字的古寫。"泉"，朱熹疑本是"淵"字，避唐高祖諱改。"墳"，是高起的意思。這是説：洪水的淵是極深的，禹用了什麼東西來填它呢？分爲九部分的土地，用了什麼東西使它高起來呢？這個回答，無疑是該用息壤和息石了。

提到鯀竊息壤的事，天問裏又有可以補足的資料：

> 鴟、龜曳銜，鯀何聽焉？順欲成功，帝何刑焉？

這故事的細微曲折處雖不可曉，體會語氣，原來盜取息壤的事是鴟和龜所出的計謀，鯀聽了它們的話，實現了自己治水的心願，竟搞"成功"了。然而上帝爲了鯀作事太不擇手段，褻瀆了他的尊嚴，所以成功也得辦罪。鯀死之後，大地又成了白茫茫的一片。
天問又説：

纂就前緒，遂成考功，何續初繼業而厥謀不同？

這問的是：禹續鯀業，子成父功，爲什麽他們的謀慮不一樣呢？
所謂“謀”，鯀是聽的鴟和龜的計策，禹是順的上帝的御旨，爲了
父子的性情有剛柔的差別，所以會有“鯀殛而禹興”的結果。關於
鯀的遭難，古人中有寄予極大同情的。屈原在離騷經中説：

女嬃之嬋媛兮，申申其詈予，曰“鯀婞直以亡身兮，終
然殀乎羽之野。汝何博謇而好脩兮，紛獨有此姱節？”

屈原是衆醉獨醒的忠貞之士，受的排擠最多，他寫出他的滿腹牢
騷，借女嬃的駡詈來顯出自己的特立獨行，但没有把別的好人比
自己，單單把這“婞直”的鯀來比，可見在他的心目中，鯀的確是
一個剛强有爲的漢子，他爲了援助受災的人民而犧牲了自己，這
正可以表現出他的人格的高超。
　　洪水如何爲害人民，古人雖没有直接的資料留給我們，但猜
想得到：黃河流域是古代人民活動的中心，而黃河從高原上奔流
下來，最容易成災。清初王夫之書經稗疏（卷一）説：

堯典所謂“洪水方割”者，大抵河水爲害也。龍門未鑿，
河之上流壅滯于冀、雍之域；九河未宣，河之下流彌漫于
兗、豫之野；而兗、豫之患爲尤甚。蓋河自出太行而東，南
北兩崖，平衍沙壤，水無定居；隨所奔注，輒成巨流。故禹
既治壺口，分播九河，則水患息。孟子亦以“疏九河，瀹濟、
漯”爲首功者，此之謂也。……當禹之時，大河北流，未與

淮通；而南條諸水限于冥阨、潛霍、楚塞諸山，則勢不得與江、淮相接。至荊之南土，梁之西陲，較豫、兗之野，高下相去不知幾百里，使浩浩滔天漫及荊、梁，則兗、豫、青、揚深且無涯，久不復有人矣。……雍、梁、荊之地，山高岸峻，水即壅汎，不足爲民患，何必措力于隨盈隨涸之流，以自勞而勞民也哉！

他就地勢的高下而推定我國西北、西南不能有水災，有水災的只是黃河流域、龍門以下，即禹貢裏的冀、兗、豫三州之地；而兗、豫爲尤甚。他所説的固有可商之處，但大體的觀察是不錯的。我們從書本上找資料，黃河已有禹河、商河（朱右曾詩地理徵説）、周定王河三次變化，何況先史時代古書所没有記的更不知有多少次。古代人民在洪水泛濫的艱苦生活下，想象洪水怎麼來，怎麼去，受災地區怎麼廣大，人的力量怎麼可以去和洪水斗爭，很迫切地需要解釋這些問題，可是他們的時代還没有科學智識，不足以資解釋，于是就作了神話式的回答，而有鯀和禹的故事。他們又看見土地和石頭有自己長大、長高的，把這種實際的觀察加入這故事裏去，而有上帝所藏的息壤、息石等法寶出現。他們嘴裏講的固然是神話，但目的則在控制自然、征服自然，我們不妨説這種神話就是科學的先導。

　　這種神話不知起于何時，但它在春秋到西漢時還在流行，看山海經、楚辭、啟筮、淮南子等書的叙述可以確定。可是從春秋以來，爲了戰爭的頻繁和商品經濟的發達，交通便利了，智識領域大大開拓了，人們的理性已不能無條件地接受神話，所以神話已到了它的結束的時代。左傳記史嚚的話：“國將興，聽于民；將亡，聽于神。”（莊三十二年）記子産的話：“天道遠，人道邇；非所及也，何以知之！”（昭十八年）論語記孔子的話：“未能事人，焉能事鬼！……未知生，焉知死！”（先進）説得何等斬釘截鐵。孔子以後，只有墨家明鬼，其他諸家更沒有信鬼神的。在這等空氣之下，古代流傳的大量神話，消失的消失了，沒有消失的也變樣了。就拿"鯀婞直以亡身"這件故事來講，他本因不待上帝命令、盜走息壤而犯了死罪，但到了戰國末年，他的故事中"婞直"的性情和"亡身"的結果雖保存，可是其他都變相了。呂氏春秋的行論裏就記下這個變相的故事：

> 堯以天下讓舜，鯀爲諸侯，怒于堯曰："得天之道者爲帝，得地之道者爲三公。今我得地之道而不以我爲三公！"以堯爲失論，欲得三公。怒甚猛獸，欲以爲亂。比獸之角，能以爲城；舉其尾，能以爲旌。召之不來，仿佯于野以患帝。舜于是殛之于羽山，副之以吳刀。禹不敢怒而反事之，官爲司空，以通水潦，颜色黎黑，步不相過，竅氣不通，以中帝心。

原來他的被殛的原因是和舜爭做三公而不由于治水，上帝也變成了帝堯；禹雖治水，僅僅"通水潦"而已，也不是用息壤填洪水的淵藪了。

這個故事既隨了戰國時代的思想而變化，于是順了兩個方向轉移。其一，是把"息壤"轉作"洪範九疇"。尚書洪範借了箕子的口説道：

> 我聞在昔，鯀堙洪水，汩陳其五行。帝乃震怒，不畀洪範九疇，彝倫攸斁。鯀則殛死，禹乃嗣興。天乃錫禹洪範九疇，彝倫攸叙。……

"洪範"是天地間的大法，"九疇"是這大法的分類，就是五行、五事、八政、五紀、皇極、三德、稽疑、庶徵、五福和六極，是天道和人道的統一。鯀爲了湮塞洪水，汨亂了五行，就是不能好好地處理水、火、木、金、土五種物質來供人生的應用，他的動作既已違背了自然界的法則，所以上帝不給他"洪範九疇"，他没法把天和人的關係搞好，于是犯了死罪。他死之後，上帝把"洪範九疇"給了禹，天人關係就一切順理成章了。這個説法的格局完全和海内經、楚辭一樣，只是把最有神通和威力的法寶換過了。可是洪範九疇究竟是一種理論，不及實在的東西來得有力量，于是劉歆再來給它安排一下。漢書五行志説：

> 易曰："天垂象，見吉凶，聖人象之。河出圖，雒出書，聖人則之。"劉歆以爲虙羲氏繼天而王，受河圖，則而畫之，八卦是也；禹治洪水，賜雒書，法而陳之，洪範是也。

河圖相傳是黄河裏的龍馬背出來的，雒書相傳是雒水裏的神龜背出來的。經劉歆這樣一講，禹的治水所以能成功，是靠着這種龜的幫助，從雒書裏得到了洪範九疇。自此以後，雒書就穩穩地代替了"息壤"的地位。

其二，是把鯀和禹的治水工程分爲兩種方法。國語周語下記着周靈王的太子晉的話：

> 古之長民者……不防川。……昔共工棄此道也，虞于湛樂，淫失其身，欲壅防百川，墮高湮庳以害天下。皇天弗福，庶民弗助，禍亂並興，共工用滅。其在有虞，有崇伯鯀播其淫心；堯用殛之于羽山。其後伯禹念前之非度，……高高下下，疏川導滯，……合通四海。……皇天嘉之，祚以天下，賜姓曰姒，氏曰有夏，謂其能以嘉祉殷富生物也。

這樣説，鯀的治水繼承共工的方法，只是築了堤岸來壅防，禹的治水方法則是隨了地形而疏導，使水都能歸海，和先前神話裏説的他們父子都用息壤來填塞洪水淵藪，面目截然不同。先前的上帝，到此也變爲帝堯了。所不變的，只賸得"殛之于羽山"這一點。

這兩種説法，一説洪範九疇，一説雍防、疏導的方法，固然不同，但還是可以統一的。朱熹楚辭集注説：

> 此問禹能纂代鯀之遺業而成父功，何繼續其業而謀乃不同如此乎？答曰：鯀、禹治水之不同，事見洪範。蓋鯀不順五行之性，築堤以障潤下之水，故無成；禹則順水之性而導之使下，故有功。……程子曰："今河北有鯀堤而無禹堤，亦一證也。"（天問）

這就把洪範裏的"五行"一疇和治水方法勾搭住了。後世讀書的人對于這個問題，大概都是這樣想；朱熹此説可以看作定論。

如果再提出一個問題，説：爲什麼鯀要用雍防的方法，禹要用疏導的方法呢？我們可以回答：這是把戰國時代水利工程反映到古代。孟子裏説：

> 白圭曰："丹之治水也愈于禹！"孟子曰："子過矣！禹之治水，水之道也。是故，禹以四海爲壑，今吾子以鄰國爲壑！……"（告子下）

怎麼叫做"以鄰國爲壑"？漢書溝洫志記的賈讓奏言足以説明這個理由：

> 蓋堤防之作，近起戰國，雍防百川，各以自利。齊與趙、魏以河爲竟，趙、魏瀕山，齊地卑下，作堤去河二十五

里，河水東抵齊堤則西泛趙、魏。趙、魏亦爲堤，去河二十
五里。雖非其正，水尚有所游蕩，時至而去，則填淤肥美，
民耕田之。或久無害，稍築室宅，遂成聚落；大水時至漂
没，則更起堤防以自救。稍去其城郭，排水澤而居之，湛溺
自其宜也。

讀此，可知戰國之世强國對立，統治者各築堤防，使大水來時冲
到別國，自己保了險，讓別人去受害，這是國語所説的"墮高湮
庳以害天下"的注腳。爲了這等害人，所以戰國時人已相引爲戒，
孟子記載齊桓公和諸侯們的盟書是"毋曲防"（告子下），春秋公羊
傳作"無障谷"（僖三年），穀梁傳作"毋壅泉"（僖九年）。就是把戰
國時的統治階級所犯的錯誤叫春秋時的統治階級去擔負這個責
任。不過戰國時齊、趙、魏的君主雖然築堤，究竟去河還有二十
五里，水來時尚有游蕩的餘地；到人們貪了河槽裏"填淤肥美"的
小利，先去墾田，再來築宅，更造堤防，河槽越來越窄，大水一
到就完全漂没了。這是熱愛勞動群衆的人們所不忍見的，所以他
們要把這個責任更向上推，直推到共工和鯀的身上，説是他們想
出的壞主意，於是他倆就成了被詛咒的對象。他們壞了，誰是好
的？當然是禹，所以墨子有：

　　　古者禹治天下，西有西河、漁竇以泄渠、孫、皇之水；
北爲防、原、派，注后之邸、嘑池之竇，洒爲底柱，鑿爲龍
門，以利燕、代、胡、貉與西河之民；東方漏之陸，防孟諸
之澤，洒爲九澮，以楗東土之水，以利冀州之民；南爲江、
漢、淮、汝，東流之注五湖之處，以利荆楚、干、越與南夷
之民。（兼愛中）

孟子有：

禹疏九河，瀹濟、漯而注諸海，決汝、漢，排淮、泗而注之江，然後中國可得而食也。（滕文公上）

尚書皋陶謨有：

禹曰：“洪水滔天，……予決九川距四海，浚畎、澮距川，……烝民乃粒，萬邦作乂。”

等等說話。禹貢一篇就是這等思想的集大成的著作。在這種空氣之下，禹才成了真正把握科學方法的水利工程開山祖師，和他的死硬派的父親鯀站到兩極端。至于用息壤治水的先期神話，大家忘懷了，鯀的爲了保全人類生命的熱誠而受到嚴厲處罰的冤苦遭遇也不能再爲人們所瞭解了！

"聖"、"賢"觀念和字義的演變*

　　"聖"和"賢"在現代人的觀念中是高不可攀的偶像或超人，但在古代卻與後世有別。它們的内容是隨着歷史的發展而不斷變化的。如果弄清楚了各個歷史階段裏的"聖"、"賢"觀念的内容及其產生的條件，不僅可以揭示"聖"、"賢"觀念本身演變的過程，而且可以根據它來推斷一些有關"古聖先賢"的不同記載出現的時代，從而説明後人爲了適應時代的需要是怎樣地編造古史系統的。

　　"聖"的意義，從語源學上看，最初非常簡單，只是聰明人的意思，"聖人"也只是對聰明人的一個普通稱呼，沒有什麼玄妙的深意。它所有的各種崇高和神秘的意義，完全是後人一次又一次地根據了時代的需要加上去的，這種字義增加的過程也就是"聖"、"賢"觀念的演變過程。

　　文字是人們對所認識了的事物的最初記録和描繪，特別是會意字的意義跟觀念原始的意義有密切的聯繫。今先從"聖"字入手。我們分析"聖"字的形體結構和聲音通轉，就可以瞭解"聖"的原始觀念是什麼。甲骨文中，"聖"字未見。金文中，"聖"或省作"耴"，見於大保殷："王伐録子耴。"郭沫若兩周金文辭大系説："'耴'，古'聖'字，亦即古'聲'字，從'口''耳'會意。'聖'以

---

　　* 1979 年 3 月據王煦華代作稿修改。原載中國哲學第一輯，1979 年 8 月。

‘壬’聲，字稍後起。‘聲’字更屬後起。左氏‘聖姜’，公、穀作‘聲姜’，字猶不別，之後二字始分化。”按“耺”爲會意字，加“壬”爲形聲字；去“口”加“殸”爲形聲字的別寫。在大保設中“耺”是録子的名字，無法從上下文窺知它的含義。所以郭氏也只能指出“耺”字從“口”、“耳”會意，與“聲”相通。因此，我們要想知道“耺”的原初意思是什麼還得另找材料。

魏三體石經尚書無逸篇：“此厥不聽。”“聽”作𦔻。章炳麟新出三體石經考説：“從耳，從口，會意。説文未録。汗簡𦔻字，‘聽’、‘聖’兩讀，蓋疑是‘聖’之省文也。‘聽’、‘聖’皆得于‘壬’，古音本同。廣川書跋稱秦碑‘皇帝躬聽’，今史記‘聽’作‘聖’，是相通之證。漢石經作‘此厥不聖’，蓋一‘耺’字，古文則讀‘聽’，今文則讀‘聖’耳。鼄公崒鐘：‘畬爲之𦔻’，正當讀從‘聽’。”按：禮記樂記：“小人以聽過。”釋文：“聽本或作聖”，可見“聖”與“聽”實爲同字。因此，從形體上來看，“聖”只是“聲入心通”，“入于耳而出于口”的意思。左傳裏的“聲子”、“聲伯”和齊鎛裏的“聖叔”、“聖姜”是同樣的普通稱美之詞，毫無神秘意義。

“聖”爲什麼與“聲”相通呢？應劭風俗通説：“聖者，聲也，言聞聲知情，故曰聖。”（見廣韻四十五勁“聖”字引）這説明了“聖”與“聲”通，是“聞聲知情”的意思。什麼叫聞聲知情呢？尹文子説：“鐘鼓之聲，怒而擊之則武，憂而擊之則悲，喜而擊之則樂。其意變，其聲亦變。”（見北堂書鈔一〇八引）這就是説聽到音樂聲就知道人的内心的情緒。這和從形體上分析出來的“聲入心通，入于耳，出于口”的意思完全合拍，當是“聖”的最初的具體意義。

説文説：“聖，通也。”這又是什麼意思呢？韓詩外傳卷五説：“孔子學鼓琴於師襄子，……持文王之聲，知文王之爲人。”這就是“聞聲知情”的一個具體例子。韓詩接着又引傳説：“聞其末而達其本者，聖也。”這是説從耳聞的具體事物而通曉其根本，就是

“聖”。這裏的“達”是通曉的意思。因此“聖”是“通”的意思也是從
“聞聲知情”演繹出來的。

　　春秋以前的一些典籍裏出現的“聖”，都是最初的原意，在以
後的書中，有些“聖”字仍沿用了這原意。

　　詩經中有不少“聖”字，邶凱風：“母氏聖善。”這是説他們的
母親非常地聰明能幹。小雅正月：“召彼故老，訊之占夢，具曰
予聖。”這是説故老和占夢者都把他自己看成了聖人。十月之交：
“皇父孔聖。”這是説皇父這人自以爲十分聰明。又小旻：“國雖靡
止，或聖或否。”這是説國家雖動蕩不定，然而做官的人有的是聖
的，也有的不是聖的。小宛：“人之齊聖，飲酒溫克，彼昏不知，
一醉日富。”這是説齊聖的人喝了酒，還能保持溫文的樣子，那種
昏亂無知的人，就一天比一天醉的昏昏了。又大雅板：“靡聖管
管。”這是説不照聖道去做事而胡作非爲。這些“聖”字，都只是聰
明能幹的意思，沒有什麼神秘。當時無論哪個人，只要他耳聰目
明，就可以自居爲“聖人”，別人也可以稱他爲“聖人”。桑柔説：
“維此聖人，瞻言百里。維彼愚人，復狂以喜。”這是説聖人所見
的和所談的都可以考慮得很遠，但愚人則只看到眼前，不知道禍
患將臨，反倒發狂地高興了。抑説：“其維哲人，告之話言，順
德之行。其維愚人，復謂我僭。”這是説有知識的人，對他講了，
他就可以順着德的規律而行動。但愚笨的人，對他講了，他就反
要罵我説錯了。桑柔把“聖人”和“愚人”對舉，抑把“哲人”和“愚
人”對舉，可見“聖人”和“哲人”意義相同，只是“聰明人”的意思，
本沒有什麼玄虛的意義。

　　尚書中的“聖”，也只是聰明的意思。多方説：“惟聖罔念作
狂，惟狂克念作聖。”這是説假使聖人沒有學好作人的念頭，他就
會變爲狂人（這狂人便是“復狂以喜”的愚人），反過來説狂人如能
有學好的念頭也就能變成聖人了。可見“聖人”與“狂人”，只是
“有念”與“無念”的區別，並不是“高不可攀”的超人。秦誓説：

"人之有技，若己有之；人之彦聖，其心好之。"這是説對於有技藝的人應該看作和自己也有了的一般，對於彦聖的人心兒裏便喜歡他。"彦聖"與"有技"並舉，可見這種人並不是"曠世而不一見"的人，而是很容易碰見的常人。洪範説："思曰容（今本誤作"睿"，下同）"，"容作聖"。這是説只要把"思"用得對，就是"容"，就可以作"聖"，並以"聖"列休征，"蒙"列咎征對舉。"蒙"是愚昧的意思；聖則站在它的對立面，當然是聰明的意思。禮記緇衣引君陳説："未見聖，若己弗克見；既見聖，亦不克由聖。"這是説某一個人在未見到聖道時，好像自己恨不能見到似的；但既見到了，卻也並不照着去做。可見聖道也是很平常的道理。

逸周書謚法："稱善簡賦曰聖，敬賓厚禮曰聖。"這説明了凡是精通一藝、通曉一方面事情的人和對別人態度恭敬的人，就都可以謚之爲"聖"。

左傳中的"聖人"，也指多知和明德的人。襄公二十二年有一段"聖人"的故事，云：

> 臧武仲（臧孫紇）如晉，雨，過御叔（魯御邑大夫）。御叔在其邑，將飲酒，曰："焉用聖人！我將飲酒，而己雨行，何以聖爲！"

這是説魯大夫臧孫紇被派到晉國時，他經過魯的御邑時，恰值天雨，他去訪問御叔。大概他在魯國本有"聖人"的稱譽，所以御叔譏誚他説他在我飲酒的時候來，算什麽"聖人"！又在雨中來，就更不是"聖人"了，這件事在論語憲問中也有述及，孔子曾説過"若臧武仲之知"，拿來合看，就更清楚地説明"聖"即是"知"了。

又左傳昭七年記孟僖子的話道：

> 吾聞將有達者曰孔丘，聖人之後也，而滅于宋。其祖弗

父何，以有宋而授厲公。及正考父，佐戴、武、宣，三命兹
益恭。……臧孫紇有言曰：“聖人有明德者，若不當世，其
後必有達人。”今其將在孔丘乎！

王引之經義述聞卷二十説：“曰聖人、曰聖人有明德者，皆指弗
父、考父言之。”“弗父、考父爲聖人者，聖爲明德之通稱，不專
指大聖。”由此可見，當時凡是有些明德的人就可以稱之爲“聖
人”，而不是“大聖”的特定稱謂。

　　國語中的“聖”也没有崇高的意義。只是普通聰明的人。齊
語：“不聽國政，卑聖侮士。”“聖”與“士”並列，可見聖只是普通
人而不是超人。吳語：“勾踐乃召五大夫，曰：‘……敢訪諸大夫
問戰，奚以而可？……’大夫舌庸乃進對曰：‘審賞可以戰乎？’王
曰：‘聖。’大夫苦成進對曰：‘審罰則可以戰乎？’王曰：‘猛。’大
夫種進對曰：‘審物則可以戰乎？’王曰：‘辯。’大夫蠡進對曰：
‘審備則可以戰乎？’王曰：‘巧。’大夫皋如進對曰：‘審聲則可以
戰乎？’王曰：‘可矣。’”這五大夫各自所説的戰略，勾踐都以一字
加以評判。“罰”評爲“猛”，“物”評爲“辯”，都比較易於理解；獨
“賞”而評爲“聖”，則不易明白。韋昭解：“審賞，賞不失勞。聖，
通也。”亦不易看出其中的聯繫。然“聖”與“猛”、“辯”、“巧”等作
爲平等的概念，則“聖”必然不存在崇高的意義。越語：“聖人不
出，忠臣解骨。”韋昭解：“聖，通也，通知之人。”這可見聖人也
只是通曉事理的聰明人。

　　周禮大司徒説：“以鄉三物教萬民而賓興之，一曰六德：知、
仁、聖、義、忠、和。”鄭玄注説：“聖，通而先識。”可見周禮中
的“聖”，也僅僅是比衆人先通達事物道理的聰明人罷了。

　　禮記中的“聖”也只是“知”的代用辭。鄉飲酒義説：“仁義接，
賓主有事，俎豆有數，曰聖。聖主而將之以敬，曰禮。禮以體長
幼，曰德。”鄭玄注：“聖，通也，所以通賓主之意也。”這就是説

通得賓主之意，識得俎豆之數，即可説是“聖”，有聖而後有“禮”，有禮而後有“德”，可見“聖”爲初級，“禮”與“德”爲高級。爲什麼“聖”的位置會這樣低呢？鄉飲酒義又説：“左聖，鄉仁；右義，偝藏也。”鄭玄注：“聖之言生也。”皮錫瑞禮記淺説説：“古者聖、知通用。論語‘若聖與仁’，即‘若知與仁’，所謂‘學不厭，知也；教不倦，仁也’。此文‘聖’字亦即‘知’字。蓋以仁、義、禮、知並言，故先言仁義，既言‘仁義接’而後言‘知’，言‘知’而後言‘禮’。禮經以禮爲主，故終言之，而曰‘禮以體長幼曰德。’自鄭失其解，朱子乃謂‘此節牽附迂滯，不足深究’矣。”皮錫瑞又説：“聖之訓生，不見經傳，且與下‘仁義’不一律。古‘聖’、‘知’通用，此‘聖’字即‘知’字，蓋以春爲知，夏爲仁，秋爲義，冬爲信。”讀此，可見古人對於“聖”的觀念正自平常，只看作“知”的代用詞。

大戴禮記中的“聖”也是知的意思。誥志：“仁者爲聖貴次力次美次射御次。”孔晁補注：“聖人先德而後爵，尚功而賤藝，故貴不如仁，力不如貴，美不如力，射、御不如美也。美謂才美。”王引之經義述聞卷十二提出異議，説：“此論賢才之高下，非論貴賤也，不應以貴爲次。且‘仁者爲聖’，亦文不成義。今案‘聖’字當在‘貴’字下，而讀‘仁者爲貴’作一句，‘聖次’作一句。聖猶智也。智不如仁，故曰：‘仁者爲貴，聖次’，蓋先德而後才也。”

戰國諸子書中出現的“聖”，有沿用其原來的意義的，管子樞言説“國有寶、有器、有用：城郭、險阻、蓄藏，寶也；聖智，器也；珠玉，末用也。”房玄齡(?)注：“聖無不通，智無遺策，二者可操以成事，故曰器。”把“聖”、“智”並列爲“器”，可見“聖”字還沒有神化，當指高級的智，猶今人所謂“科學的預言”。心術上説：“物固有形，形固有名，名當謂之聖人。”這是説只要能爲事物正名，做到名實相當，就是“聖人”了。四時説：“使能之謂明，聽信之謂聖。”這是説使用有才能的人叫做“明”，聽從有才能人的話並相信他做的事，叫做"聖"。這個聖是表示他聰明能幹的意思。老子説："絕聖棄智。"王弼注："聖、智，才之善也。"這個聖也只是有才能的意思。

漢以後，仍有沿用"聖"的原來意義的。賈誼新書道術説："知道者謂之明，行道者謂之賢，且明且賢，此謂聖人。"這是説明白了事物的道理而能照着它實行的人，就是聖人。史記倉公傳："光又屬意于殷曰：'意好數，公必謹遇之，其人聖儒！'"可見當時把醫師也作爲儒的一種。儒成爲知識分子的通名，而醫道高明的即可稱爲"聖儒"。後人尊張仲景爲"醫聖"，即是這個道理。水滸傳的"聖手書生蕭讓"，同屬此例。

春秋以後，社會生產力的發展把黃河和長江兩流域的廣大地區裏的各個國家在經濟上都聯繫了起來，經濟上的聯繫必然要求政治上的統一來爲經濟發展掃清道路，雖然這一過程是漫長的，但逐步打破諸國林立的狀況，逐步實現統一，已成爲歷史發展的客觀要求。從春秋到戰國，諸侯國的兼併戰爭連接不斷，客觀上就是實現這一歷史發展的要求的。但是，頻繁的戰爭又使廣大人民處於水深火熱的痛苦之中，迫切需要把相互的兼併轉化爲全國的大一統來結束戰爭災難。這就需要產生一個前所未有的偉大人物來領導人民實現這個願望，開創歷史的新局面。在當時的人們心目中，這個偉大的人物，就是"聖人"，從而聖人這個觀念就變得非常崇高，並逐步向神秘和玄妙莫測的方向來發展。

早在春秋末期，人們對大國的爭霸和小國的兼併就深感痛苦，希望有一個"聖人"出來實現全國的大一統。論語八佾載儀封人的話："天下之無道也久矣，天將以夫子爲木鐸。"這就是説大家希望孔子成爲一個聖人，施行他的教化來救濟天下人民。而這個用了施行教化來救濟天下的方案，也就是當時儒家的"聖人"的具體表現。

論語雍也："子貢曰：'如有博施於民而能濟衆，何如？可謂仁乎？'子曰：'何事於仁，必也聖乎！堯、舜其猶病諸！'"又憲問："子路問君子。子曰：'修己以敬。'曰：'如斯而已乎？'曰：'修己以安人。'曰：'如斯而已乎？'曰：'修己以安百姓。修己以安百姓，堯、舜其猶病諸！'"在述而中孔子又説："若聖與仁，則吾豈敢，抑爲之不厭，誨人不倦，則可謂云爾已矣。"憲問中子路所問的雖是"君子"，但子路的提問步步進逼，孔子的回答也就層層升級，最後回答的實際是指"聖人"，所以加上一句話，就是堯、舜們的好心掌握了政權，實行起來還是困難，可見這個統一的方案是不容易決定的。

"聖人"本來是從"君子"中分化出來的最高級的君子，後來才位於"君子"之上。孔子自謙時居於"君子"，而別人則尊他爲"聖人"。可見兩者既相同，又有區別。這三條材料具體説明了孔子心目中的"聖人"必須具備兩個條件：（一）要修己，有崇高的德行；（二）要能博施濟衆，安定百姓。在當時兼併戰爭和相互爭霸紛紛鬧嚷的情況下，這是最難於做到的，所以他認爲即使是在古史上最有權威的堯、舜去做也有困難，而他自己也只能是"爲之不厭，誨人不倦"，朝着這個方向去努力進修而已。

孔子有了這樣的"聖人"觀念之後，必然要否定原來的"聖人"觀念，認爲聰明能幹的人不是聖人。論語子罕："太宰問於子貢曰：'夫子聖者與？何其多能也！'子貢曰：'固天縱之將聖，又多能也。'子聞之曰：'太宰知我乎！吾少也賤，故多能鄙事。君子多乎哉！不多也。'"太宰以"多能"爲"聖"，是沿襲原來的舊觀念的，但孔子卻認爲多能不足爲聖，只是賤人的勞動。這裏子貢還編造了一個上帝要使孔子成爲聖人的神話，爲聖人加上了神秘的色彩。

孔子心目中的"聖人"，既然比堯、舜還要高明，工作還要艱難，那當然是不容易遇到的，因此，孔子只能嘆息道："聖人，

吾不得而見之矣，得見君子者斯可矣。”連孔子也見不到“聖人”，
聖人真是高不可攀了！

　　孟子繼承和發展了孔子的聖人觀念。在孟子中認爲聖人是
“人倫之至也”（離婁上），“百世之師也”（盡心下），“由百世之後
等百世之王，莫之能違也”（公孫丑上）。同時認爲聖人是“平治天
下”的偉人。可見，崇高的德行和實現大一統的政治局面，是孔、
孟共同具有的“聖人”觀念。另外，孟子還説：“大而化之之爲聖，
聖而不可知之之謂神。”爲“聖人”增加了十分神秘的色彩。

　　其他各家與儒家的政治主張雖然並不一樣，但是有一個“聖
人”出來結束各方面的兼併戰爭，實現從古未有的大一統，則是
一致的要求。因此，諸子中的“聖人”觀念具體的含義雖和儒家有
出入，但是“聖人”是一個具有治理天下、統一天下的能力的人則
是一致的。

　　墨子兼愛上説：“聖人以治天下爲事者也，必知亂之所自起，
焉（乃）能治之；不知亂之所自起，則不能治。”這是説聖人的職責
是治理好天下，所以必須先知道了禍亂是從哪裏發生的，才能實
行治理的工作；如果不知道禍亂從哪裏發生，就絶對治理不好。
因而説“聖人”就是能從根本上治理好天下的人。有了這樣的人當
然能實現大一統的新政體。

　　管子正世説：“聖人者，明于治亂之道，司於人事之終始者
也。”這是説聖人懂得造成治亂的道理，熟悉社會歷史的發生發展
的全過程，這樣的人當然也就是實現大一統的主要人物。

　　荀子解蔽説：“聖也者，盡倫者也；王也者，盡制者也；兩
盡者，足以爲天下極矣。”他又説：“向是而務，士也；類是而幾，
君子也；知之，聖人也。”這是説聖人是通曉萬物的道理的，王者
是徹底推行聖人制定的法制的，做到這兩方面，就可以達到天下
最高級的目標。向着這個目標努力的是“士人”，接近這個目標的
是“君子”，完全懂得怎樣達到這個目標的，就是“聖人”。在哀公

中又説："所謂大聖者，知通乎大道，應變而不窮，辨乎萬物之
情性者也。"正論中還説："聖人備道全美者也，是縣天下之權稱
也。""天下者，至大也，非聖人莫之能有也。"可見"聖人"是一個
十全十美的理想中統治天下的人物，只有他才能統一天下和治理
天下。

　　韓非子奸劫弑臣説："聖人者，審於是非之實，察於治亂之
情也。故其治國也，正明法，陳嚴刑，將以救群生之亂，去天下
之禍，使强不凌弱，衆不暴寡，耆老得遂，幼孤得長，邊境不
侵，君臣相親，父子相保，而無死亡繫虜之患，此亦功之至厚者
也。"可見集法家大成的韓非在他心目中的"聖人"也是一位"救群
生之亂，去天下之禍"，實現大一統的人物。

　　即使是政治上不主張大一統而主張倒退到"小國寡民"的老子
和莊子，他們的聖人觀念，也同樣是認爲"聖人"是結束戰亂的局
面而達到另一種形式統一的人物。他們認爲當時的禍亂是人爲
的，"天下每每大亂，罪在于好知"（莊子胠篋）。所以聖人要"處
無爲之事，行不言之教。""是以聖人之治，虛其心，實其腹，弱
其志，强其骨，常使民無知無慾，使夫智者不敢爲也。爲無爲，
則無不治"（老子）。這就是説，聖人是懂得用"無爲"的辦法，從
根本上來消除禍亂的根源的人。只有由聖人來治理天下，才能夠
使整個世界都處於"雖有舟輿，無所乘之。雖有甲兵，無所陳之。
使人復結繩而用之。甘其食，美其服，安其居，樂其俗。鄰國相
望，雞犬之聲相聞，民至老死不相往來"（老子）的狀態，因而這
也是一種統一，不過不是後世政治上的實際的大一統，而是在原
始社會形態上的統一。可見老、莊的"聖人"的觀念，不過是從相
反的方面來達到罷了。因此，我們可以明白，結束當時的兼併戰
爭，實現大一統的從古未有的局面，是春秋、戰國時各家"聖人"
觀念中的一個共同點。

　　春秋、戰國時代，人們心目中的"聖人"既然是開創歷史新局

面的偉人，所以他們總覺得"聖人"應該是一個特異的人，和普通
人不一樣，因而賦予了種種神秘的色彩。易繫辭傳説："天生神
物，聖人則之。天地變化，聖人效之。天垂象，見吉凶，聖人象
之。河出圖，洛出書，聖人則之。"凡是天地間的重要變化，在聖
人身上都起着反應，聖人該是怎樣地偉大呀！莊子胠篋又説：
"夫妄意室中之藏，聖也。"他説到一班强盜當搶劫豪富人家時，
强盜頭子會預料這家的財富所在，説明做强盜的一群人中也該有
未卜先知的"聖人"，好像水滸傳中的吳用、公孫勝一樣，這説明
無論哪個階級和哪個集團裏都不能没有一個無所不知、無所不曉
和未卜先知的一個頭子聖人在。

　　在這樣大捧特捧聖人的環境裏，於是從春秋末葉被捧爲"聖
人"的孔子，當時就流傳着許多有關他的神異的傳説。左傳哀公
三年，魯國的桓公和僖公廟發生火災，孔子那時在陳，他一聽到
這個消息，就説道："其桓、僖乎?"國語魯語下："季桓子穿井獲
羊；騙孔子道，吾穿井而得狗；孔子答道，以我推來，是土怪羵
羊。"又吳伐越，獲大骨，不知道是什麼動物的遺骸，派人去問
他，他就立刻説出這是禹致群神于會稽之山，防風氏後至，禹把
他殺死，其骨節專車。這些記載跟他向來不講"怪、力、亂、神"
是恰恰違背的。這顯然是當時的人從"聖人"的角度來看，給孔子
附會上去的。

　　到了漢代，緯書中關於聖人神異的記載，更是發展到了頂
點，這兒要引也不勝其引。但是這些神話般的記載不管它多麼
離奇古怪，它的内容只有一個目的，是根據時代的需要編造出來
的，用來證明漢朝得天下，或王莽取代漢室，或光武繼承漢統，
都是符合天命的。由此可見，"聖人"的觀念，總是隨着歷史的發
展而不斷地變化，愈來愈變爲愚弄人民和統治人民的工具。

　　春秋、戰國時代，諸子百家在説明新的"聖人"觀念時，常常
引用了古代的歷史材料來論證，其目的是要使人們相信他們的話

是有根據的。可是，古代流傳下來的文字史料很少，而且沒有可爲這些新觀念提供論據的材料，那怎麼辦呢？那只有靠信手編造的神話和傳說來杜撰。論語八佾說：“子曰：夏禮，吾能言之，杞不足徵也。殷禮，吾能言之，宋不足徵也。文獻不足故也。足，則吾能徵之矣！”孔子的態度非常老實，他說夏、殷二代本有訂定的禮制的，它的“不足徵”，只是由於他們的後代杞、宋二國的不善保存，以致“文獻不足”。但既然“文獻不足”，他又怎樣能“言之”呢？這分明是他口頭所講的夏、殷二代的禮是沒有“文獻”可徵的傳說。因此，他所講的夏、殷之禮的可靠性就該大打折扣了。所謂“仲尼祖述堯、舜，憲章文、武”（禮記中庸），不過是孔子或其後學隨時隨地借了堯、舜和文、武的招牌來宣揚他們自己的政治主張罷了。

春秋末年的孔子尚且如此，那麼到了戰國時的諸子當然更會如此。頻繁的戰爭，毀掉了很多文獻史料，可是諸子百家講起古代的“聖人”來，卻是非常熟悉，頭頭是道，好像真正掌握了很多文獻資料似的。例如齊宣王向孟子請教“王政”時，他回答說：“昔者文王之治岐也，耕者九一，仕者世禄，關市譏而不徵，澤梁無禁，罪人不孥。老而無妻曰鰥，老而無夫曰寡，老而無子曰獨，幼而無父曰孤，此四者天下之窮民而無告者；文王發政施仁，必先斯四者。”（孟子梁惠王下）文王時的史料流傳到戰國的，實際上原只有詩、書中很稀少的一點，哪裏有文王發政施仁的那些事情的細密的記載，這分明是孟子爲了宣傳自己的“王道”政策而編造出來的。

儒家是這樣，其他各家也是這樣。墨家主張“尚賢”，就有了堯、舜禪讓的故事。但荀子正論卻說：“堯、舜擅（禪）讓，是虛言也！是淺者之傳，陋者之說也！”這就說明了這個故事是不足信的傳說。堯、舜禪讓是中國古代史上一件非常光彩的大事，早已宣揚了幾個世紀，但到了戰國末年的大儒荀卿卻批判它是“虛言”，是“淺者所傳”和“陋者之説”，那麽其他的口説流傳的故事，就是大可供我們批判的資料了。

墨家注重實利與節儉，所以他把各種器物都定爲“聖人”或“聖王”所作，節用中説：“古者聖王制爲節用之法，……古者聖王制爲飲食之法，……古者聖王制爲衣服之法，……古者聖王爲猛禽狡獸暴人害民，於是教民以兵行，……古者聖王爲大川廣谷之不可濟，於是制爲舟楫，……古者聖王制爲節葬之法，……聖王……爲宮室之法。”把一切日用的東西的製作都歸于“聖王”、“聖人”的德惠，顯然是編造出來的。古代的一切器用和生活用品，不知經歷了多少萬年由勞動人民創造而成，那些習慣於享受的酋長、國王只是剥削人民的，和他們有什麽相干，卻要歸功于他們。墨子的説法在歷史學上發生的影響，就是出現了易繫辭傳裏的把罔罟的創造歸功于包犧氏，耟耒的創造歸功於神農，舟楫、服牛、乘馬、杵臼、弧矢、宮室、棺槨、書契的創造歸功於黄帝、堯、舜。總之一切都是“聖王”創造的完全没有勞動人民的份。世本上的作篇，它把一切日用物品都歸到了黄帝名下或黄帝臣的名下，好像黄帝以前中國毫無文化，到黄帝時突然發達起來，黄帝以後的中國文化又毫没有什麽發展可言了，這豈不是極度的唯心主義的歷史觀！

道家是主張“絶聖棄智”、“無爲而治”的，所以他們口裏的“聖人”就一代不如一代。莊子繕性説：“逮德下衰，及燧人、伏戲始爲天下，是故順而不一。德又下衰，及神農、黄帝始爲天下，是故安而不順。德又下衰，及唐、虞始爲天下，興治化之流，澆淳散朴，離道以善，險德以行，然後去性而從於心，心與心識，知而不足以定天下；然後附之以文，益之以博；文滅質，博溺心，然後民始惑亂，無以反其性情而復其初。”顯然這完全是憑主觀想像編造出來的東西，是宣揚歷史退化論，極端的唯心主義！

　　法家主張“法後王”，但也談到古代的“聖人”。韓非子五蠹說：“上古之世，人民少而禽獸衆，人民不勝禽獸蟲蛇。有聖人作，構木爲巢以避群害，而民悦之，使王天下，號曰有巢氏。民食果蓏，蜯蛤，腥臊惡臭而傷害腹胃，民多疾病，有聖人作，鑽燧取火，以化腥臊，而民説之，使王天下，號之曰燧人氏。”韓非所説的上古之世，是原始社會時期，這時期根本没有什麽“王”，因此，這完全是韓非爲了把“新聖”與“古聖”進行對比，以證明其“法後王”的主張而編造出來的，但是他所説的原始社會的生活發展的情況是比較合于歷史的。

　　春秋、戰國時期，諸子百家口中的古代史很多是爲了論證其政治主張而編造出來，有的也許有一點傳説的根據，但我們決不可輕信，必須加以嚴密的考證，才能確定其真僞。現在我們有了一群考古學者，從事發掘，可以得到各種古代的實物和歷史文獻，充實我國的古代史，回復古史的原貌。這才是打倒一切的僞古史、恢復我國的真古史的黄金時代。我們必須努力負起歷史科學工作者應盡的責任。

　　“賢”的觀念，原來也很簡單，只是多財的思想，才能、德行的含義是後來才有的。説文：“賢，多才也，从貝、臤聲。”段玉裁本逕自改“多才”爲“多財”，説：“財，各本多作‘才’，今正。‘賢’本多財之偁；引伸之，凡多皆曰賢。人偁賢能，因習其引伸之義而廢其本義矣。”

　　早在段氏之前，宋代戴侗的六書故就説過：“賢，貨貝多於人也。”一語破的，指出了賢的原義是多財。戴氏、段氏雖没有提出材料來進行論證，但只看“賢”字從貝，與“貨”、“財”、“賄”、“賂”、“資”等字並列，即可見戴、段兩家的改字實是他們高明的見解。

　　莊子徐無鬼：“分人以財謂之賢。”這句話的重點意義固然在

“分”，不在財，但爲什麽一定要分人以“財”才能稱之爲“賢”呢？可見“財”與“賢”，還是緊密相連的，無“財”即無“賢”，“賢”還是從“財”上派生的。因此，賢者必然是多財之人，還是非常明顯的。

荀子哀公：“所謂賢人者，行中規繩而不傷於本，言足法於天下而不傷於身，富有天下而無怨財，布施天下而不病貧。”前兩句指德行而言，後兩句則就財富而説，可見戰國之世，所謂“賢人”，尚有兼德行和財富兩方面立説的，那麼，多財爲賢的原義，多才則是後出之義，不是明顯的嗎？

史記貨殖列傳説：“今治身不待危身取給，則賢人勉焉，故本富爲上，末富次之，姦富最下。”所謂“賢人”即指從事“本富”（農）、“末富”（商）之人。又説：“請略道當世千里之中，賢人所以富者，令後世得以觀擇焉。”於是列舉（1）蜀卓氏，（2）程鄭，（3）宛孔氏，（4）曹邴氏，（5）齊刀間，（6）周師史，（7）宣曲任氏，（8）橋姚，（9）無鹽氏，（10）關中田氏、栗氏、杜氏。結語説：“此其章章尤異者也，皆非有爵邑奉禄、弄法犯奸而富；盡椎埋去就，與時俯仰，獲其贏利。”這就是説，這些人都是從事手工業和商業等（1—4 爲鐵冶，5—7、10 爲商賈，8 爲畜牧，9 爲貸子錢）而富有起來的，司馬遷都稱之爲“賢人”，可見賢的原義爲多財，漢初仍沿用。

賢的原義爲什麽是多財的呢？這是商代的貴富觀念的反映。禮記祭義説：“殷人貴富……”，又表記説：“殷人尊神，率民以事神，先鬼而後禮，先罰而後賞，尊而不親。其民之敝，蕩而不靜，勝而無恥。”范文瀾在論述商人求富的思想時説：“洪範講‘五福’，富居第二位；講六極，貧居第四位。講貧富不講貴賤，不同於周人尊禮（分別貴賤）的思想。……商朝統治階級以增加自己的財物爲急務，只要求取得財物，不顧什麽廉恥。”（中國通史簡編第一編第一二三頁）可見以多財爲賢，是商代人貴富觀念的一種表現。

　　賢的含義怎麼會由多財演變而爲才能和德行的呢？這主要是由生產力的發展，推動了社會向前發展所引起的。禮記祭義説："周人貴親……"，又表記説："周人尊禮尚施，事鬼敬神而遠之，近人而忠焉，其賞爵用爵列，親而不尊，其民之敝，利而巧，文而不慚，賊而蔽。"這樣的社會和殷代相比，顯然複雜得多。在這種新的社會條件下，賢與不賢，就不能簡單地以財富的多少來區別，而只能以是否"利而巧、文而不慚，賊而蔽"來區別，如果把這些東西概括起來，那就是説要用才能和德行來區別。因此，周以後的文獻上出現的"賢"字，就很少沿用"多財"的意思，而用其引申的意義"多"就多起來了。

　　詩小雅北山："大夫不均，我從事獨賢。"這是説大夫不公平，派我做的事特別多。毛氏傳："賢，勞也。"這雖也講得通，但別無他證。而且也不及解釋爲"多"合理。呂覽順民"則賢于千里之地。"高誘注："賢，猶多也。"戰國策秦策："諸侯相親，賢於兄弟。"高誘注曰："賢，猶厚也。"儀禮鄉射禮："右賢于左，左賢于右。"鄭玄注曰："賢，猶勝也。"國語晉語："敬賢於請。"韋昭解："賢，愈也。""厚"、"勝"、"愈"，都是"多"的引申義，因而也是"賢"的原意爲"多財"的旁證。

　　春秋、戰國時期，各國都需要有一批有才能和德行的人來輔佐"聖人"完成一統的大業，"賢"才大多用來表示才能和德行的意思，從而在古代史上也跟着湧現了一批有才能和德行的"賢人"來輔佐"聖人"以治理天下。

　　論語子張："賢者識其大者，不賢者識其小者。"這是説賢能的人能瞭解某事的根本，不賢的人只能瞭解它的細小末節。可見賢者是有才能的人。公羊傳桓公二年："何賢乎孔父？孔父可謂義形於色矣。"這是説，義形於色的人是"賢"，是就德行來説的。桓公十一年："何賢乎祭仲？以爲知權也。"這是説知權爲"賢"，是就才能來説的。穀梁傳文公六年："使仁者佐賢者。"范寧集解：
"邵曰'賢者，多才也。'"周禮太宰："三曰進賢。"鄭玄注："賢，
有善行也。"鄉大夫："而興賢者、能者。"小司寇："三曰議賢之
辟。"鄭玄注："賢者，有德行者。"禮記内則："獻其賢者于宗子。"
鄭玄注："賢，猶善也。"老子："不尚賢。"王弼注："賢，猶能
也。"荀子哀公："如此則可謂賢人矣。"楊倞注："賢者，亞聖之
名。"這説明出現於春秋、戰國時期的"賢"，都是有才能和有德行
的意思，"賢人"是僅次於聖人的人。

　　春秋、戰國時期，"賢人"在人們心目中既是輔佐"聖人"統一
天下的有才能和有德行的人，因此，他們就要編造些歷史事實來
説明他們的看法是正確的。墨家是最推崇賢人的，認爲賢人是政
治的根本，"國有賢良之士衆，則國家之治厚；賢良之士寡，則
國家之治薄。"（墨子尚賢上）爲了表示他們的政治主張是有歷史可
以證明的，他們就説："故古者堯與舜於服澤之陽，授之政，天
下平。禹舉益於陰方之中，授之政，九州成。湯舉伊尹於庖厨之
中，授之政，其謀得。文王舉閎夭、泰顛於置罔之中，西土服。"
（墨子尚賢上）墨家是這樣，其他各家也是這樣，這裏就不一一列
舉了。總之，諸子百家所引的一些古代賢人，都得細細考察他們
的來歷，跟前面所説的"聖人"一樣，不能輕信。

　　這篇文章，只是把"聖"、"賢"觀念及其字義的演變問題提出
來，談一些初步的看法，以引起大家的討論。要徹底解決這個問
題，還要進一步搜集材料，進行嚴密的科學論證。

"夏"和"中國"*

——祖國古代的稱號

我們的祖國是世界文明的發源地之一。在很早時候就自稱"夏"或"中國"。這兩個名號由何而來？其涵義有没有發展變化？何時成爲我國的專稱名號？對於這幾個問題，就管見所及，提出一些粗淺的看法。

一

在古史傳説中，夏是最早的一個朝代。值得注意的是，夏已經以農業爲經濟基礎，且有了城邦的形式，文化最高，影響最大，保持了幾百年時間，因而被稱爲夏朝。左傳定公四年稱："分唐叔以大路、密須之鼓、闕鞏、姑洗、懷姓九宗、職官五正，命以唐誥，而封於'夏'虚，啓以'夏'政，疆以戎索。"唐叔是西周時分封的晉國的始祖，他的封地在今山西南部汾水流域，而稱做"夏墟"，可見古代的夏國就在這個地區。在黄河中上游，如禹都陽城，相傳在今河南登封縣；漢書地理志隴西郡有大夏縣，其地

---

* 1979 年 1—6 月，與王樹民合作。原載中國歷史地理論叢第一輯，1981 年。

又有大夏河（即廣通河，東流入洮水，非今之大夏河）。這些遺留的名號，足以説明古代夏文化的影響之大。

周興起於關中渭水流域，以擅長農業著稱。國語周語上記祭公謀父所説：“昔我先王世后稷，以服事虞、夏。及夏之衰也，棄稷不務，我先王不窋用失其官，而自竄於戎、狄之間，不敢怠業，時序其德，纂修其緒，修其訓典，朝夕恪勤，守以敦篤，奉以忠信。奕世載德，不忝前人。”這説明：周代的農業是直接從夏代傳授下來的，所謂“不敢怠業，……修其訓典”，正是保持着夏的文化。

尚書康誥：“惟乃丕顯考文王，克明德慎罰，不敢侮鰥寡，庸庸祇祇威威顯民，用肇造我區夏，越我一二邦，以修我西土。”這裏“區夏”、“一二邦”、“西土”的前面都是“我”字，在語法上是平列的。西土之義最明顯，武王在牧誓中第一句話就説：“逖矣，西土之人。”酒誥也説文王“肇國在西土”。這裏的“西土”應指當時周領導下的西方小國（所以文王稱爲“西伯”），而“一二邦”是指與周關係最密切的幾個小國。只有“區夏”比較費解。這段原文是指文王的政治影響由近及遠，“區夏”最近，應是周本國。但舊注對此都講錯了。偽孔傳説：“用此明德慎罰之道，始爲政於我區域諸夏，故於我一二邦皆以修治。”在“修”字下斷句，而以“我西土”連下讀，全失原意；孫星衍尚書今古文注疏則説：“文王始造我區域於中夏”。把“區夏”一詞分割開來講，也不妥當。實際上“區夏”就是“夏區”，即保持夏文化的地方，周人是以夏文化繼承者自居。

“區夏”也作“有夏”或“時夏”。如尚書君奭：“惟文王尚克修和我有夏。”詩周頌時邁：“我求懿德，肆於時夏，允王保之。”又思文：“貽我來牟，帝命率育，無此疆爾界，陳常於時夏。”“有”字是語助詞。“時”即“是”，是“這個”的意思。君奭和周頌二文都是説的周境内之事。可知“有夏”和“時夏”也就是康誥所説的“區夏”。

尚書周書梓材説：“皇天既付中國民越厥疆土於先王。”所謂“中國民”及其“疆土”就是周本國及其人民，和上面所説的“區夏”或“有夏”、“時夏”是一個概念。古代的國以城圈爲限，國語周語中引周制曰：“國有郊牧。”韋昭注云：“國外曰郊。”可見郊區即已不屬於“國”的範圍。尚書周書金縢説：“王出郊，天乃雨，反風，禾則盡起。二公命邦人，凡大木所偃，盡起而築之。歲則大熟。”出郊即走到國外之意，正與上文“邦人大恐”之事相應。“邦人”亦即“國人”，就是住在國中的人。君奭在上文所引的“惟文王尚克修和我有夏”一句之後，接着説：“亦惟有若虢叔，有若閎夭，有若散宜生，有若泰顛，有若南宮适，又曰無能往來，兹迪彝教，文王蔑德降於國人。”意思是文王能够治理好周國，降德於國人，是靠了這五個人的幫助，可見所謂“國人”或“邦人”正是指在城邦以内的人。

從以上列舉的各條例證來看，“夏”和“中國”都是西周初年周人對其本國的稱法。周的國號爲周，他們住過的地方，文王時居豐，武王時居鎬，没有名爲“夏”和“中國”的，可知這樣稱呼是承用於習慣的叫法。

周人既從習慣上以所居之地爲“中國”，並以此區別於逐水草而居的游牧者，因此“中國”二字就逐漸地成爲名詞而爲周王專用了，西周後期的文獻中多有這類用法。如詩大雅民勞：“惠此中國，以綏四方。”又云：“惠此京師，以綏四國。”以“中國”與“京師”互稱，正表明其涵義相同。因此毛傳解釋道：“中國，京師也。”又如大雅桑柔：“天降喪亂，滅我立王。降此蟊賊，稼穡卒癢。哀恫中國，具贅卒荒。靡有旅力，以念穹蒼。”文中的“中國”顯然是指周王直接統治的地區。又如大雅蕩：“文王曰咨，咨女殷商。女炰烋於中國，斂怨以爲德。”又云：“内奰於中國，覃及鬼方。”這是作者借周文王歷數殷王之罪惡，用以警惕周統治者的詩。在周文王時，殷王還是最高統治者，而且殷商也是城邦的形式，所以不妨雙關地稱其統治區爲"中國"。

從現有的文獻來看，西周初年所使用的"夏"和"中國"這兩個稱號，最初就是這樣產生的。説文説："夏，中國之人也，從夊，從頁，從臼。臼兩手，夊兩足也。"後面幾句自是附會，但説"夏，中國之人"還是正確的，因爲在西周時"夏"與"中國"確是一個含義，説文在這裏保存了古義。

二

周滅商後，按照周本身的組織形式分封了許多諸侯。這些諸侯國的文化和周是一個系統，周國既自稱爲"夏"，這些諸侯國，尤其是在逐漸强大起來之後，也就自稱爲"夏"。又因爲諸侯國不止一個，所以稱爲"諸夏"。左傳僖公二十一年云："蠻夷猾夏，周禍也。"可見周與"諸夏"之間的利害是一致的。

論語八佾記孔子的話説："夷狄之有君，不如諸夏之亡也。"左傳閔公元年，管仲對齊侯説："戎狄豺狼，不可厭也。諸夏親暱，不可棄也。"都以"諸夏"和"夷狄"相對而稱。又僖公十五年："楚人伐徐，徐即諸夏故也。"徐爲淮夷所建之國，雖接近"諸夏"而不在"諸夏"之列。僖公二十一年又説："任、宿、須句、顓臾，風姓也，實司太皞與有濟之祀，以服事諸夏。"這些風姓國家建國比魯還早，並服事於魯，可是不在"諸夏"之列。論語記季氏將伐顓臾，孔子曰："夫顓臾，昔者先王以爲東蒙主，且在邦域之中矣，是社稷之臣也。"又説："遠人不服，則修文德以來之；既來之，則安之。"這些風姓小國是魯的近鄰，並有役屬關係，魯國仍視之爲"遠人"，可知"遠"乃疏遠之意，而不是説距離遙遠。又如國語晉語一記獻公伐驪戎，史蘇占之，説是"勝而不吉"。因爲這樣將使"戎、夏交捽"，而且"諸夏從戎，非敗而何？"按驪戎姓姬，與晉同姓，但不在"諸夏"之内。又如杞國相傳是禹之後，本可算作"諸夏"，但由於接近東夷，就被當成夷狄。又如秦國在春秋中前期一度很强盛，後來由於和戎狄長期相處，也被排斥於"諸夏"之外，"不與'中國'諸侯之會盟，夷狄遇之"（史記秦本紀）。可見劃分"諸夏"的主要條件是文化而不是地區、氏族。

在今日可知的"諸夏"中，就氏族而言，晉、魯、衞、鄭、邢、蔡、曹等，與周天子同爲姬姓，齊、許、紀、州等是姜姓，宋、譚等是子姓，秦爲嬴姓，陳爲嬀姓，杞爲姒姓，南燕姞姓，任爲薛姓，莒爲己姓，邾爲曹姓，楚爲芈姓，可見"諸夏"的氏族並不一致。就地區而言，則周的附近有陸渾之戎等，晉的附近有赤狄等，齊的附近有萊夷等，可見在地域方面也是夷、"夏"交錯的。

氏族和地域既不是劃分"諸夏"國家的主要條件，當所謂"蠻夷"國家吸收"諸夏"文化，具有了"諸夏"國家的條件時，即可進入"諸夏"的行列，正如"諸夏"國家在喪失其條件時，即被視爲夷狄一樣。秦國和杞國是後一種情況的實例，屬於前一種情況的則有楚國。

楚國本在蠻夷之列，春秋初年的楚武王還公開地説："我，蠻夷也。"（史記楚世家）但到春秋中後期楚大夫爲共王謀諡時説："赫赫楚國，而君臨之，撫有蠻夷，奄征南海，以屬諸夏。"（左傳襄公十三年，又國語楚語上）這時"諸夏"國家也相率去朝見楚王，承認楚國的霸主地位，事實上已不能否認楚國進入"諸夏"之列了。

這裏再談一談霸主。在西周時，從事農業生産的國家，築城自守，在一般情況下，就足以自保安全。東遷以後，各國對外開拓發展，打破城圈的限制。一國遭到威脅，各國都受影響，因此有聯合行動的必要。聯合行動的領導者就是霸主，齊桓公和晉文公就是最早的兩位。霸主之國既爲“諸夏”的重心，其執政者常自視甚高。如左傳襄公二十四年記范宣子歷數其家世之貴：“昔匄之祖，自虞以上爲陶唐氏，在夏爲御龍氏，在商爲豕韋氏，在周爲唐杜氏，晉主‘夏’盟爲范氏。”以晉主“夏”盟和虞、夏、商、周等平列起來，説明霸主實際上和當年的商王、周王處於同樣的地位。又如左傳哀公二十一年，越圍吳，趙襄子的家臣楚隆對越君勾踐説：“吳犯間上國多矣，聞君親討焉，諸夏之人莫不欣喜。”“上國”似有雙重涵義，吳和越都在長江下游，晉國在地勢上可以稱爲“上國”，同時也暗示着晉以霸主之尊，其地位自然應居列國之上。

“諸夏”爲指同屬周文化系統的全部諸侯國，如只言其中一部分，則可以方位表示之，一般多用於東方。如左傳襄公二十二年，鄭子產對晉人説：“聞君將靖‘東夏’”；昭公元年，祁午數晉大夫趙文子之功也有“寧‘東夏’”一條。這個“東夏”指處於東方的齊、魯等國。又昭公十五年，周景王對晉人説晉文公“撫征‘東夏’”，則指城濮之戰以解齊、宋之難，並收服魯、衛等國，都是“諸夏”之在東方者。又楚語上也有“東夏”之文，指沈、蔡等國，與左傳的用法相同。

從春秋中期以後，楚國作了很長時期的霸主，已進入“諸夏”之列，但地位仍不很穩固。如左傳昭公十九年，楚臣費無極對楚平王説：“晉之伯也，邇於諸夏，而楚僻陋，故弗能與爭。”又楚靈王使人對其臣范無宇説：“吾不服諸夏而獨事晉，何也？唯晉近而我遠也。”（國語楚語上）可見楚國君臣自認爲在“諸夏”國家中的地位遠不能與晉國相比。又如魯襄公在弭兵之會以後，根據“晉楚之從，交相見也”的協議去朝見楚王時，魯大夫季武子乘機襲取了卞邑，魯襄公不敢回國，打算借楚兵討伐季氏。榮成伯勸止這樣作，説是即令戰勝了，對魯君也不會有好處，“彼無亦置

其同類，以服東夷，而大攘諸夏，將天下是王，而何德於君，其
予君也？若不克魯，君乃以‘蠻夷’伐之，而又求入焉，必不獲
矣”(國語魯語下)。在楚和其他“諸夏”國發生糾紛時，便又被視
爲“蠻夷”了。

由於“諸夏”名號的廣泛使用，從“夏”字又衍出“華”字來，有
時稱“華”，有時稱“諸華”，有時又與“夏”字合稱“華夏”。如左傳
襄公二十六年，蔡聲子對楚令尹子木説：“晉遂侵蔡，襲沈，獲
其君，敗申、息之師於桑隧，獲申麗而還，鄭於是不敢南面。楚
失華夏，則析公之爲也。”“華夏”指中原之諸侯，和“諸夏”的涵義
相同。又如襄公四年，魏絳諫晉悼公説：“諸華必叛。”又説：“獲
戎失華，無乃不可乎。”襄公十一年，晉悼公賜魏絳女樂説：“子
教寡人和諸戎狄，以正‘諸華’。”(此二事亦見於國語晉語七)襄公
十四年戎子駒支對晉大夫范宣子説：“我諸戎飲食衣服不與華同，
贄幣不通，言語不達。”昭公三十年，子西曰：“吳，周之胄裔也，
而棄在海濱，不與姬通，今而始大，比於諸華。”這都説明“華”與
“夏”是名異而實同的稱號。

“華”字從何而來？這個問題古人没有作出確切的回答。如詩
小雅苕之華鄭玄箋云：“陵苕之干，喻如京師，其華猶諸夏也，
故或謂‘諸夏’爲‘諸華’。”鄭玄説詩多附會，此處亦不例外。僞古
文尚書武成篇孔傳云：“冕服采章曰華。”正義云：“冕服采章對被
髮左衽則爲有光華也。”這是以後世觀點作的解釋，亦未可取。我
們認爲華字古音敷，夏字古音虎，其音相近。“夏”名號使用的機
會既多，便由音近而推衍出“華”字來，以便加重語氣。如左傳定
公十年，齊、魯相會於夾谷，孔子制止齊侯以萊人攪亂會場時
説：“裔不謀夏，夷不亂華。”“夏”和“華”二字互舉爲文，正與
“裔”和“夷”二字互舉爲文相同，都是加重語氣的寫法。

章太炎在辛亥革命時寫過一篇中華民國解(收入太炎文録別
録卷一)，大略説我國古代以“夏”爲族名，以“華”爲國名。又説

“夏”從夏水（即漢水）得名，“華”從華山得名。章氏並相信當時西方學者散佈的中國人種西來説，認爲華山在西部，是古代先民初至之地，因以“華”爲名。夏水之源亦在西方，與華山相近。這些話實際上都無事實依據。夏水之名見於漢書地理志南郡華容縣，“夏水首受江，東入沔，行五百里”。是爲江、漢的一個支叉，無緣成爲全族之名。華山在禹貢只爲梁州北界，也不能成爲我國全境之名號，何況我國古代也從未有過“華”這個時代。近幾十年來，我國考古發掘的成就早已粉碎了謬誤的中國人種西來説。章氏之説自不能成立。

　　如上所説，“諸夏”、“華夏”等名號多用於春秋時期。到戰國時，由於民族融合，原先“諸夏”和“夷狄”的對立逐漸消除，因而“諸夏”、“華夏”等名號就很少再用。偶爾也作爲地理名詞用一下，如荀子儒效説：“居楚則楚，居越則越，居夏則夏。”這個“夏”和楚、越對稱，只是表示中原地區而已。

三

　　上文説過，周王所在的城圈之内稱爲“中國”，其人民則稱爲“中國人”或“國人”，所以西周的詩以“中國”和“京師”互舉。到東周時，形勢已有發展，周的附屬地區也可以稱爲“中國”。如周襄王把陽樊之地賜給了晉文公，當地居民不肯附晉，文公出兵攻取，倉葛呼曰：“德以柔‘中國’，刑以威四夷，宜吾不敢服也。此誰非王之親姻，其俘之也？”（左傳僖公二十五年）陽樊是周的屬邑，其居民是周王的親姻，所以自稱爲“中國”。又如晉惠公將姜戎安置在周的郊甸，周景王派他的大夫詹桓伯對晉平公説：“允姓之姦，居於瓜州。伯父惠公歸自秦而誘以來，使逼我諸姬，入

我郊甸，則戎焉取之。戎有'中國'，誰之咎也。"(左傳昭公九年)
是周的郊甸也可以稱爲"中國"。"諸夏"的利害和周大體一致，所
以"中國"一詞也可用以稱周和"諸夏"這個整體。如郯爲吳所侵，
魯大夫季文子慨嘆説："中國不振旅，蠻夷入侵而莫之或恤，無
吊者也夫！"(左傳成公七年)"中國"的涵義由周的直接統治區擴展
到"諸夏"，這就和"諸夏"之義相當了。

　　諸侯列國初封時，還是一些城邦式的國家。以後，他們按照
"諸侯立家"的原則，以擴建都邑(邑是比都更小的城)的辦法，分
封了許多貴族之家。左傳(莊公二十八年)和國語(晉語一)都記載
了早期晉國向外發展的幾句話："狄之廣漠，於晉爲都。晉之啟
土，不亦宜乎。"經過這樣的發展，本來是距離遥遠的許多城邦，
逐漸擴大爲境界相接並擁有大片領土的國家。不過各國間的疆界
還不很固定，邊界上的城邑時常成爲爭奪的對象，如魯和莒爭奪
鄆之邑，告到晉國，晉大夫趙孟説："疆場之邑，一彼一此，何
常之有。"(左傳昭公元年)隨着各國疆域的擴大，"中國"終於擴展
爲列國全境的稱號。

　　以"中國"爲"國中"的舊概念，當時並未消失，因爲列國已經
強大起來了，他們以自己的國都爲中心，看待境内的屬邑時，便
以"中國"自居了。如國語吳語："吳之邊鄙遠者，罷而未至，吳
王將恥不戰，必不須至之會也，而以'中國'之師與我戰。"韋昭注
説："'中國'，國都。"這種以"中國"爲國都的習稱，一直延續到
戰國時候。如孟子記齊宣王之言："我欲'中國'而授孟子室，養
弟子以萬鐘，使諸大夫、國人皆有所矜式。"(孟子公孫丑下)當時
齊國的學者都集中在稷門之外，孟軻和他們意見不合，所以齊宣
王打算請他住在"國中"。又如成書於戰國時的禹貢，有"咸則三
壤，成賦中邦"的話，"邦"即"國"，"中邦"即"中國"，意指京師，
這也是承用了西周以來的老概念。

　　戰國時還把地處中原之國稱爲"中國"。如孟子梁惠王上説齊

宣王曾經“欲辟土地，朝秦、楚，莅‘中國’而撫四夷也。”又滕文公上説“陳良，楚産也，悦周公、仲尼之道，北學於‘中國’。”這裏所説的“中國”都是指中原國家而言。又如戰國策秦策三范雎説秦昭王云：“今韓、魏，‘中國’之處而天下之樞也。”韓非子存韓説：“韓居‘中國’。”説明韓、魏在當時均被視爲“中國”。又如秦策二：“公孫衍謂義渠君曰，‘中國’有事於秦。……居無幾何，五國伐秦。”五國謂齊、宋、韓、趙、魏，這五國也被認爲“中國”。

　　春秋時代以前，對於我國全境還没有一個固定的稱號，一般根據歷史傳説稱之爲“禹甸”或“禹跡”、“禹域”等等。又以自然形勢稱爲“天下”或“四海”、“九州”、“九有”、“九域”等等。大禹治水是古代一個影響最大的歷史傳説，所以用他的名字表示人跡所到之處。如尚書立政説：“其克詰爾戎兵，以陟禹迹。”又左傳襄公四年引虞人之箴説：“茫茫禹跡，劃爲九州。”把“禹跡”和“九州”直接聯繫起來。所謂“九州”、“九有”、“九域”等是同義語。如國語魯語上：“共工氏之伯‘九有’也。”禮記祭法作：“共工氏之伯‘九州’也。”漢書律曆志引世經作：“共工氏之伯‘九域’也。”其義爲八方加中央，原是一種空泛的稱號。逸周書嘗麥有“九隅無遺”之文，其爲泛稱更是明顯。所謂“天下”或“四海”也是泛稱。當時人的活動重點只在本國的封略或邦畿之内。如詩小雅北山説：“普天之下，莫非王土。率土之濱，莫非王臣。”而左傳昭公七年楚大夫無宇則説：“封略之内，何非君土？食土之毛，誰非君臣？”“天下”、“率土”，不過是空泛的原則，“封略之内”才是實際統治力量所能達到的地方。詩商頌玄鳥説：“邦畿千里，維民所止，肇域彼四海。”“四海”和“邦畿”，正相當“天下”和“封略”的關係。

　　當“中國”一名的涵義擴展到和“四海”約略相當的時候，新的問題出現了。如“九州”實際上應如何劃分？“中國”和“四海”是否相等？如果不相等，"中國"的範圍是什麼？爲了説明這個問題，在戰國時期前後出現了好幾種説法，這裏分別略作介紹。

關於"九州"説，禹貢是以山川地形來劃分，如説"濟河惟兗州"，"淮海惟揚州"等。吕氏春秋有始覽則以重要國家的位置結合山川地形以及方位來劃分，如"河漢之間爲豫州，周也"，"東方爲青州，齊也"等。淮南子地形訓則純按方位來劃分，如"東南，神州"，"正中，冀州"等。逸周書職方（又收入周官的夏官職方氏）又結合方位與地形來劃分，如"河南曰豫州"，"正東曰青州"等。爾雅釋地又以地形及國家方位來劃分，如"兩河間曰冀州"，"齊曰營州"等。這些説法，不僅所取的州名不同，劃分的原則也很不一致。這就足以表明種種講法不過出於當時人的想象，並非古代實有的制度。

關於"中國"和"四海"是否相等的問題，按照簡單的推理，可以得到相等的結論，因爲原來關於"四海"的概念，其範圍和"禹迹"相當，並非十分廣大。可是在"中國"一名的涵義擴展到"禹迹"全境的時候，人們的地理知識也更擴大了，於是把"四海"的概念也放大了，"中國"便只能成爲"四海"中的一部分。禹貢采用了前一種説法，文中講禹平水土以後，"四海會同"，又説"聲教訖于四海"。可是在九州和導山、導水等章中並未説到西方和北方的海，只説是流沙，可見禹貢作者心目中是把"四海之內"看作爲"中國"全境的。這一點可以説明它的時代應較早於其他學説，因爲把"四海"之內看成爲"中國"全境是傳統的看法，如孟子就説："海内之地方千里者九，齊集有其一。"又説："推恩足以保四海。"（孟子梁惠王上）此處所謂"四海"都是傳統的、狹義的概念。後來"四海"的概念擴大了，於是新的説法在講"九州"的時候便不再和"四海"並提了。

在"四海"的概念放大之後，與當時的"中國"相比，大小懸殊是很明顯的。禮記王制篇按照禹貢的原則，把"中國"全境作了具體配置，"自恒山至於南河，千里而近；自南河至於江，千里而近；自江至於衡山，千里而遥；自東河至於東海，千里而遥；自東河至於西河，千里而近；自西河至於流沙，千里而遥。西不盡流沙，南不盡衡山，東不盡東海，北不盡恒山，凡四海之内，斷長補短，方三千里。"這個"方三千里"的"四海之内"，即指"中國"全境。但"四海之内"顯然不能以"中國"全境爲限，所以這個說法不爲多數人所接受。

戰國中後期的齊人鄒衍，以禹貢九州說爲基礎，又獲得了海外交通的啟發，提出了他所想象的大九州說："以爲儒者所謂'中國'者，於天下乃八十一分居其一分耳。中國名曰'赤縣神州'，'赤縣神州'内自有九州，禹之序九州是也，不得爲州數。中國外如'赤縣神州'者九，乃所謂九州也，於是有'裨海'環之，人民禽獸莫能相通者，如一區中者，乃爲一州。如此者九，乃有'大瀛海'環其外，天地之際焉。"（史記卷七十四孟子荀卿列傳）鄒衍的大九州說，爲我們提供了幾點重要的綫索：首先，他的時代比較明確，而爲儒家所傳的禹貢九州說出現在他之前，說明以"中國"名號爲我國全部疆域之稱的概念，在鄒衍之前已經樹立了起來。其次，他以禹貢九州說爲基礎，按照九的比率放大了"四海"和"天下"的概念，認爲"四海"要比"中國"大九倍，而"天下"要比"中國"大八十一倍，並且爲中國另外起了一個"赤縣神州"的名號，這樣就把"天下"、"四海"和"中國"之間的比例關係重新作了安排，並且定了名號。不過鄒衍的想象之詞經不住事實的考驗，所以他起的名號也不爲一般人所使用。

吕氏春秋慎勢說："凡冠帶之國，舟車之所通，不用象譯狄鞮，方三千里。"這是劃定了"中國"的範圍。有始覽說："凡四海之内，東西二萬八千里，南北二萬六千里。"又說："凡四極之内，東西五億有九萬七千里，南北亦五億有九萬七千里。極星與天俱游而天極不移。冬至日行遠道，周行四極，命曰玄明。"這是以鄒衍的説法爲基礎而有所改進。“中國”方三千里，“四海之内”，平均爲方二萬七千里，即“中國”的九倍，又以冬至日行遠道爲“天下”的範圍，也比鄒衍的大瀛海説似有事實依據。但無論如何，這些説法都是以想象爲主，人們在缺乏實際知識的時候，往往憑想象力來彌補。

莊子秋水説：“計中國之在海内，不似稊米之在太倉乎？”莊子多用夸大之詞，此處卻表明了“中國”小於“海内”的概念。

關於“中國”的範圍大小，王制和吕氏春秋都説是“方三千里”，其實也就是舊概念中的“四海”，不過吕氏春秋把“四海”的概念放大了，於是有了區別。按照這個説法，“中國”包括了當時所有的“冠帶之國”，可是習慣上又以“中國”特指中原地區，而將秦、楚、吴、越等地劃在範圍之外，如上文所舉的五國攻秦和楚人陳良北學於“中國”諸例，於是有了廣義的和狹義的兩個範圍。

總括起來看，在西周時期，由於夏代遺留的影響和築城在當時的重要，周王的直接統治地區已經使用了“夏”和“中國”的稱號。東周初年，王室式微，諸侯勢力有了較大的發展，於是“夏”和“中國”名號轉用於諸侯列國。其後由於大國稱霸，以“諸夏”國家的保衛者自居，“諸夏”名號有加強團結的作用，於是廣泛使用，並派生出“華”字來，或稱“諸華”，或稱“華夏”。到戰國時，列國爭雄，各國的疆域緊密地互相接壤，當時人已經發出了“定於一”的呼聲(孟子梁惠王上)。新的民族文化要求一個統一的名號，所以“諸夏”的稱號不再見用，“中國”的稱號則代之通行起來。秦、漢統一後，更從政治上加了一層有力的保證，於是“中國”一名便成爲我國通用的名號了。無論朝代如何更迭，這個名號都一直繼續使用。

四

　　兩漢時期，以"中國"爲我國的通稱，無須舉其例。其後，我國有時統一，有時分裂，"中國"一詞的涵義也隨之略有伸縮，大致統一時期多指全國，分裂時期多指中原。同時，除"中國"外，若干舊名號也仍然使用，并且衍化出一些新的名號，這些新舊名號和"中國"之義約略相當，但除後來出現"中華"這一名號外，其他名號都不如"中國"這個名號通行。舊有的名號在這時使用的有"諸夏"、"華夏"、"區夏"等，新創者有"中夏"、"函夏"、"方夏"等。這裏略舉幾條例證。

　　舊名號在兩漢魏晉時使用的，如蔡邕郭有道碑文："周流華夏，隨集帝學。"（文選卷五十八）延篤遺劉祐書："延陵高揖，華夏仰風。"（後漢書卷六十七劉祐傳）王朗上疏："取威中國，定霸華夏。"（三國志卷十三王朗傳）又裴注引朗節省奏："當今諸夏已安。"這些用法都與"中國"相同，王朗疏以"中國"與"華夏"爲互文，更爲明顯。徐干中論法象："唐堯之帝，允恭克讓，而光被四表。成湯不敢怠遑，而奄有九域。文王祗畏，而造彼區夏矣。"以"區夏"與"四表"、"九域"並稱，其文雖由康誥脱胎而來，其義則指"中國"全境。又張衡東京賦："且高既受命建家，造我區夏矣。"（文選卷三）這裏的"區夏"已與後世的"諸夏"、"華夏"用法無異。

　　創立的新名號，如後漢書馮衍傳載顯志賦説："馳中夏而升降兮，路紆軫而多艱。"（後漢書卷五十八下）班固傳載東都賦"目中夏而布德，睊四裔而抗棱"（後漢書卷七十下）。馬融傳載廣成頌："是以明德耀乎中夏，威靈暢乎四荒。"（後漢書卷九十上）"函夏”一詞，原出於揚雄河東賦：“以‘函夏’之大漢兮，彼曾何足以比功。”（漢書卷八十八揚雄傳）服虔注云：“函夏，函‘諸夏’也。”可見函夏本不是一個名詞，可是到魏、晉時，也和“諸夏”、“華夏”等名詞混用起來。如陸雲詩：“函夏無塵，海外有謐。”（文選卷二十）皇甫謐三都賦序：“魏武撥亂，擁據函夏。”（文選卷四十五）至於“方夏”一詞，原爲無須指明方位的局部地區，與“諸夏”、“華夏”等詞的涵義不同。如晉書樂志載張華的命將出征歌説：“元帥統方夏，出車撫涼秦。”（晉書卷二十二）“方夏”即指涼秦一帶。又汝南王亮傳説：“二南之風，流於方夏。”（晉書卷五十九）這“方夏”指汝南一帶。又杜弢傳説：“先清方夏，卻定中原。”（晉書卷一百）這“方夏”指杜弢所居的湘中一帶。東晉時出現的僞古文尚書武成，竟有“誕膺天命，以撫‘方夏’”及“‘華夏’蠻貊，罔不率俾，恭天成命”的話，以“方夏”和“華夏”同樣看待，作者不自覺地濫用起新詞來，這也是古文尚書確爲僞作的一個鐵證。

在“夏”字之前加“東”、“西”等表示方位的字，可用以表示“中國”的某一方面的局部地區，左傳、國語中已有此用法，魏、晉以後用得更多。如晉書安帝紀：“劉毅包藏禍心，構逆南夏。”（晉書卷十）羊祜傳：“祜率營兵，出鎮南夏。”（晉書卷三十四）譙王司馬承傳：“作鎮南夏。”又説：“乃授琅琊武王鎮統東夏。”（晉書卷三十七）伏滔傳：“握兵淮楚，力制東夏。”（晉書卷九十二）張寔傳説：“勛隆西夏。”張祚傳：“保寧西夏。”（並見卷八十六）“南夏”指荆州、湘州一帶，“東夏”指徐州、青州一帶，“西夏”指河西涼州一帶，都是就全國的方位形勢而言，和現代用語中的“華南”、“華西”、“華東”之義相似。但也有專就其本身所處之地而説的，如韋昭寫的吳鼓吹曲敘述孫權初期的武功：“攄武師，斬黃祖，肅夷兇族，革平西夏。”（宋書卷二十二樂志）黃祖居江夏，從全國來説應爲“南夏”，只因爲他在孫權的西方，就稱“西夏”。又如慕容德，“領冀州牧，承制南夏。”（晉書卷一百一十七慕容德載記)從全國形勢來説，冀州決非"南夏"，但後燕都於河北中山，就以冀州爲"南夏"了。李玄盛處於敦煌，派出自己的人作武威、武興太守，"以招懷東夏"(晉書卷八十七李玄盛傳)。以涼州一帶爲"東夏"，也正是就其所居之地而言。

漢代經學家在解釋春秋時，對"諸夏"、"中國"等詞，形式上仍用舊義，實際上已多有改變。如公羊傳成公十五年云："内其國而外諸夏，内諸夏而外夷狄。"在春秋時期，只有"諸夏"和"夷狄"的對稱，這裏卻把本國和"諸夏"區別開來。又如穀梁傳僖公二年："中國稱齊、宋，遠國稱江、黃。"宣公十五年："滅國有三術，中國謹日，卑國月，夷狄不日。"襄公六年也説："中國日，卑國月，夷狄時。"在"中國"與"夷狄"之間，增出一個"卑國"或"遠國"來，這都不是春秋時期的用法。

漢時對於"中國"一詞，更有人作出獨特的解釋，如揚雄云："或曰，孰爲中國？曰，五政之所加，七賦之所養，中於天地者爲中國。"(法言卷四問道)這個説法雖與"中國"一詞在歷史發展中形成的過程無關，卻反映了大統一時代的思想意識，對於後世某些人也有一定影響，如南北朝末年的文中子述史篇："大哉中國，五帝三王之所立也，衣冠禮義所由出也。"(卷七)這都是後世人對於"中國"一詞重新作出了解釋，並不影響這一名字的使用，現在就不必深論了。